Handbook of Intercultural Training (3rd Edition)

跨文化培训指南
（第三版）

〔美〕丹·兰迪斯　珍妮特·M.贝内特　／编
　　　　　米尔顿·J.贝内特

关世杰　何明智　陈征　巩向飞　／译

北京大学出版社
PEKING UNIVERSITY PRESS

著作权合同登记　图字：01-2006-3749 号
图书在版编目(CIP)数据

跨文化培训指南/(美)兰迪斯,(美)贝内特,(美)贝内特编;关世杰等译.
—北京:北京大学出版社,2009.3
ISBN 978-7-301-14982-9

Ⅰ.跨…　Ⅱ.①兰…②贝…③贝…④关…　Ⅲ.文化交流-指南
Ⅳ.G115-62

中国版本图书馆 CIP 数据核字(2009)第 027122 号

Copyright © 2004 by Sage Publications, Inc.

All rights reserved. No part of this book may be reproduced or utilized in any form or by any means, electronic or mechanical, including photocopying, recording, or by any information storage and retrieval system, without permission in writing from the publisher.

本书中文简体翻译版由 Sage 出版公司授权北京大学出版社独家出版发行

书　　　　名：跨文化培训指南(第三版)
著作责任者：〔美〕丹·兰迪斯　珍妮特·M.贝内特　米尔顿·J.贝内特　编
关世杰　等译
责 任 编 辑：黄怀京
封 面 设 计：李雪飞
标 准 书 号：ISBN 978-7-301-14982-9/G·2583
出 版 发 行：北京大学出版社
地　　　　址：北京市海淀区成府路 205 号　100871
网　　　　址：http://www.pup.cn　电子邮箱：ss@pup.pku.edu.cn
电　　　　话：邮购部 62752015　发行部 62750672　编辑部 62765016
出版部 62754962
印　　刷　者：北京山润国际印务有限公司
经　　销　者：新华书店
730 毫米×980 毫米　16 开本　46 印张　729 千字
2009 年 3 月第 1 版　2009 年 3 月第 1 次印刷
定　　　　价：79.00 元

未经许可,不得以任何方式复制或抄袭本书之部分或全部内容。
版权所有,侵权必究
举报电话:010-62752024　电子邮箱:fd@pup.pku.edu.cn

目　　录

第三版中译本序　　丹·兰迪斯(Dan Landis)　　　　　　　　　　1
序　　哈里·C.特里安迪斯(Harry C. Triandis)　　　　　　　　　3
第一章　导言和概览　　　　　　　　　　　　　　　　　　　　　1
　　　　珍妮特·M.贝内特(Janet M. Bennett)
　　　　米尔顿·J.贝内特(Milton J. Bennett)
　　　　丹·兰迪斯(Dan Landis)

第一部分　跨文化培训发展现状

第二章　从历史角度看跨文化培训　　　　　　　　　　　　　　17
　　　　玛格丽特·D.帕奇(Margaret D. Pusch)

第三章　跨文化培训方法分析　　　　　　　　　　　　　　　　54
　　　　桑德拉·M.福勒(Sandra M. Fowler)
　　　　朱迪思·M.布鲁姆(Judith M. Blohm)

第四章　跨文化培训中的检测工具　　　　　　　　　　　　　　120
　　　　R.迈克尔·佩奇(R. Michael Paige)

第五章　跨文化培训课程评估研究　　　　　　　　　　　　　　184
　　　　——1988—2000年文献综述
　　　　马克·E.门登霍尔(Mark E. Mendenhall)
　　　　冈特·K.斯塔尔(Günter K. Stahl)
　　　　艾娜·埃纳特(Ina Ehnert)
　　　　加里·奥德多(Gary Oddou)
　　　　乔伊斯·奥斯兰(Joyce S. Osland)
　　　　托尔斯滕·M.库尔曼(Torsten M. Kühlmann)

第二部分 理论联系实践

第六章　培养跨文化敏感度　　209
　　　　——研究全球和国内多样性的综合方法
　　　　珍妮特·M.贝内特（Janet Bennett）
　　　　米尔顿·J.贝内特（Milton J. Bennett）

第七章　跨文化关系中的基本心理过程　　236
　　　　约翰·W.贝瑞（John W. Berry）

第八章　文化接触的心理学理论及其对跨文化培训和介入的启示　　261
　　　　科琳·沃德（Colleen Ward）

第九章　将面子-协商冲突理论用于实践　　301
　　　　丁允珠（Stella Ting-Toomey）

第十章　具体的民族中心主义与文化感觉　　346
　　　　——跨文化能力培训的关键
　　　　米尔顿·J.贝内特（Milton J. Bennet）
　　　　艾达·卡斯蒂格莱尼（Ida Castiglioni）

第十一章　媒体与跨文化培训　　370
　　　　卡洛斯·E.科蒂斯（Carlos E. Cortés）

第三部分 特定语境中的培训

第十二章　在国外大学学习　　405
　　　　肯尼斯·卡什纳（Kenneth Cushner）
　　　　阿塔·U.卡利姆（Ata U. Karim）

第十三章　学生与专业人员重返本国文化：理论与实践　　432
　　　　朱迪斯·N.马丁（Judith N. Martin）
　　　　特里沙·哈勒尔（Teresa Harrell）

| 第十四章 | 长期跨文化适应:整体理论的培训含意 | 471 |

金荣渊(Young Yun Kim)

| 第十五章 | 和平队跨文化培训的发展 | 505 |

劳里特·本霍尔德-萨曼(Laurette Bennhold-Samaan)

| 第十六章 | 非美国军队的文化多元化管理和培训 | 548 |

唐娜·温斯洛(Donna Winslou)

斯蒂芬·卡姆休伯(Stefan Kammhuber)

约瑟夫·L.索伊特斯(Joseph L. Soeters)

| 第十七章 | 异质小型群体研究:研究结果分析 | 576 |

艾森·巴克尔(Aysen Barkir)

丹·兰迪斯(Dan Landis)

野口贤二(Kenji Noguchi)

第四部分 最后的一些思考

| 第十八章 | 结束语:对未来培训的一些思考 | 603 |

乔治·伦威克(George Renwick)

| 第十九章 | 跨文化培训中理论建设与实践相结合 | 627 |

丹·兰迪斯(Dan Landis)

德哈姆·P.S.巴乌克(Dharm P. S. Bhawuk)

人名索引	648
主题索引	669
编者简介	710
作者简介	711
译者后记	720

第三版中译本序

26年前,理查德·布里斯林和我决定要编一本书,目的是建构理论以统合跨文化培训各种理论和实践,以满足跨文化培训领域迅速发展的需要。这个决定导致了《跨文化培训指南》第一版的问世(Landis and Brislin, 1983)。该书分三卷出版,在该书中,我们提出了一种跨文化行为模式。同时,也让三十多名著名学者和培训师畅所欲言地提出自己的培训方法,并为之辩护。当时为该书撰稿的许多人,如今已被认为是本领域的开拓者(如:Michael Paige、Harry Triandis、Bill Gudykunst、Dan Kealey、Farideh Salili、Gary Fontaine、Sheila Ramsey、LaRay Barna、Sandy Mumford、Nancy Adler、Rosita Albert、Michael Bond、Paul Pedersen 等人)。我很高兴的是我们当初的努力推动了现已是一项独具特色重要事业的发展。伴随该书出版,《跨文化关系国际杂志》(*International Journal of Intercultural Relations*)创刊了。该刊为许多跨文化学者在学术领域获得承认和尊重,提供了令人敬重的学术平台。在1983年第一版的《跨文化培训指南》前言中,著名的社会心理学家克莱伯格(他应当之无愧地享有跨文化关系领域"之父"的荣誉)赞许道,"……本书和跨文化培训师密切相关,它的确是'必读'之作"(Klineberg, 1983, p. vii)。

从本书第一版到1996年第二版(Landis and Bhagat, 1996)问世这段时间里,跨文化关系研究迅猛增多,这类研究成果不仅发表在《跨文化关系国际杂志》上,而且刊登在其他主流学术期刊上,如《跨文化心理学杂志》(*The Journal of Cross-cultural Psychology*)、《个体和社会心理学杂志》(*Journal of Personality and Social Psychology*)、《应用心理学杂志》(*Journal of Applied Psychology*)以及各种管理类期刊上。研究成果出版的高潮,反映了人们对全球化和跨文化旅居增多所产生问题的兴趣日益增长。本书的第二版把注意力集中放在了探讨组织机构所需要的跨文化和跨民族培训方面。因而,有不少文章研究的对象是政府机关和私人机构。然而,遗憾的是,似乎没有对培训计划进行严格评估。尽管如此,乔治·伦威克,一位出色的培训师,在本书第二版前言中说,"如果我们所有从事跨文化培训的人或准备成为培训师的人,不仅读本书,而且认真思考书中谈及的理论、模式、研究发现和实践原则,如果我们经常地参考和运用它们,那么与我们一起共事的许多人和机构将会受益(George, 1996, p. xii)"。

现在被译成中文的第三版《跨文化培训指南》(英文版2004年出版)可能是三个版本中最好的。我和另两位主编(珍妮特·M.贝内特和米尔顿·J.贝内特)十分感谢北京大学的关世杰教授和他的合作者,他们承担了翻译500多页专著的艰难工作,使本书中的见解、理论和模式能在世界人口最多国家中,与学者们分享。中国可能是世界上民族最多,各种文化群体最多的国家之一,因而中国有极大的兴趣帮助多种文化群体没有冲突地和谐共处。据我所知,对于有些不懂英文的中国学者,本书是第一本涉及跨文化培训问题的专著。首先选择我们的书加以翻译出版,对享有这份殊荣,我们极为高兴和满足。

减少民族间和种族间的冲突,是21世纪突出的任务。如果不能解决这个问题,可能会带来难以想象的可怕后果。我曾在多种场合讲过,跨文化培训会有助于避免可能发生那种后果,使世界变得更美好。当全球化在以日益加速的步伐发生时,学者和政府注意这些问题就特别重要。我们希望,本书在促进学者和政府重视跨文化培训问题方面能获得成功。

丹·兰迪斯(danl@ havaii. edu)
2008年6月6日于美国夏威夷希洛

参 考 文 献

Klineberg, O. (1983). Foreword. In D. Landis and R. Brislin (eds). *Handbook of Intercultural Training* (pp. vii—viii). Elmsford, NY: Pergamon.

Landis, D. and Brislin, R. (1983). *Handbook of Intercultural Training* (3 Vols). Elmsford, NY: Pergamon.

Landis, D. and Bhagat, R. (1996). *Handbook of Intercultural Training*, 2nd Ed. Thousand Oaks, CA: Sage.

Renwick, G. (1996). Foreword. In D. Landis and R. Bhagat (eds). *Handbook of Intercultural Training*, 2nd Ed. (pp. ix—xii). Thousand Oaks, CA: Sage.

序

几千年以来,跨文化接触一直在进行。在绝大部分时间里,这种接触(包括敌对行动或贸易)是肤浅的。然而,在20世纪,这种接触变得越来越密切。接触越密切,就越需要研发培训方法,以便使接触卓有成效。

旅居者的类型多种多样,包括游客、商人、传教士、学生和顾问,他们访问另一种文化,或者重新返回自己的文化环境。在过去的50年中,人们学习到了很多改进各类跨文化接触的知识,因而能更有效的合作,对彼此感到更好奇。随着改进跨文化接触方法知识的增多,对跨文化培训的需求就越来越明显。地球村已经变得更加凸显,现在更多的人需要更长时间的跨文化培训了。

跨文化培训的焦点也已经扩大了:跨文化培训现在的设计是为了解决认知、情感和行为的改变问题。由于跨文化培训领域已经变得日益复杂,研究者和培训师已经认识到,要区别对待不同的文化、不同的个人、不同的情景以及不同的角色关系、行为模式、性别、年龄、社会阶层等各种因素。他们已经知道要注意处理好跨文化关系中的各种因素,诸如旅行者的准备、个性、语言技巧,以及这些因素与各种不同文化接触中互动的方式。现在,积累起来的理论和数据提供了经过检验的、现有跨文化接触方式的各种模式,提供了如何使接触更有效,更令人满意的办法。

人们创造了大量的培训方法,从讲课到情境模拟,从情感体验到网上利用跨文化案例培训。那种帮助人们适应任何文化的泛泛的跨文化培训,已经被有助于适应特定文化的培训所取代。

各种各样的培训计划都集中在自我意识、语言学习、跨文化互动中的敏感性等方面进行培训。培训中引入了实地考察、直接接触各种不同文化等多种做法。随着培训变得更加精致,人们对培训方法进行评估并发现可以改进跨文化接触各方面的新办法。人们发现,当使用的培训方法恰当时,可以提高访问者身处另一种文化的舒适度和所在东道主文化对访问者的吸引力。这样,跨文化培训领域变得更加复杂，对它的要求也更加苛刻，理解如何进行成功的跨文化培训就需要指南性的书籍。第三版《跨文化培训指南》呈现的正是这类复杂性的一些方面。

本书的目的之一是突出跨文化理论对跨文化培训实践的贡献。这类理论与实践相结合的一个典型实例是个人主义与集体主义理论模式在培训实践中的运用。

这个理论模式提出，来自个人主义文化的人（如来自欧洲文化背景的北美人、北欧人、西欧人、澳大利亚人、新西兰人）对世界的看法不同于来自集体主义文化的人（拉美人、南欧人、东亚人、南亚人和非洲人）。实际上的模式多种多样，比上面说的要复杂的多。因为在所有文化中，都存在着以个人为中心的（idiocentric）人，他们思考问题的方式、他们的感觉和行为举止就像个人主义文化中的人。同样，在各种文化中也都存在着以集体为中心的（allocentric）人，他们就像集体主义文化中的人。在集体主义文化中，以个人为中心的人感觉自己受到集体的压抑；在个人主义的文化中，以集体为中心的人参加多种团体——社团、工会、协会、团伙。

在个人主义文化中，人们把自己界定为独立于群体的人；在集体主义文化中，人们把自己看成是群体的一部分，彼此相互依赖。在个人主义文化中，人们喜欢把自己看成是凸显个性的人；在集体主义文化中，人们喜欢把自己看成是与其他所有人都一样的人。在集体主义文化中，自我定义更多地依赖于社会的暗示（例如，我是位穆斯林），而不是依赖于个人的暗示（特殊的特征、个性和价值观）。

当个人和群体的目标发生冲突时，个人主义者倾向于优先考虑个人的目标，而集体主义者倾向于优先考虑集体的目标。在个人主义文化中，个人的态度（我喜欢什么？）预示着个人的行为；而对规范（我应该做什么？）则很少给予考虑。在集体主义文化中，个人的态度和规范是同等重要的。当个人主义者不满意集体时，他们就离开集体；而集体主义者则倾向于留下。

个人主义文化的人们在解释一件事情的时候，强调的是内因（人们的态度、信仰、价值观、个性）。集体主义文化的人们在解释一件事情的时候，强调的是外因（他们群体的成员、感受到的社会压力、任务）。

在个人主义文化中，成功通常归因于个人的行为；在集体主义文化中，成功很可能要归因于他人的行为,诸如接受了他人的帮助。在个人主义文化中,失败通常归咎于外部的因素,诸如任务的困难;在集体主义文化中,责备的是个人努力不够。

在个人主义文化中,个人常被认为是相对稳定的实体,而社会环境则被看作是相对变化着的(例如,人们变换工作或者迁居到另一城市);在集体主义文化中,个人常被认为是相对变化着的实体(例如,准备去适应一个群体),而社会环境则被看成是稳定的(例如,规范和义务是不变的)。

在个人主义文化中,人们更注意的是交流的内容;在集体主义文化中,人们更注意的是交流的语境(事情是用什么方式说的,注意手势,交流发生的环境)。总之,个人主义文化中的人们注意的是发出的信号,不太关注发信号的语境。相比之下,集体主义文化的人们是整体思维,注意的几乎是正在发生的一切。在集体主义文化中,沉默常被看作是智者的美德和标志;在个人主义文化中,沉默常与生气、坏心情、能力低等感觉联系在一起。

在个人主义文化中,思维方式倾向于直线式的(例如,一件好事将变得更好,并将变成最好)。在集体主义文化中,思维方式倾向于循环式的(例如,一件好事随之而来的可能是件坏事,坏事之后是一件好事)。

在个人主义文化中,自信或敢作敢为常被看作是一种美德;而处事随和与谦虚在集体主义文化中则是一种美德。

在个人主义文化中,始终如一是一种美德;在许多集体主义文化中,这种始终如一并不重要,互相对立的品质可以共存。个人主义文化中的价值观强调的是个人的成就、优势、对新经验的开放,依靠自己,玩得开心。集体主义文化中的价值观强调的是集体的成就,和谐,始终保持关系,对他人的需求做出反应,随和、友好并富有同情心。

帮助朋友在许多集体主义文化中被看作是一种责任,而在个人主义文化中则被看成是个人的选择。以个人为中心者帮助那些他(她)喜欢的人;以集体为中心者帮助那些与自己有关系的人。

在集体主义文化中,情感总是嵌入各种关系网中,人们觉得这些情感反映了这些关系的状况。相似的情感在个人主义文化中以自我为中心(比如,骄傲)的方式表现出来,在集体主义文化中以他人为中心(例如,同情)的方式表现出来的。

在所有文化中,留面子都是重要的,相比之下,在集体主义文化中它特别重要。在集体主义文化中,有道德的人的行为举止是依照其角色,依照群体内成员作法,依照社会规范来进行的。如果某个人背离了理想的行为举止,那他不仅丢了个人的脸,也丢了整个群体的脸。在许多集体主义文化中,道德是由群体内成员所期待的行为构成的。在集体主义文化中,当与群体外的一名成员交流时,有时采取利用和欺骗的行为被认为是符合道德标准的。

当分配资源时,个人主义文化中的人倾向于利用公正的原则,即"对每个人都根据他的贡献"加以分配。在集体主义文化中,人们倾向于在群体内平等地进行分配(在水平式的集体主义中),或者根据等级进行分配(在垂直式的集体主义中),只有在与外群体处理分配的时候,才使用公正的原则。

以集体为中心者的动机结构反映的是他人的感受,调整适应他人的需求,限制自己的需求和愿望。以个人为中心者强调的基本动机反映的是他自己的需求,诸如权利和能力,包括顶住社会压力的能力。

在个人主义文化中,自我被认为是与所有他人(朋友、敌人)相分离的,但在集体主义文化中,自我与朋友非常近而与敌人非常远。这意味着,在集体主义文化中,人们是与群体内成员交往还是与群体外成员交往时的行为是非常不同的。

在个人主义文化中,人们喜欢有许多的选择;在集体主义文化中,人们通常满足有很少的选择。在个人主义文化中,人们有许多的小团体(家庭以及社会的、政治的、宗教的、哲学的、艺术的和教育的小团体);在集体主义文化中,人们通常只有为数不多的小团体,而且家庭最为重要。

在集体主义文化中,人们当仁不让地属于由于出生和婚姻而形成的群体。在个人主义文化中,人们通常要经过努力才能成为一个团体的成员。这样,在个人主义文化中,人们锻炼出了进入新关系的熟练技巧(鸡尾酒会是由个人主义者发明创造的);在集体主义文化中,人们只有跟自己群体内的成员联系时才感到自在。当他们不得不与外群体的人打交道时,常感到局促不安,很腼腆,建立一种新关系会遇到不少困难。

在个人主义文化中,娱乐常是自娱自乐(例如玩电子游戏)或是在很小的团体内进行。在集体主义文化中,娱乐活动常常是在大的团体内进行,并以家庭为中心(参见电影《我的盛大希腊婚礼》(*My Big Fat Greek Wedding*)。例如,一项研究显示：在个人主义文化中，滑雪者多是单独滑雪；但在集体主义文化中，滑雪者都是三五成群地一起滑。

社会行为在很大程度上是取决于环境，而不是个人中心主义或集体中心主义这样的个性倾向。集体主义的行为最多的是发生在集体主义环境中的集体中心者身上（例如，在需求合作的环境中，集体中心者最能提供帮助）。

一些因素助长个人中心主义：富裕、承担领导角色、受过较高教育、社会的流动性、移民（离开内群体）。大量接触美国制作的娱乐节目很可能增强了受众的个人主义，因为美国制造的娱乐节目强调的是玩得开心，而不是尽一个人的责任。接触过多种规范系统的人也有增加个人主义的可能性。另一方面，研究发现：贫穷、经济上依赖于群体、较低的社会地位、与美国的大众传媒相隔绝、单系（父系或母系）的家庭结构、上了年纪以及受传统的宗教培养教育都与集体主义有关。

个人主义和集体主义的区别在跨文化人员中尤其突出。事实上，所有跨文化培训都在利用文化间的区别，作为模仿式训练或角色扮演式训练的基础，作为对文化同化案例和其他危机事件做出反应的主要概念，或者仅仅作为对行为的一种解释。事实证明，运用这种区别提供一种思考方式并记住文化差异的策略非常成功。

运用个人主义和集体主义模式进行培训的成功做法，只是过去50年对跨文化接触认识的一个实例。在本书中可以发现更多种类的实例。

哈里·C.特里安迪斯（Harry C. Triandis）

第一章

导言和概览

珍妮特·M.贝内特(Janet M. Bennett)
米尔顿·J.贝内特(Milton J. Bennett)
丹·兰迪斯(Dan Landis)

新千年的第一个10年,对于跨文化教育工作者、培训人员和研究者的工作来说,呈现的是一个既有很大阻力,同时也有巨大需求的时期。由于多种组织的全球化,国家之间的战争,非主流群体寻求发出自己的声音,通过旅游、商业、教育和电子媒介等方式,来自世界各国的旅行者把地球缩小成了地球村。研究人员和实际工作者把理论、研究和设计的培训引进到上述的各个语境中,以促进有效跨文化交往的发展。

跨文化培训在跨文化关系领域中是一个应用型的分支。这一相对新的分支呈现着文化人类学、跨文化心理学、社会语言学、多元文化教育、跨文化交流学和国际商务管理等跨学科学者的研究交集点。文化人类学者,像爱德华·T.霍尔(Edward T. Hall, 1959)为这个领域提供了文化和文化价值观的基本界定,提供了文化相对主义的方向。跨文化心理学者哈里·C.特里安迪斯创造了文化对比的模式,并运用严格的社会科学的方法检验了它们(Triandis, 1972, 1994, 1995; Triandis, Brislin & Hui, 1988)。社会语言学家,像本杰明·L.沃尔夫(Benjamin Lee Whorf, 1940, 1956),罗杰·布朗(Brown & Lenneberg, 1965),

以及最近的认知语言学者乔治·P.拉克夫（Lakoff，1987；Lakoff & Johnson，1999）已经指出，语言如何被当作文化程序的窗口被人们使用，而不是仅仅作为交流的一种工具。跨文化交流学者，例如，迪安·巴拉德（Barnlund，1975，1989）、威廉姆·古迪孔斯特（Gudykunst，2003；Gudykunst & Mody，2002）、金（Young Kim，2001）、朱迪斯·马丁（Martin & Nakayama，2000，2001）和丁允珠（Stella Ting-Toomey，1999；Ting-Toomey & Oetzel，2001）等人开创了跨文化人际交往的理论和研究，并将系统理论正式运用到跨文化关系的研究当中。除了他们对教学和培训方法的贡献之外，一些从事跨文化教育的人士，特别是詹姆士·A.邦克斯（Banks，1998；Banks & McGee Banks，2002，2003），论证了文化身份是如何发展和保持的；另一些人，特别是小威廉姆·G.佩里（William G. Perry Jr. 1999），提出了对跨文化人员行之有效的认知和伦理发展模式。最近，国际工商管理也显示出跨文化理论和研究是如何能应用于文化多样性公司和顾客的实践需要（Adler，2002a，2002b；Gardenswartz & Rowe，1998；Gardenswartz，Rowe，Digh & Bennett，2003）。

  跨文化关系的多种经线和纬线，编织成了探讨跨文化经验的独特模式。例如，对文化休克的研究出现于把文化人类学的维度与行为心理描述相嫁接，然后把研究结果放入到系统的传播语境中（Ward, Bochner & Furnham, 2001）。应用文化适应的不同研究方法，把跨文化心理、多种文化教育与跨文化交流学结合在一起，形成了一个长期生活在异文化中人们的认知、情感和行为的发展模式。本书最重要的一点在于：关于跨文化关系各学科的交集点已经结合，形成了培训"跨文化能力"有潜力的有效方法。

  跨文化培训用跨文化心理学去表示文化对比的综合性文化分类法；用文化人类学的文化特殊案例去展示文化的综合对比；然后使用社会语言学者和跨文化传播学者提出的方法，去探讨在交往中文化差异的作用。一种典型的培训方案是把这种认知材料，与从教育和培训方法中获得经验的过程相结合，去模仿跨文化的体验，去练习适应跨文化的技巧。基于连贯理论和严谨研究所精心设计的培训计划，其结果是显而易见地增强了跨文化能力。

  在鼓励进行有效的跨文化交往之外，跨文化培训还可以有其他实实在在的作用。在这本第三版《跨文化培训指南》中，一些作者利用跨文化培训来反对偏见和种族主义，增强文化谦虚，认识白人特权，加强向各国旅居者学习，应对身份发展变化的深刻影响。他们中还有一些人做跨文化培训,是为了增进很早就提出的不同文化间的和平共处。

我们编辑本书的意图是要满足以下三种需求。首先,以通俗易懂的方式,记录下本领域的历史和发展现状。虽然,这方面的有些信息在论文和未出版的文献中可以找到,但是据我们所知,正是通过本书,第一次把它们综合在一起。第二,把研究者和实践者汇集在一起去展示理论联系实际的力量,这个领域的人们一直有这种需求。这个领域中的研究者和实践者常常是在不同刊物上发表文章,各自参加不同的学术会议。本书试图解决这个问题,通过给大家提供一个共同的平台,探讨理论如何提供给实践以信息,实践如何赋予理论以灵感。第三,满足探讨跨文化培训的多种语境的需要,当前在语境方面的跨文化培训和相关领域的研究成果最为丰富。

为了最有效地满足这三方面的需求,本书分为四个部分:

第一部分:跨文化培训发展现状。

第二部分:理论联系实践。

第三部分:特定语境中的培训。

第四部分:最后的一些思考。

第一部分:跨文化培训发展现状

第一部分共四章,论述了自《跨文化培训指南》第二版(Landis & Bhagat,1996)问世以来,跨文化培训技术是如何迅猛发展变化的。首要的是,人们日益强调通过效果和评估研究来确定培训的实际效果。这种可测效果和量化数据的导向,有助于增加各种有效和可信的量表,关于检测手段的一章论述的就是这个问题。无论是用来指导跨文化培训的需求评估和探讨培训结果,或是确定跨文化的敏感性/身份的发展,这类检测手段已经成为专业教育者最核心的工具。总体来讲,由于广义上的培训已经发展出更为精密复杂的方法,特定的跨文化培训也已经琢磨出为满足特定文化需要和一般文化需要的相应培训方法。

每个领域都需要了解自己的历史,因为没有历史,学者们似乎一直要反复地做同样的研究,运用同样的理论。奥托·克林伯格在1980年出版的《跨文化心理指南》(*Handbook of Cross-Cultural Psychology*)为跨文化心理学完成了撰写历史的任务。但是,在帕奇撰写本书第二章之前,没有人撰写有关跨文化培训的全面历史。帕奇把跨文化培训的源头追溯到第二次世界大战结束后和爱德华·T.霍尔进入外事服务学院(Foreign Service Institute)。帕奇提供了一份有用的跨文化培训大事发展线索,对各时期的主要人物进行了清晰的论述。然而她的目的并非是要提供关于跨文化培训知识分子的历史。根据她提供的历史发展线索,知识界交叉学科的互益性探讨,将有助于我们进一步理解研究成果如何影响参加培训人员的活动,理解培训师如何影响研究者的研究。

福勒和布鲁姆在第三章中为我们概述了在跨文化培训领域里常用的培训方法。这章从古迪孔斯特和哈默(Gudykunst and Hammer,1983)首先提出的四层分类法谈起,福勒和布鲁姆结合了科尔伯的学习周期和其他方法,对使用的各种主要培训方法进行了分类。他们不仅对20种方法的优缺点进行了清晰的论述,而且提供了参考文献,以便读者可以针对各种方法获得更多的信息,这一章很有用。阅读这章时,应与有关论述美国和平队的一章(第十五章)和伦威克撰写的关于实际培训方法的描述(第十八章)配合起来一起阅读。

库恩关于科学的基本主张是:当存在着普遍认可的、被用来发现科学的基本事实的范式时,该学术领域就成熟了(Driver-Linn,2003;Kuhn,1962)。由于缺乏这类范式,跨文化培训处于不利地位。对这些方法来说,其基本原则是提出有效度和信度的测量方法。心理变量的测量提要已经存在(例如,Sweetland & Keyser,1991),但是直到现在,跨文化培训依然没有变量测量列表。在这种情况下,培训者要么发展自己的测量手段(常在信度或效度上值得怀疑),或者,他们幸运的话,被一位同行引用作为一种测量手段。所有这一切,由于佩奇所写的第四章而处于变化过程中。在该章,他搜集了35种测量方法,培训者可以运用这些方法,去测量由于培训给组织和个人带来的成功变化。大多数测量手段都幸运地具有足够的心理测试性质,虽然有一些个案的效度和信度还需要加以证明。我们希望本章对本领域将起到一种刺激作用,在合适的研究设计中,用更多的测量手段进行心理分析。当这种情况出现时,由门登霍尔等人在第五章中提到的一些令人失望的结果可能将成为过去。

在本书和前一版的《跨文化培训指南》中,贯穿许多章的共同关注的思路是:跨文化培训的效果到底如何?这当然不是一件微不足道的问题。一种学者可以接受的积极回答是使这个领域得到合理性的认可。任何回答将取决于研究是在严谨的理论和严格的方法论基础上进行的,正如海斯林(Heslin,1983),布雷克、海斯林和克提斯(Blake,Heslin and Curtis,1996),基利和普罗瑟罗(Kealey and Protheroe,1996)所建议的那样。以前的文献综述一般没有要求被评议的研究成果要满足这些特定的严格条件。而门登霍尔等人所提供的文献综述通过选择满足最低严格标准底线(使用控制群体和/或之前—之后设计)的研究而弥补了这一缺失。培训结果取决于一个人的倾向,它可以被看做是个不很满也不很空的水杯。门登霍尔等人的综述指出,培训似乎在改变行为或表现方面没有效果,但是在认知和态度方面具有积极效果,尽管在这方面证据具有混合的特点。可以肯定的是,行为很难进行测量,特别是在现场的环境中。在测量认知和态度方面就容易得多了,特别是把测量作为培训的一部分时是如此。门登霍尔等人还指出,28项研究中只有两项提到了霍索恩效应(Hawthorne effect,指工人、学生等因受到研究人员的关注而增加产量或提高成绩)(Roethlisberg & Dickson,1939),当然,当使用在培训活动中进行评估的方法时,要采取一些措施防止霍索恩效应。

第二部分:理论联系实践

在本书的第二部分,各章作者试图把现有的理论视角与跨文化培训的设计和应用联系起来。在一些案例中,理论视角已经存在于跨文化语境中,但是迄今为止没有把它与特定的跨文化培训语境联系起来。例如,已有的跨文化敏感发展模式与全球多样化的培训联系起来,已有的文化接触理论与文化休克的培训联系起来,已有的跨文化面子模式和实际培训联系起来。在另一些案例中,跨文化领域以外的一些理论视角被用来处理现有的培训语境。例如,普通心理学中的个性和态度的发展过程被应用于跨文化的培训之中,来自当前语言学、生物学和哲学的一些具体理论都与现有的文化适应培训的尝试联系起来。

第二部分中的各章必然具有探讨性和启发性。本部分的目的不是详尽地记录一个特定的模式或方法,而是去探讨一种新的联系。这种联系是试验性的,被联系双方的学者都会抱怨自己一方的立场缺乏充分表述。

贝内特女士和贝内特先生撰写了第六章，值得注意的地方在于：他们提出了清晰的跨文化发展模式—跨文化敏感性六阶段发展模式（DMIS），以及把它应用到国际和国内培训的设计和排列顺序中。利用跨文化视角在多样性工作和国际培训之间架设一座桥梁，贝内特女士和贝内特先生提出了一个基于文化的综合性方法。目前已经有人根据这个模式进行了相当多的研究，正如它是《跨文化发展量表》一文的基础，佩奇（Paige）在本书中写的一章中对该文进行了讨论（参见 International Journal of Intercultural Relations，Vol.27，No.4，2003）。

约翰·贝瑞写的第七章应与帕奇写的第二章跨文化培训史结合起来读。虽然本章不是知识发展史，但贝瑞在本章中清晰地展示了一些关键的心理学原则，他认为这些原则是跨文化培训合理方法的基础。他采取的是普遍主义者（universalist）的态度（对所有人类来讲，基本的心理过程是共同的。但是文化决定了这些程序如何表现），不同意绝对主义者（所有的人都是一样的）和相对主义者（所有的人都是不一样的）的观点。出于这种基本立场他提出了文化变异的6个维度和社会语境中的9个共同维度。在这个基础上，他总结了源自他的4重涵化模式的大型研究，并把研究继续到关于群体关系的实质性研究，包括偏见和权力关系的研究。

当各章都以理论为基础时，作者们倾向于集中关注公式化表示的问题。沃德在第八章中采取了不同的方法，她认为，过去20年中的主要理论一直是理解跨文化的过程。首先，正如她在本书1996年版中所做的那样，她解决了U型曲线和其变种W型曲线问题。尽管这两种曲线很有吸引力，但是它们经受不住实际情况的分析。她所关注的是文化学习理论、压力与适应理论、身份理论。文化学习理论关注的是在东道主文化中活动所必须的社会技巧。压力与适应理论认为，新的文化给新来者带来压力，这种状况应通过适应性反应加以避免。其集中的注意点落在由于流动生活变化所带来的情感状况变化上。培训暗示着给人们一种工具去避免压抑和类似的状况。最后，社会身份理论谈论的是维护一个人自尊的需要，自尊是作为与其他群体相区分的一个社会群体成员的功能。因而，培训效果关注的是各群体间的差异、各群体的定型观念（自定型或他定型）、对其他群体的偏见和对自己群体偏好的倾向等方面。

我们中的许多人在某个年龄看第二次世界大战电影时，第一次听到"面子"这个词。在这类电影中，日本军官由于"失去脸面"而自杀。随着时间的流逝，日本不再是我们的敌人了,我们最后理解了维护一个人和一个群体的荣誉是许多亚洲国家和其他一些国家文化的特点。丁允珠的一个主要贡献是把面子看做是所有人类的普遍特征,不管是亚洲人还是非亚洲人都是如此。在第九章中,她把面子问题与霍夫斯泰德的价值观维度(Hofstede, 2001)及其他维度结合起来,她的理论直截了当地提出了一些建议:如何把面子问题包括在培训学习中。

米尔顿·贝内特和艾达·卡斯蒂格莱尼在第十章中,把一个新维度引入了跨文化能力的研究:他们称之为"文化的具体体验"(embodied experience of culture)。他们借用了认知心理学(Varela, Thompson & Rosch, 1992)和认知语言学(Lakoff & Johnson, 1999)中使用的一个概念"具体的"(embodied)。这章难度比较大,因为它让我们超越了许多跨文化理论的高度理智化和认知倾向的语境。其目的是把一个特定的"对文化感觉"(feeling for culture)的概念介绍到跨文化的体验中。本章作者试图以一种变化了的角度(可能会导致跨文化培训中出现新方法)来看待跨文化的体验。

卡洛斯·科蒂斯在第十一章考察了在跨文化培训中使用媒体(印刷品、电视、电影等)的潜力。毫不奇怪,媒体对大多数跨文化培训者来说是一个常备节目的重要部分。我们经常留意那些在跨文化关系的某些方面,能引起热烈讨论的电视节目或电影。科蒂斯明确指出了这类有力工具的利用和误用两个方面。从某种意义上说,本章是一篇警戒性的故事,提醒我们在培训中不要不加批判地使用媒体,以免在实际上增强了定型观念。他至少列举了利用媒体时可能发生的4种"危险":未能全面的察觉到设置语境的必要性;未能认识到定型观念可能会有一种滥用的作用;太容易流于说些专业术语(对此我们都感到有点内疚);花费时间去批评媒体。我们每个人都见到过因为对这些警告没有给予足够的重视,而使培训过程误入歧途的实例。

第三部分:特定语境中的培训

在这部分里,展示的是一些特定的得到完善开发的培训语境。对于以理论为基础的培训如何进行设计和评估,这些培训语境是标准的检查程序。对美国和平队(Peace Corps)的跨文化培训发展得最完善。正如集历史和最新技术发展水平描写为一身的第十五章所记述的那样,目前许多跨文化培训的设计都首先在预期的和平队志愿者中试验。该章在结束语中,提到要努力保护和平队在跨文化关系中的经验,并对和平队在跨文化培训史中作出的重大贡献表示谢意。

跨国教育是另一个领域,在这个领域中,强化培训作法的种种经验经常不为人知。对出国留学生和回国留学生在出国前、抵达后、回国后培训的成功和失败,可能被法律和管理的需求所掩盖了。共享跨文化培训发展现状和历史的机制是有限的。因而,每一代国际教育者都要奋斗,去创造一些培训方法,以满足学生增强跨文化能力的迫切需要。本书有两章(第十二、十三章)通过总结回顾出国留学和学成回国者培训的做法,来解决这个领域的问题。

在各种理论中,可以提供培训内容的一个主要领域是长期的跨文化适应。现已有一些比较成熟的跨文化适应模式。其主旨是要支持跨文化适应的跨文化培训需要与一个或更多的理论视角相联系。在第十四章中展示了这类培训工作的一个详尽实例,其他与此类相关的实例可见第二部分各章。

本《指南》第三版的一个目的是支持国内文化多样性和跨文化培训语境之间的理论联系。当这类培训的目标是长期的、相互适应的、更有礼貌的、更有效的交流时,跨文化的理论和实践就可以被看做是涵盖两个领域的保护伞。关于外国军队中多样性管理的第十六章,展示了这方面的努力(这一章对本书第二版中关于对美国军队多样性管理是一个补充,见 Dansby & Landis, 1996),这与第二部分论及的多种培训方法的发展相同。

跨文化心理学对跨文化关系的最重要的贡献之一是接触理论。在第二部分对这个问题概述的基础上,第三部分的第十七章,提供了一个把该理论运用到一个实际工作团体的被视为"外人"(otherness)的重要题目中。由于在商业组织和其他组织中,由多种文化背景人员组成的工作团体变得日益常见,因而理解这类感知如何发挥作用,将成为为提高团队协作能力而进行有效培训的关键部分。

卡什纳和卡利姆在第十二章中详尽地探讨了大学生海外留学的效果。对许多人来讲,在上大学本科期间可能是获得在异文化生活经验的唯一机会,所以培训计划和要研究的问题就显得特别重要。同时,正如这两位作者所指出的那样,当需求增加时,资助却减少了。提供美国学生到海外学习和招收外国学生到美国留学的学校越来越少了。在费用增加和财政压力的束缚下，各大学正在削减到海外学习（以准备增加参与者在所去国经验）的项目。卡什纳和卡利姆描述和讨论了一些问题，并特别指出了关于文化差距的观点。文化差距被建议为适应东道国文化的一个主要预测值。在测量文化差距的过程中，简单地把所有的美国人都放在度量尺度的同一点上是不妥当的。例如，从传统文化来的学生（例如从中东来的）可能发现，在美国密西西比州牛津县的文化较伊利诺伊州芝加哥市的文化与自己家乡文化更为接近。当利用个人主义和集体主义作为调整的预测值时，类似的设计经常会失败。本章充分地论述了对旅居者进行实地研究时的困难。

在留学生和移民之间，有些专业人员移居国外，他们被一个组织指派到外国担任一定的职务，他们离开祖国，并期待在服务一定的时间后回国。马丁和哈勒尔在第十三章中主要探讨的是回国人员出现的问题。他们分析的基础是Y.Y.金提出的适应过程模式（见第十四章），该模式假定每一个转变都是成长的机遇。成长是由于两种文化环境不衔接造成的跨文化压力的一个结果。正是在避免压力当中产生了适应。培训师或培训计划的任务是给旅居者提供工具，让积极适应新文化成为可能。无论它是东道国的文化，还是旅居国外多年回国后的祖国文化。马丁和哈勒尔进行分析的第二个理论基础是期待理论（expectation theory），特别是当超过预期（事情变得比预期的要好）或低于预期（事情变得比预期要糟）时会发生什么。两位作者推荐的多数培训方法都是应对旅居者出国前、进入他国后、回国前、回国后的一段时间，对现实不断变化的预期。从他们的理论中，人们得出了一些有趣的启示：(1) 在海外委派中，好过自己的预期会导致在委派的工作中不断成功；(2) 不断的成功，会导致旅居者对东道国文化认同的不断增加；(3) 对东道国文化认同的不断增加，会导致本国文化特点的不断减少；(4) 旅居者身上本国文化特点的不断减少，会导致回国后所遇的现实低于自己的预期。换句话说，在出国前和入国后的培训越是成功，旅居者在回国后遇到的困难就越大。尽管马丁和哈勒尔引用了史密斯的研究成果，似乎史密斯同意上述分析，但这个发展序列还需得到实践的检验。

Y.Y.金在第十四章提供了一个关于长期移民适应过程的清晰的模式。我们大多数的研究都限于短期的旅居者，像留学生和旅游者。但是，至少自19世纪末有大量的人跨越了国境线和文化边界。其中一些是难民（像越南战争后的许多柬埔寨人);有些人,虽然并非是形式上出于强迫,但由于经济、种族或宗教原因,他们感到不能忍受在所在国里的生活。其中一些人,像来自19世纪末20世纪初的东欧移民,通过失去他们原来的文化,把自己的名字英文化,接受了东道国的价值观,适应了东道国的生活。在东道国的成功适应,很大程度上是由于移民者认为他们返回原来的国家是不可能的,生活在东道国是永久的。但是还存在着其他的选择。例如,约翰·贝瑞提出了移民的4类主导倾向(John Berry,1988)。另一方面,在本书的第十四章,金提出了关于适应某种文化过程的一系列模式,而不是把适应过程看做是静态事实。

本霍尔德-萨曼在第十五章中描述了和平队的发展,记述了1961年和平队项目获得批准至今,跨文化培训是如何进行的。当今的和平队有6500名志愿者在世界各地服务。本章第一次准确地小结了由美国政府主办的最大的、系统的国际文化关系活动的历史。本章对任何政府项目(不管它用意是多么好)可能带来的政治危险,都可以起到指导方针的作用,也可以起到警示性的作用。萨曼指出,事实上关于培训的效果没有量化的证据,虽然有很多轶事性和定性式的报告。本章明确地表明,和平队是当今世界一种带有值得赞美的甚至是具有必要使命的组织,和平队这个组织在不断升华培训模式,这些模式可以运用到那些在社会习俗、信仰系统、角色行为和目标方面与美国截然不同的国家。

本《指南》的第一第二版,都包括集中探讨美国军队中文化多样性的文章(Dansby & Landis,1996;Day,1983;Landis,Dansby & Tallarigo,1996)。自第二版出版后,又有两本书进一步探讨了美国军队和文化多样性问题(Dansby,Stewart & Webb,2001;Moskos & Butler,1996)。因而,决定把这种讨论加以扩大,看看其他国家的军队如何处理自身官兵中文化多样性问题,如何处理与派驻国人民的文化关系问题。温斯洛、卡姆休伯和索伊特斯在第十六章中,集中探讨了加拿大、比利时、德国和南非的特殊问题。在谈论了各国军队面临的外部和内部问题(即加拿大和比利时军队在索马里、波斯尼亚、科索沃,在种族隔离政策瓦解后的南非)之后,作者们描述了各国如何处理那些十分显著的问题,有些问题处理得比另一些问题更成功。最后他们描述了德国国防军针对派驻国印度尼西亚的文化所制定的跨文化培训的详细计划。正如我们在2003年9月所写的,美国军队正面临着在伊拉克重建一个与美国非常不同的社会,其结果现在还不知道,我们也不知道在多大程度上,美军的官兵们就他们的使命在跨文化方面已经做好了准备。

许多组织是以小型工作团队的建制组成的。这类团队在某种程度上将成为由多种成员构成的可能性日益增大。这类团队成员们的多样性基于性别、肤色、民族、宗教、国籍甚至能力。在心理学和管理学领域,在试图评估什么时候和怎么样异质成员构成的团队比同质成员构成的团队工作得更有成效、达到更好的目标方面,已经有相当长的历史了。大多数这类的研究,利用面对面工作环境中的真实工作团队作为研究对象。这类研究把团队的异质性与团队内进行的工作配合结合起来,研究出现的一种被称作"工作配合失败"(process loss)的现象。巴克尔、兰迪斯和诺古奇在第十七章中提出了一种通过互联网控制工作配合失败和解决来自民族背景的多种文化价值观(例如集体主义对个人主义)影响新颖的方法。虽然这不是一种完美的解决问题方法,而且非常耗时,但是这项研究毕竟还是得出了一些有趣的结果。结果中有的有悖直觉,这就使得它们更加有趣。很清楚,正如这些研究所展示的,这些经历毕竟还必须以对比异质团队与同质团队相比较的方式讲述出来。

第四部分:最后的一些思考

本书的两章结束语对培训领域提供了两种观察的角度。在第一篇结束语中,伦威克从资深培训师的有利身份,就跨文化培训领域如何发展,提出了一些新的思考。

正如伦威克在第十八章的开场白中所说,结束语不是"事后诸葛亮"。他却要给读者一些需深刻领会并与将来培训工作直接相关的想法。伦威克现在是培训实践领域中最有才干、最有思想的培训者之一。虽然他的本意不是把他的建议与本书其他地方讲到的实验性的研究结合起来,但我们还是真诚的建议读者尽量把它们联系起来。跨文化培训既是一种技术也是一种科学,作为一种技术,有经验的教师可以把它适当地传下去;作为一种科学,它可以由实践研究进行适当的甄别。没有科学的技术会冒无效和自我膨胀之险,没有技术的科学将面临只开花不结果的危险。

在第二篇结束语中,兰迪斯和巴乌克从研究和模式构建的角度,对跨文化培训进行了论述。他们回顾了本书第二版(Landis & Bhagat,1996)中提出的跨文化行为模式。他们提出,为跨文化培训提供信息的社会科学研究具有至关重要的作用,他们记录了至今已经做出的和已被实现了的学术贡献。他们为将来的研究者开列了一个令人欣喜的目录清单,将来研究者的工作将为跨文化培训的设计、内容和方法提供基础。

参 考 文 献

Adler, N. J. (2002a). *From Boston to Beijing: Managing with a worldview.* Cincinnati, OH: Thompson Learning.

Adler, N. J. (2002b). *International dimensions of organizational behavior* (4th ed.). Cincinnati, OH: South-Western.

Banks, J. A. (1988). *Multiethnic education: Theory and practice* (2nd ed.). Boston: Allyn & Bacon.

Banks, J. A., & McGee Banks, C. A. (2002). (Eds.). *Handbook of research on multicultural education* (2nd ed.). San Francisco: Jossey-Bass.

Banks, J. A., & McGee Banks, C. A. (2003). (Eds.). *Multicultural education: Issues and perspectives* (Updated 4th ed.). New York: Wiley.

Barnlund, D. (1975). *Public and private self in Japan and the United States.* Tokyo: Simul Press.

Barnlund, D. (1989). *Communicative styles of Japanese and Americans: Images and realities.* Belmont, CA: Wadsworth.

Berry, J. W., & Kim, U. (1988). Acculturation and mental health. In P. Dasen, J. W. Berry, & N. Sartorius (Eds.), *Health and cross-cultural psychology* (pp. 207–236). London: Sage.

Blake, B., & Heslin, R. (1983). Evaluating cross-cultural training. In D. Landis & R. Brislin (Eds.), *Handbook of intercultural training* (Vol. 1, pp. 203–223). Elmsford, NY: Pergamon.

Blake, B., Heslin, R., & Curtis, S. (1996). Measuring impacts of cross-cultural training. In D. Landis & R. Bhagat (Eds.), *Handbook of intercultural training* (2nd ed., pp. 165–182). Thousand Oaks, CA: Sage.

Brown, R., & Lenneberg, E. (1965). Studies in linguistic relativity. In H. Proshansky & B. Seidenberg (Eds.), *Basic studies in social psychology* (pp. 244–252). New York: Holt, Reinhart and Winston.

Dansby, M., & Landis, D. (1996). Intercultural training in the military. In D. Landis & R. Bhagat (Eds.), *Handbook of intercultural training* (2nd ed., pp. 203–215). Thousand Oaks, CA: Sage.

Dansby, M., Stewart, J., & Webb, S. (Eds.). (2001). *Managing diversity in the military: Research perspectives from the Defense Equal Opportunity Management Institute.* Brunswick, NJ: Transaction.

Day, H. (1983). Race relations training in the U.S. military. In D. Landis & R. Brislin (Eds.), *Handbook of intercultural training* (Vol. 2, pp. 241–289). Elmsford, NY: Pergamon Press.

Driver-Linn, E. (2003). Where is psychology going? Structural fault lines revealed by psychologists' use of Kuhn. *American Psychologist, 58,* 269–278.

Gardenswartz, L., & Rowe, A. (1998). *Managing diversity: A complete desk reference and planning guide* (Rev. ed.). New York: McGraw-Hill.

Gardenswartz, L., Rowe, A., Digh, P., & Bennett, M. (2003). *The global diversity desk reference: Managing an international workforce.* San Francisco: Jossey-Bass.

Gudykunst, W. B. (Ed.). (2003). *Cross-cultural and intercultural communication.* Thousand Oaks, CA: Sage.

Gudykunst, W., & Hammer, M. (1983). Basic training design: Approaches to intercultural training. In D. Landis & R. Brislin (Eds.), *Handbook of intercultural training.* (Vol. 1, pp. 118–154). Elmsford, NY: Pergamon.

Gudykunst, W. B., & Mody, B. (Eds.). (2002).

Handbook of international and intercultural communication (2nd ed.). Thousand Oaks, CA: Sage.

Hall, E. T. (1959). *The silent language*. Garden City, NY: Doubleday/Anchor Books.

Hofstede, G. (2001). *Culture's consequences: Comparing values, behaviors, institutions, and organizations across nations* (2nd ed.). Thousand Oaks, CA: Sage.

Kealey, D., & Protheroe, D. (1996). The effectiveness of cross-cultural training on expatriates: An assessment of the literature on the issue. *International Journal of Intercultural Relations, 20*(2), 141–165.

Kim, Y. Y. (2001). *Becoming intercultural: An integrative theory of communication and cross-cultural adaptation*. Thousand Oaks, CA: Sage.

Klineberg, O. (1980). Historical perspectives: Cross-cultural psychology before 1960. In H. Triandis & W. Lambert (Eds.), *Handbook of cross-cultural psychology* (Vol. 1, pp. 32–68). Boston: Allyn & Bacon.

Kolb, D. A. (1984). *Experiential learning: Experience as the source of learning and development*. Englewood Cliffs, NJ: Prentice Hall.

Kuhn, T. (1962). *The structure of scientific revolutions*. Chicago: University of Chicago Press.

Lakoff, G. (1987). *Women, fire, and other dangerous things: What categories reveal about the mind*. Chicago: University of Chicago Press.

Lakoff, G., & Johnson, M. (1999). *Philosophy in the flesh: The embodied mind and its challenge to Western thought*. New York: Basic Books.

Landis, D., & Bhagat, R. (1996). *Handbook of intercultural training* (2nd ed.). Thousand Oaks, CA: Sage.

Landis, D., Dansby, M., & Tallarigo, R. (1996). The use of equal opportunity climate in intercultural training. In D. Landis & R. Bhagat (Eds.), *Handbook of intercultural training* (2nd ed., pp. 244–263). Thousand Oaks, CA: Sage.

Martin, J. N., & Nakayama, T. K. (2000). *Intercultural communication in contexts* (2nd ed.). Mountain View, CA: Mayfield.

Martin, J. N., & Nakayama, T. K. (2001). *Experiencing intercultural communication*. Mountain View, CA: Mayfield.

Moskos, C. & Butler, J. (1996). *All that we can be: Black leadership and racial integration the army way*. New York: Basic Books.

Paige, R. M. (Ed.). (2003). Intercultural development [special issue]. *International Journal of Intercultural Relations, 27*(4).

Perry, W. G., Jr. (1999). *Forms of ethical and intellectual development in the college years: A scheme*. San Francisco: Jossey-Bass.

Roethlisberger, F., & Dickson, W. (1939). *Management and the worker*. Cambridge, MA: Harvard University Press.

Smith, S. L. (1998). Identity and intercultural communication competence in reentry. In J. Martin, T. Nakayama, & L. Flores (Eds.), *Readings in cultural contexts* (pp. 304–314). Belmont, CA: Mayfield.

Sweetland, R., & Keyser, J. (Eds.). (1991) *Tests: A comprehensive reference for assessments in psychology, education, and business* (3rd ed.). Austin, TX: Pro-Ed.

Ting-Toomey, S. (1999). *Communicating across cultures*. New York: Guilford Press.

Ting-Toomey, S., & Oetzel, J. G. (2001). *Managing intercultural conflict effectively*. Thousand Oaks, CA: Sage.

Triandis, H. (1972). *The analysis of subjective culture*. New York: Wiley.

Triandis, H. (1994). *Culture and social behavior*. New York: McGraw-Hill.

Triandis, H. (1995). *Individualism and collectivism*. Boulder, CO: Westview.

Triandis, H., Brislin, H., & Hui, C. (1988). Cross-cultural training across the individualism-collectivism divide. *International Journal of Intercultural Relations, 12*(3), 269–289.

Varela, F. J., Thompson, E., & Rosch, E. (1992). *The embodied mind: Cognitive science and human experience*. Cambridge: MIT Press.

Ward, C., Bochner, S., & Furnham, A. (2001). *Psychology of culture shock*. Philadelphia: Routledge.

Whorf, B. (1940). Science and linguistics. *Technology Review, 44*, 229–248.

Whorf, B. (1956). *Language, thought, and reality: Selected writings*. Cambridge, MA: Technology Press.

第一部分

跨文化培训发展现状

第二章

从历史角度看跨文化培训

玛格丽特·D. 帕奇(Margaret D. Pusch)

不同文化人们之间的交往有着漫长而且常常是辛酸的历史。人们直到第二次世界大战之后,才认真思考这些交往关系如何受到了文化的影响。这种思考主要发生在美国,因为美国经济在战争结束时基本完整无损,因为美国卷入国际舞台是不可选择的事情。在战后初期,美国提出了马歇尔计划,帮助世界上被战争摧毁地区的重建工作。马歇尔计划的成功导致了美国领导人开创了其他国际发展活动和交换计划,这些活动和计划向非西方"发展中国家"提供经济和科学方面的专业知识。不幸的是,服务于美国大使馆的外交人员和支援发展的专家们的工作效率却不是特别有效。甚至没有几个人懂得派驻国的语言。《丑陋的美国人》(Lederer & Burdick, 1958)一书把他们的失败和对所驻国人民的影响呈现在美国公众面前。虽然该书是杜撰的,但它实际上暴露了美国人在国外时的文化不敏感,"丑陋的美国人"这个短语迅速地进入了人们的日常话语中,它的含义是很清楚的。

另一本有影响的书是哈兰·克里夫兰、格拉德·曼古恩和约翰·亚当斯写的《海外的美国人》(Cleveland, Mangone & Adams, 1960)。虽然它不那么时髦,但是基于长期研究,该书对美国人在海外表现的批评达到了巅峰。很清楚,在确定外语能力之外,应对在国外服务人员的遴选、准备和人格发展等方面采取措施。以一位当时在美国国务院工作人士的话说,"以外语技巧为基础筛选、培训和提高驻外服务官员,就有点像以脸上是否有无黑痣和酒窝来挑选合唱队的姑娘。从阳台上来挑选人,没问题"(Bradford, 1960)。这就是当时人们关注到外国文化中工作的人们如何进行准备的背景。

跨文化的运用

本章追溯了促进新型培训技术和策略的发展以及形成跨文化培训(intercultural training)实践[最初用的是"跨文化培训"(cross-cultural training)一词]的大事。常常是那些自己沉浸在跨文化环境中的人们、那些必须找到方法培训相关人员去驾驭跨文化环境的人们,推动了这类发展。因而,许多人对这个领域的发展、对提出各种已被广泛接受的概念和培训技术作出了贡献。这段历史无疑会遗漏本领域里的许多无名英雄,但是他们的贡献却仍然受到人们的尊重。此外,新的培训方法、创造性的合作新途径在迅速涌现。近期还难以看出这些新方法和新途径在这个领域具有长时期的影响力。尽管这些新涌现的策略在本章中没有论及,但是许多参与这类工作的人无疑会是将来历史的一部分。

在美国形成的独特跨文化的需求(上面提及的那些书把这种需求最终揭露出来)是非常清晰的:美国人必须做好准备,更有效、更敏感地应对派往海外工作时所遇到的奇怪文化;外国学生、学者和专家在美国大学或机构中学习工作也需要适应美国文化;接待他们的美国主人也需要和这些国际旅居者处好关系,向他们学习;最后,人们也清楚地了解到,在美国多种文化背景的人民中,加强理解和建立良好的关系也需要类似的跨文化的技巧;最近一些年来,国际贸易和全球化的需要使人们日益注意到,要在国外奔波工作的工商界人士中培养跨文化技巧和增进跨文化知识。

第二次世界大战结束后不久,跨文化的流动对暂居海外人士的影响就显露了。1951年,文化人类学家杜波伊斯(Cora DuBois)在国际教育研究所的地区性研讨会上,首次谈到国际教育交流群体的"文化休克"(cultural shock)问题(Wight, Hammons & White, 1970)。1958年和1960年奥伯格(Kalvero Oberg)观察了在巴西工作的美国人的反应后,撰文论述了文化休克;1955年,吕斯高

(Lysgaard)首先提出了人们进入一个新文化所经历的进行心理调整的"U 型曲线"。1963 年这一曲线被古拉霍恩夫妇(Gullahorn)发展成海外人士回归本国文化时的"W 型曲线"。很多负责改进文化适应的人员认识到,当为那些要到海外工作的人做准备的时候,必须要考虑这些概念结构,尽管这种状况将会如何发生尚不清楚。一般来说,早期的跨文化培训者们主要注意的是进入一种新文化之后的经验,在 20 世纪 70 年代之前,很少对"海归"进行培训,即对旅居海外人员回国后的培训。虽然,这些理论随着时间的发展可能受到挑战,但是解决"海归"回国后的适应问题,变得如同为他们进行出国前培训(以便到一种奇怪文化中有效率生活工作)一样重要了。

多个中心和多种方法

由于在很多部门同时很快意识到跨文化问题,所以有多种切入点来开创跨文化培训方法。为实施战后马歇尔计划,海外服务人员和在发展局里的人们被召集起来;设立了国际发展局;美国信息局邀请的外国访问者来到了美国。国际教育交换迅速发展起来。虽然国际教育协会(the Institute of International Education)和国际生活实验(the Experiment of International Living)先后于 1932 年和 1936 年成立,但是战后它们的工作量增大了,在学生自由交流中发挥了更为重要的作用。在 20 世纪 40—50 年代,许多交换项目诞生了:1947 年成立了国际教育交流委员会和美国实地服务(American field Service),1948 年建立了 4-H 青年交流项目,1951 年成立了青年人理解项目,1960 年在夏威夷大学成立了东西方中心。所有这些组织都为成千上万的青年人、学生和学者提供了到自己文化以外地区去旅行的机会,也需要为他们准备出国提供日益复杂的培训方法。在美国军队里,海军也在寻找方法帮助他们的官兵在外国港口的行动中具有文化的敏感性。在这些机构和组织中,最初很少包括跨文化培训的策略和计划。常常是出现了一些事件,例如发生了冲突、人员非计划性提前回国,或者是外派工作失败,未能有效的完成任务。这些情况显示出外派人员或留学生缺乏正常进行跨文化生活和工作的能力,这种状况迫使这些机构为出国人员进行更加细致的准备。从另一个角度来说,在跨文化交往互动中和在国际舞台工作中的人们也有加强学习的愿望。

尽管企业界完全介入跨文化培训用了更长的时间，但是1946年在雷鸟（Thunderbird）就建立了美国国际管理研究生院，1958年成立了国际理解商业委员会，这些都表达了培训工商人员的目标。

霍尔与华盛顿的联系

爱德华·T.霍尔（Edward T. Hall）常被人们看做是这个领域的奠基人，通常是因为他在自己的著述中首先使用了"跨文化交流"（intercultural communication）一词，首先把目光转向了他所称的"微观文化"（micro-culture）（Hall, 1959）。1955年，霍尔到外事服务学院（Foreign service Institute）工作，担任华盛顿特区国务院第四点培训项目的主任。他与雷蒙德·伯德惠斯特（Raymond Birdwhistell）、乔治·L.特拉格（George L. Trager）等人为将要到国外服务的官员创建了培训计划，该计划中包括含蓄文化的概念，重点放在文化与交流（communication）的交集方面。在这些项目中，空间、时间和其他非语言行为对人际交往的作用得到了深入探讨。他利用受训人员的经验过程，把它发展成一种模板。霍尔首先意识到，对准备到外国文化中工作的人员，仅仅向他们提供所去国家的信息和语言培训是不够的。来外事服务学院受训的人员通常都有到国外工作的实际经验，但是他们缺乏一种程序，通过这种程序去分析其经验和技巧，以便帮助他们在新环境中正确的领会和做出回应。实际上，受训人员很清楚，出国人员仅进行智力方面的准备已经不够了，他们在寻找更多的东西。霍尔的同事们对此做出的相应培训对策使培训可以立即在海外工作中派上用场。

从一开始，跨文化交流就没有从抽象的知识探究中发展起来。正如在外事服务学院中所展示的那样，它是从经验中显现出来，建立在实际运用的基础之上。虽然，霍尔在建构概念和其在跨文化领域的著作得到了更多的承认，但是，他实际上在建立跨文化培训方向上发挥了更重要作用。他为跨文化培训设立了基线，这条基线一直延续至今。这基线包括：使用通过经验进行学习的技能；强调对自己文化条件的理解；对不同文化人员之间的实际日常接触，以不判断优劣的态度接受差异；注意适应外国文化的问题（Hall, 1956），吸收语言学家

［像本杰明·沃尔夫（Benjamin Whorf）①］的研究成果，和特拉格（Trager）一起提出了一种基于传播模式的文化理论②，该模式着眼于跨文化交流而不是对另一种文化的研究；培训人们注意交往过程中的细微方面，注意他们自己的行为对他人的影响（Leeds-Hurwitz，1990）。

霍尔最早的两本书，《无声的语言》（1959）和《隐蔽的维度》（1966b），就源自他在外事服务学院的经验和随后在华盛顿精神病治疗学院的工作。这两本书都面向大众读者市场，没有用技术性术语来写文化是如何塑造了经验。霍尔的这两本书对培训的内容产生了重大影响，因为他在外事服务学院的工作影响了培训的过程。

1956年，霍尔写道，培训的材料缺乏，这种情况一直延续到20世纪60年代，那时研究和实验开始了，出现了许多至今依然广为使用的培训技术。虽然很少是全新的技术，但其中一些比另一些更具创新性。通常这些技术是其他培训中成功方法的精心运用。我们熟悉的方法，例如角色扮演、事件评论、案例研究、模仿等，这些方法提供了从事研究和构建理论的出发点，以便提供相应的策略，为那些将到国外工作的人们做好跨文化交流的准备。

和平队的实践

1961年，和平队（Peace Corps）建立，成千的青年人报名参加，他们作为志愿者在世界各种文化环境中进行服务，理想主义激励他们参与了这一项目，全然不知在目的国等待他们的是什么。正如为到国外工作的外交人员出国培训使用新方法是必要的一样，对和平队员的出国前培训也需要使用新方法（和平队培训史在本霍尔德-萨曼撰写的本书第十五章有详细的记述）。早期的出国培训强调的是地区研究，培训是在校园里进行，出现了"大学模式"（university model），该模式基本是以讲课和提供所去国信息为培训项目。此外，还相当注

---

① 霍尔说，"沃尔夫和他的语言学同事们所奠定的语言与其他人类行为关系的原则，事实上，适用于所有文化"（E. T. Hall, 1966b, 第2页）。

② 这是霍尔的《无声的语言》（1959）和他说的人类活动形态"基本讯息系统"的理论基础，但他只谈了交流非语言形式。

意身体上适应所去国的问题。当这种方法被证明不是十分有效之后,和平队采取了经验性培训的方法,在试验了各种培训计划之后,最后在所去国建立了培训中心。经过收集资料和过程的测试,1970 年,由艾伯特·怀特(Albert Wight),玛丽·安妮·哈蒙斯(Marry Anne Hammons)和威廉·怀特(William Wight)撰写的第一本跨文化培训指南《和平队跨文化培训指南》(*Guidelines for Peace Corps Cross-Cultural Training*)问世(Wight, 1970; Wight and Hammons, 1970a, 1970b; Wight, Hammons and Wight, 1970)。后来,和平队的培训技术在丹佛的研究与教育中心(Center for Research and Education)得到了提炼,这些方法也成为跨文化培训者早期活动注意的焦点,被用来界定自己是专业培训工作者和设计新的培训策略。① 在研究与教育中心,怀特和哈蒙斯写道,把在国内培训转到派驻国培训,除了不必再模仿派驻国的生活外,还有许多优点:(1) 它以受训者为中心,而不是以培训师为中心;(2) 受训者对学习效果负责;(3) 它是基于建立能力以解决问题而不是吸收信息;(4) 它迫使受训者学会如何学习。今天,"学会如何学习"的主题依然是跨文化培训的一个重要内容(Wight and Hammons, 1970b)。

和平队成为跨文化培训师的小型训练营地,它为创造和提炼培训技术提供了强大的推动力。很多在和平队里获得第一手经验的和介入培训志愿者的人,成为长期参加跨文化培训的人员,并成为这个领域的领导人。然而,随着时间的流逝,和平队提供了较少的机会以进行创新和试验。近些年,随着《文化问题:和平队跨文化工作手册》(*Culture Matter: the Peace Corps Cross-Cultural Workbook*, Storti & Bennhold-Samaan, 1998)和《文化问题:培训员手册》(*Culture Matter: Trainer's Guide*, Storti & Bennhold-Samaan, 1999)的出版,和平队的培训创新有些复苏。这些手册记录了和平队里使用的最新材料,为探究文化的普遍概念,并把这些概念运用到学习一种特定的文化中奠定了基础。这些材料的目的不仅是为到其他文化中工作的人准备的,而且也帮助人们认识自己。

---

① "研究与教育中心"因首创培训工作而知名,20 世纪 80 年代初它被一家名为 SYSTRAN 的培训公司获得,该公司先后由莫兰(Moran)、斯塔尔(Stahl)、博耶(Boyer),最后由普鲁登舍(Prudential)经营。研究与教育中心是杂志《桥》(*The Bridge*)的诞生地,该杂志 1983 年停刊。

第二章 从历史角度看跨文化培训

创造培训技术

1962—1966年期间,乔治·华盛顿大学"人类资源研究组织"的一项研究项目创造了一种对照美国或对比文化的培训方法。爱德华·C.斯图尔特(Edward C. Stewart),杰克·丹尼利恩(Jack Danielian)(他后来写角色表演的情景),以及在斯图尔特(Stewart)离开该项目后的艾尔弗雷德·J.克雷默(Alfred J. Kraemer)研究了一种方式,在这种方式中,被派往东南亚的各社区发展小组对所在地的交流对方作出判断,对他们观察的行为进行归因,根据归因参与一些行动。很明显,这些发展小组没有经过"人际间跨文化交流各方面"(Stewart, 1995)的培训,当时也没有合适的方法事前培训这些小组,使他们与国外的交流对方进行成功的交流互动。这样,对照美国的练习就诞生了。利用美国文化的模式作为参照点,用这个"具体"的文化对照另一种"抽象"的文化的方法被创造出来。要制做出小组成员在实际现场要面对的情景(布景),从有可参照文化中来的受训者(参照美国文化)与一位受过培训的人(他扮演来自所对比的文化成员)交流互动。这是一种高度发展的角色扮演的培训形式,通过这种形式,受训者了解了自己文化的作用,同时也了解了所对比的文化,获得了跨文化交流互动的基本技巧(Kimmel, 1995; Stewart, 1966; Stewart, Danielian & Foster, 1969)。最后一种新的形式出现了,该形式允许具体对比文化的代表,"卡恩(Khan)先生"[由卡耶坦·德梅鲁(Cajetan DeMello)出色扮演]与参与者更为热情的交流互动(DeMello, 1995)。这种角色扮演的形式成为本领域的保留方法,继续沿用于军队、教育、宗教和医疗保健的交流情景。这种培训方法在商业跨文化理解委员会培训工商业人士中,得到广泛利用。后来,培训团队发展成一个评议会。虽然角色扮演的方法通常包括在跨文化培训中,对照文化这种形式却较少应用,因为它需要专业演员。然而,在对照文化角色扮演背后的概念架构,继续影响着使用更为一般的角色扮演形式的培训。

另一种广泛使用的培训技术是由弗雷德·菲德勒(Fred Fiedler),劳伦斯·施托鲁任(Lawrence Stoluron),查理斯·奥斯古德(Charles Osgood)和哈里·特里安迪斯(Harry Triandis)在20世纪60年代中期提出的"文化同化案例"（cultural assimilator）方法（Triandis,1995）。利用来自海军研究办公室的资金,他们设计出要回答的3个课题:(1)当你进入一个新的文化,你如何发现哪些文化差异是重要的？（2）你如何针对那些重要的文化差异进行交流？(3)如何评估你交流的信息是否有用？第一个问题通过分析主观的文化得到了回答,并在1972年由特里安迪斯把这些回答出版发表了。探讨第二个问题导致他们创造了各种形式的特定文化的危机事件（critical incidents）的情景,从中可以有多种选择以解决提出的问题。这类练习的设计者为那些到特定地区的人做岗前培训:正确的回答会进一步导致对所涉及文化的深入理解;错误的选择可以为你提供一些信息,说明为什么这种回答不理想,并建议受训者再试一次（Triandis,1995）。

案例研究和危机事件在跨文化培训中不是新方法,但是文化同化案例具有大多数这类练习所不具备的性质。文化同化案例所包含的文化信息是从研究中得来的,然后把它融入国外工作的人在特定文化中所面对的典型经历中,并给出在这种情景时的恰当作法。不是依靠不同的训练有素的培训师获取特定文化关于如何得体地作出反应的信息,而是可以立即获得"专家"的信息。受训者可以单独使用文化同化案例,虽然它最好是应用于培训项目中,因为在培训项目中,各种回答都可以进行讨论,可以获得提高交流技巧的能力。

事实证明这个经过检验的培训方法的精华是行之有效。在文化同化案例中进一步发展的方面是理查德·布里斯林（Richard Brislin）和同事组织的100个分属不同类别事件,例如《工作场所和家庭》(*The Workplace and The Family*)（Brislin,Cushner,Cherrie & Yong,1986）。布里斯林还分列了跨文化关系中常见的18个主题,并和同事提出了"一般文化"（culture-general）同化案例（Cushner & Brislin,1996）。虽然各事件都设定在特定的文化中,但是它们集中在一起,则演示了所界定的主题,帮助受训者消化吸收成功进行跨文化适应的一系列标准。

国际教育领域的培训

也是在20世纪60年代中期,外国学生和美国主人的关系开始在几所大学得到比以前更深入的探讨。在匹兹堡大学,一群学者、学生和项目官员走到一起,观察和调查这类关系实际上是如何运作的。大卫·胡普斯(David Hoopes)、斯蒂芬·莱因史密斯(Stephen Rhinesmith)与"国际教育地区委员会"(Regional Council Council for International Education,简称 RCIE)、"跨文化交流网络"(Intercultural Communication Network,由 RCIE 发展出来的机构)一起工作,创造了一系列被称为"跨文化交流工作坊"(Intercultural communication Workshops,简称 ICW)活动(Hoopes,1975c)。1966 年,在宾夕法尼亚州的匹兹堡举办了第一次工作坊(Hoopes,1975a),提供了一个多元文化实验室,探讨跨文化互动的过程。国家外国学生事务协会(后来改名为国际教育协会)和美国国务院教育与文化事务局给了一笔可观的资助,使这项研究持续了 10 多年。这项资金为培训协会内发展扩大的跨文化促进者网络和为开办工作坊提供了机会。

典型的跨文化工作坊为期两天半,设计的目的是把美国学生和外国学生聚在一起,帮助两类群体通过相互接近以便更多地互相学习。工作坊中,演讲、电影、练习、群体体验和讨论会混合在一起,以试图找出哪项活动最有助于学生理解文化的特征,最有助于学生"扫除障碍,进行比一般形式要更深一层和更为有意义的交流和互动。"(Hoopes,1975c,p.3)

当前,康奈尔大学的克利福德·克拉克(Clifford Clark)和学生发展了跨文化交流工作坊,培训跨文化交流工作坊的骨干;俄勒冈州的波特兰德州立大学的拉瑞·鲍尔瑙(LaRay Barna)试验了学术性的跨文化交流工作坊模式。康奈尔大学的工作坊与被人们称之为"匹兹堡模式"相似(Hoopes,1975a)。然而,鲍尔瑙进行的是学术性课程结构的研究,她把上英语课程的外国学生和上传播学的美国学生聚在一起,帮助外国学生在跨文化的语境中,更有效的利用新语言的技巧,发现哪些因素阻碍了和哪些因素促进了两类学生间的交流。她从两门课程的学生中抽出一部分学生,组成一个由国内学生和外国学生组成的小组,给出一些题目让这个小组讨论,然后利用两个分开的课堂去分析跨文化的互动。在一些年之后,鲍尔瑙首创了学术性的跨文化交流的课程,但是在 1965—1970 间,她的研究工作与匹兹堡大学设计的跨文化交流工作坊很相似,她是第一次在英语为第二语言的班上开办工作坊的。她的经典文章《跨文化交流中的绊脚石》("Stumbling Blocks in Intercultural Communication",Barna,1972,1975)首次发表在《跨文化交流读本》(*Readings in Intercultural Communica-*

tion)上,这是她对这些小组进行实验的直接成果。今天,大多数跨文化交流的课程都使用经验性和互动式学习的形式。在传播学的课堂中使用跨文化培训的技术开始于鲍尔瑙,尽管当今教授这类课程的人们不知道这种作法的起源,在 20 世纪 60 年代鲍尔瑙自己也不会以上述术语描述她正在做什么(2003 年 1 月 28 日与鲍尔瑙的个人交谈)。

另一种跨文化交流工作坊的学术形式是 20 世纪 70 年代初在明尼苏达大学发展起来的。课程包括 10 次各 3 小时(持续 1 学年 4 个学期中的 1 个学期)多种形式的实践性讨论课,把阅读和评分的研究方案结合在一起。在一种实地的首次系统地对培训员培训中,当助教的研究生被作为课程各部分的骨干(facilitator)加以培训。1977 年,这种形式被米尔顿·贝内特(Milton Bennett)带到了波特兰州立大学。在该大学拉瑞·鲍尔瑙研究的基础之上,他把跨文化交流工作坊建立成常规的传播学课程。他和珍妮特·贝内特一起扩展了研究生培训方面的内容。跨文化传播工作坊在波特兰州立大学一直持续到 20 世纪 90 年代初。

当人际关系培训活动热火朝天时,跨文化交流工作坊以及后来对培训师培训的操作发生了转向。那些提出跨文化交流工作坊的人们,利用人际关系培训中的概念和程序,力图避免人们遇到他人或较敏感群体时出现相互对峙的状况,这种做法在当时风行一时。在这些群体中,重点倾向放在个性,放在克服或减少差异,以强调相似性作为交流的基础。而跨文化交流工作坊重点是放在文化和文化差异上,把文化和文化差异作为一种交流、理解及接受的内容。

由于有国家外国学生事务协会的资助,一份名为《公报》(*Communique*)的通讯创刊(Regional Council for International Education, 1970),因而关于跨文化培训的信息可以广泛地被大家共享。① 1970、1972、1973 年由大卫·胡普斯(David Hoopes)编辑的系列读物《跨文化交流读本》(*Readings in Intercultural Communication*)由匹兹堡大学的"国际教育地区委员会"出版,该书汇编了跨文化交流领域里的调查研究、理论和项目的文章。胡普斯继续在"跨文化交流网络"幕后发挥着推动力的作用,"跨文化交流网络"维持着与"跨文化教育、培训和研究协会"(SIETAR)维持着一同出版《跨文化交流读本》(SIETAR; Hoopes, 1975b, 1976, 1977; Pedersen, 1974)。"跨文化交流网络",后来改名为"跨文

---

① 一年内有 1000 多人成为该刊物的读者用户。

化网络"对跨文化培训的成长和发展产生了重要影响。

"跨文化交流工作坊"逐渐在自己的诞生地消失了,但是有一段时间在保罗·佩德森(Paul Pedersen)和罗伯特·莫兰(Robert Moran)的指导下,在明尼苏达大学延续着,在其他学院或大学,也时而开设这类的课程(Wendt,1981)。因为跨文化工作坊转移到了波特兰德大学,它原有的和学术性的形式几乎都消失了。在检验跨文化关系概念和跨文化培训运用的策略等方面,跨文化工作坊是关键的一步,其中的许多概念和策略至今仍在使用。跨文化工作的发展,以及在校园和在国家外国学生事务协会内培训了大量的培训师,使他们能举办工作坊,这就造就了大量的业务骨干,使他们能以多种方式在跨文化培训领域工作,把跨文化理论和培训提高到一个新的精细层次。跨文化工作坊"运动"为实验和反复实验,以便发现能实现跨文化关系中学习和交流目标的实际作法,提供了机遇。它是可能做这类层次实验的最后地方之一。

跨文化教育、培训和研究协会(SIETAR)的建立

"跨文化交流网络"孕育了"跨文化教育、培训和研究协会"(Society for Intercultural Education, Training and Research,简称 SIETAR)。成立这个组织的构思产生于科罗拉多的 Estes 公园,当时正在那里召开与和平队合同相关的咨询会议。艾伯特·怀特(Albert Wight)同意担任执行主任,他得到了所在单位"研究与教育中心"的支持。后来情况表明,成立这种组织得不到独立资助,因而当怀特离开"研究与教育中心"另谋新职后,就不能继续进行创建该协会的事情了。怀特请胡普斯(Hoopes)以及另一位创始人斯蒂芬·莱因史密斯(Stephen Rhinesmith)接替他创建该组织。[①] 最初,该组织名为"跨文化培训和研究协会",后来加上了教育,成为"跨文化教育、培训和研究协会"。

SIETAR 为跨文化交流学者、专家提供专业身份,以及为跨文化领域专家和学者提供聚会场所一直起着积极的作用。它为跨文化交流学者提供一个交换培训、理论和研究等方面学术思想的平台,提供了一个增进社会交往、增强相互

---

① 见 White's (n.d.) *Where It All Began*。

联系的平台。从某个角度看,SIETAR 指的是一个"孤独者的协会",因为很少有跨文化交流学者在自己的单位有同事,在各方面都是独自的自我支撑。1974年,SIETAR 在马里兰州的盖瑟斯堡(Gaithersburg)召开了第一次学术研讨会,随后不断扩大,包括了来自全世界的成员。因而,1982 年它成为"国际跨文化教育、培训和研究协会"(SIETAR International),之后在北美大陆之外召开了多次学术研讨会。SIETAR 与"跨文化网络"合作,在该领域出版了第一批著作,其中包括 1972 年出版了爱德华·斯图尔特(Edward Stewart)的重要著作:《美国文化模式:跨文化视野中的分析》(American Cultural Patterns: A Cross-Cultural Approach)。该书面向的读者是在海外工作的个人,特别是从事发展项目的工作人员,但是它也成为该领域里培训师和教师使用的一本重要教科书。

最后,SIETAR 变成了一个联结各国和各地区组织的全球性网络。1991 年,欧洲 SIETAR(SIETAR Europa)成立。1998 年由日本 SIETAR 主办,在日本的丽泽大学(Reitaku University)召开了第一次 SIETAR 全球网络(SIETAR Global Network)国际学术研讨会。在这次会议上,讨论了创建 SIETAR USA 的问题,并在 2000 年成立,并采取了其他步骤建立全球的网络,以便在下一步构建一个世界性的专业组织。尽管自 1974 年以来该组织经历了许多变化,但是它仍旧在把全球的跨文化交流专家和学者聚集在一起,因而一直是为大学间的合作搭建平台的工具。

与海军的关系

与此同时,大致在 1971 年,美国海军开始非常关注美国驻外港口(特别是在日本和希腊)水兵的行为,决定要做些事情,以避免威胁美国和盟国关系的冲突事件发生。海军人员研究和发展中心让加里·希尔茨(Garry Shirts)帮忙,创造一种可以教育海军人员了解已发生多次冲突事件的某种文化的模拟形式。海军已经编印了水兵们可以阅读的介绍希腊文化的文字资料。所以,很明显问题不是缺乏信息,而是未能将这些信息付诸应用。希尔茨认为,训导人们对另一种文化的了解只是解决问题的一部分,还必须帮助人们理解文化本身的特点,以及文化对人们互动的影响。他认定,应激发他们学习如何在任何一种文化环境中与当地人进行有效交流互动。其结果是他创造了模仿式的游戏巴法巴法模仿游戏(BáFá BáFá)。这一游戏最初伴有培训模块、连环画和语言录音带。这是首创的跨文化模拟游戏,1974年当这种模拟游戏基本上可以实际应用时,就成了广泛使用的、在本领域里众所周知的模仿游戏(Shirts,1974,1995)。这个游戏基于以下的想法:让受训者对比学习甲乙两种文化,成为甲乙两种文化中的成员,然后以一种文化成员的身份到另一种文化中去访问。甲文化是一种更为偏好集体主义、以人为本、喜好接触的文化;乙文化则是使用不同的语言,偏好个人主义、以任务为本的文化。甲乙两种文化成员互相交流互动的要点是教育受训者认识到:"在我们文化中那些似乎是不合理的、应加以反对的或不重要的东西,可能在另一种文化中是合理的、要坚持的和极为重要的。"(Shirts,1995)其他类型的模仿游戏①也纷纷创作出来,但是它们都受到这一模仿游戏的启示,它成了经典,成了跨文化模仿游戏的样板。

国际生活实验

自1932年以来,"国际生活实验"(the Experiment in International Living,简称EIL)就已经出现,并以短期或到国外度过一个学期的形式实施过。这一作法在国际文化交流领域得到长期的承认。1964年,"国际生活实验"[现在改称为"世界学习"(World Learning)]创建了国际培训学校,该校成为其正规的学术性设施。该校重点放在语言学习,了解文化和跨文化交流。"国际生活实验"和国际培训学校也都为和平队、跨国公司和其他组织开办了多种培训项目。在办学过程中,他们发展出自己的一套跨文化培训的概念和方法,这套概念和方法在跨文化培训领域被严守保密。这并不是因为他们不愿意与大家共享,而是因为对学生和受训者的着眼点是问题所在。在该学校使用的许多培训技术一直以零散材料的形式被大家所共享,直到1977年唐纳德·巴彻尔德(Donald Batchelder)和伊丽莎白·沃纳(Elizabeth Warner)出版了他们编辑的《经验之外》(Beyond Experience),才让世界知道地处弗蒙特·布拉特尔伯勒(Vermont Brattlebo-

---

① 例如,游戏《班嘎》(Barnga)(Thiagarajan & Steinwachs,1990)和《伊科托诺斯》(Ecotonos)(Nipporica Associates,1993)。

ro)的国际学校在做什么。1995年特德·戈切诺(Ted Gochenour)编辑出版了再版的《经验之外》,阿里韦诺·范蒂尼(Alivino Fantini),安妮·詹韦(Anne Janeway)和其他在国际培训学校工作的值得尊重的教师们,都为受训人员如何有效生活在跨文化接触日益频繁的世界,撰写了他们所使用的实验方法。模仿游戏有《信天翁》(*Albatross*, Gochenour, 1977a)和《猫头鹰》(*The Owl*, Gochenour, 1977b),练习有《急下降》(*The Drop-Off*)。这些书正式出版后,要比原来那些几张纸的油印材料经久耐用。最重要的是,所有的练习和文章强调的是实验的方法,强调的是反思理解经验意义的重要性。每一项技巧都基于一个信条:"一个人知识和意识的扩展与更大的整体、与一个人所能了解的在行为、思想和情感上负起的责任相关"(Janeway, 1977, p.7)。由于这些书的出版,实验对跨文化培训的影响就显示出来了。

华盛顿国际中心

华盛顿国际中心(Washington International Center)建立的目的是培训外国访问者,使他们理解文化,特别是美国文化。该中心坐落在一所风景优美的名为梅里甸宅(Meridian House)的公寓中。该公寓还驻有其他一些国际组织。华盛顿国际中心坐落在此处是重要的,因为正是在它幽雅的环境里,外国访问者开始了他们对美国的了解;许多国际组织与它在一个地方办公,为它与这些组织进行创造性的合作提供了便利。1950年,华盛顿国际中心开始了首次培训,以后数不清的外国来访者,特别是由国际发展局和美国信息局(现在是国务院的一部分)资助交换项目的来访者,经历了对美国的定位和在华盛顿国际中心的专业性培训项目。然而,培训主要是以简报、演讲和讨论等形式进行。1983年,罗伯特·柯尔斯(Robert Kohls)成为该公寓的副会长和华盛顿国际中心执行主任。他以前负责全球美国驻外使馆的文化和新闻官员的所有培训工作。他给华盛顿国际中心的培训带来了新视角,他重新设计的培训方案,融入了实验性技术。他的一些研究工作收录在《培养跨文化意识》(*Developing Intercultural Awareness*, Kohls & Knight, 1994)、多种形式的论文和分发的印刷品[包括《美国人生活所依赖的价值观》(*The Values Americans Live By*, Kohls,

1984）]和30个练习中[例如他创造的《谚语》（*Proverbs*）]。他所创造的谚语，非正式地在跨文化培训领域里流传，直到它们被收录在更为持久的文献中（Kohls, 1996）。

在这个时期，美利坚大学的加里·韦弗（Gary Weaver）根据霍尔的思想（Hall, 1959）提出了对文化的显性部分和隐性部分的比喻，即"文化有似冰山"。这一模式被培训师和教师广泛使用，它形象地展示文化特征明显可见的部分和隐藏部分。韦弗是在华盛顿国际中心为尼日利亚人回国项目讲课时创造这一比喻的，当时他向那些准备回国的尼日利亚学生试图解释文化。娜恩·萨斯曼（Nan Sussman）当时是培训教员小组的成员，她提议说，文化像金字塔，有不同的层次。韦弗想要使学生理解内在和外在的文化，理解不同文化冲撞的观点，就创造了文化像冰山这一比喻（Weaver & Uncapher, 1981；2003年3月3日与G. Weaver的个人交谈）。

青年交换项目

贯穿这一时期，"美国跨文化实地服务组织"（American Field Service Intercultural）与"青年理解"（Youth for Understanding）印刷了大量的材料，这些材料经过编辑，分别是为体验异文化生活而住在世界上成百上千社区的房东家里和中学学校里的青年人、他们的房东、他们的家长而准备的。最好的美国跨文化实地服务组织的材料是按着项目运行的整个周期（从出发前的准备到实践完回国）进行组织的。这些材料已经出版在《青年交换项目定位手册》（*Orientation Handbook for Youth Exchange Programs*, Grove, 1989）一书中，该书还包括可以"转换"为成年人使用的材料。"青年理解"创造了一个检测和产生模仿节目"马克霍尔"（Markhall, Blohm, 1995）的容易被接受的环境，在凯洛格（Kellog）基金的帮助下，组建了"跨文化项目志愿者"，编写了一些手册，用它们来培训青年交换项目服务的志愿者。

早期的公司跨文化培训

跨国公司开始注意世界各国对它们的消极态度,也注意到自己日益被派往海外人员的高额往返费用所困扰。1954 年,标准真空石油公司为其在印度尼西亚的人员建立了第一个有记载的室内培训项目(Renwick, 1994)。为促进政府和私人企业之间的交流互动而成立的国际理解商会,是早期持续关注工商业中跨文化因素及在公司进行培训的一个部门。然而,在这个时期,没有其他的直接面向工商业客户的大型培训项目。只出现一些向企业家提供放宽尺度可以称作"培训"的项目。所谓的"培训"常常只是些通报会,会上谈些包括关于目的国的见闻、信息和建议,这些作法经常很不正式。

在当时由男人主导的领域里,出现了一些女创业者。在美国,一个早期的机构是 1967 年成立的海外通报协会,由艾莉森·R. 拉尼尔(Alison R. Lanier)领导,她曾经在联合国工作过,并在海外任过职。她搜集了人们问及的有关他们所处生活和工作环境的一些问题,依据这些信息,她建立一个向客户提供目的地信息简报和手册的公司。她最后出版了一系列文章,这些文章经她仔细研究写就,并有标准概要,以《更新》(Updates)为题出版,每期都经剪裁后适应一个特定的国家。1973 年,她还写了一本书《生活在美国》(Living in U.S.A),回答在联合国工作的国际人士提出的问题。

在瑞典,琼·菲利普斯-马丁森(Jean Phillips-Martinsson)以类似方式提供服务,直到 1975 年,她在斯德哥尔摩附近建立了跨文化关系中心,开始为工商界人士提供为期 3 天的名为"怀着信心进行交流"的"课程"。菲利普斯-马丁森从英国移居瑞典,她依据自己海外生活经验和接受的交流培训,创立了自己的培训项目(Dahlen, 1997)。1981 年她还出版了一本书《外国人看瑞典人》(Swedes As Others See Them),直接面向那些与瑞典公司打交道的人、短期生活在瑞典的人和移民瑞典的人。

20 世纪 70 年代末,内莎尔·勒文塔尔(Nessal Loewenthal)为贝奇特尔(Bechtel)公司(向海外派出了很多人员的跨国公司)创立了一个面向家庭的信息通报服务业务。勒文塔尔为贝奇特尔公司编写了一系列的出版物,这些出版物和拉尼尔编写的《更新》相类似。所有这些妇女都有一个较大的跨文化培训师和跨文化咨询员的网络,这些培训师和咨询员可以被请来提供信息或者和客户一起工作。在某种程度上,她们还都帮助了年轻妇女进入这个领域。拉尼尔和勒文塔尔唤起人们注意举家移居海外的家庭,而不是把自己培训的对象限于公司雇员。她们是今天向公司和其他组织提供服务的许多独立培训师的先驱,她们与客户和同事维持联系的风格也与今天盛行的实际作法没有多大的差异。

从跨文化角度涉及公司问题最早的出版物是1979年菲力普·R.哈里斯和罗伯特·T.莫兰(Philip R. Harris Robert T. Moran)撰写的《跨文化管理教程》(Managing Cultural Differences)。同年,在该书问世之后不久,L.罗伯特·柯尔斯(Robert Kohls)出版了《海外生活急救箱》(Survival Kit for Overseas Living),写作该书是为了让在海外工作的工商界人士认识到,他们自身情况的转变及其在多国公司工作环境中有用的技巧。

1974年,跨文化交流领域在技巧层次上如何进行研究有了充分的发展。乔治·伦威克(George Renwick)回顾了该领域在1932—1984年间的发展,特别对1974—1984年的10年进行了研究。他认为,美国所有跨文化培训的87%是在4个组织中进行的:和平队、华盛顿国际中心、AFS国际/跨文化项目和国际生活体验。他的研究显示:尽管仍旧有一些大公司积极培训其商业人员,但是许多小的培训公司正开始涌现。它们为世界各地的公司提供出国前培训和跨文化管理项目的培训。有时候,多个培训团体还组织起来从事特定的公司培训项目。一些这类团体已经成长为大型的培训组织,有些消失了,多数还依然是运转灵活的小型公司。

新理论、新模式和新材料

20世纪60年代中到20世纪80年代中,是设计各种方法处理跨文化接触现实的非常活跃的时期。投入到这个领域是一个特别激动人心的时刻,因为可以进行各种试验。许多相对简洁但值得尊重的练习,例如"描述、阐释、评估"(D. I. E.),①以及更为精致的培训形式都在这个时期扎下根来。也正是在这个时期,大卫·科尔布关于学习风格(David Kolb, 1981)和经验学习(David Kolb, 1984)的著作鼓励了培训师考虑受训人员不同的学习风格,使用经验循环(experiential cycle)作为组织培训过程的方法。科尔布(Kolb)的《学习风格量表》(*Learning Styles Inventory*, 1976)的内容,作为展示差异的一种方法,进入到跨文化培训,它揭示了人们在培训小组中是如何学习的,还指出构架培训设计时要确认所有的风格都包括在内。在使这些被人们接受过程中,珍妮特·贝内特发挥了作用,后来她通过设计"挑战与支持"坐标方格,使学习风格得到详细的阐述。"挑战与支持"坐标方格提出,盲目地走入两种极端中的任一极端(高挑战的培训方法和高挑战的培训内容,或者低挑战的培训方法和低挑战的培训内容)都会导致受训人失去注意力和学习兴趣(J. M. Bennett, 1993)。

这个领域的挑战之一是缺乏出版的可信的原始资料,可信的原始资料也缺乏加以出版的途径。早些年,SIETAR 出版了首批著作。但是只有大学教师(而且为数不多),可以在正式出版社出版自己的教科书。在这类出版物中,书名与培训相关的很少,尽管 1976 年出版了理查德·布里斯林(Richard Brislin)和保罗·佩德塞森(Paul Pedsesen)写的大众版《跨文化适应项目》(*Cross-Cultural Orientation Programs*)。在 20 世纪 90 年代,哲人出版社(Sage Publishing)一直为研究人员和学者出版图书,并扩大了出书的范围,包括培训和学术性不太强的跨文化方面的图书。1977 年,《跨文化关系国际杂志》(*International Journal of Intercultural Relations*,简称 IJIR)创刊,成为急需的发表跨文化研究和培训的专业刊物,它至今依然是这个领域里的核心期刊。关于培训的文章由培训编辑 R. 迈克尔·佩奇(R. Michael Paige)负责组稿,1986 年 IJIR 出版了特刊题为《跨文化适应的理论与方法》(Martin, 1986)。尽管如此,这个领域里的人们还是在力争自己的著作能够出版,摆到书店里去。

跨文化方面图书出版的兴旺与跨文化出版社的创办有关。1977 年,该出版

---

① D. I. E. 指 Description(描述)、Interpretation(阐释)、Evaluation(评估)练习。它由珍妮特·贝内特和米尔顿·贝内特在 1975 年开发出来,第一次正式出现在美国俄勒冈州波特兰德市波特兰德州立大学使用的跨文化工作坊(ICW)的手册中(见 Bennett, Bennett & Stillings, 1988)。D. I. E 也可以从跨文化交流学院的网址上获得,网址:http://www.intercultural.org/resources.html。

社开始出书,但是成为正规的出版社是在 1980 年。创办该出版社的主要人物,大卫·胡普斯(David Hoopes),玛格丽特·帕奇(Magaret Pusch)和乔治·伦威克(George Renwick)都来自跨文化研究领域。他们都敏锐地感觉到成立这样一家与本领域密切结盟和服务本领域的出版社的必要性。这家新出版社第一批出版物是:《多元文化教育:跨文化培训方法》(*Multicultural Education*: *A Cross-Cultural Training Approach*, Pusch, 1979)和《海外生活急救箱》(Kohls, 1979)。由于出版社的创办人鼓励同事们写书,把他们在培训和教学中使用的材料变成出版物,该社出版的图书增多了。在该领域变得更具专业性,更多地被跨文化这个小圈之外的人所了解,在这一发展过程中,是很关键的一步。该出版社的创始人很快就说,创办该出版社起步艰难,他们已经有了忠实的但却很少的客户,如果出版社要想生存和兴旺的话,还必须教育更广大的受众认识到跨文化交流的价值。

20 世纪 80 年代:全球的发展和组织

20 世纪 80 年代末期,已经不是从平地上开创崭新领域的迅速发展的时期了,更多的是朝着补缺、完善已有组织、创办新的企业式的但经常是小型的公司、使领域变得向专业化等方向发展。这个时期有大量的激动人心的工作在进行,而且是在许多地方同时进行。这使得与全球涌现出来的新的发展保持联系变得日益困难。

由于跨文化培训变得更加精细,变得目标更针对特定的受众,所以用特定的方法和活动去处理文化多种表现形态的重要性变得明显了。这时也提出了一些新的模式。例如,全球"漫游者"(global nomads)需要一个特殊的、特定的视角。这个群体,被界定为一些人由于他们父母亲职业问题,其儿童时代大部分时间是在护照持有国之外的地方度过的,这些孩子包括传教士、军人、外交人士、国际工商界人士和国外从事学术工作人士的子女。

"全球漫游者"(该词是由这群人士成员最终选定的)一词,是社会学家露丝·乌塞姆(Ruth Useem)在探讨"海外学校"(美国的国际学校)中孩子们的经历时,在她的著述中首次界定的。"全球漫游者"在本国文化之外度过了绝大部分生活时光。她把他们比作"第三文化的孩子"(the third cultural kids,或简称 TCKs, Useem & Downie,1976)。该词的本义不是指一种新文化,而是指一种孩子们经历的多种成分的亚文化。由于他们生活在两种文化的边缘,由于在国外长大,这些孩子常常经历了不平常的文化学习,这种文化反映的既不是本国文化,也不是所驻国文化。他们的经历常常提供给他们特殊的跨文化技能和视角,但同时给他们提出了独特的挑战,特别是孩子们回国后更是这样,这种情况常发生在上大学的年龄。自 20 世纪 80 年代以来,大卫·波洛克(David Pollock)一直开展着"全球漫游者特征测量"工作(Pollock & VanReken,1999),到世界各地去做培训。这些培训针对"第三文化的孩子"特点,突出跨国经历。其他从事这类工作的人是诺尔玛·麦凯格(Norma McCaig)(1996)和芭芭拉·谢蒂(Barbara Schaetti)(2000)。

在欧洲,跨文化研究和培训领域正在慢慢发展。荷兰建立了两个咨询公司,它们的工作对该领域有全面的影响。1980 年,霍夫斯泰德(Geert Hofstede)创建了跨文化合作研究所(The Institute for Research on Intercultural Cooperation,简称 IRIC),这是个非赢利组织,现在它与两所大学有联系。霍夫斯泰德关于区分不同文化的维度研究,首次发表在《文化的结果》(Culture's Consequences, Hofstede,1980)中,他提出 4 个维度:权力差距、回避不确定性、个人主义—集体主义、男性化—女性化。他的第二本书,《文化与组织:思想的软件》(Cultures and Organizations: Software of Mind,1991),不仅仅增加了第 5 维度即儒家变量,而且是一本其著名理论可读性更强的改写本。这些维度被广泛地用作诊断不同文化是如何发挥作用的,被布里斯林和吉田(Brislin and Yoshida,1994)论证为培养跨文化技能的指南。霍夫斯泰德在把跨文化培训引入多元文化组织中,发挥了重要作用,特别是他在与安德烈·洛朗(Andre Laurent)在"欧洲管理事务学院"(Institut Europeen d'Administration des Affaires,简称 INSEAD)的合作中发挥了重要作用,跨文化概念和跨文化技能浸入了该机构。

第二个公司是 1987 年特龙彭纳斯(Fons Trompenaars)创建的"跨文化商务研究中心"(Center for Intercultural Business Studies)①,他创立了使用 7 个文化维度进行跨文化咨询和培训的方法。1993 年,汉普登-特纳(Hampden-Turner)和特龙彭纳斯在《资本主义的 7 种文化》(The Seven Cultures of Capitalism)详尽探

---

① 现在更名为:Trompenaars-Hampden-Turner。

第二章 从历史角度看跨文化培训

讨了这些概念。特龙彭纳斯还在《在文化的波涛中冲浪》(*Riding the Waves of Culture*)继续对它们进行了讨论。这两本书对跨文化培训领域有很大影响,在跨文化交流的语言中,增添了"特殊性文化"(*particularistic culture*)和"普遍性文化"(*universalistic culture*)的概念,增添了处理文化差异的调和方法(*reconciliation approach*)。这两家公司在不多的培训团体中"经销"它们的培训计划。通过向人们发放专利使用权来使用他们的检测工具进行培训。

1983年,在欧洲首次召开了 SIETAR 学术研讨会。此前,欧洲人一直是在美国或加拿大参加 SIETAR 的会议。欧洲人说服了 SIETAR 更名为"国际 SIETAR"并把会议放到北美之外开。在霍夫斯泰德著作影响下,在工作中遇到跨文化冲突人员的驱动下,欧洲对跨文化的兴趣特别是对跨文化培训的兴趣在增长。西门子公司创立了培训和研究部,在多名年轻的跨文化和语言培训师中雇用了一个全职人员。政府对这个领域也给予支持,因为政府面对着移民的跨文化问题,联合国教科文组织也正在支持跨文化方面的工作。

在日本,从 1966 年起学者们开始注意跨文化交流的问题,但多年来一直限于学术领域。受到《无声的语言》(Hall, 1996a)在日本出版的促进,以及巴拉德(Barnlund)1975 年撰写的《日本和美国的公共与私我》(*Public and Private Self in Japan and the United States*)和在日本召开的几次学术研讨会和工作坊上摩登(Condon)和斋藤美津子(Saito)发表的论文(1974, 1976)的影响,日本的跨文化学科继续发展壮大。20 世纪 70—90 年代,康登断断续续在日本的国际基督教大学教书。他和该大学的另一位教师斋藤美津子(Mitsuko Saito)组织了早期的学术研讨会,意图在引起人们对跨文化问题更大的兴趣,促进跨文化交流学课程的发展。在商学院这种兴趣是很高的,因为人们认识到这个领域对国际商务特别有用。克利福德·克拉克(Clifford Clarke)在日本长大,他在日本与美国和日本的公司合作,开办了一些最早的公司培训项目。虽然克拉克把重心放在公司企业界,但是还有一些跨部门的合作,因为那时日本没有什么跨文化专家。当研究和教学还继续是跨文化交流领域的基本形式时,他们经常与英语教育和语言教师的培训联系起来,特别是与东京的天普大学(Temple University)的研究生项目结合起来。然而,跨文化培训师的数量,特别是在公司的舞台上,一直在增长。

在日本国际基督教大学以及日益增多的其他大学和机构老师们的鼓励下,在取得学术研究成果(特别是关于非语言语研究成果,见 Gudykunst & Nishida,

1990；Ishii，1973，1973，1984，1988；Ito，1992；Midooka，1990；Rogers，Hart & Miike，2002）的激励下，文化关系在日本得到持续关注。跨文化培训服务（Cross-Cultural Training Services，简称CCTS）①组织召开的工作坊以及与公司合作培训师的参与介入，也增加了该领域的声誉。1985年日本创建了SIETAR，它在推动各类跨文化活动（包括培训）方面一直很活跃。在20世纪90年代，它能吸引100或100多人参加在东京举行的多次会议。在日本，建立SIETAR的发起团体不大，包括英语教员、跨文化教育工作者和工商界的培训师。日本SIETAR的互动策略促进了参加学术研讨月会和年会的多种文化成员间的文化交流。跨文化培训服务的工作坊吸引了许多对培训如何运用于课堂教学感兴趣的老师和许多想增强培训技能的公司培训师。随着20世纪90年代日本经济衰退，实际情况是尽管公司雇用培训师的越来越少，但是这在一定的程度上被那些从事国际教育交流的人们（在高等教育中的一个新热点）日益增加的兴趣所抵消了。

这也是"所有权"成为口头禅的时代，制定跨文化培训项目被公司和机构所购买。能够共享的培训材料和培训技术变得越来越少，"最好的实际培训"被认为发生在法人的合同里。尽管如此，还是有人努力使这个领域更加开放，通过交换思想和培训策略而产生创造性。

1976年，美国全国外国学生事务协会和国务院对跨文化培训的资助结束时，由大卫·胡普斯（Divid Hoopes）和克利福德·克拉克（Clifford Clarke）构想的斯坦福跨文化交流学院在斯坦福大学得到支持。全国外国学生事务协会资助的遴选人员加入了该学院，作为把10年投资于跨文化交流的发展融入国际教育交换领域的第一步。② 克利福德·克拉克（Clifford Clarke）和杨（King Ming Young）主持这个学院，直到1987年斯坦福教育学院不再给予支持为止，该年他们来到了新成立的位于俄勒冈州波特兰德的跨文化交流学校（Intercultural Communication Institute，简称ICI）③。此后它转变为大家所熟悉的暑期跨文化交

---

① 跨文化培训服务（CCTS）由日本学者荒木先生（Shoko Araki）创办，在迪安·巴拉德（Dean Barnlund）协助下，从办学术研讨班开始，然后扩展成培训工作坊，该工作坊由其同事们主讲，包括珍妮特·贝内特，米尔顿·贝内特，约翰·康登（John Condon），查尔斯·W. 盖伊（Charles W. Gay），松本大卫（David Matsumoto），玛格丽特·帕奇，希拉·拉姆齐（Sheila Ramsey），爱德华·斯图尔特，以及林吉郎（Kichiro Hayashi）等人。

② 这个项目最后促成了《从跨文化中学习》（*Learning Across Cultures*，Althen，1994）的出版。该书主要论及国际教育中的跨文化问题。

③ 跨文化交流学校是一家非赢利的私人开办的基金会。

流学校（Summer Institute for Intercultural Communication，简称 SIIC）。在珍妮特·贝内特和米尔顿·贝内特的主持下，暑期跨文化交流学校正式和非正式地汇集了一些知名的、著述较多的、愿意与大家分享经验的教师队伍。暑期跨文化交流学校的理念是给人们一个场所去获得新的培训技巧和跨文化知识、向同行学习、去观察同行如何上课和做培训、去进行非正式的交谈以畅所欲言的探讨问题。这完全是专业人士相互学习的环境，在那些能理解你在谈论什么的人当中，这是一种"在家"的感觉：跨文化经验的全面应用。没有什么地方能有这种环境；暑期跨文化交流学校已经有 17 年提供这种机会。跨文化交流学校维持着一个图书馆，在跨文化领域，该馆收藏的跨文化关系和培训出版物和未出版物最为丰富。

20 世纪 90 年代初期到中期，跨文化交流领域出现了关于培训和咨询的伦理问题，试图在三个方面说明培训师的能力：认知、行为和个人品质（Smith, Paige & Steglitz, 1998）。关于是否可能在 SIETAR 内建立一个标准认证项目，至少有两次探讨，但是结论是：这是一个费用很大而又很困难的过程。在本领域很少有人完全同意有一个统一的标准或者有一个合适的程序（SIETAR, International Certification Task Force, 1997）。在努力提供一些确认级别方面，即培训师在跨文化理论和实践具有的知识被本领域学术带头人所认可和坚持的学术标准。跨文化交流学校创立了一个从业人员资格的认证课程。这不是制定一个证明程序，而是很接近于学位之外的课程，培训师可以参加这门课程的学习获得准备进行跨文化培训的证书。

检测工具、媒体和游戏

1986 年，米尔顿·贝内特设计出跨文化敏感度发展模式（Milton Bennett, 1986a, 1986b, 1993）。该模式开始影响培训师如何能"诊断"出客户适合于哪种培训，如何选择和编排培训策略以收到最大培训效果。一开始，培训师必须通过聆听客户那些能反映出"文化差异定位"（世界观的深层结构，是倾向民族中心主义呢，还是倾向民族相对主义）的陈述，来判定客户的发展程度。多年以来，由于贝内特不断完善其模式，为每一个阶段设计出培训方法，它的有效性日益增加,被用于培训设计和对培训师的培训之中。尽管如此,它依然是一个"最佳的猜测",是估计出受训者在民族中心主义和民族相对主义之间的一条线段上,到底处于什么位置。因而,米切尔·哈默(Mitchell Hammer)和米尔顿·贝内特创造出《跨文化发展量表》(*Intercultural development Inventory*),目前该量表已被广泛的研究(Paige, 2003),参加资格研讨班学习的培训师都可以得到这个量表。该量表与其他测量工具不同之处是:它掌握了受训员的"文化差异的经验",而不是测量其行为、态度和品质。这样一来,检测工具在向跨文化敏感的方向发展(Hammer, 1999)。不断完善的工具,像跨文化发展量表,对进行培训需求的分析、个人和群体特点、用数据对项目有效评估等方面特别有用。

跨文化发展量表在跨文化评估和意识检测工具的发展中,是最新的一个(对这类工具已经写了详细的评述,见本书第四章)。1982年皮埃尔·卡斯(Pierre Casse)发表了一本自我评估练习的书《四种价值观定位自我了解量表》(*Four-Value Orientation Self-Awareness Inventory*, Casse, 1982, 1999)。这是很早的尝试之一,试图使培训师帮助受训者发现自己是如何在交流方式上,在每个价值观分类上,趋于表现出不同的特点,认识到自己的风格和特点并非适用全球。自此之后,许多其他量表都在寻找自己文化与相比较文化的各自特点。这些检测工具都独特地用于特定文化培训项目的一部分。

研究人员和培训师也试图掌握人们适应文化差异的一般能力,以达到改进选择和培训的目的。这种检测工具的一种方法是请被调查的人,依据一定的标准、一定的品质去评估自己,这些标准和品质被发现与跨文化的有效性相关。20世纪70年代初期,迈克尔·塔克(Michael Tucker)首创了这类量表《海外工作量表》(*Overseas Assignment Inventory*),虽然它多年来被做过重大修改完善、经常被进行可靠性和可信度的分析(Tucker, 1999)。该量表测量对跨文化适应很重要的14种态度和品质。另一种检测工具是《跨文化适应能力量表》(*Cross-Cultural Adaptability Inventory*),设计这种量表也是为了帮助受训者评估自己能否成功适应海外生活的能力(Kelley & Meyers, 1995, 1999)。它帮助受训者认识到自己的技巧水平,是否需要在4个方面进行改进:情感上的达观、灵活与开放、感知的敏锐和个人的自主性。该量表的设计很容易被专业的培训师掌握,在研究中也是一个基础的检测工具。

在这个时期,新的资源也发展起来,这包括首创的产品:为跨文化培训拍摄的电影和录像带。1983年,科普兰德·格里格斯公司(Copeland Griggs Productions)录制了一部面向公司受众的跨文化培训片《走向国际》(Going International),它使"文化休克"成为家喻户晓的词,并展示了文化是如何影响了人们的感知、交流的风格、来自不同文化人们的工作方法和相互交往的方式。拍摄这类电影的人,把影片定位于公共关系,在生产录像产品时亦是如此,这些产品使本领域受到广泛关注。其他的媒介产品不久也陆续产生。1987年,日本导演尾上纪子(Noriko Ogami)制作的《冷水》(Cold Water)展示的是外国学生对美国文化感到困惑的地方以及他们的适应过程。关于如何在日本、沙特和其他地方的特定文化中做生意、如何待人处事的影片也生产出来了。最近,跨文化资源公司(Intercultural Resources, Inc.)制作了一些新电影,走出了展示和彼此交谈的框架,构架了展开式的模仿跨文化情境的电影,像模仿课堂的《一个不同的地方:跨文化教室》(A Different Place: The Intercultural Classroom, Wurzel, 1993)或模仿谈判会议的《跨文化会谈室》(Cross-Cultural Conference Room, Wurzel, 2002)。在跨文化培训中,最新的发明是使用互动式的只读光盘。它的出现是培训资源发展中的下一个前沿。有效地使用这种技术(这个技术大致在10年前已经成熟也可以获得),保持个人与它的接触(这种接触有益交流技术的提高),在跨文化接触中非常需要。

另一种是以大家很熟悉的游戏形式出现的资源。它由乔治·西蒙斯(George Simons)和他的同事们创造,1994年他们开发了《潜水员知识》(Diversophy, Simons, 1994)游戏。它是一种跨文化形式的游戏,这个以不同文化和工作区域为特色的游戏已经扩充成多种样式。最新版本的特点是在线游戏,它检测玩游戏者的文化知识和行为选择,使不同地方玩游戏的人可以互动,并对他们所探究的文化提供建议(见网址:www.diversophy.com)。

西瓦塞勒姆·"蒂亚吉"·蒂亚加拉金(Sivasailam "Thiagi" Thiagarajan)①在为本领域搜集了大量的练习、模仿和其他材料方面作出了贡献,向培训师提出了挑战,他们必须善于创新,在培训项目中必须富有经验。蒂亚吉的模仿资料《班嘎》(Barnga)很有名,被广泛使用。作为一个教育设计师,他似乎能够把任何题目转变为互动的过程,使游戏者参与,促进他们从中学到东西。

---

① 从网址 http://www.thiagi.com 上可以获得由蒂亚吉主办的工作坊信息和免费相关资料。

商务界的培训和咨询

从 20 世纪 80 年代开始,商务领域对跨文化培训的重视程度增加了。克拉克咨询公司(Clark Consulting Group)首先介入了技术转让项目,该项目一开始就把文化和语言融入对来自多国雇员的岗前培训之中。该项目包括在日本开办一座工厂:在一年的时间里,日本经理生活在美国,全部时间参加培训项目,项目的内容包括语言、文化、企业文化和实际操作。同时,美国人在日本接受高强度的培训。这个项目和公司在里面的投资是通过文化学习和跨文化培训来协调公司运行(特别是技术转让)中重要的一步。这种方法在支持工厂的运行能超前达到最佳能力,在支持出国经理回国后能超前有良好表现方面发挥了作用。克拉克咨询公司的咨询和培训工作主要集中在亚洲的美国公司的运行方面。多年以来,它雇用了很多年轻的培训师,他们在咨询公司内那种繁忙和高强度的培训环境中,能力变得非常强。尽管该公司停止了在这个层次上的业务,但它留下了一大批培训师骨干,他们已经成熟起来,继续在其他环境中获得成功。

像莫兰、斯塔尔和博耶公司(Moran, Stahl and Boyer,后来变为 Prudential Relocation Intercultural Services)和贝内特公司(Bennett Group,后来变成 Cendant Intercultural)等培训公司,在这个时期很兴旺。贝利茨(Berlitz)开始把跨文化培训与语言教学结合起来。一些大牌"演员"开始进入跨文化培训的舞台,但是更多的是独立的培训师和由有特殊关系和具有特殊能力培训师组成的小型培训公司,这反映出在早些时候人们必须一同工作的方式。现在还有许多独立的培训小组,不可能把它们全部列出。但是上个世纪末和本世纪初,这类公司的增加是本领域里的主要特点。2000 年,一本翔实的资源名录《跨文化服务:世界购买者指南和资料》(*Intercultural Services: A Worldwide Buyer's Guide and Sourcebook*)由加里·韦德斯潘(Gary Wederspahn)编辑而成,对培训师和咨询师的信息进行了整理。

20 世纪 90 年代出现了两个新的趋势。一个是对执行教练更加重视,这是由于培训师寻找一种可行办法以解决培训项目中与受训者有限接触的问题。虽然理念相同,但是过程却全然不同:它意味着培训师和教练与客户建立长期的关系,对工作场所的文化问题关注程度有更大的影响。此外,把跨文化的视角与客户关心的工作场所问题彻底的结合在一起。另一个趋势是在工作实践、市场、与客户和同行保持联系、共享资源、发展在线咨询和培训等方面,对互联网的依赖日益增加。当然,这是个持续发展的领域,或许是以一种不可预料的方式在发展。

国内多元文化主义和多样性培训

跨文化关系这一领域发展于大的国际环境,国内民族间和种族间的问题则以某些不同而又紧密联系的方式呈现出来。国际与国内的跨文化问题有交叉的部分,因为大部分潜心于国际舞台的人同样致力于解决美国社会多元文化的特点。此外,如奥尔波特(Allport,1954)、赫斯科维茨(Herskovits,1948,1958)、米德(Mead,1928,1942)和本尼迪克特(Benedict,1934)等理论学家们都论及了这两种动向。有趣的是,跨文化交流领域成长于美国境内,但却更多地建立在国际问题的基础上。沃尔夫(Benjamin Lee Whorf,1953,1956)、弗罗伦斯·克拉克洪(Florence Kluckhohn)和弗雷德·斯特罗德贝克(Fred Strodtbeck)(1961)和霍尔(Edward T. Hall,1994)把他们有关语言学相关性和文化价值的重要工作的基础建立在美国的祖尼人、纳瓦霍人、摩门教徒、西班牙裔美国人和德克萨斯人的接触上。而几乎同时,霍尔运用他的国际经验来建立跨文化关系的基本概念,其他人则着手于种族研究和跨团体的教育运动,这将成为多元文化教育和多样性培训的基础(珍妮特·贝内特和米尔顿·贝内特将在第六章对此问题进行更深入探讨)。

在跨文化关系领域,"文化差异"的范式逐渐显现为反对"文化剥夺"的一场教育改革。持"文化剥夺"观点的人认为,来自低收入家庭的儿童,在其社会化过程中处于不利地位,因而也就无法在学术上有所作为。根据文化差异而非缺陷的思考,允许把注意力集中在教与学的风格和语言使用上。这两种方法之所以出现冲突,是因为关注文化差异者往往不能把社会阶层和权力考虑进去,而使用文化剥夺方法者则很少关注种族文化。今天,在某种程度上,这两者的分裂继续存在着,但在关注文化差异方法的优点与特权同权力不平等的现实的融合上,跨文化理论学家取得了进展。邦克斯(Banks)在回顾相关文献和研究时总结说,这些问题对于二选一的方法而言太复杂了,有必要探究所有变量是如何影响学习和成果的。有些人尝试将跨文化概念和培训技能运用于(尤其是在纽约州)幼儿园到12年级的多文化班级中(Pusch, 1979)。但是,尽管不是唯一的,跨文化观点最普遍的使用还是在企业环境多样性培训中。

尽管公司面临提供平等就业机会和做出积极行动的要求,但大多数坚持依靠"熔炉"的方法,指望新人口能够适应企业文化,而企业文化则建立在欧裔美国人的男性文化上。虽然,对"熔炉"观念的公众信心大部分已经在1967年的民权骚动中随"燃烧"的城市而"熔化",但它在大多数企业机构中仍然存在。有时培训师们不得不关注对人们合理要求的满足,而不是鼓励跨文化能力的提高。大多数来自非主流文化又想努力"适应"公司的雇员,又不满为此付出的代价:放弃他们自己的文化身份,至少在工作时间要这样。随之而来的雇员高流动率和对提高生产率的需要是激发多样性培训受到重视的主要因素(Carr-Ruffino, 1996)。

另一个刺激因素来自赫德森(Hudson)协会1987年发行的《2000年劳动力》报告(Johnston & Packer, 1987)。这个报告准确地预测了将来13年引入的劳动力中,将有80%由非主流文化团体的人员构成,许多著作马上紧跟着探究劳动力状况的改变,并提出应该提高对工作场所遭遇差异的敏感度。许多著作吸收的概念和技术,与跨文化培训和消除种族主义项目所使用的相近。商业社会再也不能被认为就是白人、男性和中产阶级的了,虽然这种情况在决策层里没多大改变。这些书建议,要保持竞争力,工作场所要适应这样一个事实,即女人、残疾人、有色人种、男同性恋、女同性恋是雇员队伍中的显著部分。这些人多数不是新出现的,但是他们现在拒绝传统的同化,并经常参与"二元文化杂耍"(Gardenswartz & Rowe, 1993, p.4)。

为了满足企业在实践和政策上解决这些多样性新问题的需要,涌现了一大批新的培训和咨询公司。培训师和教育工作者的专业项目(大部分适合于培训)突然涌现出来。《重视多样性》(*Valuing Diversity*, Copeland Griggs, 1987, 1990)不仅是一个新的电视节目系列和许多出版物的名称,同时也是大多数正在进行的培训的主题。这个主题尚未完全消失,但已经合并到一个叫做"管理多样性"(Carr-Ruffino, 1996)的以行动为导向的方法中。这个方法的目标是把企业文化改变为多文化的、欢迎和支持所有类型雇员的一种环境,这个方法能够有效利用那些志在提高生产效率的雇员,从而保障公司的盈利底线,同时制造一个更富有创造力的工作环境。李·加登斯沃茨(Lee Gardenswartz)和安尼塔·罗（Anita Rowe）证明了多样性培训的目标和跨文化培训的技能如何在《管理多样性》（Managing Diversity,1993）中结合,此时两者的统一最为明显。

除跨文化交流协会（ICI）之外,许多协会在美国和欧洲纷纷兴起,它们涉及课程设计、国际教育交流和其他定义明确的领域。位于华盛顿的多元文化协会（The Multicultural Institute）于1983年建立,关注的就是国内的文化多样性问题。它在20世纪90年代成为多样性培训技能发展进程中的领导者,并出版了相关材料。该协会除了培训培训师和开发培训资料外,每年组织召开一次研讨会。最近他们创造了远程学习模块,其中第一个教育模块已经可以使用。

20世纪90年代末,把从事实际培训人员和研究者召集在一起交换观点、创造新模式以及在研究上合作的热情上升。关于把实践者和研究者结合在一起模式潜力的对话导致在1997年创立了跨文化关系国际学会（International Academy For Intercultural Relation）。这个对话由《跨文化关系国际杂志》（International Journal of Intercultural Relations）和跨文化交流协会（ICI）共同主办,并于1998年4月由加州州立大学富尔顿分校举办了会议。在每两年举办一次的大会上,资深的跨文化研究人员、教师和培训师可以交换观点。

变化仍在继续——未来走向

"文化比较"培训,更准确地讲应称为"跨文化"培训。它的发展,最初是对那些怀着各种特定目标,即对将生活在陌生文化中人们进行培训。而今这仍然是很重要的一部分,但跨文化培训的应用领域已扩展到对生活在全球化背景下、多元文化社会中各类人员进行培训。同时,今天的跨文化培训更关注文化差异,既鼓励人们从迥异的文化中汲取智慧,又教会人们处理种族间文化取向上的"模棱两可"。这种"模棱两可"对跨文化交流过程具有破坏性。在跨文化关系和跨文化培训方面,许多早期研究工作都是在政府支持下完成的,这为创造性实验和创新发展提供了条件。然而,随着政府基金的撤出,研究工作将转而依赖私人资本,以谋求继续发展和进步。一部分的资金支持来自于跨文化培训产品的销售所得,这些产品包括培训项目、图书、光盘、器械及其他材料。大部分出售相关产品和服务的跨文化专家学者通过暑期跨文化交流学校,跨文化教育、培训和研究协会,其他专业组织和各种网上团体,仍然保持着相互联络。他们发表和分享各自研究所得,共同关注学科未来。正是他们的努力,使得跨文化培训领域生机勃勃,充满活力。

跨文化培训的一大趋势,就是间续性发展。一方面,诸如国际教育或和平队这样的组织,一段时期内投入大量资源,在深化技术、理解概念和设计方案上取得了长足进步,然而到头来却发现,这些都只能让位于其他一些东西,要么就是这方面工作已经完成,不再需要投入了。另一方面,当新概念涌现,新研究正进行的时候,首要的情况往往是,我们不得不放缓对涉及跨文化关系相关问题的研究。几乎每一方面都如此循环往复,我们总是在重新"发明"那些先前存在过的东西——因为我们习惯性地遗忘过去所做之事。在某种程度上,这束缚了跨文化培训领域的总体发展,导致在同一问题上反复纠缠。诚然,不断的重复"发明"能带来某种折衷主义的创造力,但是它阻碍了概念结构和培训技巧上新研究项目的开展和深入。

新创模仿方式、实践练习、培训方法论、老问题的新研究方法,这些仍然是围绕跨文化接触的主要问题。《班嘎》(*Barnga*)(Thiagarajan & Steinwachs,1990)模仿方式、《伊科托诺斯》(*Ecotonos*)(Nipporica Associates,1993)模仿方式已加入巴法巴法(*BáFá BáFá*)(Shirts,1974)模仿方式,成为跨文化培训的基本模式。跨文化培训技巧被各个领域采用,为特定对象服务。这些领域包括医疗保健、人质解救、争端解决、法律执行、媒体、政治乃至网络空间。一些培训师开始创造性地使用偏好调查(Cooperrider, Sorensen, Whitney & Yeager, 2000)、记日志①和个人陈述。在《跨文化资料集:跨文化培训方法》(*Intercultural Sourcebook*:*Cross-Cultural Training Methods*)(1995,1999)的两卷书中,桑德拉·福勒(Sandra Fowler)和莫妮卡·芒福德(Monica Mumford)简明扼要地回顾了大部分培训方法,以及它们的来源和应用(见本书第三章)。实验仍在继续,进入跨文化培训领域的新一代人,更习惯于未来的技术体系,他们也许会找到实现有效跨文化互动的根本途径。然而不管这些新策略多么富有创造性,新一代研究者们还是要追溯到早期,聆听学科创立者们的学说,因为正是他们的贡献,使这一相对年轻的、跨学科的研究领域得以继续发展。

---

① 指导记日志的一个极佳例子可参见《绘制英雄旅程》(*Charting a Hero's Journey*, L. A. Chisholm, 2000)。

在对爱德华·霍尔的一次采访中,①我问了他一个我同事之前提出的问题:"您认为自己对跨文化交流领域最重要的贡献是什么?"霍尔沉思片刻后说:"所有的贡献都很重要。"他还说,并不期望自己的学说一成不变,他相信会有其他人"站在他的肩膀上",发展他的学说。数月后,在暑期跨文化交流学校所作的一次演讲中,霍尔探讨了人的神经知觉系统,他还认为,深化对人体内部功能的理解,深化对人的生理和心理自我之间相互作用的理解,以及对人体内部和外部世界同等观察是非常必要的。霍尔提出,在开始探索不同文化中人们的思维之前,我们有必要深入发掘内在的自我。他仍坚持并重申自己早期的告诫:考查你对不同情境的反应,探索你为什么要作出反应,理解你所作反应的意义,"把你自己的身体作为信息的源泉"(详见米尔顿·贝内特和艾达·卡斯蒂格莱尼撰写的第十章)。

霍尔不仅指出了我们全面了解自我的必要性,更指出当跨文化经历引发个人改变时,我们有必要深入钻研其中的内在转化机制。跨文化交流研究领域,已从简单的信息汇集,转而囊括经验和情感。但是,调查与文化适应相关的个人转变,依然是本领域的最前沿。(见科琳·沃德撰写的第八章;金荣渊撰写的第十四章)。相反的,现实提醒我们,目前的研究更侧重个人能力,而不是个人的转变与系统。事实上,这两个维度需要锤炼整合。此外,我们还应该改进语言和研究方法,以使客户和公众理解"跨文化"一词的真正涵义(Pusch, 2003)。除上述以外,我们还面临着是否能够实现培训师和客户跨文化实力的道德规范、资格和能力的问题,正是这些问题,继续推动着跨文化培训的演变与创新。

参 考 文 献

Allport, G. (1954). *The nature of prejudice.* Cambridge, MA: Addison Wesley.

Althen, G. (Ed.). (1994). *Learning across cultures.* Washington, DC: NAFSA Association of International Educators.

Banks, J. A. (1988). *Multiethnic education: Theory and practice* (2nd ed.). Newton, MA: Allyn and Bacon.

Banks, J. A., & Banks, C. A. M. (Eds.). (1995). *Handbook of research on multicultural education.* New York: MacMillan.

Barna, L. (1972). Stumbling blocks to intercultural communication. In D. S. Hoopes (Ed.), *Readings in intercultural communication* (Vol. 2, pp. 27–34). Pittsburgh, PA: Regional Council for International Education.

Barna, L. (1975). Stumbling blocks to intercultural communication. In D. S. Hoopes (Ed.), *Readings in intercultural communication* (Vol. 1, pp. 25–36). Pittsburgh, PA: Intercultural

---

① 1995年6月,在美国新奥尔良市召开的留学生事务全国协会年会的最后一场全体会议上,玛格丽特·D.帕奇对爱德华·T.霍尔进行的采访。

Communications Network and Society for Intercultural Education, Training and Research.

Barnlund, D. (1975). *Public and private self in Japan and the United States: Communicative styles of two cultures.* Tokyo: Simul Press.

Batchelder, D. (1977). The drop-off. In D. Batchelder & E. G. Warner (Eds.), *Beyond experience: The experiential approach to cross-cultural education* (pp. 115–120). Brattleboro, VT: Experiment Press.

Batchelder, D., & Warner, E. G. (1977). *Beyond experience: The experiential approach to cross-cultural education.* Brattleboro, VT: Experiment Press.

Benedict, R. (1934). *Patterns of culture.* Boston: Houghton Mifflin.

Bennett, J. M. (1993). Cultural marginality: Identity issues in intercultural training. In R. M. Paige (Ed.), *Education for the intercultural experience* (pp. 109–135). Yarmouth, ME: Intercultural Press.

Bennett, J. M., Bennett, M. J., & Stillings, K. (1988). *Intercultural communication workshop: Facilitators guide.* Portland, OR: Portland State University. (Available from the Intercultural Communication Institute, 8835 SW Canyon Lane, Suite 238, Portland, OR 97225)

Bennett, M. J. (1986a). A developmental approach to training for intercultural sensitivity. *International Journal of Intercultural Relations, 10*(2), 179–196.

Bennett, M. J. (1986b). Towards ethnorelativism: A developmental model of intercultural sensitivity. In R. M. Paige (Ed.), *Cross-cultural orientation: New conceptualizations and applications* (pp. 27–70). New York: University Press of America.

Bennett, M. J. (1993). Towards ethnorelativism: A developmental model of intercultural sensitivity. In R. M. Paige (Ed.), *Education for the intercultural experience* (pp. 21–71). Yarmouth, ME: Intercultural Press.

Blohm, J. M. (1995). *Markhall: A comparative corporate-culture simulation.* In S. M. Fowler & M. G. Mumford (Eds.), *Intercultural sourcebook: Cross-cultural training methods* (Vol. 1, pp. 109–115). Yarmouth, ME: Intercultural Press.

Bradford, S. (1960). Over the river and into the language course. *Foreign Service Journal, 37,* 24–25.

Brislin, R. W., Cushner, K., Cherrie, C., & Yong, M. (1986). *Intercultural interactions: A practical guide.* Beverly Hills, CA: Sage.

Brislin, R., & Pedersen, P. (1976). *Cross-cultural orientation programs.* New York: Gardner Press.

Brislin, R. W., & Yoshida, T. (Eds.). (1994). *Improving intercultural interactions: Modules for cross cultural training programs.* Thousand Oaks, CA: Sage.

Carr-Ruffino, N. (1996). *Managing diversity: People skills for a multicultural workplace.* Cincinnati, OH: Thompson Executive Press.

Casse, P. (1982). *Training for the multicultural manager.* Washington, DC: Society for Intercultural Education, Training and Research.

Casse, P. (1999). The four-value orientation exercise using a self-awareness inventory. In S. M. Fowler & M. G. Mumford (Eds.), *Intercultural sourcebook: Cross-cultural training methods* (Vol. 2, pp. 347–360). Yarmouth, ME: Intercultural Press.

Chisholm, L. A. (2000). *Charting a hero's journey.* New York: International Partnership for Service-Learning.

Cleveland, H., Mangone, G. J., & Adams, J. C. (1960). *The overseas Americans: A report on Americans abroad.* New York: McGraw-Hill.

Condon, J. C., & Seito, M. (1974). *Intercultural encounters in Japan: Communication, contact and conflict. Perspectives from the international conference on communications across cultures held at the International Christian University in Tokyo.* Tokyo: Simul Press.

Condon, J. C., & Seito, M. (Eds.). (1976). *Communicating across cultures for what? A symposium on humane responsibility in intercultural communication.* Tokyo: Simul Press.

Cooperrider, D., Sorensen, P. F., Jr., Whitney, D., & Yaeger, T. F. (Eds.). (2000). *Appreciative inquiry: Rethinking human organization toward a positive theory of change.* Champaign, IL: Stipes.

Copeland Griggs. (Producer). (1983). *Going international: Bridging the culture gap* [Motion picture]. San Francisco: Author.

Copeland Griggs. (Producer). (1987, 1990). *Valuing Diversity 1-7* [Motion picture series]. San Francisco: Author.

Cushner, K., & Brislin, R. W. (1996). *Intercultural interactions: A practical guide* (2nd ed.). Thousand Oaks, CA: Sage.

Dahlen, T. (1997). *Among the interculturalists: An*

emergent profession and its packaging of knowledge. Stockholm, Sweden: Department of Social Anthropology, University of Stockholm.

DeMello, C. (1995). Acting the culture contrast. In S. M. Fowler & M. G. Mumford (Eds.), *Intercultural sourcebook: Cross-cultural training methods* (Vol. 1, 59–68). Yarmouth, ME: Intercultural Press.

DuBois, C. (1951, December). *To strengthen world freedom, No. 1.* New York: Institute of Inter-National Education. [Special Publication Series]

Fowler, S. M., & Mumford, M. G. (Eds.). (1995). *Intercultural sourcebook: Cross-cultural training methods* (Vol. 1). Yarmouth, ME: Intercultural Press.

Fowler, S. M., & Mumford, M. G. (Eds.). (1999). *Intercultural sourcebook: Cross-cultural training methods* (Vol. 2). Yarmouth, ME: Intercultural Press.

Fowler, S. M., & Ramsey, S. J. (1999). Intercultural training: The future. In S. M. Fowler & M. G. Mumford (Eds.) *Intercultural sourcebook: Cross-cultural training methods* (Vol. 2, pp. 347–360). Yarmouth, ME: Intercultural Press.

Gardenswartz, L., & Rowe, A. (1993). *Managing diversity: A complete desk reference and planning guide.* Homewood, IL: Business One Irwin and San Diego, CA: Pfeiffer.

Gochenour, T. (1977a). The albatross. In D. Batchelder & E. G. Warner (Eds.), *Beyond experience: The experiential approach to cross-cultural education* (pp. 131–136). Brattleboro, VT: Experiment Press.

Gochenour, T. (1977b). The owl. In D. Batchelder & E. G. Warner (Eds.), *Beyond experience: The experiential approach to cross-cultural education* (pp. 125–130). Brattleboro, VT: Experiment Press.

Gochenour, T. (1995). *Beyond experience: The experiential approach to cross-cultural education* (2nd ed.). Yarmouth, ME: Intercultural Press.

Grove, C. (1989). *Orientation handbook for youth exchange programs.* Yarmouth, ME: Intercultural Press.

Gudykunst, W. B., & Nishida, T. (1990). Communication in interpersonal relationships in Japan and the United States: Overview of a research program. *Bulletin of the Keio University Institute of Communications, 35,* 1–48.

Gullahorn, J. T., & Gullahorn, J. E. (1963). An extension of the U-curve hypothesis. *Journal of Social Issues, 19*(3), 33–47.

Hall, E. T. (1956). Orientation and training in government for work overseas. *Human Organization, 15*(1), 4–10.

Hall, E. T. (1959). *The silent language.* Garden City, NY: Doubleday/Anchor Books.

Hall, E. T. (1966a). *Chinmoku no kotoba* [The silent language] (M. Kunihiro, Y. Nagai, & M. Saito, Trans.) Tokyo: Nanundo. (Original work published 1959)

Hall, E. T. (1966b). *The hidden dimension.* Garden City, NY: Doubleday.

Hall, E. T. (1994). *West of the thirties: Discoveries among the Navaho and Hopi.* New York: Doubleday.

Hammer, M. R. (1999). A measure of intercultural sensitivity: The Intercultural Development Inventory. In S. M. Fowler & M. G. Fowler (Eds.), *The intercultural sourcebook* (Vol. 2, pp. 61–72). Yarmouth, ME: Intercultural Press.

Hampden-Turner, C., & Trompenaars, F. (1993). *Seven cultures of capitalism: Value systems for creating wealth in the United States, Britain, Japan, Germany, France, Sweden, and the Netherlands.* New York: Doubleday.

Harris, P. R., & Moran, R. T. (1979). *Managing cultural differences.* Houston, TX: Gulf.

Hart, W. B., II. (1996, November). *A brief history of intercultural communication: A paradigmatic approach.* Paper presented at the Speech Communication Association Conference, San Diego, CA.

Herskovits, M. J. (1948). *Man and his works.* New York: Knopf.

Herskovits, M. J. (1958). *The myth of the Negro past.* Boston: Beacon Press.

Hofstede, G. (1980). *Culture's consequences: International differences in work-related values.* Beverly Hills, CA: Sage.

Hofstede, G. (1991). *Cultures and organizations: Software of the mind.* London: McGraw-Hill.

Hoopes, D. S. (Ed.). (1970). *Readings in intercultural communication* (Vol. 1). Pittsburgh, PA: Regional Council for International Education.

Hoopes, D. S. (Ed.). (1972). *Readings in intercultural communication* (Vol. 2). Pittsburgh, PA: Regional

Council for International Education.

Hoopes, D. S. (Ed.). (1973). *Readings in intercultural communication: Basic issues in intercultural communication research* (Vol. 3). Pittsburgh, PA: Regional Council for International Education.

Hoopes, D. S. (1975a). The Pittsburgh model. In D. S. Hoopes (Ed.), *Readings in intercultural communication* (Vol. 1, pp. 103–114). Pittsburgh, PA: Intercultural Communications Network and Society for Intercultural Education, Training and Research.

Hoopes, D. S. (Ed.). (1975b). *Readings in intercultural communication: The Intercultural Communication Workshop* (Vol. 1). Pittsburgh, PA: Intercultural Communications Network and Society for Intercultural Education, Training and Research.

Hoopes, D. S. (1975c). What is an Intercultural Communication Workshop? In D. S. Hoopes (Ed.), *Readings in intercultural communication* (Vol. 1, pp. 2–9). Pittsburgh, PA: Intercultural Communications Network and Society for Intercultural Education, Training and Research.

Hoopes, D. S. (Ed.). (1976). *Readings in intercultural communication: Intercultural programming* (Vol. 5). Pittsburgh, PA: Intercultural Communications Network and Society for Intercultural Education, Training and Research.

Hoopes, D. S. (Ed.). (1977). *Readings in intercultural communication. Teaching intercultural communication: Concepts and courses* (Vol. 2). Pittsburgh, PA: Intercultural Communications Network and Society for Intercultural Education, Training and Research.

Hoopes, D. S. (1979). Intercultural communication experience. In M. D. Pusch (Ed.). *Multicultural education: A cross-cultural training approach.* (pp. 9–42). Yarmouth, ME: Intercultural Press.

Ishii, S. (1973). Characteristics of Japanese nonverbal communicative behavior. *Communication: Journal of the Communication Association of the Pacific, 2*(3), 43–60.

Ishii, S. (1984). *Enryo-sasshi* communication: A key to understanding Japanese interpersonal relations. *Cross Currents, 11*(1), 49–58.

Ishii, S. (1988). *Nonverbal communication in Japan* (Orientation Seminars on Japan, No. 28). Tokyo: Japan Foundation, Office for the Japanese Studies Center.

Ito, Y. (1992). Theories on intercultural communication styles from a Japanese perspective: A sociological approach. In J. G. Blumler, J. M. McLeod, & K. E. Rosengren (Eds.), *Comparatively speaking: Communication and culture across space and time* (pp. 238–268). Newbury Park, CA: Sage.

Janeway, A. (1977). The experiential approach to cross-cultural education. In D. Batchelder & E. G, Warner (Eds.), *Beyond experience: The experiential approach to cross-cultural education* (pp. 5–8). Brattleboro, VT: Experiment Press and Society for Intercultural Education, Training and Research.

Johnston, W., & Packer, A. (1987). *Workforce 2000: Work and workers for the 21st century.* Indianapolis, IN: Hudson Institute.

Kelley, C., & Meyers, J. (1995). *Cross-cultural adaptability inventory: Manual.* Minneapolis, MN: NCS Pearson.

Kelley, C., & Meyers, J. (1999). The cross-cultural adaptability inventory. In S. M. Fowler & M. G. Mumford (Eds.), *Intercultural sourcebook: Cross-cultural training methods* (Vol. 2, pp. 53–60). Yarmouth, ME: Intercultural Press.

Kimmel, P. R. (1995). Facilitating the contrast-culture method. In S. M. Fowler & M. G. Mumford (Eds.), *Intercultural sourcebook: Cross-cultural training methods* (Vol. 1, pp. 69–79). Yarmouth, ME: Intercultural Press.

Kluckhohn, F. R., & Strodtbeck, F. L. (1961). *Variations in value orientations.* Evanston, IL: Row, Peterson.

Kohls, L. R. (1979). *Survival kit for overseas living.* Yarmouth, ME: Intercultural Press.

Kohls, L. R. (1984). *The values Americans live by.* Washington, DC: Meridian House International.

Kohls, L. R. (1996). U.S. proverbs and core values. In H. N. Seelye (Ed.), *Experiential activities for intercultural learning* (Vol. 1, pp. 79–81). Yarmouth, ME: Intercultural Press.

Kohls, L. R., & Knight, J. M. (1994). *Developing intercultural awareness: A cross-cultural training handbook* (2nd ed.). Yarmouth, ME: Intercultural Press.

Kolb, D. A. (1976). *Learning Styles Inventory.* Boston: McBer.

Kolb, D. A. (1981). Learning style and disciplinary differences. In A. W. Chickering & Associates (Eds.), *The modern American college* (pp. 235–255). San Francisco: Jossey-Bass.

Kolb, D. A. (1984). *Experiential learning.* Englewood Cliffs, NJ: Prentice Hall.

Lanier, A. R. (1973). *Living in the USA: Everything a newcomer needs to know about.* New York: Scribner.

Lederer, W. J., & Burdick, E. (1958). *The ugly American.* New York: W. W. Norton.

Leeds-Hurwitz, W. (1990). Notes on the history of intercultural communication: The Foreign Service Institute and the mandate for intercultural training. *Quarterly Journal of Speech, 76,* 262–281.

Lysgaard, S. (1955). Adjustment in a foreign society: Norwegian Fulbright grantees visiting the United States. *International Social Science Bulletin, 7,* 45–51.

Martin, J. N. (Ed.). (1986). Theories and methods in cross-cultural orientation [Special issue]. *International Journal of Intercultural Relations, 10*(2).

McCaig, N. M. (1996). Understanding global nomads. In C. D. Smith (Ed.), *Strangers at home: Essays on the effects of living overseas and coming "home" to a strange land.* Bayside, NY: Aletheia.

Mead, M. (1928). *Coming of age in Samoa: A psychological study of primitive youth for Western civilization.* New York: Morrow.

Mead, M. (1942). *And keep your powder dry: An anthropologist looks at America.* New York: Morrow.

Midooka, K. (1990). Characteristics of Japanese-style communication. *Media, Culture and Society, 12*(4), 477–489.

Nipporica Associates. (1993). *Ecotonos: A multicultural problem-solving simulation.* Yarmouth, ME: Intercultural Press.

Oberg, K. (1958). *Cultural shock and the problem of adjustment to new cultural environments.* Washington, DC: Department of State, Foreign Service Institute.

Oberg, K. (1960). Cultural shock: Adjustments to new cultural environments. *Practical Anthropology, 7,* 177–182.

Ogami, N. (Producer). (1987). *Cold water* [Motion picture]. Yarmouth, ME: Intercultural Press.

Paige, R. M. (Ed.). (2003). Intercultural development [Special issue]. *Intercultural Journal of International Relations, 27*(4).

Pedersen, P. (Ed.). (1974). *Readings in intercultural communication: Cross-cultural counseling* (Vol. 4). Pittsburgh, PA: Intercultural Communications Network and Society for Intercultural Education, Training and Research.

Phillips-Martinsson, J. (1981). *Swedes as others see them: Facts, myths or a communication complex?* Lund, Sweden: Utbildningshuset, Studentlitteratur.

Pollock, D. C., & VanReken, R. E. (1999). *The third culture kid experience: Growing up among worlds.* Yarmouth, ME: Intercultural Press.

Pusch, M. D. (Ed.). (1979). *Multicultural education: A cross-cultural training approach.* Yarmouth, ME: Intercultural Press.

Pusch, M. D. (2003). Letter from the president. *SIETAR USA Electronic Newsletter, 4,* 1.

Regional Council for International Education. (1970, October). *Communique: Newsletter of Intercultural Communications Programs, 1*(1). [Entire issue]

Renwick, G. W. (1994). *State-of-the art study: A longitudinal analysis and assessment of intercultural education, training and research, 1932-1984.* Unpublished doctoral dissertation, University of Pittsburgh, PA.

Rogers, E. M. & Hart, W. B. (2002). The histories of intercultural, international, and development communication. In W. B. Gudykunst & B. Mody (Eds.). *Handbook of international and intercultural communication* (2nd Ed, 1–18). Thousand Oaks: Sage.

Rogers, E. M., Hart, W. B., & Miike, Y. (2002). Edward T. Hall and the history of intercultural communication: The United States and Japan. *Keio Communication Review, 24,* 3–26. Retrieved July 8, 2003, from http://www.mediacom.keio.ac.jp/pdf2002/Rogers.pdf

Schaetti, B. F. (2000). Integrandus: *Through fact of experience and reference group orientation, global nomads negotiate a multicultural self-concept.* Unpublished doctoral dissertation, Graduate College of the Union Institute, Seattle, WA.

Shirts, R. G. (1974). *BáFá BáFá: A cross-cultural simulation.* Del Mar, CA: Simile II.

Shirts, R. G. (1995). Beyond ethnocentrism: Promoting cross-cultural understanding with *BáFá BáFá.* In S. M. Fowler (Ed.), *Intercultural sourcebook: Cross-cultural training methods* (Vol. 1, pp. 93–100). Yarmouth, ME: Intercultural Press.

SIETAR International Certification Task Force.

(1997, April 15). *Minutes*. Washington, DC: SIETAR International.

Simons, G. F. (1994). *Diversophy: Understanding the human race*. San Mateo, CA: George Simons International and Multus. Available from the Diversophy Web site, http://www.diversophy.com

Smith, S. L., Paige, R. M., & Steglitz, I. (1998). Theoretical foundations of intercultural training and applications to the teaching of culture. In D. L. Lange (Ed.), *Culture as the core: Interdisciplinary perspectives on culture teaching and learning in the second language curriculum* (CARLA Working Paper No. 11). Minneapolis, MN: University of Minnesota Press.

Stewart, E. C. (1966). The simulation of cultural differences. *Journal of Communication, 16*, 291–304.

Stewart, E. C. (1972). *American cultural patterns: A cross-cultural approach*. Pittsburgh, PA: Regional Council for International Education.

Stewart, E. C. (1995). Contrast-culture training. In S. M. Fowler & M. G. Mumford (Eds.), *Intercultural sourcebook: Cross-cultural training methods* (Vol. 1, pp. 47–57). Yarmouth, ME: Intercultural.

Stewart, E. C., Danielian, J., & Foster, R. J. (1969). *Simulating intercultural communication through role-playing*. Alexandria, VA: George Washington University Human Resources Research Office.

Storti, C., & Bennhold-Samaan, L. (1998). *Culture matters: The Peace Corps cross-cultural workbook*. Washington, DC: Peace Corps.

Storti, C., & Bennhold-Samaan, L. (1999). *Culture matters: Trainer's guide*. Washington, DC: Peace Corps. Retrieved March 17, 2003, from http://www.peacecorps.gov/wws/culturematters/guide.pdf

Thiagarajan, S., & Steinwachs, B. (1990). *Barnga: A simulation game on cultural clashes*. Yarmouth, ME: Intercultural Press.

Triandis, H. C. (1972). *The analysis of subjective culture*. New York: Wiley.

Triandis, H. C. (1995). Culture-specific assimilators. In S. M. Fowler & M. G. Mumford (Eds.), *Intercultural sourcebook: Cross-cultural training methods* (Vol. 1, pp. 179–186). Yarmouth, ME: Intercultural Press.

Trompenaars, F. (1993). *Riding the waves of culture*. Burr Ridge, IL: Irwin Professional.

Trompenaars, F. & Hampden-Turner, C. (2003). "7-D Model" and "Culture Mapping" Retrieved March 17, 2003 from http: www.7d-culture.nl/index.html.

Tucker, M. F. (1999). Self-awareness and development using the Overseas Assignment Inventory. In S. M. Fowler & M. G. Mumford (Eds.), *Intercultural sourcebook: Cross-cultural training methods* (Vol. 2, pp. 45–52). Yarmouth, ME: Intercultural Press.

Useem, R. H., & Downie, R. D. (1976, September/October). Third-culture kids. *Today's Education*, pp. 103–105.

Weaver, G., & Uncapher, P. (1981, March). *The Nigerian experience: Overseas living and value change*. Paper presented at the Seventh Annual SIETAR Conference, Vancouver, British Columbia, Canada.

Wederspahn, G. M. (2000). *Intercultural services: A worldwide buyer's guide and sourcebook*. Houston, TX: Gulf.

Wendt, J. R. (1981). *Intercultural communication workshop. Ten years later: A report on the occasion of the tenth anniversary of the Intercultural Communication Workshop Program in the Speech Communication Department at the University of Minnesota*. Minneapolis: MN: University of Minnesota. (Available from the Intercultural Communication Institute, 8835 SW Canyon Lane, Suite 238, Portland, OR 97225)

Whorf, B. L. (1953, April). Linguistic factors in the terminology of Hopi architecture. *International Journal of American Linguistics, 19*(2), 141–145.

Whorf, B. L. (1956). *Language, thought, and reality*. New York: Technology Press and John Wiley.

Wight, A. R. (n.d.). *Where it all began*. (Available from the Intercultural Communication Institute, 8835 SW Canyon Lane, Suite 238, Portland, OR 97225)

Wight, A. R., & Hammons, M. A. (1970a). *Guidelines for Peace Corps cross-cultural training: Philosophy and methodology* (Part I). Washington, DC: Office of Training Support, Peace Corps; Estes Park, CO: Center for Research and Education.

Wight, A. R., & Hammons, M. A. (1970b).

Guidelines for Peace Corps cross-cultural training: Specific methods and techniques (Part II). Washington, DC: Office of Training Support, Peace Corps; Estes Park, CO: Center for Research and Education.

Wight, A. R., Hammons, M. A., & Wight, W. L. (1970). *Guidelines for Peace Corps cross-cultural training: Supplementary readings* (Part III). Washington, DC: Office of Training Support, Peace Corps; Estes Park, CO: Center for Research and Education.

Wight, W. L. (1970). *Guidelines for Peace Corps cross-cultural training: Annotated bibliography* (Part IV). Washington, DC: Office of Training Support, Peace Corps; Estes Park, CO: Center for Research and Education.

Wurzel, J. (Producer). (1993). *A different place: The intercultural classroom* (Parts 1 & 2) [Motion picture]. Newtonville, MA: Intercultural Resource Corporation.

Wurzel, J. (Producer). (2002). *Cross-cultural conference room* [Motion picture]. Newton, MA: Intercultural Resource Corporation.

第三章

跨文化培训方法分析

桑德拉·M.福勒(Sandra M. Fowler)
朱迪思·M.布鲁姆(Judith M. Blohm)

由于全球化成为家喻户晓的语汇,跨文化的议程正在成为世界性的议程。尽管跨文化的专家学者们为改进对跨文化的理解工作了几十年,但是,现在要达到这个目标变得势在必行。跨文化研究必须为促进地球上各种广阔文化领域里互利式的互动做好准备。

然而,跨文化研究依然相对年轻。在20世纪中期,人们认为自己是位跨文化培训师会受到怀疑。在那时,所谓的"区域研究"的培训师依赖于学院里教授的传统方式:讲课、可能放上一部电影、学生写些东西和用用地图。直到1971年,第一种文化吸收检测表或跨文化敏感检测表被研制出来,情况随之发生变化(Fiedler, Mitchell & Triandis, 1971)。大致在同一时间,依据和美国海军的合同,R. G. 希尔茨(Shirts)开发出一种跨文化模仿游戏巴法巴法(*BaFá BaFá*)(Shirts, 1974, 1995)。那时,通过电子计算机进行网上培训难以想象,因为那时没有台式电子计算机也没有万维网。

在接下来的几十年中,人们创造了很多种跨文化的培训方法,这些方法也经历了很大的转变(见第二章)。其他学科使用的方法也被改用在跨文化培训中。培训的方法如同培训项目的设计和内容一样重要。它们是培训师运用跨文化知识的培训手段。掌握多种方法非常重要,因为没有一种方法会在任何时候适用于各种客户和各种所要达到的预期效果。

从理论上讲,方法不存在感情成分。"方法是完全中性的。方法自身不会取悦于任何人也不威胁任何人,它们不具伤感情绪也不具理想主义——但是,内容和培训师却可能存在上述问题"(Fowler & Mumford, 1995, p. xiv)。一位培训师无论选用了哪种方法,都会把培训师本人的风格带入培训实践中。如果培训师倾向于支持性和培训性的风格,面对面角色扮演的培训方法将可能会以流畅的方式进行,绝大多数的培训参与者都会对培训实践感觉良好。相反的,一个不具威胁性的个案研究,在喜好争论和坚持跨文化培训需要一定的强度以便为受训者做好面对真实世界这一理念的培训师手中,可以很辛辣尖刻。在 F. 西尔伯斯坦(F. Silberstein)看来,基本上是"没有哪种方法比培训师更强"(2003年2月22日与他的谈话)。

在本章中,我们将考察目前应用的各种跨文化培训方法。本章的目的不是详细描述每一种方法,因为有很多优秀论著详细描述了各种跨文化培训方法 [Gardenswartz and Rowe(1998)、Gochenour(1993)、Hofstede, Pedersen and Hofstede(2002)、Kolhs(1995)、Kolhs and Knight(1994)、Rae(1999)、Seelye(1996)、Singelis(1998)、Stringer and Cassiday(2003)]。本章的分析是想考察当前培训的发展趋势、运用各种方法的语境、影响选择某一方法而不选择另一方法的原因。根据方法的风格和目的对其进行了分类,并逐个进行了分析。对每种方法的分析包括:评定其优点和不足、典型的培训后果、适应性、利用该方法的途径、获得该方法的可能性、发现更多有关信息的途径。

界定名词

什么是方法?"方法"(method)和"方法学"(methodology)常被误用。方法学是一门学科或专业中所遵循的方法和规范的结合体,或是对某一特定领域的原则和程序的研究。跨文化培训包含着方法学。而一种方法其含义是为达到一种目标的一种程序或者是一个过程。培训师似乎是喜欢把方法当作是方法学,但这样使用这一名词是不正确的。培训师还把"技巧"(technique)与方法、方法学混为一谈,技巧更准确的是指培训过程中运用的技巧性培训细节。例如,跨文化培训中一种技巧是在讨论案例研究中,使用三人小组讨论的形式。"方法"是案例研究,"技巧"是三人小组,方法和技巧是跨文化培训"方法学"的一部分。

传统的和现代的方法:当前的发展趋势

　　传统的培训方法是那些经过考验证明是有效的、能长期运用在许多领域的方法。它们包括下述方法:演讲、案例研究、角色扮演、模仿和危机事件。录像带、自我评估工具、通过计算机进行培训等新近开发出来的方法,被认为是现代的培训方法。许多传统培训方法与新技术,像计算机和互动式录像带,一起被带入21世纪。例如,案例研究可以在录像带中进行,用计算机化的输入方式添加一些实时的数据。模仿的培训法也很适用于计算机的影像。传统的方法依然有其地位,但是除非它们要满足当前需求,"使之不断发展、使之围绕培训的主题"(关键的问题常常是底线),否则它们将不会成为专门为繁忙的经理、匆忙的教师和学习压力很重的学生设计的培训计划中受欢迎的部分。

　　为适应受训人员获得信息的需要,传统方法可能应该是演讲加上一些文字材料。这类文字信息现在可以通过网上传递加以解决。培训时间可以被用来对网上提供信息加以综合和实际应用。培训的讨论,为受训人员提供了深入讨论、分享信息、澄清交流环境以及将来需要什么等的活动空间[2002年8月21日赖菲尔(C. Ryffel)与作者的谈话]。

　　在过去,设计成综合各类信息的讨论可能是在小组内、一对人、三个人中进行。然而,迪萨巴蒂诺(DiSabatino)和奥利弗(Oliver)(2002)强调说,现在许多培训师正在使用过时的手段。他们声称,大多数经理不喜欢一对一地讨论概念和理论。他们需要的培训师是专家,了解他们公司的业务,能够把培训与公司的要求结合起来。那些坚持传统培训观点的培训师坚持认为,用来使培训活跃的活动或提供培训活动的多样性是浪费参与者的时间。"如果一项活动没有对培训增加确实的价值,就别进行这种活动"(DiSabatino & Oliver, 2002, p.16)。他们指出,大多数经理手头上都有很多工作,一场培训只是他们许多急着要处理的工作中的一项。他们说,事实上,除非培训中的练习直接运用于参加培训人的实际工作,否则它应该被取消。培训师知道这一点,但是有时还是走入歧途,"为了客户的利益"而提供一些练习。甚至当练习具有直接的应用性,培训师却经常不利用一些时间把这种练习讲明。对这类失误的容忍度正在缩小。

培训师对公司、政府和教育界的领导们可能会带来很大的影响。灌输和锤炼的跨文化管理和领导技术可能正在变化,教室里的培训只是获得这些技术的方法之一。现在的培训技术正朝着提供教练、咨询、建议的方向发展。现在客户要求培训师承担顾问、战略咨询员和教练的角色。格罗夫(Grove)建议,培训师最好带着一个关着的大工具箱,等到需要时再打开(2002年10月14日他与作者的谈话)。他把培训看作是一种众所周知的固定形式,而教练是流动性的指导,但是培训和交流都需要许多同样的技巧。帮助、指导和管理学习者是成功的关键。许多的培训方法只是为提供上述条件创造了机会。例如,角色扮演是参加培训人员练习新技术(如欣赏式的倾听)的一种方法,一旦培训师设计了整个剧情结构和脚本,角色扮演就由学员个人去发挥了。培训师在这时能做的最好的事,就是避开,不要再指手画脚。听取汇报是提供帮助和教授技能的场合。

将来的学习将是一种传统和现代方法的融合。正如赖菲尔所评论的,"我们现在做的还不是很好——我们需要持续不断地尽快把它做得更好"(2002年8月21日,他与作者的谈话)。

综合性培训项目中的方法

一个综合性的培训项目,可以从概念上分成多个层次。虽然这对培训师中的新手来说,把这些层次都记住有些困难,但是要知道,这些层次是有经验的培训师带到培训现场的能力组成部分。

1993年,佩奇提出了一份关于跨文化培训师行为能力的清单,它包括:"设计综合培训项目的能力,这类项目包括经验式与教诲式方法,特定文化与普遍性文化的内容、认知/情感/行为等学习活动的合理搭配"(Paige,1993, p. 185)。1996年,古迪孔斯特、古兹莱(Guzley)和哈默(Hammer)根据佩奇提到的两个中心问题,提出了以教诲式和经验式为一种维度,以特定文化和普遍性文化为另一种维度,所形成的跨文化培训的类型。利用这些标准,他们创造了4种类型的培训:教诲一般文化型、教诲特定文化型、经验一般文化型和经验特定文化型(见表3.1)

表 3.1 跨文化培训类型

	教诲式	经验式
一般文化	教诲一般文化型	经验一般文化型
特定文化	教诲特定文化型	经验特定文化型

1996年,古迪孔斯特等人就各培训类型可以使用的一些方法,提供了一个简要的综述。例如,在教诲一般文化型中,他们列举了演讲和讨论、录像带和一般文化同化案例。在经验一般文化型中,他们列举了一般文化模仿活动和自我评估活动。在教诲特定文化型中,他们列举了地区情况简报、语言培训、特定文化同化案例、特定文化的读物。在经验式特定文化型中,他们列举了两种文化交流的工作坊、特定文化的模仿活动、特定文化的角色扮演。

关于这些维度的另一种思路是:教诲式和经验式指的是培训的过程。一般文化和特定文化指的是培训的内容。在受训者的需求和期待受训结果被确立并选择了培训中所要使用的方法后,每个方面都值得认真思考。

过程:教诲式与经验式方法

跨文化培训中反复犯的错误之一是:单一依靠教诲式或经验式的方法,排斥另一方。有效的培训是将二者相结合。好的培训要适合受众的参与表现,西方文化,特别是美国文化,支持积极主动的方法。在美国,成功的培训需要运用积极主动的方法,学习者是培训的中心,他们能非常容易地参与到培训中。必须指出,甚至教诲式培训(教学目的通过讲授达到)也可以使课堂气氛活跃,师生积极互动。按照蒂亚加拉金(Thiagarajan)的说法,"收到最多抱怨和奚落的培训方法是演讲。尽管如此,它仍是最流行的培训方法。它提供给教师和学生连贯和有效的知识"(Thiagarajan, 2003b)。演讲可以被讲授得互动性很强,气氛热烈。蒂亚加拉金建议,如果培训师知道演讲主题和有个发言提纲,讲课时从照本宣科转变成不时加入学员的主动回应和介入就比较容易了(见本章后面的关于演讲的分析)。

内容:特定文化和一般文化

内容可以通过不同的方法提供。虽然特定文化区域研究的培训一般习惯上被认为是一种认知过程,但是除了仅仅是为传递信息的目的外,现在再也不是这种情况了。如果只传递信息,在提供必要的信息方面,计算机是最出色的工具。然而,如果目的是跨文化交往的有效性、在多元文化环境中有良好的表现、跨文化敏感性、建立起跨文化关系,那么计算机就做不到这一点了。就需要面对面的培训和指导了。

一个高度互动的特定文化培训的例子是派往中国前的培训项目,具体内容见伦威克(Renwick)在《跨文化资料集》(*Intercultural Sourcebook*)第二集中所写的文章。这个8天的培训项目充满了以经验为基础的综合了更多认知培训的活动。它是目前已出版的有目的把行为和认知培训结合在一起的最好样板之一。伦威克提出警告如下:方法、练习和活动要在计划的主要方面落实后,再认真考虑。一旦培训师确定了组织中的问题,选择了将要介入的东道国,做了需求评估,确定了培训目标,作出了计划,选择和准备好工作人员,伦威克指出,合适的方法几乎就不言自明了。

认知、情感、行为的学习

1993年,佩奇为综合性计划设计了行为能力的最后一个维度,该维度有时指的是知识、能力和态度(KSAs)。从广义上讲,当设计培训时,解析这些是非常困难的。因为任何活动在某种程度上都包括这三个方面。关键是在达到预期的结果方面确定哪一个最重要,以及在聚焦一个方面时而又不忽略其他方面。例如,如果目的是教给学生跨文化谈判技巧,学生需要实践这些技巧。然而,培训师也需要考虑学生对跨文化谈判的态度,要考虑学生在尝试着不熟悉的技巧时(或者运用像角色扮演方法进行冒险和表白真情),如何感受培训的情景。既然期待的后果深深地影响着培训师对方法的选择,我们将在本章的后面进行深入的探讨。

定做的与打包的培训方法

培训的材料——写就的手册和在课堂上分发的复印阅读材料、录像带、模仿练习材料、练习汇编和网上训练课程——被大量出版。虽然这些材料为培训师提供了培训内容和培训方法的理念,对他们有很大的帮助,但是几乎所有的培训师都需要对这些已经出版的材料,进行商业上的重新定制,以满足客户的需要。无论定制是进行较大改动,还是细微修补,但都是必须的。似乎很矛盾的是,客户常常不想听培训师在定制培训中花费了多少时间。他们只是想培训师把培训计划做的与自己需求相关,做个计划,并把计划做好。因此,培训师要考虑的是花费多少时间才能定制好培训方法。在本章后面分析特定培训方法时,再考察适应性的问题。

运用方法的语境

围绕着培训计划的语境或环境,在培训被学员接受和使用的程度方面,发挥着重要作用。培训师几乎经常要处理"表现赤字"的问题(即受训学员实际上的表现和具有的潜在表现之间的差别),无论学员是教师、经理、家庭成员、难民还是交换学生,他们都需要帮助以充分发挥他们的潜力。C.格罗夫(Grove)问每一位客户的问题是:"我们需要做些什么,能使这个人发挥其最大的效力?"(2002年10月14日与格罗夫的个人谈话)当文化的信息或跨文化的技巧被认为是需要时,跨文化学者提出和使用的许多方法都是行之有效的。学员若认为培训不是被惩罚而是可以认识到自己的潜力,培训更容易被学员接受和得到他们的支持。

培训所要求的另一个语境是解决一个现存的已确定问题,或防止将来要发生的问题。李·加登斯沃茨(Lee Gardenswartz)报告说(2002年10月14日的个人谈话),她和安尼塔·罗(Anita Rowe)进行的一个文化多样性培训不是前摄性(proactive,心理学用语,指前一活动中的因素对后一活动造成影响。译者注)的就是起反作用的(reactive):一个组织在某些方面误入歧途,或者组织不愿落后,或者面对诉讼。她说,她感觉到在帮助学员们和谐地一起工作,就像一名乐队指挥与一个交响乐团一起工作。她的培训是高度经验性的。她利用诊断工具,对各种类型的群体进行诊断,做大量的探讨、分析和运用于实际工作。

对于许多培训项目来说,一些困难是动机因素(motivating factors)。无论培训师选择了什么方法,培训应被设计成一个安全的避风港,在这个港湾中,允许学员修正可以原谅的知识上或技术上的缺陷,换句话说,环境应成为可宽恕各类问题的地方(Nichols,1990),或成为人们具有创造性和远大梦想的地方。

每个培训环境都不同,并以自身的多种语境问题向培训师提出了挑战,培训师需要在发展综合性的培训中思考这些问题。

文化对方法选择的影响

对跨文化培训最重要的影响是文化。文化的影响反映在培训的所有方面,包括培训师、学员的评估,以及培训的过程和内容两个方面。

文化对交流风格的影响是相当清楚的。一些亚洲文化喜欢说话绕圈子、不那么直截了当。这种交流风格在集体主义、高语境文化中畅行无阻。在更为个人主义的、低语境的文化中,例如加拿大和美国,其交流风格却是直线式的和直截了当的。培训方法可能会反映这些差异。例如,在委婉和绕圈子的文化中,讲故事可能从不挑明要达到的要点,因为讲故事的人期待听故事的人自己能从中悟出道理——要点在故事中是模糊的。在一个更为直截了当的文化中,人们想要确认听故事的人得到要点,因而讲故事的人把故事的要点清清楚楚地告诉听故事的人——常常在故事一开始就把要点说出来。

美国人倾向于一种分离式(detached)的交流风格(例如俗语"夫人,只讲事实"),而拉丁美洲人更喜欢使用一种附加式(attached)的或者情感式的表达方式,在谈论问题的时候掺杂着感情和情绪。

"程序的"和"个人的"交流风格同"紧密"(tight)文化与"宽松"(loose)文化之间的差异有关系。1994年,特里安迪斯描述的紧密文化(例如日本文化)中,人们应该依照规矩(norm)行事,规矩是很可靠地在产生影响,因而背离这些规矩很可能要受到惩罚。在宽松文化(例如美国文化)中,背离规矩在更大的程度上被容忍。在紧密文化中,程序式交流很被人们看重,人们期待先前存在的政策和程序可以用来解决问题。在紧密文化中,按照规矩办事在社会生活和交流中都很重要。在宽松文化中,个人的交流要比规矩更被看重。问题是通过个人的、一个个案例方式的理解和活动中得以解决的。这两类文化在交流方面的差异,在人们玩模仿游戏中表现得很明显。在紧密文化中,游戏规则很重要。而在宽松文化中,游戏者常顺从规则或干脆无视规则。培训师在培训中使用模仿游戏方法时，必须确保其游戏规则可靠，并有一定的灵活性，使紧密文化和宽松文化的学员都能遵守游戏规则，或者找到变通的办法，对双方做游戏都带来较少的压力。

害怕丢脸和害羞在一些文化中也是重要的考虑。在实施一个培训计划中，有些学员怕羞，如果培训一开始就让学员自我表露感情或观点，这种作法就不妥。要想使培训获得成功，对这类成员，最好是从介绍理论和模式开始，培养应用这些理论模式的活动气氛。在那些不怕羞的学员中，学员们可能倾向于要有个理由去学习理论和模式。从经验性的活动开始（要求学员去展示不熟悉的行为），用这种方式展示理论和模式的必要性对他们更有益处。

文化的影响在培训的许多方面都可以看到。例如，学习风格上的多种文化倾向，可能会影响培训计划的顺序。文化的价值观也会影响学员对培训方法的反应，价值观包括对权威的尊重、强调重视集体胜过个人（或相反）、和谐合作或是竞争、时间倾向以及宿命论等等。当为一个培训计划选择方法时，考虑文化因素的一个方法是：问一问是否某一方法可能会冒犯某文化的规范。这种方法是否适合某文化在交流和学习上的倾向？当手头上没有关于这些文化的答案时，与能够回答这些问题的文化经纪人进行练习就很重要。1999年，拉姆齐（Ramsey）说，培训定位在培训过程中，在过程中培训得以实现，不可能把培训和过程分开。她进一步说，"如果我们想使我们的培训计划成为最高质量的，并以学员能欣然接受的方式讲课的话，那么我们调整培训方式适应学员特定文化的能力就是一种伦理关怀"（Ramsey，1999，p.324）。

跨文化培训与关于文化的培训

跨文化培训可能是跨文化培训、关于文化的培训或者两者都包括的培训。外教跨文化培训是指教员给另一种文化的学员培训（例如德国教员给中国学员进行培训），或者近些年来很常见的给来自不同文化的成员培训。虽然培训师可能教授的是团队建设或者是计算机程序，但学员来自其他文化，使这种培训也是一种跨文化培训。实际上，目前多数国家的大多数培训师发现自己处于这种环境中，来自单一文化背景学员的情况很少。

关于文化的培训则指的是从一般文化的角度或某一特定文化的角度,或者从两者结合的角度教授学员跨文化关系的课程。这种培训可能是从泛文化的角度为经理进行文化多样性的培训。在这之后,接下来可能是经理们如何理解拉美客户的课程,这应是关于特定文化的培训。在国际舞台上,这可能也包括对因商务和教育需要短期出国人员进行出国前培训,即对他们将要生活其中的特定文化进行培训。对不同国家从事救济工作的欧洲非政府组织服务人员的培训,可能也是一种泛文化的培训。

当然了,对来自多种文化背景学员进行的文化关系培训,则既是外教跨文化培训也是关于文化的培训。本章的读者每天从事的无疑是这类培训活动。

经验学习周期

许多培训师运用科尔布(Kolb)的"经验学习周期"(Kolb,1984;Kolb & Lewis,1986)进行培训(见图3.1)。这个4阶段结构讲述了4种学习方式:具体经验(concrete experience)、对观察进行思考(reflective observation)、提炼抽象概念(abstract conceptualization)、主动实验(active experimentation)。选择了培训方法和技术后,把这个模式记在心中,可以确保每种学习倾向都可以得到表述。

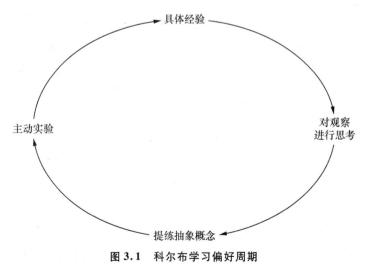

图3.1　科尔布学习偏好周期

例如，对文化的培训，学员常参加一种模拟活动，给他们一些共同的经验；然后，学员们审视这些经验；继而对学习到的东西进行概括总结（这时，提出了理论、信息和模式）；然后，把所学的知识运用的实际中去。上面的例子是从主动的实验开始学习周期的。培训师可以基于学员所最喜欢的学习方式入手，从学习周期的任何一点开始设计自己的培训过程。

已有人对某种文化人群所偏好的学习方式搜集了一些数据。例如，一般来讲，如果客户是美国经理，培训师可以从具体经验开始，然后依次按学习周期各阶段进行。如果客户是欧洲经理，培训师要从回顾已有研究入手，即从提炼抽象概念开始学习周期，这样的起点就更好。

培训师在学习周期的哪个位置开始，也取决于所培训的题目。多元文化的团队建设可能开始于培训师提供一些关于团队组织、工作以及影响团队的文化问题等方面的信息；然后，把这类信息通过模仿式的活动（例如开会等形式）或者团队实际面临的情境，运用到学员的实际情景中，然后团队再听取报告。这个例子就开始于提炼抽象的概念，然后沿着学习周期运用其他学习方式继续培训。

J. M. 贝内特曾开列了支持学习周期不同阶段的教育活动清单（Bennett & Bennett, 2003）。"具体经验"可利用小组讨论、范例、自传、能引起讨论的电影、练习、介绍、有指导性的比喻、音乐、录像带片段、同学相互教学等方式进行。"对观察进行思考"使用的方法包括：期刊、讨论、头脑风暴、提出想法、观察思考的小论文、观察、参考书单、工作表格、单元性的工作。"提炼抽象概念"包括：演讲、论文、计划方案、类比、建立模式、建构理论、参考书、研究和阅读。"主动实验"包括的方法有：计划方案、田野工作、课外作业、实验、案例研究、模仿练习、游戏、指定的实践活动、自学、示范。

培训一开始所使用的方法很重要，因为它关系到是否能以学员所偏好的学习方式抓住学员的注意力，以增加他们愿意全身心地投入到培训中的兴趣。如果你了解到大多数学员偏好主动实践，而你的培训却从关于理论的一个演讲开始，那么其结果很快就是学员们呆滞的目光，想再把学员的思想带回到培训课堂就困难了。然而，无论培训师从哪里开始培训，培训必须经过经验学习的整个周期。一个培训项目的每一个学习部分都应提供一个对观察进行思考、学习提炼概念、利用某种观点或技巧主动实践、参与一个组织的具体经验（能够让学员讨论自己的感受、思想和观点)的机会。这有时被称作是"车轮式的培训"。

培训师需要在科尔布的轮型学习周期的每个阶段都成功,这些学习方法和风格对培训师要具备的素质有何启示?确实有些素质可能使培训师的培训效果更佳。例如,移情是学员期望要在培训活动(具体经验)中,从培训师那里学到的一种素质。在对观察进行思考阶段,培训师需要有清晰的有条理的思路,和给学员以时间和空间进行思考的耐心。当一名培训师在讲授理论和概念时(提炼抽象概念),专业知识和学历资格就非常重要。最后,在主动实验阶段,需要热情和指导能力——即允许学员自导自演的培训师。培训师需要把这些个人素质带到其培训计划中使用的每一种方法中去。

影响跨文化培训的个人和文化偏好

尽管人们通常没有意识到,但实际上走进培训班的每个学员,都顽固地把他/她自己所偏好的认知风格、学习方法、交流方式带入了培训班中。培训的成功将依赖于尽可能多地了解学员在上述方面的个人的和文化的偏好,调整培训方法以适应在任意培训情景中体现的各种风格。

认知风格

人们从所在的环境中如何搜集信息、如何组织信息和如何运用其知识决定了他们的认知风格。认知风格是从低度抽象到高度抽象排列成一个连续的序列。一些亚洲文化似乎是运用低度抽象的认知风格,北美文化更倾向于中度抽象认知风格,而北欧的一些文化倾向于高度抽象的方式进行思考。

交流风格

交流风格是指:体现一种文化价值观和规范的表达方式和交往互动规则(Bennett & Bennett, 2003)。很明显,直截了当的交流风格和委婉的交流风格可能在课堂上会发生冲突,但还应知道在培训这一层次上的其他交流风格,存在着直线型和环型交流风格,存在着分离式和附加式交流风格。有一些交流者宁愿在知识问题上发生对抗,却不愿意在彼此关系上发生对抗。当进行跨文化培训时,这些风格中的每一种都需要细心运用。

当和那些倾向委婉交流风格的人们打交道时,培训师应避免直截了当的提问题,不要太暴露,不要太情绪化,要给学员时间去组织反应。相反,直截了当的美国人会欣赏快节奏,直接提问题,富有热情,很多人也可能不会介意暴露自我。

更新方法以满足时代要求

科技一直对培训方法产生影响。以环球网为基础的培训正在日新月异地改进。由于各种原因,它仍然没有被广泛使用。计算机需要技术知识和上网能力,这些并非人人都具备。以环球网为基础的培训需要计算机和在网上互动的能力。尽管如此,技术还是带领着培训师朝着他们现在还梦想不到的方向发展。在将来,电子培训可能甚至不需要计算机。

现在,培训方法比以前更须与商界和专业界(需要培训专业知识的领域,如外交、发展和教育等领域)的关系划定一条明晰的底线。现在被人们运用的一种方法是把学员带出培训室,把学生带出校园,把志愿者带出教室。和平队正在使用以社区为基地的培训,为志愿者出国服务做准备。不是在培训中心和所有学员在一起接受培训,而是一些学员和语言教员与房东住在一起生活,在社区里进行培训。这些学员利用房东家庭成员和社区作为文化信息和进行语言学习的资源,他们自己根据技术培训材料进行培训,也以小组为形式进行培训(见第十五章)。

乔治·梅森大学(George Mason University)提供一个为教师到海外中小学教书和在多元文化背景课堂里教学进行培训的项目[2002年11月21日李维(J. Levey)与本文作者的谈话],也把教师外派到所在学校。他们通过辅导教师、行为研究、反思实践和学习小组等方式的实践,来学习跨文化交流,大约85%的老师是20多岁的白人女性。在美国教育界有一个势头很猛的运动要把她们放在有多元文化的学校去,以便她们集中通过经验来学习。

选择跨文化培训方法指南

对于跨文化培训特定部分选择的方法,必须与所要达到的结果结合起来。

期望达到的目的可以是：工作或生活在新环境中或在当前变化中的多元文化环境中，所需要的知识、技能或态度。期望达到的目的要通过确认客户和学员需求来决定，他们盼望填补缺欠或增进潜力。期待的培训结果应陈述为行为目标：在培训完之后，学员将能够做什么。在培训计划制定和选择培训方法前，培训师和客户必须清楚培训要达到的效果，因为所有的方法不会得到同样的成效。表 3.2 提供了针对不同期待效果采用相应方法的指南。

表 3.2 预期结果、建议使用的方法、效果评估活动

预期结果	培训方法和活动	效果评估活动
知识（事实和信息）学员将学到这些知识	阅读、唱歌、演讲、头脑风暴、看电视、听广播、看录像、计算机、有计划的指导、辩论、小组讨论、采访、参观博物馆和工作场所、实地考察。	笔试、口试、在其他培训活动中的应用。
技能（手册、思考、计划等）学员将能做一些事	通过有反馈能纠错的实践活动的示范或指导；扮演角色、集体练习、训练、游戏、教练、个案研究、工作表格、模仿训练。	通过对工作、实习课和表演角色的观察；列出要观察内容的清单可能很有用；对个案进行研究然后做决策；产品的发展：培训设计、培训通讯、媒体的材料、戏剧性事件。
态度 学员将接受新价值观和新视角	讨论、扮演角色、角色塑造、价值观澄清练习、电影和录像带、个案研究、危机事件、辩论、游戏、自我分析、反馈、模仿、实地考察。	通过间接地观察以下行为：人际关系、看待问题的方法和角度、选择的行为。

资料来源：人口与发展活动中心 2002 年改编诺尔斯的著作（M. Knowles, 1970, p. 294）的有关内容。除了这个版本之外，最初的版本也出现在柯尔斯的著作中（Kohls, 1995, p. 138）。

结果

知识

如果获取知识是期待的培训结果（例如，民族关系史，某国的经济发展，在另一种文化中如何开会，依照当地文化应邀赴宴时客人赠送女主人最得体的礼

物是什么),那么可以安排学员阅读、听小组座谈、看录像带或者利用互联网做点调查研究。在出国前商业培训中,标准的业务手册或者其他文字材料通常要调整一下,以适应特定的国家和工作任务,这类材料也要个人化以适应随行家属及其他有挑战性的因素。美国外交人士可以访问位于华盛顿特区的"海外简报中心",阅读描述目的地住房和学校情况的文化指南,浏览与工作岗位相关的文件,看一看学校的年鉴,看一些在所在地出品的录像带,了解在某一特定国家外交官员和其家庭的生活。

获取知识或许不一定要手把手地培训。所需要的信息可能在现有的文字材料或录像带中找不到。培训项目可能需要提供一些演讲人进行演讲,进行小组讨论、或者一对一地与专家、来自目标文化的人员、在目标文化有新近经历的雇员或家属、交换项目的校友进行讨论。在这种情况下,学员就有了更多的机会得到对其特定问题的回答,和相关人士讨论一些问题。这样传递的信息可能要比仅仅阅读或自己个人观看得到的材料有更深理解。当进行美国国内文化多样性的培训时(基本上是帮助性的讨论),这种方法的效果特别明显。

获得知识不一定必须是被动的。学员可以到附近有派往国文化色彩的餐馆吃饭,品味食品和了解外文饭菜名称。他们可以通过采访、面谈等方式获取所需信息。他们也可以和其他人一起从特定的角度观看录像带、电视节目或电影,讨论观后感。

获得知识很少是跨文化培训的唯一预期结果,尽管如此,其他因素的影响,例如时间有限,组织经费有限,所以在一些情况下这可能是培训得到的最现实结果。

技能

在跨文化培训中提高技能需要培训时间和培训专家。这类技能可能包括从多种角度看问题、界定在工作面试中的文化偏见、在混乱的环境中学会如何学习、在特定文化中较多(或较少)运用直截了当的交流方式等等。

技能发展需要学习新技能(通过讲解、演示、录像带、阅读)有哪些,然后结合培训师的反馈,实践这些新技能。学员可以观察一场指定文化中的典型决策会议,然后由学员扮演主席的角色主持这类的会议。谈判人员可以通过一场模拟谈判,发现文化因素如何影响谈判的效果,学习关键的文化差异,并在角色扮演的活动中运用这些知识,进行实践。教师可以用实践—指导的教学形式,了解不同的交流风格,并把这些差异运用于训练中。

技能培训要求培训师知道目标文化(target culture)的交流技能和有效方式,以指导学员,给出反馈意见。学员必须有时间花在培训的情境中,以便认识到他们正在学习的技能的重要性。

态度

如果培训的结果是学员的态度改变,培训的方法需要触及(常常是强烈地)学员的信仰体系。例如,要强调集体的决策程序重于个人做出决策,这就可能必须对学员进行强调群体要比任何个人重要的练习。为了理解那些在找工作进行面试时,不愿意抬高自己的候选人的观点,学员可能要看一段录像,讨论录像中人物行为背后的价值观。

态度的转变不容易加以评估。评估态度的转变,需要较长一段时间对其行为、人际关系和处理问题的方式进行观察。因此,在培训项目结束时,评估培训成功的程度是困难的。

处理态度问题的培训方法有个实例,该方法是让那些将与一种新语言学习者一道工作,而自己又只会一种语言的人们,去学习和使用一种"猪语"(Hartley & Lapinsky,1999)。这种活动是为培训志愿者和东道主家庭而设立的青年人相互理解的国际交换项目开展起来的。学员学习一种奇怪的词汇、很难发的语音、非语言符号,以便他们能讲述三只小猪的故事。这种活动做起来很困难,会把人搞糊涂,有时还使人很困窘。做完这类活动后的学员的报告会有助于他们培养对在工作中、学校里或家庭中学习外语者的同情,增加帮助外语学习者的策略。

培训方法的选择必须与培训结果相适应,必须考虑可能有多少培训时间,考虑培训班中有多少学员、有多少设备、学员的学习特点。例如,一种特定的模仿剧可能是为达到特定效果的理想培训方法,但是没有足够时间,或者也不够模仿剧中所要求的演员数,或者如果由于公司的学习风格、文化或学员原因,那么模仿剧不是一种合适的方法,就需要选择一种不同的培训方法。

同样,客户设想的培训结果,由于培训所要求的细节原因,也可能是不现实的。例如,技能的培训在所规定的时间内也许是不可能的。培训师可能需要帮助客户提出更为现实的目标。

小结

图3.2用圆表示的关系图可能有助于读者直观看到选择合适培训方式所涉及的各种因素。

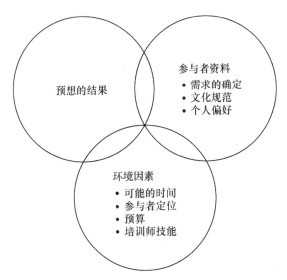

图3.2 影响选择培训方法的因素

记住了预期的结果、学员的考虑和培训环境的各因素之后,为培训计划选择培训方法时,注意的焦点可以转到跨文化培训行业的手段上。以下部分将简要分析挑选的20种培训方法,因为这些方法在跨文化培训中被广泛使用。每种方法的介绍都遵循同样模式,以便更容易对比:首先对每种方法进行简要描述,列举其优点和弱点;然后介绍一些可能会取得的效果;评估每种方法的适应性,给出一些应用的实例;说一说获得该方法的可能性。大多数培训师都有一些最得心应手的方法,也可能对自己钟爱的方法添加一些优缺点。下文不是想对每种方法进行详尽分析,而是对这些多年来被证明是行之有效的方法是什么、如何使用它们、为什么使用它们提供一个明确描述。

跨文化培训中使用的培训方法分析

认知方法

这方面主要有 7 种方法,焦点集中在学员获得知识。它们是演讲、文字材料、以计算机为基础的培训、电影、自我评估、个案研究、危机事件(critical incident)。在对这些方法进行描述、分析和适应性介绍时,还会提到一些方法,说明如何对比较被动的方法进行调整,使之更具互动性。这些补充还涉及其他学习领域。

演讲

简要描述 演讲或陈述是言语的、通常是从"专家"到学员的单向传播。培训师、客座讲演人或者一些参加小组讨论的人员都可以做演讲。演讲是使用得最普遍也是最常用的培训技术。演讲通常在介绍新课题、传递信息、介绍模式、阐述和澄清抽象概念方面很有用。当演讲有主讲者和学员之间的互动时,它通常被认为是一种"谈话"或者交流。文字框 3.1 列举了演讲方法的优点和弱点。

文字框 3.1 演讲的优点和弱点

优 点	弱 点
• 培训师感觉在控制着培训。 • 可能不要求充分的准备或资料。 • 信息可被剪裁以适应受众和可用的时间。 • 可以提供书上和网上查不到的信息。 • 大量的信息可以在短时间内传达。 • 一次可以讲授给大量的学员。 • 好的讲演者可能使听众深受启发。 • 学员感受不到压力(通过必须"做一些事")。 • 运用抽象的概念化的学习方法;通过直观的教具可包括更多的学习方法。 • 可能是一些文化中可以接受的学习方法。 • 可以完成公司或机构的培训要求,保护他们免于法律纠纷。	• 学员是被动的。 • 演讲可能很无趣、枯燥;学员的记忆力低。 • 所有的学员思路必须以同一速度向前发展。 • 对非本地人作演讲可能是困难的。 • 有效学习时间的注意力是有限的。 • 讲演者可能根据个人的爱好,而不是听众的需求选择讲演内容。 • 讲演者不能使旧的演讲适应新的听众。 • 讲演者与学员实际相脱离,常准备的演讲不是面对特定的听众,所讲的内容常讲不到点子上。 • 效果一般限于增加知识。

期待的效果　学员接收到事实、模式、观点、例证、清晰的抽象概念。

内容的适应性　高度的适应性。

受众的适应性　针对不同层次的听众,可以在语言使用的水平和直观教具方面加以调整,以满足年龄层次、听母语或外语演讲者的层次、知识优先的层次等不同需要。然而,把演讲调整成为适合同一场不同层次受众的口味是困难的。

对文化和跨文化有效吗?　尽管学员在学习建构跨文化技能时,用活动式方法提供模式和解释之前或之后,都可以运用演讲方法,但是演讲在教授文化知识方面都特别有用。

应用　演讲可用于介绍新课题、传递信息、解释原则、澄清概念、把学员展现给有经验的专家或同事(他们的经验与学员将面临的经验相类似)等方面。演讲在解释理论与现实生活的关系方面很有用,演讲也擅长把内容按次序排列和进行组织。

演讲的一些弱点可以通过讲演时使用直观教具(地图、计算机制作或胶片制作的幻灯片、关键词、图表或活动挂图)和演讲后的文字材料加以弥补。

演讲经常伴随着演示计算机制作的幻灯片。如果幻灯片展示的是关键词或直观形象化的内容,可能有助于学员把注意力集中在关键点上和记忆。如果幻灯片上提供的内容与演讲者提供的信息完全一样,那是多余的,只会分散学员注意力。有时,把幻灯片上的内容用单页发给学员,并留出记笔记的空间。这种作法对那些通过作笔记去学习去记忆的学员有吸引力。

演讲可以通过多种技巧变为互动式,例如使学员的各个小组集中注意信息的不同方面。在各小组讨论之后,培训师可以听取各小组的报告。其他的技术可能包括布置一些作业(例如与座位旁的同学讨论)和定期地提些问题或做些小结(见 Thiagarajan,1994;Thiagarajan & Thiagarajan,1995b)。

现货供应的可能性　演讲通常是专家为自己发言准备的。然而,现货供应的培训产品常有为培训项目设计的演讲内容。

信息资源　互动式演讲技术可通过网址 http://www.thiagi.com 上的 *Play for Performance*(《为了演出而表演》)通讯中获得(参见 Thiagarajan,1994,2003b;Thiagarajan & Thiagarajan,1995b)。塞尔沃曼为使培训更具互动性所列举的 101 种方法并提出一些建议(Silverman,1995)。

文字材料(包括阅读材料、业务手册、培训指南)

简要描述 提供给学员的文字材料可以代替面对面的培训或者为面对面的培训做准备。这些材料可以在培训过程中发给学员,也可以在培训后发给学员供以后参考。文字材料形式多种多样:可以是书或书中一些章节、期刊或报纸上的一些文章、小册子、小说、个人日记、信件、会面记录、详细的说明书、业务手册、文献目录。文字框3.2列举了文字材料方法的优点和弱点。

文字框3.2 文字材料的优点和弱点

优　点	弱　点
• 为所有学员提供了最基本的信息。 • 既可以为个人使用,也可以为小组使用。 • 学员可以根据自己的进度学习(如果在培训教室外的使用)。 • 使发放有次序和有结构成为可能。 • 长度和形式多样化。 • 提供了最基本的资源信息。 • 使多种角度成为可能。 • 可以事先选择。 • 提供了大量抽象信息。 • 适合于抽象概念化的学员。 • 可以有助于建构计划。 • 可以用于培训后的资料。	• 如果单独使用它: —培训师不用测验无法检验学员的理解程度。 —主要涉及的是知识性效果。 —主要呈现的是抽象的概念式的学习方法。 • 如果用于培训前准备,不是所有学员都读完了布置的阅读材料。 • 在设定的时间内,不同学员有不同的阅读速度和理解水平,使得在培训期间使用这种方法不切实际。 • 如果培训师对内容不做调整或创新,可能完全不对路。 • 培训师倾向于布置阅读作业的太多,阅读得到的信息和其他培训方法不匹配。

期待的效果 阅读材料通常用于为学员提供知识、事实和概念等方面的信息。它可以提供对比性信息,或者提出一些可用作分析题目和解决的问题。培训指南可帮助组织培训计划,其内容常比培训时所发课本更丰富。学员培训时可参考培训指南、阅读书目和业务手册,培训结束后还可以把它们作为信息资源。

内容的适应性 内容可用多种形式(材料的深度、形式、针对培训具体情况的普遍性和特殊性)进行改编。

受众的适应性 阅读材料、业务手册等读物可以根据不同年龄学员和阅读水平加以选择和改编。

对文化和跨文化有效吗? 通常,关于文化的阅读资料比谈及跨文化问题的文字材料,更经常被人们使用。尽管如此,编辑的材料或跨文化关系的读物可以被用来引导跨文化的问题。一些培训师还使用像来自两种文化的商业信件这类可信材料,以创造现实的应用机会。

应用:出国前 文字资料常是派往目的国的地区性研究资料(历史、政治、经济、当前形势)或文化信息(风俗习惯、"该做哪些和不能做哪些")。通常,这类阅读资料是汇编的论文或建议阅读的书籍。关于工作调动后和配偶如何在外驻国生活的书籍以及关于随行年幼子女各种问题的手册从市场上就可以买到。经过编选的材料包括:美国国务院提供的国家提示和简报(Country Notes and Post Reports,关于学校和生活安排等方面的信息)、商务培训师为特定客户改写的业务手册、提供给和平队中被邀请者的志愿者工作介绍、特定国家的欢迎手册。

一些关于出国前培训的文字材料经过特殊准备,以使之符合入选人员的兴趣,使他们在外派出国前的长时间等候期内专注于培训。例如,"青年相互理解国际交换项目"就有一份定期的、系列的月刊《大视野》(*Horizons*)提供跨文化的信息和从事准备(例如语言学习、了解东道主国家、准备家庭照片)的各种方法。和平队正在为被邀请者设计一种从互联网上就可获取的新材料,材料包括在不同国家从事各类工作志愿者的录像片段,以及出国前跨文化和语言学习的材料。

文字材料还用于面对面培训过程中的准备;例如,对将要讨论和培训中要练习的商业实际作法和交流风格的描述。关于在特定文化中组织管理多样性的读物也被证明很有用处(Carr-Ruffino, 2002)。

应用:在培训中 读物也可为运用个案分析和角色扮演等培训方法创造条件。个案研究和危机事件(见本章后面的描述)使用文字材料,可以为学员提供分析的资料。角色扮演(见本章后面的描述)也可以从阅读实质性材料开始以便进入状态,明确各个角色。例如,在扮演的角色中,有的是用来增长跨文化咨询技能,有的是对跨文化表现进行评论,有的则目的在于影响态度的转变。

应用:培训的后续活动 为培训课程之后准备的读物便于学员的积极学习和讨论。这类读物的目的在于,如果学员没有听到演讲或在培训时没有记下笔记,提供给学员可能关注的书面内容。这些材料是满足一些学员中喜欢抽象概念思维的人,他们可能发现参加培训不像他们期望的那样惬意和具体。

现货供应的可能性　互联网上为培训师和学员提供了无数的这类信息。关于各国概况有很多出版物,日益增多的书可以帮助人们跨越文化的界线。例如有的书是关于美国人如何在日本做生意,有的书是旅游者如何试着了解美国。尽管如此,各个公司通常需要为自己雇员量身定做的培训项目。因而,商务培训师常常调整和改编标准的文字材料以适应每个客户。有些材料可能在市场上买不到:一定类型的信件样本、对特定工作或特定国家环境中跨文化接触的描述等。培训师通过运用依据真实事例为特定群体准备的材料,来增强培训计划针对性。

信息资源　互联网是基本的信息资源,它提供了联系出版商、获得组织(政府组织和非政府组织)出版物的名单、接触大学出版社和相关出版发行中心(例如斯坦福国际和跨文化教育项目,简称 SPICE)的途径。在界定为满足特定需求的文字材料方面,专业组织的网上团体通常会给你非常大的帮助。1999年塞尔描述了如何设计和使用跨文化培训手册(Cyr, 1999)。

以计算机为基础的培训

简要描述　目前,以计算机为基础的培训在可能性方面还处于幼年阶段。现在写的任何东西都已经过时。目前以计算机为基础的培训是指通过只读光盘、DVD 和网上在线节目等方式,可以获得的所有类型的学习方法。一些培训师和教育工作者试图"使自己的课堂适应计算机",有些人在教学设计师的帮助下,正探索新的学习和培训方法。混合式学习结合了通过计算机学习和面对面学习的两种方式。目前一些使用的技术包括:电子讨论组(e-group)、小组活动区(group work areas)、讨论板和互联网上讨论会,以及包含包装培训项目的只读光盘、DVD 和网上在线节目。文字框 3.3 列举了以计算机为基础培训方法的优点和弱点。

文字框 3.3　以计算机为基础培训方法的优点和弱点

优　点	弱　点
• 实时地把全世界的人们联结在一起共同工作,你可以在任何时候作出回答。 • 把文字、声音和图像结合在一起,对各种学习偏好的人都有吸引力。 • 使得学员在方便时进行培训成为可能。 • 提供了向同伴以及主考官学习的机会。 • 如果问题解答的很及时和很有针对性,这种方法可能激发人们的兴致。 • 目前最好的获取知识的方法:得到它、重复它、实践它、运用它(Kimball,2002)。	• 一些学员对这种技术或这种教育感到不舒服。 • 可能要求雇员自己安排时间进行培训。 • 要想获得信息必须要有硬件和软件,这可能限制了一些学员的参与。 • 缺乏与教辅人员及学员们间的互动。 • 现在技术要求人们懂得使用计算机发言的约定,不是人人都知道这些或都能有效运用。 • 在线培训项目的需求可能加重教辅人员的负担,使他们要对那么多的人给予答复,而技能的提高是需要反馈的。 • 缺乏私密性:能知道评论和文章的不仅仅是教员。这可能对一些人构成威胁,甚至使之成为禁区(例如,对官方人员)。

期待的效果　目前最典型的效果是知识的获取,尽管提高技能和改变态度是可能的。

内容的适应性　内容的适应性取决于形式。公司或机构为了特定目的设计的网上培训课程可能不具适应性。像电子讨论组和网络交换的技术可以根据个别需要加以修改。

受众的适应性　比较年轻的人更喜欢使用计算机,可能更愿意通过电子技术进行学习。缺乏使用计算机经验的人可能不愿意试着通过电子技术进行学习。如果可能,"逐渐地减少拐棍",使任务的难度增大,以便学到技术(Horton,2002)。"学员有时上机后,会有一段时间有些被动,当他们看到自己的问题被提出了和解决了,就会被吸引住"[2003 年 3 月 3 日伯尼(M. G. Berney)的谈话]。通过电子技术进行学习是一种全球的现象,并将在有相应课程和计算机的地方继续发展。

对文化和跨文化有效吗?　通过计算机很容易获取有关文化的信息。一些制作精良的光盘,利用景色、声音、历史和文化信息,对各国文化和国内各种文化群体进行了详尽的描述。这类信息可以通过相应的网站加以补充快速变化的信息。

有一些很出色的学习语言和文化的录像带,内容包括规划好的带有视频情节的学习课程,其视频情节既要求学员运用熟练的语言又要有文化知识。

通过计算机培训进行跨文化学习的其他可能方法正在被开发和评估。

最近关于英国哥伦比亚大学跨文化研究证书所做的一项研究(Chase, Macfadyen, Reeder & Roche,2002;Chase, Rolston, Macfadyen & English, 2002)发现了一些新问题:基于设计者文化基本设想的网上在线的文化特征是很明显的;参与者身份的形成是多种多样的;一些交流者的成功率,可能由从讨论组中得到回应的多少来指示;有些人对在网上暴露自己感到不舒服;技术和形式问题影响了有效的交流;学员和教辅人员的期待有差异并以多种方式表达出来;在学术性谈话和讲故事之间的传播差异显现出来;关于时间和准时的明确和含蓄的基本假设是显而易见的。

本项研究中所界定的一个重要的跨文化问题是:对那些不适应已经形成的虚拟空间价值规范(迅速和及时反应、辩论和提问、不正规、影响范围、开放性)的人们,电子学习的有效性如何?(Chase, Macfadyen, Reeder & Roche, 2002; Chase, Rolston, Macfadyen & English, 2002)。

应用　在混合式教学的环境中,计算机培训可以用于课前作业、混合式课堂教学和课后作业。课前作业可以包括:通过网上,认定学员的需求,建构基本的知识和技能。施乐和温德沃克公司制作的《颜色游戏》(*ColorGame*),通过利用各种公司的数据库,教授营销的基本知识。它是一种预备性的电子学习活动。混合式的课堂教学则取决于培训师,培训师可以使用媒体来应用学过的技能。课后作业可以包括测验、增强记忆力、应用技能、增强和扩大态度的转变(Kimball, 2002)。课后作业的一个范例是美国人口普查局制作的调查员模仿式录像节目,该节目为调查员在实施调查前,提供与被调查人面谈的练习(Wankel & Gowda, 2002)。在一些电子学习的项目中,学员通过得分获得反馈,培训师获得了学员在练习决策过程的细节(Kimball, 2002)。

蒂亚加拉金在自己的网上通讯中,提出了一种"图书馆和游戏场"(The Library and the Playground)培训形式,它可以用于电子学习课程的设计(Thiagarajan, 2003b)。图书馆以多种教材和绘画的形式,提供培训内容。这些材料以合乎逻辑的组织形式提供给网民,并加上小标题以方便有效阅读,但是它没有为学员分成教育"板块"。游戏场包括各种游戏,为网民提供实践机会。这些游戏需要检索和申请。游戏有时间限制,游戏中的得分取决于反应的速度和准确性。学员可根据自己学习偏好,阅读一些自我决定阅读量大小的资料,然后开始玩游戏;或者,他们想在阅读资料之前,了解自己知道多少,可以一开始就玩一种或两种游戏。第二种方法的注意力放在学员寻求和学习信息的需要方面。

现货供应的可能性　搜索引擎可以引导到大量的网上跨文化学习网站,许多大学提供网上在线课程。

信息资源　网站的现实是它们不断变化和消失。新的也可能出现,因而搜索引擎是获取当前资源的重要工具。有多种群体专门从事网上学习和设计工作。一些从事这方面工作被引用的人士是:Sivasailam Thiagarajan（http://www.thiagi.com）, Andrew Kimball（CEO, QB international; http://www.qube.com）。另一些关于网上互动的资源包括课程评论工具（网址是 http://www.thinkofit.com）, 以及名为 Nicenet Internet Classroom Assistant 网站, 在该网站（http://www.nicenet.org）你可以建立自己的网上课堂。

电影(包括录像带和 DVD)

简要描述　无论是商业的还是为培训特制的电影,目前都可以用购买录像带和 DVD 等方式获得。在培训过程中,用一段电影来调动学员情绪、提供信息、展示和提供一些可分析情节。为互动式培训所使用的电影片段通常比较短（不超过 10 分钟）,与培训师主导的活动相结合。其他的为提供信息而使用电影可以放映时间长些。文字框 3.4 列举了"电影方法"的优点和弱点。

期待的效果　电影有把经验、观点、情绪各不相同以及来自不同文化的人们带到同一培训项目之中的功能,它经常是最接近真实的选择。有声音和图像配合,电影的环境可以对学员产生强烈的触动。录像对拍摄培训实践提供反馈方面也很有效。

内容的适应性　录像的内容不能改变。看电影前的准备和看后的讨论可以针对不同的目的。可以选择电影和录像中的一部分来说明特定的要点。

受众的适应性　视觉形象对所有年龄的学员都有吸引力。在看电影之前,把看电影的目的解释清楚,学习效果会大为提高。语言的口音、语速、故意使用方言等可能是个问题,对手势类的非言语可能需要字幕或话外音。

第三章 跨文化培训方法分析

文字框 3.4 电影、录像带和 DVD 的优点和弱点

优　点	弱　点
• 把现实生活的情景带入了培训：有声音和影像。 • 影像使学员把现实放在了特定的情境中。 • 在不同的环境中，提供给学员标准的信息。 • 当培训专业技能不规范时，提供了最低标准的培训。 • 可以涉及课堂上很难复制的内容：在实际场景中的文化冲突，例如堕胎、虐待儿童、践踏人权等情感上比较严重的话题（Hopkins, 1999）。 • 学员要学习的标准行为举止。 • 把学员的实践活动录下来，可以向他们就其自己行为提供反馈。 • 以有趣形式提供真实信息（例如关于某国）。 • 提出关于其他国家和文化的一些问题、态度和看法。 • 是个案研究和危机事件的有效替代品，因为它用声像讲述给学员。 • 学员可以方便地使用录像、DVD 及自学材料，把它们带回家，与家人共享。 • 可以反复放映某个片段，加强观察和分析。 • 电影可能对所有学习方法都有吸引力，这取决于影片的内容和如何使用它们。	• 非专业的、低质量的产品使学员分散精力。 • 不称职的培训师使用这种学习机会：没有合适的介绍、看电影时没有注意的焦点、看完电影后不合适的讨论或使用影片上的信息。 • 对学员来讲目的不明确。 • 对电影只"谈及要点"，电影是需要有剧情和画面的。 • 学员不能认同电影的背景、特点和情境。 • 选择的影片不太对题。 • 不能成为角色扮演的替代品，在角色扮演中学员要亲身实践。 • 语言问题可能减弱对影片的理解。 • 录像可能没有真实和准确地描绘所拍摄的文化。

对文化和跨文化有效吗？ 有效。同样有效。

应用 从商业电影中剪辑的影像内容可以用作选定的培训目的：了解在另一种文化中的行为，在个人做决策中所承载的价值，在家中的个人空间和公共空间等等。例如，在电影《打工好汉》(*Gung Ho*, Howard, 1986)中，美国人在向日本公司做陈述时的场面，被用来提醒美国人了解日本听众在交流方面的文化差异。在电影《北方》(*El Norte*, Nava, 1983)中，妹妹在死床上的痛苦场面，对价值观讨论很有说服力。

在联合国，对职工和准备到指定地点合同工的培训，有了电影《议程是和平》(*The Agenda Is Peace*, United Nations Secretariat, 1996)就方便多了，这是一部关于在一线人们讨论他们的期待和现实的录像。该录像附有一份由 J. 布鲁姆(J. Blohm)编写的自学材料，包括自我情况测定，该测定可以单独使用，也可在培训计划中使用。这份材料对委派方的期待、使命的类型和所需的技术、所去地的真实信息提供了一份实实在在的清单。

外事服务学院(Foreign Service Institute)在美国驻肯尼亚和坦桑尼亚大使馆被炸之后,于2000年制作了一份录像带《危机反应》(*Crisis Response*)。该带是一种通用的培训工具,用于跨文化危机管理和跨文化领导培训。

美国的和平队目前在互联网上配有在海外工作志愿者的录像剪辑,用于岗前跨文化差异准备。

青年相互理解国际交换项目为其2000年志愿者创造了一个基于录像带的全国培训系统。录像带的片段提供了志愿者遇到外国学生时通常的情景,并附有精心设计的技能实践。尽管这种互动式的录像形式是由志愿者培训师制作的,但它提供了高质量的标准化培训。虽然这个录像主要是为美国志愿者设计的,但其训练单元在海外使用效果也不错。

《不同的地点:跨文化课堂》(*A Different Place: The Intercultural Classroom*)是跨文化资源公司(Intercultural Resource Corporation)的产品(Wurzel, 1993)。该录像的上集按次序地展示了来自不同国家的学生与一位美国大学教授互动的情况。培训指南帮助学员注意不同的学习方法和交流风格。该录像的下集巩固了这些学习内容。在这集中,学生们描述了在课堂中的感受和他们文化关于学习的价值观。这个录像具有广泛的实用性,它包括帮助教师理解自己的跨文化的课堂,认清不同的学习风格,思考文化价值观会如何影响课堂教学活动。

现货供应的可能性　培训项目的录像带可以从市场上购买到,这类录像带涉及的题目很广泛,特别是关于商业和文化多样性的题目更是如此。录像的内容可以录制在光盘上和DVD上,使利用计算机进行培训更便利。

信息资源　《跨文化资料集》(*Intercultural Sourcebook*)卷2对使用录像和电影进行了全面的探讨(Fowler & Mumford, 1999a; Hopkins, 1999)。在该书中,除了R.霍普金斯(R. Hopkins)撰写的介绍性的一章外,书中还详细讨论了一些培训录像。《通过电影跨越文化》(*Crossing Cultures Through Film*, Summerfield, 1993)和《观看大片:探讨电影中的美国文化》(*Seeing the Big Picture: Exploring American Cultures on film*, Summerfield & Lee, 2001)也是最基本的资源。

自我评估

简要描述　布朗(Brown)和奈特(Knight)把自我评估量表(self-assessment inventory,也称自我了解量表,self-awareness inventory)界定为:"使用对问卷打

分(对特定问题做出反应)的方法,对自己感知的系统报告"(Brown & Knight, 1999, p.19)。这些量表并非考试测验,也不是对症的医治心理问题的药方。它们只是介绍了一些名词和概念,学员利用这些名词和概念来探测自己的态度和倾向。量表也提供了理解行为和观点的模式和框架。文字框3.5列举了该方法的优点和弱点。

文字框3.5 自我评估的优点和弱点

优　点	弱　点
● 能激发学员学习。 ● 教授专业名词。 ● 增进参与。 ● 获得学员的相应反馈。 ● 对表面的问题进行处理。 ● 对个人与群体的规范进行了对比。 ● 可以评定变化。 ● 可以促进与群体的共享性。	● 可以看成是一种浅层次的方法。 ● 教授的是专业术语。 ● 产生定型观念。 ● 太多的反馈,可能使人困惑。 ● 有可能被误用。 ● 对暴露自己产生畏惧。 ● 不是对所有文化都适当。

期待的效果 自我评估量表最好与其他培训活动一起使用,这样做可以帮助学员吸收关于自己的知识,提供机遇利用这些知识与他人交流互动。当成功使用这种方法后,量表可以帮助学员改变不适合的行为,提高应对新环境的能力,更有效地与他人处好关系。这种方法需要学员就所答的量表和随后的学习活动进行认真和全面的汇报。

内容的适应性 一些量表,像"四个价值观倾向"(Casse, 1982,1999),没有取得版权,可以修改。可以考虑的一种变化应是:由于提出量表者与使用量表者的文化差异,改进一些词汇的含义。为了特定目的,使用恰当的结构程序,使内容适应性很强,也可以发展成一种量表。有一些自我评估工具不能任意改动。例如,一些像"外派海外工作量表"(Overseas Assignment Inventory,简称OAI,见Tucker, 1999)、"迈尔斯-布里格斯类型指示表"(Myers-Briggs Type Indicator,简称MBTI,见Myers, 1962)、"密尼苏达多项个性量表"(Minnesota Multiphasic Personality Inventory,简称MMPI,见Butcher, Dahlstrom, Graham, Tellegen & Kaemmer, 1989)的量表都受知识产权保护。尽管这些检验工具本身不能改变,但是对这些测量工具的介绍、程序和结果的应用可以根据学员的需求加以调整。

受众的适应性　这些工具大多数为成年人设计。在一些情况下,可改编为儿童所用。这些量表适用团体范围广泛,商业、政府、社区团体、学生和家庭都可以使用。

对文化和跨文化有效吗?　自我评估工具在不同文化中使用效果有差异。个人主义文化似乎更理解这种培训方法,从中获益。当可以对其他文化的典型形象进行对比时,有些这类工具可能在教授文化知识方面相当有效。从测量工具上发现的不同特点的个人差异水平,可以与其他文化的人们进行比较,然后讨论这些特点为什么重要?如何重要?

应用:已经应用的方式或可以应用的方式　自我评估对多种培训意图,例如管理、员工进修、行政教育、教师培训等都很有用。它也可以用于出国多年者回国后适应的项目,用于挑选出国外派人员。它对解决问题、化解冲突和领导培训都有用。

自我表现评估在团队建设中可以发挥有趣的作用。一旦在一个持续发展的团体中建立起信任,彼此知道每个人在评估中的得分情况,可以帮助团队看到团队的力量所在,在什么地方其成员需要一些特殊的支持。他们可以探讨在一起工作时,这种力量如何可以发挥出来;他们可以制定如何有效使用通过评估获得信息的策略。

应用:在上课时　很多培训师喜欢在课程一开始,甚至在培训项目开始前,就让学员进行一种自我评估。以后他们能在整个培训过程中,查阅整个自我评估量表。当其他培训活动进行时,培训师鼓励学员把新学知识和量表中的范例结合起来。以量表中的术语和框架来描述自己和他人,这样作可以进行一次描述性的不做判断的培训实践。

现货供应的可能性　已经有一些为跨文化培训而专门设计的自我评估工具,像跨文化适应量表(Cross-Cultural Adaptability Inventory,简称CCAI,见Kelley & Meyers,1995)、全球了解能力检测表(Global awareness Profile,简称GAP test,见Corbitt,1998)、海外派驻量表(the Overseas Assignment Inventory,简称OAI,见Tucker,1999)、跨文化发展量表(the Intercultural Development Inventory,简称IDI,见Hammer & Bennett,2001)。全球了解能力检测表是个对120个问题自我打分的量表,它对全球事务的熟悉程度给予了图表式的陈述,它可以在跨文化出版社(Intercultural Press)购买。海外派驻量表和跨文化发展量表的使用,需要特定培训的资质证明。其他用于跨文化培训的检测工具包括文化休克量表(the Cultural Shock Inventory,见 Reddin & Rowell, 1976)和哈瑞斯的跨文化关系量表(Intercultural Relations Inventory,见 Harris, 1984)。

信息资源 卡斯(Casse)简要地描述了设计自我了解量表的过程(Casse, 1999, pp.36—38)。《跨文化资料集》(*Intercultural Sourcebook*)卷1中自我了解量表部分,有关于这种培训方法的介绍,及本文提到的几种著名量表的描述(Fowler & Mumford, 1995, pp.19—72)。M.佩奇在本书第四章描述了35种目前跨文化培训中使用的检测工具,并附有在哪里可以获得它们的详细信息。

个案研究

简要描述 个案研究是一种情况的说明,这个情况包括评估存在问题和做出可能解决方案的细节。个案研究对学员提出挑战,要分析人物、语境、行为和可能的结果。个案研究在培训中基本上是由培训师主导,但是可以制作成计算机上培训的内容或自己掌握进度的练习手册。这种培训方法需要个案本身、支持性文献和关于个案的问题。学员在小组或大组中讨论个案。个案研究可以做如下安排:要求学习小组经过经验学习周期,询问学员对个案的反应、从内容和过程中得出结论、将个案与自己的实际情况结合起来。文字框3.6列举个案研究方法的优点和弱点。

文字框3.6 个案研究的优点和弱点

优 点	弱 点
• 展示跨文化情况的复杂性。 • 打消只有一种正确办法或一种正确答案的观念。 • 教授学员一定不要轻易做判断。 • 鼓励尊重不同观点。 • 提供分析和做决策的实践机会。 • 可以被建构成反映学员的境遇。 • 吸收学员的知识和经验。 • 鼓励学会如何学习和激发需要寻求信息的动力。 • 对抽象的概念化和对观察进行思考,这是很有效的学习方法。	• 要花费时间去寻找和修改一个好的个案。 • 具有高度的认知特点,如果培训目标是改变态度或行为的话,需要与其他方法配合使用。 • 那些有很少或没有跨文化经历的小组可能对跨文化个案感到困惑。 • 需要提防定型观念或过分概括。 • 某些文化群体要求有非常详细细节的个案,让学员看起来很真实。 • 某些文化群体抵制假设的分析。

期待的效果 大多数个案研究都相当有魅力。学员们很快就卷入到个案当中,考虑各种选择和确定策略。他们正在对真实的情形作出反应,处理一个在跨文化或民族多样化环境中要遇到的具体的典型问题。个案研究可以强烈地激励学员学习更多的文化知识,学习他人如何在该文化中解决问题。

内容的适应性 个案研究在内容方面有高度的适应性,某种程度上,在过程方面也有适应性。例如,一种过程的选择是把一种文化的报告者放到每个小组,让小组成员检验他们的观点。过程也可以改成让学员设计自己的个案。莱西(Lacey)和特罗布里奇(Trowbridge)说,让学员或学生提出自己的个案研究将为他们提供提高跨文化技能和跨文化洞察力的机会(Lancey & Trowbridge, 1995)。

受众的适应性 个案研究在成年人小组很奏效;很多专业人士会从其他培训项目中熟悉个案研究方法。个案研究对跨文化和多样化培训一样有用。

对文化和跨文化有效吗? 个案研究对跨文化培训和单文化培训都是一种优秀的方法。在大多数情况下,人们认为,认知性培训没有多大压力,很愿意在小组中开口讲话,但似乎有点畏惧在大庭广众面前讲话。在由来自几种文化成员构成的小组中讨论个案研究的时候,多种文化视角都可能显现出来。培训师可以决定个案的内容,以便能针对学员需要了解文化。

应用:已经应用的方式或可以应用的方式 个案研究在培训律师和商务总管方面,已经运用了100多年了。在很多年中,文化人类学家也使用个案或田野研究来教授其他文化。跨文化研究者自和平队建立以来,一直使用个案研究。当前,个案研究也适应计算机技术的教学。

应用:在上课时 在培训项目中,个案研究可以用在任何地方。它们可以用在培训一开始,激起大家的兴趣;可以用在培训结束时,看看学员学会了多少知识。通常,运用个案要取决于学员已经有了一定的概念或知识,因而,一定数量的演讲应在个案分析之前。

现货供应的可能性 要品尝到强调跨文化个案研究的滋味,请在培训方法的书中,参阅以下著作:Kohls and Knight, 1994; Lane and DiStefano, 1988; Moran, Braaten and Walsh, 1994; Singelis, 1998。培训师常常发现有必要写出自己的个案,使之与受众关系密切,同时保证细节和身份的可信度。

信息资源 面谈是个案材料的基本来源。报纸和期刊上的文章可以提供支持。关于相同或相似题目的培训手册可能是一个丰富的资料源。1995年,莱西(Lacey)和特罗布里奇(Trowbridge)曾建议,《美国电话电报公司培训师图书馆》(American Telephone & Telegraph's Trainer's Library)第3卷是由教师引导和自我安排进度的个案研究资源(参见 Alden & Kirkhorn, 1996; Pfeiffer & Ballew, 1988)。

危机事件法

简要描述 由跨文化适应问题或由于文化差异引起交流双方误解或冲突构成的简要情境描述被称为"危机事件法"(critical incidents)。每个事件给出一些适当的信息作为场景,描述发生了什么,可能提供一些介入方的感觉和反应。它并不描述介入者带到情境中的文化差异,练习的一部分是要发现或揭示出这些差异(Wight, 1995)。

危机事件要比个案研究短小精悍,每个危机事件针对不同的人物和情境,因而,当几个危机事件汇集在一起的时候,它们的立论不像个案研究那样,提供关于一个特定语境中更深刻的系统观察研究。它们可能包括多种要被学员解决的情境,要求学员对多种选择进行评估和分析。文字框3.7列举了危机事件法的优点和弱点。

文字框3.7 危机事件法的优点和弱点

优 点	弱 点
• 让学员在个人层次上参与检查态度和行为的学习,这在效果上是很关键的。 • 可以为多种情境写出危机事件。 • 需要分析、认真思考和做决策。减少回答者那种作为"专家"才作出回答的想法。 • 阅读时间短,很快可以转到认知思考上。 • 可以单独使用,也可以几个放在一起使用以展示概念或过程。 • 可以转变为角色扮演和情景练习,以提供实践。 • 对那种偏好具体经验和对观察进行思考学习方法的学员有吸引力。	• 学员可能抱怨收到的信息太少。 • 实例需要认真的撰写、修改或选择以达到预期的目的。 • 如果目的是学习特定国家的文化,需要有该国信息资源的人。 • 如果个人的思考是在少于8个人的小组中进行讨论的话,效果最好。 • 对于偏好抽象概念化学习方法的学员,这是个使人泄气的教学手段。

期待的效果 有效的使用危机事件可以提高学员对自己文化和他人文化,对个人的态度、信仰和他人的态度、信仰的理解。危机事件可以识别那些可能

促成误解和冲突的文化差异,可以帮助学员理解各个文化成员中的多样性和各文化间规范性的差异(Wight,1995)。学员可以在分析跨文化情境中,提高技能,形成更加妥当的行为。在培训一开始就使用时,危机事件提高了学员需要学习更多有效应对新环境知识的意识。在培训后期使用,它提供了运用和巩固所学文化差异知识的机会。

内容的适应性 该方法很容易适应多种环境。

受众的适应性 适当的实例可以写给不同的学员,包括儿童。

对文化和跨文化有效吗? 危机事件对识别文化差异和在跨文化环境中工作特别有效。此方法若用于传授特定文化信息,来自该文化有很多信息资源的人员应参加对危机事件的思考与分析。

应用 单个的危机事件在跨文化培训课堂中可以激发学员的兴趣。例如,在国外参加宴会的一位客人作出了你未曾预料的和令人不安的行为,这样的一个危机事件可能会大大激发商人和外交人士配偶学习跨文化知识的积极性。

多个危机事件可以用于任何目的。危机事件练习是围绕特定话题提供一组危机事件。首先,由每个人单独谈这些危机事件,接着进行小组讨论,试着就解决危机事件达成一致意见,然后在全体学员出席的会议上,大家交换意见,确定共同的看法(Wight,1995)。

危机事件的练习可以运用到跨文化交流和谈判的问题中。贝内特撰写的练习解决跨文化冲突的危机事件,来自组织中典型冲突环境被修改为跨文化情景,以帮助学员了解在交流和谈判风格方面文化的和个人的差异(Bennett,1995)。

在《你将走向世界何地?》(*Where in the World Are You Going*,见 Blohm,1996c)中,儿童们阅读的是短小的不同于典型美国人举止的事件,使他们意识到文化差异。该书鼓励孩子们思考他们的反应会是什么,他们在那种环境中会如何去做。

在一位主管人面对雇员们的文化差异而左右为难的危机事件中,学员通过参考政府的规定和自己的经验去决定合适的做法(Blohm,2001)。

危机事件可能是由学员创造的。"国际生存试验"项目,现在称为"世界学习公司",曾使用危机事件供学生思考和学习(Batchelder,1993)。生活在海外的学生,利用一个发生在自己身上的事例(可能在他们的日记里谈到的事例),

把这个事例描述下来,并加以分析,指出从中学到了哪些重要的知识。培训师对它进行了修改并与记录者进行讨论。另一个利用学员创造危机事件的例子(Dant,1995)可参见《跨文化资料集》(*Intercultural Sourcebook*)卷 1(Fowler & Mumford,1995)。

在一项加拿大大学二年级学生在越南度过 7 周跨文化研讨班生活的研究中,运用了危机事件追踪学生们共同和独特经历。从 6 个方面搜集了学生们的特定危机事件,主要包括:使他们产生压力的经历、处理问题的策略、社会支持的利用、自我观点的转变、国际发展的视角。研究结果表明,对跨文化压力在不同时间作出反应是共有的情况,研究结果提供了出国前应做准备的信息,提供了利用危机事件作为理解跨文化过渡工具的信息。

现货供应的可能性　危机事件经常包括在现货供应的培训手册和培训材料中。

信息资源　对危机事件的大致情况的论述和一些应用可参阅《跨文化资料集》(*Intercultural Sourcebook*)卷 1(Fowler & Mumford,1995;还可见:Arthur,2001;Wang, Brislin, Wang, Williams & Chao, 2000)。

活动方法

这部分列举了 3 种方法:角色扮演、模仿游戏和跨文化练习。许多其他方法也有这 3 种方法的成分,对此,本文在对这 3 种方法的简要分析和对应用的描述中加以讨论。然而,根据这类活动的结构,角色扮演和模仿游戏是让学员积极参与其中一些任务。跨文化培训师在组织活动和练习时,只有显示出很强的创造性,才能抓住学员的兴趣,同时让他们学习和实践跨文化交流的核心内容。

角色扮演

简要描述　角色扮演是在真实生活场景中不需要排练的活动。参加者在真实的情景(会见、咨询、决策、外出很长一段时间后回到自己单位等)中,出于明确的目的,扮演自己或他人的角色。选择的情境应该对学员的工作或情况具有典型性或关键性。要做得精心和熟练,要在安全和给予支持的环境中彩排一次,获得反馈,再演一次或者观看他人以不同的方式表演一次。文字框3.8列举了角色扮演法的优点和弱点。

文字框3.8 角色扮演法的优点和弱点

优　点	弱　点
• 为运用以前讨论过的举止行为提供机会;进行技能实践。 • 锻炼现场的思考、交流和决策。 • 使练习别人的角色成为可能,以发展移情、理解。 • 学员在重复的角色扮演中通过行动(积极练习的学习方法)、模仿专家(具体的经验)、观察和反馈(思考性观察)、分析和概念化(抽象的概念)进行学习。 • 角色扮演可以在3人小组中进行,通过互相转换角色方法,每个人进行全面的练习或收到反馈。 • 显示出参与者不同的态度和能力;可以用于评估。	• 可能用于错误的目的,使人诧异、震动或使学员窘迫。 • 一些学员太害羞不参与演出;情感的付出对学习产生负面影响。 • 可能由于文化不适应,出现一些特殊的人(出于文化或一个组织内的原因,不愿意在上级或同事们面前展示自己)。 • 可能设计得很糟糕。 • 要依赖参与者的努力。参与者可能不认真表演——表演的太夸张或表演的太荒唐。 • 需要有经验的培训师处理不可预见的行为、情绪。 • 耗费时间,因为需要准备和汇报。 • 每个人学到的东西不一样(除非运用多样角色扮演的方式)。

期待的效果　根据麦卡弗里的看法(McCaffrey,1995),参加表演的人,在人际交流环境中,对确认的技能有了清晰的认识,知道了如何运用这些技能。他们看到了有效互动和无效互动的影响,培训师对扮演的结果有更多的控制力。演出者也有机会体会到试验新技能或增强老技能是什么感觉,体会到真实情景中自己的新角色。如果使用正确的话,角色扮演是一种能产生很多兴趣的方法。

内容和过程的适应性　角色扮演必须适合特定情景。如果着重点放在内容上,参加者要注意说些什么,使用的技巧,以及表现的事实。如果着重点放在过程,则要反复观察角色的交流风格。应对情景或对情景做出反应体现在风格中。

角色扮演有几种变化。在多种角色扮演中(有时它被称为"技能实践"),所有参加者都是演员也都是观众。角色在三人或小组中扮演,同时指定一个人进行观察。角色表演后,观察者提供反馈。然后,轮换角色,观察者变为角色扮演者,这样不断轮换下去,直到每个人都扮演了每个角色。这种作法对大组或分析能力强的组特别适用。在简单的角色扮演中,由两个以上的角色在小组面前表演。这对探讨正在解决的问题很有好处,这也提供给全组可以讨论或重演等方式以共享经验。这种活动中挑选人扮演角色,可能不太妥当。这种活动只能在小组的信任水平得到提升后,由志愿者去做。角色扮演的一种形式是一个人演出,大家观看。这很适合特大组。在角色轮换过程中,一个人开始扮演角色,参与者可以进入演出现场,试着表演新的活动。表演者可以在任何想进入的时候进入表演现场,角色表演也可以停下来进行讨论,然后其他人再进入一两个角色继续演,或者重新演。这种方法对解决问题的脚本(参与者可以实践各种解决方案)很有效。角色颠倒法也是角色扮演的一种形式,角色扮演进行到一半时,让演员们颠倒角色。这种技术在提高双重视角和改变态度方面很有用。在即兴的角色扮演方法中,培训师让学员们给出一个情景,当时在现场就设计好一个角色演出情节,这个情节可能根据的是对危机事件的讨论。这种方法对帮助学员了解自己和他人的态度和行为很有用。

受众的适应性 角色扮演法并非对所有受众和情景都适用。很多成年人不喜欢这种形式,因为他们对在众人面前展示自己感到别扭。学习潜力可能被削减,因为情感的付出,这给学员带来紧张。如果学员以前曾经练习过角色扮演,而在演练中,由于设计的很糟,教辅不够,或者演练使大家很窘迫或受到冲击,效果不好,那他们就会拒绝表演。一些文化中,挑选人扮演角色的做法可能不妥。如果雇员和其上级同在一个培训组中,也可能不妥。

对文化和跨文化有效吗? 如果由东道国文化来的人扮演东道主的角色,那么在跨文化中是有用的方法。如果着重在了解文化,那么直播的或录像的戏剧对学员进行讨论更准确更有用。更不期望让每个人都去扮演另一种文化成员的角色,因为这样做会引起定型观念。

应用 角色扮演常用于实践通过其他方法学到的信息。角色扮演可能是唯一可管理的辅导性练习。其实例包括面谈和反馈技术,这些技术需要考虑不同文化的价值观和咨询服务的情景。实践过程可以使用多种角色扮演形式,以便所有的参与者都能实践。例如,在青年相互理解志愿者的跨文化项目培训中,大组的志愿者是通过运用方便易行的录像培训方式进行培训的。在观看和分析了志愿者和学生之间失败和成功的反馈样本,讨论了是什么使反馈成功之后,志愿者组成三人小组进行练习,每个人都有扮演学生、志愿者和观察者的机会(Youth for Understanding,1985,1995)。

角色扮演法为尝试不同的解决问题的技能和获得反馈提供了机会。一种有效使用本方法的作法是在面对不同情景的10多岁孩子与同龄人或年长者之间进行练习。

这种技巧可以用于学员排练可能将要发生的事情,例如,在有着不同文化规范的环境中,主持召开一次会议;或者在参加了一次集中培训之后,或在外派工作结束之后,回到了自己的原单位。

学员通过角色扮演,可以增加理解他人的感觉和态度。在一本新出版的模仿体验的书《阿齐·邦克的邻居》中(*Archie Bunker's Neighborhood*,Schingen,2002),参与者扮演想得到建筑许可证的主流群体成员和非主流群体成员的角色。在扮演角色的过程中,参与者体验到其他群体遇到自卫式和定型观念式的反应,以及受到歧视的感受。这里再说一次,在让个人扮演其他文化成员的角色时,一定要慎重,因为可能会出现意想不到的定型观念。

现货供应的可能性 适合培训的角色扮演通常包括在现货供应的培训项目中。它们通常需要改编以适应特定群体,确保它们切题。绝大多数角色扮演是培训师为特定培训项目和学员开发出来的。蒂亚加拉金在他的书中讨论了角色扮演技术的多种变化(Thiagarajan,1991,2003a)。

信息资源 对角色扮演的全面讨论,包括培训师的准备和教辅工作可参阅《跨文化资料集》(*Intercultural Sourcebook*)卷1(Fowler & Mumford,1995,pp.17—35)。该书还详细地介绍了角色扮演的两个实例。

模仿游戏

简要描述 模仿游戏是一种综合游戏成分(目的、出牌、限制和取决于游戏者决定的输赢)及可复制(一定程度上)系统和过程的培训活动,或者是现实世界的运作模式。文字框3.9列举了模仿游戏方法的优点和弱点。

文字框3.9 模仿游戏方法的优点和弱点

优　点	弱　点
• 提供了在安全港湾中实践新活动的机会。 • 消除了学习和应用的差别。 • 树立了集体的观念。 • 可以用于很多人。 • 学员获得了经验。 • 是主动实验和具体体验的最好学习方式。 • 涉及的方面很多。	• 很多模仿游戏要玩3个多小时。 • 许多游戏,不是所有的,要求很多的道具的设施。 • 大多数游戏要求最低的参加人员。 • 做汇报时,需要技术性的帮助。 • 对那些倾向思考观察或抽象概念的人,可能无效。 • 一些文化不易接受。

期待的效果　西斯克(Sisk)列举了模仿游戏的可能效果(Sisk,1995):增加了知识和技能(如评论式的思考、个人的责任、动机);在不同层次增强了学习能力和在群体中有效发挥作用的能力;澄清了社会价值观,理解了生活中机遇的作用。

内容的适应性　一个框架式的游戏是个通用的游戏外壳或模板。它允许培训师加入新的特定内容,以满足被培训群体的需要。形成一致意见的游戏和生存游戏就是框架式游戏的实例。许多游戏很难改变其内容,但是介绍和汇报可以改变——为游戏提供一个不同的语境和倾向。例如,当医学院的学生做《"巴法巴法"模仿游戏》(BaFā BaFā,Shirts,1974,1995)时,可以用医生甲、医生乙和病人甲、病人乙的方式进行汇报。

受众的适应性　模仿游戏适合于成年人和青年人。一些游戏,像《"巴法巴法"模仿游戏》(RaFā RaFā,Shirts,1976),已经开发成孩子们的游戏。它们可以用于许多专业的语境,它们对初级和中级的教育工作者效果特别好。当用于家庭时,家庭成员人人受益。例如,游戏《猪语》(Piglish,见 Hartley & Lapinsky,1999)可以让父母亲认识到,孩子学习语言要比自己更快,而且是下意识的学习。整个家庭学会了如何作为一个群体加以运转,学会了如何相互支持。

模仿游戏在那些有着互动的、平等的教育系统中运行的最好。来自等级制和权威制的教育系统中(学生只是听讲而不参与)的学员,对于这种似乎是形式自由、没有人主管的模仿游戏教学方式,可能要遇到更多的困难。尽管一些模仿游戏在传统文化中运转良好,但是最好还是把它放在课程和培训计划的最后,在信任已经建立和一些简单的参与性练习、个案研究和类似方法已经成功做过之后再进行。

对文化和跨文化有效吗？ 这实际上是个难以回答的问题。模仿游戏在多种文化中都进行过,也取得了不同程度的成功。几乎所有的模仿游戏都具有普遍实用性,而不是针对某种特定文化。尽管如此,例外是有的游戏设计时就用于特定的文化。游戏《马克霍尔》(*Markhall*,见 Blohm,1995)中设计了两家公司:一个公司是基于美国模式建立的,另一个是基于日本模式建立的。

应用:已经应用的方式或可以应用的方式 模仿游戏的多功能性,使它们成为许多培训师的内容丰富的培训方法。例如,《"巴法巴法"模仿游戏》(*BaFā BaFā*,Shirts,1974,1995)主要用于培训那些将走入跨文化环境中的人们,他们需要知道文化休克、交流障碍、文化的精神包袱、价值观差异等等。它也已经用于培训管理国际社团的经理们;用于吸毒者康复中心,帮助病人和工作人员认识到他们之间不同文化价值观和交流问题;用于培训医学院学生,他们需要面对患者的不同反应。在每个案例中,培训的目的是不同的,介绍要针对特定的客户,听取报告后要加以改编,以适应各培训群体的特别需要。《班嘎》(*Barnga*,见 Thiagarajan & Stwinwachs,1990)基本上是一个关于文化规范的游戏,也已经用于培训慈善组织的工作人员,用于联邦司法官应付变化的程序。运用模仿游戏方法的唯一限制是培训师使用它们时的想象力。

应用:在上课时 模仿游戏被当作"破冰船",为学员混合在一起相互了解开辟道路。在培训课程开始时使用,模仿游戏也可以使学员产生一种需要彼此更多了解的感觉。在培训课程中间使用,可以扩大对一种理论或概念的理解。在培训课程末尾使用效果较好,因为那时学员有了很多模仿的材料。

现货供应的可能性 大多数跨文化模仿游戏可以通过合理的价格购买到。《伊科托诺斯》(*Ecotonos*,见 Nipporica Associates,1993)、《班嘎》(Thiagarajan & Stwinwachs,1990)、《阮朵米亚气球工厂》(*Randomia Balloon Factory*,见 Grove & Hallowell,2001)、《我们中的外侨》(*An Alien Among Us*,见 Powers,1999)可以在跨文化出版社买到。模仿培训系统是属于《"巴法巴法"模仿游戏》(*BaFā BaFā*,Shirts,1974,1995)、《明星动力》(*StarPower*,Shirts,1970,1993)和《吸取颜色》(*Pumping the Colors*,见 Shirts,1992)。没有出版的游戏常可以在研讨会上,例如北美模仿和游戏学会(North American Simulstion snf Gaming Association)和美国跨文化教育、培训和研究协会(U.S. Society of Intercultural Education,

Training and Research)的年会,在跨文化传播学院图书馆,或在蒂亚加拉金的网站(http://www.thiagi.com)上寻找到。

信息资源 一些资源已经在上面提到了。《跨文化资料集》卷 1 有一部分对模仿游戏进行了全面论述。对于模仿游戏迷来说,订阅《模仿与游戏:理论、实践与研究跨学科期刊》(*Simulation and Gaming: An Interdisciplinary Journal of Theory, Practice and Research*, Sage)是值得的(参见 Thiagarajan, 2003a)。

跨文化练习

简要描述 在跨文化练习中,正在培训的学员做一项与课程内容有关的作业。这项作业可能是简单的笔头作业,小组讨论,或者身体上做的回应。它通常是 2 种以上方法的结合。为了有效,必须对任务进行恰当的介绍和有效的实施,学员必须汇报学习的目的。虽然危机事件、个案研究、文化同化案例和一些自我评估都是用于小组跨文化练习的形式,但在本章中,每种方法都单独地进行了讨论。文字框 3.10 列举了跨文化练习方法的优点和弱点。

文字框 3.10 跨文化练习方法的优点和弱点

优 点	弱 点
• 使学员专注于学习内容。 • 通常参与这种活动不会冒险。 • 运用了成年人看重练习的学习原则。 • 增加了课堂教学的多样性。 • 可以有效地介绍课题和调动学员积极性。 • 可以提供实践和运用知识的机会。 • 对喜好积极实践的学习方式的学员有吸引力。	• 在介绍、完成和分解上花费的时间要比预想的多。 • 要求有得力帮助,以避免汇报不充分,巩固学习结果。 • 可能被学员看成是"浪费时间"。 • 对喜欢运用抽象概念学习方法的学员没有吸引力。 • 小组的活动可能受到消极、好强的或不合作学员的影响。

期待的效果 根据福勒(Fowler)和芒福德(Mumford)的说法,培训的内容和过程都可以用跨文化练习来处理,增效的作用在意料之中。小组的效果要比学员通过个人获得的效果要好(Fowler and Mumford, 1999b)。柯尔斯(Kohls)也认为,练习加强了个人参与的意识,提供了向同伴学习的机会(Kohls, 1996b)。

内容的适应性 许多练习的结构或过程很容易适应不同的内容。事实上,许多练习指的是"框架式的游戏",因为其结构和过程可以用于不同的话题。一个很好的例子是卡片分类活动,蒂亚加拉金把它称之为"小组摸索"(Group Grope, Thiagarajan & Thiagarajan, 2000),而柯尔斯称之为"价值观选择"(Kohls, 1999b)。该练习的基本前提是相同的:参与者必须在讨论中对一系列与主题相关的词汇和论述进行评估分类,与他人进行条目的交换,讨论后达成共识。由于练习适应性很强,资料书提供了无穷的可能。

受众的适应性 练习可以有效地用于各种年龄的群体和各种文化。它们如何在培训环境中加以介绍和使用,对培训计划中体现的许多变量都很敏感。例如,课程一开始就做练习,在那些由期待听专家讲课的学员所构成的组织中或文化中,就不是明智的选择。

对文化和跨文化有效吗? 练习通常用于增进对文化差异和文化策略的了解,以便学会在不同环境中工作。如果期待的培训结果是学习其他文化,那么练习需要在新的文化环境中进行,或者练习应与培训教室中来自该文化的人员一起进行。

应用:在上课开始时 练习可以作为培训课程的开场,目的是介绍讲课的题目,培训师从中得到被培训群体的知识程度和学习动力,展开进一步学习的共同框架。例如,《鸡尾酒会》(Cocktail Party,见 Blohm, 1997),就是使用一些美国人所不熟悉和感到不舒服的非语言活动,目的是以此开始关于交流维度的培训课程。

应用:作为课程的中心 一些练习要花上1个多小时,是课程的核心内容。这类的练习有:《阿巴-扎克》(Aba-Zak),一种关于世界观的练习(Fantini, 1995);《一致同意》(Consensus),一种关于定型观念的练习(Kohls, 1999b)以及《马洛纳廉文化探险队》(Malonarian Cultural Expedition Team, McCaig, 1999)。

作为应用或练习 练习可以用于改变教学进度,或提供练习课上所学内容或技能的机会。例如,在外事服务学院的海外工作培训工作坊(为家庭提供的准备到海外工作的培训)中,在简要介绍了在适应过程中的压力之后,由男女老少各自组成小组。成年人小组讨论自己对压力的反应和减低压力的策略。孩子们在教辅人员的帮助下,描述和列举自己父母和自己体现的种种压力。在大会上,各组汇报讨论情况。一些练习甚至可以在听众席上就可以做。相邻的两个人和后排的两个人组成4人小组,很快和很容易就可以做练习。

作为总结 让各小组的学员就当天培训内容中最有价值的部分达成一致意见,以此让所有学员回顾当天的学习内容,决定他们如何应用所学的内容,解释学习的价值。

现货供应的可能性 在跨文化练习和一般性培训理念(它们可以改编以适应跨文化的主题)方面,都有很多很好的练习资源。

信息资源 有许多可以有效地用来教授跨文化问题的优秀练习汇编。它们包括在以下学者编辑的著述中:Cushner and Brislin(1996), Fennes and Hapgood(1997), Fowlwr and Mumford(1999b), Gochenour(1993), Hofstede, Pedersen and Hofstede(2002), Pusch(1979), Seelye(1996), Singelis(1998), Stringer and Cassiday(2003) and Thiagarajan(2003a)。

跨文化方法

以下 6 种方法是专门为跨文化学习设计的。这些方法结构中的基础理论使它们在文化比较和跨文化培训中正确无误地加以使用。各种方法对增进文化自觉,提高跨文化能力或跨文化有效性起到了立竿见影的作用。对比文化、文化同化案例和跨文化对话是以研究为基础得出的方法。文化分析法和社区沉浸法是为和平队培训开发出来的方法。地区研究法始于教授世界特定地区知识的学术机构。

对比文化培训

简要描述 对比文化是以研究为基础的方法,该方法使用一位专职演员作为外国搭档,在角色扮演的环境中,介绍、教授和加强文化差异的观念,增进文化自觉。一位学员通常自愿充当史密斯先生或史密斯女士,与另一位名为凯恩的先生进行交流对话。凯恩先生经过专门培训,进行文化对比并能主导对话,从中引出美国人的基本假设、价值观和思维方式(DeMello,1995)。该方法的情节是提供进行跨文化相遇的理由。该方法使用的典型情节涉及了宣传广告、工作延误等商业上的问题。这种方法广泛地运用于美国,在美国该方法也被称之为对照美国的方法。尽管如此,对比文化方法可以改编,把任何文化作为比照对象。文字框 3.11 列举了对比文化培训方法的优点和弱点。

文字框 3.11　对比文化培训方法的优点和弱点

优　点	弱　点
• 可以用于 1—40 名学员。 • 提供与来自另一文化人员实践交流的机会。 • 具有印象强烈的价值。 • 适合于学员跨文化自觉的层次。	• 只有一个学员参与角色扮演；观看的学员学到的东西各种各样。 • 需要有一个有经验的专职演员。 • 需要足够的时间去充分的解构。 • 挑战培训师的辅导技能。 • 对角色扮演者和受众角色可能失望。 • 有造成我们—他们机械两分法和定型观念的危险。

期待的效果　在与凯恩先生的交流互动中，学员要对照自己文化的基本假设，提高文化自觉的水平。学员同时了解了其他文化成员在如何感受学员的文化。这有助于将来跨文化接触时讲究策略，使得传播过程本身成为学习的一部分。

内容的适应性　可以通过改变情节，把对比文化练习改编成学员最容易遇到情节的练习。例如改成商务或教育的情节，可以根据语境，凯恩先生是个工商界领导、一位政府官员或学校负责人。无论凯恩扮演什么专业角色，他的反应必须始终与所学的概念保持一致。尽管角色扮演没有剧本，对话是即兴的，但是目的依然相同：通过提供一面对照价值观、基本假设和行为的镜子，提高有关文化成员的文化自觉。

受众的适应性　除了很年轻的学员外，本方法对所有年龄的学员都很奏效。如果所有学员大致处于同样的跨文化了解层次，这是最容易辅导的练习。

对文化和跨文化有效吗？　本方法几乎都运用在美国，因为美国人对此种方法反映良好。它也用在其他文化中，根据环境，凯恩先生要具有一套恰当的文化特点。这是教授一般文化的培训方法，不教授特定的文化。

应用：已经应用的方式或可以应用的方式　本方法开发于 20 世纪 60 年代末，用于军队的顾问培训，以后被改编用于其他语境。作为出国前培训项目（该项目是培训学员成为外方的顾问）的一部分，对比文化方法效果不错。

应用：在课程中　本方法可用于培训计划的开始阶段，以阐明与外国人交流的复杂性，为学员将来的学习打开眼界。在这阶段使用时，它为整个培训计划的其余部分提供了讨论目标。在培训末尾使用这种方法，可以整合培训计划的内容。

应用：培训的准备和继续 基梅尔(Kimmel)介绍说，培训师要运用对比文化方法的教学，须通过与学员讨论文化、文化差异、差异的原因、跨文化交流等问题，进行相应准备。这样做就为练习提供了语境，使培训师可以评估学员的经验和知识(Kimmel,1995)。建议在使用对比文化方法之后，对比一下特定国家的文化。因为凯恩先生只扮演了一般文化的角色，因而在培训课程中包括一名来自学员目的地国的人是有帮助的。

现货供应的可能性 任何读了背景材料，愿意参与培训一名演员扮演凯恩先生角色的人，都可以运用这种方法。人人都可以扮演凯恩先生吗？可能吧，但是这种练习总是和华盛顿的卡耶坦·德梅鲁(Cajetan DeMello)先生一同进行的。他一直在通过扮演凯恩先生谋求发展。1995年，德梅鲁著书描述了他参与基础研究和进一步开发本方法的情况，增加了一些内容以满足使用者市场的需求(DeMello,1995)。如果培训计划需要这种方法，利用这位出色的专职演员很值得。

信息资源 对此种方法最原始的研究可在"HumRRO"的"69-7"技术报告中查阅到(Stewwart, Danielian & Foster, 1969)。另外，《跨文化资料集》卷1中(Fowler & Mumford, 1995)，有一部分描述了该方法的历史、发展、简化和演技。

文化同化案例(或跨文化敏感案例)

简要描述 本方法集中注意的是对人们行为在感知和解释方面存在的差异，这些差异很难观察到。文化同化案例或跨文化敏感案例是一种由危机事件组成的培训工具，事件中既有来自于学员同一文化的人物，又有来自目标文化的人物，他们之间产生了问题和误解。本方法就回答出现的问题和误解产生的原因(情景、解释和反馈)提供了多种选择，其中一种回答常为来自目标文化人们所偏好。利用这些危机事件使学员注意到，来自目标文化的人们是如何思考一些问题的，帮助学员理解在现实环境中的文化差异。文字框3.12列举了文化同化案例方法的优点和弱点。

文字框 3.12　文化同化案例或跨文化敏感案例方法的优点和弱点

优　点	弱　点
• 既有一般文化同化案例也有特定文化同化案例。 • 是一种有扎实研究和理论基础的培训方法。 • 介绍了目标文化中多种多样的情景。 • 很有效。特色是在几个小时中,让学员掌握了许多问题。 • 被证实是有效的。 • 大多数可以通过电子版或网络获得。 • 很容易管理和携带。	• 它是认知学习工具,对那些更偏好通过活动学习的学员效果不好。 • 在课程结束前,学员学的东西就已经满满的了(认知超载)。 • 构建文化同化案例费工费时。 • 有时,在提供有意义的文化解释方面显得薄弱。

期待的效果　本方法是最基于研究产生的跨文化培训方法。艾伯特(Albert)率先记录了经过证实的结果:帮助学员在互动交往中形成更准确的期待,与来自目标文化人员的互动更有效,改进跨文化交流概念的知识和应用,提高旅居者的调整适应性,当学员在海外时,改进了他们的工作表现(Albert,1995)。

内容的适应性　如果现有的文化同化案例不适应你的培训计划,培训师可以建构自己的文化同化案例。这为该方法提供了明显的特殊性,因为各种因素,例如性别、社会阶层、民族、职业都可以容纳在文化同化案例中。在本方法中要利用科研成果,建构同化案例时请教有经验的培训师和研究人员都很重要。特里安迪斯对如何建构同化案例提供了简要叙述(Triandis,1995),更详细的信息可在艾伯特的书中找到(Albert,1983)。

受众的适应性　虽然这被认为是种认知性培训方法,但是其内容涉及行为。同化案例的运作过程也模仿了进入一种新文化时和找出事情含义时的不确定性。这种培训方法对所有学习风格的学员都很有效,尽管对那些偏好思考观察和抽象概念化的学员最适合。布里斯林提出,那些在培训中对理性感兴趣的学员将会很高兴使用同化案例中的材料(Brislin, 1995)。库什纳(Cushner)也表示,在为高中学生进行更好适应新学习环境和改进解决人际间问题的培训中,同化案例的方法是有效的(Cushner, 1989)。

对文化和跨文化有效吗?　文化同化案例用特定文化(例如,美国人与阿拉伯人、希腊人、中国人、洪都拉斯人、伊朗人或泰国人)来教授关于文化的知识(Wang et al., 2000)。有证据表明,这种方法也适用于其他所有文化。例如,同化案例可以开发用于:西班牙学生与盎格鲁美国人教师进行交流互动,访问美国的日本人,与日本人交流的澳大利亚人。有一种由布里斯林开发的一般文化同化案例(Brislin, 1995)。

应用:已经应用的方式或可以应用的方式　有几种类型的同化案例:为将与来自特定文化人士进行交流的同化案例,为主导文化人员与非主导文化人员进行交流的同化案例,为从事与众多文化接触人员所用的同化案例,以及由巴乌克(Bhawuk)开发的以个人主义和集体主义理论为基础的文化同化案例(Bhawuk, 2001)。

文化同化案例这个工具,可能是教授学员能够进行准确归因,理解与己不同人们是如何感知世界的最好方法。同化案例对特定文化所知不多的培训师很有用。这这种情况下,请一位来自该文化有些跨文化知识的人,来扩展同化案例中的问题是有益的。

一般文化同化案例由 18 个主题构成(Brislin, Cushner, Cherrie & Yong, 1986; Cushner & Brislin, 1996)。来自特定文化有些跨文化知识的人,可以用这些主题来架构演讲。

应用:在课程中　在培训课程中,同化案例可以用做培训前的准备,可以对其进行讨论。实例和解释要相当简短,可以用辅助资料加以支持。同化案例实例适宜小组讨论。它们也可以当作基本结构用于角色扮演。

现货供应的可能性　文化同化案例不总是很容易找到。艾伯特的书中(Albert, 1983, 1995)记述了很多现有的文化同化案例或跨文化敏感案例。《抛砖引玉》(*Turning Bricks into Jade*)是一本可买到的为中国人和美国人交流互动而写的同化案例,已由跨文化出版社出版(Wang et al., 2000)。

跨文化分析

简要描述　跨文化分析(Cross-Cultural Analysis,简称 CCA)是 1966 年怀特(A. Whight)为和平队培训计划开发出来的。它是一个工具性的、经验性的练习。在这些练习中,学员对一系列对比的价值观或文化倾向,从自己文化的观点,从其他一种或多种目标文化的观点,作出回答。然后,在学员中通过小组分析和讨论或与来自目标文化的人一起分析讨论,对各条价值观进行分析。从那时到现在这些年来,文化的维度已被扩展和提炼,除了价值观外还包括文化间在信仰、态度、基本假设、期待和行为方面的重要差异。当前,在商业和工业部门中,文化维度已包括了管理和组织方面的差异。例如,在决策方式、性别平等和文化多样性问题等方面的差异。文字框3.13列举了跨文化分析方法的优点和弱点。

文字框3.13　跨文化分析方法的优点和弱点

优　点	弱　点
• 与文化对比方法相似,但是不依赖于一名受过训练的专业演员。 • 比较中的文化是真实的,不是假设的。 • 内容可以改编以满足学员的需要。	• 要求对目标文化有了解,知道哪些维度最为关键。 • 一些学员要比另一些学员做的慢,因而他们可能没有完成个人的分析。 • 开发跨文化分析花费时间并要进行研究。

期待的效果　对于天真的学员,这可能是他们第一次认识到,他们总结的所谓具有普遍性的东西实际上是由文化决定的。练习鼓励了学员去增长文化自觉和对不同世界观的了解。与来自目标文化人士的讨论可以是重要文化信息的丰富资源,因为这种练习打开了学员的眼界,意识到文化不同的概念,意识到这种不同如何影响交流互动。

适应性:内容与过程　内容和过程都有高度的适应性。因为培训师选择的维度对学员来说,是最重要的,他们可以重新编制工作表(手段)以满足培训群体的特殊需要,以认真思考那些对跨文化互动来说是重要的特定文化对比。例如,社会维度的一个方面是对友谊和承担义务的态度。形成对照的观点可能是:在一些文化中,人们看重友谊和有一大群朋友,而很少对他人承担重大义务。在另一些文化中,对为数不多的个人亲密朋友要忠诚则是一种严格遵守的规矩,友谊基于信任和相互依靠,而对大众很少做出友好的举动。

一种跨文化分析的变异形式是要求学员重写两种文化的比较,以使他们更准确地思考自己所理解的两种文化。如果在讲授中安排有个人进行汇报的内容,那么随后就需要重写两种文化的比较。

过程已架构的不错了,但可以修改。最初的设计是要求学员就培训工具中提供的对比观点,写下对自己文化各个维度的看法。然后,写下对目标文化的感觉。最后,询问学员说明他们填写的情况。有时,这些维度是种具有连续性的差异序列,那就要求学员标出自己在连续序列中所选定的位置,有的人是其文化的典型,而从另一文化来的人则对此连续序列模棱两可,而且对此只字不写。在这种个人分析后,可以进行相似小组的分析。

受众的适应性　这种认知性方法对成年人行之有效。它基本上用于美国,为到其他文化中工作或生活的美国人做临行前准备,但也可以改编用于任何其他文化。

对文化和跨文化有效吗?　本方法在教授文化(自身文化和其他文化)方面很有效。它基本上是一种认知方法,通常不具威胁性。它在其他文化中,也具备有效运作的潜力。它以多种文化群体中的多种视角,丰富了讨论的内容,抵消了定型观念。

应用:已经应用的方式或可以应用的方式　因为这种练习具有魅力、由个人操作、富有意义,所以可用作开展其他课程的基础。它可以调动学员的积极性去学习更多的目标文化。怀特建议,在短期培训项目中,他会排除所有其他方法首先使用这种练习(Wight,1999)。

应用:后续培训　这种方法具有继续学习的潜力。各种维度提供了理解与另一文化成员互动的框架。在这种练习之后进行角色扮演或个案研究,就需要学员运用已学到的知识,这样效果特别好。

现货供应的可能性　已经有一些跨文化分析的工具,但是找到它们有些困难。大多数跨文化分析是由培训师为特殊用途而开发的。一种被称为《文化指南针》(*The Cultural Compass*,见 Chu,1996)的方法有些类似跨文化分析的方法,可以从西利(Seelye)的《跨文化学习的经验性活动》(*Experiential Activities for Intercultural Learning*,见 Seelye,1996)中获得。然而,使用这种培训方法最好的方式是根据重要的维度构造一个工具,以满足客户的特殊需要。可以从另一种文化的文献中,从与另一种文化成员的访谈中,从那些在另一种文化中生活过一段时间的人中,就对比的维度汇编出大量的资料。学识丰富的人们会有助于确定哪一维度代表了两种文化最根本的差异。

信息资源　开发一种跨文化分析工具的第一步,是熟悉专家(例如斯图尔特和贝内特)认定重要的文化维度类型(Stewart and Bennett,1991)。克拉克洪和斯特罗德贝克的模式也提供了基本价值倾向的差异(Kluckhohn and Strodtbeck,1961)。1999 年,怀特对跨文化分析方法的描述可参见《跨文化原始资料集》卷 2。

跨文化对话

简要描述 跨文化对话是两位来自不同文化的人之间对话摘要,用于提高文化自觉和戏剧性地表现文化间的微妙差异。在每个对话中,尽管发言者揭示了不同的价值观、态度或世界观,但对话是以微妙的方式写成的,这使得认出这些差异来有些困难。这种方法最早由克雷默开发(Kraemer, 1999),由斯托尔蒂完善(Storti, 1994, 1999)。文字框3.14列举了跨文化对话方法的优点和弱点。

文字框3.14 跨文化对话方法的优点和弱点

优 点	弱 点
• 对话显示出文化是现实的,并以不经意的方式和商务讨论的形式展现的。 • 介绍了一些文化的规范,并对比了这些规范。 • 方法非常灵活。可以用于任何形式的想要提高了解人们和文化是如何不同的培训。	• 学员可能会说,他们说不出对话中所讲的话。 • 人们有时会遗漏对话中的要点。 • 一些学员反对对自己文化或其他文化的塑造。

期待的效果 每个跨文化对话都包含一个错误的基本假设和多种可能遭受攻击的根源。错误是不明显的。当面临一系列这类跨文化对话的时候,学员被自己文化的微妙和精深所触动。他们认识到,需要更仔细地关注自己的言行并做相应的调整。

内容的适应性 内容和过程都具有适应性。培训师可以撰写自己的对话,或者使用由斯托尔蒂提供的对话(Storti, 1994)。斯托尔蒂通过语境(社会情景、工作地点和商务领域)提供了多种对话,并对这些对话做了国家和地区索引。

受众的适应性 这是种认知性练习,最适合那些将同国内外与己不同文化的人们进行交流互动的专业人士。该方法已经用于商业界、政府、教育和非赢利组织。它主要用于美国人,但是其他国家的人也可以译解这些对话,似乎也愿意看到自己是如何被描绘的。这种培训方法对各种学员,无论是接触其他文化很少的新手还是经验丰富的老手都适用。斯托尔蒂主张,这种方法对那些真的不相信其他文化的人确实与自己完全不同的人最有效(Storti, 1994)。他说,"对话让那些不相信文化的人无处藏身"(Storti, 1999, p.206)。

对文化和跨文化有效吗? 虽然这个方法是为提高文化自觉而设计的,但也可以用于教授学员其他文化。对话中的解释相当透彻,并进入到深层的文化主题。当培训师为特定文化撰写对话时,这些主题为确定文化的差异提供了基础。斯托尔蒂书中的绝大部分对话都是美国文化与其他某一文化的对比,但任何两种文化都可以写成对话。

应用:已经应用的方式或可以应用的方式　　对话能激发出学习的动力。对话所体现的过程多少可以有些变化,可以与小组讨论、留为课外作业或角色扮演等形式进行。

应用:在课程中　　因为对话不会占用很多时间去表演或解构,所以对话可以安插在几乎任何培训项目中。

应用:后续培训　　一旦学员熟悉了跨文化对话,可以鼓励他们自己写跨文化对话,特别是在他们自己有了跨文化的遭遇之后。

现货供应的可能性　　斯托尔蒂的书《跨文化对话:74 个由文化差异造成的意外遭遇》(*Cross-Cultural Dialogues*: 74 *Brief Encounters With Cultural Difference*, Storti, 1994)和《老世界/新世界》(*Old World/New World*, Storti, 2001)是一本沟通美国与英国、法国、德国文化差异的对话集,它们可以从跨文化出版社购买。跨文化对话也是《跨文化资料集》卷 2 中斯托尔蒂所写一章的题目。斯托尔蒂在《跨文化对话:74 个由文化差异造成的意外遭遇》的附录中就如何写跨文化对话提出了建议(Storti, 1994)。

地区研究

简要描述　　地区研究的焦点是针对一个特定文化。这一焦点构成了特定文化培训和一般文化培训的主要区别。在其他方面,许多成分依然是相同的:价值观、规范、基本假设、行为模式、语言和交流模式,都是特定地区跨文化能力培训的恰当成分。此外,地区研究通常提供地理、政治、经济、历史、宗教、美学的信息,一般不包括跨文化能力的培训材料。正是这种特殊内容使地区性研究有自己的特色。虽然,在地区研究培训项目中,用许多方法展示内容,但是培训师必须准备信息、介绍这些信息、把这些信息按次序排好。"地区研究"一词通常指针对特定国家的培训。柯尔斯倾向用"国家/地区研究"来表示地区研究和特定国家培训(Kohls, 1999a)。在当前美国的培训中,为工作在特定群体的专业人士所进行的地区研究类型的培训,都聚焦在各种国内文化群体身上。这被最典型地称为特定文化培训。文字框 3.15 列举了地区研究方法的优点和弱点。

文字框 3.15　地区研究方法的优点和弱点

优　点	弱　点
• 满足了那些将生活和工作在另一种文化群体中人们的期待和需要。 • 提供了理解来自一个特定文化人们及与他们交流互动的指南。 • 构建了对一特定文化的专门知识。 • 很多特定文化的信息可以通过网上获得。 • 一种活跃的容易掌握的项目为实践互动提供了机会。	• 未能证明信息是正确的。 • 要使数据资料保证及时,要花费时间。 • 提供信息时有过多使用演讲和阅读的倾向。 • 需要避免开列可做(dos)和不可做(don'ts)的清单。 • 信息过多。 • 如果信息只从互联网上获取,那么它就变成了相当消极的获取知识方法。 • 信息可能受到来自该文化成员的挑战,被认为是错误的或至少是过分概括。

期待的效果　设计良好的特定文化培训将有助于人们学会如何学习。它可以鼓励学员真诚地适应将要工作的文化群体,给予他们能成功与人交流所需的知识。

这种方法可以帮助学员避免消极的偏见和在一定情景中不恰当的行为。学员学到了如何发现对特定行为(例如道歉、赏识、谦恭等)的得体模式。

适应性:内容与过程　这种培训形式的内容是由学员准备去地区或文化所决定的。这就是说,讲什么讲多少有很大的伸缩余地。柯尔斯推荐了 7 大类信息(Kohls,1999a):有关背景的事实性数据、深层次的文化项目、商业实践、生活的物质供应、该国或该文化的著名人物和著名地方、人们面对的问题和在该文化中进行交流互动所面对的综合问题。培训师可以无止境地提供信息。电影、录像带、演讲、游戏、田野调查、危机事件、个案研究、以及与懂得双方文化者、流亡国外者和文化信息提供者的讨论,都是使学员感兴趣增加基础知识的方法。

受众的适应性　公共部门和私人企业的雇员、家庭成员和单身人士都可以从地区研究培训中受益。准备出国的儿童和单身人士有特殊的关注,因而他们的关注应融入培训设计之中。文化和地区研究常常用于政府和多国公司。当认为学员理解目标文化有困难时,文化和地区研究就非常重要。例如,许多到中东的美国人发现美国与中东的巨大差别,这使得进行文化调整适应是个挑战。在如何尽快和如何顺利地进行适应调整方面,国家和地区研究非常紧要。在国内,现在医疗保健人员经常接受针对他们提供服务的特殊群体文化模式的培训。

对文化和跨文化有效吗? 为到另一文化中工作或在另一国家生活的人进行临行前准备方面,这种方法可能是最经常使用的培训策略,因为这种方法教给他们的是专门关于该文化的知识。特定文化的研究开始于美国大专院校的学术机构,它转移到培训领域也有很长一段时间了。可以在许多国家发现某种形式上的地区研究,因为外交人员、工商管理人员、教育工作者、学生将准备到另一文化中工作或学习,或者他们要接待难民和移民。由于这类信息越来越可以通过国际互联网查阅到,或在互动式计算机软件中获得,因而上课的时间被缩短。虽然,这可能意味着更多的人在出国前至少能获得一些信息,但是这样做删减了地区研究培训最重要的一个方面。对于要准备与其他文化人员交流互动的人们来说,需要实践交流互动,需要在各种情景中(如果他们做错了什么而不会引起风波)的经验。他们需要有机会运用所学目标文化的知识。

应用:已经应用的方式或可以应用的方式 个人或群体无论何时若有学习另一文化的积极性,文化和地区研究培训可能是最合适的方式。典型的国际语境包括调到国外工作、接待外国学生的家庭、为难民提供服务的人员、国际救援人员、交换学生、人力资源部人士。在国内,可能寻求文化知识和文化史的个人包括:大学教员、基层教育工作者、咨询人员、经理、医疗卫生人员、社会工作者、政府工作人员。地区研究也不断地用于针对服务于多种文化群体的社会服务机构、教育工作者和公司企业进行的教育。

应用:在课程中 在培训项目中,对特定文化的信息进行分类排队是重要的。一个有效的培训计划是从文化的一般原理、学习一些活动了解文化开始,然后提高学员对自身文化的理解,最后,考察目标文化,强调那些最具挑战性的方面。在学员不是都要经历同一异文化的情景中,可用些创造性的方法,让学员研究不同文化的方方面面,然后向全体学员做报告。建议请来自各个目标文化有信息资源的人员到课进行讲解。旅居国外人员的出国前培训项目可以轻松地用1周到10天的时间。国内特定文化的地区研究,常是2—3天的培训项目。

应用：后续培训 许多全球公司发现，在派驻国6个月左右之后进行的后续培训有很大的不同。这时，学员们有成功的经验也有失败的教训，会提出很多问题。以前缺乏学习新文化动力的人们，现在积极性大为高涨。后续培训的时间，不需要像最初准备出国前培训那么长，但是还是值得花钱花时间去做的。在国内，进修的课程要使学员参加文化多样性问题的学习。

现货供应的可能性 地区研究使用的大多数材料都是现货供应。在几天之内，就可以为研究特定国家或地区开列一个好的书目。《跨文化资料集》卷2中有3章就地区研究如何起步谈了很好的建议。柯尔斯和伦威克书中的章节也提供了地区和国家研究项目的设计实例（Kohls，1999a，Renwick，1999）。跨文化出版社出版的由图解艺术中心主编的《文化休克》（*Culture Shock*）系列丛书（关于特定文化的书籍）以及来自"子午线资源"（Meridian Resources）的特定文化的网上资料都是有用的信息资源。

沉浸法

简要描述 学习发生在学员生活、学习和工作的情景中（或类似的情景）。有时，访问是短暂的，例如学生实地考察旅行或访问某个地点。但常常学员被放在一个陌生国家，培训就利用他们面对的现实。文字框3.16列举了沉浸法的优点和弱点。

文字框3.16 沉浸法的优点和弱点

优　点	弱　点
• 学习的积极性是高涨的和直接的。 • 学员可以决定许多自己需要学习的东西。 • 鼓励使用"学会如何学习"的方法。 • 可为自学获得关键和可以理解的信息资源。 • 新的知识、技能、态度可以立即被检验和提炼。 • 跨文化的技能很明显是相互关联的：语言和文化、行为和价值观。	• 学员可能没有足够的支持，缺乏指导和培训。 • 情景给予的压力太大，有太多的新刺激。 • 雇员可能找不到培训时间，一直忙于"工作"。 • 培训可能需要一对一的进行，费用高。 • 在国外环境的培训群体常常团结成外国人群体，而不是增强与东道国国民的关系。

期待的效果 沉浸法提供了集中的学习经历。学员弄清了自己的需求、建立了信心、改进了技能、学习了如何在新环境中学习。根据伯尼的说法，学生们

的实地考察旅行让他们发觉自己如何对现实世界、如何对跨文化接触作出反应,而不是在教室里作出的那种反应,在教室里培训时,学员可以利用课间休息去卫生间逃避培训(Berney,1999)。

内容的适应性:内容与受众　每个生活和工作环境都是独特的,这取决于分配的任务(商务、和平队、社区服务、到国外学习)。语言和文化研究通常是全部项目的一部分。技术性的培训取决于所承担工作或学习的类型。

对文化和跨文化有效吗?　本方法注意的焦点既是单文化也是跨文化。学员在学习文化的同时,改进了技能和态度,使有效的跨文化活动成为可能。

应用:　短期的沉浸包括实地考察和定点访问。培训班可以在学员从事分配的跨文化工作之前,走访餐馆、杂货店、少数民族邻居。对新指派的工作,定点访问给人们提供了去探究新真实环境的时间,对办公、住房、购物、开车、观光、和声响有些感觉。访问会帮助学员与当地人建立一些联系,使一些问题得到回答。在所有短期沉浸式培训项目中,最重要的学习可能是使学员更加认识到,想在新环境中成功,是多么需要学习。

在重新安排工作地点之前和之后,商界的雇员通常一对一的与教练一起工作。在这种环境下,对他们的培训都经过调整以适应特殊的需求。除非培训是特定为其职位和为其家庭准备的,否则学员会认为它与己无关。

和平队多年来一直用东道国或它的一个邻国,作为新志愿者服务前培训场所。后续的培训是把高级语言培训、技能培训和能力培养等综合在一起放在东道国进行。一些资料,像《文化问题:和平队跨文化工作手册》(*Culture Matters*: *The Peace Corps Cross-Cultural Workbook*,见 Storti & Bennhold-Samaan, 1997),对自学提供了支持。

近些年来,和平队已开始从事把培训工作转移到培训中心以外的地方进行。在这些地方,学员们彼此度过了大部分时间,甚至他们生活在东道国的接待家庭中。以社区为基础的培训把一个小组(3—5个学员)和一名语言兼跨文化辅导员放在小城镇里,与东道国的接待家庭生活在一起,提供了天天增强文化规范的机会,每天的语言课程提供了自己更多的学习进步机会(见第十五章)。新的培训材料已经开发出来,学员可以根据自己的想法使用这些材料,与小组和辅导员进行讨论。例如,《发展中的志愿者角色:培养能力的工具》(*The Roles of the Volunteer in Development*: *Tools for Building Capacity*,见 Peace Corps,

2003b)就是为学员、变换工作人员、培训师协助员、计划协助员等角色准备的工具箱系列丛书。其他的和平队培训技术技巧模块,像《社区经济发展》(*Community Economic Development*,见 Peace Corps, 2003a)与《与非政府组织一起工作》(*Working with NGOs*,见 Peace Corps, 2003a)也类似地开发出来。阅读部分包括概念和模式、祖国和东道国之间的对比反思,随后是可以在培训场地进行的各种活动。对自学的团队材料中有培训师的讲解。那些需要其他技术技能的人,像教师需要的技术技能,可在周末到中心站接受进一步的培训。

另一种沉浸技术被用于美国的全国和社区服务公司。该类公司的一些培训项目基本上是服务学习,但是,全国公民社区服务团(National Civilian Community Corps)的志愿者有特别丰富的跨文化经历。由入选的 16 名左右来自多民族的 18—24 岁成员组成一个小队,他们一起生活在校园里或项目实习点,一起开展项目工作。他们负责调查开展特定项目前需要知道的信息。他们反思自己所做的工作时,个人的学习围绕着经验学习的周期进行。他们学习调查研究、工作技巧、跨文化团队工作、社区建设、写作和演讲技巧,自己反思正在学习的技能和这些技能对他们将来公民生活和工作的影响。

国际教育交流项目有多种形式:有由学校资助的个别学生到国外学习项目,有由老师带队政府资助的专业学习访问团项目。准备和支持这些项目的形式包括:自主式的研究和学习、网上的准备材料、出国前培训项目和课程、国内进行的适应培训、对指导老师的培训、对带队领导人的培训。例如,在加州斯托克顿(Stockton)的太平洋大学就有一门为准备到国外学习者的必修课,和一门关于学完回国后进行调整的选修课。

现货供应的可能性 政府机构和非盈利教育项目的培训手册可通过政府印刷所或网上获得。例如,和平队有一个网上图书馆(http://www.peacecorps.gov/library/culture.ctm),可以从那里下载培训手册。

信息资源 国际互联网是一个基本信息来源,它提供了获取组织(政府和非政府组织)出版物的清单。

其他方法

还有一些方法,它们在跨文化培训有其特殊位置,不容易收录在上述类别的培训方法中,下面要介绍两种这类方法。使用视觉想象法和艺术法讲授各类课程已经有相当长的历史了,但是在跨文化交流培训中使用艺术法是相当新的。这两种"另类"方法,加上前面已经分析过的方法,并非包括了跨文化培训中使用的所有方法。毕竟跨文化培训的方法可能是无穷的,正如帕奇所说,

"现有的东西事实上是很有限的。在跨文化培训中出现的发明似乎很少不能包括在我们熟悉的类别中,因为,发展我们已经知道方法的另一种版本是大趋势,而不是试图开发完全不同的新东西。甚至想象要显著地改变如何培训和创造新的培训方法或策略,这都是困难的(Pusch,1999,p.167)。"

视觉想象法

简要描述 这种方法的想象是指人们头脑中的想象力。视觉想象是通过思考它们而在头脑中浮现。在进行视觉想象法之前,进行一些放松练习。有指导的视觉想象是鼓励学员使学到的经验个人化,丰富和加深培训效果。使用视觉想象法的关键是形成一个温馨的、放松的和安全的学习环境,贯彻始终的清晰指导,有针对性的汇报。文字框3.17列举了视觉想象方法的优点和弱点。

文字框3.17 视觉想象方法的优点和弱点

优 点	弱 点
• 对预期将来的情景、解决问题有用。 • 集中在感觉和意识方面。 • 可以增进自我理解。 • 引导个人的洞察力。 • 变换培训节奏。	• 一些学员怀疑这种方法,做起来犹豫不决。 • 不总是与学习目的有清晰的联系。 • 受情绪的影响大,辅导员要有能力处理那些心烦意乱的学员。

期待的效果 对整个培训班的共同主题进行想象指导,可以使学员集中注视某一问题。它可以帮助学员对跨文化经验的多个方面加以计划、准备和负起责任。它可以全面地回想起跨文化经历:它是什么样的、什么气味、感觉如何、味道如何、什么声音。从学员记忆中唤起的材料可以增长学员的洞察力,理解以前不理解的东西。

在进行视觉想象练习的过程中,培训师的作用是个引导员,对各个学员带给培训项目的材料进行想象。视觉想象练习鼓励一种自发性、尊重选择、正确

评价内心世界,这些有助于学员在新的环境中工作生活。这些练习是一种暗示,提醒我们:自己经常是最好的跨文化培训资源。

内容的适应性 培训师可以对指导的想象内容加以调整改动。在试图指导视觉想象练习前,重要的是要全盘考虑运用这种方法的原因,非常清楚所要达到的目的。

受众的适应性 这种方法对成年人和青少年有效。它对有和没有跨文化经历的人都有效。

对文化和跨文化有效吗? 在特定文化培训项目中,它可以成为一种非常有效的培训工具。把过去的跨文化遭遇用想象的方法呈现在眼前,可以用它来激发学员学习如何进行跨文化的学习。到培训项目的末期,在学员已经看到了要去国家或城市的视觉形象,在他们已经学习了该国或该市的知识后,让他们闭上眼睛,想象在那里的情景,就给了他们一次预演在那里经历的机会。正如西尔伯斯坦和西斯克所说,"学员通过想象不同的角色、观念和态度,预演一次自己的行为,跨文化成功率就会提高。而且这种冒险性很小,因为学员只是想象存在着的不同"(Silberstein and Sisk,1999, p.193)。

应用:已经应用的方式或可以应用的方式 指导想象已经用于外派他地和重返家园、认识和适应新环境的培训项目,以及为多元文化人们提供服务专业人士的岗前培训项目。在重返家园的培训项目中,其效果很好,因为在海外的经历还历历在目。

应用:在课程中 指导想象训练可以在跨文化语境中的文化休克、特定情景中解决问题、确定目标、民族中心主义、澄清价值观时进行。它也可以用于培养移情、了解特定文化、了解一般文化。指导想象最好在小组讨论之后进行,或在大组讨论之前与一个伙伴交谈自己的想象。这样做的目的是为了避免有人提出一些最好只能与一两个人分享的私人问题。

可能因为这种方法触及了个人思想深处的东西,它似乎常引起学员情绪激动。当然,几乎任何方法都可能使这种情况发生:模仿游戏法、跨文化对话法、自我评估法、个案研究法、角色扮演法、跨文化敏感案例法和沉浸法都可以很容易勾起强烈的感情,需要特别的专业知识和技能把情感的经历转变成一个学习的机会。

应用:后续培训 后续培训是对那些在指导想象期间已经情绪激动的学员

进行单独的培训,以帮助他们理解自己的经历,这是个好时机。

现货供应的可能性　指导想象的录音带容易买到。开发指导想象的录音带解说词相对也比较容易,针对特定的培训需要进行集中练习是最好的方法。

信息资源　参考资料的目录在《跨文化资料集》卷 2 中关于指导想象一章的末尾。

艺术与文化法

简要描述　艺术是这一方法的核心。该方法是通过观看艺术洞察全球的文化中的重要因素。它不是艺术史,而是使用艺术来增强观察和调查本领。该方法是使艺术成为交流的一部分,对细微差别变得敏感,透过表面看到实质。艺术是爱德华·T.霍尔所说的"无声语言"的一部分。正如霍尔所说,艺术家"为社会举起一面镜子,去看那些可能看不到的东西"(Edward T. Hall, 1959, p. 127)。文字框 3.18 列举了艺术与文化方法的优点和弱点。

文字框 3.18　艺术与文化法的优点和弱点

优　点	弱　点
• 丰富对文化差异的理解。 • 提供了通过他人眼睛来看文化的机会。 • 强调了语境的重要。 • 非常便于携带,幻灯片容易携带,艺术的明信片不占地方也不重。 • 利用艺术品进行练习对所有学习方法都有吸引力。	• 如果培训师对艺术所知不多(虽然并不需要知道很多,因为目的是培养观察和调查的本领),不愿意使用这种方法。 • 如果使用不慎,可能导致定型观念。

期待的效果　艺术可以提高文化影响的认识,同时可以扩展对熟悉事物的理解。艺术放缓了交流的过程,并允许观看者在欣赏时去思考和感受。视觉的艺术品既提供了概念的基础,又提供了有意义的语言和非语言符号,这激励了学员间的跨文化讨论,学员们把不同的学习风格和生活经历带入培训项目中。

艺术作家利帕德(L. Lippard)说,艺术提供了观察共有经历的新方法,把与自己相同的人和不同的人都联系在一起。正是这种出自内心的冲击,它以个体自己的反应开始,经常继续发展为在公众中的讨论和分析,这使得艺术成为跨文化培训项目中一个有力的工具。因为艺术受到语境影响很大,它有助于学员理解在跨文化遭遇中语境的作用(Lippard, 1990)。

最受培训师赏识的使用艺术与文化方法的一个结果,是它用激励学员洞察力的材料鼓励学员独立继续学习,这一方式使教学恢复了生气。

内容的适应性 艺术与文化课程的内容具有高度的适应性。由培训师挑选的实际教学内容,可以依课程的目的和学员的语境来定做。把艺术与跨文化理论联系起来,能使培训师选择那些会帮助学员获得观察自己和他人洞察力的跨文化传播方方面面的内容。可以用艺术来展示时间观、空间观、透视法,来展示个人主义和集体主义的差别。

受众的适应性 艺术方法可以用于任何年龄的学员(包括学龄前儿童),帮助他们提高对自身文化和不同文化的理解。培训师可以使用艺术方法围绕着科尔布的学习周期(Kolb,1984)进行培训。无论是到博物馆进行实地参观(有益于获得具体的感受和活生生的实验),还是利用艺术品明信片在小组内学习(反思自己的观察和抽象的概念),培训师都可以设计出对所有学习风格都有吸引力的练习。

对文化和跨文化有效吗? 艺术法在特定文化教学和跨文化教学中一样有效。所有文化都生产出可以用于教学的艺术品。人们可以从对比中很好地学习,因而使用艺术品教学的一个有效方法是拿一种文化的艺术品与另一种文化的艺术品进行对比。这种对比也可以进行地区性对比,例如,把东方传统艺术中的英雄或典型的男人和女人与来自西方的现代作品进行对比。

应用:已经应用的方式或可以应用的方式 在培训项目中使用艺术法的培训师们已经开发出多种方法。其中,艺术品可以用来解释一种模式、教授一个跨文化的概念、在跨文化过程中提供一次实践、对比不同文化、教授一种特定的文化。艺术品还被用于调解冲突培训中,以帮助学员对不熟悉和有差异的事物保持开放的心态。

应用:在课程中 艺术法已被用在培训课程的简介中、用在解决疑难问题的课程中,艺术品作为用模式(例如使用克拉克洪模式,Kluckholm & Strodtbeck,1961)解释价值观的中心摆件。教学参观博物馆可能对学员有所启迪,因为他们可以站在艺术品原件面前。艺术品可以用来帮助人们理解观察者在完成艺术品和类似事物中的作用,帮助人们理解另一种文化中的外国人在完成艺术品和类似物品中的作用。

现货供应的可能性 在教室或工作坊中需要使用的艺术品资料,可以通过博物馆的书店、自制幻灯片、各种出售或提供幻灯片的部门(例如康涅狄格州斯坦福德的"Sandak Slides")等方式获得。幻灯片、录像带、招贴画、艺术品明信片、艺术品画册都可以买到,许多价格合理,并常在书店中降价出售。许多回国的和平队志愿者网络有为公众使用的在线图片。

信息资源 有一个关于艺术和文化的工作坊,它每年在俄勒冈州波特兰德市的暑期跨文化交流学校举行。该工作坊提供了利用艺术品进行练习的多种形式,参会人员领取的笔记本提供了使用艺术品的资料(Fowler & Silberstein, 2001)。

概括与总结

那些获得和保持了优秀培训师荣誉的人们,在为一个培训项目选择培训方法时,都确信他们综合了多种久经考验的好方法和新方法,考虑了多种因素;在同学员的教与学过程中,头脑中牢记了培训的所有层次。我们希望这一章在这方面能对读者有所帮助。

表 3.3 总结和分析了本章所介绍的 20 种培训方法。

表 3.3 考虑使用各种培训方法的快速参考表

方法	考虑					可用于	
	培训效果	文化或跨文化	学习风格	适应性	可获得性	群体	个人
演讲	知识	文化	进行抽象概念	强	低	可以	
文字材料	知识	主要是文化	进行抽象概念	弱(如果使用现有课本)	高	可以	可以
以计算机为基础的培训	知识、技能	文化	主动实验	强	中	可以	可以
电影	知识、技能、态度	文化与跨文化	具体体验	强	中	可以	可以

（续表）

方法	考虑					可用于	
	培训效果	文化或跨文化	学习风格	适应性	可获得性	群体	个人
自我评估	知识	文化	进行抽象概念	中	高	30人以下	可以
个案研究	知识、技能	文化与跨文化	具体体验	强	低	30人以下	可以
危机事件	知识、技能、态度	跨文化	具体体验	强	低	30人以下	可以
模仿游戏	知识、技能、态度	跨文化	主动实验	强	高	10人以上	
角色扮演	知识、态度	跨文化	主动实验、具体体验	强	低	可以	
对比文化	态度	文化与跨文化	所有风格	强	高	可以	
文化同化案例	知识、技能、态度	文化与跨文化	具体体验	弱	低	30人以下	可以
文化分析	知识、技能	文化	反思观察	强	低	可以	可以
跨文化对话		文化与跨文化	具体体验	强	高	30人以下	可以
地区研究	知识	文化	进行抽象概念	强	高	可以	可以
沉浸法	知识、技能、态度	文化与跨文化	主动实验	强	高	可以	可以
练习法	知识、技能	跨文化	主动实验	强	高	可以	可以
视觉想象	知识、态度	文化与跨文化	反思观察	强	低	可以	可以
艺术与文化	知识、技能、态度	文化与跨文化	反思观察	强	高	可以	可以

参 考 文 献

Albert, R. D. (1983). The intercultural sensitizer or culture assimilator: A cognitive approach. In D. Landis & R. Brislin (Eds.), *Handbook of intercultural training: Issues in training methodologies* (Vol. 2, pp. 186–217). Elmsford, NY: Pergamon.

Albert, R. D. (1995). The intercultural sensitizer/culture assimilator as a cross-cultural training method. In S. M. Fowler & M. G. Mumford (Eds.), *Intercultural sourcebook: Cross-cultural training methods* (Vol. 1, pp. 157–167). Yarmouth, ME: Intercultural Press.

Alden, J., & Kirkhorn, J. (1996). Case studies. In R. L. Craig (Ed.), *The ASTD training and development handbook: A guide to human resource development* (4th ed., pp. 497–516). New York: McGraw-Hill.

Arthur, N. (2001). Using critical incidents to investigate cross-cultural transitions. *International Journal of Intercultural Relations, 25*(1), 41–53.

Batchelder, D. (1993). Using critical incidents. In T. Gochenour (Ed.), *Beyond experience: The experiential approach to cross-cultural education* (2nd ed., pp. 101–112). Yarmouth, ME: Intercultural Press.

Bennett, J. M., & Bennett, M. J. (2003). *Becoming a skillful intercultural facilitator* [Training material]. Portland, OR: Summer Institute for Intercultural Communication.

Bennett, M. J. (1995). Critical incidents in an intercultural conflict-resolution exercise. In S. M. Fowler & M. G. Mumford (Eds.), *Intercultural sourcebook: Cross-cultural training methods* (Vol. 1, pp. 147–156). Yarmouth, ME: Intercultural Press.

Berney, M. G. (1999). Field studies: Individual and group trips, expeditions, and hunts. In S. M. Fowler & M. G. Mumford (Eds.), *Intercultural sourcebook: Cross-cultural training methods* (Vol. 2, pp. 175–183). Yarmouth, ME: Intercultural Press.

Bhawuk, D. P. S. (2001). Evolution of culture assimilators: Toward theory-based assimilators. *International Journal of Intercultural Relations, 25*(2), 141–163.

Blohm, J. M. (1995). Markhall: A comparative corporate-culture simulation. In S. M. Fowler & M. G. Mumford (Eds.), *Intercultural sourcebook: Cross-cultural training methods* (Vol. 1, pp. 109–115). Yarmouth, ME: Intercultural Press.

Blohm, J. M. (1996a). *The agenda is peace: Facilitator's guide for training* [Training material for internal use only]. New York: United Nation Secretariat, Office of Human Resources Management.

Blohm, J. M. (1996b). *The agenda is peace: Study guide* [Training material for internal use only]. New York: United Nation Secretariat, Office of Human Resources Management.

Blohm, J. M. (1996c). *Where in the world are you going?* Yarmouth, ME: Intercultural Press.

Blohm, J. M. (1997). The cocktail party: Exploring nonverbal communication. In J. C. Richards (Series Ed.) & A. E. Fantini (Vol. Ed.), *New ways in teaching culture. New ways in TESOL Series II: Innovative classroom techniques.* Alexandria, VA: TESOL.

Brislin, R. W. (1995). The culture-general assimilator. In S. M. Fowler & M. G. Mumford (Eds.), *Intercultural sourcebook: Cross-cultural training methods* (Vol. 1, pp. 169–177). Yarmouth, ME: Intercultural Press.

Brislin, R. W., Cushner, K., Cherrie, C., & Yong, M. (1986). *Intercultural interactions: A practical guide.* Beverly Hills, CA: Sage.

Brown, C., & Knight, K. (1999). Introduction to self-awareness inventories. In S. M. Fowler & M. G. Mumford (Eds.), *Intercultural sourcebook: Cross-cultural training methods* (Vol. 2, pp. 19–30). Yarmouth, ME: Intercultural Press.

Butcher, J. N., Dahlstrom, W. G., Graham, J. R., Tellegen, A., & Kaemmer, B. (1989). *Manual for the restandardized Minnesota Multiphasic Personality Inventory—MMPI-2: An interpretive and administrative guide.* Minneapolis: University of Minnesota Press.

Carr-Ruffino, N. (2002). *Managing diversity: People skills for a multicultural workplace* (5th ed.). Needham Heights, MA: Pearson Custom.

Casse, P. (1982). *Training for the multicultural manager.* Washington, DC: Society for Intercultural Education, Training and Research.

Casse, P. (1999). The four-value orientation exercise

using a self-awareness inventory. In S. M. Fowler & M. G. Mumford (Eds.), *Intercultural sourcebook: Cross-cultural training methods* (Vol. 2, pp. 31–44). Yarmouth, ME: Intercultural Press.

Chase, M., Macfadyen, L., Reeder, K., & Roche, J. (2002, August). Intercultural challenges in networked learning: Hard technologies meet soft skills. *First Monday, 7*(8). Retrieved August 20, 2003, from http://firstmonday.org/issues/issue7_8/chase/index.html

Chase, M., Rolston, K., Macfadyen, L., & English, A. (2002, November). *Designing and moderating online intercultural courses*. Paper presented at the annual meeting of the Society for Intercultural Education, Training and Research (SIETAR-USA) on the Intercultural Intersections, Portland, OR.

Chu, P. (1996). The culture compass. In H. N. Seelye (Ed.), *Experiential activities for intercultural learning* (pp. 155–170). Yarmouth, ME: Intercultural Press.

Corbitt, J. N. (1998). *Global Awareness Profile*. Yarmouth, ME: Intercultural Press.

Cushner, K. (1989). Assessing the impact of a culture-general assimilator: An approach to cross-cultural training. *International Journal of Intercultural Relations, 13*(2), 125–146.

Cushner, K., & Brislin, R. W. (1996). *Intercultural interactions: A practical guide* (2nd ed.). Thousand Oaks, CA: Sage.

Cyr, R. (1999). A primer for designing and using participant training manuals. In S. M. Fowler & M. G. Mumford (Eds.), *Intercultural sourcebook: Cross-cultural training methods* (Vol. 2, pp. 195–202). Yarmouth, ME: Intercultural Press.

Dant, W. (1995). Using critical incidents as a tool for reflection. In S. M. Fowler & M. G. Mumford (Eds.), *Intercultural sourcebook: Cross-cultural training methods* (Vol. 1, pp. 141–146). Yarmouth, ME: Intercultural Press.

DeMello, C. (1995). Acting the culture contrast. In S. M. Fowler & M. G. Mumford (Eds.), *Intercultural sourcebook: Cross-cultural training methods* (Vol. 1, pp. 59–68). Yarmouth, ME: Intercultural Press.

DiSabatino, J., & Oliver, J. (2002, July). Training 101. *Training + Development*, pp. 15–16.

Fantini, A. (1995). Aba-Zak: A worldview exercise. *International Journal of Intercultural Relations, 19*(2), 297–302.

Fantini, A. E. (Vol. Ed.), & Richards, J. C. (Series Ed.). (1997). *New ways in teaching culture. New ways in TESOL Series II: Innovative classroom techniques*. Alexandria, VA: TESOL.

Fennes, H., & Hapgood, K. (1997). *Intercultural learning in the classroom*. London: Cassell.

Fiedler, F., Mitchell, T., & Triandis, H. (1971). The culture assimilator: An approach to cross-cultural training. *Journal of Applied Psychology, 55*, 95–102.

Foreign Service Institute. (Producer). (2000). *Crisis response* [Motion picture]. Washington, DC: Overseas Briefing Center, U.S. Department of State.

Fowler, S. M., & Mumford, M. G. (Eds.). (1995). *Intercultural sourcebook: Cross-cultural training methods* (Vol. 1). Yarmouth, ME: Intercultural Press.

Fowler, S. M., & Mumford, M. G. (Eds.). (1999a). *Intercultural sourcebook: Cross-cultural training methods* (Vol. 2). Yarmouth, ME: Intercultural Press.

Fowler, S. M. & Mumford, M. G. (1999b). Small group exercises as intercultural training tools. In S. M. Fowler & M. G. Mumford (Eds.), *Intercultural sourcebook: Cross-cultural training methods* (Vol. 2, pp. 113–121). Yarmouth, ME: Intercultural Press.

Fowler, S. M., & Silberstein, F. J. (2001, July). *Art and culture* [Training material]. Portland, OR: Summer Institute for Intercultural Communication.

Gardenswartz, L., & Rowe, A. (1998). *Managing diversity: A complete desk reference and planning guide* (Rev. ed.). San Diego, CA: Pfeiffer.

Gochenour, T. (Ed.). (1993). *Beyond experience: The experiential approach to cross-cultural education* (2nd ed.). Yarmouth, ME: Intercultural Press.

Grove, C., & Hallowell, W. (2001). *Randömia Balloon Factory: A unique simulation for working across the cultural divide*. Yarmouth, ME: Intercultural Press.

Gudykunst, W. B., Guzley, R. M., & Hammer, M. R. (1996). Designing intercultural training. In D. Landis & R. S. Bhagat (Eds.), *Handbook of intercultural training* (2nd ed., pp. 61–80). Thousand Oaks, CA: Sage.

Hall, E. T. (1959). *The silent language*. Greenwich,

CT: Fawcett.

Hammer, M. R., & Bennett, M. J. (2001). *The Intercultural Development Inventory* [Instrument]. Portland, OR: Intercultural Communication Institute.

Harris, P. R. (1984). *Intercultural Relations Inventory* [Instrument]. Jacksonville Beach, FL: Talico.

Hartley, C., & Lapinsky, T. (1999). Piglish: A language learning simulation. In S. M. Fowler & M. G. Mumford (Eds.), *Intercultural sourcebook: Cross-cultural training methods* (Vol. 2, pp. 131–141). Yarmouth, ME: Intercultural Press.

Hofstede, G. J., Pedersen, P. B., & Hofstede, G. H. (2002). *Exploring culture: Exercises, stories and synthetic cultures.* Yarmouth, ME: Intercultural Press.

Hopkins, R. S. (1999). Using videos as training tools. In S. M. Fowler & M. G. Mumford (Eds.), *Intercultural sourcebook: Cross-cultural training methods* (Vol. 2, pp. 73–112). Yarmouth, ME: Intercultural Press.

Horton, W. (2002, November). *Horseless carriage thinking.* Paper presented at the annual meeting of the North American Simulation and Gaming Association, San Diego, CA. Available at http://www.horton.com

Howard, R. (Director/Executive Producer), Ganz, T. (Producer), & Blum, D. (Producer). (1986). *Gung Ho* [Motion picture]. United States: Paramount Pictures.

Kelley, C., & Meyers, J. (1995). *The Cross-Cultural Adaptability Inventory: Self-assessment.* Minneapolis, MN: NCS Pearson.

Kimball, A. (2002, November). *Blended learning.* Paper presented at the annual meeting of the North American Simulation and Gaming Association, San Diego, CA. Retrieved March 3, 2003, from http://www.qube.com

Kimmel, P. R. (1995). Facilitating the contrast-culture method. In S. M. Fowler & M. G. Mumford (Eds.), *Intercultural sourcebook: Cross-cultural training methods* (Vol. 1, pp. 69–79). Yarmouth, ME: Intercultural Press.

Kluckhohn, R., & Strodtbeck, R. (1961). *Variations in value orientation.* Westport, CT: Greenwood Press.

Knowles, M. (1970). *The modern practice of adult education.* Chicago: Associated Press.

Kohls, L. R. (with Brussow, H. L.). (1995). *Training know-how for cross-cultural and diversity trainers.* Duncanville, TX: Adult Learning Systems.

Kohls, L. R. (1999a). Conceptual model for country/area studies. In S. M. Fowler & M. G. Mumford (Eds.), *Intercultural sourcebook: Cross-cultural training methods* (Vol. 2, pp. 273–284). Yarmouth, ME: Intercultural Press.

Kohls, L. R. (1999b). A selection of small group exercises. In S. M. Fowler & M. G. Mumford (Eds.), *Intercultural sourcebook: Cross-cultural training methods* (Vol. 2, pp. 143–153). Yarmouth, ME: Intercultural Press.

Kohls, L. R., & Knight, J. M. (1994). *Developing intercultural awareness: A cross-cultural training handbook* (2nd ed.). Yarmouth, ME: Intercultural Press.

Kolb, D. A. (1984). *Experiential learning.* Englewood Cliffs, NJ: Prentice Hall.

Kolb, D. A., & Lewis, L. H. (1986). Facilitating experiential learning: Observations and reflections. In L. H. Lewis (Ed.), *Experiential and simulation techniques for teaching adults* (pp. 99–107). San Francisco: Jossey-Bass.

Kraemer, A. J. (1999). A method for developing deep cultural self-awareness through intensive practice. In S. M. Fowler & M. G. Mumford (Eds.), *Intercultural sourcebook: Cross-cultural training methods* (Vol. 2, pp. 225–239). Yarmouth, ME: Intercultural Press.

Lacey, L., & Trowbridge, J. (1995). In S. M. Fowler & M. G. Mumford (Eds.), *Intercultural sourcebook: Cross-cultural training methods* (Vol. 1, pp. 187–195). Yarmouth, ME: Intercultural Press.

Lane, H. W., & DiStefano, J. J. (1988). *International management behavior: From policy to practice.* Scarborough, Ontario, Canada: Nelson.

Lippard, L. (1990). *Mixed blessings: Art in multicultural America.* New York: Pantheon.

McCaffery, J. A. (1995). The role play: A powerful but difficult training tool. In S. M. Fowler & M. G. Mumford (Eds.), *Intercultural sourcebook: Cross-cultural training methods* (Vol. 1, pp. 17–25). Yarmouth, ME: Intercultural Press.

McCaig, N. M. (1999). The Malonarian cultural expedition team: Exploring behavioral reflections of mainstream U.S. values. In S. M.

Fowler & M. G. Mumford (Eds.), *Intercultural sourcebook: Cross-cultural training methods* (Vol. 2, pp. 155–166). Yarmouth, ME: Intercultural Press.

Moran, R. T., Braaten, D. O., & Walsh, J. E. (Eds.). (1994). *International business case studies for the multicultural marketplace.* Houston, TX: Gulf.

Myers, I. B. (1962). *The Myers-Briggs Type Indicator.* Palo Alto, CA: Consulting Psychologists Press.

Nava, G. (Director), & Thomas, A. (Producer). (1983). *El Norte* [Motion picture]. United States: American Playhouse.

Nickols, F. W. (1990, January). Why those darned training problems won't go away. *Performance & Instruction,* pp. 13–15.

Nipporica Associates. (1993). *Ecotonos: A multicultural problem-solving simulation.* Yarmouth, ME: Intercultural Press.

Paige, R. M. (Ed.). (1993). *Education for the intercultural experience* (2nd ed.). Yarmouth, ME: Intercultural Press.

Peace Corps. (2003a). *A community economic development (CED) training guide for Peace Corps volunteers.* Retrieved August 21, 2003, from http://www.peacecorps.gov/library/pdf/M0069_cedcomplete.pdf

Peace Corps. (2003b). *The roles of the volunteer in development.* Available from Peace Corps Online Library Web site, http://www.peacecorps.gov/library/pdf/T0005_rvidcomplete.pdf

Peace Corps. (2003c). *Working with NGOs.* Washington, DC: Peace Corps, Information Collection and Exchange.

Pfeiffer, J. W., & Ballew, A. C. (1988). *Using case studies, simulations, and games in human resource development* (UA Training Technologies Series 5). San Diego, CA: University Associates.

Powers, R. B. (1999). *An alien among us: A diversity game.* Yarmouth, ME: Intercultural Press.

Pusch, M. D. (Ed.). (1979). *Multicultural education: A cross-cultural training approach.* Yarmouth, ME: Intercultural Press.

Pusch, M. D. (1999). Other methods used in training programs. In S. M. Fowler & M. G. Mumford (Eds.), *Intercultural sourcebook: Cross-cultural training methods* (Vol. 2, pp. 167–173). Yarmouth, ME: Intercultural Press.

Rae, L. (1999). *Using activities in training and development* (2nd ed.). Sterling, VA: Stylus.

Ramsey, S. (1999). Adapting intercultural methods for training across cultures. In S. M. Fowler & M. G. Mumford (Eds.), *Intercultural sourcebook: Cross-cultural training methods* (Vol. 2, pp. 323–332). Yarmouth, ME: Intercultural Press.

Reddin, W., & Rowell, K. (1976). *Culture Shock Inventory* [Instrument]. Fredericton, New Brunswick: Organizational Tests.

Renwick, G. W. (1999). Culture-specific training: China. In S. M. Fowler & M. G. Mumford (Eds.), *Intercultural sourcebook: Cross-cultural training methods* (Vol. 2, pp. 285–321). Yarmouth, ME: Intercultural Press.

Schingen, K. M. (2002). *Archie Bunker's neighborhood.* Simulation conducted at the 3rd annual meeting of the Society for Intercultural Education, Training, and Research USA (SUSA), Portland, OR.

Seelye, H. N. (Ed.). (1996). *Experiential activities for intercultural learning.* Yarmouth, ME: Intercultural Press.

Shirts, R. G. (1970). *StarPower.* Del Mar, CA: Simile II.

Shirts, R. G. (1974). *BaFá BaFá: A cross-cultural simulation.* Del Mar, CA: Simile II.

Shirts, R. G. (1976). *RaFá RaFá: A cross-cultural simulation.* Del Mar, CA: Simile II.

Shirts, R. G. (1992). *Pumping the colors.* Del Mar, CA: Simulation Training Systems.

Shirts, R. G. (1993). *StarPower.* Del Mar, CA: Simulation Training Systems.

Shirts, R. G. (1995). Beyond ethnocentrism: Promoting cross-cultural understanding with *BaFá BaFá.* In S. M. Fowler (Ed.), *Intercultural sourcebook: Cross-cultural training methods* (Vol. 1, pp. 93–100). Yarmouth, ME: Intercultural Press.

Silberstein, F. J., & Sisk, D. A. (1999). Visual imagery as a training tool. In S. M. Fowler & M. G. Mumford (Eds.), *Intercultural sourcebook: Cross-cultural training methods* (Vol. 2, pp. 185–194). Yarmouth, ME: Intercultural Press.

Silverman, M. (1995). *101 ways to make training active.* San Diego, CA: Pfeiffer.

Singelis, T. M. (Ed.). (1998). *Teaching about culture, ethnicity, and diversity: Exercises and planned activities.* Thousand Oaks, CA: Sage.

Sisk, D. A. (1995). Simulation games as training tools. In S. M. Fowler & M. G. Mumford (Eds.), *Intercultural sourcebook: Cross-cultural training methods (Vol. 1, pp. 81–92). Yarmouth, ME: Intercultural Press.

Stewart, E. C., & Bennett, M. J. (1991). *American cultural patterns: A cross-cultural perspective* (Rev. ed.). Yarmouth, ME: Intercultural Press.

Stewart, E. C., Danielian, J., & Foster, R. J. (1969). *Simulating intercultural communication through role-playing* (TR 69-7). Alexandria, VA: Human Resources Research Organization.

Storti, C. (1994). *Cross-cultural dialogues: 74 brief encounters with cultural difference.* Yarmouth, ME: Intercultural Press.

Storti, C. (1999). Cross-cultural dialogues. In S. M. Fowler & M. G. Mumford (Eds.), *Intercultural sourcebook: Cross-cultural training methods* (Vol. 2, pp. 203–209). Yarmouth, ME: Intercultural Press.

Storti, C. (2001). *Old world/new world.* Yarmouth, ME: Intercultural Press.

Storti, C., & Bennhold-Samaan, L. (1997). *Culture matters: The Peace Corps cross-cultural workbook* (ICE Pub. No. T0087). Washington, DC: Peace Corps, Information Collection and Exchange.

Stringer, D., & Cassiday, P. (2003). *52 activities for exploring values differences.* Yarmouth, ME: Intercultural Press.

Summerfield, E. (1993). *Crossing cultures through film.* Yarmouth, ME: Intercultural Press.

Summerfield, E., & Lee, S. (2001). *Seeing the big picture: Exploring American cultures on film.* Yarmouth, ME: Intercultural Press.

Thiagarajan, S. (1991). *Games by Thiagi.* Bloomington, IN: Workshops by Thiagi.

Thiagarajan, S. (1994). *Lecture games: From passive presentations to interactive instruction.* Amherst, MA: HRD Press.

Thiagarajan, S. (with Thiagarajan, R.). (2003a). *Design your own games and activities: Thiagi's templates for performance improvement.* San Francisco: Jossey-Bass.

Thiagarajan, S. (2003b, March). The library and the playground. *Play for Performance.* Retrieved August 19, 2003, from http://www.thiagi.com/pfp/Generic/march2003.html#E-Learning

Thiagarajan, S., & Steinwachs, B. (1990). *Barnga: A simulation game on cultural clashes.* Yarmouth, ME: Intercultural Press.

Thiagarajan, S., & Thiagarajan, R. (1995a). *Diversity simulation games: Exploring and celebrating differences.* Amherst, MA: HRD Press.

Thiagarajan, S., & Thiagarajan, R. (1995b). *Interactive lectures: Add participation to your presentation.* Amherst, MA: HRD Press.

Thiagarajan, S., & Thiagarajan, R. (2000). *Framegames by Thiagi.* Bloomington, IN: Workshops by Thiagi.

Triandis, H. (1994). *Culture and social behavior.* New York: McGraw-Hill.

Triandis, H. (1995). Culture-specific assimilators. In S. M. Fowler & M. G. Mumford (Eds.), *Intercultural sourcebook: Cross-cultural training methods* (Vol. 2, pp. 179–186). Yarmouth, ME: Intercultural Press.

Tucker, M. F. (1999). Self-awareness and development using the Overseas Assignment Inventory. In S. M. Fowler & M. G. Mumford (Eds.), *Intercultural sourcebook: Cross-cultural training methods* (Vol. 2, pp. 45–52). Yarmouth, ME: Intercultural Press.

United Nation Secretariat, Office of Human Resources Management (Producer). (1996). *The agenda is peace* [Motion picture for internal use only]. New York: Author.

Wang, M. M., Brislin, R. W., Wang, W., Williams, D., & Chao, J. H. (2000). *Turning bricks into jade: Critical incidents for mutual understanding among Chinese and Americans.* Yarmouth, ME: Intercultural Press.

Wankel, M. J., & Gowda, S. (2002, November). *Implementing strategies for blended e-learning with gaming simulations.* Paper presented at the annual meeting of the North American Simulation and Gaming Association, San Diego, CA.

Wight, A. (1995). The critical incident as a training tool. In S. M. Fowler & M. G. Mumford (Eds.), *Intercultural sourcebook: Cross-cultural training methods* (Vol. 1, pp. 127–140). Yarmouth, ME: Intercultural Press.

Wight, A. (1999). Cross-cultural analysis as a training tool. In S. M. Fowler & M. G. Mumford (Eds.), *Intercultural sourcebook: Cross-cultural training methods* (Vol. 2, pp. 211–224). Yarmouth, ME: Intercultural Press.

Wurzel, J. (Producer). (1993). *A different place: The intercultural classroom* (Parts 1-2) [Motion picture]. Newtonville, MA: Intercultural Resource Corporation.

Youth for Understanding. (1985, 1995). *Volunteers in intercultural programs* [Training manual series]. Bethesda, MD: Author.

第四章

跨文化培训中的检测工具

R.迈克尔·佩奇(R. Michael Paige)

20世纪70年代以来,跨文化培训中检测工具的使用一直是培训文献中的一个话题(Pfeiffer, 1994, Pfeiffer, Heslin & Jones, 1976; Pfeiffer & Mallew, 1988)。目前现有定期出版的对这些检测工具进行描述和评论的参考书有《已出版的测试》(*Tests in Print*, Murphy, Plake & Impara, 1999)和《智力测量年鉴》(*Mental Measurements Yearbook*, Plake, Impara & Spies, 2003)。此外,还有许多不同类型的心理测试课本[见,Keyser and Sweetland(1987), Maddox(1977), Suzuki, Ponterotto and Meller(2001), Sweetland and Keyser(1991)]。然而,尽管事实上跨文化培训已经存在了大约50年,有大量的学术文献,包括三个版本的《跨文化培训指南》(Landis, Bennett & Bennett, 2004; Landis & Bhagat, 1996; Landis & Brislin, 1983),很奇怪,竟很少有文章论及检测工具是跨文化培训设计和教学的一个组成部分。目前对这个问题最多的论述可在1999年福勒(Fowler)和芒福德(Mumford)主编的《跨文化资料集》找到,该书有5章描述了7种不同的检测工具(Brown & Knight, 1999; Casse, 1982, 1999; Hammer, 1999; Kelley & Meyers, 1999; Tucker, 1999),其中布朗(Brown)和奈特(Knight)的文章对跨文化培训语境中运用检测工具进行了比较全面的评论。一些著作也讨论了检测工具问题[Gudykunst(1994), Brislin and Yoshida(1994), Bhawuk and Triandis

(1996), Cushner and Brislin(1997) and Singelis(1998)]。1994年,雷丁(Reddin)撰写了唯一专门论述在培训中使用检测工具的教科书,但是他没有专门讨论跨文化培训语境中的使用问题(Reddin,1994)。兰迪斯、丹斯比(Dansby)和塔拉里戈(Tallarigo)撰写了一篇在特殊跨文化培训环境中(美国军队)使用特定检测工具(军队平等机会环境调查)的很有价值的案例研究文章,但没有探究在更宽阔的跨文化培训中使用该检测工具。

  本章的目的是提供与跨文化培训课程相关检测工具的调查,向这一新领域添砖加瓦,我想把这类检测工具称为"跨文化检测工具",从广义上讨论选择这类检测工具的问题:选择它们的目的,它们与培训其他组成部分的关系。本章汇集了大量的检测工具,并考虑了它们在跨文化培训中的潜力。

  "检测工具"(instrument)一词在本文中与"检测"(test)和"量表"(inventory)意义相似。1994年,雷丁对检测工具的界定是"测量个人、一个群体或一个组织的方法"(Reddin,1994,p.197)。根据雷丁的定义,我在本章中使用的定义如下:"跨文化检测工具可以界定为识别、描述、评定、分类或评价一个人、一个群体、一个组织的文化特点的检测手段。"实际上,这些特点可以是认知的、态度的和行为的。研究者可以比较宽泛的测量它们,包括两个或更多的特点于一种世界观,正如跨文化发展量表(Intercultural Development Inventory)所做的那样(Hammer & Bennett, 2001a)。这一定义包括自我评估的检测工具,以及要求培训师和咨询员应介入管理、打分、解释和反馈过程的检测工具。

  本章各部分安排如下:第一部分列举了跨文化培训中使用检测工具的基本原理,描述了可以提出的各种目的。第二部分表达了选择和使用各种检测工具的条件。在这部分里,我讨论了学员准备就绪、培训语境、培训活动妥当排序、培训师技能等相关问题的重要性。第三部分从目的和使用潜力、被检测的主题和概念、检测问题的数量和特点、信度和效度的信息(可能的话)、在跨文化培训中使用的证据等方面,介绍和分析了一系列跨文化检测工具。关于当前使用这些检测工具的信息,我部分依赖于1999年秋我和跨文化研究国际协会一些成员就这一课题进行调查得到的数据。该调查在本部分中进行了叙述。对本部分的内容,我还依赖网上关于特定培训检测工具的信息、跨文化培训和检测工具的文献、我自己在培训中使用检测工具的经验、多年来我与跨文化培训师的谈话。

本章按照次序提出了一些忠告。本章讨论的检测工具是用英文写的。使用的语境基本是美国语境,较少的检测工具是用于其他英语国家的语境。一些检测工具,像跨文化发展量表(Intercultural Development Inventory, Hammer & Bennett, 2001a)、跨文化适应量表(Cross-Cultural Adaptability Inventory, Kelley & Meyers, 1995c)、和学习风格量表(Learning Style Inventory, Kolb, 1999)已经被翻译成其他语言,被运用于其他语境。尽管如此,读者应记住,本章提供的基本是北美的文献,北美的跨文化培训语境,也带有北美作者的倾向。我希望,来自其他文化的读者将发现这些观察是有价值的,并把它们试用于其他文化环境。

第一部分:跨文化培训中使用检测工具的目的

文献、培训师的调查和趣闻轶事的证据,都说明在跨文化培训中使用检测工具有很多理由。1994年雷丁说,检测工具是一个非常灵活的工具,它帮助培训师"达到培训的目的……增加培训活动的数量……改进工作坊的设计……介绍一种模式或词汇表……便于用数据为基础的培训……鼓励开放……以及减少对培训的抵触"(Reddin, 1994, pp.3—7)。1999年,布朗和奈特讨论了自我评估量表的使用,并做了补充,认为它们可以"向群体成员提供检测了的反馈,……介绍培训概念……提供不吓人的词汇……起到参考框架的作用……把群体的组成部分和谐结合起来……(以及)分析个人和群体的机能"(Brown 和 Knight, 1999, p.20)。被调查人员也提到了一些目的,包括评估到国外学习的课程,衡量跨文化职业的兴趣,把培训集中到发展跨文化能力上,对修改培训过程和内容提供反馈,帮助学员对照和比较文化,使学员参加讨论,鼓励他们对跨文化事件提出不同的解释。照哈默的说法,跨文化发展量表可以用于增强学员对跨文化有效性的理解,评估培训介入,提供反馈(改善跨文化技能,对将来跨文化工作做出决定),对要培训的群体界定培训需求(Hammer, 1999)。凯利和迈耶斯对使用跨文化适应性量表列举了相似的理由,包括理解跨文化有效性的要素,增加自我了解,改进跨文化技能,对生活和工作在不同文化中或不同环境中做出决定,对进入另一种文化做准备(Kelley & Meyers, 1999)。

在总结历史文献后,我认为在跨文化培训课程中使用检测工具有10个主要目的,用文字框4.1列举如下:

文字框4.1　跨文化培训课程中使用检测工具的10个目的

1. 评定个人发展。
2. 评定和发展组织。
3. 分析受众。
4. 探究文化、种族、民族身份问题。
5. 展示人类多样性的文化形式。
6. 提出理论及在理论与实践间架设桥梁。
7. 检验培训课程中突出的话题。
8. 克服抵触情绪。
9. 便于以数据为基础的培训。
10. 使培训活动多样化。

1. 评定个人发展

实质上,每个跨文化培训课程最基础的层次是在每一个人身上起作用,这些人把自己现有水平的跨文化知识和技能带到了培训课程中。检测工具可以用在向学员反馈他们跨文化发展的水平,帮助他们更清楚地看到自己需要的知识、技能和态度是什么。

跨文化关系的中心命题之一是跨文化能力需要文化自觉。既然跨文化培训的设计就是要促进这种自觉意识的形成(Paige & Martin, 1996),那么顺理成章,利用检测工具最通常的原因之一是提供学员那类能促进更好了解自我的信息。检测工具可以提供关于文化价值观倾向、文化认同、文化适应和跨文化敏感性的信息。1996年古迪孔斯特、古兹莱和哈默曾指出,学员可以利用这种新信息"去讨论他们的态度和动机如何影响了与来自其他文化或民族的人进行有效交流的能力"(Gudykunst, Guzley and Hammer, 1996, p.71)。

2. 评定和发展组织

检测工具对建立组织文化的相关基本信息非常有价值。这些基本信息,例如组织多元文化的发展水平(Jackson & Hardiman, 1994)、组织的文化特点、组织跨文化敏感性的水平,组织成员对组织的工作范围和机会结构的理解(Landis et al.,1996)。跨文化适应性量表(Kelley & Meyers, 1995c)利用在新文化环境中有效运作一系列假设的重要特点,广泛地应用于评定一个组织内的特定群体(例如那些将被安排担任国际任务的雇员)。在写这本书的时候,我正在利用跨文化发展量表(Intercultural Development Inventory, Hammer & Bennett, 2001a)帮助一所大学城校区的规划,力图增强所有区内雇员的跨文化能力。跨文化发展量表将为校区提供不同群体(教师、中心管理人员、校车司机、食堂员工等等)和每所学校跨文化敏感性的基本情况检测。跨文化发展量表产生的分析将就跨文化敏感性较强与较弱的地区提供具体的信息,这些数据然后可以用于在职人员的工作中,以此增加全校区雇员在各个层次上的跨文化知识和技能。在全区经过两年的在职教育活动之后,将利用跨文化发展量表再检测一次,来证明发生变化的领域和程度。这项活动是想给大家举例说明,跨文化发展量表也可以用来确定组织采取改进措施和活动后带来的变化程度。

在另一个案例中,兰迪斯等人探讨了一个特定组织的评定检测工具,即军队平等机会环境调查(Dansby & Landis, 1996; Landis, 1990; Landis, Dansby and Faley, 1993),如何用于完成4个目的:(1)进行一次评定;(2)制定出一个改变的计划;(3)实施计划;(4)评估变化。

3. 分析受众

如果培训师目的是要促进跨文化能力的发展,那么知道学员的跨文化经验和跨文化敏感程度是重要的。一些检测工具,像跨文化发展量表,可以提供这类信息。如果跨文化培训师想要设计出适用的跨文化培训课程的话,那么这些信息对他们极为重要。1996年,佩奇和马丁界定了一些关键的学员特点,包括"学习风格、文化自觉程度、学员关于民族或文化的认识"(Paige and Martin, 1996, p.52)。解决这些领域的各个问题现在都有相应的检测工具。对学员变量的信息不充足或不正确,可能会导致培训计划设计的不妥当,使培训内容太深或太浅,培训活动可能次序不当或时间不妥,或如珍妮特·贝内特所指出的,作为一门课程,它没有在挑战性课程内容、教学方面与学员必要知识支持量方面形成两者间的平衡(Janet Bennett, 1993)。

4. 探究文化、种族、民族身份问题

有许多设计好的检测工具,可用来测量文化、种族和民族的身份。这些检测工具对那些教育工作者和顾问(其学生正处于探究和确定自己身份的过程中)或那些将与要处理身份问题者(例如"全球漫游者")一起工作的人特别重要。作为这些身份检测的概念资源的各种发展模式,为学员呈现了可供选择的方法。在这些方法中,身份可以被体验,环境和教育对其身份发展的影响及身份的社会结构这一事实经常与个人解释不符,特别是在那些社会结构是消极的地方更是如此(例如种族主义者、男性至上主义者或对同性恋憎恶者)。对那些接受了主流文化身份的个人,一份种族身份的模式和测量,像黑人种族身份模式态度量表(Black Racial Identity Attitude Scale, Helms, 1990b; Helms & Parham, 1990, 1996; Parham & Helms, 1981),可以起到帮助他们摆脱那些不准确的、偏狭的定型观念作用。对主流文化的学生,像白人种族身份量表(White Racial Identity Scale, Helms & Carter, 1990b)可以促进自己发现本身的文化、对文化不同于自己者的态度和他们的种族主义倾向。跨文化培训师应注意,实质上所有的发展身份测量都会推断出一个可能会被提及的身份多元化的进程,即一种超越任何假设身份指示物的文化身份。这个进程有多种名称,例如"整合"(integration, M. J. Bennett, 1993)和"内在化"(internationalization, Helms, 1990a)。通过接触种族身份理论和检测工具,学员可以达到理解性别和种族并非固定不变的身份范畴。虽然在遗传上性别和种族是不能改变的。测量文化、种族、性别角色和民族身份的检测工具使得学员对这一点看得非常清楚。

5. 展示人类多样性的文化形式

检测工具可以用一种学员未曾想过的方法相当有效地展示人类的多样性。例如,学习风格量表(Kolb, 1999),一种测定 4 种学习方式(活动型、反思型、具体型、抽象型)的自我评定的检测工具,几乎总是在学员中产生一些重大的发现。首先,他们了解到,他们在学习风格的偏好上与其他人相同,他们可能从来没有考虑过这些人在这些方面会有这么多的共同之处。此外,他们发现,学习

风格会超越性别、种族、国家、民族的那些更明显的多样性的界线。最后,他们看到,在一个群体内存在多样性,而这一点他们可能从来没有思考过,因而他们的相似性基本假设受到了挑战。学习风格检测工具可以是非常有用的和不具威胁性的方法,向初学的学员展示人类的多样性。

举例来说,我的一些同事和我自己在教授学习风格时,首先对学生们进行学习风格量表(Kolb,1999)测定,然后简要讲解4种方法:抽象概念法、具体经历法、反思观察法和积极实验法。学生接着和那些有共同学习方法偏好的同学讨论他们所偏好的学习方法,虽然这些谈话谈及的是学员的经验,但是对他们来说,概念是活生生的。最后,教员做一个更加详细的讲解,阐述这些概念。

6. 提出理论及在理论与实践间架设桥梁

检测工具为培训师提供了一种向学员生动讲解理论和概念的方法。通过以非常个人的方式使学员思想聚焦到身边的问题中来,检测工具可以使学员参加自己在生活中发现的相关问题的讨论。例如,文化休克和文化调整理论,可以通过使学员参加跨文化适应性量表(Kelley & Meyers,1995c)、文化休克量表(Culture Shock Inventory,Reddin,1994)和外派海外工作量表(Oversea Assignment Inventory,Tucker,1999)得到丰富。每个量表都将帮助学员反映出文化调整过程可能会如何影响他们,他们如何做准备,如何提出应对策略。

7. 检验培训课程中突出的话题

检测工具对讨论与培训课程特定相关话题具有极好的作用。例如,你正在准备为中层经理设计一个文化多样性课程,以便他们更有效地管理日益多样性的劳动力。检测工具中诸如"多元文化了解—知识—技能调查"(Multicultural Awareness-Knowledge-Skills Survey,D'Andrea,Daniels & Heck,1991)、跨文化适应量表(Cross-Cultural Adaptability Inventory,Kelley & Myers,1995c)、或者跨文化发展量表(Hammer & Bennett,2001a)对提供学员的跨文化技能、知识和态度的洞察力可能会非常有用。另一个例子是海外学习课程。这些课程通常的目的是进一步了解异国的人民和国情。一些现有的检测工具可以增进这种理解。

首先,有不少的有"世界思想"(worldmindedness)态度量表可以使用(Der-Karabetian, 1992; Sampson & Smith, 1957; Silvernail, 1979)。还有一些较新的"全球了解能力检测表"(Global Awareness Profile Test, Corbitt, 1998),聚焦在学生"知道什么"方面。所有这些都可以用来观察学生的知识和态度,在到国外学习课程之后,是否发生了变化。

8. 克服抵触情绪

1994 年雷丁针对观察的资料总结说,检测工具可以有效地用于"鼓励讨论……降低防卫心理……通向行动计划……使理论变得真实……介绍一组词汇到组织中……增加工作坊设计的特色……增加个人的反馈……导致更科学的培训方法……和确定问题所在"(Reddin,1994, p.9)。这样的观点可以以此类推。首先,学员对检测工具感兴趣,因为他们发现的东西是关于他们自己和所在群体的。可以预期他们将获得这些新的洞察力,他们更愿意参与谈及检测工具中很突出,但是(通常)很难讨论的问题。检测工具减轻了那些会发生的抵触情绪,因为检测工具帮助参与检测的人介入了这类问题。

跨文化发展量表(Hammer & Bennett, 2001a)就是一例,它能使学员更好地理解跨文化问题和挑战,如果他们被更率直地问及去反映自己的民族中心主义时,他们都不愿意暴露这些问题。然而,如果有了一些概念去指导他们,如果有一个支持性的学习环境,他们可能将会更愿意探究自己的民族中心主义。

9. 便于以数据为基础的培训

使用检测工具最常引用的优点之一是把数据库带入培训课程,因而使课程更加客观和可信。例如,检测工具可以用来提供培训设计要改进技能和态度的基线测量。这种基线测量可以随后与事后检测的得分相比较,以确定是否有事实上变化的证据。一项全面的研究检测项目可以设计成展示出变化在多大程度上来自培训,以及展示这种变化需要多长时间。有数据驱动的培训还可以在学员的培训中形成更大的信心,特别是如果检测工具既有信度又有效度。在这方面,检测工具的另一个价值是:被培训者可以把自己与其他群体进行个人的或群体的对比,看看被培训的其他群体是如何取得进步的。这可以使他们感觉到自己做得如何,需要如何改进。

10. 使培训活动多样化

最后,培训师运用检测工具可以给培训课程带来一些变化。古迪孔斯特等人为使培训活动多样化举过一个案例。他们认为,"一个明显的原因是不同的被培训者需要不同的培训技巧。另一个原因是成年人的学习理论认为,不同的人通过不同的技巧会学得最好"(Gudykunst et al. 1996, p.78)。现在,在跨文化培训师中,好的培训设计要结合讲授式和实践式的学习方法,这已经成为普遍接受的至理名言。检测工具通过让学员更多参与评定自己跨文化能力的实践,可以补充演讲和阅读。有了从检测工具中得到的反馈,使学员更注意同样概念的讲授和讨论。因而,学习活动的多样化增强了关键理论和概念的学习。

第二部分:选择和排列检测工具

本部分提出了培训师选择检测工具和使用它们时将其排序的10项实用标准。这些想法的来源是:雷丁界定的值得思考的31条重要特定标准、布朗和奈特提出的附加挑选标准以及我自己的经验。我把这些标准设计成培训师可能会提问的形式进行论述。

1. 选择检测工具的标准

(1) 使用检测工具的必要条件是什么?

从几个方面讲,这是个关键问题。一些检测工具,如迈尔斯-布里格斯(Myers-Briggs)类型指示表(Myers-Briggs Type Indicator, Myers, 1962)、跨文化发展量表(Hammer & Bennett, 2001a)、外派海外工作量表(Oversea Assignment Inventory, Tucker, 1999)要求培训师必修一门课程(一般为2—4天)并开具证明;而其他检测工具,像跨文化适应性量表(Kelley & Meyers, 1995c)

则是任何人要想买就可以买到。另一点是一些检测工具需要培训师具有坚实的知识基础。例如跨文化发展量表,如果培训师不知道量表所依托的理论,跨文化敏感性发展模式(M.J. Bennett,1993),那么使用起来会很困难。因而,对培训师来说,很重要的是当打算使用这些量表时知道其限制和必要条件是什么。

(2)检测工具如何打分?

培训师需要知道检测工具的打分选项。它是由学员自己打分还是由培训师打分,它是为商业用途打分还是培训所要求的打分?全球了解能力检测表和学习风格量表是两类由学员自己打分的检测量表。迈尔斯-布里格斯类型指示表和外派海外工作量表则必定是商用性的打分。跨文化发展量表可以进行商用性的打分,也可以由培训师打分,但由学员自己打分的版本目前还没有。

(3)检测时主要的管理问题是什么?

在这方面,培训师需要知道填表要用多长时间,需要什么测量条件,需要提供什么材料(例如,草稿纸、钢笔、铅笔、计算机机位)。

(4)检测工具花费是多少?

使用检测工具花费有很多方面。运用检测工具需要培训师的资格证书,进行商用打分或咨询师介入检测过程可能是花费最高的支出。由学员自己打分的检测工具不需要培训师的资格证书,花费较少。一些检测工具可以在各种跨文化培训的教科书中找到,例如由辛格里斯(Singelis,1998)、库什纳和布里斯林(Cushner and Brislin,1997)、福勒和芒福德(Fowler and Mumford,1999)写的教科书。

(5)有附带材料吗?它们的质量如何?

知道是否有附带材料,例如培训师手册和学员用的说明书,这很有用。如果没有,培训师必须自己准备材料,解释要测量的理论和概念。

(6)有培训课程吗?其用途有多大?

一些组织有为帮助培训师更有效地在咨询工作中使用检测工具设计的培训课程。例如,跨文化交流学院(Intercultural Communication Institute)就提供为期5天的培训师高级研讨班课程,讲授如何运用跨文化发展视角设计培训计划。

(7)检测工具有理论和实证的支持吗?

对检测工具来说,它基于一种理论或概念模式是重要的。理论基础的存在,为培训师和学员提供了一个进行后续讨论的参考框架,使检测工具本身具有合理性,并起到了心理测量分析中参考点的作用。除了原创的证实研究外,那些证实可以使用的检测工具环境的实证研究,那些对其检测能力提供特别支持的实证研究是非常有价值的(而且是不一般的有价值)。

(8)检测工具是有信度和效度的测量吗?

经过信度和效度检验的检测工具,更可能会被参与测试者看成具有合法性,更会被他们接受。首先,如果测试有表面效度,这就是说,如果学员看到了在测试条目和被测试问题之间联系,这是有帮助的。从更科学的、心理测试的角度看,如果要想声称检测工具正在测试它所意欲测试的东西时,对检测工具的结构和其他形式也都做过测试,这对检测工具是重要的。培训师也应检验将来的检测工具,检验各测试题内在连续性的可靠性,并反复检测其可靠性。测量中的一个共同问题是存在着社会愿望偏差(即以学员认为可以被社会接受或培训师想听到的方式,回答测试题的倾向)。一些检测工具,像跨文化发展量表,曾经为了社会愿望,而被测试过。其他的一些特性,像在测试的语言中,文化和性别的公平,也应加以考虑。

(9)检测工具有用吗?在哪些方面?

如果培训师没有认真思考整个检测工具的潜在价值,没有认真思考打算使用检测工具的途径,那么使用一种检测工具就没有了方向。要考虑的问题包括:检测工具对增进学员对概念感兴趣的能力、使学员产生更多自我了解的能力、帮助培训师达到培训目的能力、产生能指导学员提高跨文化意识效果的能力、建立基线测量的能力。所有这些都是重要问题,培训师需要对这些问题加以考虑。

(10)有证据表明检测工具现在正用于跨文化培训吗?如果有,在哪些方面?

对于培训师来说,与那些使用同样检测工具的同行交流很有益处。通过谈话发现他们为什么使用这些检测工具,他们使用这些检测工具的经验是什么,在他们看来其优点和缺点是什么,他们是否会推荐使用这种检测工具。得到这些信息不总是很容易,但是值得努力。

很少有检测工具会满足所有这些标准。一些经过严格测试的检测工具,像外派海外工作量表(Tucker,1999)、跨文化发展量表(Hammer,1999)需要培训师的资格证明或商业评分。其他的检测工具,像全球了解能力检测表(Global, Corbitt, 1998)很容易获得,但是根据已经发表的相关文献,它们是属于在测定发展和确认过程方面说服力不太强的方法。

2. 排列检测工具

讨论了选择检测工具之后,让我们转到排序问题。在培训课程中,什么时候是使用检测工具的最佳时间?需要考虑哪些因素?对这个问题的一个回答是要考虑检测工具或任何其他类似的活动,会给学员造成多少风险。在《论跨文化体验和跨文化教育的特点》一文中,我列举了在跨文化培训课程中,学员面临的6个关键风险因素:个人经历情感的暴露、失败、在公众面前受窘、对个人文化认同的威胁、文化上的边缘和疏远、自我意识(Paige,1993)。许多检测工具要慎重使用,因为检测工具提供给学员的信息可能会以上面提及的一种或多种方面给学员造成威胁。参与培训的学员可能不喜欢学到关于自己的知识,可能会感到别人知道关于他们的信息已超过他们希望要展现的信息,或者会感到他们的文化身份意识已经受到了这类信息的威胁。至少,利用检测工具的目的需要给予清晰的解释,检测结果必须保密。在使用检测工具前,在学员之间,在培训师和学员之间,形成一个支持性的氛围,这非常有用。佩奇和马丁在谈及培训的伦理道德时说,"有道德的培训师应理解伴随培训所带来的风险,并能够(1)恰当地把这些问题按次序排列在整个培训课程中,(2)在这些问题出现后紧接着听取参与者的想法和意见"(Paige and Martin,1996,pp.48—49)。

这些是使用检测工具的一些有用原则。培训师应考虑检测工具提供给学员的信息类型,所评定概念的敏感度(即文化身份、文化价值观、跨文化的敏感性),学员对这些由检测工具提供的、高度个人式的问题做出反应的准备程度。培训师必须也预想到学员对检测工具的抵触情绪。一些人可能会反对说,检测工具是有毛病的,或者以个人的例子说,它是对测定问题的一个不准确的测定。对检测工具的抵触是广义上对培训抵触的一个反映。无论是什么情况,都值得牢记在心的是检测工具不单是有意思,不单是种游戏。培训师使用检测工具时需要格外谨慎,他们必须具备一种能力,懂得在某一课程中,在某一时段和在某些学员中使用一种检测工具变得有意义。

第三部分：检测工具简述

这一部分提供的是对检测工具本身的简要介绍。这些检测工具分为两大组。第一组由检测组织特性的检测工具构成。第二组包括那些检测个人特点的检测工具。检测工具被分成10类，以帮助读者寻找特定的检测工具。下面将对每个检测工具进行概述，然后介绍使用它的目的和在跨文化培训中的潜在价值、主要的问题和概念、检测项目的数量和类型、信度和效度的信息、在培训中使用的证明以及获得这些检测工具的信息。表4.1列出了将要讨论的各类检测工具。

表4.1 跨文化检测工具主题分类

一、组织的评定和发展
  1. 组织文化
    （1）组织文化量表（Organizational Culture Inventory, Cooke & Lafferty, 1983；Cooke & Szumal, 1993）
    （2）文化多样性量表（Culture for Diversity Inventory, Human Synergistics/Center for Applied research, 2001）
    （3）评定多样性环境（Assessing Diversity Climate, Kossek & Zonia, 1993）
  2. 平等机会环境
    （1）军队平等机会环境调查（Military Equal Opportunity Climate Survey, Dansby, Stewart & Webb, 2001；Landis, 1990）
    （2）大学平等机会环境调查（University Equal Opportunity Climate Survey, Landis et al., 1996）

二、个人的评定与发展
  1. 跨文化发展
    （1）跨文化发展量表（Intercultural Development Inventory, Hammer & Bennett, 2001a）
  2. 文化的价值观和价值观倾向
    （1）跨文化敏感度量表（Intercultural Sensitivity Inventory, Bhawuk & Brislin, 1992）
    （2）水平的和垂直的个人主义和集体主义（Horizontal and Vertical Individualism and Collectivism, Gelfand & Holcombe, 1998；Singelis, Triandis, Bhawuk & gelfand, 1995）
    （3）自我解释测量表（Self-Construal Scale, Singelis, 1994）
    （4）价值观倾向调查（Value Orientation Survey, Kluckhohn & Strodtbeck, 1961）
    （5）四种价值观倾向量表（Four-Value Orientation Inventory, Casse, 1982）
    （6）跨文化冲突风格量表（Intercultural Conflict Style Inventory, Hammer, 2003）
  3. 文化身份
    （1）二元文化卷入问卷（Bicultural Involvement Questionnaire, Szapocznik, Kurintes & Fernandez, 1980）

（续表）

  （2）多元群体民族身份测量（Multigroup Ethic Identity Measure, Phinney, 1992）
  （3）多指标民族文化身份测量（Multi-Index Ethnocultural Identity Scale, Horvath, 1997; Yamada, 1998）
  （4）个人差异维度（Personal Dimensions of Difference, Dunbar, 1997）
  （5）黑人种族身份测量（Black Racial Identity Scale, Helms & Parham, 1990, 1996）
  （6）克罗斯种族身份测量（Cross Racial Identity Scale, Cross & Vandiver, 2001; Worrell et al., 2001）
  （7）白人种族身份态度测量（White Racial Identity Attitudes Scale, Helms, 1984; Helms & carter, 1990b）
  （8）墨西哥裔美国人涵化程度测量—II（Acculturation Rating Scale for Mexican American-II, Cuellar, Arnold & Maldonado, 1995）
  （9）苏因-卢亚洲人自我身份涵化测量（Suinn-Lew Asian Self-Identity Acculturation Scale, Suinn, Richard-Figurtoa, Lew & Vigil, 1987）
  （10）第三文化青少年问卷（Third Culture Adolescent Questionnaire, Gerner, Perry, Moselle & Archbold, 1992）
4. 学习风格
  （1）学习风格量表（Learning Style Inventory, Kolb, 1999）
5. 全球了解和具有世界思想
  （1）跨文化的世界思想测量（Cross-Cultural World-Mindedness Scale, Der-Karabetian & Metzer, 1993）
  （2）全球了解能力检测表（Global Awareness Profile Test, Corbitt, 1998）
6. 文化调整、文化休克、文化适应
  （1）跨文化适应量表（Cross-Cultural Adaptability Inventory, Kelley & Meyers, 1999）
  （2）文化休克量表（Culture Shock Inventory, Reddin, 1994）
  （3）外派海外工作量表（Oversea Assignment Inventory, Tucker, 1999）
  （4）社会文化适应测量（Sociocultural adaptation Scale, Searle & Ward, 1990; Ward & Kennedy, 1999）
7. 个性特点
  （1）迈尔斯-布里格斯（Myers-Briggs）类型指示表（Myers-Briggs Type Indicator, Brown & Knight, 1999）
  （2）辛格-卢米斯（Sinnger-Loomis）式发展量表（Sinnger-Loomis Type Development Inventory, Sinnger, Loomis, Kirkhart & Kirkhart, 1996）
8. 跨文化和多元文化能力
  （1）多元文化意识—知识—技能调查（Multicultural Awareness-Knowledge-Skills Survey, D'Andrea, Daniels & Heck, 1991）
  （2）一般文化同化案例（Culture General Assimilator, Cushner & Brislin, 1996）
9. 偏见和种族主义
  （1）色盲式种族态度测量（Color-Blind Racial Attitudes Scale, Neville, Lilly, Duran, Lee & Browne, 2000）
  （2）态度和行为开放度测量（Attitudinal and Behavioral Openness Scale, Caligiuri, Jacobs & Farr, 2000）

必须要指出,本章开列的检测工具名单,并非囊括了所有可以用做跨文化培训课程的检测工具。入选的检测工具满足了以下3个条件:(1)作为跨文化培训工具,它们有很强的潜力;(2)它们涉及的是跨文化培训师认为很突出的主题;(3)它们要评估的是与文化和文化关系相联系的因素。它们还须满足多于一个的下列的标准:(1)有证据表明它被跨文化培训师使用过;(2)在信度和效度上它有心理测试的证据;(3)它已经被发表出版或者有如何可以获得它的信息。很明显,我必须对选入哪一个不选哪一个做主观的判断。我的全部注意力是放在合理地尽量多地包括各类检测工具上,这些检测工具是当代跨文化培训问题的标志。

国际跨文化研究协会的调查

关于检测工具的一个有用信息源是我在1999年10月对国际跨文化研究协会(International Acadamy for Intercultural Research)会员的一次调查。在该调查中,请被调查者回答在跨文化培训中使用检测工具的4个问题:

1. 在跨文化教学和培训工作中你使用过哪些检测工具?(这些方法本身不一定必须是跨文化检测工具[例如,跨文化适应性量表或跨文化发展量表],但可用于跨文化学习目的。)
2. 你使用这些检测工具用于哪些受众?
3. 你怎么使用这些检测工具?
4. 你为什么使用这些检测工具?

被调查的样本量相对较小($N=19$),但是样本中包括一些非常出色的跨文化培训师和研究者。总的来讲,19人中有17人(89.5%)说,他们正在使用检测工具,另2人回信说他们现在不做跨文化培训了。根据频率,引用最多的检测工具是学习风格量表($n=6$, Kolb, 1999)、跨文化发展量表($n=5$, Hammer & Bennett, 2001a)、危机事件(critical incidents, $n=4$; Cushner & Brislin, 1996; Storti, 1994)、跨文化适应量表($n=3$, Kelley & Meyers, 1995c)以及提到一次的检测工具:自我解释测量表(Self-Construal Scale, Singelis, 1994)、多指数自我文化测量表(Horvath, 1997; Yamada, 1998)、四种价值观倾向自我意识量表(the Four-Value Orientation Self-Awareness Inventory, Casse, 1982)、跨文化敏感度量

表(Intercultural Sensitivity Inventory, Bhawuk & Brislin, 1992)、迈尔斯-布里格斯(Myers-Briggs)类型指示表(Myers, 1962)、你的目标、方针和评估表(Your Objects, Guidelines and Assessment, Fantini, 2000)和斯特朗(Strong)兴趣量表(Strong Interest Inventory, Strong, 1994)。两位被调查者说,他们正在使用自己开发出来的检测工具。

第一大类:组织的评定和发展类检测工具

1. 组织文化检测工具

现有的很多检测工具可以用于测量组织文化的各个方面,关于这个题目还有相当多的研究文献。大多数现有的检测工具,例如组织文化量表(Organizational Culture Inventory, Cooke & Lafferty, 1983),被用来评定组织本身文化,但不评定组织文化支持多样性和跨文化关系的程度。最近,检测工具已得到发展,更特定地集中到如何从文化多样性的角度来看组织。在这里,介绍两个较突出且有前途的检测工具。

(1) 组织文化量表

概述 组织文化量表(Cooke & Lafferty, 1983)是一个有120项(手填)或96项(计算机上填)的检测工具,测量组织的"运作文化"。严格地说,它不是一个跨文化检测工具,但经过精密研究,它是文化多样性量表的母本,因此把它收录在此。

用于跨文化培训的目的 组织文化量表的编制者说,该表可用于"获得关于行为规范和对组织期望的可信数据,确认进行文化变革的需要……以及为文化变革建立个人的和组织的行动计划"(Human Synergistics/Center for Applied Research, 2001)。

关键概念 组织文化量表测量12类行为规范,界定3种组织文化:"建设性文化"(由目标环境、学习和良好团队工作形成的特点,它反过来又促进了高效的生产和效率)、"被动的防卫文化"和"进攻性的防卫文化"(两者都降低了组织的效率)。组织文化量表产生了组织内存在的个人的规范信仰和共同的行为期待数据。还有一种组织文化量表的"理想"形式是请被调查者指出应该怎样才能使组织成员将其效率最大化并促进组织目标的实现。

检测项目 组织文化量表提供了120个或96个(取决于是用手填写还是在计算机上填写)关于组织规范和期待的陈述。使用5分制里克特(Likert)式的回答形式("根本不赞同"、"勉强赞同"、"赞同"、"很赞同"、"非常赞同")。组织文化量表的"理想式"表格使用相同的检测项目,但是请填表人按照组织成员应该采取的行为程度来回答,而不是他们目前是否要采取的行为。检测项目的实例:"我与他人合作"和"我把工作变成一种竞争。"

信度和效度 对组织文化量表有翔实的研究文献(Cooke & Lafferty, 1983; Cooke & Rousseau, 1989; Cooke & Szumal, 1993, 2000; Glisson & James, 2002; Xenikou & Furnham, 1996)。1993年,库克(Cooke)和苏迈(Szumal)报告了利用较大样本(N=4890)因素分析、3类信度测试和两种效度测试的结果。结果显示,组织文化量表具有可靠的内在一致性的信度、复本信度、结构上的有效性。

在跨文化培训中的使用证明 如果文献是一种标识的话,那么组织文化量表是最被广泛使用的组织测评工具之一,它能帮助组织获得基本的数据,确定组织是否需要文化变革。组织文化量表已经被广泛地运用于有在多国运作活动的组织和那些介入合并和购入活动的公司。

获得该检测工具、培训要求、打分选项 组织文化量表有用手填写、计算机上填写和网上填写三种表格。除英文版本外,还有汉语、荷兰语、法语、德语、日语、西班牙语和其他语言的版本。在美国和加拿大有使用组织文化量表的培训,但培训不是必须的。组织文化量表可以从"人文应用研究协作中心"(Human Synergistics/Center for Applied Research)获得。通讯地址:Human Synergistics/Center for Applied Research, 216 W. Campus Drive, Suite 102, Arlington Heights, IL 60004(电话:847-590-0995。网址:http://www.hscar.com)。

(2) 文化多样性量表

概述 文化多样性量表(Cooke & Lafferty, 1995)是一个包含120项题目的检测工具,检测的是组织中与文化多样性相关的行为规范。它基于组织文化量表的概念结构(Cooke & Lafferty, 1983),但各题的措辞进行了修改,更直接聚焦在组织内的文化多样性问题。

用于跨文化培训的目的 该表的作者说,组织可以使用文化多样性量表去"测定与多样性相关的当前文化"和"监视努力实行多样性变革的影响"

(Human Synergistics/Center for Applied Research, 2001)。

关键概念 该量表测定12类行为规范,界定3类组织文化:"建设性文化"(支持多样性)、"被动的防卫文化"(压制差异和多样性)和"进攻性的防卫文化"(强调差异但不支持合作)。该量表生成了个人的规范和信仰与组织中流行的共享行为期待的数据。该量表的一个开发中的"理想式"版本将测定组织成员相信会在组织内促进合作和多样性行为规范,为多样性产生理想的文化。

检测项目 该量表提供了120个关于组织的题目。以所涉及行为被人们所期待的程度或被含蓄要求的程度,用5分制回答形式来区分每个陈述的等级。检测项目的实例:"我把差异看做一种思想资源而不是冲突","我做事是为了别人承认","我超过了他人的成绩(以确保被平等承认)"。

信度和效度 对该量表还没有公开出版的文献,但是有大量的文献关于它的母本"组织文化量表"(Cooke & Lafferty, 1983; Cooke & Rousseau, 1989; Cooke & Szumal, 1994; Xenikou & Furnham, 1996)。人文应用研究协作中心的研究指出,该量表的内在一致性信度的数值范围是0.8至0.93,阿尔法平均值为0.86($N=1145$)。

在跨文化培训中的使用证明 该量表正在被市场化为一个组织的评测工具,以帮助组织界定变革的领域和促进支持多样性的文化。

获得该检测工具、培训要求、打分选项 该量表可以由被调查者自己打分,或者由开发者用计算机打分。在美国和加拿大没有使用该量表必须经过培训的要求。该量表可以从"人文应用研究协作中心"(Human Synergistics/Center for Applied Research)获得。通讯地址:Human Synergistics/Center for Applied Research, 216 W. Campus Drive, Suite 102, Arlington Heights, IL 60004(电话:847-590-0995。网址:http://www.hscar.com)。

(3) 评定多样性环境

概述 评定多样性环境是一个有16项题目的检测工具,"设计为测定在组织环境中对文化多样性的态度和感知"(Roizner, 1996, p.52)。该测量方法最初用于大学的环境,检验对倡导多样性的态度、对学校部门支持平等方面的感受、对女老师的水平和非白人教职工的看法。

用于跨文化培训的目的 该检测工具的主要目的是测定组织在推动发展文化多样性类培训和其他介入方法的数据。它可用在多样性课程开始时,以明确学员的态度。该方法也可以帮助培训师和领导,观察不同群体是如何评价为组织内妇女和非白人提供机遇的。

关键概念 该检测工具测定5个观念:评估促进多样性的努力、对不同种族或少数民族师生资格的态度、对女教师资格的态度、学校各部门对不同种族和少数民族支持的平等情况、学校各部门对女教师支持的平等情况(Kossek & Zonia, 1993)。

检测项目 该检测工具对价值观问题使用5分制里克特式的回答形式("非常赞同"到"非常不赞同"),对少数民族和女教员态度问题也使用5分制里克特式的回答形式("高很多"到"低很多")。使用3分制的回答形式("较多机会"、"同等机会"、"较少机会")测量学校各部门是否对不同种族和少数民族以及对女教师给予平等支持的观点。检测项目的实例:"如果某组织要想保持一个优秀的公共机构,它必须吸收和保留较多的少数民族教员","在我们学院或我们系少数民族教员的学术资格与非少数民族教员相比是_____"(5 = 高很多、4 = 高一点、3 = 相同、2 = 低一点、1 = 低很多)。

信度和效度 证明是有限的但是积极的。科塞克和佐尼亚报告说,从学校教员分层随机抽样($N = 775$)获得的发现:对5个原测量的内在一致性信度(alpha)系数的数值范围是0.71至0.90(Kossek & Zonia, 1993)。研究性的因素分析形成了4个因素,学校各部门对女教师的支持和对不同种族和少数民族支持合并成一个因素。

在跨文化培训中的使用证明 罗伊兹纳说,该检测工具已被应用于大学,并建议它可以用于评定服务性组织的文化多样性环境(Roizner, 1996)。

获得该检测工具、培训要求、打分选项 该检测工具的信息可以从艾伦·科塞克(Ellen Kossek)博士那里获得。他的通讯地址:Dr. Ellen Kossek, Michigan State University, 437 S. Kedzie Hall, School of Labor and Industrial Relations, East Lansing, MI 48824-1032(电话:517-353-9040,传真:517-355-7656,电子邮件:kossek@msu.edu)。

2. 平等机会环境检测工具

近些年来开发了一些检测工具,专门测量感觉到的组织内对女性和少数民族发展机会、对文化多样性态度以及对少数民族歧视的环境。

(1) 军队平等机会环境调查

概述 军队平等机会环境调查是一个有 77 项题目的环境调查,由兰迪斯与合作人开发(Dansby & Landis, 1991, 1996; Landis, Dansby & Faley, 1993; Landis, Dansby & Tallarigo, 1996)。它被设计为测量一个组织"平等机会环境"的工具。兰迪斯对"平等机会"的界定是"雇员的期待:指挥其他人与工作相关的行为应反映的是指挥员的优点,而不是他的种族、民族、性别、国籍或某少数群体的成员"(Landis, et al. 1996, p.248)。它被开发出来以提供给美国军队中央培训学会的"保卫平等机会管理学会"(Defense Equal Opportunity Management Institute),为建立基本环境数据以及确定军方认可活动的有效性、平等的机会和跨文化多样性的举措提供测量手段。

用于跨文化培训的目的 该调查的基本价值是为组织的评定和发展提供一种工具。该调查的开发者建议,军队平等机会环境调查和类似的组织调查,在大型的组织发展项目中,测定当时形势和产生基本数据方面,特别有用。得到的数据可以用于开发培训课程和其他人力资源拓展活动(Landis, et al. 1996)。

关键概念 该调查测量一些与平等机会相关的行为观念:性骚扰和性歧视行为、有差别的指挥行为、实际的指挥行为、种族主义和性别主义的行为、逆向的歧视行为。它还测量对民族歧视、种族隔离和逆向歧视的态度。

检测项目 正如兰迪斯等人的报告所说,该检测工具的核心由 50 个行为检测项目构成,利用对已发生事情进行估计的方法进行检测;它还包括 27 个态度性的检测项目,用里克特式评估法进行评估;它有一个附加的检测项目,检测"组织的许诺、工作的满意度和感觉到的团队效率"(Landis, et al. 1996, p.248)。检测项目的实例:"指挥官/领导人指派一位有魅力的女士去陪同来访的男性官员,因为'我们需要长相漂亮的人去引导他们参观'";有一种分配工作的动机是,当把一项工作交给少数民族服务人员,主要考虑的是他干不了别的工作,但是当把工作交给主流民族服务人员时,主要考虑的是提升;写在单位洗手间或厕所墙上的乱涂乱画多是看不起少数民族或妇女的内容。

信度和效度 该调查是属于有很高信度和效度的测试(Dansby et. Al., 2001; Landis, 1990; Landis, et. Al., 1996)。例如,5 个行为概念已经进行了证实性因素分析,其观念的效度被报告是"令人满意的"(Landis, et. al., 1996, p.248)。

在跨文化培训中的使用证明 有很多证据表明,军事机构曾多次使用军队平等机会环境调查,把它当作军队发展的工具。1996年兰迪斯等人报告说,有3000位指挥官和单位负责人使用过该调查,调查过39.5万多的服役军人。此外,还进行了大量的相关研究,检验环境与军事部门其他特色之间的关系。2001年,丹斯比(Dansby)等人就军队平等机会环境调查的发展和应用,撰写过当时最为详尽的论述,该文就美国军队努力提高更为有效的文化多样性环境,提供了详细综述。

获得该检测工具、培训要求、打分选项 美国军官可以免费得到这个由"保卫平等机会管理学会"开发的调查,但是一般公众得不到。与之相当的大学平等机会环境调查可以获得(详见下面的大学平等机会环境调查)。要想获得更多的信息,请与国际跨文化研究协会会长兰迪斯博士联系,他的通讯处是:200 W. Kawili Street, Hilo, HI 96720, U.S.(电话:808-966-9891;传真:808-966-5039)。

(2) 大学平等机会环境调查

概述 大学平等机会环境调查有141个调查项目,用于大学环境检测(Landis, et. al., 1996)。它是在军队平等机会环境调查的基础上开发的,它对调查的项目进行了调整,以反映大学的情况。

用于跨文化培训的目的 该调查是进行组织评定和发展的有价值的检测工具,促进以数据为基础的培训和其他多样性课程。

关键概念 兰迪斯等人认为,该调查测量被调查者对三类行为的感觉("针对少数民族和妇女无理的种族主义行为"、"掌权者对少数民族的歧视行为"、"积极的种族间活动"。Landis, et. al., 1996, p.250)和两组刺激被调查者感情的态度:(1)存在"对少数民族、妇女、外国学生和同性恋者的消极态度",(2)"校园中存在对少数民族和妇女的歧视"(Landis, et. al., 1996, p.250)。该调查也测量组织承担的义务和人们感觉到的学术水平。

检测项目 该调查的检测项目复制了军队平等机会环境调查的检测项目。有69个行为检测项目是利用对已发生的不同行为进行估计的方法进行检测;它还包括39个态度性的检测项目,用里克特式评估法进行检测;检测项目的实例:教师在讲课时一直是使用男性的代词(他、他的、[宾格]他),如何看待白人学生在校外与其他种族的人开展社交活动以及各种族学生参加纪念黑人自由民权领袖马丁·路德·金的活动。

信度和效度 有关该调查的信度和效度的证据要少于军队平等机会环境调查,但是兰迪斯等人报告说,随着初创检测工具的发展和确认工作,正为该调查方法建立要素结构和结构效度(Landis, et. al., 1996)。他们还报告了未发表的在印度进行的该调查的研究结果,显示行为和态度的要素结构和美国的样本一致。最近由兰迪斯、巴里奥斯、柯尔、布莱克-古特曼和切斯特顿等人做的一项研究表明,该调查在运用到澳大利亚、美国和印度样本时具有跨文化通用性(Landis, Barrios, Curl, Black-Gutman and Chesterton, 2001)。三要素结构(积极的行为、领导人的歧视、个人的种族主义和大男子主义行为)在美国和印度的两种环境中都成立。两个要素是从澳大利亚的数据中提取的。

在跨文化培训中的使用证明 现在还没有公开发表过在跨文化培训中使用该调查的材料。

获得该检测工具、培训要求、打分选项 虽然进行该调查不需要培训,但它确实需要由培训师来打分。关于该调查的信息可以从兰迪斯博士那里获取(联系方式见上面军队平等机会环境调查部分)。

第二大类:个人发展类检测工具

有大量的检测工具测量人类行为、价值观、态度、感知、知识和技能。本部分将叙述9类已经用于或可以用于跨文化培训的检测工具。

1. 跨文化发展检测工具

(1) 跨文化发展量表

概述 跨文化发展量表是个有50个检测项目的检测工具(Hammer & Bennett, 2001a),它是在1993年米尔顿·贝内特开发出来的跨文化敏感发展模式的基础上形成的。贝内特对跨文化敏感性界定为:认识到"文化间基本差异是以维系有区别的方式或世界观体现出来的",以及人的"以各种方式区分各种现象的一种能力"(Bennett, 1993, p.22)。

用于跨文化培训的目的 该量表是一种提供多种检测目的的量表,对个人发展和自我意识、受众分析、测验培训课程的突出主题、组织的评定和发展以及以数据为基础的跨文化培训都有用处。哈默认为,该量表可以多种方法使用,包括"增进被调查者认识其跨文化敏感的发展阶段,这会增强跨文化的效率……评估各种培训、咨询和教育措施的有效性……作为一种反馈的检测工具……确定目标人群或团体的跨文化培训需求"(Hammer, 1999, pp.62—63)。

关键概念 米尔顿·贝内特假设有 6 种可以确定的发展阶段或世界观倾向。其中 3 个是以民族中心主义方式看待文化差异(否定、防卫、弱化),3 个是以跨文化敏感性或民族相对主义的方法来理解差异(接受、调整和融合)。

该量表产生关于否定/防卫、逆转、弱化、接受/调整和压缩边缘量度等 5 种不同的分数。该表还可以产生否定、防卫、接受、调整等辅助量度的数据。

检测项目 该量表由 50 个陈述组成,填表人用 5 分制(从"同意"到"不同意")对这些陈述打分。检测项目的实例:"来自其他文化的人一般都比我们文化的人懒","除了外表长相有差别外,人都是一样的。""在来自不同文化的人之间有不同意见时,我总是从中充当文化的调节人。"

信度和效度 该量表经过了一个长期的检测工具发展过程,该过程经历了好几年时间(Hammer & Bennett, 2001b),最初的 60 个检测项目和当前的 50 个检测项目都具有良好的内在一致性信度。1999 年哈默报告说,60 个检测项目版本的 6 项跨文化发展量表数值范围的阿尔法系数是 0.80 至 0.91(Hammer, 1999)。在佩奇、雅各布斯-卡苏托、叶尔绍娃和德雅盖所做的一项有不同样本的单独研究中,他们报告其阿尔法系数是 0.77 至 0.93(Paige, Jacobs-Cassuto, Yershova & DeJaeghere, 2003)。50 个检测项目 5 个量度的阿尔法系数是 0.80 至 0.84(Hammer & Bennett, 2001b; Hammer, Bennett & Wiseman, 2003)。

在该量表的结构效度方面,有强有力的证据。2003 年哈默、贝内特和怀斯曼把该量表的 5 个量度与"世界思想"测量(Worldmindedness Scale, Sampson & Smith, 1957)和跨文化焦虑(Stephan & Stephan, 1985)进行了相关研究,其结果正如预期的那样,它与"世界思想"存在令人满意的强正相关,与跨文化焦虑存在着负相关(Hammer, Bennett & Wiseman, 2003)。佩奇等人使用该量表的加权均值,发现该量表以跨文化背景特点(先前的跨文化经历和跨文化友谊)的假设方式区分出了不同的群体(Paige, et. al., 2003)。

在跨文化培训中的使用证明 该量表正应用于社团和教育部门的培训。

获得该检测工具、培训要求、打分选项 想使用该量表的人需要参加为期 3 天的资格学习。合格的量表使用者可以获得《跨文化发展量表手册》(Hammer & Bennett,2001a),该手册还提供了以下方面的信息:跨文化敏感发展理论模式、检测工具的结构、确认过程、信度和效度的统计数字以及该量表在培训中的使用方法。该量表由培训师打分,也可以由跨文化传播学院打分,但它不是自我打分的检测工具。除了英文版本外,还有中文、德文、意大利文、日文、葡萄牙文和西班牙文的版本。

可以从跨文化传播学院得到更多的信息,其通信地址为:Intercultural Communication Institute, 8835 SW Canyon Lane, Suite 238, Portland, OR 97225 U.S.(电话:503-297-4622;传真:503-297-4695;电子邮件:idi@intercultural.org;网页:http://www.intercultural.org)

2. 文化的价值观和价值观倾向检测工具

(1) 跨文化敏感度量表

概述 跨文化敏感度量表(Bhawuk & Brislin, 1992)是个有 46 个检测项目的由被检测者自我报告的检测工具。它检测的是个人主义、集体主义和灵活性以及思想开放度的文化建构。

用于跨文化培训的目的 该量表在通过检验个人价值观倾向和适应新文化和新人的灵活性,来探讨文化身份方面很有用。该量表提供给培训师关于被培训者文化倾向的不少有用信息。它还提供了与培训语境相关文化维度的数据。巴乌克和布里斯林说,"对跨文化培训课程内容的实践总结是:人们可以得到鼓励去修改自己的特定行为,以便能使自己与所在文化环境相称,这样他们将有更多机会实现自己的目标"(Bhawuk & Brislin, 1992, p.414)。

关键概念 该量表检测 3 个文化变量:集体主义、个人主义、灵活性/思想开放度。

检测项目 该量表由 46 个陈述性检测项目组成,使用 7 分制里克特式的回答形式("非常同意"到"非常不同意")。有 16 项用于测量个人主义和集体主义。填表人回答两次,第一次想象他们"生活和工作在美国",然后想象他们"生活和工作在日本"(Bhawuk & Brislin,1992, p.434)。其余的 32 项陈述检测的是灵活性和思想开放度,其中 11 项来自马洛-克劳尼测量表(Marlowe-

Crowne,1964)。检测项目的实例:"当我与人打交道时喜欢直截了当","我喜爱同那些与我一起工作的人发展长期的关系","我用来自其他国家的制品装饰我的住宅","在国外生活时,我绝大部分个人时间是与来自本国的人们度过的。"

信度和效度 巴乌克和布里斯林报告了他们使用两种不同文化的样本进行研究的结果。结果显示:有良好的内在一致性信度(两个样本的 Cronbach 阿尔法系数是 0.82 和 0.84)、满意的要素结构、证明有外在效度、与社会愿望项目相关度不大(Bhawuk & Brislin,1992)。

在跨文化培训中的使用证明 在国际跨文化研究协会的调查中,有一位答卷人说在培训中使用了跨文化敏感度量表。巴乌克和布里斯林在 2000 年写的文章中也探讨了使用该表的可能性。

获得该检测工具、培训要求、打分选项 该量表可以由答卷人自己打分,使用它不需要特殊的培训。该表可以从理查德·布里斯林博士那里获得。他的通讯地址:Dr. Richard Brislin, College of Business Administration, University of Hawaii at Manos, Honolulu, HI 96822 U. S. (电话:808-956-872;电子邮件:brislinr@ cba. hawaii. edu)。

(2) 水平的和垂直的个人主义和集体主义检测工具

概述 这是个有 34 项检测项目的检测工具(Gelfand & Holcombe, 1998; Singelis et. al., 1995),它在个人主义和集体主义文化结构上,增加了水平和垂直的维度,以创造一种更有差别的行为类型。

用于跨文化培训的目的 盖尔芬德和霍尔库姆讨论过如何将水平的和垂直的个人主义和集体主义检测工具用于培训练习,以更好的理解个人主义和集体主义文化的差异,以及这些文化内部的差异。参与填表的人也可以利用这种联系更多发现自己的价值观和文化身份(Gelfand & Holcombe,1998)。

关键概念 该检测工具的概念是水平的个人主义、垂直的个人主义、水平的集体主义、垂直的集体主义。

检测项目 所有 34 项检测项目让答卷人必须做出一个选择。4 种选择的每一种代表着 4 种文化倾向中的一种。下面是一个实例:

你和朋友们临时决定外出到一家餐馆去吃饭。你认为最好的付账方法是哪种?

_____(1)大家平摊,不管是谁点了什么菜。(水平集体主义)

_____(2) 根据每个人挣钱的多少来分摊(垂直集体主义)

_____(3) 这群人的领导来付账,或者由他/她决定如何来分摊(水平个人主义)

_____(4) 根据每个人点了什么菜,计算出每个人要交的费用(垂直个人主义)

信度和效度 辛格里斯等人提供了该检测工具信度和效度的证据(Singelis et. al., 1995)。阿尔法内在一致性信度系数为 0.67 和 0.74。通过该检测工具的 4 个次量度与独立和关联自我说明的次量度的相关研究,聚合—发散的结构效度成立(Singelis,et al., 1994)。8 个相关中有 5 个是令人满意的强相关,与预期方向一致。

在跨文化培训中的使用证明 在国际跨文化研究协会的调查中,有一位答卷人在培训中使用了该检测工具。盖尔芬德和霍尔库姆就培训练习中如何使用该方法提供了详细的讨论(Gelfand & Holcombe, 1998)。

获得该检测工具、培训要求、打分选项 水平和垂直的个人主义和集体主义检测工具及打分的表格都包括在盖尔芬德和霍尔库姆撰写的论文中,该论文收在 1998 年辛格里斯(Singelis)主编的论文集中,该论文集对进行跨文化练习和计划活动很有用。

(3) 自我解释测量表

概述 自我解释测量表是个有 24 项检测项目的检测工具,测量的是自我概念。"自我解释在这里被概念化为涉及自己和他人关系的思想、感情和行动的一系列心理,自我是与他人有区别的"(Singelis,1994, p.581)。该量表测量独立的自我解释和相互依赖的自我解释,测量的是理论上与个人主义和集体主义相关的特点。辛格里斯吸收了 1991 年马库斯(Markus)和北山(Kitayama)发表著作中的概念。

用于跨文化培训的目的 辛格里斯强调该量表的研究价值,但是他看上去还指望它在跨文化培训中有所用处,特别是在促进增强自我意识和讨论价值观差异的话题方面是如此(Singelis, 1994)。

关键概念 它有两个主要的概念。一是独立的自我解释,当强调重点放在自我表达、自我的独特性、自己能力重要时,出现的是独立的自我解释。二是相互依赖的自我解释,它界定的自我是与社会语境密切相联的自我。在这种自我中,关系、行为得当与合乎时宜被赋予高度价值(Singelis,1994)。

检测项目 该量表由24个检测项目组成,使用7分制里克特式的形式("非常同意"到"非常不同意")回答问题。各有12个检测项目分别测量独立的自我解释和相互依赖的自我解释。检测项目的实例:"当我和一位有权威的人物交往时,我尊重权威人士","我的幸福依赖于我周围人们的幸福","当与人初次相见打交道时,我喜欢直截了当","在许多方面,我欣赏自己有特点和与众不同"。

信度和效度 辛格里斯在1994年的著述中提供了该量表信度和效度的证据,他说在两个不同的样本中,其内在一致性信度值为0.69至0.74。该量表的双要素结构在证实性要素分析中成立,该量表的结构和预言性的效度被证明。进一步的证据可见1995年辛格里斯和夏基(Sharkey)发表的著述以及1999年亚玛达(Yamada)和辛格里斯发表的著述。

在跨文化培训中的使用证明 目前还没有出版在培训中使用该量表的记录。

获得该检测工具、培训要求、打分选项 1994年辛格里斯的著述提供了自我解释测量表,使用该测量表没有资格要求,该量表容易由被检测者自己打分,也可以由培训师打分。要更多的信息可以从辛格里斯博士处获得。他的通信地址:Dr. Theodore M. Singelis, California State University, Chico, Department of Psychology, Chico, CA 95929-0234(电话:530-898-4009;传真:530-898-4740;电子邮件:tsingelis@csuchico.edu)

(4)价值观倾向调查

概述 价值观倾向调查是个有23项检测项目的检测工具,检测一个人的文化倾向,它基于1961年克拉克洪和斯特罗德贝克提出的著名的价值观倾向和价值观变化理论(Kluckhohn and Stroktbeck,1961)。文化倾向代表了所有文化必须要解决的问题,在本调查中,"文化变化性"指的是各种文化处理这些问题的两三个主要方法。这个检测工具测量的是被调查者对4种价值倾向中各价值的特定偏好。该调查已经开发出为都市社区和商业群体使用的多种版本。

用于跨文化培训的目的 该调查和其他价值观倾向检测工具,对探讨文化的变化和文化自我意识特别有用。该调查可以产生与培训有关的数据,同时也给学生一个机会,检验自己群体内人们多样性的形态。

关键概念 该调查测量4种价值观倾向和它们的变化：人与自然的倾向（驾驭、和谐、屈从）、时间倾向（过去、现在、将来）、人际关系倾向（个人主义、旁系亲属、嫡系亲属）、行为倾向（采取行动、安于现状）。

检测项目 23项检测项目中的每个都提供简短的情节，然后给出两到三个由个人或社区回答的选择办法。这些可供选择的办法代表了价值观倾向的不同变化。请答卷人指出哪种办法"最好"、"是正确的"或"最真实"。还要求答卷人回答哪个是"第二好"，回答他们认为其他人会说哪个最好（Robinson，Shaver & Wrightsman，1991）。根据情节用词会有些变化。下面是一个实例：

- 有两个人在谈论他们喜欢如何生活。他们有不同的观点。

（1）一个人说，我最在意的是把事情做完——把事情干的与别人一样好，或者比别人干得更好。我喜欢看到结果，并认为这些事情值得去做。

（2）另一个人说，我最在意的是让我一个人独自思考，以一种最适合于真正属于我的方式去行动。即便我不总是做了很多工作，但是可以享受我所赞赏的生活，这是最好的生活方式。

- 这两个人中，哪个人思考的更周全？
- 你认为你最像这两个人中的哪个人？
- 你认为其他大多数人会认为哪个人的生活方式更好？

信度和效度 尽管克拉克洪和斯特罗德贝克提出的价值观倾向理论在跨文化培训师中很流行，但是有关该调查的信度和效度的证据仍然有限。克拉克洪和斯特罗德贝克在其原著中报告了在西班牙裔美国人、德克萨斯人、摩门人、纳瓦霍人和祖尼人中价值观倾向上是有族群的差异（Kluckhohn & Stroktbeck，1961）。

在跨文化培训中的使用证明 弗罗伦斯·R.克拉克洪（Florence R. Kluckhohn）中心与10个不同的跨文化关系项目有联系，这些项目使用了价值观倾向调查以支持培训和计划，其中包括在南非的比勒陀利亚的一个，在美国国防部的一个。还有很多详实的文献讨论把价值观倾向的方法应用到不同环境中，包括教育（Ortuno,1991）、心理健康（Ponce，1985）、冲突解决（Gallagher，2000）以及看护（Brink，1984）。加拉格尔曾就价值观倾向的方法提供过大量信息（Gallagher，2000）。

获得该检测工具、培训要求、打分选项 对使用该调查没有培训要求，但对结果进行信度分析需要参加一定的培训。实际的打分必须由该调查的出售者完成。价值观倾向调查可以从弗罗伦斯·R.克拉克洪价值观研究中心获得。通讯地址：Florence R. Kluckhohn Center for the Study of Values, 119 North Commercial Street #240, Bellingham, WA 98225 U.S.（电话:360-733-5648；传真：360-738-8863；网址：http://www.valuescenter.org）。

（5）四种价值观倾向自我意识量表

概述 四种价值观倾向自我意识量表（Four-Value Orientation Self-Awareness Inventory, Casse, 1982, 1999）是个有80项检测项目、由自我评估的检测工具，它想要测试被测试者对行动、过程、人和观念的价值观倾向。该检测工具以荣格的著作为基础（Jung, 1921/1971），是专门为跨文化培训目的设计的。

用于跨文化培训的目的 该量表有多种潜在用途，包括个人的发展和自我意识、组织的评估和发展、受众分析、证明人类多样性的文化形态、检验培训课程的主题突出性、促进以数据为基础的培训、使培训活动多样化。卡斯补充说，这是一个自我评估的工具，它"激发学习者投入到学习中"（Casse, 1999, p. 33）

关键概念 关键概念是"行为"（action，指一个人对做事情和实现目标的偏好）、"过程"（process，指一个人对组织建构事情的强调）、"人"（people，一个人对人际关系和交流所寄予的重要性）、"观念"（ideas，一个人对概念和理论所寄予的价值）。

检测项目 该量表由40对共80个陈述构成。指示答卷人"从每对特质中，选择一个与自己个性最相近的一个"（Casse, 1999, p. 34）。对每种价值倾向各有20个检测项目。检测项目的实例："与他人交谈和一起工作是一种创造性的行动"，"自我表现是我的一个关键词"，"我喜欢把事情做完"，"良好的关系是根本"。

信度和效度 该量表还没有被心理测量学检测过。

在跨文化培训中的使用证明 该量表诞生于1979年，是为用于跨文化培训而设计的。如何把它用于跨文化培训练习，卡斯提供了详细的描述（Casse, 1999）。

获得该检测工具、培训要求、打分选项 1999年卡斯的著述中提供了四种价值观倾向自我意识量表，并对如何用于跨文化培训活动提供了详细和有益的描述。使用它不需资格证书，它是为答卷人自己打分而设计的。

(6) 跨文化冲突风格量表

概述 跨文化冲突风格量表(Hammer, 2003)根据冲突风格的两个核心方面,即直接与间接、情感表达与情感抑制,来检测人们如何对冲突做出反应。该量表产生出直接—间接和表达—抑制两种得分。

用于跨文化培训的目的 尽管该量表很新,但还是把它包括在本章里,因为它是第一个从跨文化视角检测冲突的检测工具,有可观的培训潜力。首先,当与不同的群体工作时,它可以用于受众分析。其次,它可以帮助学员和群体理解他们对冲突是如何做出反应的,因而可以为个人和组织发展发挥作用。第三,该量表能帮助个人和群体通过认识冲突风格的差异来处理冲突。第四,它可以生成数据,帮助培训师和学员探讨冲突问题。

关键概念 该量表围绕着两种模式进行架构:直接与间接、情感表达与情感抑制。当直接与间接和表达与压抑的两种得分综合在一起时,就产生了4种鲜明的冲突风格:讨论型(discussion,直接与抑制)、交战型(engagement,直接与表达)、迁就融合(accommodation,间接与抑制)、动态型(dynamic,间接与表达)。

检测项目 该量表由18对陈述组成,代表了对冲突的两种可供选择的反应。答卷人必须在两种选择中打分,且使两者相加等于5分,两者中较高的分表示更为偏好的办法。两个实例展示如下:

- 一般来讲,当和另一个当事人解决冲突时,我倾向的方法是:
(1) 与负责人讲明情况。　　　　　　　　　　　　_____
(2) 与一个朋友讲明情况。　　　　　　　　　　+ _____

　　　　　　　　　　　　　　　　　　　　　　　= 　5

- 一般来讲,当和另一个当事人解决冲突时,我倾向的方法是:
(1) 全盘讲出我的看法。　　　　　　　　　　　　_____
(2) 谨慎让别人了解我自己的希望、目的和要求。　+ _____
　　　　　　　　　　　　　　　　　　　　　　　= 　5

信度和效度 2003年哈默讨论了该量表的发展过程,这个过程中包括把该量表运用于各有510个和487个被调查者的独立样本。第一种样本的证实性因素分析显示:两因素模式(直接与间接、情感的表达与抑制)与数据表现出最佳符合。直接与间接数值范围、表达与抑制的数值范围的内在一致性信度第一种样本分别是 0.71 和 0.86,第二种样本分别是 0.73 和 0.85。

在跨文化培训中的使用证明 该量表应用于跨文化培训似乎很有潜力,因为在教育、商务和其他发生冲突的环境中,对该主题都有浓厚的兴趣。

获得该检测工具、培训要求、打分选项 该量表可以自己填写和自己打分。该量表与相应的《解释指南和帮助手册》(*Interpretive Guide and Facilitator's Manual*)可以从两处获得,一是:Hammer Consulting Group, LLC, 267 Kentlands Boulevard, PMB #705, N. Potomac, MD 20878 U. S.(电话:301-330-5589;传真:301-926-7450);电子邮件:dihammer@ msn. com 二是:Intercultural communication Institute, 8835 SW Canyon Lane, Suite 238, Portland, OR 97225 U. S.(电话:503-297-4622;传真:503-297-4695;电子邮件:idi@ intercultural. org;网页:http://www.intercultural. org)

3. 文化身份检测工具(甲):二元文化和多元文化

文化身份检测工具是文献中最大类别之一。对身份问题已进行了大量的培训和探讨,因为它与文化的从属群体相关,这些群体包括(但不仅限于)国籍、民族、种族。咨询心理学、心理学和跨文化传播学等学科在探讨身份的发展、倾向和问题方面一直特别活跃。本部分将讨论两类身份检测工具:评定二元文化和多元文化的检测工具、测量民族和种族身份的检测工具。

指出下面一点很重要:文化身份检测工具需要格外小心和敏感地加以使用。培训师应做好准备解释为什么要使用它,从中学员可以学到什么,获得的知识如何运用到日常生活中。此外,培训师还应具有出色的听取汇报的技能。虽然,一些这类检测工具很容易由学员自我打分,但是我强烈建议由培训师来打分,并由培训师来解释大部分(如果不是全部的话)民族身份检测工具的检测结果。没有任何说明和解释就把身份检测工具的调查结果给学生,可能会带来很多问题。学生们可能对检测结果感到不安或不清楚,特别是如果检测结果与学生期待不相似时更是这样。如果培训师在使用检测工具和讨论检测结果方面有明确的计划,就可以淡化这些问题。

近些年来,为检测二元文化和多元文化身份而设计的检测工具已被广泛应用。从理论和实践意义上讲,这些检测工具包容着一个人可以有一种以上文化身份的可能,不能强迫答卷人限定自己的文化从属关系。本部分将讨论 3 个这类的检测工具。在这3个检测工具中,二元文化卷入问卷(Szapocznic et. al.,1980)开发的最早,但仍在使用(Rivera-Sinclair,1997),并为其他民族身份检测工具,像苏因-卢(Suinn-Lew)自我身份涵化测量表(Suinn et. al.,1987),发挥着模板的作用。其他两个检测工具是新近开发的。

(1) 二元文化卷入问卷

概述 二元文化卷入问卷(Szapocznic et. al.,1980)是个有33项检测项目的检测工具,是为测量(1)二元文化与单一文化和(2)文化卷入与文化边缘而设计的。该量表是以"美国人"和"西班牙人"作为参照文化。

用于跨文化培训的目的 该量表对服务提供人员(例如,咨询员、保健员)、教师和其他在多元文化社区工作的人员进行文化身份和自我意识培训有些用处。该问卷和其他类似的检测工具,可以在发现文化身份和讨论文化身份问题的培训中使用。

关键概念 关键概念是美国精神、西班牙精神、二元文化、单一文化、文化卷入—文化边缘。

检测项目 该问卷由33个检测项目组成,运用5分制里克特式的回答形式答卷。其中有10项问题是请答卷者指出,在相同的5个环境中他们说西班牙语和英语感觉的自在程度,使用回答类型是从"一点都不自在"到"非常自在"顺序排列。有14项问题是请答卷人指出,他们欣赏7种西班牙式文化活动和7种美国式文化活动的程度。最后9项问题,是关于食品、音乐和庆祝活动方面的生活问题,请答卷人指出,他们在两种文化中是喜欢完全西班牙式文化、还是完全美国式文化。该量表为美国单一文化、西班牙单一文化、二元文化、文化卷入—文化边缘提供了数据。检测项目的实例:"你欣赏西班牙音乐的程度如何?""你欣赏美国音乐的程度如何?""在一般情况下,你讲西班牙语时感觉到的自在程度如何?""在一般情况下,你讲英语时感觉到的自在程度如何?"

信度和效度 绍波克兹尼克等人报告说,该问卷的4个次测量的内在一致性信度系数很高(阿尔法=0.79,0.89,0.93,0.94),除了文化卷入之外,所有检测都有可靠的复本信度,有令人满意的效度标准,利用二元文化教师的评估作为外部测量:二元文化的$p<0.001$,文化卷入的$p<0.05$(Szapocznic et. al.,1980)。

在跨文化培训中的使用证明 在培训中还没有使用该问卷的记录,但它已经被应用于其他的研究中(Rivera-Sinclair，1997)。绍波克兹尼克等人建议，该研究成果对工作在西班牙移民社区的人员可能有用(Szapocznic et. al.，1980)。

获得该检测工具、培训要求、打分选项　在绍波克兹尼克等人1980年发表的文章中复制了该问卷，因而可以在该文中得到该问卷(Szapocznic et. al.，1980)。使用该问卷没有培训的要求，但需要培训师打分。

(2) 多元群体民族身份测量

概述　多元群体民族身份测量(Phinney，1992)是个有20项检测项目的检测工具，它是为测量一些民族身份结构而设计的，民族身份结构包括民族身份的获得、积极的民族态度、对某一民族群体的归属感、对民族行为的感觉和对其他群体的倾向。

用于跨文化培训的目的　像该量表一类的检测工具，对培训有一些潜在的使用价值。其一是可能在一门跨文化课程(像到国外逗留学习)前后，它会提供学生一种方法去探讨或更好地理解其民族身份。其二是向培训师提供培训群体中存在的民族身份倾向和问题的信息。其三是向服务前的顾问、保健师、教师提供一个思考工具，想一想自己的民族身份和这种身份可能如何对工作造成影响。菲尼补充说，"该测量工具有个优点，其实例可用性强，这些实例具有民族多样性，或这些实例并没有表明是哪个民族的"(Phinney，1992，p.169)。这与那些直接针对某个特定民族或种族的检测工具不同。

关键概念　该量表评估民族身份的3个维度：归属和确认感(5个检测项目)、民族行为和实践(2个检测项目)、民族身份的获得(7个检测项目)，认为这3个维度与民族划分相关，并以此探讨民族划分。该测量表还检测对其他群体的倾向(6个检测项目)。该量表包括一个开放式的问题：就民族身份的自我认定，就3项必答的测定答卷人及父母民族划分的检测题，自由发表意见。

检测项目　20项检测题都以陈述形式出现，运用4分制里克特式的回答形式("非常同意"、"有点同意"、"有点不同意"、"非常不同意")答卷。检测项目实例："在民族成分方面，我认为我自己属于_____"，"我为我的民族成分和我们民族取得的成就感到非常自豪"，"我喜欢会见和了解其他民族的人"。

信度和效度　有限的可以获得的证据对本检测工具的信度和效度提供适中的支持。菲尼报告说，对高中生样本和大学生样本，内在一致性信度系数分别是0.81和0.90；确认和归属的相应系数是0.75和0.86；民族身份获得是

0.69 和 0.80。从两个样本获得的主轴因素分析导致两因素的解答,两因素由民族身份的检测项目(3 个相互联系的因素)和其他群体倾向的检测项目组成(Phinney,1992)。

在跨文化培训中的使用证明　现在还没有证据显示该量表已经用于跨文化培训,但是它肯定有应用的潜力,因为它容易打分、编码和被理解。

获得该检测工具、培训要求、打分选项　该量表和编码系统都可在 1992 年菲尼公开发表的论文中看到(Phinney,1992),因而容易获得。没有使用该量表必须参加培训的要求。

(3) 多指标民族文化身份测量表

概述　多指标民族文化身份测量表(Marsella & Horvath,1993)是个有 27 项检测项目由答卷人自己打分的检测工具,它检测的是答卷人参与本民族群体活动和传统生活的数量。本表与多元群体民族身份测量表的主要差别是本表强调行为。

用于跨文化培训的目的　像多元群体民族身份测量表一样,本量表为学生提供了一种容易接受的方法,去探讨自己的民族身份和参与自认族群活动(如庆祝活动)的义务。

关键概念　核心概念是"民族文化身份",马尔塞拉和卡米欧卡把它界定为"一个人认可和实践的一种与特定文化传统相联系生活方式的程度"(Marsella and Kameoka,1989)。该量表检测的是一个人与特定民族文化群体关系的程度,即感觉到的认同该群体的强度(1 项检测项目)和参与同该群体相关活动的强度(27 项检测项目)。

检测项目　该量表由 27 项检测项目和 8 个人口统计学的问题组成。5 分制的等级("从不"到"总是")用于 27 个参与性检测项目,7 分制的等级(从"极少"到"很多")用于评定认同民族文化群体的强度。此外,该量表与菲尼(Phinney)的做法一样,把民族自我认同的检测项目放在了问卷的开始。检测项目的实例包括一系列检查,说明被调查者观看"使用本民族语言和描述本文化群体的电影(看电影和看录像带)",参加"本民族传统宗教和精神生活","在本民族的政治运动中或意识形态活动中是否积极"等情况。

信度和效度　霍瓦特(Horvath,1997)和山田(Yamada,1998)撰写的关于该量表的两个主要文献中,没有提到该量表的信度和效度。

在跨文化培训中的使用证明　在霍瓦特(Horvath,1997)的文章中,对跨文化培训课程中使用该测量表的潜在价值有精彩的论述。此外,山田(Yamada,1998)提供了使用该量表的培训练习。尽管如此,在国际跨文化研究协会的调查中,只有一位答卷人报告说使用过该量表。

获得该检测工具、培训要求、打分选项　在跨文化培训的两本著作(Cushner and Brislin,1997;Singelis,1998)中可以得到对该量表的全面论述,并且都全文登载了该量表。该表可以由答卷人自己打分,使用该量表不需要培训。

(4)个人差异维度测量表

概述　个人差异维度测量表(Dunbar,1997)是个有21项检测项目的检测工具,是为测定多元群体的身份而设计的。它从3个单独的维度(即认为所属群体的身份、经由组织成员资格享有的个人权力、感觉到的对群体成员资格的支持)检验了7类群体成员资格。

用于跨文化培训的目的　该量表似乎很适合于跨文化培训,特别适合探讨文化、种族和民族的身份问题和展示人类多样的文化形式。

关键概念　7种群体的类别为:年龄、民族、性别、种族、宗教、社会经济地位、性倾向。组织成员资格的3个维度为:认为所属群体的身份、个人被授予的权力、感觉到社会的支持。

检测项目　该量表由对7种群体各提3个问题组成。用7分制里克特式的形式由答卷人选择回答,选择由"非常认同/高度得到授权/非常积极"到"根本不认同/根本没有授权/非常消极"对3个问题进行回答。这3个问题是"你在多大的程度上认同你是这个社会群体的成员?""由于是这个群体的成员,你获得了多少有关个人权力和能量的感觉?""由于是这个群体的成员,你从社会普遍接受了多少承认和支持?"

信度和效度　邓巴报告了两项研究结果(Dunbar,1997)。在第一项研究中,数据显示,对感觉到的社会支持的阿尔法信度系数是0.89,对授权是0.79,对群体身份测量是0.55至0.76。复本信度范围是0.69至0.79。探测性因素分析产生了5个因素与关键概念(即社会支持因素、授权因素和3个归属身份因素)相一致。第二项研究,在其预示性的与种族主义、白人种族身份和主观感觉安宁等测量之间关系方面,提供了结构的聚合效度证明。

在跨文化培训中的使用证明　还没有发表过在跨文化培训中使用该量表的证据。

获得该检测工具、培训要求、打分选项　该量表已发表在1997年邓巴的论文中。它不需要培训师有使用资格证书,易于答卷人打分或由培训师打分。关于该量表更多的信息请与邓巴博士联系。他的通信地址:Ed Dunbar, Department of Psychology, Franz Hall, University of California at Los Angeles, Los Angeles, CA, 90024(电子邮件:edunbar@ucla.edu)。

4. 文化身份检测工具(乙):民族和种族身份

身份检测工具中最大一类是检测民族和种族身份的检测工具。这类文献迅速增多,新的检测工具有规律地发表在跨文化类、咨询类和心理学类的刊物上。下面介绍的是一些最主要和最有前途的检测工具。

(1) 黑人种族身份测量表

概述　有大量关于黑人民族身份发展的理论性和实验性的著述。黑人种族身份测量表(Helms, 1990b; Helms & Parham, 1990; Helms & Parham, 1996; Parham & Helms, 1981)就出自这类传统,正如科哈兹和理查森所指出的,该表"在研究文献中,已经被广泛地使用,用来测量民族身份"(Kohatsu and Richardson, 1996, p.625)。该表的知识主体可以追溯到克罗斯(Cross, 1971, 1978, 1991)、托马斯(Thomas, 1971)和帕勒姆(Parham,1989)的开创性理论知识,以及由米利翁斯(Milliones, 1980)、帕勒姆和赫尔姆斯(Parham and Helms, 1981)、赫尔姆斯(Helms, 1990a, 1990b)、最近的范迪弗(Vandiver, 2001)以及很多人作出的有关检测工具发展的研究。黑人种族身份测量表是个由30项检测项目(短表)或50项检测项目(长表)构成的检测表,检测了黑人民族身份发展的4个发展阶段,这4个阶段由克罗斯(Cross)提出,分别是:相遇前、相遇、沉浸—再现、内在化。

用于跨文化培训的目的　该量表可用来促进对文化身份的自我意识。赫尔姆斯说,临床心理医生可用该它"阐明有关治疗问题的假设"(Helms, 1990a, p.47)。含蓄地讲,该量表及它检测的概念,正如它们在跨文化教育工作者培训中是重要内容一样,在咨询员教育项目中也是重要内容。

关键概念　该量表检测身份发展的4个阶段是相遇前、相遇、沉浸—再现和内在化。"相遇前"在文献中其特征是有限的种族觉悟和对白人的理想化。"相遇"是与增长的种族意识和对白人怨恨的感觉相伴随。"沉浸—再现"是黑人被理想化,对白人的愤怒很强烈阶段。"内在化"是二元文化主义阶段,在该阶段种族意识和承担的义务共存,并具备在白人和其他文化社区和语境中有效活动的能力。

检测项目 检测项目以陈述形式出现,用里克特形式回答,选择范围由"非常同意"至"非常不同意"。检测项目实例:"我相信白人会对他们过去对待黑人的作法感到愧疚","我对自己有个积极的态度,因为我是个黑人"。

信度和效度 根据科哈兹和理查森(Kohats and Richardson,1996)对证据的综述,他们总结说,除了"相遇",所有测量都具有满意的内在一致性信度和结构上的效度。

在跨文化培训中的使用证明 有些证据表明该表正在被应用于多元文化的教育和对咨询员的教育,尽管种族和民族身份发展理论和概念在跨文化培训中也是重要的内容。

获得该检测工具、培训要求、打分选项 该量表登载在1990年赫尔姆斯发表的文章中(Helms,1990a),但是未得到作者的允许不能翻印。使用该量表没有培训的要求,从理论上讲,它可以由答卷人自己打分,但是,正如所有种族—民族身份的检测工具一样,它应该只能由有丰富知识的跨文化培训师使用、打分和解释。目前在市场上还没有关于该量表的培训手册或材料。

(2)克罗斯种族身份测量表

概述 克罗斯种族身份测量表(Cross & Vandiver,2001;Worrell, Cross & Vandiver,2001)是一个最新的黑人身份检测工具。它是在1970年克罗斯原创黑人模式的1991年改写本上制定的(Cross,1970,1991)。

用于跨文化培训的目的 该量表对多元文化教育、咨询师培训和跨文化课程(其中文化、种族和民族的自我表现意识是关键话题)具有价值。

关键概念 该量表测量3个相遇前身份选择(同化、错误教育、自己恨自己)、一个沉浸—再现身份(反白人)、以及两个内在化身份(黑人民族主义者和包含多元文化)。它们分别在范迪弗等人的文章中进行了介绍(Vandiver,2001;Vandiver et. al.,2001)。

检测项目 该量表使用7分制里克特式的形式,用"非常同意"至"非常不同意"回答 40 个检测项目。检测项目实例:"我主要把自己看成是美国人,很少想到自己是某个种族的成员","我从一种非洲黑人中心的视角来观察和思考各种事情。"

信度和效度 该量表的发展过程,以及信度和效度的证明,都在 2001 年范迪弗等人发表的论文中出现。他们报告了使用 3 个美国黑人大学生独立样本的研究结果。6 个子测量的内在一致性信度系数范围是 0.59 到 0.83,内聚性判别式成立,因素分析显示支持与克罗斯种族身份测量很近似的模式。

在跨文化培训中的使用证明 该量表是个比较新的检测工具,目前还没有证据表明它已经用在跨文化培训中,但是它具有可观的前途。

获得该检测工具、培训要求、打分选项 该量表发表在 2001 年沃雷尔、克罗斯和范迪弗撰写的文章中,但是没有作者的允许不能使用。可以获得打分和分析手册。虽说不需要培训,但是除非培训师有丰富的关于种族身份模式的知识,不应使用本表。关于更多的信息,请联系沃雷尔教授,通讯地址:Prof. Frank C. Worrell, Department of Education and School Psyvhology and Special Education, 104, CEDAR Building, Pennsylvania State university, University Park, PA 16802 U.S.(电子邮件:fcw3@ psu. edu)。

(3) 白人种族身份态度测量

概述 白人种族身份态度测量(Helms & Carter, 1990a, 1990b)是个有 50 项检测项目的检测工具,它测量由赫尔姆斯提出的 5 类白人种族身份态度(Helms, 1984)。该 5 类态度与种族身份理论相关,该量表集中检测白人对黑人的态度。

用于跨文化培训的目的 该量表对用于针对种族身份、种族主义和种族关系的培训课程有相当大的潜力。科哈兹和理查森说,"对考察白人种族身份问题,该量表已经成为一个重要的研究手段"(Kohatsu & Richardson, 1996, p. 630)。

关键概念 核心概念是白人对自己是白人、对黑人及与黑人关系的 5 类种族态度。其发展阶段是:一致、瓦解、再混合、假独立、自治。波普-戴维斯、范迪弗和斯通根据因素分析用 4 类态度描述了该测量:种族舒适度、对种族平等的态度、种族好奇心的态度、未实现的种族态度(Pope-Davis, Vandiver & Stone, 1999)。

检测项目 该量表使用5分制里克特形式,用"非常同意"至"非常不同意"回答50项检测项目。该量表包括5个10项子检测。检测项目实例:"在黑人旁我感到的舒适度如同我在白人旁一样","有时我不肯定我对黑人的评价是什么或我的感觉是什么"。

信度和效度 有证据显示它有中度内在一致性信度,阿尔法系数范围是0.50至0.76(Helms & Carter, 1990a;Pope-Davis & Ottavi, 1994),有增多的证据支持该量表的结构效度(Kohatsu & Richardson, 1996)。尽管如此,波普-戴维斯等人报告说,该测量表的探测和证实因素分析不支持全部5个维度的理论模式(Pope-Davis,1999)。

在跨文化培训中的使用证明 尽管目前还没有证据表明它已用于跨文化培训中,但它具有相当的潜力。

获得该检测工具、培训要求、打分选项 该表已经发表在1990年赫尔姆斯的文章中(Helms, 1990b),但没有作者允许不能复制。虽然没有提到特殊的培训或打分的资格证明,但只有培训师具备丰富的种族身份发展的知识,在种族问题培训方面很有经验,才能使用本表。

(4)墨西哥裔美国人涵化程度测量—II

概述 墨西哥裔美国人涵化程度测量—II(Cuellar, Harris & Uasso, 1995)是墨西哥裔美国人涵化程度测量原创版(Cuellar, Harris & Jasso, 1980)的修订版。根据奎利亚介绍,原创版被广泛地应用于涵化研究,曾被159篇期刊文章引用(Cuellar,1995)。然而,原创版却只允许直线式的涵化表现,即从强墨西哥裔美国人倾向到强英裔(英国人)美国人倾向;一方变强时,另一方就变弱。而修订版却允许二元文化和边缘人,它对两种文化都可以表现出或强或弱的倾向。

用于跨文化培训的目的 该量表在处理涵化问题的跨文化课程中,对那些经历涵化问题的人或向面临涵化问题者提供帮助的人(教师、咨询师、医疗保健人员、服务提供员),似乎具有相当大的价值。

关键概念 该量表提供了一个概念类型,包括传统的墨西哥人、综合性二元文化、边缘(英国人的边缘和墨西哥人的边缘)、分离、同化。倾向检测包括4个原创版的因素:语言、民族身份、文化遗产和民族行为、民族交流互动。

检测项目 该量表由两种测量组成。第一种包括 30 项,检测英裔美国人倾向(13 项)和墨西哥人倾向(17 项)。以 5 分制里克特形式,用"根本不"、"很少或不多"、"中等"、"较多或经常"、"非常经常"或"几乎永远"来回答检测项目。第二种使用同样的回答方式,它包括 18 个检测项目,检测 3 种边缘形式(英裔美国人、墨西哥人、墨西哥裔美国人)。所有检测项目用英语和西班牙语两种语言写成。检测项目实例:"我欣赏西班牙语的电视节目","我喜欢把自己界定为英裔美国人(或墨西哥裔美国人、墨西哥人、美国人)"。

信度和效度 奎利亚等人报告说(Cuellar et al., 1995),该量表有很强的内在一致性、半分(split-half)、复本系数;墨西哥裔美国人涵化程度测量有出色的共点效度(0.89)、在鉴别 5 项多代人被调查者中有出色的预言效度。因素分析支持 4 个英裔美国人倾向和墨西哥人倾向中的 3 个:语言、民族身份、民族交流互动。

在跨文化培训中的使用证明 该量表相对较新,而墨西哥裔美国人涵化程度测量原创版已被广泛用于研究,其中一些是涵化的临床研究。由于该量表有原创版的长期使用历史,针对那些要应对文化调整和涵化问题的移民、难民、国际学生和类似人群的跨文化培训课程中,修订版有希望成为一个非常有用的检测工具。

获得该检测工具、培训要求、打分选项 该量表已发表在奎利亚等人撰写的论文中(Cuellar, et. al., 1995)。没有特殊的培训或打分的要求,但强烈建议只有富有经验的培训师(精通身份理论和涉及身份问题培训的培训师)使用该量表。使用计算机化打分和解释性纲要(Cuellar, 1994)可以向以下地址索取:PC PSYCH, P.O. Box 3960, McAllen, TX 78502 U.S.。

(5)苏因-卢亚洲人自我身份涵化测量

概述 苏因-卢亚洲人自我身份涵化测量(Suinn, et. al., 1987)是个有 21 项检测项目的测量,它模仿墨西哥裔美国人涵化程度测量方法,检测亚洲人对语言、身份、择友、行为、通史、地理史和态度等方面的民族身份态度。

用于跨文化培训的目的 该量表具有其他种族—民族身份检测工具的相同价值:培训自我意识、进行身份发展培训、对有关人员(如工作与身份问题有关的咨询师)的培训。

关键概念　该量表鉴别以下涵化模式：西方认同或同化、二元文化、亚洲认同。

检测项目　21个检测项目使用5分制来回答，与墨西哥裔美国人涵化程度测量—II的答题方式相似。下面是检测项目的实例：

- 你如何评价自己？（典型的亚洲人、大体上是亚洲人、二元文化的人、大体上被英国化了、完全被英国化了）

信度和效度　苏因等人报告说，21项检测项目的阿尔法信度系数是0.88，使用第一代到第五代人（$F = 7.20$，$p < 0.0001$）和长期居住在美国的人（$F = 14.26$，$p < 0.0001$）时具有标准效度（Suinn, et. al., 1987）。1992年苏因等人报告了该检测的共点和因素的效度（Suinn, Ahuna & Khoo, 1992）。

在跨文化培训中的使用证明　目前还没有证据表明它已经使用于跨文化培训中，但是它对咨询师教育有明显的意义。

获得该检测工具、培训要求、打分选项　同许多其他与亚裔美国人相关的检测工具一样，该量表通过上网，从美国哥伦比亚大学社会工作学院亚裔美国人心理检测项目的"直接实践和研究工具（Tools for Direct Practice and Research）"上获取，网址是：http://www.columbia.edu/cu/ssw/projects/pmap/。更多的信息请联系：Dr. Marianne Yoshioka（电子邮件：mry5@columbia.edu）。该网址上没有提供任何培训手册的信息，但是该检测工具的原创人之一理查德·苏因（Richard Suinn）博士对打分的程序进行了详细讨论。

（6）第三文化青少年问卷

概述　第三文化青少年问卷（Gerner et. al., 1992）是为检测7种品质而设计的检测工具，这7种品质被假设为国际流动人口或者"第三文化"青少年的特征。由乌塞姆（Useem, 1955）及乌塞姆等人（Useem, Useem & Donoghue, 1963）开创的研究传统是这项测量的基础。

用于跨文化培训的目的　该问卷被证明对跨文化培训师很有用。伴随经济全球化，第三文化青少年可能会增多，培训师可以期待将来会对第三文化青少年们进行培训。该问卷可以用于增进个人的发展和自我意识，帮助第三文化青少年们探讨文化身份问题。

关键概念　该问卷检测家庭关系、同龄人之间的关系、文化接受（接受差异)、旅行倾向(到国外旅行的兴趣)、语言接受(学习一种以上语言的重要性)、将来的倾向(寻求一份国际性工作和在另一国工作的愿望)和定型观念(对10个不同国家人们积极或消极的感觉)。

检测项目 该问卷使用5分制里克特形式,用"非常同意"至"非常不同意"回答除定型观念以外的所有检测项目。定型观念使用"非常积极"至"非常消极"来回答。检测项目实例:"我希望寻求一份国际性工作","对我来讲,至少说一种不同于母语的语言是重要的","我非常能接受人们的差异"。

信度和效度 格尔纳等人认为证据是有限的(Gerner et. al., 1992),他们报告说,内在信度一致性系数范围为0.46(同龄人之间的关系)到0.85(家庭关系和定型观念),发现的标准效度的证据是:国际流动人口和非国际流动人口的样本在文化接受、旅行倾向、语言接受、将来的倾向、定型观念等方面有显著的差异。

在跨文化培训中的使用证明 目前尚未发表著述表明在培训中使用了该问卷。

获得该检测工具、培训要求、打分选项 格尔纳等人的文章中提供了该问卷的检测项目实例(Gerner et. al., 1992)。没有提及培训和打分的要求,但是检测项目适合答卷人自己打分或由培训师打分。该问卷可以从格尔纳博士处获得。通讯地址为:Dr. Michael Gerner, Consulting Psychologist, 3206 South Little Drive, Flagstaff, AZ 86001 U.S.。

5. 学习风格检测工具

(1) 学习风格量表

概述 学习风格量表(Kolb, 1999)是个有12项检测项目的自我报告式检测工具,其意图在检测学习的4种风格,这些风格构成了个人偏好的学习风格。该量表是在经验学习理论(Kolb,1984)的基础上形成的。在跨文化培训中,它是最广泛使用的检测工具之一。

用于跨文化培训的目的 科尔布说,"学习风格量表描述的是你学习的方法"(Kolb,1999, p.2)。科尔布认为,该量表可以用来帮助选择职业、解决问题、处理冲突、调节人际关系和专业关系。科诺利和克拉默说,学习风格量表的主要目的之一是"帮助人们评定自己从经验中学习的能力"（Conoley and Cramer, 1989, p.441）。在展示人类多样性的形式方面（它们并非一定是与种族、民族、性别或国籍有联系），该量表特别有用。它是用于探讨多样性问题的一个安全方法。当讨论学习文化的不同方法（经验、观察、概念化、参与）时，也非常有用。

关键概念 该量表检测4种主要学习风格：提炼抽象概念、具体经验、对观察进行思考、主动实验。根据《学习风格量表（LSI-IIa）解释手册》（*Learning-Style Inventory (Version LSI-IIa) Interpretation Booklet*），提炼抽象概念学习法专注于"使用逻辑和观点……去理解问题"、具体经验学习法"强调个人是要涉及日常环境中的人"、对观察进行思考学习法依靠"耐心、客观和慎重判断"、主动实验学习法是"采用一种积极的实践形式,去影响或改变境遇"（Kolb, 1993, p.5）。当最初的学习切入点与第二种支持它的学习风结合在一起时,就形成了4种第二次序的学习风格：严密逻辑推理型（即提炼抽象概念与主动实验相结合）、富有幻想力型（具体经验与对观察进行思考）、吸收消化型（提炼抽象概念与对观察进行思考）、调解型（具体经验与主动实验）。

检测项目 该量表由12个填空式句子的检测项目构成。每一检测题中有4种选择填,每一个填空代表4种学习方法之一。答卷人对各种选择用1（最不像我）到4（最像我）进行排序。下面是两个检测项目的实例：

- 当我学习时：_____我观察人。_____我是一个活跃的人。_____我是一个直觉的人。_____我是一个讲逻辑的人。
- 我学习通过：_____感觉。_____做起来。_____观察。_____思考。

信度和效度 科诺利和克拉默报告,该量表已显示出具有良好的内在一致性信度和效度。"该量表检测了他们声称要测量的东西,但是需要提供对标准更精确的描述"（Conoley and Cramer, 1989, p.441）。

在跨文化培训中的使用证明 该量表广泛地应用于跨文化培训,在国际跨文化研究协会的调查中,有6位答卷人使用了该量表,用于提高文化学习技能,展现人类多样性的一种形式。它在对教师和培训师的培训中特别有用。

获得该检测工具、培训要求、打分选项 该量表由答卷人自我打分,使用它不需要特别的培训。它包括一份解释性材料,因而它是一个对使用者非常友好的检测工具。附加材料可以从出版社获得,这包括《促进学习指南》(*Facilitator's Guide to Learning*, Kolb, 2000)、《个人学习指南》(*Personal Learning Guide*, Baker, Dixon and Kolb, 1985)和一份研究书目(HayGroup, 2001)。该量表可以从Hay/McBer 培训资源集团获得。通讯地址:Hay/McBer Training Resources Group, 116 Huntington Avenue, Boston, MA 02116 U.S.(电话:617-437-7080;电子邮件:haytrg@haygroup.com)。

6. 全球了解和具有世界思想检测工具

(1) 跨文化的世界思想测量

概述 跨文化的世界思想测量(Der-Karabetian, 1992)是个有26项关于世界思想的检测量表,它结合了最初由桑普森和史密斯制作的测量表(Sampson and Smith, 1957)和西尔弗耐尔测量表(Silvernail, 1979)的检测成分。桑普森和史密斯测量表有32个检测项目,检测的是关于种族、宗教、移民、爱国精神、经济、战争、世界政府、全球教育等方面的态度和价值观。西尔弗耐尔测量表有28个关于经济发展、技术发展、世界经济公正和国际关系的检测项目。最新版本的跨文化的世界思想测量由26个检测项目构成,它显示出在统计学上有重要意义的被测项目的相互关系(在所有10个国家)以构成"跨文化的价值观倾向的共同领域"(Der-Karabetian, 1992, p.295)。

用于跨文化培训的目的 该量表为出国学习前培训课程中价值观倾向方面提供有用的培训内容,它也可以用于出国前后的对比研究,以追踪价值观的转变。

关键概念 被测评的关键概念是"世界思想",它被界定为对移民、世界政府和世界经济公正等问题的一种积极态度。

检测项目 该量表有26项检测项目,使用6分制里克特式的形式,用"非常同意"至"非常不同意"回答。检测项目的实例:"我们国家应有权禁止某些种族和宗教群体到我国生活","成为一个世界公民要比是某个特定国家的公民更好","富国应与世界上不太幸运的人们分享财富"。

信度和效度 德尔-卡拉贝田引用他在10个国家调查的数据报告(Der-

Karabetian，1992），内在一致性信度的范围从 0.69（印度）到 0.90（英国）。德尔-卡拉贝田和梅策报告，两份美国样本的内在阿尔法系数是 0.80 到 0.85，并提供了对标准效度的中度支持（Der-Karabetian and Metzer，1993）。

在跨文化培训中的使用证明 目前还没有使用过它。

获得该检测工具、培训要求、打分选项 该量表刊印在 1992 年德尔-卡拉贝田发表的论文中（Der-Karabetian，1992）。没有提到特殊的培训要求，该测量可由答卷者自己打分或由培训师打分。对该检测工具还没有开发出使用手册。

（2）全球了解能力检测

概述 全球了解能力检测"是为检测一个人对全球问题和全球地理的了解和知识状况而设计的"（Corbitt，1998）。

用于跨文化培训的目的 该检测有希望用于出国学习前的培训课程。从该检测中得到的信息可以用于使学员进一步了解自己的全球知识水平。它也可用于出国学习或其他跨国跨文化经历之前和之后的检测，以评定学习收获。

关键概念 检测的概念是"地理知识"（亚洲、非洲、北美、南美、中东、欧洲）、"主题知识"（文化、社会经济、宗教、环境、政治、地理）、"一般性全球问题的知识"。

检测项目 该检测由 115 个有多项选择的检测项目组成。下面是两个实例：

- 下面的欧洲国家中哪个在欧洲地区有最大的石油储量？
  ——（1）英国　（2）德国　（3）俄罗斯　（4）意大利
- 在南美直接导致毁林的一个共同的农业技术是：
  ——（1）灌溉　（2）合作农业　（3）商业农业　（4）砍伐和烧毁

信度和效度 科比特报告复本信度估计为 0.83，并指出该检测对出国学习过和没出国学习过的人有区别，对该检测的判别式效度提供了有限的证据（Corbitt，1998）。

在跨文化培训中的使用证明 目前发表的著述中还没有提及在培训中使用过该量表。

获得该检测工具、培训要求、打分选项 该量表的内容一清二楚无须加以说明，可以自己填表打分。也可以得到《便利手册》（Corbitt，1998）。它还包括一种模拟一场国际会议的"全球了解能力检测游戏",除此之外还有一些培训设想和活动。这些材料都可以从跨文化出版社获取,地址是:Intercultural Press, Inc., P. O. Box 700, Yarmouth, ME 04096 U. S. (电话:866-372-2665(仅限美国)或 207-846-5168;传真:207-846-5181;网址:http://interculturalpress.com/shop/index.html)。

7. 文化调整、文化休克、文化适应

(1) 跨文化适应量表

概述 跨文化适应量表(Kelley & Meyers, 1995c)是个有 50 项检测项目的检测工具,被设计用来作为培训工具。它是本章讨论的所有检测工具中使用最广泛的量表。跨文化适应的概念是凯利(Kelley)和迈耶斯(Meyers)对理论和文献综述的基础上提出的。跨文化适应性量表已经过信度和效度的测试,在研究中使用该量表的文献不多但在增加。

用于跨文化培训的目的 设计该量表是为了满足文化多样性群体以及和这类群体打交道的培训师的需要。根据凯利和迈耶斯看法,该量表可以帮助学员理解与跨文化效率相关的因素、提高跨文化交流和互动的技能、作出是否应出国工作的决定(Kelley & Meyers,1995c)。该量表能达到文字框 4.1 所列出的很多目的,例如促进个人的发展和自我意识、进行受众分析、检验培训课程中的突出话题、便利以数据为基础的培训。

关键概念 该量表测试 4 种个人特点:个人自主性、感觉敏锐性、灵活与开放性、情感达观性。个人自主性指的是个人在自己的身份、价值观和信仰方面所具有的强度和自信。感觉敏锐性是一个人所具有的认识和解释文化暗示的技能。灵活与开放性反映的是面对新思考方式和行为方式时,上述特征存在的程度。情感达观性被界定为一个人处在新文化环境中驾驭压力的能力和处理可做多种解释问题的能力。

检测项目 该量表由 50 个陈述组成(7 个关于个人自主性、10 个关于感觉敏锐性、15 个关于灵活与开放性、18 个关于情感达观性)。该量表使用 6 分制里克特形式,用"完全正确"至"完全不正确"回答所有检测项目。检测项目实例:"我相信我可以在另一种文化中过上完全满足的生活","我不擅长理解与我不同的人们","我可以在事情还不清楚的环境中行使职责"。

信度和效度 有充分的证据表明该量表的信度和效度（Kelley & Meyers, 1995a）。凯利和迈耶斯报告了他们使用标准样本（$N = 653$）的研究结果。内在一致性信度系数分布的4项测量为0.68到0.82，总体测量为0.90。通过相关理论和研究文献对该量表检验，把检测项目上交专家评议组评议、使用因素分析等方法检测，该量表的内容、结构和因素效度成立。一个跨文化适应性量表的研究网络现在由NCA皮尔逊（Pearson）管理维护（见下面的联系方式信息），从该处可以获得相关的研究信息。

在跨文化培训中的使用证明 该量表广泛地用于培训、咨询和课程评估。一些咨询公司使用该量表进行培训和课程评估。在国际跨文化研究协会的调查中，3位答卷人报告说，他们的培训课程中使用了该量表。

获得该检测工具、培训要求、打分选项 该量表可以从以下地址获得：NCA Pearson, 5605 Green Circle Drive, Minnetonka MN 55343 U.S.（电话：800-627-7271转3225；电子邮件：assessment@ncs.com）。虽然使用该量表不需要正式的培训，但是使用者必须有"本科学位和培训背景"（Kelley & Meyers, 1995a p. 37）。该量表的作者还开发了多种辅助培训材料，如《跨文化适应性量表手册》（Kelley & Meyers, 1995a）、《行动计划指南》（Kelley & Meyers, 1992a）、一本业务手册（《通向各地的跨文化护照》Kelley & Meyers, 1992b）、《便利者指南》（Kelley & Meyers, 1992c）和《多元评价者工具箱》（Kelley & Meyers, 1995b）。

（2）文化休克量表

概述 文化休克量表（Reddin, 1994）是个有80项检测项目的检测工具，雷丁表示，"设计这种工具的目的是告知那些想在自己文化环境之外从事某项工作的人可能会遇到一些麻烦"（Reddin, 1994, p.103），该量表已被和平队和在多种文化环境中工作的执法官员使用。

用于跨文化培训的目的 该量表对个人发展和自我意识特别有用，它提出了理论（文化调整）、把理论和实践相结合（即照搬一些策略以应对文化休克）、测验一个在跨文化培训课程中非常突出的话题——克服抵触情绪（关于培训的需求）、方便了以数据为基础的培训。雷丁认为该量表可以用于领导能力、人事关系和国际或跨文化培训，也可以用于挑选人员、评估、选择和行为改变。

关键概念 该量表检测与文化休克相关的8个假设因素：西方中心主义的

程度、跨文化的经历、认知的灵活性、行为的灵活性、特定的文化经历、一般的文化知识、一般的文化行为、人际关系的敏感性。

检测项目 该量表由80个检测项目组成,使用"同意—不同意"回答所有检测项目。检测项目实例:"作为一个成年人,我至少有一个非常亲密的外国朋友","北美人和拉美人对时间的看法不同"。

信度和效度 对该量表的信度和效度有些证明。雷丁报告,8个子测量的复本信度值范围是从0.57到0.86,子测量有判别式效度(Reddin,1994)。更多的信息可从手册中获得。

在跨文化培训中的使用证明 该量表已经存在了25年以上,据雷丁记录,它被和平队广泛用于培训课程。在国际跨文化研究协会的调查中,没有答卷人把该量表看成是当前正在使用的一个检测工具。

获得该检测工具、培训要求、打分选项 该量表和其手册可以从下面地址获得:Organizational Tests, Ltd. , P.O. Box 805, Calais, ME 04619 U.S.。

(3) 外派海外工作量表

概述 外派海外工作量表(Tucker, 1973)问世于20世纪70年代,已有很长的历史了。它现在经常被用于公司的国际培训课程。根据塔克1999年的说法,该量表列在"经过研究最彻底的跨文化自我评估检测工具"之中,并且"由于新的研究数据可以获得,它在不断被精炼和修订(Tucker, 1999, p.45)。现在它由84项检测项目组成,检测14个与跨文化适应相关的特征。

用于跨文化培训的目的 塔克认为,该量表"作为一个自我表现意识的培训工具,在许多不同类型的跨文化培训课程中",都特别有用(Tucker, 1999, p.49)。这些课程包括那些专门设计的为支持雇员和其家庭到国外工作、帮助跨文化经历有限的人、支持商务旅行、帮助公司发展雇员数据库使要到国外工作雇员更好作准备等课程。

关键概念 该量表检测的14个特征是期望、思想开放度、对其他信仰的尊重、对人的信任、容忍、自我控制、灵活性、耐心、社会适应、主动性、承担风险能力、幽默意识、人际关系的兴趣、与配偶交流。该量表指示了有效跨文化互动的6个维度:知识、情感、生活方式、互动、交流、接受。

检测项目 该量表使用5分制里克特形式,用"非常不同意"至"非常同意"

进行回答。检测项目实例:"当我处于新的或不熟悉的环境中时,我感到不舒服","当作出一个决定时,我考虑不熟悉的可供选择的办法","准备迁居到国外将是很困难的"。

信度和效度 塔克和博耐尔报告,"检测中的阿尔法信度范围从灵活性的 0.57、社会适应的 0.78 到与配偶交流的 0.79。14 个检测项目中的 9 个……接近、等于或超过期望的阿尔法信度为 0.90 的水平"(Tucker and Bonial, 2002, p.13)。检测的发展和效度信息也已经提供在塔克等人(Tucker, Baier and Montgomer, 1983)及莫兰等人(Moran, Stahl and Boyer International, 1990)的著述中。

在跨文化培训中的使用证明 该量表一般用在公司的国际培训中。根据塔克的说法,1999 年有 4450 名公司的雇员和配偶参加了该量表检测(Tucker, 1999)。许多做跨文化培训的咨询公司使用该量表。它还被美国的和平队、青年相互理解组织、加拿大国际发展局、美国海军等单位使用。

获得该检测工具、培训要求、打分选项 培训师必须参加 2 天的专题研讨班以取得使用该量表的资格。打分由塔克国际(Tucker International)公司来做,该公司为每位答卷人准备了一份《评估和发展指南》。更多的信息请联系:Tucker International, LLC, 900 28th Street, Suite 200, Boulder, CO 80301 U.S.(电话:303-786-7753;传真:303-786-7801;电子邮件:info@tuckerintl.com)。

(4) 社会文化适应测量

概述 社会文化适应测量(Searle & Ward, 1990; Ward & Kennedy, 1999)是个有 29 项检测项目的检测工具,目的是测量社会文化适应的认知维度和行为维度。它建立在弗恩海姆和博克纳的"社会环境问卷"(Furnham & Bochner, 1982)的基础之上,并使用了该问卷的一些检测项目。现有很多关于该测量的研究文献,这些研究的结果总结在沃德和肯尼迪的著述中(Ward & Kennedy, 1999)。

用于跨文化培训的目的 沃德和肯尼迪曾说,"社会文化适应测量也可能对培训课程和评估的从业者证明是有用的"(Ward & Kennedy, 1999, p.674)。在跨文化培训中,特别是在有移居国外者的培训中,该量表有一些比较特定的潜在使用价值。它可以用于培训前进行的受众分析,促进与培训相关的个人发展和自我意识,评定组织的发展(这可能是较长期的培训介入的结果)。

关键概念 核心的概念是"社会文化适应",其定义是旅居者从行为和认知上适应新文化的方式。该量表的结构是两个维度:"行为适应"和"认知适应"。

检测项目 该量表由 29 个检测项目组成,使用 5 分制里克特式的形式,从"没有丝毫困难"到"非常困难"的范围进行选择加以回答。检测项目实例包括把自己表达清楚、理解笑话和幽默、与有权人打交道、与不同民族的人进行交流。

信度和效度 有确凿的证据支持该量表的信度和效度。沃德和肯尼迪总结了 21 个样本的结果(Ward and Kennedy, 1999)。这些结果显示,该量表具有强内在一致性、聚合效度、因素效度和标准效度。

在跨文化培训中的使用证明 虽然该量表已经被应用于大量的研究,但在跨文化培训中使用它的证据还没有发表过。

获得该检测工具、培训要求、打分选项 沃德和肯尼迪的著述中提供了社会文化适应测量(Ward and Kennedy, 1999)。没有关于附加材料或培训要求的信息。进一步的信息和该量表可以从沃德博士处获得,通讯地址:Dr. Colleen Ward, School of Psychology, Te Kura Matai Hinengaro, P. O. Box 600, Victory University of Wellington, Te Whare Wananga o te Upoko o te Ika a Maui, Wellington, New Zealand(电话:+64-4-4636037;传真:=64-4-4635402;电子邮件:colleen. ward@ vuw. ac. nz)。

8. 个性特点

(1) 迈尔斯-布里格斯类型指示表

概述 迈尔斯-布里格斯类型指示表(Briggs & Myers, 1943; Myers, 1962)是个有 126 项检测项目的量表,设计它的目的是检测由荣格最初假定的个性特点(Jung, 1921/1971)。作为一个最知名的个性检测,它已被应用于众多的跨文化研究,已被培训师、人力资源专家和教育工作者使用了几十年。

用于跨文化培训的目的 该表被用于文字框 4.1 所列举的许多目的,包括个人发展和自我意识、组织的评估和发展、受众分析、提供理论及把理论和实践相结合,检验培训课程中的突出话题、克服抵触情绪、便利以数据为基础的培训、使培训活动多样化。正如米尔斯和帕克所指出的,"迈尔斯-布里格斯类型指示表的很大吸引力在于……把使用和检测工具结合起来,特别是在教育和休假咨询服务领域"(Mills and Parker, 1998, p.2)。

关键概念 该表检测的有4个两级式的维度:外向—内向、思考—情感、感觉—直觉、判断—察觉。"外向—内向"评定的是答卷人对自己周围世界的倾向。外向的人更好交际和比较开朗;内向的人更缄默。"感觉—直觉"维度指的是人们获得信息和对信息作出反应的方式。感觉的人偏好以事实性的信息处理问题;直觉的人偏好象征性的知识。"思考—情感"这一连续统一体对比了思考型人与情感型人,思考型人倾向更多用分析方法解决问题,情感型人更多的依靠主观的分析和个人的感情。"判断—察觉"两者的差异体现在两者的对比:判断型人喜欢秩序和组织,而察觉型人看中的是灵活和开放。这4个维度产生了总共16种不同的个性类型。

检测项目 该量表由126个多项选择的检测项目组成。检测项目实例:"对你来讲,(1)例行程序或(2)持续的变化,适应哪种情况更困难?""你经常(1)自由地表达感情或(2)不外露自己的感情?"

信度和效度 虽然该量表已经广泛的应用于调查研究,但是关于其效度的基础研究有限。

在跨文化培训中的使用证明 有相当多的证据表明,该表已经使用在跨文化培训和其他培训中以及教育活动中。

获得该检测工具、培训要求、打分选项 获取该量表的地址是:Consulting Psychologists Press, Inc, 3803 E. Bayshore, Palo Alto, CA 94303 U.S.。有兴趣使用该量表的人需要培训,量表必须由计算机打分。不可以由答卷人自己打分。

(2)辛格-卢米斯式发展量表

概述 辛格-卢米斯式发展量表(Sinnger & Loomis, 1984; Sinnger et. al., 1996)是个有160项检测的量表,检测的是荣格假定的基本个性类型(Jung, 1921/1971)。该量表是著名的迈尔斯-布里格斯(Myers-Briggs)类型指示表的变体,是为了回应对迈尔斯-布里格斯类型指示表的批评(它使用了硬性选择填表形式、两极化的心理结构)而设计的。辛格-卢米斯式发展量表使用了5分制里克特式的检测,而不是硬性选择,这使得直接检测荣格提出的4个功能(感觉、直觉、思考、情感)的外向和内向的表达成为可能。

用于跨文化培训的目的　该量表可用于文字框4.1所列举的许多目的,包括个人发展的评估、受众分析、探讨人类多样性的形式。虽然它本身不是一个文化变量的检测,但却描绘了人类多样性的一个重要形式,人的性格在种族、民族、性别和其他特点的人群之间或之中都是多种多样的。该量表最多用于通过显示组织中存在的人们个性类别和特点,促进组织的发展。培训师可以通过多种方式利用这类信息,例如,展示这些多种性格对组织的实际贡献。这就强调了一个更重要的观点:多样性是一种资产。培训师在了解了个性差异可以对组织是个挑战之后,也可以利用这些信息去开发相应的培训,例如加强团队建设的训练。

关键概念　该量表利用荣格提出的6个概念即"内向、外向、感觉、直觉、情感、思考"来测量个性类型。内向和外向指的是个人偏向内在的主观还是外在世界的程度。感觉和直觉是荣格提出的感知功能,意思是人如何接收信息,是通过五官(感觉)还是通过想象(直觉)。情感和思考指的是一个人如何加工处理或判断信息,因此情感和思考指的是判断功能。8类个性模式是:内向感觉、外向感觉、内向直觉、外向直觉、内向思考、外向思考、内向情感、外向情感。该量表还使用从"主导的"到"最少使用的"进行排列的方法,提供了这些不同个性模式对个人相对重要性的信息。

检测项目　该量表中有20种情景,每种情景都用8类完成句子的形式完成。每种情景开始是个简短的背景,紧随其后是8个可供选择的方案。答卷人用下列之一的选择"极少"、"偶尔"、"一半时间"、"多数时间"、"总是"来评估8个可供选择的方案。下面是个情景实例和8个相关的选择方案。

我与一个我非常尊重的人产生了不同意见。这个人不同意我想做的事情。我会……

(1)担心如果我找不到办法的话可能会发生什么事情。

(2)提供有关当前形势的详细描述,以便我们俩都有相关事实的信息。

(3)描述我对所有事实的感受。

（4）提供一些理由说明我的立场是正当的。

（5）分析我们俩不同立场的逻辑。

（6）尽可能地修改我的立场，以防止我们俩的关系紧张。

（7）做对我似乎最有利的事情，不管他人说些什么。

（8）指出其他人正在用多种方法做着同样的事情。

信度和效度 两份发表的研究（Arnau，Rosen & Thompson，2000；Arnau，Thompson & Rosen，1999）对该量表的信度提供了坚实的支持，但对其效度只提供了有限的证据。据1999年阿尔诺等人报告，其内在一致性信度系数范围从0.64到0.90；2000年阿尔诺等人报告系数范围从0.65到0.91。这些数字与科克哈特报告的0.67到0.90的系数比较一致（Kirkhart and Kirkhart，1998）。阿尔诺等人检验了复本信度，他们发现所有的T1-T2相关在 $p < 0.01$ 的水平，具有统计学上的意义。通过与辛格-卢米斯个性量表（Singer-Loomis Inventory of Personality, Loomis, 1982）5因素结构证据的因素分析，其效度成立；这个结果接近8因素结构的模式但不是其复制。阿尔诺等人通过对"辛格-卢米斯式发展量表"与"个性的5因素模式"（Five-Factor Model of Personality, Digman, 1990）的相关研究，检测了辛格-卢米斯式发展量表的聚合效度；相关性在假设的方向上，具有统计学上的意义。通过把对辛格-卢米斯式发展量表的测量与马洛-克朗社会愿望测量（Marlowe-Crown Social Desirability Scale）的相关研究，前者的发散效度成立，不存在统计学意义上的相关性，$p < 0.05$（Arnau et. al., 2000）。

在跨文化培训中的使用证明 有相当多的证据表明，该量表已经使用在跨文化培训和其他的培训中以及教育活动中。

获得该检测工具、培训要求、打分选项 由答卷者自己打分及计算机打分版本的辛格-卢米斯式发展量表都可以得到。使用该量表不需要培训。为理解和解释检测结果的附属材料也开发出来了，它们都可以从以下地址获得：Moving Boundaries, Inc., 1375 S. W. Blaine Court, Gresham, OR 97080 U. S.（电话：888-661-4433；电子邮件：info@movingboundaries.com；网址：http://www.movingboundaries.com）。

9. 跨文化和多元文化能力

(1) 多元文化意识—知识—技能调查

概述 多元文化意识—知识—技能调查(D'Andrea et. al., 1991)是个有60项检测项目的量表,开发它的目的是检测多元文化心理咨询服务技能。该调查是为特定人群(咨询教育课程中的学生)使用的,因而在上述目标人群外,它的适应性有限。尽管如此,它也是为评定多元文化培训干预的影响而设计的,丹德烈亚著述中的数据表明,它在该方面检测中运作非常良好(D'Andrea, et. al., 1991)。因而,它被选入本章中。

用于跨文化培训的目的 该调查对咨询教育有价值,对提高一个人多元文化方面自我意识的培训课程也有价值。

关键概念 3个关键概念是:多元文化意识、多元文化知识、多元文化技能。

检测项目 该调查由60项检测构成,依据陈述,用多种形式的4分制、里克特形式答卷。下面是两个例子:

- 总体来讲,你对自己关于不同文化机构和制度了解的水平定为哪个层次?_____非常有限、_____有限、_____有些了解、_____非常了解。

- "一体化"(integration)的概念所带来争议在于它暗示一种有利于主流文化的偏见。_____非常同意、_____同意、_____不同意、_____非常不同意。

信度和效度 1990年蓬特洛图等人(Ponterrotto, Sanchez and Magids, 1990)报告了该调查的内在一致性信度(意识是0.75,知识是0.90,技能是0.96)和聚合效度(与多元文化咨询意识测量具有统计学意义上的相关)。

在跨文化培训中的使用证明 在丹德烈亚等人报告的一项研究中,该调查被用于咨询师的教育(D'Andrea, et. al., 1991)。

获得该检测工具、培训要求、打分选项 1991年丹德烈亚等人的著述中提供了该调查(D'Andrea, et. al., 1991)。没有提到资格证书的要求。该调查可以由答卷人自己打分,但是应该由有经验的从事咨询师培训的教师或跨文化培训师使用,用于特定的目的。更多的信息请联系:Dr. Michael D'Andrea, College of Education—Counselor Education, 1776 University Avenue, University of Hawaii at Manoa, Honolulu, HI 96822 U.S. (电话:808-956-7703)。

(2) 一般文化同化案例

概述 危机事件在跨文化培训中有着很长的使用历史,很受培训师的欢迎。这方面的名著是库什纳和布里斯林编的书(Cushner & Brislin, 1996),它包括了100个危机事件(或者说是同化案例情节,assimilator episodes),编者更喜欢把这些事件说成是一般文化同化案例。严格来说,文化同化案例并不是一种检测工具,但是它向学员提供了关于文化差异的有价值信息。对于每一个危机事件,都要求答卷者从多种选择中选择一个最佳解释。

用于跨文化培训的目的 危机事件对跨文化培训特别有价值有几个原因:首先,它使学员不受到任何威胁地参加培训。其次,它们是种客气的措施使学员很好地接受了关键的文化概念。第三,他们可以用于自学,在这方面库什纳和布里斯林编的书非常有用。最后,它们在促进小组讨论跨文化事件方面是个很有效的工具。

关键概念 布里斯林、库什纳、切里和荣界定了3类主题,它们被假定为跨文化接触的中心问题:(1)对人们情感产生影响的经验(例如,不明确、属性)。(2)与跨文化经验有关的知识(例如,价值观、时间和空间)。(3)文化差异的基础(例如,内群体和局外人的区别)(Brislin, Cushner, Cherrie & Yong, 1986)。100个关键事件(或者称文化同化案例情节)中的每一个都表现了1个以上的这类主题。

检测项目 文化同化案例包括100个情节。每个情节有个简短的文字说明,描述了一次跨文化遭遇,随之有4个选择就提出的问题进行回答,其中有一个是对该遭遇的最佳解释。在答卷者选择了自认为是对情景的最佳解释后,让他们提交答案。要求他们解释每一种选择为什么是或不是这次跨文化遭遇的最佳解释。

信度和效度 文化同化案例的结构效度是基于对象文化专家们的评定,评定这些事件和各种解释是否正确。

在跨文化培训中的使用证明 危机事件可能是跨文化培训中使用最广的工具。

获得该检测工具、培训要求、打分选项 一般文化同化案例是本可以买到的教科书(Cushner & Brislin, 1996)。使用它没有特殊的培训要求,学员以自学的方式使用它很方便。学员可以翻阅答案部分,立刻得到反馈,看看自己的选择是否是最佳解释。它也可以用于培训,但是没有附带的培训材料。

10. 偏见和种族主义

(1) 色盲式种族态度测量

概述 色盲式种族态度测量(Neville et. al., 2000)是个有20项检测项目的检测工具,是为检测当前的种族主义而开发出来的。根据内维尔等人的说法,众所周知的种族主义测量工具"现代种族主义测量"(Modern Racism Scale, McConahay,1986)可能捕捉不到"当前种族态度的表达"(Neville et. al., 2000, p.60)。色盲式种族态度测量检测的是"色盲"的认知维度:一个人否认结构种族主义(权力规避)而相信种族同一(颜色规避)的程度。

用于跨文化培训的目的 在反对种族主义、倡导多元化、处理种族关系权力维度的跨文化课程方面,该量表可能特别有价值。可以用它进行摸底测量和检验后的测量。

关键概念 该量表的关键态度结构是:种族特权、制度上的歧视和突出的种族问题。

检测项目 该量表由20个检测项目组成,每一项用一句陈述来表示,使用里克特形式答卷。检测项目的实例:"在决定谁成功谁不成功,种族是非常重要的","人人只要工作努力,不管是哪个种族,都有平等的成功机会"。

信度和效度 内维尔等人提供了5项研究结果,总体上显示了高度的内在一致性信度,良好的复本信度,出色的共点的、因素的和参考标准的效度(Neville, et. al., 2000)。

在跨文化培训中的使用证明 内维尔等人报告的一项效度研究(Neville, et. al., 2000),测试了该量表对一项多元文化培训介入的敏感度。在该测量的整体得分和种族特权的子测量上有显著的下降。这说明,该量表可能在检测与跨文化和多文化培训课程相关态度的转变方面,是一个有价值的工具。

获得该检测工具、培训要求、打分选项 该量表的检测项目发表在内维尔等人著述中(Neville, et. al., 2000)。没有提及培训和打分的要求,也没有提及检测手册或为培训师使用的相关材料。关于这个新检测工具的新信息可以从以下地址得到:Helen A. Neville, Department of Educational and Counseling Psychology, 16 Hill Hall, University of Missouri, Columbia, MO 65221 U.S.(电子邮件:NevilleH@ missouri. edu)。

(2) 态度和行为开放度测量

概述 态度和行为开放度测量是个有24项检测项目的检测工具,测量开放度,即测量一种卡利朱里等人提出的有助于"促进接受文化多样性"的个性(Caligiuri et. al., 2000, p.28)。该量表检测理论上推导出的开放度4方面:参加文化活动、外国的经历、开放的态度、对差异的舒适度。

用于跨文化培训的目的 该量表可以用于评定和促进个人的发展和自我意识。该量表提供的信息,可以便利检验培训课程中的突出话题,可以通过提供自我报告的数据与跨文化交往相关态度和行为的数据,有助于克服跨文化交往中的抵触情绪。卡利朱里等人建议,"态度和行为开放度测量还可以加入到文化多样性培训课程中,以促进自我意识"(Caligiuri et. al., 2000, p.44)。

关键概念 4个关键的概念是:参加文化活动、外国的经历、开放的态度、对差异的舒适度。

检测项目 该量表由24个陈述组成,使用5分制里克特形式,根据不同的陈述回答问题。检测项目实例和回答形式有:"其他的文化让我着迷"("非常同意"到"非常不同意"),"我在各种民族餐馆中吃饭"("从不"到"经常")。

信度和效度 卡利朱里等人从两项研究中提供了整个量表的内在一致性信度(0.81和0.84),因素效度(从探测和确定因素分析)和聚合—扩散结构效度(Caligiuri et. al., 2000)。

在跨文化培训中的使用证明 目前还没有著述表明在培训中使用了该量表。

获得该检测工具、培训要求、打分选项 该量表的检测项目发表在卡利朱里等人的著述中(Caligiuri et. al., 2000)。似乎该量表很容易使答卷人自我打分或由培训师打分。没有列出使用资格或培训要求。更多的信息请联系:Dr. Paula Caligiuri, Rutgers University, School of Management and Labor Relations, Department of Human Resource Management, 200B Levin Building, Piscataway, NJ 18854 U.S.(电子邮件:caligiur@ rci. rutgers. edu)。

结束语

在本章中我们考察了 35 种不同的检测工具。最终,还是要取决于培训师在跨文化培训课程中选择、排序和使用这些检测工具方面,做出的合理决定。在这方面帮助跨文化培训同仁一直是我的心愿,我希望我已经完成了这个目标。现有检测工具的更新版本必然会出版,新的检测工具不断地问世,在写本章时最大挑战之一是在当今使用的大量检测工具中进行筛选。

在最后的分析中,我认为,出于前面提到原因,检测工具有大量的东西可以提供给跨文化培训师和课程参加者。然而,所有的培训师必须要判定一个特定的检测工具是否在自己的专门知识和培训技能领域之内。培训师留心了那些容易犯的错误,就能作出合理可靠的决定,运用检测工具达到不同目的。

参 考 文 献

Arnau, R. C., Rosen, H. R., & Thompson, B. (2000). Reliability and validity of scores from the Singer-Loomis Type Deployment Inventory. *Journal of Analytical Psychology, 45,* 409–426.

Arnau, R. C., Thompson, B., & Rosen, H. R. (1999). Alternative measures of Jungian personality constructs. *Measurement and Evaluations in Counseling and Development, 32*(3), 90–104.

Baker, R., Dixon, N., & Kolb, D. A. (1985). *Personal learning guide.* Boston: HayGroup.

Bennett, J. M. (1993). Cultural marginality: Identity issues in intercultural training. In R. M. Paige (Ed.), *Education for the intercultural experience* (2nd ed., pp. 109–135). Yarmouth, ME: Intercultural Press.

Bennett, M. J. (1993). Toward ethnorelativism: The developmental model of intercultural sensitivity. In R. M. Paige (Eds.), *Education for the intercultural experience* (pp. 21–71). Yarmouth, ME: Intercultural Press.

Bhawuk, D. P. S., & Brislin, R. W. (1992). The measurement of intercultural sensitivity using the concepts of individualism and collectivism. *International Journal of Intercultural Relations, 16*(4), 413–436.

Bhawuk, D. P. S., & Brislin, R. W. (2000). Cross-cultural training: A review. *Applied Psychology: An International Review, 49*(1), 162–191.

Bhawuk, D. P. S., & Triandis, H. C. (1996). The role of culture theory in the study of culture and intercultural training. In D. Landis & R. S. Bhagat (Eds.), *Handbook of intercultural training* (2nd ed., pp. 17–34). Thousand Oaks, CA: Sage.

Briggs, K. C., & Myers, I. B. (1943). *The Myers-Briggs Type Indicator.* Palo Alto, CA: Consulting Psychologists Press.

Brink, P. J. (1984). Value orientations as an assessment tool in cultural diversity. *Nursing Research, 33*(4), 198–203.

Brislin, R. W., Cushner, K., Cherrie, C., & Yong, M. (1986). *Intercultural interactions: A practical guide.* Beverly Hills, CA: Sage.

Brislin, R. W., & Yoshida, T. (Eds.). (1994). *Improving intercultural interactions: Modules for cross-cultural training programs.* Thousand Oaks, CA: Sage.

Brown, C., & Knight, K. (1999). Introduction to self-awareness inventories. In S. M. Fowler & M. G. Mumford (Eds.), *Intercultural sourcebook: Cross-cultural training methods* (Vol. 2, pp. 19–30). Yarmouth, ME: Intercultural Press.

Caligiuri, P. M., Jacobs, R. R., & Farr, J. L. (2000). The Attitudinal and Behavioral Openness Scale: Scale development and construct validation. *International Journal of Intercultural Relations, 24*(1), 27–46.

Casse, P. (1982). *Training for the multicultural manager.* Washington, DC: Society for Intercultural Education, Training and Research.

Casse, P. (1999). The four-value orientation exercise using a self-awareness inventory. In S. M. Fowler & M. G. Mumford (Eds.), *Intercultural sourcebook: Cross-cultural training methods* (Vol. 2, pp. 31–44). Yarmouth, ME: Intercultural Press.

Conoley, J. C., & Kramer, J. J. (Eds.). (1989). *The tenth mental measurements yearbook.* Lincoln, NE: Buros Institute of Mental Measurements, University of Nebraska.

Cooke, R. A., & Lafferty, J. C. (1983). *The Organizational Culture Inventory.* Plymouth, MI: Human Synergistics.

Cooke, R. A., & Lafferty, J. C. (1995). *Culture for Diversity Inventory.* Arlington Heights, IL: Human Synergistics/Center for Applied Research.

Cooke, R. A., & Rousseau, D. M. (1989). Behavioral norms and expectations: A quantitative approach to the assessment of organizational culture. *Group and Organization Studies, 13,* 245–273.

Cooke, R. A., & Szumal, J. L. (1993). Measuring normative beliefs and shared behavioral expectations in organizations: The reliability and validity of the Organizational Culture Inventory. *Psychological Reports, 72,* 1299–1330.

Cooke, R. A., & Szumal, J. L. (2000). Using the Organizational Culture Inventory to understand the operating cultures of organizations. In N. M. Ashkanasy, C. P. M. Wilderom, & M. F. Peterson (Eds.), *Handbook of organizational culture and climate* (pp. 147–162). Thousand Oaks, CA: Sage.

Corbitt, J. N. (1998). *Global Awareness Profile.* Yarmouth, ME: Intercultural Press.

Cross, W. E., Jr. (1970, April). *The Black experience viewed as a process: A crude model for Black self-actualization.* Paper presented at the 34th annual meeting of the Association of Social and Behavioral Scientists, Tallahassee, FL.

Cross, W. E., Jr. (1971). The Negro-to-Black conversion experience. *Black World, 20,* 13–27.

Cross, W. E., Jr. (1978). The Thomas and Cross models of psychological nigrescence: A review. *Journal of Black Psychology, 4*(1), 13–31.

Cross, W. E., (1991). *Shades of Black: Diversity in African-American identity.* Philadelphia: Temple University Press.

Cross, W. E. & Vandiver, B. J. (2001). Nigrescence theory and measurement: Introducing the Cross Racial Identity Scale (CRIS). In J. G. Ponterotto, J. M. Casas, L. M. Suzuki, & C. M. Alexander (Eds.), *Handbook of multicultural counseling* (2nd ed., pp. 371–393). Thousand Oaks, CA: Sage.

Crowne, D., & Marlowe, D. (1964). *The approval motive.* New York: Wiley.

Cuellar, I. (1994). *The Acculturation Rating Scale for Mexican Americans–II scoring and interpretive program* [Computer program]. McAllen, TX: PC PSYCH.

Cuellar, I., Arnold, B., & Maldonado, R. (1995). Acculturation Rating Scale for Mexican Americans–II: A revision of the original ARSMA scale. *Hispanic Journal of Behavioral Sciences, 17,* 275–304.

Cuellar, I., Harris, L. C., & Jasso, R. (1980). An

acculturation scale for Mexican American normal and clinical populations. *Hispanic Journal of Behavioral Sciences, 2,* 199–217.

Cushner, K., & Brislin, R. W. (1996). *Intercultural interactions: A practical guide* (2nd ed.). Thousand Oaks, CA: Sage.

Cushner, K., & Brislin, R. W. (1997). *Improving intercultural interactions: Modules for cross-cultural training programs* (Vol. 2). Thousand Oaks, CA: Sage.

D'Andrea, M., Daniels, J., & Heck, R. (1991). Evaluating the impact of multicultural counseling training. *Journal of Counseling and Development, 70,* 143–150.

Dansby, M. R., & Landis, D. (1991). Measuring equal opportunity in the military environment. *International Journal of Intercultural Relations, 15*(4), 399–406.

Dansby, M. R., & Landis D. (1996). Intercultural training in the military. In D. Landis & R. S. Bhagat (Eds.), *Handbook of intercultural training* (2nd ed., pp. 203–215). Thousand Oaks, CA: Sage.

Dansby, M. R., Stewart, J. B., & Webb, S. C. (Eds.). (2001). *Managing diversity in the military.* New Brunswick, NJ: Transaction.

Der-Karabetian, A. (1992). World-mindedness and the nuclear threat: A multinational study. *Journal of Social Behavior and Personality, 7,* 293–308.

Der-Karabetian, A., & Metzer, J. (1993) The Cross-Cultural World-Mindedness Scale and political party affiliation. *Psychological Reports, 72,* 1069–1070.

Digman, J. M. (1990). Personality structure: An emergence of the five-factor model. *Annual Review of Psychology, 41,* 417–440.

Dunbar, E. (1997). The Personal Dimensions of Difference Scale: Measuring multi-group identity with four ethnic groups. *International Journal of Intercultural Relations, 21*(1), 1–28.

Fantini, A. E. (2000). A central concern: Developing intercultural competence. In A. E. Fantini (Ed.), *SIT Occasional paper series: Inaugural issue—about our institution* (pp. 23–42). Brattleboro, VT: School for International Training.

Fowler, S. M., & Mumford, M. G. (Eds.). (1999). *Intercultural sourcebook: Cross-cultural training methods* (Vol. 2). Yarmouth, ME: Intercultural Press.

Furnham, A., & Bochner, S. (1982). Social difficulty in a foreign culture: An empirical analysis of culture shock. In S. Bochner (Ed.), *Cultures in contact: Studies in cross-cultural interaction* (pp. 161–198). Oxford, UK: Pergamon Press.

Gallagher, T. J. (2000). Building institutional capacity to address cultural differences. In R. T. Carter (Ed.), *Addressing cultural issues in organizations: Beyond the corporate context* (pp. 229–241). Thousand Oaks, CA: Sage.

Gelfand, M. J., & Holcombe, K. M. (1998). Behavioral patterns of horizontal and vertical individualism and collectivism. In T. M. Singelis (Ed.), *Teaching about culture, ethnicity, and diversity: Exercises and planned activities* (pp. 121–131). Thousand Oaks, CA: Sage.

Gerner, M., Perry, F., Moselle, M. A., & Archbold, M. (1992). Characteristics of internationally mobile adolescents. *Journal of Social Psychology, 30,* 197–214.

Glisson, C., & James, L. R. (2002). The cross-level effects of culture and climate in human service teams. *Journal of Organizational Behavior, 23,* 767–794.

Gudykunst, W. B. (1994). *Bridging differences: Effective intergroup communication* (2nd ed.). Thousand Oaks, CA: Sage.

Gudykunst, W. B., Guzley, R. M., & Hammer, M. R. (1996). Designing intercultural training. In D. Landis & R. S. Bhagat (Eds.), *Handbook of intercultural training* (2nd ed., pp. 61–80). Thousand Oaks, CA: Sage.

Hammer, M. R. (1999). A measure of intercultural sensitivity: The Intercultural Development Inventory. In S. M. Fowler & M. G. Mumford (Eds.), *Intercultural sourcebook: Cross-cultural training methods* (Vol. 2, pp. 61–72). Yarmouth, ME: Intercultural Press.

Hammer, M. R. (2003). *The Intercultural Conflict Style Inventory* [Instrument]. North Potomac, MD: Hammer Consulting Group.

Hammer, M. R., & Bennett, M. J. (2001a). *The Intercultural Development Inventory* [Instrument]. Portland, OR: Intercultural Communication Institute.

Hammer, M. R., & Bennett, M. J. (2001b). *The Intercultural Development Inventory: Manual.* Portland, OR: Intercultural Communication Institute.

Hammer, M. R., Bennett, M. J., & Wiseman, R.

(2003). Measuring intercultural sensitivity: The Intercultural Development Inventory. *International Journal of Intercultural Relations, 27*(4), 421–443.

HayGroup. (2001). *Bibliography of research on experiential learning and the Learning Style Inventory.* Boston: Author.

Helms, J. E. (1984). Toward a theoretical explanation of the effects of race on counseling: A Black and White model. *The Counseling Psychologist, 17,* 227–252.

Helms, J. E. (Ed.). (1990a). *Black and White racial identity: Theory, research and practice.* New York: Greenwood Press.

Helms, J. E. (1990b). The measurement of Black racial identity attitudes. In J. E. Helms (Ed.), *Black and White racial identity: Theory, research and practice* (pp. 32–47). New York: Greenwood Press.

Helms, J. E., & Carter, R. T. (1990a). Development of the White Racial Identity Scale. In J. E. Helms (Ed.), *Black and White racial identity: Theory, research and practice* (pp. 67–80). New York: Greenwood Press.

Helms, J. E., & Carter, R. T. (1990b). White Racial Identity Attitude Scale (Form WRIAS). In J. E. Helms (Ed.), *Black and White racial identity: Theory, research and practice* (pp. 249–251). New York: Greenwood Press.

Helms, J. E., & Parham, T. A. (1990). Black Racial Identity Attitude Scale (Form RIAS-B). In J. E. Helms (Ed.), *Black and White racial identity: Theory, research and practice* (pp. 245–247). New York: Greenwood Press.

Helms, J. E., & Parham, T. A. (1996). The development of the Racial Identity Attitude Scale. In R. L. Jones (Ed.), *Handbook of tests and measurements for Black populations* (Vol. 2, pp. 167–174). Hampton, VA: Cobb & Henry.

Horvath, A. M. (1997). Ethnocultural identification and the complexities of ethnicity. In K. Cushner & R. Brislin (Eds.), *Improving intercultural interactions: Modules for cross-cultural training programs* (Vol. 2, pp. 165–183). Thousand Oaks, CA: Sage.

Human Synergistics/Center for Applied Research, (2001). *Culture for Diversity Inventory.* Arlington Heights, IL: Author. Retrieved July 10, 2003, from http://www.hscar.com/cdi.htm

Jackson, B., & Hardiman, R. (1994). Multicultural organizational development. In E. Y. Cross, J. H. Katz, F. A. Miller, & E. W. Seashore (Eds.), *The promise of diversity: Over 40 voices discuss strategies for eliminating discrimination in organizations* (pp. 231–239). Burr Ridge, IL: Irwin.

Jung, C. G. (1971). *Psychological types: Collected works* (Vol. 6). Princeton, NJ: Princeton University Press. (Original work published 1921)

Kelley, C., & Meyers, J. (1992a). *The Cross-Cultural Adaptability Inventory: Action-planning guide.* Minneapolis, MN: NCS Pearson.

Kelley, C., & Meyers, J. (1992b). *The Cross-Cultural Adaptability Inventory: A cultural passport to anywhere.* Minneapolis, MN: NCS Pearson.

Kelley, C., & Meyers, J. (1992c). *The Cross-Cultural Adaptability Inventory: Facilitator's guide.* Minneapolis, MN: NCS Pearson.

Kelley, C., & Meyers, J. (1995a). *The Cross-Cultural Adaptability Inventory: Manual.* Minneapolis, MN: NCS Pearson.

Kelley, C., & Meyers, J. (1995b). *The Cross-Cultural Adaptability Inventory: Multi-rater kit.* Minneapolis, MN: NCS Pearson.

Kelley, C., & Meyers, J. (1995c). *The Cross-Cultural Adaptability Inventory: Self-assessment.* Minneapolis, MN: NCS Pearson.

Kelley, C., & Meyers, J. (1999). The cross-cultural adaptability inventory. In S. M. Fowler & M. G. Mumford (Eds.), *Intercultural sourcebook: Cross-cultural training methods* (Vol. 2, pp. 53–60). Yarmouth, ME: Intercultural Press.

Keyser, D. J., & Sweetland, R. C. (Eds.). (1987). *Test critiques compendium: Reviews of major tests from the Test Critiques series.* Kansas City, MO: Test Corporation of America.

Kirkhart, L., & Kirkhart, E. (1998). *Statistical performance of the Singer-Loomis Type Deployment Inventory: An interim report.* Gresham, OR: Moving Boundaries.

Kluckhohn, F. R., & Strodtbeck, F. L. (1961). *Variations in value orientations.* Evanston, IL: Row, Peterson.

Kohatsu, E. L., & Richardson, T. Q. (1996). Racial and ethnic identity assessment. In L. A. Suzuki, P. J. Meller, & J. G. Ponterotto (Eds.), *Handbook of multicultural assessment: Clinical, psychological and educational applications* (pp. 611–649). San Francisco: Jossey-Bass.

Kolb, D. A. (1984). *Experiential learning: Experience as the source of learning and development.* Englewood Cliffs, NJ: Prentice Hall.

Kolb, D. A. (1993). *Learning-Style Inventory: Self-scoring inventory and interpretation booklet (Version LSI-IIa).* Boston: HayGroup.

Kolb, D. A. (1999). *The Kolb Learning Style Inventory: Version 3.* Boston: HayGroup.

Kolb, D. A. (2000). *Facilitator's guide to learning.* Boston: HayGroup.

Kossek, E., & Zonia, S. (1993). Assessing diversity climate: A field study of reactions to employer efforts to promote diversity. *Journal of Organizational Behavior, 14,* 61–81.

Landis, D. (1990). *Military Equal Opportunity Climate Survey: Reliability, construct validity and preliminary field test.* Oxford, MS: University of Mississippi Center for Applied Research and Evaluation.

Landis, D., Barrios, B., Curl, L. S., Black-Gutman, D., & Chesterton, P. (2001, Spring). The cross-cultural generality of equal opportunity climate: A study of college students. *International Education,* pp. 5–19.

Landis, D., & Bhagat, R. S. (Eds.). (1996). *Handbook of intercultural training* (2nd ed.). Thousand Oaks, CA: Sage.

Landis, D., & Brislin, R. W. (Eds.). (1983). *Handbook of intercultural training* (Vols. 1–3). New York: Pergamon.

Landis, D., Dansby, M. R., & Faley, R. H. (1993). The Military Equal Opportunity Climate Survey: An example of surveying in organizations. In P. Rosenfeld, J. E. Edwards, & M. D. Thomas (Eds.), *Improving organizational surveys: New directions, methods and applications* (pp. 212–239). Newbury Park, CA: Sage.

Landis, D., Dansby, M. R., & Tallarigo, R. S. (1996). The use of equal opportunity climate in intercultural training. In D. Landis & R. S. Bhagat (Eds.), *Handbook of intercultural training* (2nd ed., pp. 244–263). Thousand Oaks, CA: Sage.

Loomis, M. (1982). A new perspective for Jung's typology: The Singer-Loomis Inventory of Personality. *Journal of Analytical Psychology, 27,* 59–69.

Maddox, T. (Ed.). (1997). *Tests: A comprehensive reference for assessments in psychology, education and business.* Austin, TX: Pro-Ed.

Markus, H. R., & Kitayama, S. (1991). Culture and the self: Implications for cognition, emotion and motivation. *Psychological Review, 98,* 224–253.

Marsella, A. J., & Horvath, A.-M. (1993). *The Multi-Index Ethnocultural Identity Scale.* Unpublished manuscript, University of Hawaii at Manoa.

Marsella, A. J., & Kameoka, V. (1989). Ethnocultural issues in the assessment of psychopathology. In S. Wetzler (Ed.), *Measuring mental illness: Psychometric assessment for clinicians* (pp. 231–256). Washington, DC: American Psychiatric.

McConahay, J. B. (1986). Modern racism, ambivalence, and the Modern Racism Scale. In J. F. Dovidio & S. L. Gaertner (Eds.), *Prejudice, discrimination, and racism* (pp. 91–126). New York: Academic Press.

Milliones, J. (1980). Construction of a Black consciousness measure: Psychotherapeutic implication. *Psychotherapy: Theory, Research and Practice, 17,* 175–182.

Mills, C. J., & Parker, W. D. (1998). Cognitive-psychological profiles of gifted adolescents from Ireland and the U.S.: Cross-societal comparisons. *International Journal of Intercultural Relations, 22*(1), 1–16.

Moran, Stahl, & Boyer International. (1990, September). *OAI technical status report.* Unpublished report.

Murphy, L. L., Plake, B. S., & Impara, J. C. (Eds.). (1999). *Tests in print V: An index to tests, test reviews and the literature on specific tests.* Lincoln, NE: Buros Institute of Mental Measurements of the University of Nebraska.

Myers, I. B. (1962). *The Myers-Briggs Type Indicator.* Palo Alto, CA: Consulting Psychologists Press.

Neville, H. A., Lilly, R. L., Duran, G., Lee, R. M., & Browne, L. (2000). Construction and initial validation of the Color-Blind Racial Attitudes Scale (CoBRAS). *Journal of Counseling Psychology, 47,* 59–70.

Ortuno, M. M. (1991). Cross-cultural awareness in the foreign language class: The Kluckhohn model. *Modern Language Journal, 75,* 449–459.

Paige, R. M. (1993). On the nature of intercultural experiences and intercultural education. In R. M. Paige (Ed.), *Education for the intercultural expe-*

rience (pp. 1–19). Yarmouth, ME: Intercultural Press.

Paige, R. M., Jacobs-Cassuto, M., Yershova, Y. A., & DeJaeghere, J. (2003). Assessing intercultural sensitivity: A psychometric analysis of the Hammer and Bennett Intercultural Development Inventory. *International Journal of Intercultural Relations, 27*(4), 467–486.

Paige, R. M., & Martin, J. N. (1996). Ethics in intercultural training. In D. Landis & R. Bhagat (Eds.), *Handbook of intercultural training* (2nd ed., pp. 35–60). Thousand Oaks, CA: Sage.

Parham, T. A. (1989, April). Cycles of psychological nigrescence. *The Counseling Psychologist, 17*(2), 187–226.

Parham, T. A., & Helms, J. E. (1981). The influence of Black students' racial identity attitudes on preference for counselor's race. *Journal of Counseling Psychology, 28,* 250–257.

Pfeiffer, J. W. (1994). *Pfeiffer and Company library, Volume 22, of inventories, questionnaires and surveys: Training technologies.* San Francisco: Jossey-Bass/Pfeiffer.

Pfeiffer, J. W., Heslin, R., & Jones, J. E. (1976). *Instrumentation in human relations training: A guide to 92 instruments with wide application to the behavioral sciences* (2nd ed.). San Diego, CA: University Associates.

Pfeiffer, J. W., & Mallew, A. C. (1988). *Using instruments in human resource development.* San Diego, CA: University Associates.

Phinney, J. S. (1992). The Multigroup Ethnic Identity Measure: A new scale for use with diverse groups. *Journal of Adolescent Research, 7,* 156–176.

Plake, B. S., Impara, J. C., & Spies, R. A. (Eds.). (2003). *The fifteenth mental measurements yearbook.* Lincoln, NE: Buros Institute of Mental Measurements of the University of Nebraska.

Ponce, D. E. (1985). Value orientation: Clinical applications in a multi-cultural residence treatment center for children and youth. *Journal of Residential Group Care and Treatment, 2,* 71–83.

Ponterotto, J. G., Sanchez, C. M., & Magids, D. M. (1990). *The Multicultural Counseling Awareness Scale (MCAS): Form B, revised self-assessment.* New York: Fordham University.

Pope-Davis, D. B., & Ottavi, R. M. (1994). The relationship between racism and racial identity among White Americans: A replication and extension. *Journal of Counseling and Development, 72,* 293–297.

Pope-Davis, D. B., Vandiver, B. J., & Stone, G. L. (1999). White racial identity attitude development: A psychometric examination of two instruments. *Journal of Counseling Psychology, 46,* 70–79.

Reddin, W. J. (1994). *Using tests to improve training: The complete guide to selecting, developing and using training instruments.* Englewood Cliffs, NJ: Prentice Hall.

Rivera-Sinclair, E. A. (1997). Acculturation/biculturalism and its relationship to adjustment in Cuban-Americans. *International Journal of Intercultural Relations, 21*(3), 379–391.

Robinson, J. P., Shaver, P. R., & Wrightsman, L. S. (Eds.). (1991). *Measures of personality and social psychological attitudes.* San Diego, CA: Academic Press.

Roizner, M. (1996). *A practical guide for the assessment of cultural competence in children's mental health organizations.* Boston: Judge Baker Children's Center.

Sampson, D., & Smith, K. P. (1957). A scale to measure world-minded attitudes. *Journal of Social Psychology, 45,* 99–106.

Searle, W., & Ward, C. (1990). The prediction of psychological and sociocultural adjustment during cross-cultural transitions. *International Journal of Intercultural Relations, 14*(4), 449–464.

Silvernail, D. L. (1979). The assessment of teachers' future world prospective values. *Journal of Environmental Studies, 10,* 7–11.

Singelis, T. M. (1994). The measurement of independent and interdependent self-construals. *Personality and Social Psychology Bulletin, 20,* 580–591.

Singelis, T. M. (Ed.). (1998). *Teaching about culture, ethnicity, and diversity: Exercises and planned activities.* Thousand Oaks, CA: Sage.

Singelis, T. M., & Sharkey, W. F. (1995). Culture, self-construal and embarrassability. *Journal of Cross-Cultural Psychology, 60,* 649–655.

Singelis, T. M., Triandis, H. C., Bhawuk, D. S., & Gelfand, M. J. (1995). Horizontal and vertical dimensions of individualism and collectivism: A theoretical and measurement refinement. *Cross-Cultural Research, 29*, 240–275.

Singer, J., & Loomis, M. (1984). *Manual: The Singer-Loomis Inventory of Personality.* Palo Alto, CA: Consulting Psychologists Press.

Singer, J., Loomis, M., Kirkhart, E., & Kirkhart, L. (1996). *The Singer-Loomis Type Deployment Inventory—Version 4.1.* Gresham, OR: Moving Boundaries.

Stephan, W. G., & Stephan, C. W. (1985). Intergroup anxiety. *Journal of Social Issues, 41*, 157–176.

Storti, C. (1994). *Cross-cultural dialogues: 74 Brief encounters with cultural difference.* Yarmouth, ME: Intercultural Press.

Strong, E. K. (1994). *The Strong Interest Inventory.* Palo Alto, CA: Consulting Psychologists Press.

Suinn, R. M., Ahuna, C., & Khoo, G. (1992). The Suinn-Lew Asian Self-Identity Acculturation Scale: Concurrent and factorial validation. *Educational and Psychological Measurement, 52*, 1041–1045.

Suinn, R. M., Rickard-Figueroa, K., Lew, S., & Vigil, P. (1987). The Suinn-Lew Asian Self-identity Acculturation Scale: An initial report. *Educational and Psychological Measurement, 47*, 401–407.

Suzuki, L. A., Ponterotto, J. G., & Meller, P. J. (Eds.). (2001). *Handbook of multicultural assessment: Clinical, psychological, and educational applications* (2nd ed.). San Francisco: Jossey-Bass.

Sweetland, R. C., & Keyser, D. J. (Eds.). (1991). *Tests: A comprehensive reference for assessments in psychology, education, and business* (3rd ed.). Austin, TX: Pro-Ed.

Szapocznik, J., Kurintes, W., & Fernandez, T. (1980). Bicultural involvement and adjustment in Hispanic-Americans. *International Journal of Intercultural Relations, 4*(3), 353–365.

Thomas, C. (1971). *Boys no more.* Beverly Hills, CA: Glencoe Press.

Tucker, M. F. (1973, March). *Improving cross-cultural training and measurement of cross-cultural learning* (Report of Supplemental Activities, No. PC-72-42043). Washington, DC: Peace Corps Center for Research and Education.

Tucker, M. F. (1999). Self-awareness and development using the Overseas Assignment Inventory. In S. M. Fowler & M. G. Mumford (Eds.), *Intercultural sourcebook: Cross-cultural training methods* (Vol. 2, pp. 45–52). Yarmouth, ME: Intercultural Press.

Tucker, M. F., Baier, V., & Montgomery, J. (1983). *The measurement and prediction of intercultural adjustment of YFU students* (Report prepared for Youth for Understanding's Research Project in Intercultural Exchange). Boulder, CO: Tucker and Associates.

Tucker, M. F., & Bonial, R. C. (2002). *The definition, measurement and prediction of intercultural adjustment and job performance among corporate expatriates.* Manuscript submitted for publication.

Useem, J. (1955). *The Western-educated man in India.* New York: Dryden Press.

Useem, J., Useem, R., & Donoghue, J. (1963). Men in the middle of the third culture: The role of American and non-Western people in cross-cultural administration. *Human Organization, 22*, 169–179.

Vandiver, B. J. (2001). Psychological nigrescence revisited: Introduction and overview. *Journal of Multicultural Counseling and Development, 29*, 165–173.

Vandiver, B. J., Cross, W. E., Fhagen-Smith, P. E., Worrell, F. C., Swim, J., & Caldwell, L. (2000). *The Cross Racial Identity Scale.* Unpublished.

Vandiver, B. J., Fhagen-Smith, P. E., Cokley, K. O., Cross, W. E., Jr., & Worrell, F. C. (2001). Cross's nigrescence model: From theory to scale to theory. *Journal of Multicultural Counseling and Development, 29*, 174–200.

Ward, C., & Kennedy, A. (1999). The measurement of sociocultural adaptation. *International Journal of Intercultural Relations, 23*(6), 659–677.

Worrell, F. C., Cross, W. E., Jr., & Vandiver, B. J. (2001). Nigrescence theory: Current status and challenges for the future. *Journal of Multicultural Counseling and Development, 29*, 201–213.

Xenikou, A., & Furnham, A. (1996). A correlational and factor analytic study of four questionnaire measures of organizational culture. *Human Relations, 49*, 349–371.

Yamada, A.-M. (1998). Multidimensional identification. In T. M. Singelis (Ed.), *Teaching about culture, ethnicity and diversity: Exercises and planned activities* (pp. 141–145). Thousand Oaks, CA: Sage.

Yamada, A.-M., & Singelis, T. M. (1999). Biculturalism and self-construal. *International Journal of Intercultural Relations, 23*(6), 697–709.

第五章

跨文化培训课程评估研究
——1988—2000 年文献综述

马克·E. 门登霍尔（Mark E. Mendenhall）
冈特·K. 斯塔尔（Günter K. Stahl）
艾娜·埃纳特（Ina Ehnert）
加里·奥德多（Gary Oddou）
乔伊斯·奥斯兰（Joyce S. Osland）
托尔斯滕·M. 库尔曼（Torsten M. Kühlmann）

  国际人力资源管理是社会科学里一个比较新的领域。不管它最初的情况如何，在过去的 10 年中，这个领域出现了学者研究成果的大量增长的状况（Mendenhall, Kühlmann, Stahl and Osland, 2002）。在过去的 20 年中，迅猛发展的国际人力资源管理里的一个领域是到国外工作问题。在这一时期，很多学者集中探讨到国外工作的各个方面：遴选、调整、培训、与增强全球领导能力之间的关系、家庭关系、回国后问题、国家和性别差异等（例如，可参见：Black, Gregersen, Mendenhall & Stroh, 1999; Church 1982; Cui & Awa, 1992; Furnham & Bochner, 1986; Gertsen, 1990; Kealey & Ruben, 1983; Mendenhall, Kühlmann & Stahl, 2001; Mendenhall & Oddou, 1985; Torbiörn, 1982; Tung, 1981, 1982）。

虽然许多学者调查研究了为移居国外者设计的跨文化培训课程,并对之加以理论化,但是,相对来讲,专门对这些课程效果评估的研究做得很少。本章的目的是提供一份对过去10多年中的跨文化培训文献的最新文献综述,并把新发现的和以前的有关到国外工作的跨文化培训的文献结合起来。

过去的综述:小结

1990年,布莱克和门登霍尔评论了1988年以前出版的所有实验性研究,并做了总结,认为他们所综述的研究总体显示:跨文化培训课程似乎促进了到国外工作者的调整(Black and Mendenhall, 1990)。然而,与他们所评论的研究产生了矛盾的结果,他们的评论没有量化跨文化培训的实际效果。因而,1992年德什潘德和维斯沃斯瓦伦进行了一次再分析,在其文献综述中,他利用布莱克和门登霍尔评论中的一些研究及新发现的研究,描述了跨文化培训课程效果的实际大小。他们希望更准确的了解跨文化培训的真实效果,以便可以用于提高计算跨文化培训课程的效用,这样一来,就可以让公司人力资源经理更准确地对比跨文化培训的投入产出(Deshpande and Viswesvaran, 1992)。

大体说来,尽管德什潘德和维斯沃斯瓦伦意识到他们综述中各项研究的不足,但是他们认为,跨文化培训对增强跨文化技能、跨文化调整和表现都有明显的积极影响。他们总结道,"这些研究提供了一个证据:学者们需要支持跨文化培训整体上是有效的这一信念,应解除公司领导人对跨文化培训效果的任何怀疑。"(Deshpande and Viswesvaran, 1992, p.306)

1996年,巴加特和普里恩对培训评估文献进行了局部的综述,这是他们首要目标的一部分,其首要目标是为跨文化培训有效性提供新的理论方法,为今后该领域学者的研究提供方向。他们在评论的基础上,总结说"需要更多的研究……去坚固有力地建立起培训和其成果之间的联系"(Bhagat and Prien, 1996, p.227),而且这类研究应包括严格的理论模式和对可控群体的纵向研究计划。

基利和普罗瑟罗批评了1996年的跨文化培训评估文献(Kealey and Protheroe, 1996)。他们注意到,大多数研究对"跨文化培训对到国外工作的调整有作用吗?"的问题做了肯定的回答。他们说,虽然这个观点可能客观上是正确的,但是现存跨文化培训有效的实证文献似乎是不充分的。基利和普罗瑟罗批评了1990年布莱克和门登霍尔作的评论以及1992年德什潘德和维斯沃斯瓦伦作的评论,因为他们并没有把样本限制在仅包括使用方法得当的研究中,这样他们关于跨文化培训有效的结论就太乐观了。基利和普罗瑟罗得出的结论如下:

> 结果是在移居海外者的研究中还没有专门测量培训的长期结果,其设计也不能消除对他们在海外表现水平的选择性解释……因而,跨文化调查和培训领域现处于一种不利的境地:跨文化培训是个事实上需要的产品,但仍然没有证明其功效。(Kealey and Protheroe, 1996, pp.161—162)

基利和普罗瑟罗认为,正确调查研究跨文化培训效果的关键点,应包括两方面,一是受调查者海外实际表现的测量,二是方法的控制,控制住移居海外者调整进行的选择性解释,诸如排除他们工作环境和个人才干的解释(Kealey and Protheroe, 1996)。

巴乌克和布里斯林通过回顾本领域一些研讨会,追溯了跨文化培训各种概念的演变,这些概念已经成为过去50年跨文化培训文献的一部分。他们把评论的注意力集中在那些调查文化同化案例培训形式的研究上,结论是他们发现,特定文化的同化案例在各种环境中都有效,例如在(1)不同的目标文化,(2)不同的培训时间,(3)使用的各种测量方法,(4)进行研究的类型(田野调查和实验室研究),(5)不同群体的对比(如使用文化同化案例进行培训的群体对控制群体),(6)不同的人,例如儿童与专业人士(Bhawuk and Brislin, 2000)。

巴乌克和布里斯林总结到,证据说明:文化同化案例在认知的影响方面,是个有效的培训工具;它对行为和情感的标准也有一些积极影响。

各类综述的总结

各跨文化培训评估文献的评论采取了不同视角,因而正像寓言盲人摸象中的盲人对大象的不同描述一样,对本领域的情况产生了不同看法。

布莱克和门登霍尔试图把现有评估研究搜集在一起,就整个文献关于跨文化培训效果情况,得出一个整体感觉(Black and Mendenhall, 1990)。德什潘德和维斯沃斯瓦伦希望对跨文化培训的实际培训效果获得一个更好的理解,以便开发出评估这类课程的一个可以计量方法。他们的目的是帮助学者和实际工作者更好地评估和设计跨文化培训课程(Deshpande and Viswesvaran, 1992)。巴加特和普里恩的目的很清晰,是要建设一个跨文化培训的新模式(Bhagat and Prien, 1996)。巴乌克和布里斯林追求的是描绘文化同化案例在本领域大视角背景中的效果(Bhawuk and Brislin, 2000)。基利和普罗瑟罗回顾了一下,仔细观察了在评估研究中使用方法质量的问题,认为对国际人力资源管理的跨文化培训领域的学者们,在方法上还有很大的改进空间(Kealey and Protheroe, 1996)。

因而,如果我们再回顾一下现有的跨文化培训效果评论,并总结一下其中的关键发现,可以总结如下:

1. 一些学者认为,一些评估研究肯定了跨文化培训对学员跨文化技能(自我、知觉、关系)、调整和表现产生了效果;另一些研究人员对这些研究的质量表示怀疑,对跨文化培训的效果是否已经显示出来表示质疑。

2. 大量的研究由于质量不好,使得在培训和测得的效果(因变量)之间并没有建立"联系"。

3. 在先前的评论中,这些研究中的跨文化培训效果有可能被看得过分积极了。

4. 总体来讲,哪种跨文化培训方法在各方面都最有效?哪种方法在特定的偶然情况下最有效?这依然不清楚。

5. 在本领域,文化同化案例是最广泛被调查过的培训技术。

6. 由于评论者的不同视角,在不同的评论中对同样研究结果的看法不总是一致的。

本综述的目的

尽管这些考虑的问题在本章中未能加以解决,但是我们的确希望在本章中对"大象"有个更全面的看法。本章的目的是就参加培训的学员、培训的中心问题、方法、培训的时机和时间长短、培训的目标、1988—2000 年跨文化培训评估研究对评估效果的发现等,提供一个整体评论;描绘这些研究所挖掘出来的培训效果的复杂性;评估我们所评论的效果评估研究的质量;讨论我们的评论对本领域的学者和实际工作者有哪些意义。

本章是我们研究小组评论1988—2000年跨文化培训文献的第一次报告。因而,正如在描述写作本章目的所勾画的那样,我们把它看成是过去10多年跨文化培训评估文献"地形图"。本章的后续著述将报告更集中在对本项目研究小组所评论研究的各方面的分析上。

我们吸取了以前评论的一些经验,并尽可能地遵循以前评述者的建议。我们想对本领域作出有价值贡献的第一个方面,是对可能找到的实验式评估研究样本划定评论的范围。已经批评和评论了跨文化培训进展文献的社会科学家们(Bhawuk and Brislin, 2000; Bhagat and Prien, 1996; Black and Mendenhall, 1990; Black and Mendenhall, 1990; Black and Mendenhall, 1990; Deshpande and Viswesvaran, 1992; Kealey and Protheroe, 1996)把他们的评论限制在某一时间(20世纪90年代初)出版的针对移居海外人士的研究,特定的培训焦点,仅限英文发表的研究或在特定学科领域(如管理期刊和跨文化心理期刊)发表的研究。

我们把评论工作的焦点集中在1988—2000年以英文(包括英国、加拿大和美国)、法文、德文、意大利文、西班牙文期刊上发表的研究。我们很遗憾,本评论没有利用全球的相关文献。由于我们缺乏相应的语言能力,亚洲、非洲和其他外语的期刊和著作没有包括在本评论中。尽管如此,本评论中包括了法文、德文和其他欧洲语言的期刊,对过去这个题目的评论这至少是一个改进。我们选择1988年作为评论出版物的开始年,是因为布莱克和门登霍尔评述的文献截止在1988年(Black and Mendenhall, 1990)。我们对通过手工检索和数据库检索得到的关于跨文化培训课程评估的文献进行了评论,这些文献跨越广泛的学术领域,包括管理、人力资源管理、跨文化心理、教育、跨文化关系、移民研究、军事研究、政治学和外交学、文化人类学。

根据德什潘德和维斯沃斯瓦伦的看法,仅考虑评论学术期刊上发表的论文是非常不妥的,在选择方面存有偏见,它限制了该领域事实上业已存在研究的范围(Deshpande and Viswesvaran, 1992)。为了防止这种选择方面的偏见,我们有目地搜寻了发表的和未发表的研究。为确保我们的评论只包括严格意义上的研究,我们设立了以下在方法设计方面的最低标准:(1)在评估研究中,使用控制的人群,(2)对被培训人员进行了训前和训后的测试。我们把这两条标准看作是在评估研究的研究设计严谨方面,必须达到的最低水平,这类研究形成的结果对跨文化培训领域的学者和实际工作者才可能有用。

未入围的研究

在我们评论过程中,许多研究未入围。特别是 13 篇很有希望的研究被排除在外,因为它们使用的定性研究方法在评估跨文化培训时,没有达到基利和普罗瑟罗提出的标准(Kealey and Prothero, 1996),或者它们是已经发表研究的较老版本(未发表的)。它们包括:Abt, 1996; Bhawuk, 1995; Degen, 1996; Goldman, 1992; Goldstein, 1994; Kammhber, 1996; Kinast, 1998; Nazarkiewicz, 1996; Orton, 1999; Scheitza, 1995; Sheufler, 1996; Sirimangkal, 1993; Urbanek, 1994。我们把这些研究列出来,因为我们相信它们是有价值的研究,值得本领域的学者们进一步评论,然而,它们没有达到入围我们评论样本的标准。

入围的研究

我们评论了 1988—2000 年发表的使用实验性的、准实验性的和非实验性设计的 28 项评估研究,这些设计至少满足了我们最低标准中的 1 条(使用控制人群,和/或对被培训人员进行了训前和训后的测试)。由于有 1 篇著述中包括了 4 项各自独立的研究(Westwook & Barker, 1990),因而我们的评论分析了 25 篇著述中的 28 项研究:Befus(1988); Bhatkal(1990); Bhawuk(1998); Bird, Heinbuch, Dunbar and McNulty(1993); Bruschke, Gartner and Seiter(1993); Cunningham-Warburton(1988); Cushner(1989); Flavin(1997); Gannon and Poon(1997); Glaser(1999); Goldstein and Smith(1999); Hammer and Martin(1992); Harrison(1992); Layes(1995); McIlveen-Yarbro(1988); McKinlay, Pattison and Gross(1996); Podsiadlowski and Spieß(1996); Pollard(1989); Pruegger and Rogers(1994); Quintrell and Westwood(1994); Ramirez(1992); Stephan and Stephan(1992); Thomas and Lulay(1999); Underhill(1990); Westwood and Barker(1990)。28 项研究中有 6 项是未发表的手稿(Bhatkal, 1990；Cunningham-Warburton, 1988；Layes, 1995；McIlveen-Yarbro, 1988；Ramirez, 1992；Underhill, 1990)。

发现

学员、培训师和培训焦点

全部研究共产生了 39 个不同的被检测群体,每个群体都与随机或非随机的控制群体进行了比较,或者对被培训人员进行了训前和训后的测试,以确定跨文化培训的效果。美国的被培训人员被评估的频率最高(42%),随后是一个群体内有 2 个国籍以上成员的被评估群体(39%)。在这类群体之后依次是德国的被培训人员(11%),加拿大的被培训人员(4%)和拉美国家被培训人员(4%)。被培训群体人员的构成最多的是学生(54%),以下依次为经理(15%)、教师(13%)、军人(10%)、护士(5%)和传教士(3%)。

这样,目前为止学生是最经常被检验的群体,1988 年以来,他们被用作检测主体的数量增加了 32%。经理被用作检测主体的数量也有所增加(1988 年前 = 2,1988 年后 = 6),鉴于文献中跨文化培训课程里使用经理的样本所附加的重要性,这种增加似乎是可以忽略的。

所有研究中,15 项研究(占 54%)被培训的群体由内部培训师培训,11 项(占 39%)由外部培训师培训。只有很少的被培训群体没有培训师(使用自我培训材料),在一些研究中,难以从研究中推断出培训师是内部的还是外请的。

大多数培训课程是针对某一特定的文化(占 54%),1/3 不是针对特定的文化,10% 是前两者的结合。被培训群体接受了 13 种不同文化的培训。日本、美国和加拿大文化是最常见的培训内容的中心,所有其他文化只是一两次成为培训内容的中心。

培训方法

在这些研究中,讲课或演讲、文化同化案例和课堂讨论是跨文化培训最经常使用的方法(见图5.1)。在20个被培训群体中,对学员使用了3种以上(有一个使用了8种)的培训方法。在18个被培训群体中,只使用了1种或2种培训方法。所有被培训群体中一半以上接受的培训主要是说教式的,占56%,相比之下,经验式的占26%,或者两者结合的占21%。

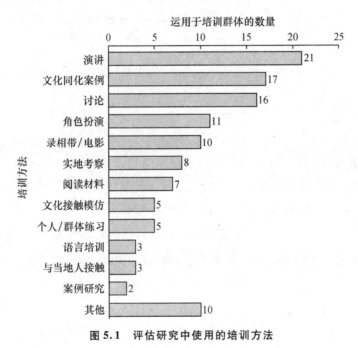

图5.1 评估研究中使用的培训方法

时间选择和培训时间长短

培训的授课时间发生在到另一国逗留之前、之中或与出国没有关系。43%的被培训群体受培训与出国逗留无关,这类培训或是学生教育的一部分,或是雇员人力资源发展的课程,这些雇员不一定计划要出国。

被培训第二大群体(37%)受训是在逗留期间——或者是他们受到到达之

后适应环境的教育,或是在东道国接受持续一段时间的继续援助课程。学员启程到外国之前的培训(出国前培训)是最少评估的培训类型(20%)。这么低的百分数有点令人惊奇,因为人们假定出国前培训是组织内进行跨文化培训(在文化多样性培训之外所优先的)最通常的类型。

跨文化培训课程持续的时间从1.5个小时到50个小时,培训天数由1天到8个月。有可能最长的培训持续时间要长于50个小时。在一些这类的研究中,关于培训时间长度的详细信息缺失了。所有被培训的群体中,2/3培训的持续时间为1个星期之内,10%为1—4周。后一种情况主要是与出国逗留无关开设的培训专题。所有被培训群体中的18%接受的培训持续时间长于1个月。

培训的效率

在这部分中,我们将报告各研究中使用的调查设计的特点,讨论这些研究是如何进行的,是如何检测与培训效果的相关变量的。所有的评估者都计算了中数、标准差和显著性,但是很少报告频数和效果大小。当一些研究没有提供显著性检测时,我们没有对它们进行编码,因为我们对因变量与培训之间关系的编码取决于这些测试。

因变量

这些研究中的因变量数为1到5个。1项研究使用了5个因变量,5项研究使用了4个因变量,10项研究检测了3个因变量,6项研究使用了2个因变量,5项研究仅检测了1个因变量。

许多不同的因变量被用来检测培训效果。我们把它们分成了以下类别:知识、行为、态度、调整、表现、学员满意、其他。正如下面百分数所显示的,许多研究使用了这些类别中的不同组合。在28项研究中,有15项(54%),评估者使用了知识因变量,有14项(50%),评估者检测了态度和行为因变量,有9项

(32%),评估者检测了学员满意因变量,有8项(29%),评估者检测了表现因变量,有6项(21%),评估者检测了调整因变量。有5项(18%),评估者检测的因变量为其他。

研究的设计

各项研究使用不同的研究设计对因变量进行了检测。全部研究中,使用准实验性设计占50%,多于实验性设计的36%。一些评估者使用了有控制群体的非实验性设计,占14%。所有研究中有12项(占43%)是实验室研究(Bhatkal, 1990; Bhawuk, 1998; Bird et. al. , 1993; Bruschke et. al. , 1993; Flavin, 1997; Gannon and Poon,1997; Glaser, 1999; Harrison, 1992; McIlveen-Yarbro, 1988; Pruegger and Rogers, 1994; Ramirez, 1992; Underhill, 1990),有16项是田野研究(Befus,1988; Cunningham-Warburton, 1988; Cushner, 1989; Goldstein and Smith, 1999; Hammer and Martin, 1992; Layes, 1995; McKinlay et. al. , 1996; Podsiadlowski and Spieß, 1996; Pollard, 1989; Quintrell & Westwood, 1994; Stephan & Stephan, 1992; Thomas & Lulay, 1999; Westwood and Barker, 1990)。

通过调查或观察学员来检测因变量。如果进行的是调查,学员(自我报告)或第三人(配偶或监护人)回答调查。在所有研究中,24项(占86%)检测依靠自我报告;6项检测(21%)依靠来自第三人的估计。2项研究(7%)使用了对行为的观察。只有4项研究(14%)使用了自我报告和第三人评估或行为观察。

我们发现,有6项研究(21%)检测因变量是专门在培训课程之中进行的(培训内检测);有13项研究(46%)检测因变量是直接在培训课程之前或结束之后进行的(培训外检测);有9项研究(32%)检测因变量是通过培训内检测和培训外检测两种方式进行的。

因变量的类别和跨文化培训效率

本部分总结了跨文化培训效果中有关各类因变量的发现。图5.2展示了被检测群体和各因变量效果程度之间的关系。

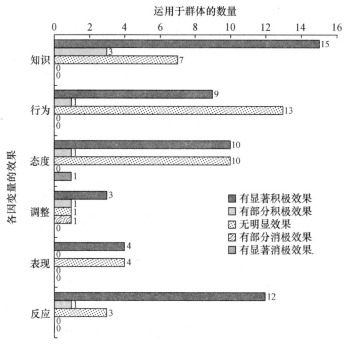

图5.2 跨文化培训的效果

知识

知识类包括的因变量具体有做出同构归因(isomorphic attribution,即对来自其他文化人员的行为做出准确分析)的能力,对东道国文化和自己家乡文化之间差异的意识等。在39个被调查群体中,有25个进行了这些因变量检测,其中有15个(60%)结果是有显著积极效果。例如,跨文化培训增加了学员关于接触文化的知识(Bird et. al., 1993; Cushner, 1989; Hammer and Martin, 1992;

Harrison, 1992; Podsiadlowski and Spieß, 1996; Underhill, 1990),增加了学员对文化差异的意识(Gannon and Poon, 1997)。此外,6 项被测量群体中的学员做出了显著较正确的同构归因(Bhawuk, 1998; Bird et. al., 1993; Cushner, 1989; Glaser, 1999; McIlveen-Yarbro, 1988; Ramirez, 1992)。1 项被测量群体中的学员提高了他们分类宽度的得分(Bhawuk, 1998)。

在 3 个正在培训的群体(12%)中,结果是有部分积极效果,培训对一些(并非所有)检测过的标准具有显著积极效果。在 25 个被检测的群体中,有 7 个无明显效果;没有研究产生了有效消极或部分消极的结果。

与其他因变量类别(行为、态度、调整、表现)相比,知识类因变量产生了最高的有效结果百分比。因而,可以总结说,跨文化培训通常(并非总是)在增进学员的知识方面是有效的。

行为

行为类的具体因变量包括:学员在跨文化环境中解决问题的能力、处理跨文化误解的能力、显示文化敏感性、展示文化的能力等。在 23 个被检测群体中,有 13 个(占 57%)其被检测后的行为显示为未发现明显效果,只有 9 个(39%)提示有效的积极效果。一些评估者发现,在经过跨文化培训后,学员在跨文化环境中解决问题的能力增加了(Bhatkal, 1990; Cushner, 1989; Harrison, 1992);处理跨文化误解的能力提高了(Bhatkal, 1990; Cushner, 1989; McIlveen-Yarbro, 1988);增强了文化能力(Gannon and Poon, 1997);增加了技术信息的交流(Hammer and Martin, 1992);明显地减少了到咨询服务公司接受咨询的次数(Pollard, 1989);增加了学员移情(empathy),这是由第三人感受到的,尽管学员自己没有报告说他们的移情增强了(Cunningham-Warburton, 1988)。

然而,正如前面指出的,57% 的被检测群体显示无明显效果。这个结果说明,在改变学员的行为方面,跨文化培训不总是成功的,可能因为这类变化难以通过培训或通过这些研究中使用的方法得以促成,或者即使这类变化已经发生,检测这种变化也有困难。因而,我们可以总结如下:跨文化培训在改变学员行为方面只是有时生效。

态度

态度类包括的具体因变量为:文化兴趣、对其他文化成员的积极态度、学员的民族中心主义、定型观念等等。在 39 个被检测的群体中,有 22 个进行了态度检测。在这 22 个群体中,有 10 个群体(占 45%)的检测结果有显著的积极效果;此外另一个被检测群体反映出部分的积极效果。在这些群体中,跨文化培训提高了学员的跨文化敏感性(Bhawuk, 1998)和文化兴趣(Gannon and Poon, 1997),提高了对来自其他文化成员更积极的态度(Ramirez, 1992)。而且,学员的民族中心主义(Bruschke et. al., 1993)和跨文化焦虑(Hammer and Martin, 1992)减少了,对其他文化有定型观念的人数减少了(Podsiadlowski and Spieß, 1996)。

然而,学员的态度并不总是发生改变。在这 22 个群体中,有 10 个群体(占 45%)的检测结果是无明显效果;此外另一个被检测群体反映的是有显著的消极效果。例如,在这些群体中,跨文化敏感性(Bhatkal, 1990; Bhawuk, 1998; McIlveen-Yarbro, 1988; Pruegger and Rogers, 1994)并没有提高;对待东道国人士和他们文化的态度(Bird et. al., 199)以及对在东道国经历的评估(McKinlay et. al.,1996; Quintrell & Westwood, 1994)在所有被检测的群体中都没有改进。根据本文对各个研究的评议结果,在促进被培训者态度转变方面,跨文化培训似乎有一个混合的记录。

调整

调整类包括的具体因变量为:感受到的康乐、对健康和安全的关注、对一种外国文化的调整能力、感受到的对环境控制力。在 39 个被检测群体的样本中,有 6 个进行了调整检测。在这 6 个群体中,有 3 个(占 50%)报告了有显著的积极效果:贝福斯的研究显示学员的心理压力降低了(Befus,1988),戈尔茨坦和史密斯(Goldstein and Smith, 1999),及韦斯特伍德和贝克(Westwood and Barker,1990)都发现,在培训之后,学员的调整能力提高了。

库什纳发现,被培训的群体感到对自己面对的环境明显有了更强的控制力,但是,在关于他们感到的在东道国中的适应性、自我测定的情绪上的康乐感,他们感到的康乐状况或对健康和安全的关注等方面,没有发现统计学意义上的差异(Cushner,1989)。麦金利等人发现了有部分消极效果(McKinlay et. al.,1996),在培训之后学员明显地比没有培训的控制群体更加想家了。因而涉及调整的结果是很矛盾的。这类检测很少使用,进一步使跨文化培训对调整的影响是积极的还是消极的解释复杂化。

表现

在39个被检测群体的样本中,有8个使用的因变量与表现问题相关。它们使用的检测样本包括学术成绩、对公司目标的贡献等。其中,有4个(占50%)发现在跨文化培训和表现之间存在显著的积极效果,有4个报告未发现明显效果。跨文化培训对学员感觉到的同情心(Cunningham-Warburton,1988)和学术成绩(Westwood and Barker,1990)有积极影响。但是在坎特里尔和韦斯特伍德的研究中(Quintrell & Westwood,1994)及在波拉德的研究中(Pollard,1989),学术和教学的表现没有提高;在哈默和马丁的研究中,培训对实现公司目标所做的贡献上,没有发挥明显的效果(Hammer and Martin,1992)。总之,在这方面的研究结果是矛盾的又很不充分,这也使得解释有困难。

满意

在39个样本中,有8个被检测群体测试了学员对其接受的跨文化培训的满意度。在测试了满意因变量的大多数被测试群体中(占75%)可以发现,学员的满意度是明显的。1个群体产生了部分的积极效果(6%),3个群体产生的无明显效果(19%)。当然,可以质疑学员的满意是否与培训效果有任何关系。然而,满意是一个在各类培训评估研究中(不仅仅是对跨文化培训)通常报告的变量,因而,我们在此也报告了它的情况。

研究的严密性:初步的分析

基利和普罗瑟罗认为,扎实的评估研究应包括:使用控制群体、之前和之后的测试、随机选择被调查人员、对工作表现要集中在长期的培训效果、不同的检测方法(多样结果的检测)、特定的自变量要清晰精确、特定的因变量也要清晰精确(Kealey and Protheroe, 1996)。此外,布莱克和赫斯林(Blake and Heslin, 1983)及布莱克、赫斯林和克提斯(Blake, Heslin and Curtis, 1996)认为,评估研究要求多种因变量、合适的样本规模、小心避免和考虑可能对研究结果造成偏差的霍索恩效应(指工人、学生等因受到研究人员的关注而增加产量或提高成绩)。

运用基利和普罗瑟罗(Kealey and Protheroe, 1996)以及布莱克及同事(Blake & Heslin, 1983; Blake et al., 1996)所确定的标准,来衡量我们评论的研究,形成了以下的分析:

1. 28项研究中的23项有控制群体。

2. 15项研究进行了之前和之后测试,10项研究既有控制群体又有之前和之后测试。

3. 10项研究中接受检测的人员是随机确定的。

4. 8项研究检测了表现,但其中只有3个调查了培训对表现的长期效果(纵向结果检测)。

5. 没有研究用不同的检测方法检测学员在工作方面的表现(多种结果的检测)。

6. 在15项使用了控制群体的研究中,没有对被测试者有解释和安慰的说明,其他的研究根本没有控制群体,因而霍索恩效应有可能对结果发生了混淆性的影响。很有趣的是,只有2位作者在讨论调节变量时,提到了可能影响他们研究的霍索恩效应。

总之,这些结果显示:本文评论的所有研究的设计,没有一个完全符合严密的跨文化评估研究标准。

在我们评论的研究中,只有10项(占36%)在控制群体和使用之前与之后测试方面,具有高内在效度。由于随机选择可以代替之前测试(Cook & Campbell, 1976, 1979),另外 4 项研究(14%)具有相对的高内在效度(指那些有实践控制群体的设计)。有 3 项目研究(11%)运用了准实践性的之前和之后的即刻测试设计,即在培训刚开始前和培训刚结束后检测,这 3 项研究可能不会受到外部影响的威胁(Cook & Campbell, 1976, 1979)。尽管如此,总结这些准实验控制群体设计研究的内在效度是相当困难的,因为太多的东西依赖于那些等同于培训处理和控制群体的因素。必须慎重看待那些非实验设计研究的结果,因为它们没有提供因果关系,一些作者也承认这一点。

总结

从我们的评论中可以清楚地看到,跨文化培训的效果是依据所考虑因变量的类型(知识、行为等)而变化的。例如,在增进知识和学员满意方面,跨文化培训似乎是有效果的。但是在改变行为和态度、改进调整和表现方面,其效果似乎就相对少。与 1990 年布莱克和门登霍尔(Black and Mendenhall, 1990)的评论、1992 年德什潘德和维斯沃斯瓦伦(Deshpande and Viswsvaran, 1992)的评论相比,本文所评论的研究中只有较少的研究发现跨文化培训有显著积极效果;与上面提到的 2 项评论相比,本文所评研究发现无明显效果的数量要大得多,而且还报告了一些有显著的消极效果。

布莱克和赫斯林(Blake and Heslin, 1983)认为,以前的评论对跨文化培训效果赞许的话说多了,本评论的结果显示这样的担忧可能是言中了。虽然本评论并未明确指出跨文化培训课程无助于达到其各种目的,不过本评论的确指出,在实践中获得所有与跨文化培训相关的目标方面,跨文化培训并不总是有效的。这样,本评论的发现可以解释为,跨文化培训这只"杯子"是半满半空的——这取决于人们对组织中跨文化培训不同价值的偏好。然而,本评论所总结的评论研究中,有很多研究的设计不严谨,使我们不可能对跨文化培训的有效或无效得出全面的总结。

对研究和实践的结论和启示

作为学者和实际工作者,我们可以从本篇评论中学到什么呢?可以把哪些运用到跨文化培训领域的工作中呢?首先,基利和普罗瑟罗(Kealey & Protheroe, 1996)以及布莱克和同事(Blake & Heslin, 1983; Blake et. al., 1996)对本领域提出的所有建议依然有效。学者们在进行跨文化培训评估的研究时,需要提高其研究设计的严谨性。但是,我们还希望对这个建议提出一个忠告:如果人们打算使用传统的社会科学方法作为研究设计的目标时,基利和普罗瑟罗的标准是最适当的。我们把这个评论限制在量化研究。然而,在评论这些研究的结果时,我们认为,这类研究在实践性的测量之外,也需要定性的测量,为定量研究结果提供另一种视角。

在我们所评论的一些研究中,如果用定性研究检测解释实际发展环境,那么可能会对跨文化培训的效果解释得更清楚。或许,集中探讨本领域中定性研究的新评论已经准备就绪。很清楚,由于现在定量评估研究的发现不明朗,定性研究就具有观看"大象"新视角的价值。我们建议今后应把两种方法用于所有跨文化培训评估的研究。

其次,需要把研究重点放在研究学员跨文化技能发展的不同阶段或不同点上。例如,理想的作法是,在出国前培训课程之中和培训课程一结束,在刚到一种新文化中,就应立即对学员加以研究,以确定出国前跨文化培训对个人影响的各个方面和持续时间。如果培训进行时被培训者正在国内,也应采取同样的研究方法。当前,由于缺乏追踪培训对学员影响的研究,限制了对跨文化培训效果做出总结的能力,只能在很概括的水平上跨越很短时间范围内作出总结。

第三,虽然学员的满意度以及跨文化技能和策略知识增加是值得检测的有用变量,但是它们也是最方便最容易测量的因变量。对调整、行为变化和表现的研究缺乏认真的调查,应是本领域所有工作者的一个危险信号。人力资源经理们需要数据来证明跨文化培训是否有助于派往海外人员的调整、是否有助于他们在新文化环境中的工作效率。直到今天,跨文化培训评估研究在测量跨文化培训课程的影响方面,走的是一条容易走的路,这个方向需要修正。对海外工作人员的调整和表现的深层探讨需要做到:纵向的研究设计、获得有关表现的有质量数据、对调整和表现的多种检测、被调查人员应来自多种群体(如:各层领导、雇员、客户等),需要更精致的方法而不是仅限于被调查者自己填写问卷。这些对我们所有的人都是"冷冰冰的原则"。因为在本领域里工作的人都知道,跨文化地在一个公司内进行这种复杂的调查研究是何等的困难。尽管如此,让本领域的学者们认识到,运用简单的研究设计再也不能得到有关跨文化培训的新知识和新见识了(关于个人简历的"废话"除外)的时期已经到来。

第四,需要利用的是由实际上将要移居外国或将要管理多种文化劳动力的人员组成的样本,而不是那些没有明确移居国外和明确要到国外工作的人员组成的样本。如果学生被放在一个特定的环境中,问他们"假定你们将在一个新文化中工作"或"假定你们领导一个多元文化的团队",学员们可能会有不同的反应。那些要被评估参加跨文化培训后效果的学员(例如评估他们在国内管理多种文化劳动力的能力,展示他们能够学习跨文化技能,能够胜任到外国工作的能力)与那些虽参加了跨文化培训课程却没有这方面得失的学员相比,可能是以不同质量的方式参加跨文化培训课程学习的。因而,与以前的评论相比,本评论中研究使用学生样本的数量较多,可能影响了我们的发现。在由学生构成的被测试群体中,学生学习跨文化培训课程的动力可能较少。因为他们中的很多人实际上没有计划到国外生活,或没有认识到在国内环境中会用上跨文化技能。德什潘德、约瑟夫和维斯沃斯瓦伦做的一个元分析中(Deshpande, Joseph and Viswsvaran, 1994)指出,学生样本的增加可能导致了对跨文化培训课程效果的低估。因而,学生样本的增加可能是本领域的一个危险倾向,这会使我们对跨文化培训能够对学员发生作用的理解产生误差。

第五,在系统地调查跨文化培训效果的潜在消减因素方面,需要做更多的研究工作,消减因素包括培训师的经验和跨文化敏感的水平、做培训的环境、学员的学习动力和发展愿望等。贝内特认为,有效的跨文化培训涉及分析学员的跨文化敏感度和与之相适应的培训方法。目的在于有更多受众的"泛泛而谈"式培训,其效果一定较差(Bennett, 2003)。

再举一例,把研究的注意力放在培训成功被检测群体的发展动态上,试图去理解巩固有效跨文化培训过程,这种研究可能很有趣。培训成功被检测群体在发展过程方面有什么共同点吗?培训成功被检测群体各自带来了能促进跨文化培训进程的新鲜培训经验吗？在多大的程度上,培训师的经验影响了培训成功被检测群体的进展？在培训成功被检测群体与培训不成功被检测群体之间,非正式的领导过程有差异吗？很可能从群体发展动态文献中汲取的方法和概念,会丰富跨文化培训领域,使学者对有效跨文化培训过程产生更深入的观察。

第六,所有这些建议可以与一个更基本的考虑相联系:在跨文化评估领域中缺乏理论。研究者的确很少为其研究设计的基础引入理论支撑。然而,学者的思想似乎是被注重实效的需要所驱使,以发现是否有特殊的技术或方法可以判断培训有效或无效。虽然一些研究的确试图把他们的研究建立在理论的基础上,但总体来说,尽管这个领域的文献不能贴上与理论无关的标签,但是可以贴上缺乏真正理论驱动的标签。从大多数研究文献中,我们是否学习到更多基于研究发现而形成的理论,这是不清楚的。例如,理论的一些方面是依据研究发现从数据转到特定培训语境中的基本要素领域了吗？一般来说,是由读者根据自己想法来确定它们对理论的暗示;在理论和评估研究之间的联系也可能很松散,以至于对读者来说,很难进行这类的思考。

最后,应注意的是:只有人力资源经理与学者们合作,以上这些建议才能在本领域学术研究中行得通。对本领域的进步形成重大阻碍的是抵制学者们介入设计好的评估研究,因为经理们担心跨文化课程的弱点被暴露出来,因而他们的事业受到威胁。本领域的进步也受到了咨询师的限制,他们作为跨文化培训师,从工作中搜集数据的目的是在学术刊物上发表文章,他们同意在其评估研究中使用不那么坚实的研究设计,这出于他们害怕失去将来与人力资源经理的合同。而且,公司所有者的考虑也可能与学者要发表文章的愿望发生冲突,这类的问题也应解决。

虽然在跨文化培训领域发生这些情况的程度难以量化,但是经验告诉我们,这类情况的确在这个领域里发生了——在多大程度上,我们没有能力说清楚。然而,我们相信,对于做成一项优秀的评估研究,这类人为因素造成的明显和隐蔽的障碍并不是不严重,可目前我们也拿不出简单的办法来克服这类进退两难的问题。尽管如此,应该提及的是:对那些能够跨越这些障碍的学者们,还是有机会让他们对国际人力资源管理做出重大的贡献。

参 考 文 献

Abt, H. (1996). *Handlungspsychologisch orientierte qualitative Evaluation eines interkulturellen Managertrainings zur Vorbereitung auf China* [An organizational psychology approach to qualitative evaluation of intercultural management training in preparation for China]. Unveröffentlichte Diplomarbeit. Universität Regensburg, Germany.

Befus, C. P. (1988). A multilevel treatment approach for culture shock experienced by sojourners. *International Journal of Intercultural Relations, 12*(4), 381–400.

Bennett, J. M. (in press). Turning frogs into interculturalists: A student-centered developmental approach to teaching intercultural competence. In R. A. Goodman, M. E. Phillips, & N. Boyacigiller (Eds.), *Crossing cultures: Insights from master teachers*. London: Routledge.

Bhagat, R. S., & Prien, K. O. (1996). Cross-cultural training in organizational contexts. In D. Landis & R. S. Bhagat (Eds.), *Handbook of intercultural training* (2nd ed., pp. 216–230). Thousand Oaks, CA: Sage.

Bhatkal, R. (1990). *Intercultural sensitivity training for preservice teachers using a cultural-general assimilator with a peer interactive approach and media analysis.* Unpublished doctoral dissertation, University of Nebraska, Lincoln.

Bhawuk, D. P. S. (1995). *The role of culture theory in cross-cultural training: A comparative evaluation of culture-specific, culture-general and theory-based assimilators.* Unpublished doctoral dissertation, University of Illinois, Urbana-Champaign.

Bhawuk, D. P. S. (1998). The role of culture theory in cross-cultural training: A multimethod study of culture-specific, culture-general, and culture theory-based assimilators. *Journal of Cross-Cultural Psychology, 29*(5), 630–655.

Bhawuk, D. P. S., & Brislin, R. W. (2000). Cross-cultural training: A review. *Applied Psychology, 49*(1), 162–191.

Bird, A., Heinbuch, S., Dunbar, R., & McNulty, M. (1993). A conceptual model of the effects of area studies' training programs and a preliminary investigation of the models' hypothesized relationship. *International Journal of Intercultural Relations, 17*(4), 415–435.

Black, J. S., Gregersen, H. B., Mendenhall, M. E., & Stroh, L. K. (1999). *Globalizing people through international assignments.* New York: Addison-Wesley Longman.

Black, J. S., & Mendenhall, M. E. (1990). Cross-cultural training effectiveness: A review and a theoretical framework for future research. *Academy of Management Review, 15*, 113–136.

Blake, B. F., & Heslin, R. (1983). Evaluating cross-cultural training. In D. Landis & R. W. Brislin (Eds.), *Handbook of intercultural training* (pp. 203–223). New York: Pergamon Press.

Blake, B. F., Heslin, R., & Curtis, S. C. (1996). Measuring impacts of cross-cultural training. In D. Landis & R. S. Bhagat (Eds.), *Handbook of intercultural training* (2nd ed., pp. 165–183). Thousand Oaks, CA: Sage.

Bruschke, J. C., Gartner, C., & Seiter, J. S. (1993). Student ethnocentrism, dogmatism, and motivation: A study of BaFá BaFá. *Simulation and Gaming, 24*(1), 9–20.

Church, A. T. (1982). Sojourner adjustment. *Psychological Bulletin, 91*, 540–572.

Cook, T. D., & Campbell, D. T. (1976). The design and conduct of quasi-experiments and true experiments in field settings. In M. D. Dunnette (Ed.), *Handbook of industrial and organizational psychology* (pp. 223–326). Chicago: Rand McNally.

Cook, T. D., & Campbell, D. T. (1979). *Quasi-experimentation: Design and analysis issues for field settings.* Chicago: Rand McNally.

Cui, G., & Awa, N. E. (1992). Measuring intercultural effectiveness: An integrative approach. *International Journal of Intercultural Relations, 16*(3), 311–326.

Cunningham-Warburton, P. A. (1988). *A study of the relationship between cross-cultural training, the scale to assess world views, and the quality of care given by nurses in a psychiatric setting.* Unpublished doctoral dissertation, University of Connecticut, Storrs.

Cushner, K. (1989). Assessing the impact of a culture-general assimilator. *International Journal of Intercultural Relations, 13*(2), 125–145.

Degen, L. (1996). *Kognitionspsychologische Analyse der qualitativen Evaluation eines interkulturellen Managementtrainings* [A psychological cognition analysis of the qualitative evaluation of intercultural management training]. Unveröffentlichte Diplomarbeit, Universität Regensburg, Germany.

Deshpande, S. P., Joseph, J., & Viswesvaran, C. (1994). Does use of student samples affect results of studies in cross-cultural training? A meta-analysis. *Psychological Reports, 74,* 779–785.

Deshpande, S. P., & Viswesvaran, C. (1992). Is cross-cultural training of expatriate managers effective: A meta analysis. *International Journal of Intercultural Relations, 16*(3), 295–310.

Flavin, C. (1997). Cross-cultural training for nurses: A research-based education project. *American Journal of Hospice and Palliative Care, 14*(3), 121–126.

Furnham, A., & Bochner, S. (1986). *Culture shock.* London: Methuen.

Gannon, M. J., & Poon, J. M. L. (1997). Effects of alternative instructional approaches on cross-cultural training outcomes. *International Journal of Intercultural Relations, 21*(4), 429–446.

Gertsen, M. C. (1990). Intercultural competence and expatriates. *International Journal of Human Resource Management, 3,* 341–362.

Glaser, W. (1999). *Vorbereitung auf den Auslandseinsatz: Theorie, Konzept und Evaluation eines Seminars zur Entwicklung interkultureller Kompetenz* [Preparation for departure to a foreign country: Theory, concepts, and evaluation of seminars for the development of intercultural competence]. Neuried, Germany: Ars Una.

Goldman, A. (1992). Intercultural training of Japanese for U.S.-Japanese interorganizational communication. *International Journal of Intercultural Relations, 16*(2), 195–215.

Goldstein, D. L. (1994). *A comparison of the effects of expatriate training on sojourners' cross-cultural adaptability.* Unpublished doctoral dissertation, Florida International University, Miami.

Goldstein, D. L., & Smith, D. H. (1999). The analysis of the effects of experiential training on sojourners' cross-cultural adaptability. *International Journal of Intercultural Relations, 23*(1), 157–173.

Hammer, M. R., & Martin, J. N. (1992). The effects of cross-cultural training on American managers in a Japanese-American joint venture. *Journal of Applied Communication Research, 20,* 161–182.

Harrison, J. K. (1992). Individual and combined effects of behavior modelling and the cultural assimilator in cross-cultural management training. *Journal of Applied Psychology, 77*(6), 952–962.

Kammhuber, S. (1996). *Konzeption, Einsatz und Evaluation von Videosequenzen in interkulturellen Orientierungsseminaren* [Conception, implementation, and evaluation of video sequences in intercultural orientation seminars]. Unveröffentlichte Diplomarbeit, Universität Regensburg, Germany.

Kealey, D. J., & Protheroe, D. R. (1996). The effectiveness of cross-cultural training for expatriates: An assessment of the literature on the issue. *International Journal of Intercultural Relations, 20*(2), 141–165.

Kealey, D. J., & Ruben, B. D. (1983). Cross-cultural personnel selection: Criteria, issues and methods. In D. Landis & R. W. Brislin (Eds.), *Handbook of intercultural training* (Vol. 1, pp. 155–175). New York: Pergamon.

Kinast, E.-U. (1998). *Evaluation Interkultureller Trainings* [Evaluation of intercultural training]. Lengerich, Germany: Pabst Science.

Layes, G. (1995). *Quantitative Evaluation eines interkulturellen Managementtrainings für deutsche Manager zur Vorbereitung auf die Kooperation mit Chinesen* [Quantitative evaluation of intercultural management training for German managers preparing for cooperation with the Chinese]. Unveröffentlichte Diplomarbeit, Universität Regensburg, Germany.

McIlveen-Yarbro, L. C. (1988). *An assessment of the ability of the culture-general assimilator to create sensitivity to multiculturalism in an educational setting.* Unpublished doctoral dissertation, University of Houston, TX.

McKinlay, N. J., Pattison, H. M., & Gross, H. (1996). An exploratory investigation of the effects of a cultural orientation programme on the psychological well-being of international university students. *Higher Education, 31,* 379–395.

Mendenhall, M. E., Kühlmann, T., & Stahl, G. (2001). *Developing global business leaders: Practices, policies, and innovations*. Westport, CT: Quorum Books.

Mendenhall, M., Kühlmann, T., Stahl, G., & Osland, J. (2002). Employee development and expatriate assignments. In M. Gannon & K. Newman (Eds.), *Handbook of cross-cultural management* (pp. 155–183). Oxford, UK: Blackwell.

Mendenhall, M. E., & Oddou, G. R. (1985). The dimensions of expatriate acculturation: A review. *Academy of Management Review, 10*, 39–47.

Nazarkiewicz, K. (1996). "Sind jetzt noch Fragen zum Inder?" Interkulturelles Lernen und Personalentwicklung bei Stewardessen der Deutschen Lufthansa ["Are there still questions concerning people from India?" Intercultural learning and personal development by flight attendants of Lufthansa]. In A. Bentner & S. J. Petersen (Eds.), *Neue Lernkultur in Organisationen. Personalentwicklung und Organisationsberatung mit Frauen* [New learning culture in organizations: Personal and organizational development including women] (pp. 60–90). Frankfurt am Main, Germany: Campus Verl.

Orton, J. (1999). Intercultural learning in a short-term international program. In K. Knapp, B. E. Kappel, K. Eubel-Kasper, & L. Salo-Lee (Eds.), *Meeting the intercultural challenge: Effective approaches in research, education, training and business* (pp. 284–298). Sternenfels, Berlin, Germany: Wissenschaft und Praxis.

Podsiadlowski, A., & Spieß, E. (1996). Zur Evaluation eines interkulturellen Trainings in einem deutschen Großunternehmen [Toward evaluation of intercultural training in a large German corporation]. *Zeitschrift für Personalforschung, 1*, 48–66.

Pollard, W. R. (1989). Gender stereotypes and gender roles in cross-cultural education: The cultural assimilator. *International Journal of Intercultural Relations, 13*(1), 57–72.

Pruegger, V. J., & Rogers, T. B. (1994). Cross-cultural sensitivity training: Methods and assessment. *International Journal of Intercultural Relations, 18*(3), 369–387.

Quintrell, N., & Westwood, M. (1994). The influence of a peer-pairing program on international students' first year experience and use of student services. *Higher Education Research and Development, 13*(1), 49–57.

Ramirez, H. A. (1992). *The effects of cross-cultural training on the attributions and attitudes of preservice teachers*. Unpublished doctoral dissertation, University of Illinois, Urbana-Champaign.

Scheitza, A. (1995). *The effect of an "Intercultural Management Seminar" on German-Zimbabwean co-operation: An evaluation of an intercultural training program*. Unpublished paper.

Scheufler, I. (1996). *Qualitative Evaluation der handlungssteuernden Wirkungen ausgewählter Aspekte des American Study and Culture Assimilator anhand eines Gruppenvergleichs* [Qualitative evaluation of leadership consequences from selected aspects of the American Study and Culture Assimilator with a group comparison]. Unveröffentlichte Diplomarbeit, Universität Regensburg, Germany.

Sirimangkal, P. (1993). *An examination of intercultural training outcomes: Uncertainty, anxiety and intercultural communication competence*. Unpublished doctoral dissertation, Kent State University, Kent, Ohio.

Stephan, C. W., & Stephan, W. G. (1992). Reducing intercultural anxiety through intercultural contact. *International Journal of Intercultural Relations, 16*(1), 89–106.

Thomas, A., & Lulay, G. (1999). *Evaluation interkultureller Trainings zur Vorbereitung von Bundeswehrsoldaten auf internationale Einsätze* [Evaluation of intercultural training regarding cooperation of Federal Army soldiers in foreign deployments]. Untersuchungen des Psychologischen Dienstes der Bundeswehr.

Torbiörn, I. (1982). *Living abroad: Personal adjustment and personnel policy in the overseas setting*. New York: Wiley.

Tung, R. L. (1981). Selection and training of personnel for overseas assignments. *Columbia Journal of World Business, 16*, 68–78.

Tung, R. L. (1982). Selection and training procedures of US, European and Japanese multinationals. *California Management Review, 25*, 57–71.

Underhill, F. (1990). *An application of social learning theory using stakeholder evaluations to assess a cross-cultural training program for business people*. Unpublished doctoral dissertation, University of Washington, Seattle.

Urbanek, E.-U. (1994). *Evaluation der handlungssteuernden Wirkungen des American Study and Culture Assimilator* [Evaluation of leadership consequences of the American Study and Culture Assimilator]. Unveröffentlichte Diplomarbeit, Universität Regensburg, Germany.

Westwood, M. J., & Barker, M. (1990). Academic achievement and social adaptation among international students: A comparison of the peer-pairing program. *International Journal of Intercultural Relations, 14*(2), 251–263.

第二部分

理论联系实践

第六章

培养跨文化敏感度
——研究全球和国内多样性的综合方法

珍妮特·M.贝内特(Janet Bennett)
米尔顿·J.贝内特(Milton J. Bennett)

多样性培训和发展这一领域本身就是多样性的体现。不仅涉足该工作的专业人士是个多样化的群体,而且他们采用的视角也表现出该领域中不同的组织背景和学科广泛性。另外,我们培训的客户也同样具有多样性,他们有传统上与美国国内多样性运动相关的群体,也有来自全球各个角落的移民、外派工作人员(transferees)和难民。尽管"全球村"这一陈词滥调以及总被提及的"变化的劳动力"在有关多样性的文献中就像咒语一样出现,我们的工作面临的现实需要我们对所从事的事业进行一番深入的梳理。这里所说的不是指我们为什么要做这项工作,而是我们为什么要选择用这种方式来开展我们的工作。

在过去几十年的努力中,描述各种实现多样性目标方法的文献浩如烟海。这些文章和书籍总体上反映了对该事业的热爱以及经过深思熟虑以后总结出来的模式,内容涉及如何在不同的组织中引进、实现和奖励多样性。(Arredondo,1996;Cox,1994;Cox & Beale,1997;Ferdman & Brody,1996;Gardenswartz & Rowe,1998;Hawley,Banks,Padilla,Pope-Davis & Schofield,1995;Hayles & Russell,1997;Jamieson & O'mara,1991;Loden,1996;Thomas,1995)。本章试

209

图整合其中的几种视角,提出文化定义的建构主义方法以及理解文化认同和跨文化能力的相关发展方法。我们将用这种发展模式来探讨在个人和组织发展的不同阶段,阻力和"推力"(pushback)如何产生,为什么会产生,进而指出多样性计划只有在客户做好准备之后最有成效。

采用综合方法解决多样性问题的必要性

哈得逊学院报告的冲击之后(Johnson & Packer, 1987),在一个研究项目中接受调查的406家公司中,有79%的公司要么已经实施,要么正在计划实施多样性培训(Wheeler, 1994)。这些数据多少有点令人鼓舞:美国的公司已经领悟了这一讯息。这些数据同样也令人担忧:这些公司的"多样性培训"指的是什么呢?

答案就像多样性本身一样各不相同(Carter, 2000; Henderson, 1994; Norris & Lofton, 1995)。我们知道"多样性计划"与"培训"并非同义词,然而,探讨一下过去二十年中同时影响培训和发展的种种不同的观点大有裨益。对很多人来说,培训和发展重视平等就业和认可行为(affirmative action),以及人们必须了解什么以及为什么要了解这些知识。尽管多样性专业人士经常对这种关联提出质疑,在很多客户的心目中,多样性和顺从(compliance)的话题是绝对相互关联的(Thomas, 1995; Wheeler, 1994)。对另一些人来说,多样性是建立在一个组织中由于种族、阶级、性别、年龄、性取向等的不同而产生的不平等。还有一些人认为,多样性是值得赞美、值得重视,"要管理好五彩缤纷的多种文化"。在这一阶段,有股从重视注意力到重视技能为主的培训运动(Carnevale & Stone, 1995, p.104)。随着需求的清晰和明朗,我们"超越了种族和性别的限制"(Thomas, 1991),不仅因为管理多样性而欣喜,而更加强调生产力、效率和竞争优势。有人提出多样性不仅仅是个"管理问题",我们所从事的事业是运用多样性建立一个包容性组织的"市场模式"(Norris & Lofton, 1995)。

随着多样性运动的成熟,一个令人尴尬的问题变得更加明显。大公司设计了高效的计划,但是一旦母公司将这一项目输出到世界上别的地方,美国视角的民族中心主义便彰显出来(Solomon, 1994)。不仅培训的内容,就是培训的风格也违背了运动本身的中心价值观:包容性。我们的敏感度计划在文化上却缺乏敏感性。这些方法倾向于反映美国的价值观和问题,而且培训设计运用的是美国式的交际、认知和学习风格。

除了这种对文化不够敏感的教学方式,几个支持者模糊的立场也凸显无疑。在很多情况下,一个组织中负责国际工作调任的部门却被排除在多样性计划之外,看起来好像是因为没有明显的需求(Wentling & Palma-Rivas, 2000)。他们对国际旅居人士出国前和再次归国后的培训只专注于特定文化方面,而不是欣赏或管理文化多样性。

此外,即使是国内组织,不断流入的移民和难民使得多样性议程更加混乱。新来的白人男性乌克兰移民在哪些方面适合这个课程?可以认为他"代表多样化种族"?属于主导文化?还是一个有特权的白人男子?最近来的那个不讲英语的"亚洲裔美国人"又算什么?她是亚洲人?还是美国人?我们要从她护照上的文化看她的身份吗?很明显,市场模式就得解释这些全球性差异如何影响这个组织(Wentling & Palma-Rivas, 2000)。接下来的问题就变成了这样:什么是国内的?什么又是全球的?

该领域的领导开始强调组织(国内和国际)各方面"一贯的焦点和整合"(Hayles & Russell, 1997, p.18)。贝克提倡开发一个"更广泛、更精密的概念性框架来分析多样性问题"(Baker, 1996, p.151)。而且,正如《2020 劳动力报告》中简明扼要地指出的那样,"世界才重要"(Judy & D'Amico, 1997, p.3)。因此,随着专业人士努力整合国内和全球的种族、民族、年龄、性别、阶级、国籍、性取向、身体能力间的复杂关系以及其他方面的差异,二十世纪九十年代有关多样化发展的文献中开始强调"文化"的重要性(Carr-Ruffino, 2000; Gardenswartz & Rowe, 1998; Jamieson & O'Mara, 1991; Loden, 1996)。

为了满足不同组织的多样性需求,专业人士利用了包括教育、心理学、社会学、咨询、组织发展、传播、管理、经济、人类学以及其他广泛的学科知识。每一个理论视角都对目前的学科发展水平作出了贡献并极大地影响了人们今天处理多样性问题的方式。此外,其他国家的学者目前也开始反思本国和国际上的多样性问题。然而,在这个竞争激烈的领域,这些相互杂交的视角多少也不尽如人意,这不足为奇。从公司活动的研究来看,总结一下所从事的工作的起点要相对容易(Gaskins, 1993; Rynes & Rosen, 1995; Wentling & Palma-Rivas,

2000；Wheeler，1994），而要探知他们为什么要在这个时间从事这个工作的理论基础就会相对困难一些。

定义

正如我们之前的其他作者一样，我们有研究多样性问题的一个学术视角，就我们而言，这种视角源于社会科学跨文化传播分支中对不同文化背景的人们进行面对面交流的研究。由于大量吸收了心理学、人类学和社会学的知识，跨文化交流本身就带有跨学科的性质。虽然我们谁也不能开出一个万能的药方解决多样性的复杂性，但是跨文化交流特别强调跨文化能力的发展，这点非常有用。概括地说，跨文化能力是指在跨文化的情境中有效地进行交流并能恰当地融入各种文化语境的能力。开发这种能力是各组织和机构多样性计划的主要目标，他们认为这有利于该组织有效地招募新成员，留住少数群体成员，管理一个多样性的员工群体，提高多元文化团体的生产效率，在不同的文化间进行成功营销，并在一个组织中营造尊重多样性的氛围。

思想倾向和技能倾向

虽然跨文化交流主要强调的是行为，但是没有任何行为能够脱离开思想和感情而单独存在。这个必然的统一可以称作跨文化的思想倾向和技能倾向（mindset and skillset）。思想倾向是指一个人是在文化语境下行为的意识。这通常需要具备对自身文化的敏感性（文化自觉），有一些辨别文化对比差异的框架（比如不同的交流风格、文化价值），清楚地了解应该如何运用文化普遍性而不致陷入刻板印象的窠臼。思想倾向（更确切地说"情感倾向"）也包括保留诸如好奇心以及容忍不确定性的这些态度——这些才是激发找出文化差异性的因素。

跨文化技能倾向包括分析交流互动、预测可能产生的误解以及采取适应性行为的能力。可以将技能倾向看作行为的扩展技能——包括对自身的文化来说很适当的行为，而这种行为却并不因此而排斥在另一文化中可能更适当的其他行为。

这一方法对跨文化能力的启示是:知识、态度和行为必须齐头并进这种能力才有可能得到发展(J. M. Bennet, 2003; M. J. Bennett, 2001; Klopf, 2001; Lusting & Koester, 1999; Ting-Toomey, 1999)。所以,尽管多样性计划的公开目标只能用这些维度中的一个来表述,这个计划却需要三者的协调配合。我们随后会看到,这种协调以连续课程的形式出现,这些课程只有当学习者全身心投入进去以后才能进行。

文化

理解文化多样性的能力建立在理解文化这一概念的基础上。对文化的建构主义定义是社会学家彼得·伯杰(Peter Berger)和托马斯·勒克曼(Thomas Luckmann)在他们的开创性著作《现实的社会建构》(1966)一书中提出来的。跨文化学者普遍引用的这一定义(Triandis, 1994)对客观文化和主观文化进行了区分。客观文化指的是比如政治和经济体制这样制度层面的文化,以及诸如艺术、音乐、烹饪等的文化产品。历史所追溯的某个社会制度的发展指的也是客观文化。客观文化的概念有助于了解其他群体的文化创造,但是在工作场所却不一定有用。这种知识不等于跨文化能力。客观文化的知识是必需的,但不足以培养专业人士。

主观文化是指对由社会制度形成的对社会现实的体验——换句话说,是指一个社会人们的世界观。根据伯杰和勒克曼的观点,主观和客观文化是一种辨证的存在,客观文化通过社会化得以内化,而主观文化通过角色行为得以外化。因此,在一个循环的自我参照的过程中,文化的制度不断通过人们把对这些制度的体验付诸实施得以再创造。主观文化使得我们能够深入了解不同文化群体的世界观,也正是这种洞见才能转化成更为有效的交流。要营造一个尊重多样性的氛围真正问题在于对各种主观文化的信仰、行为和价值观表现出理解和欣赏。这种理解和欣赏为我们提供了接触不同文化体验的机会并促成相互间的适应。

主观文化的概念也是我们理解全球和国内多样性间的结合点的关键。虽然某些人拥有比别人悠久得多的历史,虽然某些人要么承受不平等的被压迫的负担,要么拥有特权,但是他们的文化世界观的复杂性却都是平等(但不同)的。

正是这种"差异的相似性"使得我们尊重平等的复杂性以及我们各自的观点潜在的实用性。建立在这种认知和尊重的基础上，多样性计划可以进一步推动对政治和历史不平等的认识。

多样性

基于这种主观文化的观念，多样性可以定义成因为国籍、民族、性别、年龄、身体特征、性取向、经济地位、教育、职业、宗教、组织归属以及其他可辨认的特征而构成的相互交流的群体间在习得和共享的价值观、信仰和行为上的文化差异。这一定义与其他作者的定义有合理的一致性，他们将多样性的特征描述成"各不相同的群体成员身份的差异……通过行动确认差异性的过程"（Carnevale & Stone, 1995, p.89）；"多维的混合体"（Thomas, 1992, p.307）；或者"每一个影响任务或关系的个体差异"（Griggs & Louw, 1995, p.6）。

种族和文化

尽管这里提供的对主观文化的定义在多样性专业人士中间具有相当的权威性，但的确引发了对于文化含义的许多其他问题。看一下我们下面列出的问题就可以看出首当其冲的是什么问题：种族在这个组合中该放在什么位置？多样性工作中最具挑战性的两个问题是克服"种族就是文化"的观念以及克服种族主义本身。后一个问题本章稍后会作分析，但是必须厘清文化定义的根源，并确定文化和种族之间的差别。

那种认为人们的生物学特征在某种程度上决定人们的行为、思考和交流方式的过时观念现在已经为最近的基因组研究完全否定。种族定义通常的依据是"天生的、地理上孤立的种群都具有的诸如肤色、面部特征和头发类型等生理特征"（Betancourt & López, 1993, p.631），这种生物学的分类已经过时（Dobbins & Skillings, 1991; Lock, 1993）。人们并不是主要因为属于某个种族才具有这种行为方式，而是因为文化因素。琼斯（Jones, 1972）把社会学上根据生理标准而定义的群体种族（race）和同样是社会学但是根据文化标准来定义的族群划分（ethnicity）进行了对比。大家从美国 2000 年的人口普查中可以非常清楚地了解到,个体自我认同的方式非常复杂(Stephan & Stephan, 2000)。不同"种族"群体的成员可能认同同一个民族群体(比如美籍西班牙人)或者同一种族的成员分属于各不相同的民族背景(巴西人、海地人等等)。

尽管这一简单的根据无法着手处理种族问题的威力和复杂性,但是对于多样性专业人士来说,分清自我认同与他人的认定之间的区别至关重要。正如赫尔姆斯(Helms, p.3)描述的那样,"种族认同实际上指的是一种群体感或集体身份,它建立在个人对于与某个特定群体共享相同的种族传统这个事实认同的基础上"。这种自我认同可能与别人的认定完全不一样。多样性专业人士必须时刻留意个人对种族(和文化)问题的自我感知和世界观以及别人在这些问题上可能有的看法。将两者混淆起来是不明智的。

最后,仅仅因为种族不是文化并不意味着肤色的影响和白人的特权就能以某种方式被排除在多样性培训之外。我们世界观的构建强烈地受到文化体验的影响,也同时由我们对肤色的体验而形成(Helms, 1994)。这两种体验之间的区别并不能使其中的一种体验凌驾于另一种之上;事实上,必须迈出艰难的第一步,将种族主义和特权的发生率最小化,同时最大化地尊重多样性。

从这些定义引发的第二个问题涉及个体认同和群体认同的界限。如果一个人同时"属于"多个文化群体,这人该在何种程度上认同这一多面文化身份的各个方面?另外,该如何在某个特定的文化群体中探究不同的选择范围。费尔德曼(Ferdman, 1995, p.45)描述的这种"各类社会身份荟萃的个体独特性"对多样性专业人士提出一个挑战:我们该如何在工作场所讨论群体模式及其影响,并承认与某个特定个体相关的复杂身份问题?熟练地运用建立在调查基础上的文化总体印象(generalization)可以解除这一顾虑。

刻板印象和总体印象

多样性项目的参与者有时会抵触主观文化这样的概念,因为这看起来就像个"标签"。他们是在尽力无可非议地避免文化刻板印象(stereotypes,又译定型观念)。不幸的是,如何才能避免这种刻板印象的答案总是"将每个人当成一个特殊的个体来对待。"这本身就是文化沙文主义的一种形式,将西方个人主义的观念强加到每一种情况。运用准确的文化总体印象(generalization)来避免文化刻板印象更有益。有用的文化总体印象建立在系统的跨文化研究基础之上。它们是指不同群体人们的主要特征,所以不是个体的标签。在某个特定的个人身上,这些主流的群体倾向性可能表现得很突出、很少或根本就没有。因此,文化总体印象只能作为一种试验性假设运用于不同的个体,且有待进一步证实。

另外,文化总体印象可以用来描述文化群体"不同层次的抽象概念"。比如,可以对有着西方文化和东方文化背景的人进行文化比较。这种文化群体是很高层次的抽象概念,所以只能支持很概括性的对比,比如"更个人主义"相对"更集体主义"。在抽象概念的另一面,可以把非洲裔美国人这样相对比较具体的文化群体和欧洲裔美国人这个同样具体的群体进行比较。这种情况下就可以在文化风格上作更具体的对比。在抽象概念的中间层次是像美国的美洲人相对北欧人这样的文化群体。由于人们拥有多层次的文化身份,所以同时运用不同层次的抽象概括更得当。比如有些人可以同时被描述成属于"美国的美洲人"、"拉丁美洲人"、"西南部人"、"男性"和"工程师"这样的群体。所有层次的抽象概括应该有助于了解这人的文化体验。

以一种负责的态度进行和运用文化概括是用跨文化的方法解决多样性问题的关键所在。出于与刻板印象的相似性,总体印象的运用应该相当谨慎。首先,总体印象应建立在调查的基础上,而不仅仅是个人的经验。一个人对另一文化的体验可能只是接触了某种类型的人——比如愿和外来者消磨时光的人。结果,只建立在那个样本基础上对整个群体的印象概括就可能不准确。这种错误的概括好像在某些警察中存在,他们对其他文化群体的主要接触可能只限制在该群体的一部分人中。建立在与这一特定人群的接触基础上的总体印象在这一群体中适用,但是离开这个群体,就变成了刻板印象,或"侧面像"。

概括的使用还要求我们保持概念上的对等;也就是要制造一个概念上平等的游戏场。意思是说文化对比应该在相同层次的抽象概念上进行。美国的美洲人应该和其他的民族群体,而不是和诸如"亚洲人"这样更概括的群体或"西班牙移民"这样更具体的群体进行比较。后一种情况暗示美国美洲文化排斥西班牙血统的人。不能保持概念上的对等在对比主导文化民族和其他民族群体时遇到的问题就更棘手。在美国,虽然主导文化群体的成员用相对概括的民族概念看待别人,如非洲裔美国人(整个大陆),反过来却容易用相对具体的民族概念来看待自己,如德国裔美国人(一个国家)。用相对具体的概念看待自己的群体属性意味着更"真实",而微妙地贬低了不太具体的群体。有鉴于此,"欧裔美国人"这一概念用来与美国其他概括性的民族群体对比更合适些。

跨文化敏感度发展模型

概观

跨文化敏感度发展模型(DMIS)是用来解释那些被观察和被报道的人们在跨文化语境下体验的一种框架(M. J. Bennett, 1993)。学生们在跨文化的论坛、课堂、交流和研究生项目中受到几个月、有时长达几年的观察。看来,学生们在学习成为更出色的跨文化交流者的过程中以预期的方式遭遇了文化差异。详细运用"扎根"理论(grounded theory),观察的结果根据对文化差异敏感度的递增分成六个阶段(见图6.1)。该模型的根本假设是对"文化差异的体验"越深,个人处理跨文化关系问题的能力就越强。每一阶段都标志着某一特定"世界观的形成",而某种态度和行为都与每一步形成密切相关。跨文化敏感度发展模型不是有关态度和行为改变的模型。相反的,它是一个认知结构发展的模型。每一阶段对行为和态度的陈述标志着根本世界观产生的特定条件。

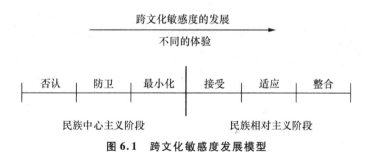

图6.1 跨文化敏感度发展模型

跨文化敏感度发展模型的前三个阶段是以民族为中心的,意思是说,对自己文化的体验在某种程度上就是现实的中心。在否认(denial)阶段,自己的文化是唯一真实的体验,尽量避免考虑其他的文化,在心理或生理上都避开这些差异。在防卫(defense)阶段,自身的文化(或外来文化)是唯一最好的,文化差异受到贬低。在最小化(minimization)阶段,自身文化的世界观要素是普遍适用的,所以尽管与其他文化有着可以接受的表面差异,这些文化基本上与自身的文化是相似的。

跨文化敏感度发展模型的后三个阶段是民族相对主义的,意思是说自身的文化是放在其他的文化背景下体验的。在接受(acceptance)阶段,其他的文化也是同样复杂但不同的现实构建。在适应(adaptation)阶段,一个人获得了在他文化世界观之内或之外改变观点的能力;因此他的体验可能包括他文化的人不同的文化体验。在整合(integration)阶段,个人的体验得以放大,包括在不同的文化世界观之内或之外的变动。

总之,民族中心主义阶段可以看做是"避免文化差异"的方式,或者否认它的存在,或者抵触它,或者将其重要性最小化。民族相对主义阶段是寻求文化差异,或者接受它的重要性,或者调整观点将其纳入考虑范围,或者将整个概念融入认同的定义。

跨文化敏感度发展模型的理论基础是个人建构理论及其扩展理论,即激进建构主义理论。个人建构理论是乔治·凯利(George Kelly, 1963)提出来的,他认为体验是我们归类或解释(construing)事件的功能。根据这一理论:

> 一个人可以目击一系列盛大的事件,然而,如果不能理解其中真义的话……他就不能因为事件发生时身处其中而获得什么体验。并不是一个人周围发生的事情使之变得有经验,而是对发生的事件进行不断地解释和再解释使得他的人生经历变得丰富多彩。(第73页)

换句话说,如果我们没有解释事件的方法,我们对此事就没有体验。用一种不同的表述方式就是,世界观中一种现象的存在在于我们甄别那些独特现象的程度。这个观点与本杰明·李·沃尔夫在其语言相对论著作中的观点如出一辙:

> 我们不能在这里找到我们隔离现象世界的分类和类型,因为它们就在每个观察者眼中。相反,世界是由我们的头脑组织的万花筒似的一系列印象组成。(第213页)

否认

跨文化敏感度发展模型假定在最早的民族主义阶段,即否认阶段,对他文化要么根本不加区别,要么以非常模糊的方式解释。结果是,要么根本没有体验到文化差异,或者体验到的是诸如"外国人"或"移民"这样没有明显特征的"他者"。这样一来以否认模式看待世界的人可能尽量完全避免多样性这个话题,或不用具体的群体名称而只用"他们"。(也许正是因为认识到这种否认的表示,引得一些非洲裔美国观众在美国总统候选人罗斯·佩罗在演讲中用到"你们这些人"时非常生气。)

在多样性的语境下,其他否认的表现还包括含蓄地使用基因或社会达尔文主义来证明天生就优越的人们存在的合理性,他们或是出生在这样的家庭抑或是后天努力获得了主导群体成员的身份。这反过来又支持对社会地位较低的人们采取"善意的忽视"态度("实在是没办法")。权力更可能以不加掩饰的剥削方式加以运用,理由是"他们不像我们这样珍惜生命。"这些假定和态度在这个阶段基本上是无意识的,所以直接用多样性计划来解决这一问题的努力通常会遭遇困惑,最终导致敌视。

否认对组织的启示

当一个组织中相当数量的人持有跨文化敏感度发展模型中任何一个阶段的世界观时,就可以说这个组织就具有这个阶段的特点。"相当数量"的构成取决于许多因素,例如那些特定人物在这个组织中正式和非正式的权力以及他们多大程度上构成关键的大多数。

不管其技术商业有多复杂,具有否认特征的组织一般对文化问题都比较无知。如果有国际跨文化接触的准备,一般就是基本的语言训练。由于国内多样性通常不是以文化的术语来定义的,除了法律多样性的基础培训之外不可能再提供别的多样性训练。这些组织容易受到围绕种族、性别和移民问题的政治和法律诉讼的困扰。他们极可能没有系统地招募多样性员工,存在的任何文化多样性都被当成"问题"。毋庸讳言,这种组织不管是从国际还是国内的角度都没有将文化多样性作为一种资源。

防卫

在下一个民族中心主义阶段,即防卫阶段,他文化以更复杂的方式加以区别,但还是没有本文化显得复杂。比如,人们可能反对他人对本群体的总体印象("我们每个人都是特殊的个体")而同时又用刻板印象看待其他群体。这种防卫世界观被分化成"我们—他们"的两个极端,所以主要的态度就是认为自己受到了攻击。对主导文化的人们来说,这种攻击态度通过诸如"他们抢了我们的饭碗"之类的说法表现出来。权力的行使是通过把外来者排除在制度之外的方式实现的。从旁观者的视角来看,主导文化的成员防卫的是他们的文化特权,当然群体内部的体验并不是这样的。对非主导群体来说,这一阶段的攻击态度是相似的,只是假想的攻击者不同。这里的人们更有可能去保护自身的文化身份免受主导群体同化的压力。在极端的情况下,非主导群体成员对主导文化的刻板印象是他们每个人都参与了故意压迫,而这一点可能会助长夸张的种族灭绝阴谋的理论。

防卫理论一种有趣的变异是世界观中"我们—他们"两极分化的位置"相互颠倒"。自身最初社会化的文化成为简单刻板印象的目标,原先被贬损的文化作为好文化被接受。在国际背景下,这个过程一般被称作"本地化"的过程。在国内环境中,同样的世界观构成可以解释主导群体成员采纳非主导群体服饰和观念的现象。有这种态度的人有时会被非主导群体的成员看成同盟,但更多的时候是被当成干涉者(meddler)。这并不能阻止他们加入到压迫其他主导群体成员的自封代表行列。

155 防卫理论对组织的启示

有防卫特征的公司可能由于过度自信或自大,导致产品设计和市场营销方面的错误。在中介和非赢利性组织中,这种假想的防卫优越感看起来是对客户的麻木。在组织内部,文化差异被看成要避免的障碍。因此也避免招募少数群体,因为这被当成必然棘手的事情。在国际上,这种好斗性可能会破坏重要的国际合作伙伴关系。

最小化

民族中心主义的最后阶段代表避免文化差异最复杂的策略。在最小化阶段,尽管礼仪和其他习俗上的表面文化差异得以承认,但假设的基础是"从内心来讲,我们都一样。"基本相似的假设抵消了防卫阶段的简化,因为现在别人也被看成与自己一样复杂的个人。然而,他们复杂的方式与自己是一样的。这种相似性可能是用生理共性或者是人们认为适合所有人的精神或哲学共性来描述。("我们都是'上帝'的子民——不管我们知道与否")。认为别人也有相似的需要、欲望和价值观实际上将简化推到更高层次的抽象。现在不是人被简化,而是文化差异本身被纳入到自己世界观所熟悉的领域。

最小化阶段的人通常比较友好。他们生活在一个"小世界",这里人们自然因他们最基本的人性聚在一起。非主导群体中只有极少数的人能停留在这个阶段,因为这与他们通常受歧视的经历不一样。但是主导群体的机构总是积极找出这些少数人为他们的同化辩护。在这个阶段,主导群体的权力通过机构特权得以实施。享受机构特权的主导群体成员没有意识到:他们之所以享受这些特权是因为他们认为组织中基本相似的人们必须拥有同样的机会。除非他们认为自己有不同于别人的特殊文化,否则他们就不能意识到自己的主导文化被当成组织中成功的典范。

最小化对组织的启示

拥有最小化特点的组织可能夸大他们对多样性问题的敏感度,宣称自己比较能够"容忍"、"没有种族偏见"。这不利于保持劳动力多样性,因为来自非主导文化群体的人们通常将这种宣称看成虚伪。过分强调企业文化给文化一致性带来巨大压力,结果在国内造成同化的氛围,在企业文化与当地文化冲突的地方引发国际对立状态。

接受

接受的举动代表在不同的文化背景下最初的世界观重构——民族相对主义的本质。所有的价值观、信仰和行为都根据不同的文化语境分成相互区别的种类。这个阶段"被接受"的是与他人平等却与他人不同的复杂性。这种接受并不意味着一定要同意或喜欢。所以,比如说,一个人可以持种族相对论的观点,但仍然不喜欢某个特定文化或不同意其价值观中的善恶标准。因为这种不同意也是有文化语境的,在这个阶段的人们并不会认为他文化的人任何情况下都会同意自己的观点。

接受建构的内在文化相对性标志着这个阶段出现的主要问题是：如何根据自己的价值观行使权力的同时，不把自己的观点强加在别人同样正确的观点之上。对这一困境的一种反应就是麻痹——无力保持（"不管怎样的"）任何一种价值立场。威廉·佩里（William Perry，1999）把这种情况称作多重性，他提出这是伦理发展超越二元论的正常阶段。他有关发展次序的观点似乎与这里跨文化敏感度的发展次序并行不悖。在否认和防卫阶段，权力的行使根基于不容置疑的真理，这些真理被分成我们和他们，善与恶的类别；简而言之，就是二元论。在最小化阶段，二元论被普世主义弱化，但是自己的立场仍然不容置疑。接着，到了接受阶段，根据不同的文化语境，个人的伦理立场成为多个可以接受的立场之一。这种相对性的暂时效应使得所有的立场看起来都一样正确，因此排除了传统上基于绝对真理的二元对立标准来选择立场的可能性。用佩里的话来说，人们需要培养"语境相对主义"才能继续前进。也就是说，他们需要重新获得一种能力，不是根据二元标准，而是根据自己对适当语境的判断作出伦理选择。

接受对组织的启示

有接受特征的组织能够认识到多样性的价值，并主动招募或保持一个多元化的员工群体。他们可能会热烈地讨论应该怎样改变相关政策和程序来适应更加多元文化的员工群体。国际营销和培训中承认当地文化语境，但是如何采取适当的行动还不明朗。经理们得到鼓舞去识别文化差异，但是却没有得到提高跨文化技能的培训。换句话说，接受阶段的组织知道应该"说话算话"（talk the talk），如果说不是很世故的话，他们也是真诚的。

适应

适应的行动发生在我们需要在自己的文化语境之外进行思考和行为的时候。这种需要通常出现在与他文化的偶然接触变得更频繁之时，比如在国外任职或与一个多元文化的团队共事。此时，对文化语境的简单认知已经不足以指导我们的行为。开始，适应以"认知框架转换"的形式出现，此时个人努力接受他文化的观点。在别的地方我们已经讨论过这种能力叫文化移情（Bennett，1998）。就世界观而言，文化移情是指通过一系列更具他文化特色而不是自身文化特色的观念来组织经验的尝试。比如说，一位通常将"减少义务"观念运用到友谊中的美国人（在试图理解日本朋友时）会转向更有日本特色的"彼此互惠的义务"观念。

以上这个事例的目的是去感觉友谊中彼此义务的合理性。这样，知识转化成行为——一个人就可以"说到做到"。当然，一个局外人永远不会像本文化的成员那样去体验该文化。这是因为复制的观念很少像最初社会化获得的那些观念一样有严格区别。更大的可能性是局外人感知转换的目标是自己与他文化交流体验的特定维度。

在行为规范转换形式的适应中，对他文化某些方面的感知以适当的行为体现出来（Bennett & Castiglioni，2003）。对跨文化适应的这种发展途径强调规范转换不能先于框架转换。换句话说，适应性行为的出现很重要是因为"感觉恰当"，而不是因为"一个人应该这么采取行动"。一个人应该知道恰当行为的范围是什么，但不应该只根据这一知识来采取行动。根据知识采取行动的极端事例是来自业余跨文化讨论会上无处不在的"小提示"和"可以做什么和不可做什么"清单。除了表面的礼仪，对其适当性没有明确感觉就遵循这些规则对另一文化的成员看来就像是做作或可能是屈尊俯就。

在适应阶段最重要的问题的确是真实性。这里的问题是，"我该如何保持自我的同时仍然能够以别的方式行动？"答案是对自我的定义延伸至包含别的语境。对处于这一阶段的大多数人来说，一个扩展的自我主要意味着有更多适合不同文化语境的行为技能。但在某些情况下，人们就变成了具有双重或多重文化身份。在那样的情况下，另外的世界观建构或多或少就能以自己原文化同样的复杂性加以区别。这样，双重文化身份的人对他文化的感觉与他对原文化感觉一样，他们的行为很自然地就从一个文化语境转换到另一文化语境。

人们的确能够在毫无知觉的情况下适应别的文化。这一过程实际上很接近于同化，因为适应是根据意图来阐释的。不管在什么情况下，身边肯定都会有双重文化的人，他们能够在两种文化中游刃有余，却不能清楚地解释其中任何一种文化的假设。这种"无意识适应"的缺陷在于这种适应不能普及。换句话说，一个人可以是双重文化，墨西哥和加拿大人，或者非洲裔美国人和欧洲裔美国人,但是他们可能不如民族中心主义的人更能适应其他民族或种族的群体。这突出了一个值得谨慎处理的问题,简单的适应能力不一定就预示着普遍的民族相对主义或在跨文化技能的发展形成中指导别人的能力。

有关适应还要注意的一个问题与权力的运用有关。在这个阶段,人们可以再一次行使自身信念的权力。但是他们是以适应所处文化语境的方式采取行动。因此,比如说,一位非主导文化的成员在主导文化语境中可以通过令人信服而不是简单的敌对方式来履行自身对社会公正的承诺。同样地,全球商业领袖可以在不把自身组织的文化结构强加给任何一种文化的情况下追求公司的目标。佩里把这种能力称为"相对主义的承诺",在跨文化敏感度语境下,它代表民族相对主义伦理的最高形式(Perry,1999)。

适应对组织的启示

有适应特征的组织鼓励决策人和经理接受思维和技能倾向的跨文化能力培训。典型的情况下,高层决策人在支持组织的跨文化发展中起到领导作用。对多样性高度尊重的环境也让人高度保持劳动力的多样化。在多元团队中,国内和国际的文化差异通常被当成有用的资源。

整合

在跨文化敏感度模型的最后阶段,即整合阶段,发展的重点完全围绕文化身份进行。这个语境中的"身份"是指保持自身体验连贯性的超水平。处理整合问题的人一般已经有双重或多重文化的世界观。有时,他们的文化身份感可能已经不受某个特定文化的约束,他们必须重新确定身份,采用的方式能够包含他们丰富了的体验。这样一来,他们的身份对于任何一种文化都变得"边缘化"(J. M. Bennett,1993)。

一种针对去语境的反应是封闭边缘化(encapsulated marginality)。这种情况下,一个人的自我感被堵在不同的文化间,不起作用。有这种世界观的人在无法选择适当的文化语境时只好重新采取一种多元化的方式。比如,一个封闭的人在随意的场合可能会转向正式的文化模式,反之亦然。更严重的是,这种人可能认识不到在一种文化语境中有利的行为在另一文化语境中会变得很危险。总之,有这种观念的人热衷于自己的想法而远离了丰富的人生体验。另一种对身份失落的反应是建构边缘化。在这种情况下,身份的阐释也是处在两种或多种文化的边缘,但是已经恢复了在不同的文化语境中发挥自如的能力。有这种观念的人称他们总是能"俯视"不同的事件,这可能意味着他们能够保持针对自身体验的整合超水平。说到"俯视",并不是指置之度外,相反,是指他们能够有意识的在不同的文化语境中灵活地采取行动。

整合对组织的启示

有整合特征的组织是真正多元文化和全球性的组织。每一个策略、问题以及行动都要根据其文化语境对其优势和缺陷进行分析和评估。包括表现评估在内的策略和步骤都包含有效运用多样性的适应性和优势。虽然组织的文化根基和影响得到承认,但是很少强调其种族或民族身份。

身份发展模型

一般跨文化敏感度的发展与身份发展在很大程度上是一致的。在过去的二十年中,增加了很多身份发展模型和社会心理阶段模型,描述接受自己作为文化或种族存在这一身份的过程。这些模型一般分成三类:适用于许多文化群体(Banks,1988)或一般"少数—多数"身份发展(LaFromboise, Coleman & Gerton, 1993; Phinney, 1995; Pinderhughes, 1995; Smith, 1991; Sue & Sue, 1999)的一般文化模型;描述特定文化群体的特定文化模型(Cass, 1979; Cross, 1995; Kim, 1981; Ruiz, 1990);以及种族身份模型,这一模型直接指向明显的种族差异及这些差异对身份的影响(Hardiman & Jackson, 1992; Helms, 1990, 1994; Sabnani, Ponterotto & Borodovsky, 1991)。

对多样性专业人士而言,熟悉这些模型有一系列好处。首先,意识到客户的种族和民族身份背景就能够对其基本的需求做出评价。身份模型可以提供一个框架以判断客户对所讨论的主题、某一个培训师或培训手段出现抵触的可能性。比如,根据客户的种族身份阶段,同文化的培训师可能最合适。因此,对于一个"经验远离白人社会且完全沉浸在黑人社会,即克罗斯(Cross)所描述的处于沉浸阶段的学员来说,由欧洲裔美国的培训师来推广多样性的价值可能效果会很差(Cross, 1995, p.107)。

第二,对身份发展过程的意识解决了专业人士需要注意不同的种族和民族群体中内群体差异的问题。对文化身份细微差别的理解排除了对某个文化群体的刻板印象,让不可避免的内群体冲突浮出水面。

第三,正是"对社会政治决定少数民族身份的了解"(Sue & Sue, 1999, p.124)有利于多样性专业人员在追求深入了解影响个人和组织的力量这些问题上的进展。

在一般文化和特定文化分类中,研究者所描述的身份发展模式有相似的地方(Ponterotto & Pedersen, 1993)。其特点一般是最初顺从制度化的规范和信仰,发展到其信仰受到质疑的不和谐阶段。顺从的第一阶段与跨文化敏感度发展模型的"防卫——反对"阶段相似,即认同其他文化,此处是指主导文化。对大多数非主导群体的成员而言,跨文化敏感度发展模型的否认阶段在种族身份模型中不太明显,这不足为奇;种族身份模型明确承认这样的群体很少有机会假设文化差异与他们的生活无关。

在解决不和谐问题时,个人可能采取排除其他民族,即沉浸的立场(Cross, 1991, p.201)。在与同民族的成员相处时,他/她会利用时间进行反思和身份形成。民族身份模型的这一阶段类似于跨文化敏感度模型中的一个阶段,在这一阶段中,个人摆出反对其他文化的立场,没有什么概念解释他们的文化差异并有意限制与之进行接触。

经过了沉浸阶段,个人完成了双重文化的自我整合,可能到最后建构一个多元文化的身份。另外,除了一些比较明显的例外情况,跨文化敏感度模型的最小化阶段对非主导群体有点不太显著,他们趋向于越过沉浸阶段,更直接地进入民族相对主义阶段。民族身份模型的后几个阶段更典型地类似于跨文化敏感度模型的民族相对主义阶段,尤其是在适应和整合阶段,个人提高自身参考框架转换的技能,使自身的风格适应有效的交流,到最后内化两种或更多的文化。

总体说来,最重要的是,不管作者属于哪个民族,民族身份模型会通向一个相似的最终发展阶段。所有这样的比较都要谨慎;不过,研究过大量民族经验的许多作者已经得出了相似的结论,与跨文化敏感度模型最后的整合阶段如出一辙。种族身份问题一旦解决,个人会表现出一些特征,分别被描述成整合、协作、文化自觉、民族相对主义、多元文化、可靠、欣赏自我和他人以及坚定;所有这些特征都是多样性计划希望达到的目标。

与分析民族(ethnic)群体心理发展的种族身份模型不一样,种族(racial)身份模型要解决的是不同的问题,赫尔姆斯是这样定义的:"种族身份发展理论关注的是种族群体成员身份的心理暗示;也就是说信仰系统随着感知不同的种族—群体成员身份的变化而进化(或 Helmes,1990,p.4)。"这些模型有的针对特定种族,比如赫尔姆斯有关非洲裔美国人种族身份和白人种族身份的著作(Helmes,1990);其他的描述一般的种族过程(Hardiman & Jackson,1992)。最近将白人作为传播现象的分析丰富了这个对话,甚至超越了美国的国界。(Nakayama & Martin,1999)。

由于每个人都受到反映种族主义的社会、制度以及人际信息的影响,这些模型强调多层个人身份的基本因素,要求每个人参与到"培养成熟的种族身份的过程中(Jones & Carter,1996,p.5)"。萨布南尼等人综合了几种有名的白人身份模型(Sabnani et al,1991)。他们提出白人经过接触前阶段(近似于跨文化敏感度模型的否认阶段)进入冲突阶段,在这个阶段,作为白人的自我认同与种族主义存在之间的不和谐变得很明显。下一步"赞成少数民族—反对种族主义"阶段的一般特征是对被压迫群体的愧疚和可能的过度认同。这又与跨文化敏感度模型的防卫—颠倒阶段相似,接纳他文化的世界观,贬低自己的种族或民族群体。在到达内化白人文化的最后阶段可能会因非主导群体成员固执的挑战而退却。

种族身份框架也是在多样性领域成功运作的基本框架。很多有关种族身份观点的文献都是在以美国为背景的情况下提出来的;然而,这个问题在全球人类关系中的突出地位却不容置疑。当然,我们就这些有影响的问题怎样进行培训,什么时候培训,培训什么内容都必须随着不同的文化语境而改变。

最后还要提到跨文化敏感度模型、民族和种族身份模型之间的区别,这一点对多样性专业人员非常有用。跨文化敏感度模型和民族模型都一致坚持适应其他文化群体的基本价值观,而不仅仅是接受或理解他们的世界观。仅仅有适合文化的态度是不够的,还需要更高的跨文化能力。许多种族模型没对这一技能提出要求,而这却恰恰是对多样性最核心的要求。

跨文化敏感度模型为多样性专业人员设计课程结构以及根据世界观进行因素排序提供了理论基础。熟练掌握社会心理民族认同模型使得分析的内容更加丰富,让人进一步了解目前世界观怎样受到群体认同的影响。最后,种族认同模型使人认识到建构一个包容性组织的核心问题。总结起来,这些框架给组织发展专职人员提供了理论视角,有利于他们组织计划,提高需求分析能力,设计培训次序并评估个人学习者和客户的发展水平。

对培训和教育的启示

就组织发展和多样性工作而言,世界观模型(跨文化敏感度模型)、民族和种族认同模型的发展视角有助于预防过度抵触,并在其发生的时候更有效地进行处理。在下一节,我们将运用这些视角,从整体战略上来考虑多样性计划的常见形式,评估抵触的可能原因,并提出发展顺序。

多样性培训和发展的方法范围很广,难以给予一个全面的评述。不过,有几种培训方式的运用比其他的方式要多一些,所以也更值得我们多加留意。这些视角可以来自美国国内多样化的语境和国际语境。我们将讨论每一种方法的重点、范围、内容以及对待冲突的态度。

"大写的"文化方法

第一种方法就是我们所说的"大写的"文化(客观文化)方法,其重点是各种人们的文化创造。总是有人们熟悉的"英雄和节日",可能涉及餐馆的"民族"食品,通常会有专门的一个月来纪念非主导群体的贡献。所有的艺术展、服饰、音乐会、讲演以及时事通讯稿都集中突出不同的民族群体。一般情况下,这种多样化工作谁都可以做,不过通常不是强制性的。人们认为冲突可以通过包容性去解决。

有些人认为这种努力没有任何实质性价值,但是总有地方需要这种活动。对那些处于否认阶段的人而言,文化差异对他们就是"眼不见,心不烦","不问也不说"是他们的格言,这种尝试就能唤醒他们对文化的意识。然而,由于了解文化创造本身并不能提高跨文化能力,这种发展类型的局限性非常明显:尝试是好的,但还不够。

对这种尝试的抵触一般比较温和,因为它很少对世界观或身份提出挑战。不过,抵触可能会在处于沉浸阶段的非主导群体成员身上出现,他们私下指责这种尝试太少、太迟。不管如何,如果谦恭地进行处理,客观文化活动能够促进人们进一步认识其他种族群体以及他们对组织和社会的贡献。

同化主义方法

同化主义方法(assimilationist approach)的重点是让主导文化的外来者为内化主导文化的价值观、信仰和行为做好准备。该方法通常单向进行,帮助新来者融进新的国家或新的民族群体。在国际背景下,外派工作人员出国前的准备通常采取这种形式。在教育机构中,国际旅居者在出发前或刚刚到达时一般也接受这种"指导"。不过在美国国内,这种单向尝试一般会招致相反的结果:没有相互的适应,多样化注定要失败。冲突被看成同化不成功的根据,让人不由得想对他们进行一些指导。

单向同化方法的使用可能标志着一种防卫的立场,重点是保证外来者顺从。或者,在国际旅居者的情况下,这只不过反映了那句"入乡随俗"的俗语,意图是没错,但对差异的认识却被误导了。有效的多样性计划要求所有各方都要为与不同的人共事而做好准备,没有任何一方被排除在外。对白人种族身份的发展来说这尤为紧迫。比如,在指导与特定群体共事的特定文化研讨会之前,必须进行文化自觉培训,这样主导文化的成员在考虑自身文化与他文化接触时就不至于将自己的文化看成是唯一的事实中心。

清淡型多样化方法

清淡型多样化方法(the diversity-lite approach)通常是许多计划的第一步。尤其是在过去的15年中,在美国国内,随着劳动力的不断变化以及经济全球化,人们普遍认识到在组织中相互了解的需要。这种认识是强调多样性的重要性,增强参与者对多样性所包含内容的了解,指出可能影响工作环境的一些问题;展示支持这一计划的商业案例。这一方法针对所有的员工,冲突被看成不能够"在场"的表现。

对处于跨文化敏感度模型最小化阶段的人而言,这种方法令人自在且有趣。这符合"小世界"哲学观,如果该计划不过分要求组织内太多变化的话,常常能让人接受这种多样性动机。过高的要求可能会迫使处于最小化阶段的人退回到防卫阶段,让他们对大多数人的"特殊权利"和"不公平的偏见"产生疑惑。不过,对那些已经处于防卫阶段的人来说,即使清淡型多样化也可能令他们措手不及。这当然不意味着要放弃这个方案;相反,它提示我们要为这种抵触做好准备。对处于民族相对主义阶段的人来说,这种方式的多样性工作不太具有挑战性。非主导群体的成员(尤其是在沉浸阶段)把这种工作看成大可不必而为之的事情,但是又总愿意把它当成第一步(尤其是处于民族认同发展最后阶段的人)。

"主义"方法

对待多样性的最普遍的一种方法是"主义"方法(the "isms" approach),其重点是个人和组织认识的发展,让他们纠正种族主义、性别主义、歧视老年人主义(ageism)以及憎恶同性恋(主义)的负面影响。它针对的是愿意纠正过去错误的那些人。冲突在这里被看成成长过程中必然而健康的伴随物。

这种才是最关注学习者发展意愿的模型。所有的多样性工作都应该包括这些问题,但是它们对时间的要求很敏感。在多样性计划中选择一部强烈反映种族间对话的电影并在午餐会时播放肯定会造成隔膜而不是开启了解的窗口。

那些处于种族相对主义阶段的人不太会把"主义"培训看成成长的机会,而更可能将其看成是威胁。贸易出版物上的文章甚至整本书都有描述激烈抨击政治正确性,批评白人男子以及引发愧疚的节目等模式(Hemphill & Haines, 1997; Karp & Sutton, 1993)。这些文章证明参与者尚未到达"发生改变的决定性起点"(Henderson, 1994, p. 134)。不过,如果我们运用个人能够驾驭的活动,在处理最主要的主义问题之前达到民族相对主义,有系统地引导他们通过相对民族主义阶段,这个方案就更可能改变这个组织(而不是招致激烈反应)。接受阶段的参与者(至少)表现出一种意愿去接受哪怕是最难的话题。"施教时刻"这一说法是有道理的。

听说有些多样性专业人员评论说这种谨慎的次序"轻易地放过了白人"。虽然对一些人来说,总盯着竞争目标意味着我们的最终目标就是进行改造。如果我们了解发展教学法(Bennett, 2003 Bennett, Bennett & Allen, 1999; Perry, 1999),对学习者意愿的关注显然是有理可辩的。

法律方法

因为法律方法(legal approach)一般不被视为多样性工作,它实际上应该自成一类。多数多样性专业者更愿意把法律问题与文化问题分开。评论不要做什么很难激发人们对文化差异产生好感。这需要学会去做哪些事。一般情况下,要求所有的员工都参加强调遵守规章制度的培训课程,冲突被看成潜在的诉讼根源。

跨文化发展方法

这里要讨论的最后一个模型是跨文化发展方法(intercultural development approach),它强调主观的文化差异。在发展理论的基础上,这一方法提出我们可以通过谨慎地评估个人和组织的意愿水平来增强多样性计划的长期效果。有人说:"只要做得对,在多样性工作中你就可以随心所欲地做想做之事。"本质上,这要求超常的智慧和技能。但是只要我们在工作中有系统地增加挑战的程度,充分地支持我们的学员,这种智慧还是触手可得的。

另外,运用先前讨论过的广义的文化定义,把跨文化关系作为包罗万象的视角可以使多样性计划更具包容性。白人男子是支持者的一部分,正如其他民族文化中一般不被视为"少数群体"的人们一样。确定了相互适应的需要(而且完全承认非主导群体已经完成了大部分的适应),我们就能在这一过程中把所有的文化群体组合在一起。

心理学家罗伯特·卡特表达了一种担忧,在跨文化模型中,"主导文化对不同群体的影响没有得到足够的认识",他指出"本质上(它)降低了主导文化范式优先权和影响的重要性"(Robert Carter, 2000, p.13)。虽然卡特的担心是有价值的,这种局限并不是跨文化视角本身就有的。相反,一开始就承认所有的文化群体,跨文化专业人员就能够让个人具备必要的文化框架和技能为复杂的对话做好准备。这样的准备使交谈的进行较少出现冲突,更加轻松。

在排列干预参与者接受度的顺序时,多样性专业人员一般从友好的话题和尝试入手,例如那些适合否认阶段的话题。对防卫阶段的人来说,强调普通人性或普通组织目标(团队项目和人格量表等)的活动营造一种迈向最小化必须的类似情感。增强文化自觉性的尝试为最小化阶段的人们提供一个基础,让他们能够认识到自己有一种文化,这点很重要。最后,等他们发展到民族相对主义阶段,(他们会意识到)别人有一种极不相同的文化,这也同样重要。组织多样性计划的许多方面只有在达到接受程度或理想状态下的适应才能成功。招聘、面试、雇用、留任、训练或参与团队活动,进行业绩评估以及处理各方面的文化差异都要求持有民族相对主义观念的人。那些没有意识到有多重文化和种族身份的人显然还没有做好承担这些职能的准备。如前所述,当大多数参与者都持民族相对主义观点时,就准备好了讨论深奥复杂的权力问题。最后,非常全面的方案也解决处于整合阶段的人们特别关心的事情,他们生活在两个甚至更多的文化(环境)中,每天辗转在家庭和工作之间,通过多种参照框架观察这个世界。

当每一个模型都恰当地遵循参与者和组织的意愿水平时就有帮助。我们的论点是关注这一点能够大大增强多样性工作的效果。

对未来的启示

全球和本土组织的需求相互关联日益增加表明,如果跨文化职业能够为全球客户制定相应的文化方案,对跨文化工作的需求只会增加不会减少。尽管"多样性"一词在美国媒体上引发不好的口碑,其他国家日渐认识到有效的国际交流在于跨文化的思维倾向和技能倾向。鉴于跨文化多样性工作的新气候,我们估计这个领域将来的发展趋势包括以下几个方面:

- 发展方法对计划设计和实施方面的影响会增加。
- 多文化团队将是管理实践和生产性交流强化的训练目标。
- 更多的人会接受把一般文化培训作为特定文化培训的前奏或替代品。
- 全球性组织将需要根据不同的文化语境进行更多培训。
- 不同的组织将日渐认识到与文化相关的交流方式对生产力和团队工作的影响。

- 语言习得将更加强调跨文化能力。
- 更加强调影响和效益学习。
- 全球和本土的多样性将融进不断增加的方案中。
- 不同的组织需要新的策略和手段评估个人的跨文化能力。
- 在提到有效的跨文化交流必须的概念、态度和技能时,跨文化能力将成为可选的术语。

参 考 文 献

Arredondo, P. (1996). *Successful diversity management initiatives: A blueprint for planning and implementation.* Thousand Oaks, CA: Sage.

Baker, O. (1996). The managing diversity movement: Origins, status, and challenges. In B. P. Bowser & R. G. Hunt (Eds.), *Impacts of racism on White Americans* (2nd ed., 139-156). Thousand Oaks, CA: Sage.

Banks, J. A. (1988). *Multiethnic education: Theory and practice* (2nd ed.). Boston: Allyn & Bacon.

Bennett, J. M. (1993). Cultural marginality: Identity issues in intercultural training. In R. M. Paige (Ed.), *Education for the intercultural experience* (2nd ed., pp. 109–135). Yarmouth, ME: Intercultural Press.

Bennett, J. M. (in press). Turning frogs into interculturalists: A student-centered development approach to teaching intercultural competence. In R. A. Goodman, M. E. Phillips, & N. Boyacigiller (Eds.), *Crossing cultures: Insights from master teachers.* London: Routledge.

Bennett, J. M., Bennett, M. J., & Allen, W. (1999). Developing intercultural competence in the language classroom. In R. M. Paige, D. L. Lange, & Y. A. Yershova (Eds.), *Culture as the core: Integrating culture into the language curriculum* (CARLA working paper No. 15, pp. 13–46). Minneapolis: University of Minnesota.

Bennett, M. J. (1993). Towards ethnorelativism: A developmental model of intercultural sensitivity. In R. M. Paige (Ed.), *Education for the intercultural experience* (2nd ed., pp. 21–71). Yarmouth, ME: Intercultural Press.

Bennett, M. J. (1998). Overcoming the golden rule: Sympathy and empathy. In M. J. Bennett (Ed.), *Basic concepts of intercultural communication: A reader* (pp. 191–214). Yarmouth, ME: Intercultural Press.

Bennett, M. J. (2001). Developing intercultural competence for global leadership. In R. D. Reineke & C. Fussinger (Eds.), *Interkulturelles Management: Konzeption-Beratung-Training* [Intercultural management: Conception-consulting-training] (pp. 207–226). Wiesbaden, Germany: Gabler.

Bennett, M. J., & Castiglioni, I. (2004). Embodied ethnocentrism and the feeling of culture: A key to training for intercultural competence. In D. Landis, J. Bennett, & M. Bennett (Eds.), *Handbook of intercultural training* (3rd ed., pp. 249–265). Thousand Oaks, CA: Sage.

Berger, P., & Luckmann, T. (1966). *The social construction of reality.* Garden City, NY: Doubleday.

Betancourt, H., & López, S. R. (1993). The study of culture, ethnicity, and race in American psychology. *American Psychologist, 48*(6), 629–637.

Carnevale, A. P., & Stone, S. C. (1995). *American mosaic: An in-depth report on the future of diversity at work.* New York: McGraw-Hill.

Carr-Ruffino, N. (2000). *Managing diversity: People skills for a multicultural workplace* (3rd ed.). Needham Heights, MA: Pearson Custom.

Carter, R. T. (Ed.). (2000). *Addressing cultural issues in organizations: Beyond the corporate context.* Thousand Oaks, CA: Sage.

Cass, V. C. (1979). Homosexual identity formation: A theoretical model. *Journal of Homosexuality, 4*(3), 219–235.

Cox, T., Jr. (1994). *Cultural diversity in organizations: Theory, research and practice.* San Francisco: Berrett-Koehler.

Cox, T., Jr., & Beale, R. L. (1997). *Developing competency to manage diversity: Readings, cases and activities.* San Francisco: Berrett-Koehler.

Cross, W. E., Jr. (1991). *Shades of black: Diversity in African-American identity.* Philadelphia: Temple University Press.

Cross, W. E., Jr. (1995). The psychology of nigrescence: Revising the Cross model. In J. G. Ponterotto, J. M. Casas, L. A. Suzuki, & C. M. Alexander (Eds.), *Handbook of multicultural counseling* (pp. 93–121). Newbury Park, CA: Sage.

Dobbins, J. E., & Skillings, J. H. (1991). The utility of race labeling in understanding cultural identity: A conceptual tool for the social science practitioner. *Journal of Counseling and Development, 70,* 37–44.

Ferdman, B. M. (1995). Cultural identity and diversity in organizations: Bridging the gap between group differences and individual uniqueness. In M. M. Chemers, S. Oskamp, & M. A. Costanzo (Eds.), *Diversity in organizations: New perspectives for a changing workplace* (pp. 37–61). Thousand Oaks, CA: Sage.

Ferdman, B. M., & Brody, S. E. (1996). Models of diversity training. In D. Landis & R. S. Bhagat (Eds.), *Handbook of intercultural training* (2nd ed., pp. 282–303). Thousand Oaks, CA: Sage.

Gardenswartz, L., & Rowe, A. (1998). *Managing diversity: A complete desk reference and planning guide* (Rev. ed.). New York: McGraw-Hill.

Gaskins, R. (1993). *Diversity: 1993 report to benchmark partners.* Minneapolis, MN: IDS Financial Services.

Griggs, L. B., & Louw, L. (Eds.). (1995). *Valuing diversity: New tools for a new reality.* New York: McGraw-Hill.

Hardiman, R., & Jackson, B. W. (1992, Winter). Racial identity development: Understanding racial dynamics in college classrooms and on campus. *New Directions for Teaching and Learning, 52,* 21–37.

Hawley, W. D., Banks, J. A., Padilla, A. M., Pope-Davis, D. B., & Schofield, J. W. (1995). Strategies for reducing racial and ethnic prejudice: Essential principles for program design. In W. D. Hawley & A. W. Jackson (Eds.), *Toward a common destiny: Improving race and ethnic relations in America* (pp. 423–433). San Francisco: Jossey-Bass.

Hayles, V. R., & Russell, A. M. (1997). *Diversity directive: Why some initiatives fail and what to do about it.* Chicago: Irwin.

Helms, J. E. (Ed.). (1990). *Black and white racial identity: Theory, research and practice.* New York: Greenwood Press.

Helms, J. (1994). The conceptualization of racial identity and other "racial" constructs. In E. J. Trickett, R. J. Watts, & D. Birman (Eds.), *Human diversity: Perspectives on people in context* (pp. 285–311). San Francisco: Jossey-Bass.

Hemphill, H., & Haines, R. (1997). *Discrimination, harassment, and the failure of diversity training: What to do now.* Westport, CT: Greenwood Press.

Henderson, G. (1994). *Cultural diversity in the workplace.* Westport, CT: Quorum Books.

Jamieson, D., & O'Mara, J. (1991). *Managing workforce 2000: Gaining the diversity advantage.* San Francisco: Jossey-Bass.

Johnston, W. B., & Packer, A. E. (1987). *Workforce 2000: Work and workers for the twenty-first century.* Indianapolis, IN: Hudson Institute.

Jones, J. M. (1972). *Prejudice and racism.* Reading, MA: Addison-Wesley.

Jones, J. M., & Carter, R. T. (1996). Racism and white racial identity: Merging realities. In B. P. Bowser & R. G. Hunt (Eds.), *Impacts of racism on white Americans* (2nd ed., pp. 1–23). Thousand Oaks, CA: Sage.

Judy, R. W., & D'Amico, C. (1997). *Workforce 2020: Work and workers in the 21st century.* Indianapolis, IN: Hudson Institute.

Karp, H. B., & Sutton, N. (1993, July). Where diversity training goes wrong. *Training, 30,* 32–34.

Kelly, G. A. (1963). *A theory of personality: The psychology of personal constructs.* New York: Norton.

Kim, J. (1981). The process of Asian American identity development: A study of Japanese-American women's perceptions of their struggle to achieve personal identities as Americans of Asian ancestry. *Dissertation Abstracts International, 42,* 1551A. (UMI No. 81-18080)

Klopf, D. W. (2001). *Intercultural encounters: The fundamentals of intercultural communication* (5th ed.). Englewood, CO: Morton.

LaFromboise, T., Coleman, H. L. K., & Gerton, J. (1993). Psychological impact of biculturalism: Evidence and theory. *Psychological Bulletin, 114*(3), 395–411.

Lock, M. (1993). The concept of race: An ideological construct. *Transcultural Psychiatric Research, 30*(3), 203–227.

Loden, M. (1996). *Implementing diversity.* Chicago: Irwin.

Lustig, M. W., & Koester, J. (1999). *Intercultural competence: Interpersonal communication across cultures* (3rd ed.). New York: Addison Wesley Longman.

Nakayama, T. K., & Martin, J. N. (Eds.). (1999). *Whiteness: The communication of social identity.* Thousand Oaks, CA: Sage.

Norris, D. M., & Lofton, M. C. J. F. (1995). *Winning with diversity: A practical handbook for creating inclusive meetings, events, and organizations.* Washington, DC: American Society of Association Executives Foundation.

Perry, W. G., Jr. (1999). *Forms of ethical and intellectual development in the college years: A scheme.* San Francisco: Jossey-Bass.

Phinney, J. S. (1995). Ethnic identity and self-esteem: A review and integration. In A. M. Padilla (Ed.), *Hispanic psychology: Critical issues in theory and research* (pp. 57–103). Thousand Oaks, CA: Sage.

Pinderhughes, E. (1995). Biracial identity—asset or handicap? In H. W. Harris, H. C. Blue, & E. E. H. Griffith (Eds.), *Racial and ethnic identity: Psychological development and creative expression* (pp. 73–93). New York: Routledge.

Ponterotto, J. G., & Pedersen, P. B. (1993). *Preventing prejudice: A guide for counselors and educators.* Newbury Park, CA: Sage.

Ruiz, A. S. (1990). Ethnic identity: Crisis and resolution. *Journal of Multicultural Counseling and Development, 18,* 29–40.

Rynes, S., & Rosen, B. (1995). A field survey of factors affecting the adoption and perceived success of diversity training. *Personnel Psychology, 48*(2), 247–270.

Sabnani, H. B., Ponterotto, J. G., & Borodovsky, L. G. (1991). White racial identity development and cross-cultural counselor training: A stage model. *The Counseling Psychologist, 19*(1), 76–102.

Smith, E. J. (1991, September/October). Ethnic identity development: Toward the development of a theory within the context of majority/minority status. *Journal of Counseling and Development, 70,* 181–188.

Solomon, C. M. (1994, July). Global operations demand that HR rethink diversity. *Personnel Journal,* pp. 40–50.

Stephan, W. G., & Stephan, C. W. (2000). The measurement of racial and ethnic identity. *International Journal of Intercultural Relations, 24*(5), 541–552.

Sue, D. W., & Sue, D. (1999). *Counseling the culturally different: Theory and practice* (3rd ed.). New York: John Wiley.

Thomas, R. R., Jr. (1991). *Beyond race and gender.* New York: AMACOM.

Thomas, R. R., Jr. (1992). Managing diversity: A conceptual framework. In S. E. Jackson & Associates (Eds.), *Diversity in the workplace: Human resource initiatives* (pp. 306–317). New York: Guilford.

Thomas, R. R., Jr. (1995). A diversity framework. In M. M. Chemers, S. Oskamp, & M. A. Costanzo (Eds.), *Diversity in organizations: New perspectives for a changing workplace* (pp. 245–263). Thousand Oaks, CA: Sage.

Ting-Toomey, S. (1999). *Communicating across cultures.* New York: Guilford.

Triandis, H. C. (1994). *Culture and social behavior.* New York: McGraw-Hill.

Wentling, R. M., & Palma-Rivas, N. (2000). Current status of diversity initiatives in selected multinational corporations. *Human Resource Development Quarterly, 1*(11), 35–60.

Wheeler, M. L. (1994). *Diversity training: A research report* (Rep. No. 1083-94-RR). New York: Conference Board.

Whorf, B. L. (1956). *Language, thought, and reality: Selected writings of Benjamin Lee Whorf* (J. B. Carroll, Ed.). New York: John Wiley.

第七章

跨文化关系中的基本心理过程

约翰·W.贝瑞(John W. Berry)

本章的基本观点是成功的跨文化培训必须扎根于源自跨文化关系研究(ICR)的有效原理。跨文化关系研究是一个跨学科的领域,吸收了人类学、传播学、心理学和社会学等学科的知识(Hart,1999)。不过,本章只关注那些源自跨文化心理学和社会心理学研究的原理。围绕这个问题的关键概念是普遍心理学、涵化研究和群际研究。这些概念当然扎根于更广泛的认识论、文化和社会语境中;首先讨论这些为后面讨论心理过程和实证发现做铺垫。最后,我们会考虑这些素材对跨文化能力培训实践的一些启示。

语境

所有人类行为的发展和表现都有其社会文化语境;没有脱离文化的行为(Berry et al.,1997)。很多人都会同意这种说法——我们解释社会文化语境与人类行为之间关系的方式存在极大的差异。这些差异包括不同的认识论方法以及我们对文化和社会体制基本因素和组织的看法。本章将运用普遍主义的观点来解释这三个问题。

认识论

要解决理解"文化—行为"关系的基本问题,就是要确定要从那个层次来解释行为的相似与差异性。人们大致提出了三种方法:绝对主义(absolutism)、相对主义(relativism)和普遍主义(universalism)(Berry,Poortinga,Segall & Dasen,2002)。绝对主义假设所有文化的心理现象基本上(性质上)是一样的;不管从哪个角度观察,诚实就是诚实,消沉就是消沉。从绝对主义的观点看,文化在人类特征的发展中所起的作用很小或不起作用。这些特征表现可能不同,但是,可以用同样的标准手段(也许是用语言翻译)进行评估。得分的解释很简单,不用考虑以文化为基础的观点。

与之形成强烈对比的是:相对主义假设所有的人类行为都以文化为模型。它努力"根据别人的标准"来理解别人以避免民族中心主义。对人类多样性的解释根据人们发展的文化语境进行。其评估采用的是一个文化群体赋予某个现象的意义。他们认为比较在概念和方法上都值得怀疑并带有民族中心主义,因此实际上也从不做各种对比。

第三种观点,普遍主义,介于前两种观点之间。它假设所有人类成员的基本心理过程都相同(就是说,他们构成了所有人类的一系列心理假设),文化影响心理特征的发展和表现(也就是说,文化在这些根本的主题中发挥不同的作用)。评估建立在假定的根本过程基础上,但是衡量标准要根据文化的含义而定。对比进行得非常谨慎,要采用一系列的方法论原理和安全措施,对相似和差异性的解释要考虑不同的选择以及对不同文化的意义。人们有时把普遍主义跟绝对主义混淆起来。但是,我认为他们截然不同的原因有二。首先,普遍主义寻求文化理解对刺激行为多样性的作用;普遍主义并不忽略文化,相反,它承认文化是人类多样性的源泉。第二,虽然普遍主义假设人类的基本过程可能有相同的特点,这一方法不仅允许发现不同文化群体间的行为相似性(普遍性),而且还有行为差异性(特定文化特征)。普遍主义与绝对主义的明显区别还在于:对比是全面提高了解人类行为能力不可或缺的手段。

本章的指导性假设是人类行为的"普遍规律"尽管也许无法完全领悟,但还是可以进行分析的。也就是说,我相信我们可以最终发现我们人类,即智人(homo sapiens)总体上特有的根本心理过程。这一信念的根据是其他相关学科中类似普遍性的存在。比如,在生物学中,有所有物种都肯定存在的基本需求(比如吃、喝、睡眠),尽管不同的种类(文化)实现这些需求的方式非常不同。在社会学中,有普遍的关系结构(比如控制);在语言学中,语言有普遍的特点(比如语法规则);在人类学中,有普遍的习俗和组织(比如工具制造和家庭)。因此在心理学中,有理由进一步假设人类行为的普遍性将最终被揭示出来,尽管(正如这些同类原理)不同的文化在这些普遍过程的发展、表现和展开方式上可能具有很大的差异性。

文化语境

有关文化和社会概念含义的观点汗牛充栋。文化最简单的定义是"一群人共享的生活方式":共享的什么是指他们的文化;谁共享是指社会群体或整个社会。不过,像所有简单的观点一样,学者们对这一观点多有争论。所幸的是,克罗伯和克拉克洪回顾和整合了其中大多数的观点(至少到20世纪50年代)。(Kroeber & Kluckhohn,1952)这一概念的意义随时间的推移而有所变化,1952年盘点之前和之后都是如此;所以根据不同的时间段选择一些定义样本来展示其变化是有好处的。人类学意义上第一次使用"文化"一词的是泰勒,他对文化的定义是"人们作为社会成员所获得的知识、信仰、艺术、道德、法律、风俗和其他能力及习惯的复杂总和"(Tylor,1871,p.22)。

两个较短的,但是现在广泛使用的定义是后来提出的,林顿指出文化的意思是"人类社会遗传的总和"(Linton,1936,p.78),赫斯科维茨提出"文化是人工创造的环境"(Herskovits,1948,p.17)。在纵览了许多定义之后,克罗伯和克拉克洪提出:在人类学的文献中文化的定义有六大类(Kroeber & Kluckhohn,1952)。

1. 描述性定义(Descriptive definitions)是那些指努力列举被认为是与文化有关的人类生活和行为的各个方面。泰勒的定义就是这种类型。

2. 历史性定义(Historical definitions),像林顿的定义,倾向于强调由时间积累起来的传统,而不是列举文化现象的整体范围。"传统(heritage)"和"遗传"

(heredity)这样的词汇经常会用到这种定义中。

3. 规范性定义(Normative definitions)强调支配某个群体人们活动的共有的规则。不像描述性和历史性定义,其中所指的文化生活清晰可见,规范性定义要求我们探索公开的活动并试图发掘背后的意义。我将在本章稍后用"显性"和"隐性"文化来表示这种区别。

4. 心理学定义(Psychological)强调许多心理特征,包括调整、解决问题、学习和习惯这样的概念。比如,文化有可能使得某个群体能够有效地处理循环发生的问题。

5. 结构性定义(Structural definitions)强调文化的模式和组织以及将其组合在一起的特征。结构性定义也要求超越表面的特征去发掘根本(隐性的)安排。

6. 遗传学定义(Genetic definitions)强调文化的开端或起源(genesis)。在这一类型中有三个主要答案:文化的出现是因为它适应了(adaptive)了某个群体的生活环境,它来源于社会(social)互动以及符合人类特点的创造性(creative)过程。注意"遗传"并不指文化任何可能的生物学起源。

在总结评论中,克罗伯和克拉克洪提出了自己(对文化)的定义:

> 文化是通过符号获得和传播的显性和隐性行为模式;它构成了人类突出的成就,包括具体的人工制品;文化的核心包括传统(历史上形成和人类选择的)思想,尤其是其附加的价值观念;文化体制一方面可以看做是行动的产物,另一方面又是进一步行动的制约因素(Kroeber & Kluckhohn, 1952, p. 181)。

为了稍后讨论涵化和群际关系,我们需要定义一下相关的族群概念。从两个方面可以看出族群来源于文化。第一,这些群体成员通常从先辈的文化群体继承而来;第二,种族不是原文化的全面继承,而是派生出来的(derivative),反映了与原文化相似而不是相同的选择和创新。

现在我们已经给文化和族群做出了定义,种族(race)概念的地位又如何呢?尽管过去广泛应用于指代人类的生物学分类,但是现在人们强烈指出(并被广泛接受),种族作为生物学概念是站不住脚的(Segall, Dasen, Berry & Poortinga, 1999)。根本的问题是通常用来辨别种族的表面(surface)特征(如肤色)与更深层的生物学变量(如DNA)并非始终一致。实际上,生物学变量表现出持续的变化,对"黑种人"、"黄种人"和"白种人"这样简单的种族分类提出了挑战。

不过,有一点毫无疑问。种族是一个真实而强大的社会概念,而且通常是跨文化关系的核心。我们根据人类的变化来构建不同的类别(通常出于需要,这点稍后再述),然后就把它当成真的来对待。也就是说,如果某群体创建并共有相同的种族类别,其真实性就足以严重地影响他们与其他群体及其个体成员间的关系。因此,即便我们不考虑生物学种族的概念,也必须考虑社会学种族的概念。

回到文化的概念,自从1952年的回顾以来,又不断有人强调文化非物质的意义和概念方面的意义。这一点在克罗伯和克拉克洪提供的总结性定义中非常清楚,他们提出"根本的核心……包括……观念,尤其是其附加的价值观念"(Kroeber & Kluckhohn, 1952, p.182)。不过,在20世纪70年代,有一个变化是更多地将文化看成共享意义的符号系统。强调这一点的动机来源于人类学家格尔兹,他将文化置于"人的头脑中",主要将其看成"历史传承下来的由符号呈现的意义模式"(Geertz, 1973, p.89)以及"概念结构或思想体系"(Geertz, 1984, p.8)。

这样我们就面临两种对文化的不同观点。一种是把文化看成有目共睹的、具体的、共同的实体(总体上反映群体的特征)。另一种将文化看成更主观、更抽象、更具个性化或在进行社会交际的个体的特征。哪一种是正确的呢?很显然,回答这个问题没有一个标准答案,所以我们两种方法都接受。文化既是客观又是主观的,它超越任何单独的个体(由群体所拥有),同时又存在于个体身上(由文化群体的单个个体成员创造、携带并分享)。

这个区别在克罗伯和克拉克洪(1952)早期勾勒的文化定义中有所表现;在他们自己的定义中,显性和隐性这两个词也很好地把握住了这个区别。前者是看得见、具体的、通常不太关注人们对这些文化现象可能赋予的意义。后者既要求(观察者)进行推断以便获知隐含的意义,又要求展示某种习俗或行为的文化群体成员进行主观解释。

心理学另一重要的问题是文化变异的本质:造成文化差异的维度是什么?在最具体的层面,文化可以在住房、穿着、食物和交通等方面表现出不同。不过,如前所述,跨文化困难的通常来源可能并不是这些最具体的方面。尽管所有这些实际问题都会引起问题(该在什么地方什么时间睡觉,该穿什么吃什么,怎样行动都是要碰到的挑战)是个事实,但是最大的跨文化问题都出现在更隐性的文化方面。

另一种甄别或具体或抽象方面的文化差异是采用赫斯科维茨介绍的区分法(Herskovits, 1948)。前面已经提到,他把文化定义成"人工创造的环境";这主要是文化具体的、外在的部分。但是赫斯科维茨也创造了主观文化一词;该词为特里安迪斯(1972)所用并被他定义成"评价人工创造环境的典型方式"(Triandis, 1994, p.87)。它包括一系列基本的心理学现象,包括信仰、评价、意义、理想和价值观。实质上它是个体对客观文化的主观再现或内化。这些主观再现可以集中在更具体的文化方面(比如关于住房或食物的信任和评价等),但是它们关注得更多的是不太具体的方面,比如价值观。

要处理跨文化关系,必须在不太具体和主观的层面了解文化差异的维度。这些维度可以列举很多,这里只能提出并阐释一个例子。当然,除了这些维度,文化的分类方式(categorical)也不同,最明显的是所讲语言和宗教信仰的差异。除了这两大差异,维度的选取是根据具体因素对跨文化关系的重要程度,而不是根据理解文化本身的重要性。表7.1提供了对这些主要跨文化维度的总体看法。

表7.1 跨文化关系中重要的文化变异维度

维 度	简单描述
1. 多样性	有多少不同的职位、角色和机构?文化内有其他的变异吗(比如地区性和民族上的)?
2. 平等	这些差异是以水平的(主张人人平等的)还是垂直的(讲究等级制度的)社会结构来安排?
3. 顺从	不同部分间的结构有多紧密?个人多大程度上顺从社会秩序?
4. 财富	维持生活必需的平均财富水平是什么(人均国内生产总值)?
5. 空间	人际关系中人们如何利用空间?眼神和身体接触是否频繁?
6. 时间	人们是否关心准时和时间安排?他们一对一地交流还是同时进行很多互动?

这里强调的6个维度还可以更全面地描述如下:

1. 多样性(diversity)。有些文化在人们的行为和对自身的看法方面颇为相似。比如,在农民或捕猎者为主的社会,基本上每个人都承担相同的有限的一套角色,而在工业社会,人们倾向于具体分工。多样性的另一面指是否大多数人都享有相同的地域或民族身份。比如,在日本和冰岛,变化限度最小,但是在澳大利亚和加拿大这样的国家,人们对自身的感觉却各不相同。

2. 平等(equality)。当差异的确出现时,可以在酬劳和地位方面施以平等或有区别的对待。在一些社会,在市民、军事和宗教领域有非常严格的等级制度(比如罗马天主教堂[还有其他分支],承认教皇、红衣主教、主教、牧师、修道士、信徒和异教徒)。在其他社会,也许没有永久的权威和领导;行动的配合是一致同意的结果或临时领导为具体活动而定。

3. 顺从(conformity)。在某些社会,人们深深地受到内群体规范体系或社会职责的制约;而在另一些社会,人们相对自由地"为所欲为"。

前三个维度概念上相互区别但经验中却相互关联(至少在某些文化如此)。很显然,如果每个人都"一样",如果社会上多样性很少,不平等出现的机会就很少。但是如果多样性存在,如果这还导致不同的等级和差异性待遇,那么处于等级制度低层的人就得面临更大的去顺从的压力。

4. 财富(Wealth)。这也许是文化变异中最显而易见的维度,因为它最具体:所有旁观者都能看见的金钱、财产和闲暇时光。然而,这一维度也有不太明显的方面。其中一点便是财富的分配(相对平等地进行分配,还是大多数资源在少数族群或家族群体手中?)还有其他的一些特征也随财富的不同而变化,包括接触教育、传播和信息的机会、健康以及个人价值。另外,财富维度可能与前三个维度相关。

5. 空间(space)。这一维度描述人们如何利用空间(住房、公共空间)以及他们在人际接触中如何为自己定位。该领域的文献可谓汗牛充栋,趣事良多。有跨文化体验的人即刻就会认识到这一维度的重要性,尽管没有这种体验的人有时不能理解空间维度究竟指什么。不管怎么说,第一次体验与他文化使用空间方式不同的人进行跨文化接触时,总会有"啊哈"这样的反应——这是必然的!

6. 时间(time)。同空间维度一样,对那些跨文化体验有限的人来说,时间的意义和使用在文化变异中还是不明显。不过,实证研究和个人体验都证明了时间维度的重要性。试图接触来自时间观念不同的文化的人是跨文化困境的主要来源之一。

为什么要如此强调文化变异的这六个维度呢？因为，除了语言和宗教的变异，不同文化群体在这些维度上的差异可能对跨文化关系有重要的影响。比如，在涵化（acculturation）理论中，相互接触的两个群体间的文化距离会使得他们相互适应变得更困难，这是个不争的事实。影响双方态度最有力的因素是两个群体间的熟悉程度。在跨文化交流领域，当文化间的相异较大时，口语（语言）和非语言（比如手势，空间使用等）方面的交流都会变得更困难。

所有的文化都会因时而变，有些慢，有些快（Berry，1980b）。有时会因为内在的动力（比如创新和发明），有时则因为与其他文化的外在接触（如涵化和文化扩散）。在具体和显性的文化概念中，这些变化可能相对肤浅，比如我们穿什么，吃什么，我们听什么音乐；或者那些代表更根本的变化，比如在政府机构、经济和司法方面的变化。在不太具体的文化观中，改变可以包括从我们的个人信仰和价值观到整个新的哲学和宗教体系所有这些方面的变化。当然，以更构建主义的观点来看，文化是在社会互动中因时间的积累而创造的；在人际交流和群际传播中的确如此；这里涵化的过程是创造性的，它产生新的文化，而不是压制或淘汰现存的文化。

从文化变化的过程中要吸取的最重要的教训是避免总是根据人们的文化来分类，因为文化边界、特征和成员资格永远处于变化之中。因此本章兴趣的目标（文化）是难以描述的。尽管这样，作为文化关系参与者，大多数人还是相信有足够的稳定性和延续性让我们鉴别不同的文化及其成员。

社会语境

与文化语境并列的一个争论是社会生活是否存在共同的根本维度。与文化一样，人们认为共性存在于更深的层次，尽管其变异在表层就可以看见。最具说服力的是阿伯尔、科恩、戴维斯、利维和萨顿等人的分析（Aberle, Cohen, Davis, Levy and Sutton, 1950），他们提出一套社会"功能性前提"，（functional prerequisites）其定义是"不管在任何社会，要让社会继续往前发展就必须完成的事情。"这些有意义是因为它们可能是"普世行为"，是在每个文化中都可以发现（以这种或那种形式出现的）活动。一共有九种。

1. 提供与环境的恰当关系(物理的和社会的)。人们需要这一点来维持足够的人口"承载"这个社会和文化。

2. 角色的区别和分配。在任何群体中,需要完成不同的事,人们要以某种方式被分配以这些不同的角色(比如通过遗传或成就)。

3. 交流。所有的群体都需要共同的,后天习得和象征性的交流模式以维持群体内信息的流动和协调。

4. 共有的认知取向。一个社会中人们需要相同的信仰、知识和逻辑思维规则以便交流时相互理解。

5. 一套共有的明确的目标。同样,人们需要分享方向一致的事业目标,避免个人往矛盾的方向发展。

6. 规范管理达到目标的手段。"如何"实现这些目标的规则要陈述清楚并为人们所接受。如果大多数人的总体目标是物质收获,人们就不可能接受谋杀和偷窃成为实现这个目标的手段,而生产、辛勤工作和贸易就可以。

7. 控制情感表达。同样需要规范性地控制人们的情感和情绪。比如,如果对爱和恨的表达不加限制就可能在群体内引起破坏性的后果。

8. 社会化。所有新成员必须学习群体生活关键和重要的特征。群体的生活方式必须交流、学习,并在某种程度上为所有人所接受。

9. 控制破坏性行为。如果社会化和规范性管理不起作用,需要一些后援要求群体成员采取适当和合意的行为。最后,要求进行行为修正或甚至(通过具体化或者执行)永久性废除。

心理普遍性

鉴于这些社会维度有普遍性的观点,就可以将它们和文化普遍性一起作为理解行为普遍性发展和表现的基础,这是我们即将要讨论的问题。

普遍主义的观点认为(Berry et al., 2002)心理过程是人类普遍的共有的特征。与此同时,这些过程在不同文化中的发展和表现方式各不相同。在过去几十年中,过于强调追踪这些有趣的文化差异,而根本的相似性很大程度上被忽略(典型的"只见树木,不见森林"的问题)。近几年来,开始转向研究构成丰富

第七章 跨文化关系中的基本心理过程

的行为变化性的基本相似之处(Berry et al., 2002)。以下是我们目前对这些行为普遍性理解的总结。在总结之前,有必要强调一下,这些观点来源于跨文化心理学对行为差异的不断研究,而不是绝对主义传统的那类主张。

感知

最清楚地证明变化性与普遍性之间相互作用的可能就是视错觉敏感性的经典研究了(Segall, Campell & Herskovits, 1966)。来自17个社会的一组数据表明所有人对所用的错觉都敏感(即错觉敏感性是普遍的),但是他们的敏感度(由于各自生态和文化环境的视觉体验相异而)不同。

除了这个相对基础的感知活动,研究还表明审美鉴赏力同样表现出跨文化的变异以及共同的根本机能。表面上,再现和鉴赏力的"传统"在不同的文化间呈现巨大的差异,但刺激复杂性、对称性和新奇性的功能还是表现出一些共性。

认知

文献中强调"智力"的文化群体差异模糊了对普遍性的发现。比如,欧文和贝瑞(Irvine & Berry, 1988)以及维吉沃(Van de Vijver, 1997)就曾经提出不同文化在认知表现和能力方面的诸多相似之处。这些包括归纳和演绎推理,分析和空间能力,以及记忆过程。

不同群体间的表现千差万别虽然同样是事实,但也必须避免将这些差异解释成缺点。生态文化观(ecocultural perspective)因此发展成以价值为中心的概念(Berry, 2003a)。从这个角度来看,人们开发那些适应文化语境(即能够让他们在其中生存)的认知能力。这些能力根植于共同的认知过程,但是其开发和表达都根据人们所体验的生态压力和文化支持而不同(Berry, 1966)。

该方法的一个实例是寻求那些表现根本认知方式(cognitive style)的认知能力模式(Berry, 1976)。场依赖性—场独立性(Field dependence-field independence, FDI)就是跨文化研究的一种认知方式(Witkin & Berry, 1975)。维特金、古迪纳夫和奥尔特曼认为这个维度是"自主活动的程度"(Witkin, Goodenough & Oltman, 1979, p.1138)。认知方式本身是指处理周围环境前后一致的态度

(或"方式")。在场独立性—场依赖性中,这一概念指通常情况下个人依赖或接受特定物理或社会环境的程度,而不是去影响它,比如进行分析或是重构。如其名称所示,那些倾向于接受或依赖外在环境的人,其场依赖性相对较强,而那些倾向影响环境的人,其场独立性相对较强。这一概念是由两个名词所定义的两个极端的维度:在这两个维度中,人们有一个反映他们通常的自主程度特有的"场"。不过,人们在这个过程中并非固定在某个点上。总体上,场独立性—场依赖性认知方式是个人活动的一个普遍维度,在感知、智力、人格和社会领域表现出来,比较稳定,一般不随时间和环境的变化而变化。它"涉及过程中的个体差异而不是内容变量";也就是说,它指的是个人差异在行为上'如何'而不是'什么'不同"(Witkin & Goodenough, 1981, p.57)。事实证明分析(剖析某个场景)和接受(顺从某个场景)这种基本取向的对比与跨文化方式有关(Kealey, 1996)。

场依赖性—场独立性的跨文化运用最初始于生态、文化和行为间关系的研究(Berry, 1966),这被详细地描述成一种框架,预测以打猎和农业为主的人们在开发视觉以及分析和空间能力方面的差别。第一步提出,与采用其他(尤其是农业)生存策略的人们相比,以打猎为生的人们生存的"生态要求"处于感知—认知能力的高层次。第二步提出"文化支援"(比如社会化实践、空间信息的语言差异、工艺的使用)会促进这些能力的开发。正如所预测的那样,对加拿大北极区的因纽特人和塞拉利昂的滕内人的实证研究揭示了这些能力的显著差异。后来还进行了进一步的研究,在实证研究的过程中,一些观念进一步发展成生态文化框架。在每种情况下,将群体的生态和文化特征看成预测各个领域不同心理结果的基础。例如,人们运用对狩猎不同程度的依赖(Berry, 1967, 1979),社会分层差异(从"松"到"紧",Pelto, 1968)以及儿童社会化实践(从强调"维护"到"顺从";Barry, Child and Bacon, 1959)来预测开发这些实际能力的变化。

对感知和认知能力的进一步研究(部分与心理差异理论,尤其是场依赖性—场独立性的认知方式有关;Witkin & Berry, 1975)集结成了三部著作(Berry, 1976; Berry et al., 1986; Mishra, Sinha & Berry, 1996),公布了对北极、非洲、澳洲、新几内亚和印度的研究结果。

生态文化框架也被用来理解感知—认知发展差异的来源(Dasen, 1975;

Nsamenang,1992)。发展的重点与认知能力的本土观念以及人们日常生活面临的认知任务密切相关(e.g. Berry & Irvine, 1986; Berry, Irvine & Hunt, 1988)。这里,我提出需要揭示能力的本土概念:能力应该被看成日常生活活动(bricolage)滋生出来,并适应生态语境的进展程度。理解能力的本土概念,认知价值、日常活动以及语境是进行有效的认知评估必须的前提。正如跨文化和文化间研究策略一样,这些本土(文化内)研究需要从非民族中心主义的立场上进行(e.g. Berry & Bennett, 1992)。

情感

在行为领域,没有什么比情感更能引起人们对跨文化相似性和差异性的争论了。现在有大量证据(Ekman, 1993)支持泛文化存在的一些基本情感:恐惧、愤怒、厌恶、悲伤和喜悦。也有证据表明某些情感的体验和表达方式不是每个地方都一样(尤其是羞愧和内疚意义重叠的部分)。罗素(Russell, 1994)、以及梅斯奎塔、弗里吉达和谢勒(Mesquita, Frijda & Scherer, 1997)的评论评估了这两种立场的相对优势。解决这一争论的关键是"表现规则"(display rules)的概念:指导情感表达的文化规范。有了这一个概念,我们就可以接受这个事实:尽管不同文化的情感表达方式千差万别,但是仍然有证据表明基本情感体验的共性。

个性

以"文化与个性"著称的长期研究传统既强调根本的(基于心理学分析的绝对主义立场)相似性和(受人类学相对主义影响的)文化独特性。正如前面评论过的其他行为领域,跨文化个性研究现在也超越了这些传统并处于探索个性普遍性的边缘。最有发言权的应该是在性格和特征方面的研究。

在性格研究中,施特恩劳、昂莱特纳和纽伯里(Strenlau, Angleitner & Newberry, 1999)分析了15个国家中建立在巴甫洛夫观点之上的三个维度(兴奋的强度、压抑的强度以及灵活性)。这三大预期维度在所有的样本中表现都很充分,但是每个维度的均值在2/3的量表中都很不一样。我们再次有证据表明深层次(维度的)相似性和(均值的)表面变化性。

对人格特征的最近研究主要集中于"五大人格理论(Big Five)":对体验的外向性(extraversion)、宜人性(agreeableness)、责任感(conscientiousness)、神经质(neuroticism)和开放性(openness)(McCrae & Costa, 1997)。这五大维度被认为是基本的适应性,因此在所有文化中都存在。麦克雷和科斯塔的结果表明了对这一预期的支持,维度中只有极少数明显的差异。比如,张和梁发现大多数维度在中国人的样本中存在,但是也出现了一个结合"和谐"和"关系取向"这些要素的新因子(他们称之为"中国传统")。(Cheung & Leung, 1998)他们的发现不可能削弱五大因子普遍的地位;相反却同时支持了共性和可能的特定文化因素的存在。因此在文化群体的实际均值中同时出现了跨文化维度的共性和变异性。

总结一下本节的内容,我们考察了不同文化浮现出的行为相似性和差异性的模式,主张早期对差异性(相对主义)和一致性(绝对主义)的强调已经让位于支持普遍主义的观点。不断有证据表明各地的人们都有一些共同的深层次的心理特征(过程、功能、方式、特征等),其发展和表达存在差异,这与该群体的生态、文化和社会特征紧密相关。在跨文化工作中,这个观点很重要,原因有二:第一,没有这种共同的、基本的、共享的人类特征,跨文化关系就不可能存在;第二,没有这样的差异,就没有跨文化关系的必要,因为不会存在跨文化现象。

涵化研究

跨文化关系的研究可以说根植于语境和心理普遍性的研究,一般以两大领域来表示:涵化研究和群际研究。图7.1显示这两大领域是源自前面概括的不同语境以及刚刚讨论过的基本心理普遍性的平行现象。

图7.1左边是涵化研究的范畴,这是一个需要涉及两个文化群体接触的过程,结果会使双方都发生很多文化上的改变。(Redfield, Linton & Herskovits, 1936)格雷夫斯(Graves, 1967)后来提出相互接触的文化成员的个体会体验不

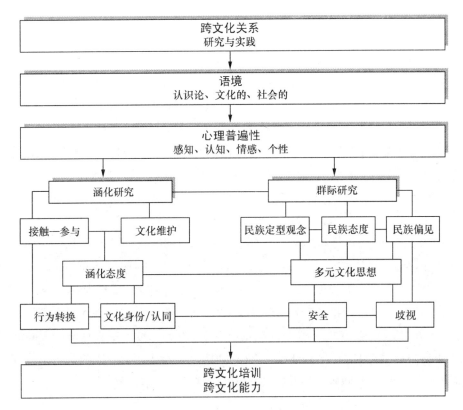

图 7.1 各民族文化群体和大社会中跨文化策略的多样性

同的心理变化,他首创了心理涵化(psychological acculturation)一词来指该个体的层面。涵化是指涉及两个或更多群体,并对双方都会产生影响的过程;不过,实际上这种接触体验对非主导群体及其成员的影响要大得多。有鉴于此,大多数涵化研究都集中于非主导群体(比如移民或原住民)而倾向于忽视对主导人群的影响。但是,很显然接受移民的社会和本土出生的人群在过去的几十年中经历了巨大的变化。涵化研究最近的趋势开始更多地关注涉及接触双方群体共同(mutual)变化的过程(Berry, 1997; Bourhis, Moise, Perreault & Senecal, 1997)。

在过去 30 多年的时间里,心理学家们集中研究这些现象的基础方面,尤其是人们对这一过程的态度,他们公开的行为(延续或变化),以及他们的内在文化认同。所有的研究都扎根于人类学家和社会学家所描述的跨文化交流的两个基本方面:一是实际接触的程度以及因此发生的各群体对他群体的参与度;二是各群体表现文化维护的程度。也就是说,在任何跨文化情境中,一群体可以渗透(或忽视)另一群体,各群体也可以保持与他文化不同的文化特性(或相互融合)。要理解文化和心理涵化的过程,关键的是要了解这两个群体层面现象的差别。如果假设高度接触总是必然导致低度文化维护的话,那么跨文化接触唯一可能的结果就是某群体吸收另一群体,两者合并成一种混合文化,导致特有文化群体的消失。然而,非洲原住居民的坚持、欧洲移民后的美洲原住民的坚持、法国和西班牙移民社会在北美的延续都证明了这种文化灭亡论的另一种生存能力。

在心理学层面,在跨文化交流界的几乎每个人对以上提到的两个基本方面(跨文化接触和文化维护)都各有态度(Berry, 1980a)。在分析移民(或非主导)个体时,这些就变成大家都知道的涵化态度(acculturation attitudes)。这里的问题是人们在多大程度上希望与本群体之外的人接触(或避免接触)以及人们在多大程度上希望维护(或放弃)自身的文化特性。在分析整体人群(通常代表主导的接受社会)时,对这些问题的看法被称作多元文化思想(multicultural ideology)(Berry, Kalin & Taylor, 1977),如图7.1右边所示对应的是涵化态度。这里的焦点是一个群体认为其他群体(例如移民、民族文化群体、原住民)应该如何涵化(即涵化期望)的问题。

图7.2是展示这些区别(两个维度以及主导和非主导群体间的观点)的一种方式。两个基本维度表现为(垂直地)相互独立,先是左边的非主导(或移民)群体,然后是右边主导群体(或接受社会)。每个问题表示一个维度,一头是正向,另一头是负向。

对移民而言,主要问题是"我们该如何处理这两个问题?"对接受社会而言,问题是"他们该如何处理这两个问题?"不过,在实践中,两个群体都要关注对方的观点和做法。对移民而言,他们的选择可能受制于接受社会的取向,但是接受社会必须考虑应该如何改变以接纳移民。所以,对接触中的两个群体来说,一定有一个涉及他们自身的态度和行为以及感知对方群体的态度和行为这一相互的过程。

这两个问题界定了一个跨文化接触空间(圈子),在这个空间中,人们有偏好的态度立场。图7.2中圆圈的每一部分都有一个在涵化研究中长期使用的

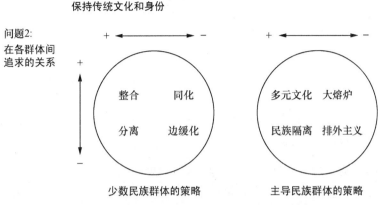

图7.2 分析跨文化关系和实践各因素间联系的框架

名称。从移民群体的角度看(图7.2左边),同化策略的界定就是个体不希望维护自身的文化传统而寻求与他文化进行日常接触的情境。相反,分离的界定是个体重视坚持自身的原文化并同时希望避免与他文化接触的情境。整合的产生是在与其他群体进行日常接触的同时还有兴趣维护自身原文化的时候。在这种情况下,一个民族文化群体的成员不仅寻求维护某种程度的文化完整性,又寻求参与他文化,成为大社会不可分割的一部分。最后,边缘化的界定是没有多大可能或兴趣进行文化维护(通常是由于不得已的文化迷失),也没有多大兴趣与他人接触(通常由于排外或歧视)的情境。

这一表述是基于这样的假设,即移民群体和他们的个体成员有自由选择处理跨文化关系的方式。情况当然并不总是如此(Berry,1974)。当接受社会坚持某种关系或限制移民选择的时候就需要使用其他的表达方式了。这在整合的情况下更是如此,只有当接受社会保持开放并有文化多元取向时,移民才可能选择并成功地融入主导社会(Berry,1991)。所以需要相互接纳才能实现整合,这涉及主导和非主导群体接受所有群体以不同文化身份在同一社会生存的权利。这一策略要求移民采纳(adopt)接受社会的基本价值观,而接受社会改变(adapt)国家机构(如教育、医疗、司法、劳动)以便更好地满足目前生活在这个多元大社会中所有群体的需要。

很显然,整合策略只有在明确的多元文化的社会中才能实施,其中已经确定了某种心理前提(Berry & Kalin,1995)。这些先决条件是指广泛接受文化多元社会的价值观(即一个多元文化思想的存在),低度的偏见和歧视,民族文化群体间积极的相互态度(如没有具体的群际仇恨),所有个体和群体都有的一种依附感或认同感(Kalin & Berry,1995)。稍后将讨论这些与图7.1中的群际关系相关的条件。

同样很显然,只有当移民群体的其他成员都渴望这些条件并有维护该群体文化传统的生命力时才可能达到整合(和分离)。还要注意对跨文化策略选择的其他限制。比如,那些身体特征与接受社会不同的人(比如在德国的土耳其人)可能会体验偏见和歧视,因此不愿追求同化,以避免遭到拒绝(Berry, Kim, Power, Young & Bujaki, 1989; Pointkowski, Florack, Heolker & Obdrzalek, 2000)。

到目前为止,这两个基本问题只是从非主导移民群体的角度提出来的(图7.2左边)。不过,涵化最原始的定义明确规定接触的双方群体都需要涵化。因此,需要第三个维度:即主导民族群体在影响共同涵化发生的方式上所起的重要作用(Berry,1974)。第三维度的增加产生了一个双重框架(图7.2右边)。由主导民族群体追求同化时就可以称为"大熔炉"(当强制实行时就变成"压力锅"!)。当分离是主导民族群体要求或强制执行时,就是民族隔离。当边缘化被主导民族群体强制执行时就是一种排外主义(Bourhis et al., 1997)。最后,当文化多元化整体上是大社会的目标时,整合代表的是现在普遍称为多元文化主义的共同适应策略。

如上所述,人们经常以不同的方法评估涵化过程的这些取向(Berry, 1997; Berry et al., 1989)。最普遍的方法是选择与跨文化关系相关的一系列领域(比如语言运用、食物偏好、父母—孩子关系),然后给不同的范畴提出四种说法,每种代表四种态度中的一种(e.g. van de Vijver, Helms-Lorenz & Feltzer, 1999)。另一种方法是给某一特定范畴提出两种说法,每个代表两种基本维度的一种(e.g. Ryder, Alden & Paulus, 2000)。在大多数研究中,涵化领域的态度可以进行成功抽样,一般可以证明图7.2所示的二维概念的效度。

另一种了解涵化策略的方法是运用文化身份(cultural identity)的概念。这一概念是指人们看待自己与其文化群体成员身份的一套复杂的信仰和态度;通常这个问题只有在人们与另一文化接触而不是完全生活在单一文化中的时候才出现(Phinney,1990)。正如涵化策略的概念根植于两个基本维度(自身的文化维护和自身与他文化的接触),现在大家一致认为个体对自身的看法也是根据两个维度构建的。第一个是认同自身的传统或民族文化群体,第二个是认同大社会或主导社会。文化身份的这两个方面通常被称为民族身份和公民身份(Kalin & Berry, 1995)。另外,同涵化维度一样,这些维度通常相互独立(意思是它们不是负相关,一个维度增加并不意味着另一维度的减少),并且相互包含(nested)(意思是一种遗传身份可能包含在一个更大的民族身份中,比如一个人可以是意大利裔加拿大人)。

这两种身份维度的运用与四种涵化策略有明显的相似性。当两种身份都得到维护时,就与整合策略相似;当个人觉得不属于任何一种身份时,就是一种边缘化的感觉;当对一种身份强调明显地多于另一种身份时,此人表现的就是同化策略或是分离策略。

图7.1左侧的最后一个词是行为转换(behavioral shifts)(Berry, 1980b)。这是指涵化的核心现象,是由于文化接触导致的心理变化。实际上,随着人们与他文化的接触,其全部技能中的每个行为都可能发生变化。在大多数情况下,涉及"文化放弃"(culture shedding)和"文化学习"(culture learning)的转换都十分容易:人们通过减少(压抑,忘记)日常生活的方式,采用另外的方式改变穿衣的方式,改变吃的东西,改变问候的程序,甚至改变其价值观。个体变化的速度和程度明显与个体自身群体文化维护的程度有关,这点反过来又与接触群体相应的人口、经济和政治状况相关。虽然需要了解的行为转换有很多,但是很多注意力还是放在语言知识及其运用(Bourhis, 1994; Clement & Noels, 1992)以及它们与涵化态度的关系上(Masgoret & Gardner, 1999)。

现在,在涵化现象与为移民后正面跨文化关系而营造的支持政策和氛围之间,已确立了实质性的实证关系(见图7.1底部)。结果的范围可以从冲突和紧张到共同适应的接触和关系。这一关联在考虑群际关系(见图7.1右侧)后再做审视。

群际研究

这里讨论的现象恐怕大多数读者都很熟悉,因为它们构成了社会心理学群际关系研究的核心。虽然从这一话题的总体文献中区分出移民研究的范畴会有些困难,但是还是有一些不同的特征。首先,与一般的群际关系研究(其重点通常是"少数民族",或其他一般的分类,如"亚洲人")相比,这里移民群体通常更多地从文化的角度(包括语言、宗教、地位和"种族"等具体特征)来阐释。第二,移民一般不太熟悉常驻居民,使得熟悉度和吸引力之间的确定关系更加明显。比如,总体上移民(与那些出生和成长在某个特定国家的人相比)的地位通常都不太有利(e.g. Berry & Kalin, 1995; Kalin, 1996)。第三,移民一般与常驻居民不太相似,使得相似度—吸引力之间的关系更加突出。为了保持一致,那些追求同化和(针对接受社会的规范)经历大量行为转换的人体验到的歧视可能会更少(Mummendey & Wenzel, 1999)。

民族定型观念、民族态度和民族偏见的研究可以从接受社会和移民两方面进行。对于涵化的研究,应该考虑共同或互惠的(reciprocal)观点。然而,正如涵化研究倾向于只关注非主导群体一样,群际关系研究大体上只关注主导群体。在民族定型观念的研究中,传统上只考虑主导群体对他人(异族定型观念)以及有时对自身(同族定型观念)的看法;但是,很少有研究分析不同的非主流群体反过来持有的同族或异族定型观念。布鲁尔和坎贝尔(Brewer & Campbell, 1976)就是这么做的,他们的研究揭示了复杂的关系模式,包括普遍的内群体偏爱,接受外群体的广泛共有层级,以及双重态度的"平衡"(参见 Berry & Kalin, 1979; Kalin & Berry, 1996)。这种多群体设计对移民研究尤其重要,原因有二:第一,移民群体间总有在接受社会争取偏爱和地位的竞争,因此态度的复杂网络才是这种情况下基本的研究焦点;第二,许多国家现在都为吸引移民而竞争,因此移民对接受社会的态度与主流社会对他们的态度同样重要。

民族偏见(及其根据语言、宗教和"种族"不同而产生的变种)当然是群际关系研究的核心,因为它要为排斥外群体(包括排斥移民)找到更广泛更深刻的心理基础。不管是否建立在民族中心主义、独裁主义或社会支配(只提目前主要的概念)理论的基础上,关注的核心是除了对特定群体存在不同的态度以及定型观念之外,为什么一些人对"他者"怀有一种根深蒂固的普遍的排斥心理。有一个特点现在很清楚:民族偏见是个普遍现象(即所有群体和个体都是如此),但是不同的群体和个体之间的差异非常显著(即群体和个体之间的差异很大)。因此这里的任务就是要同时解释其普遍性和差异性(Duckitt, 2000)。

与涵化态度(图 7.1 左侧)相配对的一个概念是多元文化思想(Berry et

al.,1977)。这一概念尝试纳入这样一个总体的基本观点:文化多样性对整个社会和个体成员都有好处(例如高度重视文化维护),而且这种多样性应该以公平的方式分享和容纳(比如高度重视接触和参与)。在对各方面的研究中,评价这一意识形态的标准是肯定整合的观点,而否定同化、民族隔离和边缘化的观点。我们的研究结果总体上支持这个概念的正确性(e.g. Berry et al.,1977; Berry & Kalin,1995),其他的研究也发现整合主义的观点通常与其他三种态度形成反差(e.g. van de Vijver et al.,1999)。多元文化意识形态与民族态度和偏见有着密切的实证相关关系,但是与文化多元的移民社会在管理群际关系的政策选择之间的相关度更明显。

同样与态度—意识形态关系紧密相关的是多元文化假设(multicultural assumption)的概念(Berry et al.,1977)。这一概念来源于加拿大多元文化主义政策(Government of Canada,1971;Bery,1984),它主张只有人们感到自身的文化身份安全时才能接受与自己不同的人。大量的概念和目前的实证研究证明这一假设基本正确(e.g. Stephan,Stephan & Gudykunst,1999)。不管是用肯定(安全是容忍多样性的前提条件)还是否定(对自身文化身份和文化权利的威胁或担忧加深了偏见)的措辞,有一点是毋庸置疑的:被别人接受与接受别人(参见早前提过的研究相互或互惠态度的必要性)之间存在密切关系。

最后,公开的歧视行为对移民和其他生活在非主导社区人们的影响通常是最大的(Taylor,Wright & Porter,1994)。

对跨文化能力培训的启示

到目前为止的介绍和论证都集中在语境的、概念的和实证的总体概念和分类。在我看来,不管是国家制定政策(Berry,1984;Berry & Kalin,2000)还是开发机构变革方案,也不管是在教育(Berry,2003b)、移民(Berry,2001)还是军事(Berry & Kalin,1998)语境下,这是为不同领域跨文化关系的应用打下基础的必要环节。

这里主要的思想是文化和社会语境中有足够的相似点让我们相信不管我们的社会文化语境是什么,人们都能够以相互理解的方式生活。这点主张的启示是普遍主义的立场在群体层面是成立的。对跨文化心理研究有限领域的调查也支持这样的观点：尽管行为表达千差万别，我们都有共同的基本的心理过程足以让人们进行跨文化理解。最后，对两个主要研究领域的分析有力地证明涵化（态度、压力和适应）和群际关系（民族定型观念、态度、偏见和歧视）这样的现象是可以被普遍发现、评估和解释的。

鉴于研究结果的这个模式，可以通过跨文化培训将其应用在跨文化能力的培养中。（第六章也提到）。整本指南（加上早期版本）以及专门的指南（e.g. Fowler & Mumford, 1995）和课本（e.g. Rogers & Steinfatt, 1999）提供了全面分析和介绍跨文化培训的实践和技巧。我的任务仅仅是从本章介绍的资料中提出建议。

第一条建议是在文化和社会领域中的。跨文化能力的培训应该同时强调文化差异（表层）和文化相似性（深层）的存在。如果只认识到一个层面，在相互理解中就会出现失误。在表层，否认文化差异的现实（比如像"我们都一样"；"他们就跟我们一样"；"我们不应该用定型观念"）就忽略了文化人类学领域悠久的历史和丰富的知识基础。如果这一传统有一个基本信息，那就是文化群体的确存在，有着各不相同的文化特征（比如语言、技术、社会结构和规范）。掩盖这些现实差异会得罪于"他者"（否认他或她的文化现实），也削弱了"根据他或她的自身情况"了解他者的必要性（解释一下马林诺夫斯基（Malinowki）对人类学家的挑战）。同时也巩固了萧伯纳的格言，"你不要向他人做你想他们应该对你做的事（他们可能与你不一样！）"。在深层，否认社会和文化普遍性的存在阻碍了与他人成功相处的可能性；如果他们与我们如此不同，没有任何相通之处，那就不可能建立相互了解的框架。因此，说服人们社会和文化差异以及相似性并存是进行跨文化能力培训最基本的出发点。由此而来的是学习两种文化（自己和他人的文化）的必要性。在某些方面，明白自身的文化是件更加困难的事情。正如麦克卢汉所言，"我们不知道是谁发现了水，但我们知道不是鱼"。然而，正如许多旅行者很快就会发现的那样，了解他人也同样不易。

其他的建议都在心理学范畴。其中第一个建议是平衡有关文化差异和相似性的现实讨论。所有的知识都需要一个观察者和被观察者，所以很可能观察者（前面论述过）的心理过程会歪曲这些文化心理差异。在讨论感知、认知、情感、定型观念和态度时，很显然，这些普遍过程（同他们的特定文化内容）会影响观察自身和他人的文化及其个体成员的效力。因此，跨文化能力的培训要求弄清楚这些基本过程(尤其是个体自身对这些过程的运用)。举例来说,了解双方群体的错觉感知,定型观念思维(包括分类和特征归因)以及态度评价可以达到增强自我意识的目的,并限制"你所看到的就是他们的全部"这种思想。

第二个心理学建议涉及涵化过程。了解文化接触导致不同的结果(不仅仅是同化)是一系列复杂的信仰和态度的组成部分。这包括积极的多元文化思维,低度的民族中心主义以及接受与特定的他者交流的意愿(即对这个群体积极的民族态度)。明确地讲授这些概念并清楚地明白自身在这些概念方面的取向是跨文化能力的前提条件。

第三个心理学建议涉及适应问题。早前回顾过的论据表明整合策略与最少的涵化压力和最积极的心理和社会文化适应能力密切相关。为了避免文化接触或同化(即"本地化")而抵制分离的诱惑(比如参加希尔顿酒吧的帮派)不如整合那样成功,自身的文化根基感为主动伸出手与他人建立跨文化关系提供了一个安全的基础。另外,边缘化当然是最不能适应的(尽管有时被浪漫地称为永远孤独的移居人士)。

第四个心理学建议集中在培训的选择方面(Kealey,1996)。不可能每个人都已经或能够成功地获得跨文化能力所需的知识和态度。因此,选择开放性(五大人格特征之一)、场独立性(作为一种认知方式)以及容忍度(限制使用定型观念,对文化多样性积极的观点,低度民族中心主义)等优先考虑的品质会给成功的跨文化培训项目提供基本的人力资源。

参 考 文 献

Aberle, D. F., Cohen, A. K., Davis, A., Levy, M., & Sutton, F. X. (1950). Functional prerequisites of society. *Ethics, 60,* 100–111.

Barry, H., Child, I., & Bacon, M. (1959). Relation of child training to subsistence economy. *American Anthropologist, 61,* 51–63.

Berry, J. W. (1966). Temne and Eskimo perceptual skills. *International Journal of Psychology, 1,* 207–229.

Berry, J. W. (1967). Independence and conformity in subsistence-level societies. *Journal of Personality and Social Psychology, 7,* 415–418.

Berry, J. W. (1974). Psychological aspects of cultural pluralism. *Culture Learning, 2,* 17–22.

Berry, J. W. (1976). *Human ecology and cognitive style: Comparative studies in cultural and psychological adaptation.* New York: Sage/Halsted.

Berry, J. W. (1979). A cultural ecology of social behaviour. In L. Berkowitz (Ed.), *Advances in experimental social psychology* (Vol. 12, pp. 177–206). New York: Academic Press.

Berry, J. W. (1980a). Acculturation as varieties of adaptation. In A. Padilla (Ed.), *Acculturation: Theory, models and some new findings* (pp. 9–25). Boulder, CO: Westview.

Berry, J. W. (1980b). Social and cultural change. In H. C. Triandis & R. Brislin (Eds.), *Handbook of cross-cultural psychology* (Vol. 5, pp. 211–279).

Boston: Allyn & Bacon.

Berry, J. W. (1984). Multicultural policy in Canada: A social psychological analysis. *Canadian Journal of Behavioural Science, 16,* 353–370.

Berry, J. W. (1991). Understanding and managing multiculturalism. *Psychology and Developing Societies, 3,* 17–49.

Berry, J. W. (1997). Immigration, acculturation and adaptation. *Applied Psychology, 46,* 5–68.

Berry, J. W. (2001). A psychology of immigration. *Journal of Social Issues, 57,* 615–631.

Berry, J. W. (2003a). An ecocultural perspective on human psychological development. In T. S. Saraswathi (Ed.), *Human development.* New Delhi, India: Sage.

Berry, J. W. (2003b). From melting pot to cultural pluralism: Implications for education and training of human service professionals. In D. Roer-Strier (Ed.), *Education for pluralism personality.* Jerusalem: Hebrew University Press.

Berry, J. W., & Bennett, J. A. (1992). Cree conceptions of cognitive competence. *International Journal of Psychology, 27,* 73–88.

Berry, J. W., & Irvine, S. H. (1986). Bricolage: Savages do it daily. In R. Sternberg & R. Wagner (Eds.), *Practical intelligence: Nature and origins of competence in the everyday world* (pp. 2271–2306). New York: Cambridge University Press.

Berry, J. W., Irvine, S. H., & Hunt, E. B. (Eds.). (1988). *Indigenous cognition: Functioning in cultural context.* Dordrecht, The Netherlands: Nijhoff.

Berry, J. W., & Kalin, R. (1979). Reciprocity of interethnic attitudes in a multicultural society. *International Journal of Intercultural Relations, 3*(1), 99–112.

Berry, J. W., & Kalin, R. (1995). Multicultural and ethnic attitudes in Canada: Overview of the 1991 survey. *Canadian Journal of Behavioral Science, 27,* 301–320.

Berry, J. W., & Kalin, R. (1998). Diversity and equity in the Canadian Forces. In M. Dansby (Ed.), *Proceedings of Second Biennial Research Symposium* (pp. 238–262). Patrick Airforce Base, FL: Defense Equal Opportunity Management Institute.

Berry, J. W., & Kalin, R. (2000). Multicultural policy and social psychology: The Canadian experience. In S. Renshon & J. Duckitt (Eds.), *Political psychology in cross-cultural perspective* (pp. 263–284). London: MacMillan.

Berry, J. W., Kalin, R., & Taylor, D. M. (1977). *Multiculturalism and ethnic attitudes in Canada.* Ottawa, Ontario, Canada: Ministry of Supply and Services.

Berry, J. W., Kim, U., Power, S., Young, M., & Bujaki, M. (1989). Acculturation attitudes in plural societies. *Applied Psychology, 38,* 185-206.

Berry, J. W., Poortinga, Y. H., Pandey, J., Dasen, P. R., Saraswathi, T. S., Segall, M. H., & Kagitçibasi, C. (Eds.). (1997). *Handbook of cross-cultural psychology* (Vols. 1–3). Boston: Allyn & Bacon.

Berry, J. W., Poortinga, Y. H., Segall, M. H., & Dasen, P. R. (2002). *Cross-cultural psychology: Research and applications* (2nd ed.). New York: Cambridge University Press.

Berry, J. W., van de Koppel, J. M. H., Sénéchal, C., Annis, R. C., Bahuchet, S., Cavalli-Sforza, L. L., et al. (1986). *On the edge of the forest: Cultural adaptation and cognitive development in Central Africa.* Lisse, Switzerland: Swets and Zeitlinger.

Bourhis, R. (1994). Ethnic and language attitudes in Québec. In J. W. Berry & J. Laponce (Eds.), *Ethnicity and culture in Canada: That research landscape* (pp. 322–360). Toronto, Ontario, Canada: University of Toronto Press.

Bourhis, R., Moise, C., Perreault, S., & Senecal, S. (1997). Towards an interactive acculturation model: A social psychological approach. *International Journal of Psychology, 32,* 369–386.

Brewer, M., & Campbell, D. T. (1976). *Ethnocentrism and intergroup attitudes.* Beverly Hills, CA: Sage.

Cheung, F., & Leung, K. (1998). Indigenous personality measures: Chinese examples. *Journal of Cross-Cultural Psychology, 29,* 233–248.

Clément, R., & Noels, K. (1992). Towards a situated approach to ethnolinguistic identity. *Journal of Language and Social Psychology, 11,* 202–232.

Dasen, P. R. (1975). Concrete operational development in three cultures. *Journal of Cross-Cultural Psychology, 6,* 156–172.

Duckitt, J. (2000). Culture, personality, and prejudice. In S. Renshon & J. Duckitt (Eds.), *Political psychology: Cultural and cross-cultural foundations* (pp. 89–107). London: Macmillan.

Ekman, P. (1993). Facial expression and emotion.

American Psychologist, 48, 384–392.

Fowler, S., & Mumford, M. (Eds.). (1995). *Intercultural sourcebook: Cross-cultural training methods* (Vol. 1). Yarmouth, ME: Intercultural Press.

Geertz, C. (1973). *The interpretation of cultures.* New York: Basic Books.

Geertz, C. (1984). From the native's point of view: On the nature of anthropological understanding. In R. A. Shweder & R. A. LeVine (Eds.), *Culture theory: Essays on mind, self, and emotion* (pp. 123–136). New York: Cambridge University Press.

Government of Canada. (1971). *Multicultural policy: Statement to House of Commons.* Ottawa, Ontario, Canada: Author. (Available in the Hansard Parliamentary Record)

Graves, T. D. (1967). Psychological acculturation in a tri-ethnic community. *South-western Journal of Anthropology, 23,* 337–350.

Hart, W. (1999). Interdisciplinary influences in the study of intercultural relations. *International Journal of Intercultural Relations, 23*(5), 575–589.

Herskovits, M. J. (1948). *Man and his works: The science of cultural anthropology.* New York: Knopf.

Irvine, S., & Berry, J. W. (1988). The abilities of mankind: A reevaluation. In S. H. Irvine & J. W. Berry (Eds.), *Human abilities in cultural context* (pp. 3–59). New York: Cambridge University Press.

Kalin, R. (1996). Ethnic attitudes as a function of ethnic presence. *Canadian Journal of Behavioural Science, 28,* 171–179.

Kalin, R., & Berry, J. W. (1995). Ethnic and civic self-identity in Canada: Analyses of 1974 and 1991 national surveys. *Canadian Ethnic Studies, 27,* 1–15.

Kalin, R., & Berry, J. W. (1996). Interethnic attitudes in Canada: Ethnocentrism, consensual hierarchy and reciprocity. *Canadian Journal of Behavioural Science, 28,* 253–261.

Kealey, D. J. (1996). The challenge of international personnel selection. In D. Landis & R. S. Bhagat (Eds.), *Handbook of intercultural training* (2nd ed., pp. 81–105). Thousand Oaks, CA: Sage.

Kroeber, A. L., & Kluckhohn, C. (1952). *Culture: A critical review of concepts and definitions.* Cambridge, MA: Peabody Museum.

Linton, R. (1936). *The study of man.* New York: Appleton-Century-Crofts.

Masgoret, A. M., & Gardner, R. C. (1999). A causal model of Spanish immigrant adaptation in Canada. *Journal of Multilingual and Multicultural Development, 20,* 216–236.

McCrae, R. R., & Costa, P. T., Jr. (1997). Personality trait as a human universal. *American Psychologist, 52*(5), 509–516.

Mesquita, B., Frijda, N., & Scherer, K. (1997). Culture and emotion. In J. E. Berry, P. R. Dasen, & T. S. Sarawathi (Eds.), *Handbook of cross-cultural psychology: Vol. 2. Basic processes and human development* (2nd ed., pp. 255–298). Boston: Allyn & Bacon.

Mishra, R. C., Sinha, D., & Berry, J. W. (1996). *Ecology, acculturation and psychological adaptation: A study of Advasi in Bihar.* New Delhi, India: Sage.

Mummendey, A. & Wenzel, M. (1999). Social discrimination and tolerance in intergroup relations: Reactions to intergroup difference. *Personality and Social Psychology Review, 3,* 158–174.

Nsamenang, B. (1992). *Human development in cultural context.* Newbury Park, CA: Sage.

Pelto, P. (1968). The difference between "tight" and "loose" societies. *Transaction, 5,* 37–40.

Phinney, J. (1990). Ethnic identity in adolescents and adults: A review of research. *Psychological Bulletin, 108,* 499–514.

Piontkowski, U., Florack, A., Hoelker, P., & Obdrzalek, P. (2000). Predicting acculturation attitudes of dominant and nondominant groups. *International Journal of Intercultural Relations, 24*(1), 1–26.

Redfield, R., Linton, R., & Herskovits, M. J. (1936). Memorandum for the study of acculturation. *American Anthropologist, 38,* 149–152.

Rogers, E., & Steinfatt, T. (1999). *Intercultural communication.* Prospect Heights, IL: Waveland Press.

Russell, J. A. (1994). Is there universal recognition of emotion from facial expression? A review of cross-cultural studies. *Psychological Bulletin, 11,* 102–141.

Ryder, A., Alden, L., & Paulus, D. (2000). Is acculturation unidimensional or bidimensional? *Journal of Personality and Social Psychology, 79,* 49–65.

Segall, M. H., Campbell, D. T., & Herskovits, M. J. (1966). *The influence of culture on visual perception*. Indianapolis, IN: Bobbs-Merrill.

Segall, M. H., Dasen, P. R., Berry, J. W., & Poortinga, Y. H. (1999). *Human behavior in global perspective* (2nd ed.). Boston: Allyn & Bacon.

Stephan, W., Stephan, C., & Gudykunst, W. (1999). Anxiety in intergroup relations. *International Journal of Intercultural Relations, 23*(6), 613–828.

Strenlau, J., Angleitner, A., & Newberry, B. (1999). *Pavlovan Temperament Survey: An international handbook*. Bern, Switzerland: Aogrefe.

Taylor, D. M., Wright, S., & Porter, L. (1994). Dimensions of perceived discrimination. In M. Zanna & J. Olson (Eds.), *The psychology of prejudice* (pp. 233–255). Hillsdale, NJ: Erlbaum.

Triandis, H. C. (1972). *The analysis of subjective culture*. New York: Wiley.

Triandis, H. C. (1994). *Culture and social behavior*. New York: McGraw-Hill.

Tylor, E. B. (1871). *Primitive culture* (Vols. 1–2). London: Murray.

van de Vijver, F. (1997). Meta-analysis of cross-cultural comparisons of cognitive test performance. *Journal of Cross-Cultural Psychology, 28*, 678–709.

van de Vijver, F., Helms-Lorenz, M., & Feltzer, M. (1999). Acculturation and cognitive performance of migrant children in the Netherlands. *International Journal of Psychology, 34*, 149–162.

Witkin, H., & Berry, J. W. (1975). Psychological differentiation in cross-cultural perspective. *Journal of Cross-Cultural Psychology, 6*, 4–87.

Witkin, H. A., & Goodenough, D. R. (1981). Cognitive styles: Essence and origins. *Psychological Monographs, 51*(Whole issue).

Witkin, H. A., Goodenough, D. R., & Oltman, P. (1979). Psychological differentiation: Current status. *Journal of Personality and Social Psychology, 37*, 1127–1145.

第八章

文化接触的心理学理论及其对跨文化培训和介入的启示

科琳·沃德(Colleen Ward)

自1983年兰迪斯和布里斯林主编的第一版《跨文化培训指南》发表已有二十多年了。在其第二版中,尽管兰迪斯和巴盖特特别提到第一版以来的进展,但认为"阻碍本领域发展的一个问题仍然是理论的缺失"(Landis & Bhagat, 1996, p.xiii)。展望未来,他们把改进的希望寄托于下一版的问世。第三版是新世纪的产物,其内容表明已有现成的理论框架和心理学模型指导我们的跨文化工作。本章关注文化接触的三种心理学方法,回顾了追求理论的实证研究并讨论它们对跨文化培训(ICT)和跨文化介入的启示。

跨文化接触的理论方法

在过去20年中,随着跨文化旅游者数量的增加以及跨文化接触研究的发展,三种主要理论方法成为涵化心理学研究的指导方法。第一种反映的是文化学习法(The Culture Learning Approach),它是强调跨文化接触以及为了在新环境中生存必备的具体文化技能习得过程的社会心理学。第二种与压力和应对的心理学模型相关,它尤其适用于跨文化过渡和适应的研究。第三种与社会认同和认知相关,它关注人们感知和看待自我和他人的方式,包括人们如何处理关于自身群体(内群体)以及他群体(外群体)的信息。这三种方法的理论基础源于主流的社会心理学、经验心理学和健康心理学。它们近几年在文化接触研究中的应用促进了大量对旅居人士、移民和难民,以及国际文化多样性实证研究的发展。

文化学习理论的根源是社会和经验心理学并极大地受到了阿盖尔(Argyle,1969)有关社会技能和人际行为著作的影响。这一方法基于这样的假设,即跨文化问题的产生是因为文化初学者处理日常的社会接触时遇到了困难。因此,适应就以学习特定文化技能—即适应新的文化环境必备的形式出现(Bochner,1972,1986)。采取文化学习方法研究跨文化接触和变化的学者强调了适应过程中特定文化变量的重要性。跨文化交流风格,包括言语和非言语要素以及规则、传统和规范及其对跨文化效力影响方面的差异得到了重视。最近,研究者们拓宽了这一领域的研究,以便建立社会文化适应的预测性模型,并强调特定文化知识、跨文化培训、语言流利程度、出国经验、与东道国公民接触、文化差距以及文化认同这样一些因素(Ward, 1996, 2001a)。

第二个主要的方法是压力与应对法(The Stress and Coping Approach),它将跨文化过渡解释成运用调整性资源,要求做出应对性反应而引发压力的一系列生活变数。这一方法受到拉扎勒斯(Lazarus)和福尔克曼(Folkman, 1984)有关压力、评价及应对的著作以及人生际遇的早期理论和研究(Holmes & Rahe, 1967)的深刻影响。其研究框架宽泛,既包含个体特征,又包含或有利于或阻碍对新环境调适的情境特征。因此,致力于识别影响跨文化调整(尤其是影响心理健康和满足因素)的学者研究的很多变量与其他领域研究压力和适应的学者一致。这些变量包括人生变化、对变化的认识评价、应对策略、个性以及社会支持。就更具体的文化变量而言,文化认同和涵化策略主要是在旅居者、移民和难民群体中进行考量(Ward, 1996)。

最后一种方法社会认同法(The Social Identification Approach)受到当代理论及社会认同和社会认知研究的影响和整合。这种方法反映了比文化习得和压力及应对策略范式更多样化的特点。它包括：身份的测量、发展和传承；身份与涵化策略间的关系；以及构成群际感知和关系的认知过程。与跨文化培训尤为相关的是身份、自尊和群际感知之间的关系。尽管贝瑞（Berry，1984a，1984b）的多元文化假设提供了一种更乐观的选择，但是泰弗尔（Tajfel，1978）的社会认同理论（Social Identity Theory，SIT）是用来研究这些问题最常用的框架之一，该理论将民族中心主义看成增强自尊的功能性手段。能够更广泛地说明、解释和预测群际态度的是斯蒂芬夫妇（Stephan & Stephan，2000）的整合威胁理论（Integrated Threat Theory，ITT），该理论特别突出了在偏见的发展中，现实和象征性威胁以及负面定型观念和群际焦虑的重要意义。

沃德、博克纳和弗恩海姆（Ward, Bochner and Furnhan，2001）将这三种理论方法看成"涵化的基本知识"（ABCs of acculturation）。压力与应对策略强调文化接触的情感因素；文化学习理论着眼于行为因素，而社会认同方法则重视认知变量。很明显，至少其中的两种理论框架总体上都与适应相关，沃德及其同事将其分成心理和社会文化框架（Searle & Ward，1990；Ward，2001a；Ward & Kennedy，1992，1993）。心理调适主要建立在情感反应基础上，它是指跨文化过渡中的幸福或满足感。另一方面，社会文化适应则属于行为范畴，指的是在新的文化环境中"融入"或进行有效交际的能力。

图8.1总结了文化接触的基础知识（ABCs）。它结合了压力与应对，文化学习和社会认同三大理论方法以及它们对情感（affect）、行为（behavior）和认知（cognition）——ABC模型不同程度的强调。同时还反映了适应的心理和社会文化基本因素——这代表了诸如旅居者、移民和难民这样的跨文化旅行者最关注的问题，也能适用于在文化多元社会中与不同民族和文化背景的人进行交际的个人。该图将适应结果与根本的理论建构并置，并说明情感、行为和认知观点如何结合来描述和说明文化接触和文化适应。本章其余的部分将详细阐述和综合这一框架的主要因素，拓展理论，对实证研究进行评论并考量它们对跨文化培训的启示。

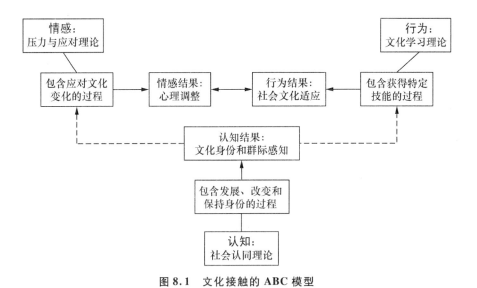

图 8.1 文化接触的 ABC 模型

资料来源：Ward, Bochner and Furnham(2001).

为什么需要理论？

没有研究者敢保证能够发表适合任何情境,能够解决任何问题的无懈可击的理论或不容置疑的实证结果。然而,非常明显的是,正如其他的人类追求一样,在跨文化的探索中,有理论指导会使我们比没有理论指导更加见多识广。本能地依赖讨人喜欢的心理前提或是简单的"常识"经常会使我们落入不可预期的"陷阱"。一个很好的例子就是对跨文化过渡和适应的通俗理解。

"文化休克"的通俗读物以及很多当代的培训手册告诉人们旅居者都会典型地经历一个 U 型曲线的适应过程。一般认为,新来者带着一种类似于旅游者的欣快踏上跨文化冒险之旅。一段时间之后(虽然没有确切地表明以小时、天、星期或者月来界定)人们认为旅居者会经历一种感觉不适应、挫败和焦虑的危机。这一状况的出现是假设他们认识到新的环境可能很"艰难",需要付出巨大的努力去适应。最后,旅居者会经历恢复和适应的过程,尽管这一阶段的幸福感与初来乍到时的状态并不一样。

第八章 文化接触的心理学理论及其对跨文化培训和介入的启示

对跨文化旅居的描述因奥伯格(Oberg,1960)对"文化休克"的空想而得以普及,尽管早期吕斯高(Lysgaard,1955)关于接受富布赖特资助在美国学习的斯堪的纳维亚留学生的横向研究,常被引用以支持这一理论。那份调查发现,在美国居住 6—18 个月的学生比那些居住少于 6 个月或多于 18 个月的人更难适应。二十多年之后,丘奇对旅居者调整的经典评论总结说,U 型曲线的论据"不充分,无说服力而且过度概括"(Church,1982,p.542)。虽然有了这样批评性的分析和 20 多年含糊的 U 型曲线研究,这一通俗的、本能上讨人喜欢的模型依然大行其道。然而,如果我们受到理论的指导,就会对随时间而变化的跨文化适应模式做出非常不同的预测。

跨文化过渡的压力和应对模型预测,接触一种新的文化时表现出来最明显的症状是心里苦恼而不是愉快。这一时刻是人生变数最大的时候,社会支持网络没有开发完备,实施和评价跨文化应对策略的机会也最容易受到限制。随着人们在头几个月逐渐适应新的文化,(这种)心理苦恼会大大减少。随后,心理适应可能会变得越来越受到"非文化"问题(比如关系、考试、工作责任)的影响,其适应模式也会随着时间的变化以及人们所处环境的不同而有所差异,更难预测。相反,跨文化适应的文化学习模型则预测,适应由掌握得体的文化技能决定,因此其时间模式大体上与学习的曲线相似。

1998 年,沃德、大仓、肯尼迪和小岛(Ward, Okura, Kennedy & Kojima, 1998)在对新西兰的日本学生进行历时研究时就这些预测进行了研究。学生们在刚到达新西兰(24 小时之内)、到达 4 个月、6 个月以及 12 个月的几个时间段内受到了调查,他们在这些时间段内的心理和社会文化适应也受到监测。结果如图 8.2 和 8.3 所示。不出所料,(学生们的)心理调适在刚到时是最差的,头 4 个月会有极大地提高,其他的时间段内只有较小的变化。同样不出所料的是,其社会文化适应模式与学习曲线相似,(他们)在新西兰的头四个月进步神速,而在 6 个月和 12 个月的时间段内却没有什么明显的进步。这些趋势与在新西兰搜集的来自马来西亚和新加坡学生的定性数据一致(Ward & Kennedy, 1996a),这些数据总结起来给大家展示了一幅跨文化过渡和适应的图景,与普遍认为的 U 型曲线完全不一样。

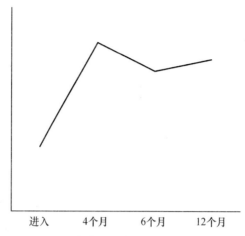

图 8.2　随时间而变化的心理适应过程

资料来源：Ward, Bochner and Furnham(2001).

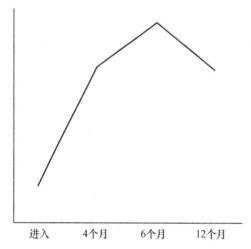

图 8.3　随时间而变化的社会文化适应过程

资料来源：Ward, Bochner and Furnham(2001).

文化接触的三个理论模型

文化学习法

　　文化学习法研究的是文化接触的行为方面，表现新来者与接受社会（receiving society）成员之间或者同一社会中不同文化背景的成员间接触的显著特征。该方法还重视人们为了在新的环境中生存、繁荣并有效地进行跨文化交际而获得与文化相关技能的过程。文化学习法源自阿吉勒和肯登的早期著作（Argyle & Kendon, 1967），他们最早提出处于交际中的人们的社会行为代表一种相互熟练的表演。人际冲突地出现在于这种表演失败，因为其中的一人（或多人）不能熟练地把握这种社会交往（的技能）。虽然阿吉勒的理论是在文化内研究的背景下形成的，却很容易扩展到跨文化的研究背景之下。交际的语言、规则、惯例以及社会行为的风俗随不同的文化而差异巨大。因此，在跨文化接触中更容易遭受不成功、不愉快以及令人困惑的经历。为了改变这种状况，有人建议把社会技能训练作为文化学习方案的一部分（Furnham & Bochner, 1986）；不过，技能的获得还有其他的途径，包括增加与宿主文化（host culture）成员的交流。

　　原则上，不同文化背景人们间的会面与其他社会接触并没有什么不同，而且在这两种情况下，交流不畅都可以理解成言语或非言语交流的失败。语言显然很重要，但是规则、惯例和社会互动的风俗也是交流中的显著因素。这些包括情感的表达、空间体态、眼神交流、寒暄和告辞等这样仪式化的惯例等活动（Trower, Bryant & Argyle, 1978）。由于这些行为界定社会接触时暗含的主要信息，所以，这些行为与文化期待一致就显得尤为重要。的确，跨文化互动的实验性研究表明，文化上得体的非言语行为比族群具有更大的人际吸引力（Dew & Ward, 1993）。

　　阻碍跨文化交流和互动顺利进行的因素有很多，包括眼神（Watson, 1970）、近体距离（Argyle, 1982）、特定文化手势（Argyle, 1975, 1982；Collett, 1982）和身体偏好姿势（McGinley, Blau & Takai, 1984）等非言语行为的差异。非言语交流最有力的形式之一便是沉默的使用，不同的文化中沉默的频率

(Dale,1986)、持续时间(Ishii & Klopf,1976)、意图性(Sano, Yamaguchi & Matsumoto,1999)以及意义(Hall,1976)的表现有所不同。正如普遍接受性更强的规则和惯例一样(Driskill & Downs,1995),情感展示规则也根据不同的文化而有所差异(Friesen,1972;Matsumoto,1994)。

文化学习法提出在接触文化相似的情况下跨文化过渡就不会太困难。这一点已经从对旅居者、包括国际学生(Searle & Ward,1990)和商务人员(Dunbar,1994)的研究中不断得到证实。弗恩海姆和博克纳对英国国际学生的研究有力地证明社会适应是文化距离的一个功能(Furnham & Bochner,1982)。具体来说,从"遥远"的文化群体(埃及、沙特阿拉伯、印度尼西亚和日本这样的中东和亚洲国家)来的学生比那些来自"中间"群体(意大利、西班牙、委内瑞拉和巴西这样的南欧和南美国家)和"附近"群体(法国、荷兰和瑞典这样的北欧国家)的学生要经历更多的困难。沃德和肯尼迪的研究与这些发现不谋而合,他们指出文化和民族接近性通常意味着社会文化苦恼的减少(Ward & Kennedy,1999)。比如,中国内地和马来西亚的旅居者在新加坡就比盎格鲁—欧洲的(Anglo-European)旅居者更容易适应。同样,在新加坡的马来西亚学生经历的困境要比新西兰的马来西亚和新加坡学生要少。

除了文化距离外,特定文化知识也能预测社会文化适应(Ward & Searle,1991);不过,知识本身并不能解释适应性行为,还需要技能。语言技能相当重要,因为它影响了跨文化交流的数量与质量。语言的流畅意味着与宿主文化成员互动的增加(Gullahorn & Gullahorn,1966),以及社会文化适应问题的减少(Ward & Kennedy,1993c)。先前的跨文化经历也有助于社会文化适应,这表明在国外环境学到的一般技能也可以应用到新的文化语境中(Parker & McEvoy,1993)。

跨文化接触提供了文化学习的机会,综合研究发现表明接触的增加和对这种接触的满意度意味着即将遭遇的社会文化困境会越少(Ward & Kennedy,1993c;Ward & Searle,1991)。接触也与更强的交际能力(Zimmerman,1995)以及运用第二种语言的信心相关(Noels, Pon & Clément,1996)。旅居者期待并希望与东道主接触,尽管接触的水平一般较低,跨文化的友谊也很少发生(Aston,1996;Furnham & Bochner,1982;Bochner, McLeod & Lin,1977;Ward,2001b)。这与一系列因素有关,包括东道主进行跨文化接触的意愿以及他们对

第八章 文化接触的心理学理论及其对跨文化培训和介入的启示

外来者的看法(Smart, Volet & Ang, 2000)。

一些研究已经考虑到成功的跨文化适应必须具有特定领域的技能。例如，旅居者研究已经关注到国际学生所需的学术技能和驻外商务人员所需的工作技能。如果发现了他们在这些领域的行为缺陷，这些旅居者就可以得益于技能培训。

文字框8.1揭示了新西兰一所大学的150名国际学生认为最困难的学术技能和能力(Ward, 2001c)。根据文化距离假设，亚洲学生报告他们在各领域遇到的困难都比其欧洲同学更大。

文字框8.1　国际学生评估任务困难程度的比例

任务	比例
做口头陈述	25.3
完成所有的阅读任务	24.2
向老师表达我自己的意见	22.5
记忆相关资料	18.2
从老师处获得必要的反馈	17
辨别老师认为重要的内容	16.2
参加测试和考试	14.9
理解需要我做的事情	14.1
写作任务	13.6
批判性思维	12.8
上课记笔记	11
驾驭学术作业量	10.8
研究	10.1

在国际商务人员中展开确定技能培训领域的另一种方法是让他们评估影响他们工作成功的各种因素的重要性。根据这一思路，范·乌登霍文、范·德·齐和范·库坦(van Oudenhoven, van der Zee & van Kooten, 2001)确定了一系列对成功的工作表现来说必须的信息和技能。其中引证最重要的几个因素是理解当地人的非言语行为；能够领会他人的情感、思想以及经验；熟悉当地的文化。

总之，文化学习法强调社会技能和社会交际的重要性。它跨越文化内研究的领域，确定了导致跨文化误解的言语与非言语交流、规则、惯例和规范以及实践上的跨文化差异。它紧接着提出了将接触中的困惑和不满减少到最低程度的方法。该方法认为跨文化效力与其他令人满意的活动或行为目标并无实质上的差异,所以假设这一技能可以通过学习基本原则的运用来获得。在后面的章节中我们将看到,培训方案已经被当成获得和提高专门技能的可靠途径。

压力与应对法

贝瑞(Berry,1997)在评论移民、涵化和适应时详细地阐述了压力和应对框架,他强调跨文化过渡过程中生活变化的重要性,如何评估这些变化以及如何选择和实施应对的策略。这些过程及其心理结果,可能会受到社会和个人层面变量的影响。在宏观层面,源社会和定居社会的特征很重要。这些社会的不同特点可能包括社会、政治、民族构成这样的人口因素、文化多元的程度以及对异族和文化外群体的显著态度等方面的差异。在微观层面,涵化的个人特点以及涵化所经历的场景将影响压力、应对和适应的情况。贝瑞还特地区分了文化接触前和接触期间的影响。在前一种情况下,性格或文化距离这样的因素可能很重要;在第二种情况下,涵化策略或社会支持可能更有关联。本节中,我们最关注的是对跨文化适应影响最大的因素:生活变化、压力认知评价、应对方式、个性和社会支持。

因为跨文化接触的压力与应对法认为跨文化过渡伴随着一系列引发压力的变化,这些变化要求个人运用调整策略,必须做出反馈回应,所以研究显著的生活事件是该方法重要的一个特点。人们经常提到霍姆斯和拉赫(Holmes & Rahe,1967)的社会再适应评定量表(Social Readjustment Rating Scale),将其作为生活变化的功能性指标(Shibusawa & Norton,1989),研究人员推测,传统上与移居相关的生活变化可能会导致压力反应;预计有80%得大病的风险(Furnham & Bochner,1986)。的确,研究表明,生活变化在难民和旅居者当中是预测心理和身心疾病的重要因素(Masuda,Lin & Tazuma,1982;Searle & Ward,1990;Ward & Kennedy,1993c),而且人生事件和心理结果之间的相关系数在这群人中通常是在0.2和0.4之间(Furnham & Bochner,1986)。

生活变化的认知评估受到社会和情境因素的影响,包括文化接触体验的方方面面。比如,郑和贝瑞(Zheng & Berry,1991)分析了在加拿大的中国旅居者以及华裔和非华裔加拿大人对一系列潜在心理刺激物的评价。与华裔或非华裔加拿大人相比,中国旅居者更倾向于将语言、交际、歧视、思乡和寂寞看成问题。查塔韦和贝瑞(Chataway & Berry,1989)对香港华人与法裔和英裔加拿大人的研究也发现了类似的模式。

期望构成了压力情境中认知评估的基础。同时也提供了衡量经历和行为的标准。一些研究者指出,现实期望(也就是说那些与实际经历一致的期望)有助于人们进行调整。其他人则更关注不真实的期望引发的后果。比如,韦斯曼和弗恩海姆假设认为,期望—体验差异越大,心理调适问题就越大(Weissman & Furnham,1987)。

期望—体验差异研究更复杂的一种方法是同时考虑期望—体验不匹配的方向和程度。在这种情况下,要把过渡满足和未满足的期望做一个基本的区分。前者是指体验比预期更积极的情形;而后者是指体验比预期更消极的情形。根据这些理论,布莱克和格雷格森(Black & Gregersen,1990)发现,美国经理们对日本生活的期望值过渡满足意味着他们对生活满意度的增加以及提前离开几率的减少。肯尼迪(Kennedy,1999),马丁、布拉德福德和罗尔里奇(Martin, Bradford & Rohrlich,1995);罗杰斯和沃德(Rogers and Ward,1993)在他们对国际学生的研究中也报告了类似的发现。

跨文化应对方式在目前的涵化研究中受到越来越多的关注。最早进行应对研究的是查塔韦和贝瑞(Chataway & Berry,1989),他们对加拿大中国留学生的满意度和心理苦恼进行了调查。研究结果显示那些思维积极的中国学生对他们的适应能力更满意,而那些依赖于退避和一厢情愿的人对问题的处理更不满意。不过,只有远离人群才与心理和身心症状的增加显著相关。

不久以前,沃德和肯尼迪(Ward & Kennedy,2001)对移居新加坡的英国人的应对策略和心理适应进行了分析。他们发现了四种基本的应对方式:接近(计划、抑制竞争性活动、积极应对)、回避(行为隔离、否认、发泄以及缺乏重新解释)、接受(接受和约束应对)以及社会支持(寻求情感和有帮助的支持)。该研究表明英国移居者的接近应对与沮丧症状的减少相关。然而,本研究中的回避应对与高度的沮丧心情相关,贝尔诺和沃德(Berno & Ward,1998)对新西兰的国际学生以及肯尼迪(Kennedy,1998)对新加坡留学生的研究结论也是如此。

这些发现在很大的程度上与一般的压力和应对文献相似;不过,也可能有一些重要的分歧点。比如,卡弗、沙伊尔和温特劳布(Carver, Scheier & Weintraub, 1989)特别强调了直接的、以行动为导向的应对机制的功能方面。他们承认回避策略短暂的效用,但是对其长期效果持怀疑态度。我们的研究显示隔离策略对跨文化适应有着强烈的消极影响。这并不稀奇,因为处理跨文化差异渗透了旅居生活的很多方面,完全隔离新的文化环境既不切实际,又没有效果。另一方面,许多传统的、直接的、以行动为导向的策略在跨文化过渡中可能作用有限,因为旅居者一般无法改变新文化中显著和引起压力的方面。进行中的一项研究显示另一种应对模型——首要和次要策略——在文化接触研究中可能更有用。

首要应对策略需要直接采取行动;它们是指明显以任务为导向的行为,目的是要改变令人不快的环境中的有害特征。相比之下,次要策略更多地属于认知而不是行为的范畴;它们通常涉及改变对压力事件和情境的感知和评价(Weisz, Rothbaum, Blackburn, 1984)。对新加坡的东亚和欧美国际学生的研究发现,次要应对机制(接受和积极重新解释)预示着感知压力程度的降低,这反过来又导致沮丧症状的减少。相比之下,首要策略(也就是说积极应对和计划),并不能对感知压力施加直接影响(Ward, Leong & Kennedy, 1998)。因为这代表了对处理跨文化接触一种相对较新的视角,这些发现的跨文化效力还需进一步调查。这一研究的延伸,对澳大利亚和新西兰的国际学生的研究目前正在进行之中。

除了认知评价和应对策略,性格和社会支持也成为预测心理适应的因素。不断有证据表明心理控制源对心理健康有着强烈的影响(Dyal, 1984; Dyal, Rybensky & Somers, 1988; Hung, 1974; Kuo, Gray & Lin, 1976; Kuo & Tsai, 1986' Lu, 1990; Neto, 1995; Seipel, 1988; Ward, Chang & Lopez-Nerney, 1999; Ward & Kennedy, 1993b, 1993c)。对外向型的研究却没有取得如此一致的结论。研究得出了外向型与旅居者调适之间存在正面的、负面的和不显著的关系(Armes & Ward, 1989; Padilla, Wagatsuma & Lindholm, 1985; Searle & Ward, 1990; Van den Broucke, De Soete & Bohrer, 1989)。沃德和常(Ward and Chang, 1997)对新加坡美国旅居者的研究强调了"人与环境"的互动;他们的研究表明涵化个人与宿主文化规范间的"文化适应"可以促进跨文化适应。虽然有关新加坡美国人的外向型数据支持这一论点,但是稍晚对这些发现的扩展和重复研究却没有取得成功(Ward, Leong & Low, 编辑中)。

第八章 文化接触的心理学理论及其对跨文化培训和介入的启示

其他与一般的调整、心理健康或生活满足感相关的性格因素还有个人机动性(Berno & Ward, 1998; Gullahorn & Gullahorn, 1962; Ruben & Kealey, 1979)、容忍不确定性(Cort & King, 1979)、顽强(Ataca, 1996)、控制(mastery)(Sam, 1998)以及自我效能感和自我监控(Harrison, Chadwick & Scales, 1996)。相反,心理调适问题与权力主义相关,而整体满意度的降低与教条主义相关(Taft & Steinkalk, 1985),高度焦虑又与归因的复杂性环环相扣。(Stephan & Stephan, 1992)不出所料,对艾森克(Eysenck)神经质和精神质人格维度的研究显示,在跨文化过渡中两者都与心理调整问题相关(Ditchburn, 1996; Furukawa & Shibayama, 1993)。

社会支持在压力和应对文献中一直被看成跨文化过渡的主要手段和预测心理调整(Fontaine, 1986)和生理健康(Schwarzer, Jerusalem & Hahn, 1994)的重要因素。社会支持的存在与移民和难民中精神病症状的减轻相关(比如Biegel, Naparstek & Khan, 1980; Lin, Tazuma & Masuda, 1979);社会支持的缺位意味着跨文化旅居过程中与生理和心理疾病概率的增加相关(Hammer, 1987)。同样,寂寞与不同形式的心理困境相关,包括普遍的情绪波动(Stone Feinstein & Ward, 1990; Ward & Searle, 1991)、生活满意度的降低(Neto, 1995)以及对适应能力满意度的减少(Chataway & Berry, 1989)。

社会支持的产生有着各种各样的来源。家庭成员,尤其是配偶,在适应过程中会产生至关重要的影响(Ataca, 1996; Naidoo, 1985; Stone Feinstein & Ward, 1990)。当人们把朋友和熟人当成社会支持的来源时,本国人士支持和东道国人士支持的相对优点就成为一个有争议的话题。有研究指出在跨文化过程中,同族关系是最显著最有力的支持来源(Berry, Kim, Minde & Mok, 1987; Skyes & Eden, 1987; Ward & Kennedy, 1993c; Ying & Liese, 1991)。但是,与东道主的关系也显示出类似的功能。在旅居者和移民中,跨文化友谊和对东道国公民关系的满意度意味着心理调整会更好(Furnham & Li, 1993; Klineberg & Hull, 1979; Searle & Ward, 1990; Ward & Kennedy, 1993b)。有研究也同样证实了与东道国公民社会接触的次数与总体上的调整和满意度间的关系(Berry et al., 1987; Gullahorn & Gallahorn, 1966; Pruitt, 1978; Selltiz, Christ, Havel & Cook, 1963; Sewell & Davidsen, 1961)。简而言之,研究表明跨文化旅行者依赖各种各样的支持网络:个人和机构,本国人士和东道国人士以及他们新居住国家的人和祖国的人（Furnham & Alibhai, 1985; Ong, 2000; Ward & Rana-Deuba, 2000）。

促进跨文化调整的一个重要考虑是心理健康和跨文化能力间的关系。调适的心理和社会文化维度被描述成跨文化适应相互补充的范畴。图8.1以显著的概念框架生动地描述了这种关系。从理论的角度来看，主流的心理学研究著作早就认识到了压力与应对和人类行为的社会技能分析之间的互补性。研究前一个领域的福尔克曼，谢弗和拉扎勒斯（Folkman, Schaeffer and Lazarus, 1979）强调对压力环境的处理，包括对环境的有力控制和个人诚信以及士气的维护。特罗尔等人（Trower et al., 1978）将社会技能范畴与心理调整相联系，他们指出某种形式的适应困难可能是由社会能力的缺乏引起或加剧的。他们对两个范畴的相互关系进行评论并认为，社会能力不足会导致孤立和心理障碍，心理烦恼又影响行为（包括一系列社会技能和社会互动）。

对这些概念的实证研究支持心理与社会文化适应之间关系的论点。通过对诸如外国学生、外交官、救援人员和商人等不同群体的一系列研究，我们一致发现了心理和社会文化适应间的正相关关系（0.20到0.60，中位数相关系数为0.32）。我们还发现这一关系的相关度是变化的。有证据表明这种关联在涉及大范围的社会和文化融合的情况下更强烈。例如，心理和社会文化适应的关系在旅居者的文化与东道国文化相近而不是相异时表现更强；与陷入跨文化重新安置的群体相比，这种关系在定居群体中更明显；它会随着时间增加；与采取隔离和边缘化涵化策略的群体相比，这种关系在那些采取融入和同化策略的群体中更强烈（Kennedy, 1999; Ward, Okura, et al., 1998; Ward & Kennedy, 1996; Ward & Rana-Deuba, 1999）。

概括而言，跨文化过渡和适应的压力和应对策略法将跨文化接触和变化看成本身能够产生压力的重要事件并要求采取相应的策略，这样就能自如地应对新的不同环境中的生活。这一方法来源于主流理论和大量专业的实证研究。正如所料，涵化研究的结果大体上与大范围的文献一致。适应性性格特征和社会支持这样有利的因素有助于跨文化过渡；回避性应对方式和未满足的期望这样阻碍或不利的因素会损害跨文化适应。最后，研究展示了心理与社会文化适应间始终如一的关系，这对跨文化培训来说有着重要的启发作用。

社会认同法

广义的社会认同理论指的是文化接触的认知方面,强调认同的重要性及其对群际感知和群际关系的启示。这一领域的理论是多方面的,主要集中在:身份测量、身份发展、维护和变化;身份与涵化策略的关系;以及构成群际感知和关系基础的认知过程。社会认同过程(一个人如何看待自己)与社会认知(一个人如何看待本群体成员和他群体成员)相关。定型观念、态度、归因、偏见和歧视都包括在社会认同框架中。涵化认知方式的界限很模糊,比情感(压力和应对)框架和行为(文化学习)方法更具渗透性;没有专门的理论统一这一领域。不过,社会认同法关注了与文化接触相关的基本问题:我是谁?我应该怎样与同一群体的成员联系起来?我该如何看待其他群体的成员并与之联系起来?

虽然文化接触的认知方法可以通过不同的方式进行分类,但是比较实用的一种方法是根据它们各自强调的重点将其分成三类。一方面是具体集中关注身份问题,包括其发展、变化、维护和评价的理论和研究。发展理论和测量模型通常属于这一类。测量模型同时包括通常应用于多元社会中少数民族的一般民族身份模型(e.g. Phinney, 1992)和涵化个人(acculturating individual)的身份模型,这融合了源文化和接触文化的隐性或显性方面的知识(比如 Hutnik, 1986)。

文献中有三种类型的社会认同模型。单向模型认为涵化是指从认同传统文化到认同接触文化的趋势(Mendoza, 1984;Ramirez, 1984)。涵化和身份的平衡模型(balance models)对二元文化的定位是认同传统文化和接触文化的中间点(e.g. Lai & Linden, 1993;Sodowsky & Plake, 1991;Wong-Rieger & Quintana, 1987)。包括涵化分类模型的双向模型(e.g. Cortés. Rogler & Malgady, 1994;Szapocznik, Kurtines & Fernandez 1980)将主体文化和客体文化看成互不相关的范畴。根据文化维护和群际互动来确立和定义的模型,比如贝瑞(Berry, 1974)对同化、融合、隔离和边缘化的分析,与下一类认知理论相联,它们着重研究社会身份及其对群际感知和关系的启示。

社会身份理论(Social Identity Theory, SIT, Tajfel, 1978, 1981)一直是解释涵化中个体和群体的身份和群际关系最常用的理论框架以及第二类社会认同理论的典范。社会身份理论主张社会身份,或与某特定群体的成员身份相关的身份因素具有动机特性,引导个体在看待本群体时采取一种比别的群体更赞同的方式,将其作为一种提高个人自尊的手段。与社会身份理论有关民族中心主义不可避免的主导假设形成强烈对比的是贝瑞(Berry,1984a,1984b)的多元文化假设,他主张集体自尊和安全感会导致更有利的群际感知和更高的外群体容忍度。这一观点在涵化研究中正不断得到普及。

最后一类认知理论更具体地研究整个群际感知和关系,包括对偏见和歧视的研究。很多社会心理学假设(例如相似性—吸引力、接触)巩固了跨文化关系的理论和研究;不过,史蒂芬夫妇(Stephan & Stephan,1985)的整合威胁理论是有关文化接触的著作中最全面、研究最深入的理论之一。

认同与涵化

人们普遍认为,认同包含个体定义、再定义和构建自身和他人的民族划分或文化的一系列动态和复杂的过程。认同涉及认知、分类和自我认同自己作为某个族群文化成员的身份;也包括对本群体的肯定、引以为豪和正面评价,并涉及与民族文化行为、价值观和传统相关的维度。民族和文化身份通常测量归属感(个人在多大程度感觉自己是群体的一部分)、向心性(个人的群体身份对自身身份有多重要)、评价(对本群体正面和负面的感知)和传统(接受传统规范和价值)等因素。不过,在究竟是单向还是双向的认同模型更适合涵化的个人,以及同化还是二元文化论是更具有适应性的反应这些问题上,还存在大量的争论。对这些问题的进一步论述,读者还可以参阅以下几位的著作:Ryder, Alder and Paulhus(2000), Ward(1999),以及 Ward et al.,(2001)。

大家一致认为,不管采取哪种模型,涵化中个人身份的转化会随着年龄、性别和教育背景的不同而有所区别。有证据表明年轻的移民比年长的移民更具延展性,他们更容易接受东道主文化的规范和价值观(Marín, Sabogal, Marín, Otero-Sabogal & Perez-Stable, 1987; Mavreas, Bebbington & Der, 1989)。男孩同化的进程比女孩快,男人也比女人的同化速度要快(Ghaffarian, 1987)。有进一步证据表明女性对同化的态度更消极,她们更容易对源文化保持更强的身份感(Harris & Verven, 1996; Liebkind, 1996; Ting-Toomey, 1981)。

第八章 文化接触的心理学理论及其对跨文化培训和介入的启示

跨文化接触的数量和质量也对民族文化身份施加重要影响。总体上接触东道主文化越多意味着同化反应越强烈(Mendoza,1989)。在新文化环境中居住时间的增加看来会增强移民对东道主文化的认同,但是弱化对家乡文化的认同,那些出生在接触文化的人比出生在国外的人同化的速度更快(Cortés et al., 1994)。教育背景和社会经济地位也影响涵化的体验。在移民和难民中,受教育程度越高,越容易认同东道主文化(Mavreas et al., 1989; Suinn, Ahuna & Khoo, 1992),社会经济地位越高同化的速度也就越快(Barona & Miller, 1994; Nicassio, 1983)。

文化内接触的模式同样影响社会认同。族群内交流,包括民族文化组织内的成员身份,助长了对传统身份的传承(Altrocchi & Altrocchi, 1995; Sodowsky, Lai & Plake, 1991),移民居住在同族聚居地时同化的进程会更慢(Curllaé & Arnold, 1988)。最后,跨文化过渡的持续时间也很重要。与准备长期停留的移居者相比,那些认为只会在新文化中短期停留的人,比如旅居者或短期移居者,对源文化会保持更强的文化认同度,而对接触文化的认同却较低(Mendoza, 1989; Ward & Kennedy, 1993a)。这一发现对跨文化培训师有着实质性的意义。

虽然认同建立在自我感知和自我定义的基础上,但经常是从认知和行为角度来进行衡量和理解。这两个因素相互关联(Der-Karabetian, 1980; Ullah, 1987),但是随着时间的变化表现出不同的模式(Cuéllar, Arnold & González, 1995; Szapocznik, Scopetta, Kurtines & Aranalde, 1978)。移民、难民和旅居者通常愿意学习新的行为和技能,但是他们在态度和价值观上一般对变化会更抵触(Rosenthal, Bell, Demetriou & Efklides, 1989; Triandis, Kashima, Shimada, Villareal, 1986; Wong-Rieger & Quintana, 1987)。这些态度—行为差异值需要进一步关注,尤其是根据研究发现,接收外来者社区的成员很大程度上支持民族文化群体维持食物、音乐或服装方面的文化传统,而对维持传统的、可能有冲突的价值观方面持较大的保留意见(Lambert, Moghanddam, Sorin & Sorin, 1990)。

贝瑞(Berry, 1974, 1994)及其同事(Berry, Kim, Power, Young & Bujaki, 1989)在他们的涵化态度模型中强调了身份和群际关系的认知。贝瑞提出涵化的个体——旅居者、移民、难民和原住民——在他们的涵化体验中必须考虑两个基本问题:保持我的文化身份是否重要? 与其他群体成员接触是否重要? 在这一著名的模型中,可以确定四种涵化策略:(1) 整合(同时保持文化身份以及与他群体的积极关系很重要);(2) 同化(只有保持与主导群体的积极关系重要);(3) 分离(只有维持文化传统重要);(4) 边缘化(两个结果都不重要)。贝瑞及其同事出示了具有说服力的证据表明整合是最受人欢迎和合适的策略,与心理适应正相关(Berry et al., 1989; Dona & Berry, 1994)。这些发现在包括旅居者、移民、难民和原住民等不同的群体中都得到了验证(Berry et al, 1987; Berry, Wintrob, Sindell & Mawhinney, 1982; Dona & Berry, 1994; Sayegh & Lasry, 1993)。最近的著作表明整合与社会文化适应正相关;不过,旅居者对家乡和东道主文化的认同两者都对跨文化适应作出了贡献,在某些情况下,两者对不同的适应范畴产生不同的影响。(Ward & Kennedy, 1994; Ward & Rana-Deuba,1999)。总体上,认同源文化意味着心理适应程度更好,而认同接触文化意味着社会文化适应程度更高(Ward, 1999)。

认同与群际感知

各种社会认同理论假设的基础是社会身份是自我概念的一部分,包括群体成员身份意识,有着评价和情感方面的重要意义。塔基菲尔(Tajfel, 1978)提出的社会认同理论为这些问题的研究提供了一个广泛应用的概念基础。在过程层面,社会认同理论建立在社会分类和社会比较的基础之上;也就是说承认不同的内群体和外群体存在,他们可以进行比较,比较上的优劣会影响个人自尊的形成。塔基菲尔提出,由于人们通过社会比较来争取积极的社会身份,不可避免的结果就是民族中心主义。实证研究文献对这一点的支持处于模棱两可的状态。

社会认同的后果研究最多的是群体自我偏爱心理(intergroup bias),其中最普遍的研究根据内群体和外群体特征的不同评估而展开(Deaux, 1996)。对本群体和他群感知的差异表现在定型观念和归因的不同(Hogg & Abrams, 1988)。定型观念研究一般提供内群体偏好(in-group favoritism)或者外群体歧视(out-group derogation)的证据。例如,斯潘塞－罗杰斯(Spencer-Rodgers, 2001)指出,加利福尼亚一所大学的美国学生对他们的国际同学怀有明显的定型观念。虽然国际学生的形象兼有正面(聪明、勤奋、见多识广)和负面(幼稚、不善交际)的特点,稍微偏向正面,但是偏好均值(mean favorability score)与原住民这样被社会贬值的人群相似(Haddock, Zanna & Esses, 1994)。社会心理学的跨文化分支(extensions, 1997)对定型观念的研究为大多数接受外来者社会成员的内群体偏好提供了可靠的证据(Georgas, 1998; Wibulswadi, 1989)。作为跨文化接触的一个功能,感知是会改变的;不过,对旅居者的研究显示这些变化可能会朝着更好或者更糟的方向发展(Horenczyk & Berkman, 1997; Kim, Cho & Harajiri, 1997; Stroebe, Lenkert & Jonas, 1988)。

很难确定定型观念准确地描述民族、文化或国家群体的真实性;不过,如果东道主和旅居者都同意对各自群体的内群体定型观念(auto-stereotypes)和外群体定型观念(heterostereotypes),就表明这一概念有一定程度的准确性。最早对这一现象进行探讨的是特里安迪斯和瓦西楼(Triandis and Vassiliou, 1967),他们研究了希腊和美国的旅居者和东道国民的内群体定型观念和外群体定型观念。他们的发现显示四个群体的意见实质上一致。总的说来,美国人被看成工作效率高、情感把握适度、有礼貌并值得信任;希腊人被看成骄傲、自私和傲慢。埃弗雷特和斯坦宁(Everett & Stening, 1987)对香港的美国人和中国人的研究也反映了相当一致的意见。两个群体都承认美国主管人员更外向、坦率和武断(assertive),但是不如他们的香港同行有礼貌、严肃、有耐心和谦逊。邦德(Bond, 1986)对香港的美国和中国学生进行的研究与这些趋势不谋而合。总体上,研究者大体同意定型观念可能包含了某种"真理的精髓"。

社会认同理论预测人们的动机首先是将自己所属群体与他群体区分开来,其次与其他群体相比,对自己所属群体存在积极偏向。这一论点得到实验性研究的强力支持,但是文化接触研究的结果却不太令人信服。埃弗雷特和斯坦宁(Everett & Stening, 1980)对日本和澳大利亚经理人员的研究表明,他们实际上低估了两个群体间的真正差异。沃德(Ward, 2001d)对美国旅居者和他们的新加坡主人的研究显示,自尊增强策略只限于新加坡人。美国人对新加坡人的评价比对自己的描述更积极,他们对新加坡人的外群体定型观念比新加坡人对美国人的外群体定型观念更正面。社会认同理论还预言,在认同度显著的条件下,例如涉及跨文化过渡这样的情况,对正面的社会独特性的强烈需求就会增加;不过,论据还是相互矛盾的(Kosmitzki, 1996)。

归因理论非常适用于解释社会认同对跨文化关系的影响(Hewstone,

1988），而群际偏好的研究结果一般与定型观念研究的趋势类似。偏爱内群体而贬损外群体的群助偏差(group-serving biases)归因得到普遍的关注。更具体地说，个体倾向于给内群体成员的好行为(desirable behavior)作内部归因，而不好的行为作外部归因，对外群体行为的归因却是相反。虽然这些结果在印度（Taylor & Jaggi, 1974）、马来西亚、新加坡（Hewstone & Ward, 1985）和新西兰（Lynskey, Ward & Fletcher, 1991）都在跨文化的环境中观察到了，但是这些研究仅限于国家内既定的民族文化群体，而不是旅居者和东道主，其结果在不同的群体和环境条件下也各不相同。

社会认同理论对群际关系提出了相当悲观的见解。民族中心主义被看成不可避免的现象和有利于增强个人自尊的手段。从这个角度来看，个人自尊被定位和定义成实证研究的因变量（也就是说，群际偏差和内群体偏好）。与这一观点不同的是将个人自尊看成自变量并将其当成预测外群体态度和感知的主要因素进行分析。这是强调多元文化假设的方法，这一方法假设：自尊程度越高预示着外群体接受和容忍能力越强（Berry, 1984a, 1984b）。

贝瑞及其加拿大同事因对多元文化假设的研究而著名。贝瑞（1984a, 1984b）曾指出如果根据安全感或个人自尊来看积极认同，它就意味着更有利的外群体感知。加拿大的研究表明安全感的增加意味着对其他民族群体态度更积极（Berry, Kalin & Taylor, 1977; Lambert, Mermigis & Taylor, 1986）。对个人自尊的分析也发现了同样的模式：个人自尊水平较高的人更能容忍民族外群体（Aboud & Skerry, 1984）。最近，沃德（Ward, 2001c）对移居新加坡的美国人进行的研究显示，自我认知越积极越容易对东道主产生好感。新加坡人对美国旅居者的看法也同样如此。

最后，对涵化个体的实证研究验证了社会认同理论和多元文化假设两者的基本原理（参见 Hogg & Abrams, 1990）。将两种理论明确地进行比较的更系统的研究将来会很有用。

跨文化感知和关系：偏见和歧视

社会认同理论关注认同与群际偏差之间的关系，强调将集体自尊进行社会比较的重要性。社会比较也是偏见和群际冲突理论的核心。它同时强调相对剥夺(relative deprivation)和现实群体冲突理论(Taylor & Maoghaddam, 1987)。还可以将其看成相似-吸引力(similarity-attractiveness)和文化距离假设固有的组成部分。例如,涵化研究表明接受移民国家的成员更愿意接受与其文化相近而不是相异的移民(Ho, Niles, Penney & Thomas, 1994; McAllister & Moore, 1991),而大学生则更容易选择那些来自文化上最接近而不是距离最远的国际学生做朋友(Furnham & Alibhai, 1985)。

文化接触著作中对偏见的比较理论进行最广泛最全面研究的是史蒂芬夫妇(Stephan & Stephan, 1985)的整合威胁理论(Integrated Threat Theory, ITT)(图8.4)。该模型综合了一系列强调认知、比较和冲突的理论之后,确定了四种类型的威胁:现实威胁、符号性威胁、群际焦虑和消极定型观念,它们对加速偏见形成的过程起着重要的作用。现实威胁(realistic threats)包括对某个群体或其成员的社会安全感知到威胁。符号性威胁(symbolic threats)与价值、信仰和态度相关,指的是对某个群体世界观感知到的威胁。群际焦虑(intergroup anxiety)的构成源于担心自我观念受损和别人的负面评价。最后,消极定型观念(negative stereotypes)包含导致预期的负面事件和互动的威胁因素。史蒂芬夫妇(Stephan & Stephan, 2000)提出可以从这四种威胁预知人们对外群体的态

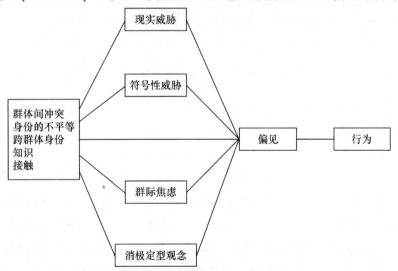

图8.4 整合威胁理论的因果模型

资料来源:Stephan & Stephan and Gudykunst(1999)。

度,他们的论点已经得到实证研究的充分验证。

整合威胁理论已经被成功应用到预测对移民的态度,(Stephan, Ybarra, Martínez, Schwarzwald & Tur-Kaspa, 1998)而且四种威胁的任何一种都与外群体态度相关(Stephan & Stephan, 2000)。现实威胁,尤其是来自失业以及对新来者社会援助增加的威胁,预示着强烈的消极的外群体态度,这点在美国(Stephan, Ybarra & Bachman, 1999)、加拿大(Esses, Jackson & Armstrong, 1998)以及西班牙(Stephan et al., 1998)已有所记载。的确,失业趋势与反对移民密切相关(Espenshade & Hempstead, 1996; Palmer, 1996)。

史蒂芬夫妇和古迪孔斯特(Stephan & Stephan and Gudykunst, 1999)还确定了威胁的前提,包括前群际冲突(prior intergroup conflict)、地位差异、强烈的群内认同、有限的知识以及前接触本质。在社会心理学中,接触和群际关系的理论和研究有着悠久的历史(Sherif, 1966),大家普遍承认接触本身不足以改善群际感知和关系。有助于增强群际感知和关系的接触应该表现某些特点——合作、地位平等、亲密接触——旨在达到有意义的、互惠的目标(Amir & Ben-Ari, 1988; Shachar & Amir, 1996)。尽管民族文化研究已表明,与外群体接触的增多和熟悉程度的增加意味着群际感知更积极(Kalin & Berry, 1979; Berry, 1984a, 1984b),但是非主导群体成员,包括旅居者(Beaver & Tuck, 1998; Smart et al., 2000)、新近移民(Sagiv & Schwartz, 1995, 1998)以及少数民族文化群体(Hurtado, Dey & Trevino, 1994)比主导群体的成员更愿意进行跨越文化界线的互动。

整合威胁理论以及其他的群际冲突理论强调对外群体态度;但是,还有一个研究分支从另一个角度去分析偏见——也就是从目标(群体)的角度来分析。调查研究表明,对歧视的感知由于涵化中个体和群体的不同而千差万别。马利维斯卡-皮尔(Malewska-Peyre, 1982)发现,法国70%的第二代青少年移民报告深深地受到偏见和歧视的影响。女孩感知到的歧视比男孩强烈,阿拉伯人感知到的歧视比西班牙人或葡萄牙人要强烈。文化差异成为这种感知的基础:文化距离越大,感知到的歧视就会增加(Sodowsky & Plake, 1992)。然而,即使是在语言、民族和文化上与东道主文化的大多数成员相似的群体也可能感觉处于社会中的不利地位。比如,沃德和梁(Ward & Leong, 2001)发现来自中国的旅居者在新加坡感知到至少是温和、不太激烈的偏见和歧视,内群体认同越强,这种情况越严重。

感知歧视与不太愿意采纳东道主文化身份以及对新文化责任感不强相关（Mainous,1989）。旅居者对这点的感受比移民更强烈（Sodowsky & Plake, 1992）。感知歧视也与各种各样的负面结果相关，包括压力的增加（Vega, Khoury, Zimmerman, Gil & Warheit, 1991）、诸如吸毒和犯法等反社会行为（Vega, Gil, Warheit, Zimmerman & Apospori, 1993）、认同冲突（Leong & Ward, 2000）以及不适应工作（Florkowski & Fogel, 1999）。感知歧视和心理调适问题的关系在加拿大的土耳其移民（Ataca, 1996）、新西兰的国际学生（Berno & Ward, 1998）以及英国的亚洲移民（Furnham & Shiekh, 1993）等不同的群体中都进行过考查。

总之，各种社会认同理论强调涵化体验的认知方面，尤其强调认同和群际关系。理论和研究包括大量普通的社会心理话题，包括个人自尊、定型观念、态度、接触、偏见和歧视以及针对具体的涵化个人的问题，比如涵化态度。社会认同某些方面的研究还存在论争。例如，贬低外群体真的能增强个人自尊吗？或者个人自尊是否就意味着更强的群际容忍度？同化的代价和好处有哪些？像这样的争论是建立在不同的模型和测量以及不同的研究背景基础之上（Bourhis, Moïse, Perreault & Senécal, 1997）；不过，各种社会认同理论对涵化中个体的身份发展和变化以及多元文化社会中的群际动态提供了深入的分析。

对跨文化培训和跨文化介入的启示

跨文化研究的这三大基本理论框架——文化学习、压力与应对以及社会认同——对跨文化培训的内容和结果都同时提供了指导。就内容而言，压力和应对法强调跨文化过渡过程中压力管理技能和建设性应对机制的重要性，包括社会支持。文化学习法强调特定文化知识的重要性，包括流利的语言和与异文化成员进行有效互动必需的社会技能。社会认同和认知理论让人们关注支撑群际关系的感知过程，包括定型观念和归因。这些理论框架与进行有效的海外交际必需的三大能力并行不悖（Pusch, 1993）；也就是管理压力的能力，清楚地进行交流的能力以及建立人际关系的能力。情感、行为和认知法也与布里斯林和吉田(Brislin & Yoshida, 1994)确立的培训目标一致,他们认为培训目标是体验享受并减少压力,像学术或事业等个人目标的实现以及与东道主建立良好的关系。

显然,由于课程设计的目的是开发进行有效跨文化互动和跨文化适应的知识、态度、意识和技能,跨文化培训的内容就不仅仅是提供有关这些话题的信息(Knight,1981;Sue et al., 1982)。文化学习方法强调知识和技能因素;社会认同理论更关注态度和意识。压力和应对框架则与所有三个范畴都相关。本节将参照培训方法来讨论这些问题。

文化学习理论和研究强调特定文化知识的重要意义,不仅包括语言和有关风俗习惯和礼节的真实信息,还有有关社会互动的更微妙的方面,尤其是非言语交流。这包括空间关系学、体态、手势和眼神交流。尽管有关这些话题的知识以及某个国家的历史、政治和地理的信息以直截了当的方式展现出来,但是技能的获得才构成了文化学习法的核心。言语和非言语交流技能被认为是成功地进行跨文化互动的关键,并通过积极的学习技巧在跨文化培训中获得。包括模仿、角色扮演、反馈以及在"真实世界"中实施的技能训练尤其见效(Brislin & Yoshida, 1994)。模拟也是有用的手段,比如跨文化敏感度量表(Intercultural Sensitivity Inventory, Bhawuk & Brislin, 1992)这样的评估工具可以用来指导技能的开发。简而言之,文化学习理论的目标是将行为的变化作为文化能力和社会文化适应的基础。

社会认同和社会认知理论使得人们更加熟悉旨在提高跨文化意识和培养客观态度的跨文化训练。这些是有效的跨文化关系必要但不充分的前提条件。与前几节描述的三类社会认同理论相似,跨文化培训活动关注自我分析、理解自我与内群体和外群体间的关系,并处理偏见和歧视的问题。有关内群体和外群体的信息可以以讲座的形式进行;不过,来自经验的学习会更有效(McDaniel, MaDaniel & McDaniel, 1988)。以促进批判性地思考自我群体与他群体(比如"比较文化")关系的方式提高自我意识的技巧尤其实用(Stewart, 1995),像巴法巴法(Bafá Bafá)(Shirts, 1974, 1995)这样的文化模拟游戏是减少民族中心主义的有力工具。两者都包含了减轻威胁的因素,比如具体与抽象的对比(Stewart, 1995)或与整合威胁理论一致的游戏语境可能改善对其他文化成员的态度(Stephan & Stephan, 2000)。跨文化对话也是如此,参与者在受到保护的环境中,在地位平等以及相互合作的条件下参加有关偏见和歧视的引导式讨论(Gurin, Peng, Lopez & Nagda,引自 Stephan & Stephan, 2000)。大体说来,由社会认同和社会认知理论引导的跨文化培训计划的目标是要达到积极的跨文化感知和关系,研究表明这些感知和关系的质量影响心理和社会文化适应(Ward, 2001a, 2001c)。

在讨论压力与应对理论以及跨文化培训之前,有必要特别提一下文化同化法(culture assimilator)。这是一种建立在程序化学习原则基础上的有益的培训工具,目的是要增强某个文化的人们对另一文化的假设、行为、规范、价值观以及解释的敏感度(Albert, 1995)。实践证明这一技巧能够增加同构归因(isomorphic attributions)的可能性;也就是说,与被学习文化成员情况相符的"正确的"归因和解释,而不是学习者自身文化成员的群助归因(group-serving attributions, Landis, Brislin & Hulgus, 1985)。这种同化法同时以一般文化(O'Brien, Fiedler & Hewett, 1971; Worchell & Mitchell, 1972)和特定文化都有的形式得以发展(Triandis,1995)。它反映了文化学习理论的基本原则,其目标通过系统的、循序渐进的方式实现。由于这种培训手段包含感知过程,涉及主观文化,强调准确而不是偏差归因的重要性,它也包括了社会认同理论的重要特征。文化同化法涉及跨文化培训的知识、态度和技能因素,实践表明它能够总体上增强跨文化调适和跨文化效能(O'Brien, Fiedler & Hewett, 1971; Worchell & Mitchell, 1972),在组织环境中尤其如此(Harrison, 1992)。最新的研讨提出了以理论为基础的文化同化法的新发展,即以个人主义—集体主义为其提供理论框架(Bhawuk, 2001)。

最后,压力和应对理论重视应对文化接触和变化的动态、评估的重要意义、应对机制的应用、社会支持的价值以及对心理和生理健康的影响。有关压力和应对过程以及"文化休克"症状的知识很重要,但是跨文化培训在技能开发方面会更有效。沃尔顿(Walton, 1990)提出压力是旅居生活不可或缺的一部分,压力管理应该纳入跨文化培训,提供相关内容,增加应对选择并对这些选择进行实践。这与压力免疫训练(inoculation training, Meichenbaum, 1975)一脉相承,可以包括说教式的陈述、解决问题训练以及与模仿、引导意象、行为实践和放松训练同时进行的行为介入(Meichenbaum & Novoco, 1978)。

跨文化培训课程的压力管理环节中应注意社会支持问题。方丹强调了基本技能训练的实用性,教会学员"如何学会在他们自己特定的国际任务生态中最有效的学习技能"(Fontaine,1996,pp.271—272)。这包括确定家庭提供的社会支持,确定工作中需要的社会支持,确定工作中的社会支持机会,将未满足的需要与现有的支持相结合,维持现有的关系,开发、维持或解除新的关系。方丹建议用自我评价练习来辅助这种训练。

压力和应对研究还确定了跨文化过渡的资源和不足,这些包括个人能力和性格倾向。像跨文化适应量表(Cross-Cultural Adaptability Inventory)(Kelley & Meyers,1989)这样的评估工具可以增强个体对自己跨文化优势和弱势的意识。认知因素在压力评估中也很重要,将跨文化要求理解成挑战而不是威胁的能力可以通过培训获得。其中的一种方法是将自我效能感训练纳入一个全面的培训项目(Bandura,1977)。通过跨文化过渡压力的认知重构来学习应对方法也是需要强调的另一方面,尽管很多情况下都是留到补救介入的时候处理。总之,压力和应对框架的目标是达到心理健康和心理满足的培训结果。

除了培训内容,跨文化接触的理论和研究为跨文化培训的时间安排和参与者对培训的准备(readiness)提供了线索。压力和应对研究告诉人们旅居者在刚进入一个新文化时,体验到的心理苦闷最大。这一阶段的生活变化最大,社会支持最弱。由于到达早期迫切需要早点"安顿"下来,紧接着要担心总体调整、住宿、工作和学校,所以这一时期对旅居者来说不太可能接受培训。另外,文化学习研究表明旅居者在过渡的头几个月能够很快地获得新的技能,这是他们在新环境中通过第一手经验获得的。这表明出国前培训会更有效;但是,古迪孔斯特、古兹莱和哈默(Gudykunst,Guzley & Hammer,1996)提醒说旨在帮助旅居者适应新文化的出国前跨文化培训应该在出发前3—6个月进行,而不是太靠近出发之前,因为旅居者在那一段时期最容易接受这样的培训。这一建议需要通过实证研究来验证;不过,这与压力和应对理论的原则看起来是一致的,因为靠近出发前的时期也涉及重大的生活变化。

期望值及其他们对培训结果的影响也是个问题。跨文化培训假设的基础是,准确的期望有助于跨文化适应。这一假设只是部分正确,但是有赖于调适的范畴、期望的类型以及期望—体验不一致的性质。对交流、规范和价值观的跨文化差异的准确期望可以增强社会文化适应;不过,个体自身的期望和体验间的差异可以积极或消极地影响心理调适。具体而言,如果个体的期望没有实

第八章 文化接触的心理学理论及其对跨文化培训和介入的启示

现,也就是说,如果体验比预期的更困难或更不愉快,就会导致更大的心理苦闷。另一方面,超过预期的期望则会导致更大的心理满足,在某些情况下工作表现会更好(Black & Gregersen, 1990; Kennedy, 1999)。因此,培训师应该注意多国公司或负责国际教育的大学招生机构描绘的海外任务的积极图景与跨文化重新安置的现实之间可能出现的冲突。压力和应对研究告诉人们过度积极的期待不利于心理健康。

如何将文化接触的心理模型与培训结果联系起来呢?跨文化培训显示已产生积极的结果,符合文化学习、压力与应对以及社会认同和认知法设定的结果。这些包括在不同文化的工作群体中改进的跨文化技能、更好的工作表现、压力的减少、自信心的增强、更加享受跨文化互动、更好的人际关系,世界思想(worldmindedness)的增强,消极定型观念的减少以及更轻松地与东道主文化成员交往(Brislin & Yoshida, 1994; Deshpande & Viswesvaran, 1992)。尽管有这些积极的结果,大家一致认为要实现长期的态度转变困难会更大(Cargile & Giles, 1996; Gudykunst, 1979; Randolph, Landis & Tzeng, 1977)。

最后说说跨文化介入(也就是,涉及多元文化参与者互动课程的"现实世界")。这些课程包含直接接触,通常用于获取技能,减少定型观念以及提高跨文化关系。接触的类型决定介入的成功与否,社会心理学理论和研究提出,亲密的、而不是随意的平等接触;追求共同的目标;支持群际活动的整体社会氛围有助于介入的效果(Amir & Ben-Ari, 1988; Brislin, 1981)。更重要的是,所设计的接触应该减少威胁(Stephan & Stephan, 2000)。最常见的介入是将国际和国内学生或不同的文化群体聚在一起的教育环境。这包括同龄人配对(Quintrell & Westwood, 1994)、合作学习(Shachar & Amir, 1996; Volet & Ang, 1998)以及住家项目(Todd & Nesdale, 1997; Smart, Volet & Ang, 2000)。对这些介入的评估和回顾显示出跨文化关系的改善、跨民族友谊的增多、定型观念的减少以及学术表现的进步(Rzonska & Ward, 1991; Todd & Nesdale, 1997; Westwood & Barker, 1990)。事实还表明同龄人配对更大范围地增强了国际学生社会调适能力(Abe, Talbot & Geelhoed, 1998)。这与跨文化研究的结果一致,跨文化研究显示,与东道主文化成员接触越多,以及对这些关系越满意的旅居者所体验到的社会文化适应问题就越少(Sano, 1990; Searle & Ward, 1990)。

总结评论

我们确定了三种理论框架来指导文化接触的研究。第一种理论方法——文化学习法——强调文化技能的重要性,并介绍了社会文化适应的构想;第二种压力与应对法重视文化接触的情感因素,尤其是跨文化过渡中的心理调适;第三种社会认同理论突出社会身份、涵化过程、群际感知和关系的重要因素。我们还进行了全面的评述并表明不同范畴与文化接触因素之间的相互关联,并在可能的情况下进行理论和研究的整合。本节指出用理论指导实践的必要性,并对内容的选择和培训项目结果的构想提供了坚实的基础。

目前有很多复杂的理论来指导跨文化培训方案的进展。有趣的是,这些理论与 1980 以来就有的理论并没有显著的不同。在第一版的《跨文化培训指南》中,鲍尔瑙(Barna, 1983)将"文化休克"描述成对压力的反应并将其与霍姆斯和拉赫(Holmes & Rahe, 1967)对生活变化的研究以及拉扎勒斯(Lazarus, 1966)对应对的分析相联系。在同一本书中,丁格斯(Dinges, 1983)对跨文化能力模型的讨论提到格斯里(Guthrie, 1975)提供的社会行为分析的文化学习理论以及特里安迪斯(Triandis, 1972,1977)对主观文化和同构归因的研究。随同布里斯林(Brislin, 1981)在其《跨文化遭遇》一书中对有关归因、定型观念和参照群体成员理论和研究的评论,这些早期的作品为跨文化培训明确地提出了相关的理论基础。的确,布里斯林、兰迪斯和布兰特(Brislin, Landis & Brandt, 1983)在原作中确定了文化接触的基本知识和跨文化培训的积极结果。他们引述了情感结果(对旅居生活的满意和享受)、行为结果(更好的工作表现和更有效的跨文化互动)以及认知结果(对主体文化成员消极定型观念的减少)。

那么,与二三十年前的情况相比,今天的情形有什么不同呢?首先,从主流心理学借鉴来的基础理论更明确、更有系统地应用到跨文化过渡和跨文化互动的研究之中。简而言之,"文化休克"的研究在过去二十年中已有了长足的进展。文化接触理论得到进一步发展和完善,现在我们有丰富完善的实证研究支持我们的理论框架并成为我们培训的基础。第二,学习、压力与应对、社会认同的基础理论在很大程度上比早期特定范畴的模型,比如"海外人精神"(overseasmanship, Cleveland, Mangone & Adams, 1960)和"多元文化人"(multicultural Man, Adler, 1975, 1977)甚或是奥伯格(Oberg, 1960)对文化休克的推论都发展得更充实有力。这并不是个意外,因为主流理论通过在不同背景下的运用之后,显示出坚实的外部有效性。第三,对文化接触理论与研究进行评论和整合的积极性更高,更易广泛地为培训师所用(如 Berry, 1997; Berry and Sam, 1997; Ward, 1996, 2001a; Ward et al., 2001)。不过,尽管有了这些进步,明确将文化接触理论与跨文化培训的实践相结合进行的分析相对较少。本章就是为了填补这一空白而进行的一个粗浅的尝试。

参 考 文 献

Abe, J., Talbot, D. M., & Geelhoed, R. J. (1998). Effects of a peer program on international student adjustment. *Journal of College Student Development, 39,* 539–547.

Aboud, F., & Skerry, S. (1984). The development of ethnic attitudes: A critical review. *Journal of Cross-Cultural Psychology, 15,* 3–34.

Adler, P. S. (1975). The transitional experience: An alternative view of culture shock. *Journal of Humanistic Psychology, 15,* 13–23.

Adler, P. S. (1977). Beyond cultural identity: Reflections upon cultural and multicultural man. In R. Brislin (Ed.), *Culture learning: Concepts, applications and research* (pp. 24–41). Honolulu: University of Hawaii Press.

Albert, R. (1995). The intercultural sensitizer/culture assimilator as a cross-cultural training method. In S. Fowler (Ed.), *Intercultural sourcebook: Cross-cultural training methods* (Vol. 1, pp. 157–168). Yarmouth, ME: Intercultural Press.

Altrocchi, J., & Altrocchi, L. (1995). Polyfaceted psychological acculturation in Cook Islanders. *Journal of Cross-Cultural Psychology, 26,* 426–440.

Amir, Y., & Ben-Ari, R. (1988). A contingency approach for promoting intergroup relations. In J. W. Berry & R. C. Annis (Eds.), *Ethnic psychology: Research and practice with immigrants, refugees, native peoples, ethnic groups and sojourners* (pp. 287–296). Lisse, The Netherlands: Swets & Zeitlinger.

Argyle, M. (1969). *Social interaction.* London: Methuen.

Argyle, M. (1975). *Bodily communication.* London: Methuen.

Argyle, M. (1982). Intercultural communication. In S. Bochner (Ed.), *Cultures in contact: Studies in cross-cultural interaction* (pp. 61–79). Oxford, UK: Pergamon.

Argyle, M., & Kendon, A. (1967). The experimental analysis of social performance. In L. Berkowitz (Ed.), *Advances in experimental social psychology* (Vol. 3, pp. 55–98). New York: Academic Press.

Armes, K., & Ward, C. (1989). Cross-cultural transitions and sojourner adjustment in Singapore. *Journal of Social Psychology, 12,* 273–275.

Aston, B. (1996). *Students from Asia in New Zealand secondary schools.* Unpublished manuscript.

Ataca, B. (1996, August). *Psychological and sociocultural adaptation of Turkish immigrants, Canadians and Turks.* Paper presented at the XIII Congress of the International Association for Cross-Cultural Psychology, Montreal, Quebec, Canada.

Bandura, A. (1977). Self-efficacy: Toward a unifying theory of behavioral change. *Psychological Review, 84,* 191–215.

Barna, L. M. (1983). The stress factor in intercultural relations. In D. Landis & R. Brislin (Eds.), *The handbook of intercultural training* (Vol. 2, pp. 19–49). Elmsford, NY: Pergamon.

Barona, A., & Miller, J. A. (1994). Short Acculturation Scale for Hispanic Youth (SASH-Y): A preliminary report. *Hispanic Journal of Behavioral Sciences, 16,* 155–162.

Beaver, B., & Tuck, B. (1998). The adjustment of overseas students at a tertiary institution in New Zealand. *New Zealand Journal of Educational Studies, 33,* 167–179.

Berno, T., & Ward, C. (1998, April). *Psychological and sociocultural adjustment of international students in New Zealand.* Paper presented at the Annual Meeting of the Society of Australasian Social Psychologists, Christchurch, New Zealand.

Berry, J. W. (1974). Psychological aspects of cultural pluralism. *Topics in Culture Learning, 2,* 17–22.

Berry, J. W. (1984a). Cultural relations in plural societies. In N. Miller & M. Brewer (Eds.), *Groups in contact* (pp. 11–27). New York: Academic Press.

Berry, J. S. (1984b). Multicultural policy in Canada: A social psychological analysis. *Canadian Journal of Behavioral Science, 16,* 353–370.

Berry, J. W. (1994). Acculturation and psychological adaptation. In A.-M. Bouvy, F. J. R. van de Vijver, P. Boski, & P. Schmitz (Eds.), *Journeys into cross-cultural psychology* (pp. 129–141). Lisse, The Netherlands: Swets & Zeitlinger.

Berry, J. W. (1997). Immigration, acculturation and adaptation. *Applied Psychology: An International Review, 46,* 5–34.

Berry, J. W., Kalin, R., & Taylor, D. M. (1977). *Multiculturalism and ethnic attitudes in Canada.* Ottawa, Ontario, Canada: Minister of Supply and Services.

Berry, J. W., Kim, U., Minde, T., & Mok, D. (1987). Comparative studies of acculturative stress. *International Migration Review, 21,* 491–511.

Berry, J. W., Kim, U., Power, S., Young, M., & Bujaki, M. (1989). Acculturation attitudes in plural societies. *Applied Psychology, 38,* 185–206.

Berry, J. W., & Sam, D. (1997). Acculturation and adaptation. In J. W. Berry, M. H. Segall, & C. Kagitçibasi (Eds.), *Handbook of cross-cultural psychology: Vol. 3. Social behavior and applications* (pp. 291–326). Boston: Allyn & Bacon.

Berry, J. W., Wintrob, R., Sindell, P. S., & Mawhinney, T. A. (1982). Psychological adaptation to culture change among the James Bay Cree. *Naturaliste Canadien, 109,* 965–975.

Bhawuk, D. P. S. (2001). Evolution of culture assimilators: Toward theory-based assimilators. *International Journal of Intercultural Relations, 25*(2), 141–163.

Bhawuk, D. P. S, & Brislin, B. (1992). The measurement of intercultural sensitivity using the concepts of individualism and collectivism. *International Journal of Intercultural Relations, 16*(4), 413–436.

Biegel, D., Naparstek, A., & Khan, M. (1980, September). *Social support and mental health: An examination of interrelationships.* Paper presented at the 88th Annual Convention of the American Psychological Association, Montreal, Quebec, Canada.

Black, J. S., & Gregersen, H. B. (1990). Expectations, satisfaction, and intention to leave of American expatriate managers in Japan. *International Journal of Intercultural Relations, 14*(4), 485–506.

Bochner, S. (1972). Problems in culture learning. In S. Bochner & P. Wicks (Eds.), *Overseas students in Australia* (pp. 65–81). Sydney, Australia: University of New South Wales Press.

Bochner, S. (1982). The social psychology of cross-cultural relations. In S. Bochner (Ed.), *Cultures in contact: Studies in cross-cultural interaction* (pp. 5–44). Oxford, UK: Pergamon.

Bochner, S. (1986). Coping with unfamiliar cultures: Adjustment or culture learning? *Australian Journal of Psychology, 38,* 347–358.

Bochner, S., McLeod, B. M., & Lin, A. (1977). Friendship patterns of overseas students: A functional model. *International Journal of Psychology, 12,* 277–297.

Bond, M. H. (1986). Mutual stereotypes and the facilitation of interaction across cultural lines. *International Journal of Intercultural Relations, 10*(3), 259–276.

Bourhis, R. Y., Moïse, C., Perreault, S., & Senécal, S. (1997). Towards an interactive acculturation model: A social psychological approach. *International Journal of Psychology, 32,*

第八章 文化接触的心理学理论及其对跨文化培训和介入的启示

369–386.

Brislin, R. (1981). *Cross-cultural encounters.* New York: Pergamon.

Brislin, R., Cushner, K., Cherrie, C., & Yong, M. (1986). *Intercultural interactions: A practical guide.* Beverly Hills, CA: Sage.

Brislin, R., Landis, D., & Brandt, M. E. (1983). Conceptualizations of intercultural behavior and training. In D. Landis & R. Brislin (Eds.), *Handbook of intercultural training* (Vol. 1, pp. 1–35). Elmsford, NY: Pergamon.

Brislin, R., & Yoshida, T. (1994). *Intercultural communication training: An introduction.* Thousand Oaks, CA: Sage.

Cargile, A. C., & Giles, H. (1996). Intercultural communication training: Review, critique and a new theoretical framework. *Communication Yearbook, 19,* 385–423.

Carver, C. S., Scheier, M. F., & Weintraub, J. K. (1989). Assessing coping strategies: A theoretically based approach. *Journal of Personality and Social Psychology, 56,* 267–283.

Chataway, C. J., & Berry, J. W. (1989). Acculturation experiences, appraisal, coping and adaptation: A comparison of Hong Kong Chinese, French and English students in Canada. *Canadian Journal of Behavioral Science, 21,* 295–301.

Church, A. T. (1982). Sojourner adjustment. *Psychological Bulletin, 91,* 540–572.

Cleveland, H., Mangone, G., & Adams, J. (1960). *The overseas Americans.* New York: McGraw-Hill.

Collett, P. (1982). Meetings and misunderstandings. In S. Bochner (Ed.), *Cultures in contact: Studies in cross-cultural interactions* (pp. 81–98). Oxford: Pergamon.

Cort, D. A., & King, M. (1979). Some correlates of culture shock among American tourists in Africa. *International Journal of Intercultural Relations, 3*(2), 211–225.

Cortés, D. E., Rogler, L. H., & Malgady, R. G. (1994). Biculturality among Puerto Rican adults in the United States. *American Journal of Community Psychology, 22,* 707–721.

Cuéllar, I., & Arnold, B. (1988). Cultural considerations and rehabilitation of Mexican Americans. *Journal of Rehabilitation, 54,* 35–40.

Cuéllar, I., Arnold, B., & González, G. (1995). Cognitive referents of acculturation: Assessment of cultural constructs of Mexican Americans. *Journal of Community Psychology, 23,* 339–356.

Dale, P. N. (1986). *The myth of Japanese uniqueness.* New York: St. Martin's Press.

Deaux, K. (1996). Social identification. In E. T. Higgins & A. W. Kruglanski (Eds.), *Social psychology handbook of basic principles* (pp. 777–798). New York: Guildford Press.

Der-Karabetian, A. (1980). Relation of two cultural identities of Armenian-Americans. *Psychological Reports, 47,* 123–128.

Deshpande, S. P., & Viswesvaran, C. (1992). Is cross-cultural training of expatriate managers effective? A meta-analysis. *International Journal of Intercultural Relations, 16*(3), 295–310.

Dew, A.-M., & Ward, C. (1993). The effects of ethnicity and culturally congruent and incongruent nonverbal behaviors on interpersonal attraction. *Journal of Applied Social Psychology, 23,* 1376–1389.

Dinges, N. (1983). Intercultural competence. In D. Landis & R. Brislin (Eds.), *The handbook of intercultural training* (Vol. 1, pp. 176–202). Elmsford, NY: Pergamon.

Ditchburn, G. J. (1996). Cross-cultural adjustment and psychoticism. *Personality and Individual Differences, 21,* 295–296.

Donà, G., & Berry, J. W. (1994). Acculturation attitudes and acculturative stress of Central American refugees. *International Journal of Psychology, 29,* 57–70.

Driskill, G. W., & Downs, C. W. (1995). Hidden differences in competent communication: A case study of an organization with Euro-Americans and first generation immigrants from India. *International Journal of Intercultural Relations, 21*(2), 213–248.

Dunbar, E. (1994). The German executive in the U.S. work and social environment: Exploring role demands. *International Journal of Intercultural Relations, 18*(3), 277–291.

Dyal, J. A. (1984). Cross-cultural research with the locus of control construct. In H. M. Lefcourt (Ed.), *Research with the locus of control construct* (Vol. 3, pp. 209–306). New York: Academic Press.

Dyal, J. A., Rybensky, L., & Somers, M. (1988).

Marital and acculturative strain among Indo-Canadian and Euro-Canadian women. In J. W. Berry & R. C. Annis (Eds.), *Ethnic psychology: Research and practice with immigrants, refugees, native peoples, ethnic groups, and sojourners* (pp. 80–95). Lisse, The Netherlands: Swets & Zeitlinger.

Espenshade, T. J., & Hempstead, K. (1996). Contemporary American attitudes toward U.S. immigration. *International Migration Review, 30,* 533–570.

Esses, V. M., Jackson, L. M., & Armstrong, T. L. (1998). Intergroup competition and attitudes toward immigrants and immigration. *Journal of Social Issues, 54,* 699–724.

Everett, J. E., & Stening, B. W. (1980). Intercultural interpersonal perceptions: A study of Japanese and Australian managers. *Japanese Psychological Research, 22*(1), 42–47.

Everett, J. E., & Stening, B. W. (1987). Stereotyping in American, British, and Japanese corporations in Hong Kong and in Singapore. *Journal of Social Psychology, 127,* 445–460.

Florkowski, G. W., & Fogel, D. S. (1999). Expatriate adjustment and commitment: The role of host-unit treatment. *International Journal of Human Resource Management, 10,* 783–807.

Folkman, S., Schaeffer, C., & Lazarus, R. S. (1979). Cognitive processes as mediators of stress and coping. In V. Hamilton & D. M. Warburton (Eds.), *Human stress and cognition* (pp. 265–298). New York: Wiley.

Fontaine, G. (1986). Roles of social support in overseas relocation: Implications for intercultural training. *International Journal of Intercultural Relations, 10*(3), 361–378.

Fontaine, G. (1996). Social support and the challenges of international assignments: Implications for training. In D. Landis & R. Bhagat (Eds.), *Handbook of intercultural training* (2nd ed., pp. 1–13). Thousand Oaks, CA: Sage.

Friesen, W. V. (1972). *Cultural differences in facial expressions in a social situation: An experimental test of the concept of display rules.* Unpublished doctoral dissertation, University of California, San Diego.

Furnham, A., & Alibhai, N. (1985). The friendship networks of foreign students: A replication and extension of the functional model. *International Journal of Psychology, 20,* 709–722.

Furnham, A., & Bochner, S. (1982). Social difficulty in a foreign culture: An empirical analysis of culture shock. In S. Bochner (Ed.), *Cultures in contact: Studies in cross-cultural interactions* (pp. 161–198). Oxford, UK: Pergamon.

Furnham, A., & Bochner, S. (1986). *Culture shock: Psychological reactions to unfamiliar environments.* London: Methuen.

Furnham, A., & Li, Y. H. (1993). The psychological adjustment of the Chinese community in Britain: A study of two generations. *British Journal of Psychiatry, 162,* 109–113.

Furnham, A., & Shiekh, S. (1993). Gender, generational and social support correlates of mental health in Asian immigrants. *International Journal of Social Psychiatry, 39,* 22–33.

Furukawa, T., & Shibayama, T. (1993). Predicting maladjustment of exchange students in different cultures: A prospective study. *Social Psychiatry and Psychiatric Epidemiology, 28,* 142–146.

Georgas, J. (1998, August). *Intergroup contact and acculturation of immigrants.* Paper presented at the XIV International Congress of the International Association for Cross-Cultural Psychology, Bellingham, WA.

Ghaffarian, S. (1987). The acculturation of Iranians in the United States. *Journal of Social Psychology, 127,* 565–571.

Gudykunst, W. B. (1979). The effects of an intercultural communication workshop on cross-cultural attitudes and interaction. *Communication Education, 28,* 179–187.

Gudykunst, W. B., Guzley, R. M., & Hammer, M. R. (1996). Designing intercultural training. In D. Landis & R. Bhagat (Eds.), *Handbook of intercultural training* (2nd ed., pp. 61–80). Thousand Oaks, CA: Sage.

Gullahorn, J. E., & Gullahorn, J. T. (1966). American students abroad: Professional vs. personal development. *The Annals, 368,* 43–59.

Gullahorn, J. T., & Gullahorn, J. E. (1962). Visiting Fulbright professors as agents of cross-cultural communication. *Sociology and Social Research, 46,* 282–293.

Guthrie, G. (1975). A behavioral analysis of culture learning. In R. W. Brislin, S. Bochner, & W. J.

Lonner (Eds.), *Cross-cultural perspectives on learning* (pp. 95–115). New York: John Wiley.

Haddock, G., Zanna, M., & Esses, V. (1994). The limited role of trait-laden stereotypes on predicting attitudes toward Native peoples. *British Journal of Social Psychology, 87,* 259–267.

Hall, E. (1976). *Beyond culture.* Garden City, NJ: Anchor Books/Doubleday.

Hammer, M. (1987). Behavioral dimensions of intercultural effectiveness: A replication and extension. *International Journal of Intercultural Relations, 11*(1), 65–88.

Harris, A. C., & Verven, R. (1996). The Greek-American Acculturation Scale: Development and validity. *Psychological Reports, 78,* 599–610.

Harrison, J. K. (1992). Individual and combined effects of behavior modeling and the culture assimilator in cross-cultural management training. *Journal of Applied Psychology, 3,* 431–460.

Harrison, J. K., Chadwick, M., & Scales, M. (1996). The relationship between cross-cultural adjustment and the personality variables of self-efficacy and self-monitoring. *International Journal of Intercultural Relations, 20*(2), 167–188.

Hewstone, M. (1988). Attributional basis of intergroup conflict. In W. Stroebe, A. Kruglanski, D. Bar-Tal, & M. Hewstone (Eds.), *The social psychology of intergroup conflict: Theory, research and applications.* New York: Springer.

Hewstone, M., & Ward, C. (1985). Ethnocentrism and causal attribution in Southeast Asia. *Journal of Personality and Social Psychology, 48,* 614–623.

Ho, R., Niles, S., Penney, R., & Thomas, A. (1994). Migrants and multiculturalism: A survey of attitudes in Darwin. *Australian Psychologist, 29,* 62–70.

Hogg, M., & Abrams, D. (1988). *Social identifications.* London: Routledge & Kegan Paul.

Hogg, M., & Abrams, D. (1990). Social motivation, self-esteem and social identity. In D. Abrams & M. Hogg (Eds.), *Social identity theory: Constructive and critical advances* (pp. 28–47). New York: Springer-Verlag.

Holmes, T. H., & Rahe, R. H. (1967). The Social Readjustment Rating Scale. *Journal of Psychosomatic Research, 11,* 213–218.

Horenczyk, G., & Berkerman, Z. (1997). The effects of intercultural acquaintance and structured intergroup interaction on in-group, out-group and reflected in-group stereotypes. *International Journal of Intercultural Relations, 21*(1), 71–83.

Hung, Y. Y. (1974). Socio-cultural environment and locus of control. *Psychologica Taiwanica, 16,* 187–198.

Hurtado, G., Dey, E., & Trevino, J. (1994, April). *Exclusion or self-segregation? Interactions across racial/ethnic groups on campuses.* Paper presented at the Annual Meeting of the American Educational Research Association, New Orleans, LA.

Hutnik, N. (1986). Patterns of ethnic minority identification and modes of social adaptation. *Ethnic and Racial Studies, 9,* 150–167.

Ishii, S., & Klopf, D. (1976). A comparison of communication activities of Japanese and American adults. *Eigo Tembou, 53,* 22–26. [in Japanese]

Kalin, R., & Berry, J. W. (1979). *Determinants and attitudinal correlates of ethnic identity in Canada.* Paper presented at the Annual Meeting of the Canadian Psychological Association, Quebec, Canada.

Kelley, C., & Meyers, J. E. (1989). *The Cross-cultural Adaptability Inventory.* Minneapolis, MN: National Computer Systems.

Kennedy, A. (1998, April). *Acculturation and coping: A longitudinal study of Singaporeans studying abroad.* Paper presented at the Annual Meeting of the Society of Australasian Social Psychologists, Christchurch, New Zealand.

Kennedy, A. (1999). *A longitudinal study of Singaporean student sojourners.* Unpublished doctoral dissertation, National University of Singapore, Singapore.

Kim, U., Cho, W.-C., & Harajiri, H. (1997). The perception of Japanese people and culture: The case of Korean nationals and sojourners. In K. Leung, U. Kim, S. Yamaguchi, & Y. Kashima (Eds.), *Progress in Asian social psychology* (Vol. 1, pp. 321–344). Singapore: John Wiley.

Klineberg, O., & Hull, W. F. (1979). *At a foreign university: An international study of adaptation and coping.* New York: Praeger.

Knight, E. M. (1981, February). *The case for teacher training in non-biased cross-cultural assessment.* Paper presented at the Council for Exceptional Children Conference on the Exceptional Bi-lingual Child, New Orleans, LA.

Kosmitzki, C. (1996). The reaffirmation of cultural identity in cross-cultural encounters. *Personality and Social Psychology Bulletin, 22,* 238–248.

Kuo, W. H., Gray, R., & Lin, N. (1976). Locus of control and symptoms of distress among Chinese-Americans. *International Journal of Social Psychiatry, 22,* 176–187.

Kuo, W. H., & Tsai, V.-M. (1986). Social networking, hardiness, and immigrants' mental health. *Journal of Health and Social Behavior, 27,* 133–149.

Lai, J., & Linden, W. (1993). The smile of Asia: Acculturation effects on symptom reporting. *Canadian Journal of Behavioral Science, 25,* 303–313.

Lambert, W. E., Mermigis, L., & Taylor, D. M. (1986). Greek Canadians' attitudes toward own group and other Canadian ethnic groups: A test of the multicultural hypothesis. *Canadian Journal of Behavioral Sciences, 18,* 35–51.

Lambert, W. E., Moghaddam, F. M., Sorin, J., & Sorin, S. (1990). Assimilation versus multiculturalism: Views from a community in France. *Sociological Forum, 5,* 387–411.

Landis, D., & Bhagat, R. (1996). A model of intercultural training and behavior. In D. Landis & R. Bhagat (Eds.), *Handbook of intercultural training* (2nd ed., pp. 1–13). Thousand Oaks, CA: Sage.

Landis, D., & Brislin, R. W. (Eds.). (1983). *Handbook of intercultural training* (Vols. 1–3). New York: Pergamon.

Landis, D., Brislin, R., & Hulgus, J. F. (1985). Attributional training versus contact in acculturative learning: A laboratory study. *Journal of Applied Social Psychology, 15,* 466–482.

Lazarus, R. S. (1966). *The psychological stress and coping process.* New York: McGraw-Hill.

Lazarus, R. S., & Folkman, S. (1984). *Stress, coping and appraisal.* New York: Springer.

Leong, C.-H., & Ward, C. (2000). Identity conflict in sojourners. *International Journal of Intercultural Relations, 24*(6), 763–776.

Liebkind, K. (1996). Acculturation and stress: Vietnamese refugees in Finland. *Journal of Cross-Cultural Psychology, 27,* 161–180.

Lin, K.-M., Tazuma, L., & Masuda, M. (1979). Adaptational problems of Vietnamese refugees: I. Health and mental status. *Archives of General Psychiatry, 36,* 955–961.

Lu, L. (1990). Adaptation to British universities: Homesickness and mental health of Chinese students. *Counselling Psychology Quarterly, 3,* 225–232.

Lynskey, M., Ward, C., & Fletcher, G. J. O. (1991). Stereotypes and intergroup attributions in New Zealand. *Psychology and Developing Societies, 3,* 113–127.

Lysgaard, S. (1955). Adjustment in a foreign society: Norwegian Fulbright grantees visiting the United States. *International Social Science Bulletin, 7,* 45–51.

Mainous, A. G. (1989). Self-concept as an indicator of acculturation in Mexican Americans. *Hispanic Journal of Behavioral Sciences, 11,* 178–189.

Malewska-Peyre, H. (1982). L'expérience du racisme et de la xénophobie chez jeunes immigrés [The experience of racism and xenophobia among young immigrants]. In H. Malewska-Peyre (Ed.), *Crise d'identité et déviance chez jeunes immigrés* [Identity crisis and deviance among young immigrants] (pp. 53–73). Paris: La Documentation Française.

Marín, G., Sabogal, F., Marín, B., Otero-Sabogal, R., & Perez-Stable, E. J. (1987). Development of a short acculturation scale for Hispanics. *Hispanic Journal of Behavioral Science, 2,* 21–34.

Martin, J., Bradford, L., & Rohrlich, B. (1995). Comparing predeparture expectations and post-sojourn reports: A longitudinal study of U.S. students abroad. *International Journal of Intercultural Relations, 19*(1), 87–110.

Masuda, M., Lin, K.-M., & Tazuma, L. (1982). Life changes among the Vietnamese refugees. In R. C. Nann (Ed.), *Uprooting and surviving* (pp. 25–33). Boston: Reidel.

Matsumoto, D. (1994). *People: Psychology from a cultural perspective.* Pacific Grove, CA: Brooks/Cole.

Mavreas, V., Bebbington, P., & Der, G. (1989). The structure and validity of acculturation: Analysis of an acculturation scale. *Social Psychiatry and Psychiatric Epidemiology, 24,* 233–240.

McAllister, I., & Moore, R. (1991). The development of ethnic prejudice: An analysis of Australian immigrants. *Ethnic and Racial Studies, 14,* 127–151.

McDaniel, C. O., McDaniel, N. C., & McDaniel, A.

K. (1988). Transferability of multicultural education from training to practice. *International Journal of Intercultural Relations, 12*(1), 19–33.

McGinley, H., Blau, G. L., & Takai, M. (1984). Attraction effects of smiling and body position. *Perceptual and Motor Skills, 58,* 915–922.

Meichenbaum, D. (1975). A self instructional approach to stress management: A proposal for stress inoculation training. In C. D. Speilberger & I. G. Sarason (Eds.), *Stress and anxiety* (Vol. 1, pp. 237–263). Washington, DC: Hemisphere.

Meichenbaum, D., & Novoco, R. (1978). Stress inoculation training. In C. D. Speilberger & I. G. Sarason (Eds.), *Stress and anxiety* (Vol. 5, pp. 317–350). Washington, DC: Hemisphere.

Mendoza, R. H. (1984). Acculturation and sociocultural variability. In J. L. Martínez & R. H. Mendoza (Eds.), *Chicano psychology* (pp. 61–75). Orlando, FL: Academic Press.

Mendoza, R. H. (1989). An empirical scale to measure type and degree of acculturation in Mexican American adolescents and adults. *Journal of Cross-Cultural Psychology, 20,* 372–385.

Naidoo, J. (1985). A cultural perspective on the adjustment of South Asian women in Canada. In I. R. Lagunes & Y. H. Poortinga (Eds.), *From a different perspective: Studies of behavior across cultures* (pp. 76–92). Lisse, The Netherlands: Swets & Zeitlinger.

Neto, F. (1995). Predictors of satisfaction with life satisfaction among second generation migrants. *Social Indicators Research, 35,* 93–116.

Nicassio, P. M. (1983). Psychosocial correlates of alienation: The study of a sample of Southeast Asian refugees. *Journal of Cross-Cultural Psychology, 14,* 337–351.

Noels, K., Pon, G., & Clément, R. (1996). Language, identity and adjustment: The role of linguistic self-confidence in the acculturation process. *Journal of Language and Social Psychology, 15,* 246–264.

Oberg, K. (1960). Cultural shock: Adjustments to new cultural environments. *Practical Anthropology, 7,* 177–182.

O'Brien, G. E., Fiedler, F. E., & Hewett, T. (1971). The effects of programmed culture training upon the performance of volunteer medical teams in Central America. *Human Relations, 24,* 209–231.

Ong, S.-J. (2000). *The construction and validation of a social support scale for sojourners: The Index of Sojourner Social Support (ISSS)*. Unpublished master's thesis, National University of Singapore, Singapore.

Padilla, A. M., Wagatsuma, Y., & Lindholm, K. J. (1985). Acculturation and personality as predictors of stress in Japanese and Japanese-Americans. *Journal of Social Psychology, 125,* 295–305.

Palmer, D. L. (1996). Determinants of Canadian attitudes toward immigration: More than just racism? *Canadian Journal of Behavioral Science, 28,* 180–192.

Parker, B., & McEvoy, G. M. (1993). Initial examination of a model of intercultural adjustment. *International Journal of Intercultural Relations, 17*(3), 355–379.

Phinney, J. (1992). The Multigroup Ethnic Identity Measure: A new scale for use with diverse groups. *Journal of Adolescent Research, 7,* 156–176.

Pruitt, F. J. (1978). The adaptation of African students to American society. *International Journal of Intercultural Relations, 21*(2), 90–118.

Pusch, M. D. (1993, November). *The chameleon capability*. Paper presented at the Council for International Education Exchange (CIEE) Annual Conference, Washington, DC.

Quintrell, N., & Westwood, M. (1994). The influence of a peer-pairing program on international students' first year experience and the use of student services. *Higher Education Research and Development, 13,* 49–57.

Ramirez, M. (1984). Assessing and understanding biculturalism-monoculturalism in Mexican-American adults. In J. L. Martínez & R. H. Mendoza (Eds.), *Chicano psychology* (2nd ed., pp. 77–84). New York: Academic Press.

Randolph, G., Landis, D., & Tzeng, O. (1977). The effects of time and practice upon culture assimilator training. *International Journal of Intercultural Relations, 1*(4), 105–119.

Rogers, J., & Ward, C. (1993). Expectation-experience discrepancies and psychological adjustment during cross-cultural reentry. *International Journal of Intercultural Relations, 17*(2),

185–196.

Rosenthal, D., Bell, R., Demetriou, A., & Efklides, A. (1989). From collectivism to individualism? The acculturation of Greek immigrants in Australia. *International Journal of Psychology, 24,* 57–71.

Ruben, B. D., & Kealey, D. J. (1979). Behavioral assessment of communication competency and the prediction of cross-cultural adaptation. *International Journal of Intercultural Relations, 3*(1), 15–47.

Ryder, A. G., Alden, L. E., & Paulhus, D. L. (2000). Is acculturation uni-dimensional or bi-dimensional? A head to head comparison in the prediction of personality, self-identity and adjustment. *Journal of Personality and Social Psychology, 79,* 49–65.

Rzoska, K., & Ward, C. (1991). The effects of cooperative and competitive learning methods on the mathematics achievement, attitudes toward school, self-concepts and friendship choices of Maori, Pakeha and Samoan children. *New Zealand Journal of Psychology, 20,* 17–24.

Sagiv, L., & Schwartz, S. H. (1995). Value priorities and readiness for out-group social contact. *Journal of Personality and Social Psychology, 69,* 437–448.

Sagiv, L., & Schwartz, S. H. (1998). Determinants of readiness for out-group social contact: Dominance relations and minority group motivations. *International Journal of Psychology, 33,* 313–324.

Sam, D. L. (1998). Predicting life satisfaction among adolescents from immigrant families in Norway. *Ethnicity and Health, 3,* 5–18.

Sano, H. (1990). Research on social difficulties in cross-cultural adjustment: Social situational analysis. *Japanese Journal of Behavioral Therapy, 16,* 37–44.

Sano, N., Yamaguchi, S., & Matsumoto, D. (1999). Is silence golden? A cross-cultural study on the meaning of silence. In T. Sugiman, M. Karasawa, J. Liu, & C. Ward (Eds.), *Progress in Asian social psychology* (Vol. 2, pp. 145–155). Seoul, Korea: Education Science.

Sayegh, L., & Lasry, J. C. (1993). Immigrants' adaptation to Canada: Assimilation, acculturation, and orthogonal cultural identification. *Canadian Psychology, 34,* 98–109.

Schwarzer, R., Jerusalem, M., & Hahn, A. (1994). Unemployment, social support and health complaints: A longitudinal study of stress in East German refugees. *Journal of Community and Applied Social Psychology, 4,* 31–45.

Searle, W., & Ward, C. (1990). The prediction of psychological and sociocultural adjustment during cross-cultural transitions. *International Journal of Intercultural Relations, 14*(4), 449–464.

Seipel, M. M. O. (1988). Locus of control as related to life experiences of Korean immigrants. *International Journal of Intercultural Relations, 12*(1), 61–71.

Selltiz, C., Christ, J. R., Havel, J., & Cook, S. W. (1963). *Attitudes and social relations of foreign students in the United States.* Minneapolis: University of Minnesota Press.

Sewell, W. H., & Davidsen, O. M. (1961). *Scandinavian students on an American campus.* Minneapolis: University of Minnesota Press.

Shachar, H., & Amir, Y. (1996). Training teachers and students for intercultural cooperation in Israel: Two models. In D. Landis & R. Bhagat (Eds.), *Handbook of intercultural training* (2nd ed., pp. 400–413). Thousand Oaks, CA: Sage.

Sherif, M. (1966). *In common predicament: Social psychology of intergroup conflict and cooperation.* New York: Houghton Mifflin.

Shibusawa, T., & Norton, J. (1989). *The Japanese experience: Coping and beyond.* Tokyo: Japan Times.

Shirts, R. G. (1974). *BaFá BaFá: A cross-cultural simulation.* Del Mar, CA: Simile II.

Shirts, R. G. (1995). Beyond ethnocentrism: Promoting cross-cultural understanding with BaFá BaFá. In S. M. Fowler (Ed.), *Intercultural sourcebook: Cross-cultural training methods* (Vol. 1, pp. 93–100). Yarmouth, ME: Intercultural Press.

Smart, D. F., Volet, S., & Ang, G. (2000). *Fostering social cohesion in universities: Bridging the cultural divide.* Canberra: Australian Education International Department of Education, Training and Youth Affairs.

Sodowsky, G. R., Lai, J., & Plake, B. S. (1991). Moderating effects of sociocultural variables on acculturation attitudes of Hispanics and Asian

Americans. *Journal of Counseling and Development, 70,* 194–204.

Sodowsky, G. R., & Plake, B. S. (1991). Psychometric properties of the American-International Relations Scale. *Educational and Psychological Measurement, 51,* 207–216.

Sodowsky, G. R., & Plake, B. S. (1992). A study of acculturation differences among international people and suggestions for sensitivity to within-group differences. *Journal of Counseling and Development, 71,* 53–59.

Spencer-Rodgers, J. (2001). Consensual and individual stereotypic beliefs about international students among American host nationals. *International Journal of Intercultural Relations, 25*(6), 639–657.

Stephan, C. W., & Stephan, W. G. (1992). Reducing intercultural anxiety through intercultural contact. *International Journal of Intercultural Relations, 16*(1), 89–106.

Stephan, W. G., & Stephan, C. W. (1985). Intergroup anxiety. *Journal of Social Issues, 41,* 157–175.

Stephan, W. G., & Stephan, C. W. (2000). An integrated threat theory of prejudice. In S. Oskamp (Ed.), *Reducing prejudice and discrimination* (pp. 23–46). Hillsdale, NJ: Lawrence Erlbaum.

Stephan, W. G., Stephan, C. W., & Gudykunst, W. (1999). Anxiety in intergroup relations: A comparison of anxiety/uncertainty management theory and integrated threat theory. *International Journal of Intercultural Relations, 23*(5), 613–628.

Stephan, W. G., Ybarra, P., & Bachman, G. (1999). Prejudice toward immigrants: An integrated threat theory. *Journal of Applied Social Psychology, 29,* 2221–2237.

Stephan, W. G., Ybarra, P., Martínez, C. M., Schwarzwald, J., & Tur-Kaspa, M. (1998). Prejudice toward immigrants to Spain and Israel: An integrated threat theory analysis. *Journal of Cross-Cultural Psychology, 29,* 559–576.

Stewart, E. C. (1995). Contrast-culture training. In S. M. Fowler (Ed.), *Intercultural sourcebook: Cross-cultural training methods* (Vol. 1, pp. 47–58). Yarmouth, ME: Intercultural Press.

Stone Feinstein, E., & Ward, C. (1990). Loneliness and psychological adjustment of sojourners: New perspectives on culture shock. In D. M. Keats, D. Munro, & L. Mann (Eds.), *Heterogeneity in cross-cultural psychology* (pp. 537–547). Lisse, The Netherlands: Swets & Zeitlinger.

Stroebe, W., Lenkert, A., & Jonas, K. (1988). Familiarity may breed contempt: The impact of student exchange on national stereotypes and attitudes. In W. Stroebe, D. Bar-Tal, & M. Hewstone (Eds.), *The social psychology of intergroup relations* (pp. 167–187). New York: Springer.

Sue, D. W., Bernier, J. E., Durran, A., Feinberg, L., Pedersen, P., Smith, C. J., et al. (1982). Cross-cultural counseling competencies. *The Counseling Psychologist, 19,* 45–52.

Suinn, R. M., Ahuna, C., & Khoo, C. (1992). The Suinn-Lew Asian Self-Identity Acculturation Scale: Concurrent and factorial validation. *Educational and Psychological Measurement, 52,* 1041–1046.

Sykes, I. J., & Eden, D. (1987). Transitional stress, social support and psychological strain. *Journal of Occupational Behavior, 6,* 293–298.

Szapocznik, J., Kurtines, W. M., & Fernandez, T. (1980). Bicultural involvement and adjustment in Hispanic-American youths. *International Journal of Intercultural Relations, 4*(3/4), 353–365.

Szapocznik, J., Scopetta, M. A., Kurtines, W. M., & Aranalde, M. A. (1978). Theory and measurement of acculturation. *Interamerican Journal of Psychology, 12,* 113–130.

Taft, R., & Steinkalk, E. (1985). The adaptation of recent Soviet immigrants in Australia. In I. R. Lagunes & Y. H. Poortinga (Eds.), *From a different perspective: Studies of behavior across cultures* (pp. 19–28). Lisse, The Netherlands: Swets & Zeitlinger.

Tajfel, H. (Ed.). (1978). *Differentiation between social groups: Studies in the psychology of intergroup relations.* London: Academic Press.

Tajfel, H. (1981). *Human groups and social categories.* Cambridge, UK: Cambridge University Press.

Taylor, D. M., & Jaggi, V. (1974). Ethocentrism in a South Indian context. *Journal of Cross-Cultural Psychology, 5,* 162–172.

Taylor, D. M., & Moghaddam, F. M. (1987).

Theories of intergroup relations: International and social psychological perspectives. New York: Praeger.

Ting-Toomey, S. (1981). Ethnic identity and close friendship in Chinese-American college students. *International Journal of Intercultural Relations, 5*(4), 383–406.

Todd, P., & Nesdale, D. (1997). Promoting intercultural contact between Australian and international students. *Journal of Higher Education and Policy Management, 19,* 61–76.

Triandis, H. C. (1972). *The analysis of subjective culture.* New York: Wiley.

Triandis, H. C. (1977). Subjective culture and interpersonal relationships across cultures. *Annals of the New York Academy of Sciences, 285,* 418–434.

Triandis, H. C. (1995). Culture-specific assimilators. In S. M. Fowler (Ed.), *Intercultural sourcebook: Cross-cultural training methods* (Vol. 1, pp. 179–186). Yarmouth, ME: Intercultural Press.

Triandis, H. C., Kashima, Y., Shimada, E., & Villareal, M. (1986). Acculturation indices as a means of confirming cultural differences. *International Journal of Psychology, 21,* 43–70.

Triandis, H. C., & Vassiliou, V. (1967). Frequency of contact and stereotyping. *Journal of Personality and Social Psychology, 7,* 316–328.

Trower, P., Bryant, B., & Argyle, M. (1978). *Social skills and mental health.* London: Methuen.

Ullah, P. (1987). Self-definition and psychological group formation in an ethnic minority. *British Journal of Social Psychology, 26,* 17–23.

Van den Broucke, S., De Soete, G., & Bohrer, A. (1989). Free response self-description as a predictor of success and failure in adolescent exchange students. *International Journal of Intercultural Relations, 13*(1), 73–91.

van Oudenhoven, J. P., van der Zee, K. I., & van Kooten, M. (2001). Successful adaptation strategies according expatriates. *International Journal of Intercultural Relations, 25*(5), 467–482.

Vega, W. A., Gil, A. G., Warheit, G. J., Zimmerman, R. S., & Apospori, E. (1993). Acculturation and delinquent behavior among Cuban-American adolescents. *American Journal of Community Psychology, 21,* 113–125.

Vega, W. A., Khoury, E. L., Zimmerman, R. S., Gil, A. G., & Warheit, G. J. (1991). Cultural conflicts and problem behaviors of Latino adolescents in home and school environments. *Journal of Community Psychology, 23,* 167–179.

Volet, S., & Ang, G. (1998). Culturally mixed groups on international campuses: An opportunity for intercultural learning. *Higher Education Research and Development, 17,* 5–23.

Walton, S. (1990). Stress management training for overseas effectiveness. *International Journal of Intercultural Relations, 14*(4), 507–527.

Ward, C. (1996). Acculturation. In D. Landis & R. Bhagat (Eds.), *Handbook of intercultural training* (2nd ed., pp. 124–147). Thousand Oaks, CA: Sage.

Ward, C. (1999). Models and measurements of acculturation. In W. J. Lonner, D. L. Dinnel, D. K. Forgays, & S. Hayes (Eds.), *Merging past, present and future* (pp. 221–230). Lisse, The Netherlands: Swets & Zeitlinger.

Ward, C. (2001a). The ABCs of acculturation. In D. Matsumoto (Ed.), *The handbook of culture and psychology* (pp. 411–445). New York: Oxford University Press.

Ward, C. (2001b). *The ABCs of acculturation.* Keynote address to the New Zealand Psychological Society, Auckland, New Zealand.

Ward, C. (2001c). *The impact of international students on domestic students and host institutions.* Wellington, New Zealand: Ministry of Education.

Ward, C. (2001d, April). *What do they think of us? Reflected perceptions of American expatriates in Singapore.* Paper presented at the Third International Conference of the International Academy of Intercultural Research, Oxford, MS.

Ward, C., Bochner, S., & Furnham, A. (2001). *The psychology of culture shock.* London: Routledge.

Ward, C., & Chang, W. C. (1997). "Cultural fit": A new perspective on personality and sojourner adjustment. *International Journal of Intercultural Relations, 21,* 525–533.

Ward, C., Chang, W. C., & Lopez-Nerney, S. (1999). Psychological and sociocultural adjustment of Filipina domestic workers in Singapore. In J. C. Lasry, J. G. Adair, & K. L. Dion (Eds.), *Latest contributions to cross-cultural psychology* (pp. 118–134). Lisse, The Netherlands: Swets & Zeitlinger.

Ward, C., & Kennedy, A. (1992). Locus of control, mood disturbance and social difficulty during cross-cultural transitions. *International Journal of Intercultural Relations, 16*(2), 175–194.

Ward, C., & Kennedy, A. (1993a). Acculturation and cross-cultural adaptation of British residents in Hong Kong. *Journal of Social Psychology, 133*, 395–397.

Ward, C., & Kennedy, A. (1993b). Psychological and socio-cultural adjustment during cross-cultural transitions: A comparison of secondary students at home and abroad. *International Journal of Psychology, 28*(3), 129–147.

Ward, C., & Kennedy, A. (1993c). Where's the culture in cross-cultural transition? Comparative studies of sojourner adjustment. *Journal of Cross-Cultural Psychology, 24*, 221–249.

Ward, C., & Kennedy, A. (1994). Acculturation strategies, psychological adjustment and sociocultural competence during cross-cultural transitions. *International Journal of Intercultural Relations, 18*(3), 329–343.

Ward, C., & Kennedy, A. (1996). Crossing cultures: The relationship between psychological and sociocultural dimensions of cross-cultural adjustment. In J. Pandey, D. Sinha, & D. P. S. Bhawuk (Eds.), *Asian contributions to cross-cultural psychology* (pp. 289–306). New Delhi, India: Sage.

Ward, C., & Kennedy, A. (1999). The measurement of sociocultural adaptation. *International Journal of Intercultural Relations, 23*(4), 659–677.

Ward, C., & Kennedy, A. (2001). Coping with cross-cultural transition. *Journal of Cross-Cultural Psychology, 32*, 636–642.

Ward, C., & Leong, C.-H. (2001, August). *Acculturation, identity and perceived discrimination: A study of Malaysian and P.R.C. Chinese in Singapore.* Paper presented at the Fourth International Conference of the Association of Asian Social Psychology, Melbourne, Australia.

Ward, C., Leong, C.-H., & Kennedy, A. (1998, April). *Self construals, stress, coping and adjustment during cross-cultural transition.* Paper presented at the Annual Conference of the Society of Australasian Social Psychologists, Christchurch, New Zealand.

Ward, C., Leong, C.-H., & Low, M. (in press). Personality and sojourner adjustment: An exploration of the "Big Five" and the cultural fit proposition. *Journal of Cross-Cultural Psychology.*

Ward, C., Okura, Y., Kennedy, A., & Kojima, T. (1998). The U-curve on trial: A longitudinal study of psychological and sociocultural adjustment during cross-cultural transition. *International Journal of Intercultural Relations, 22*(3), 277–291.

Ward, C., & Rana-Deuba, A. (1999). Acculturation and adaptation revisited. *Journal of Cross-Cultural Psychology, 30*, 372–392.

Ward, C., & Rana-Deuba, A. (2000). Home and host culture influences on sojourner adjustment. *International Journal of Intercultural Relations, 24*(3), 291–306.

Ward, C., & Searle, W. (1991). The impact of value discrepancies and cultural identity on psychological and sociocultural adjustment of sojourners. *International Journal of Intercultural Relations, 15*(2), 209–225.

Watson, O. (1970). *Proxemic behavior: A cross-cultural study.* The Hague, The Netherlands: Mouton.

Weissman, D., & Furnham, A. (1987). The expectations and experiences of a sojourning temporary resident abroad: A preliminary study. *Human Relations, 40*, 313–326.

Weisz, J. R., Rothbaum, F. M., & Blackburn, T. C. (1984). Standing out and standing in: The psychology of control in America and Japan. *American Psychologist, 39*, 955–969.

Westwood, M., & Barker, M. (1990). Academic achievement and social adaptation among international students: A comparison groups study of the peer-pairing program. *International Journal of Intercultural Relations, 14*(3), 251–263.

Wibulswadi, P. (1989). The perception of group self-image and other ethnic group images among the Thai, Chinese, Thai Hmong hilltribes and Americans in the province of Chiang Mai. In D. M. Keats, D. Munro, & L. Mann (Eds.), *Heterogeneity in cross-cultural psychology* (pp. 204–209). Lisse, The Netherlands: Swets & Zeitlinger.

Wong-Rieger, D., & Quintana, D. (1987). Comparative acculturation of Southeast Asian and Hispanic immigrants and sojourners. *Journal of Cross-Cultural Psychology, 18,* 345–362.

Worchell, S., & Mitchell, T. (1972). An evaluation of the culture assimilator in Thailand and Greece. *Journal of Applied Psychology, 56,* 472–479.

Ying, Y.-W., & Liese, L. H. (1991). Emotional well-being of Taiwan students in the U.S.: An examination of pre- to post-arrival differential. *International Journal of Intercultural Relations, 15*(3), 345–366.

Zheng, X., & Berry, J. W. (1991). Psychological adaptation of Chinese sojourners in Canada. *International Journal of Psychology, 26,* 451–470.

Zimmerman, S. (1995). Perceptions of intercultural communication competence and international student adaptation to an American campus. *Communication Education, 44,* 321–335.

第九章

将面子-协商冲突理论用于实践

丁允珠(Stella Ting-Toomey)

本章的目的有两个：一、提供面子-协商理论(face-negotiation theory)的大意；二、将面子-协商理论转化成人们介意的跨文化冲突培训的可行框架。运用理论来指导跨文化培训之所以重要的原因有很多。首先，一个好的理论可以帮助我们总体上设计跨文化培训方案。培训若没有理论，其概念和活动就没有长久的力量。第二，一套明确的培训目标可以来源于经过认真研究的理论的核心假设。培训师通过运用研究背景的理论，跨文化教育者可以在培训领域不断赢得信誉。第三，有了好的理论，培训师可以将培训计划的活动安排得井井有条，以补充理论的知识基础。第四，一个好的理论可以起到跳板的作用，产生一系列有意义的加以询问的问题。第五，把合理的跨文化理论作为培训基础的协助手段，可以亲自实践理论中确立的那些建设性行为。最后，运用有理论基础的框架设计和实施跨文化培训时，人们可以发展和检测明晰的评估结果。

本章涉及的跨文化培训是指改变学习者思维倾向、性情习惯和行为的互动、有益的过程，这样学员就可以进行有效的跨文化交流。大多数优秀的跨文化培训方案会包括以下一些目标：在理解文化差异和相似点的同时，增强自我意识、重构认知、处理情绪反应和挑战、提高行为技能并增强他者意识(Brislin &

Yoshida，1994b；Cushner & Brislin，1996）。总之，一个合理的跨文化理论是实现其中一些培训目标的起点。一个理论是解释和预测概念之间关系的连贯的体系。研究翔实的理论给跨文化交际情境中产生某些情感和行为的原因提供了系统的解释。它为学员提供了一套分析工具以便判断不熟悉的文化环境中一些可能的失误。

本章一个关键的主旨是向有兴趣运用面子-协商理论进行跨文化冲突管理培训的培训师展示这个理论。具体而言，本章分成四节。第一节论及最新的面子-协商冲突理论（conflict face-negotiation theory）的基本假设和解释；第二节确定面子-协商冲突过程中的关键因素；第三节回顾跨文化面子行为能力培训的要素；最后一节讨论应用面子-协商冲突理论的培训和研究问题。

面子-协商冲突理论：核心假设和解释

文化是意义的学习体系，它培养群体成员间一种特定的共同身份和社群归属感。它是一个复杂的参照体系，包括某个社群互动的成员在不同程度上共有的传统、信仰、价值观、规范、符号和意义的模式（Ting-Toomey，1999）。文化影响交流，交流影响文化（Hall，1959）。文化通过交流而学到、完善并世代相传。人们的文化群体身份因素在自觉不自觉的层面上影响冲突过程的时候，出现跨文化冲突。文化身份差异包括深层差异，比如文化信仰和价值观。同时也包括在某个特定的冲突场景错误地运用了不同的规范和期望。冲突可以是隐形或显性的人际斗争过程，这一过程包括相互依赖的双方之间在敌对的情境中，感知到不协调的价值观、规范、目标、面子倾向、稀有资源、方式和结果（Ting-Toomey & Oetzel，2001）。

任何形式的冲突都是一种负载情感的、威胁面子的现象。当某人的面子受到威胁时，他/她可能会感觉受到压力、蒙羞、害臊、愤怒或者尴尬。"面子"（face）的概念与尊重身份和体谅他人的问题有关，可以是在实际接触期间或超越实际接触的范围。面子依赖于情感重要性以及我们赋予自身社会价值和他人社会价值的估计。因此，面子是交流中宝贵的身份资源，因为它可以受到威胁、得到加强、遭到削弱,并在情感和认知评价层面上进行协商。面子行为(Facework)是指人们保持或挽回失去的面子以及维持和尊重赢得的面子而采取的特定的言语和非言语行为。当人们在冲突情境中自我身份认定受到挑战或被忽略时,就会丢面子。失去的面子可以通过各种保全面子的策略来挽回。

理论假设

面子和面子行为是个普遍现象。然而,人们如何"构建"或解释面子的特定情境意义以及实践面子行为的方式在不同的文化社群中各不相同。简单地说,丁允珠(Ting-Toomey, 1985, 1988; Ting-Toomey & Kurogi, 1998)的面子-协商冲突理论假设,所有文化的人们在任何交际情境中都设法维护和"协商"面子。面子的概念在身份受到攻击的情境下(比如尴尬、请求或冲突情境)尤其成问题,此时,交流者的情境身份受到质疑。个人主义—集体主义以及权力距离大小的文化变异性维度影响到面子行为的核心、内容和方式:个人主义—集体主义影响成员对以自我为中心的面子行为或以他者为中心的面子行为的喜好,权力距离的大小决定成员对水平面子行为或垂直面子行为的喜好。文化变异性维度连同个体(如自我概念)、关联(如亲密程度、地位)以及情境(如话题显著性)因素影响特定面子行为在特定文化场景中的实施。面子-协商冲突理论最后的假设是:跨文化面子行为能力是指为了恰当、有效并适应性地管理受到攻击的基于情境的身份,而对知识、专注(mindfulness)和交流技能进行优化整合的能力。

从这些核心的假设中推导了32个理论主张来说明文化与面子观,文化与冲突方式间的关系以及面子观的个体层面因素(有关面子行为的论点,参见Ting-Toomey & Kurogi, 1998)。

文化层面的解释

前五个核心假设涉及不同文化背景中影响态度、期望和面子行为实施在文化层面的解释。人们面对既要维护本人面子、肯定本人面子又要支持他人面子等多项选择时,面子在这种交流的两难情境中就会出问题。当自我利益和他人利益处于危急关头,当交际是在国际场景中进行时,面子行为预测就尤其活跃。像外交谈判、冲突谈判和危机谈判这样的情境就经常需要主动的面子行为协商。比如,《洛杉矶时报》的一篇文章("布什要求以色列撤出",2002)描述布什总统被以色列军队长期入侵巴勒斯坦城市(尤其是纳布卢斯和杰宁)一事激怒。他要求以色列"立即"从在几天的直接战争中占领的巴勒斯坦城市撤出。然而,尽管布什总统的要求口气强硬,但他并没有说明以色列开始撤出的确切时间或日期。分析家评论认为"没有公开宣布最后期限可以给沙龙足够踌躇的时间,在国内保全面子,又显示出与白宫很合作的态度"(p.A1)。

　　具体而言,面子行为的研究与要求、赢得顺从、尴尬、道歉、礼貌、赞扬、决策和冲突行为有关。个人主义—集体主义的价值观维度是最先用于解释不同文化中的个体面子期待和面子观差异的框架。不同学科的跨文化研究者(Fiske,1991;Gudykunst & Ting-Toomey,1988,Hoftede,1991,2001;Smith,Dugan,Peterson & Leung,1998;Triandis,1994,1995)提供的实证研究表明:在大部分文化中,的确普遍存在个人主义和集体主义的价值观。基本上,个人主义指的是一个文化主要的价值取向是强调"我"身份的重要性高于"我们"身份,个人权利高于群体利益,以自我为中心的情感高于以社会为中心的情感。相反,集体主义指的是一个文化主要的价值取向是强调"我们"身份的重要性高于"我"身份,群内利益高于个人需求,他人面子观高于自我面子观(Ting-Toomey,1985,1988)。个人主义和集体主义的价值取向表现在日常生活、学校和工作场所的交际中。尽管两种价值取向都存在于同一种文化和同一个人身上,但是在个人主义文化中,绝大多数情况下会伴随对"我—身份"反应的期望,在基于群体的文化中,绝大多数情况下要求对"我们—身份"做出反应。

　　霍夫斯泰德(Hoftede,1991,2001)和特里安迪斯(Triandis,1995)的研究表明,个人主义是出现在大部分欧洲北部和西部地区以及北美洲的一种文化模式。集体主义是指普遍存在于亚洲、非洲、中东、中南美洲和太平洋岛屿的一种文化模式。世界上不到三分之一的人口生活在个人主义价值取向较高的文化中。约超过三分之二的人口生活在集体主义价值取向较高的文化中（Triandis，1995）。在每种文化中，不同的民族社群也可能表现出特殊的个人主义和集体主义的价值模式。此外，个人主义和集体主义的特殊形式和表现方式也存在于每个特定的民族和文化群体中。

除了个人主义—集体主义，在解释面子-协商理论时，应该考虑的另一重要价值维度是权力距离维度。实际上，面子-协商过程需要冲突双方复杂的权力的相互作用。从文化价值分析的层面来说，权力距离是指一个文化对待地位差异和社会等级的方式。不同文化间的差异表现在他们如何看待地位不平等（比如家庭背景、年龄、出生先后、性别、社会等级、职业、教育、财富和个人成就）的好坏程度以及公平与不公平的程度。"小权力距离"文化的人们倾向于重视平等的权力分配、对称关系、根据个人成就给予公正的奖励和惩罚。"大权力距离"文化的人们倾向于接受不平等的权力分配、不对称关系，根据级别、职责、地位、年龄，也许甚至是性别身份给予奖励和处罚。

在小权力距离的工作场合，权力得到平等分配。下属的意见得到考虑，理想的管理者是个足智多谋的民主主义者。在大权力距离工作场合，组织的权力集中在上级管理层。下属必须按命令办事，理想的管理者扮演着慈善的独裁者的角色。比如，小权力距离的表征价值观出现在奥地利、以色列、丹麦、新西兰、爱尔兰、瑞典和挪威。而大权力距离的表征价值观出现在马来西亚、危地马拉、巴拿马、菲律宾、墨西哥、委内瑞拉和阿拉伯国家（Hofstede，1991）。

虽然美国的权力距离值偏低，但不是特别低。霍夫斯泰德解释说，"美国的领导理论趋向建立在下属的中等依赖需要基础上：不太高，也不太低（Hofstede，1991，p. 42）。丁允珠和奥策尔（Oetzel，2001）认为美国经常遵循一种地位—成就的管理方式，因为它强调可以通过辛勤工作、个人抱负和竞争力有效地、自豪地获得并展示地位（比如通过驾驶昂贵的轿车或拥有宽大的办公室）。

对小权力距离文化而言，个体总是更喜欢水平的面子行为互动，目的是将地位差异和社会等级最小化。相反，对大权力距离文化而言，个体通常更喜欢根据头衔、级别或等级角色进行垂直面子行为互动。比如，大权力距离组织中的下属会因为管理者不言而喻的地位权力、网络关系和长期工作经验而趋向于信任并服从他们。"权力"和"信任"问题的不同意义、解释和规定与不同文化的日常面子行为实践密切相关。权力距离值常通过某个文化区的语言习惯表现出来。讲法语、德语、日语、韩语和西班牙语的人必须不停地在更正式或更亲近的称呼间做出选择以反映适当的、基于垂直(vertical based)的面子行为礼仪。比如,加查(Garcia, 1996)解释,许多墨西哥人喜欢在正式场合用 usted 这一西班牙语代词,而在非正式—随意的场合则用 tu。usted 一词是英语代词"您"的正式应用,营造一种尊重的氛围,或尊敬—顺从的结构。Tu 一词是英语代词"你"的非正式应用,营造一种亲密和非正式的氛围。对很多讲西班牙语的人来说,用 usted 来称呼或敬重刚认识的人、老人、专业人士和权威人士是很普遍的现象。他们喜欢用非正式—亲密的代词 tu 称呼他们的家人、亲密的朋友和孩子。用"你"不合礼仪的形式称呼别人在大多数墨西哥人的面子行为互动中可能会引起严重的威胁面子的问题。行为准则与每个特殊文化社群日常的语言和非语言面子行为实践密切相关。

霍夫斯泰德(Hofstede, 1991)发现个人主义和权力距离是两个独立的概念维度,但是两者又相互关联。高度个人主义的国家同时喜欢小权力距离。高度集体主义的国家同时喜欢大权力距离。个人主义、小权力距离的文化模式主要是在北欧和北美地区。集体主义、大权力距离的文化模式主要是在拉美、非洲和亚洲地区。人们在日常文化生活中学习恰当和不恰当的面子行为实践。具体而言,与集体主义、大权力距离文化(也就是中国和日本被访者)的成员相比,个人主义、小权力距离文化的成员(也就是德国和美国被访者)更多地运用自我面子观策略来管理冲突。另外,在冲突过程中,他们也比集体主义、大权力距离文化的成员更多地使用主导—控制面子行为策略,而较少使用回避面子行为的行为(Oetzel, Ting-Toomey, Masumoto, Yokochi, Pan, et al., 2001)。但是,人们也会采取不同于一个社会优势文化框架的行为。本质上,文化价值观同时对由个体层面和情境层面因素引起的面子行为和冲突行为有着直接和间接的影响(Ting-Toomey & Oetzel, 2001)。图 9.1 展示了从文化层面、个体层面和情境层面解释冲突面子-协商过程之间关系的一种组织模型。

第九章 将面子-协商冲突理论用于实践

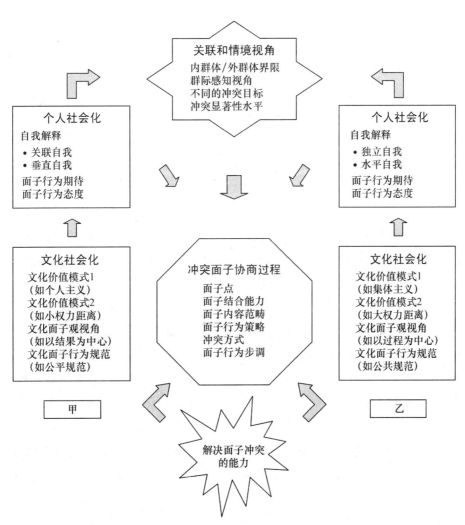

图 9.1 跨文化冲突面子-协商过程模型:解释性因素

个体层面的解释

考虑到权力距离决定人们对基于水平或垂直面子行为的喜好这一假设时,面子-协商理论假定文化价值维度连同个体因素一起影响特定的面子行为的采用,尤其是在文化场景中。自我建构是影响文化内和文化间个体变异(variation)主要的个体因素之一。自我建构(self-construal)可以定义为个体的自我形象。它包括独立自我和关联自我(Markus & Kitayama,1991,1998)。独立自我观认为,个人是拥有个体化的感情、认知和动机的独特实体。相反,关联自我观强调相关或群内关联性的重要意义。

  自我建构相当于个体层面的个人主义—集体主义文化变异维度。比如,古迪孔斯特等人(Gudykunst,1996)和奥策尔(Oetzel,1998)指出,独立自我观主要与个人主义文化的人们相关,而关联自我观主要与集体主义文化的人们相关。不过,不管文化身份如何,这两个维度的自我都同时存在于每一个个体。在个人主义文化社群,更多的交流场合需要作出独立的决定和行为。在集体主义社群中,更多的场合要求关注关联性的决定和行动。人们构建自我形象的方式——独立自我观相对于关联自我观——对于他们在特定的冲突场合采取何种形式的面子行为有着深刻的影响。在最新的跨国研究中,奥策尔和丁允珠(待刊文章)发现独立自我观与自我面子观正相关。另一方面,关联自我观则与他人面子观正相关。自我面子观(self-face)是指在冲突场合自身的面子受到威胁时保护性地关注自身的形象;他人面子观(other-face)是指在冲突互让协商场合中,关心或考虑冲突对方的形象。自我面子观与主导性或竞争性冲突策略正相关;他人面子观与回避和整合冲突策略正相关。文化个人主义—集体主义对冲突方式有直接影响,还通过自我建构和面子观有间接影响。

  与自我建构的观点类似,我们也可以从个体层面的分析来研究权力距离。可以将个体和他们的行为定义走向水平自我观或垂直自我观的概念表示。认可水平自我建构的个体对于非正式—对称的交际(也就是平等相待)感到自在,这种交际可以不在乎人们职位、地位、级别或年龄上的差异。相反,强调垂直自我建构的个体更喜欢正式的—不对称的交际(也就是区别对待),对人们的职位、头衔、资历或年龄表示应有的尊重。正如特里安迪斯所言,"因此,来自水平自我观的教授可能把教授—学生关系变成朋友与朋友间的关系,而这一点可能会让来自垂直自我观的学生感到困惑"(Triandis,1995,p.164)。水平自我在小权力距离文化中占主导;而垂直自我在大权力距离文化中占主导。水平自我个体喜欢进行基于水平的面子行为交际,比如叫别人的名字,用非正式的称呼,用非正式的非言语手势制造一个轻松的交流气氛。另一方面,垂直自我个体更喜欢进行基于垂直的面子行为,比如在社交场合正式交换名片,谨慎地使用称呼术语,谨慎地使用非言语手势以营造尊重—顺从的交流氛围。有垂直自我倾向的人们强烈地需要了解不同的群体成员所处地位等级的位置。

关联和情境解释

文化价值观和个人特征影响人们用于冲突交流场合的关联和情境规范。面子-协商理论有关权力差异的假设也假定文化变异和个体变异维度,尤其是文化背景,连同关联和情境因素一起影响特定面子行为的采用。关于这些因素对冲突能力行为的影响,要考虑很多关联和情境特征。关系因素(比如关系的时间长短、熟悉程度、亲密程度和权力动态)和情境因素(比如冲突的显著性、强度、交流目的、公共—私人场所)对面子观和冲突方式有着深刻的影响。内群体/外群体的概念就是不断得到研究者关注的关系因素之一(Oetzel, 1999; Ting-Toomey & Oetzel, 2002)。

值得注意的是,与个人主义文化的成员相比,集体主义文化的成员更容易明显地区别内群体和外群体的差异(Triandis, 1995)。内群体是指这样一些人的群体,与感知外群体相比,人们认为他们共同拥有一些显著的特征(比如宗教信仰、价值观或语言),很强的情感纽带,以及相互联系的命运。外群体是指这样一些人的群体,内群体成员认为与他们无关,是不熟悉的他者,他们的存在建立在不平等的基础上,或者在某种程度上构成了威胁。个人主义者在冲突期间处理内群体和外群体时,更多地关注自我面子观,而较少关注他人面子观。另一方面,集体主义者会因为长期的关系责任和牵连而格外地关注内群体成员的他人面子观。不过,他们在外群体冲突场合中更关注自我面子观问题,尤其是在冲突危险系数很高,结果整体上有利于内群体成员时更是如此。当然,很多情境因素在冲突策略中也影响自我面子观和他人面子观的运用。

根据过去的研究(Leung & Iwawaki, 1988),个人主义者处理报酬分配时偏好用公平规范(equity norm)。相比之下,集体主义者在内群体冲突中偏好用公共规范(communal norm)。例如,实施公平规范的人们在团队项目中会根据个人的功绩或贡献分配报酬。然而,实施公共规范的人们在团队项目中会均匀地分配酬劳。公平规范强调个人报酬和成本计算的重要性。相反,公共规范则强调考虑内群体期待、背景和长期贡献的重要意义。垂直集体主义者在分配报酬时还要考虑资历或地位的因素,从而满足不同地位级别成员的等级面子需求。

不过,人们发现,个人主义者和集体主义者与外群体成员在竞争所需的稀缺资源的高回报冲突(high premium conflict)中都倾向于使用公平规范(Leung,1999)。例如,来自不同公司的个人主义和集体主义倾向的管理人员,都会展示自己比别的投标者更有优势得到合约而相互之间展开激烈的竞争。不过,在低度到中等冲突场合或冲突赌注较低时,集体主义者对外群体和内群体成员都倾向于采取"缓和的"公共规范。他们会选择彼此保全面子的策略来维持相关形象和面子,并试图忽略任何敌对的刺激。

我们赋予一个冲突事件的意义和解释显著(也就是重要程度)或不显著的程度时主要依赖于文化、个体、以及关联和情境因素。从文化层面分析,个人主义者喜欢强调冲突的内容或者要达到的实质性目标;集体主义者在讨论"客观的"内容目标问题之前,优先考虑关系中的信任建立和信任违背问题,认为它们更重要。在冲突谈话过程中,持独立自我观的个人主义者更多地关注冲突问题的解决和冲突解决的结束,而持关联自我观的集体主义者则更关注如何保全甚至提升冲突妥协过程中冲突各方的面子。总之,在跨国公司的工作场合,个人主义者喜欢强调有用的、重视结果的冲突解决模型,而集体主义者喜欢强调相关的、重视过程的冲突协商模型(Ting-Toomey,1994b,1994c)。

将冲突看得越重要或越严重,文化团体坚持自身民族中心偏向和偏见性倾向的区别就越大。民族中心主义(ethnocentrism)是人们将自身文化的价值观和规范看得比其他文化优越的防御性倾向。人们将自身的文化生活方式看成是引导生活最合理最正当的方式。我们将外群体成员看成"敌人"的观点越强烈,我们的民族中心滤色镜和偏见透镜就握得越紧(Ting-Toomey,1999)。在我们的文化空间或环境中感知到的威胁越大,就越容易陷入对外群体成员消极定型观念的窠臼。预期的群际冲突程度较高时,两个群体间的地位不平等(或权力)差距就大,有关双方的知识沟就宽,预期的消极群际接触就会胜过愉快的接触,这样两个文化群体都会体验高度的威胁和面子—敏感防御性情绪(Stephan & Stephan,1996)。

另外,无论我们选择介入还是摆脱冲突,通常在于我们赋予不同冲突目标怎样不同的重要性。感知冲突或事实冲突差异总是围绕以下的目标问题进行:内容、关系和身份(Wilmot & Hocker, 1998)。内容型冲突目标(content conflict goals)指的是涉及个体外在的实际问题。比如,跨文化商业伙伴可能会争论究竟应该在墨西哥城还是洛杉矶召开商务会议。经常出现的内容型冲突目标问题总是与关系型冲突目标相辅相成。关系型冲突目标(relational conflict goals)是指个体如何定义或愿意怎样定义特定冲突场合的特定关系。非亲密—亲密和正式—非正式是人们相互关系的两种方式。来自美国的商业伙伴可能选择匆匆写个便条传真给日本的国际合作伙伴。而后者可能将这种匆忙而就的交流看成傲慢和不友好的表示。这位日本伙伴结果可能会感知和体验面子威胁和关系威胁。然而,这位美国商业伙伴甚至都不会意识到这种随意地发送信息是种失礼的表现。美国把这种非正式的便条看成亲密关系或友好的表示,将正式关系的那种距离最小化。基于身份的目标(identity-based goals)围绕冲突场景中个体确认—拒绝、尊敬—不敬以及赞成—非难等问题进行。在某个特定的交际场景,身份目标与保全和敬重面子问题直接相关。

在很多交际过程中,身份目标主要与这个文化和个体基本的信仰和价值模式相关。因此,在冲突中拒绝某人的提议或想法,就意味着拒绝此人根深蒂固的信仰和信念。举例来说,当一对不同信仰的夫妻争论该给孩子灌输哪种宗教信仰时,他们是在同时评估哪种宗教信仰在整个家庭体制中或多或少更"有价值"。同样,在决定下一届奥运会该在哪个城市举办时,各竞争国家要为这一地点的优点和成本进行争论;然而,他们同时也要推动并维护自身在公共场合的民族自豪感、荣誉、尊严、威望和名誉即面子。在某国举办奥运会的决定可以解释成该国代表权力的提升或地位的提高。这样,身份目标就与基于文化的面子倾向(face-orientations)因素密切相关。所有重复出现的冲突问题其实质总在于尚未解决的身份冲突问题。

面子-协商冲突过程:主题群

进行令人满意的面子行为协商,首先了解面子行为的分类可以为建设性的对话过程做好准备。面子行为包括七个主题群(Rogan & Hammer, 1994; Ting-Toomey, 1988; Ting-Toomey & Cole, 1990):

1. 面子点(locus of face)——主要关注自我、他人或两者并重
2. 面子结合能力(face valence)——面子是否得到防卫或保全,维护或提升
3. 面子内容(face contents)——不同的面子类型
4. 面子策略(face strategies)——各种各样保全或尊重面子的言语和非言语策略
5. 面子行为的时间策略(facework temporal strategies)——用来事前处理潜在面子威胁或事后补救面子的不同策略
6. 冲突方式(conflict styles)——实际冲突协商过程中的总体行为倾向
7. 面子行为步调(facework tempos)——对于处理和解决冲突所用时间,包括对信任建立的节奏等的期待和态度

面子点和面子结合能力

面子点决定面子协商人员引导自身注意力、精力以及随后的冲突信息方向的重点或焦点。自我面子是冲突情境中面子受到威胁时个体对自身形象的保护性关注。他人面子是在冲突场合对对方形象的关注或体谅。共同面子是对双方形象以及这种关系"形象"的关照(Ting-Toomey, 1988)。尽管个人主义者或独立派在进行的冲突中更多地倾向于关注保护或保持自我面子形象,但是集体主义者或关联派在冲突中更倾向于关注适应他人的面子形象或保全共同面子形象。这一推理来源于个人主义—集体主义以及大小权力距离的价值维度。文化价值维度提供了解释人们在某个文化场景中为什么采取某种行为的基本逻辑或动机起点。就面子观和面子努力的方向而言,关联和情境特征也会产生重要的影响。

面子结合能力是指在冲突场合中,谈判代表面临选择究竟是维护、防卫或肯定自我面子还是他人面子时的激烈程度和做出的选择。维护自我面子或肯定他人面子是人们日常社交生活中经常实践的行为。面子或交际平衡通过日常的、理所当然的惯例或礼貌礼节而得以维持。只有当面子出现问题或受到威

胁时才会引起人们的注意。在几乎所有的冲突场景中,当面子受到威胁或丢面子的时候,都需要采取维护面子或保全面子的策略。个人的面子受到攻击时就会出现情绪脆弱或焦虑,害怕、羞辱、生气、内疚、厌恶、羞耻和蔑视等相关的情绪也接踵而至。挽回失去的面子和补救面子——不平衡场景的需要,是由于出现其中某些易受攻击的情绪。

为了确定人们是参与还是逃避冲突场面,人际问题研究学者(Brown & Levinson, 1987; Guerrero, Anderson & Alfifi, 2001; Schlenker, 1985)识别了几种被相关各方认为是严重的面子威胁行为(FTA)或面子威胁过程(FTP)的条件。为了适应观察中基于面子的冲突情境,条件范围几经修改和扩展如下:被违反的契合文化面子行为的规则越重要,感知面子威胁过程就越严重;冲突方之间的文化距离越大,面子威胁过程积累的猜疑和误解就越多;从独特的文化角度解释,冲突话题或对冲突的需求越重要,感知到的面子威胁过程就越严重;冲突发起者对冲突接受者的权力越大,冲突接受者感知到的面子威胁过程就越严重;面子威胁过程产生的伤害或危害越大,弥补面子威胁过程所需的时间和精力就越多;越认为行为者对引发冲突周期直接负责,他就越要为面子威胁过程负责;行为者越被当成外群体成员,感知到的面子威胁过程就越严重;如果面子威胁交际过程中出现了其中的几种条件,面子观就愈加明显。

从个人主义文化视角来看,冲突情境中感知的面子威胁过程越严重,交际者就越容易采取直率、坦白和公开的面子行为策略还击直接的面子攻击。不过,如果运用集体主义的文化视角,恰恰由于感知到面子威胁过程的严重性,陷入冲突的人在等待冲突平静的同时就会选择非正式、高语境的策略争取时间来保全双方的面子,并补偿受伤的感情。综合以上所提的面子威胁过程条件,结合冲突协商者的情景面子需求就决定了一个冲突事件的面子行为管理过程的气氛、类型和特定策略。

面子内容范畴

在不同范围的交际情境中,人们有着不同的面子需求。一些面子内容范畴包括自主性面子、包含面子、赞同面子、可靠性面子、能力面子和道德面子

(Bond, 1991; Brown & Levinson, 1987; Earley, 1997; Gao, 1998; Gao & Ting-Toomey, 1998; Katriel, 1986; Lim, 1994; Ting-Toomey, 1994a)。自主性面子(autonomy face)关系到的需求是他人承认我们的独立、自足、隐私、界限、非强迫接受、控制问题的需求,反之亦然(也就是说,我们也考虑他人在自主性面子方面的面子需求)。包含面子(inclusion face)关系到的需求是他人承认我们是有价值的同伴,可爱、愉快、快乐、友好、合作。赞同面子(approval face)关系到的需求是他人赞美我们的外在品质(特质),比如外表、社会吸引力、可靠性、声誉、地位、实质性价值和社会关系。可靠性面子(reliability face)关系到的需求是他人认识到我们的言行值得信任、可靠、忠诚、始终如一。能力面子(competence face)关系到的需求是他人肯定我们的内在品质,比如智慧、技能、专长、领导才能、成就、能力以及勤奋工作和完成任务的能力。道德面子(moral face)关系到的需求是他人尊重我们的诚实感、尊严、荣誉、礼节和精神诚实感。

胡(Hu, 1944)描述了面子的两个中国式概念:脸和面子。脸是内在的道德面子,涉及一个人有关羞耻、诚实、下贱和荣誉问题的内在概念或标准。丢脸与荣誉受到严重威胁的情形有关,因此完整性也受到严重威胁。另一方面,面子是外在的社会面子,涉及社会承认、地位、权威、影响和权力等。脸和面子相互影响。它们是两个相互依存的概念,脸是内化的道德界限,而面子是外化的社会形象。中国"脸"的概念等同于这里讨论的道德面子,"面子"的概念与过去和现在心理学、社会学、社会语言学、外交学和交流学中有关面子行为的著作中的"面子"有关。道德面子(moral face)或诚实面子(integrity face)的概念可以包括特定文化和一般文化的意义,因为道德和诚实这样的概念与一个文化的民族精神紧密相关。

从个人主义—集体主义以及小权力和大权力距离的价值倾向来看,可以推测,相对而言,个人主义者可能会强调自主性面子的内容,而集体主义者则强调包含面子的内容。个人主义者也可能更重视比如自尊、个人伤害、个人侮辱、个人公平和个人公正问题等以自我为中心的情感。集体主义者则会更重视羞辱、当众尴尬、社区荣誉和社区坏事等以社会为中心的情感(Markus & Kitayama, 1991)。尽管个人主义者和集体主义者都会体验不同的冲突情感,但是他们在应对不同的环境条件时(比如与个人主义者相比,集体主义者在亲近的亲戚做坏事的时候会体验更大的羞耻感)会不同程度地内化某种类型的情感。另外,从小权力距离视角看,持水平层次观点的人(horizontalists)更倾向于关注个人吸引力、获得的地位、个人信誉和肯定结局行动等赞同面子和可靠性面子问题。从大权力距离视角看,持垂直层次观点的人(verticalists)可能更关注建立在长期的、以往历史上的家庭或内群体面子赞同、等级认知、角色可靠性、忠诚和信任问题等赞同面子和可靠性面子问题。两个文化群体都会根据自身基本文化教养的理想、信仰和价值观去争取能力面子和道德面子。

不同的面子内容有时相互重叠,所以对能力面子有强烈需求的人也可能强调强烈的可靠性面子需求。因此,他人将某人看得越可靠,就越有可能把此人也看成拥有强劲能干的面子形象。我们将某种面子看得越重要,渴望在这一领域中得到肯定或确认,我们在这种面子上的情感就越脆弱。要做一个出色的面子行为协商者,必须清楚地了解自身的面子需求(加上根本的面子含义)和其他冲突方的面子需求,因此这些宝贵的面子范畴才能有效并得到尊重。触犯面子的情况在特定的面子范畴中越严重,我们想保全或保护这些宝贵资源中的脆弱点时的防卫意识就越强。

面子行为策略

从广义层面看,面子行为交流者可以运用低语境或高语境的语言和非言语讯息来维护面子、防卫面子,抬高并尊重他人的面子。低语境交际强调用明确的言语讯息表达个人思想、意见和感觉的重要性。高语境交际则强调构成互动交际的多元语境(比如历史背景、社会规范、角色、情境和相关背景)的重要性(Hall, 1976)。低语境方式也强调用肯定(assertive)和互补的非言语手势强调重要的冲突点。另一方面,高语境方式则强调非言语的细微差别和微妙之处来表示冲突含义。个人主义者趋向于冲突管理的低语境和直接方式(也就是从语言明确到语言坦率)。集体主义者倾向于冲突协商的高语境和间接方式(也就是从言语低调到言语奔放)。个人主义或低语境的协商者也许能够将内容目标问题与冲突关系分开,而集体主义或高语境人们可能将个人、内容目标以及关系冲突目标看成相互关联的整体(Ting-Toomey, 1985, 1988)。

跨文化面子保全策略涉及从主导（例如防卫和进攻性行为）、回避（比如回避、放弃、寻求第三方帮助和伪装）到整合（比如道歉、妥协、为他人考虑、私下讨论、保持镇静、讨论问题）的行为（Oetzel, Ting-Toomey, Masumoto, Yokochi & Takai, 2000）。主导型面子行为（dominating facework）强调展示可靠形象，希望通过竞争和你输我赢的策略在冲突中获胜。回避面子行为（avoiding facework）强调不直接面对面地处理冲突来维持关系的和谐。整合型面子行为（integrating facework）同时强调冲突内容的解决和维护关系的重要性。一些整合互惠面子的策略包括专注聆听、合作对话以及解决共同利益问题（参见"建设性冲突技能"一节）。

面子行为在冲突协商情景中起着各种各样的交际功能，可以战略性地用于以下这些方面：(1) 通过回避和妥协策略缓和冲突；(2) 通过直接和消极进攻的策略加重冲突；(3) 通过借口和辩解修复遭到破坏的形象；(4) 通过道歉和第三方帮助改善破裂的关系。这些功能都是维持、保全或防卫、保护或补偿、抬高和尊重面子形象问题过程的一部分。

然而，面子行为并不等同于冲突方式。在美国的冲突方式研究文献中，冲突方式的研究通常从内容、解决问题的角度来进行，而忽略了交际身份或面子保全问题。比如，面子保全策略可以用在冲突场景之前（预防性面子行为）、之中或之后（恢复性面子行为）。另外，虽然冲突方式包括具体的面子行为策略，但是面子行为策略或战略可以用于各种不同的身份威胁和身份尊重场景。比如，这些场景包括请求、尴尬、表现反馈和赞扬。

面子行为的时间策略

根据发展时间框架，当面子受到威胁（或预期受到威胁）时，典型的面子行为策略是预防性和恢复性的（Brown, 1977; Ting-Toomey & Cole, 1990）。预防性面子行为策略（preventive facework strategies）（比如避免直接回答问题和免责声明）是旨在缓和或避免某人预计会引起缺点或弱点因此发生丢面子事件而采取的交际行为。人们认为这些事件可能会破坏个人的形象或她/他所代表的人们的形象（Brown, 1977）。根据卡帕赫和梅茨（Cupach & Metts, 1994）的观点，

预防性面子行为可以包括以下的一些策略类型:
- 资格证明(credentialing)。在做出可能伤害面子的评价之前证明自己的地位或角色的提前声明(比如"在处理……问题上我有多年的培训经验"或"因为我是你的忠实顾问,所以我要告诉你……")。
- 拖延判断诉求(suspended judgement appeal)。为拖延不成熟的判断而进行的直接诉求表述(比如:"你做出决定之前先听我说完")。
- 提前透露(predisclosure)。为换取对行为者自我表露的面子支持和理解而进行的相关一致或关联的表述(比如:"生活中我们在某个时候都会做些傻事。所以我要跟你讲的是……")。
- 提前道歉(preapology)。为降低期待值,减轻可能的面子耻辱而进行的自我抹杀或自我轻视的道歉("开始之前,请允许我为……道个歉")。
- 避免直接回答问题(Hedging)。将可能丢脸的事最小化而先发制人和规避的措辞(比如:"我可能大错特错啊,可是请听我说完……")。
- 免责声明(dislaimer)。用于缓和或回避可能的面子批评而提前进行的妨碍性表述(比如"你们在这个领域都是专家,我只是个新手……")。

恢复面子行为策略(restorative facework strategies) (比如借口和辩解)是指旨在补救遭到破坏或失去的面子并对已经发生的事情做出反应的行为。它们以过去为导向,是重要的面子行为补救惯例的一部分。恢复面子行为反映旨在挽回遭到破坏的关系或在某人感觉受到威胁后重申自己的能力或优势的行为(Brown,1977)。恢复(或补偿)面子行为包括以下的策略类型(Cupach & Metts,1994):

- 直接侵犯(direct aggression)。包括口头喊叫、尖叫或身体暴力补救失去的面子。
- 借口(excuses)。将行为者冒犯行为的个人责任最小化的理由或解释(比如:"我并不想签这个合约,但是别人操纵我给签了")。
- 辩解(justification)。将丢面子行为的严重性淡化的理由或解释(比如"是的,我是签了合约,但是没什么大不了的——只是3个月的合约而已")。
- 幽默(humor)。包括嘲笑行为者自己的错误或迎合别人使气氛变得轻松。

- 物理补救(physical remediation)。补救物理破坏的努力(比如很快擦掉溢出的咖啡)。
- 被动进攻(passive aggressiveness)。包括否认、健忘、表现困惑、被动谴责、挖苦、向第三者抱怨或口头表现被动("不,没什么不对"),但是非言语方面表现沉重(生闷气、撅嘴或砰地把门关上)。
- 回避(avoidance)。回避话题,与丢面子场合保持物理距离。
- 道歉(apology)。为缓和内疚或羞愧而自我贬损。

由于他们优先考虑"我—身份",独立自我的个人主义者在冲突场合更多地倾向于用自我面子恢复策略,比如辩解和借口来挽回感知失去的面子。另一方面,来自突出面子文化的关联自我的集体主义者则更多地用先发制人、自我面子预防策略,比如不承诺和提前道歉来避开预期的面子威胁。另外,恢复性面子行为策略还可以包括情境归因或性格归因的解释。归因是指我们用来解释某件事情在冲突场合发生的原因。个人主义者的面子受到赞扬时倾向于用正面的性格原因接受面子赞扬。然而,当面子受到威胁时,他们会选择情境原因(也就是外在原因,比如责备他人或当时的形势)来保全自我倾向的面子。情境原因是将冲突问题归因于外在原因(也就是个人才干、性格或能力之外)发生的事情(比如汽车问题)。

相反,当集体主义者的面子被单独挑出来表扬时,他们倾向于用情境原因(比如团队的努力和合作)分散面子注意力。但是,面子受到威胁时,他们会用性格原因(比如我在检查项目细节时应该更仔细一点。下次我会更努力")承认失败的事件,尤其是在事件影响到内群体团队氛围的时候。性格原因是指将问题事件归咎于个人努力的失败、能力不够或性格缺陷。在进行自我批评或自我抹杀的性格归因中,集体主义者承认应该遵循一套内群体标准。出色的面子行为协商要求深刻了解面子协商的范畴并留意将其应用在各种各样面子敏感的交际场合。表9.1强调了本节中的面子行为策略。

表 9.1 面子协商过程分类:两种比较方法

面子分类方法	独立个人主义方法	关联集体主义方法
面子点	自我面子观 水平面子观 个人面子自尊	他人面子观 内群体面子观 内群体面子荣誉
面子结合能力	结果倾向 保全自我面子 补偿自我面子	过程倾向 保全他人面子 补偿内群体面子
面子内容	独立面子 个人可靠性 以自我为中心的情感	包含面子 地位或角色可靠性 以社会为中心的情感
面子策略	竞争或主导 实质性谈判 恢复性面子行为 借口和辩解	顺从或回避 关联(关系)协商 预防性面子行为 不承诺和道歉
冲突方式	直接、低语境 过分自信或攻击性强 非言语、明确 客观的第三方	间接、高语境 轻描淡写或热情洋溢 非言语、细微差别 信任的第三方
面子步调	单向时间节奏 议程严密 书面协议	多向时间节奏 议程松散 长期信任
面子能力	内容目标解决 实质性收获 结果有效 个人尊严和诚实	关联目标保护 面子或关联收获 面子行为恰当 内群体尊严和荣誉

冲突方式

大体说来,冲突方式是在人们的文化或民族群体在基本的社会化过程中习得的。许多研究者根据两个维度来定义冲突方式(Blake & Mouton, 1964; Putnam & Wilson, 1982; Thomas & Kilmann, 1974)。拉欣(Rahim, 1983, 1992)根据两个概念维度即对自我和他人的关注对冲突方式进行分类。第一个维度阐述了人们寻求满足自身利益程度的(高低)。第二个维度代表人们期望融入他人利益程度的(高低)。两个维度相结合,形成处理人际冲突的五种方式:主导型、回避型、顺从型、妥协型和整合型。

简单地说,主导(dominating)(或竞争—控制型)方式强调争取自身地位或目标而不顾他人冲突利益的冲突战术。回避(avoiding)方式包括完全躲避冲突话题、冲突方和冲突场合。顺从(obliging)(或通融)方式的特点是对他人冲突利益的高度关注超过了对自身冲突利益的关注。妥协(compromising)方式是用折中的妥协手段在冲突内容问题上达到中间点的协议。最后,整合(integrating)(或合作)方式反映了解决结束冲突的需求,涉及在具体的协商中高度关注自我和高度关注他人。需要指出的是,在美国的冲突管理研究文献中,顺从和回避冲突方式总带着西方的观点,认为是消极回避(也就是"平息"或逃离冲突场景)。不过,集体主义者并不把顺从和回避冲突方式看成是消极的。这两种方式通常用来维持共同的面子利益和关联网络的利益。此外,妥协方式更关注内容目标协商过程,而忽略关联以及基于身份的尊重和体谅问题(Ting-Toomey, 1988, Ting-Toomey & Kurogi, 1998)。

因此,尽管这五种方式的冲突模型对冲突方式是很好的初步探索,但它没有提到其他一些显著风格的因素,比如情感、第三方咨询或关注以及被动进攻型的冲突战术。在研究四组美国基于民族的冲突方式中,丁允珠等人(Ting-Toomey et al., 2000)补充了三种其他的冲突方式来解释冲突中丰富的文化和民族差异:情感表达、第三方帮助和忽略。情感表达是指在冲突中用自己的情感引导交际行为。第三方帮助涉及用一个局外人来调停冲突。尤其是在集体主义和大权力距离的文化中,冲突总是通过非正式的第三方调停得以解决。这个第三方协调者通常拥有地位较高的身份(也许是智慧的长者),因此拥有可靠的声誉。而且协调者与冲突双方都有良好的关系。为了给身居高位的第三方协调者"留面子",冲突双方都愿意以尊重这位高位协调者"面子"(因此保全他们自己的面子)的名义作出让步。最后,忽略(neglect)的特点是用被动进攻型反应绕开冲突,但同时从另一冲突方那里得到间接反应。有关这八种冲突方式进一步概念的讨论和测量,可以参见丁允珠等人(Ting-Toomey et al., 2000)有关民族身份和冲突方式的文章。就具体的民族冲突研究发现而言,在美国的拉丁裔美洲人和亚裔美国人比非裔美国人更多地使用回避和第三方冲突方式。亚洲移民比欧洲裔美国人更倾向于用回避方式(Ting-Toomey et al., 2000;参见

Collier, 1991; Ting-Toomey, 1986)。有必要指出这些研究大多数是在熟人冲突关系中进行的。

将面子观和冲突方式联系起来,研究发现尽管个人主义者(比如美国受访者)更倾向于用直接的、自我面子冲突方式(比如主导—竞争型),但是集体主义者(比如来自中国台湾地区和大陆的受访者)倾向于用间接的、他人面子观冲突方式(比如回避和顺从型)。但是(同时来自日本和美国的)男性也比女性更多地使用主导—竞争型冲突策略(也就是高度的自我面子观和低度的他人面子观)(Coroft & Ting-Toomey, 1994; Ting-Toomey et al., 1991; Trubisky, Ting-Toomey & Lin, 1991)。另外还发现他人和共同面子观与整合冲突方式和面子行为策略正相关(Oetzel & Ting-Toomey 待刊文章; Oetzel, Ting-Toomey, Masumoto, Yokochi, Pan et al., 2001)。由于面子观和面子策略对关联和面子身份问题(比如尊重—不尊重、平衡、羞耻、自尊、镇静、道歉、原谅)的关注大于冲突内容目标问题,所以就分别提出了两个有关面子观维度和特定面子策略类型的测量方法。其测量、信度和效度问题在丁允珠和奥策尔的作品中有讨论(Ting-Toomey & Oetzel, 2001)。

面子步调

就面子步调而言,人们在处理不同的冲突进程和问题时各有不同的步调和节奏。在单向时间(monochronic-time)(M-time)文化中,时间被分割成线性的片断。单向时间文化偏向强调时间、进度表、约会、准时以及可测量的时间单位。单向时间文化中的个体倾向于强调每次做一件事,他们趋向将手段性活动与社会情感活动分开(Hall & Hall, 1987)。跨文化研究者将德国、斯堪的纳维亚国家、瑞士和美国作为单向时间的典范。相比之下,多向时间(polychronic time)(P-time)文化倾向于强调时间的经验节奏和相关参与以及团体相关活动定义的时间感。多向时间文化的人们趋向将关系看得比"人为的"时间重要。他们总是将社会情感活动与手段性的基于任务的活动混淆起来(Hall & Hall, 1987)。许多非洲、亚洲、拉丁美洲、东欧、加勒比海和地中海的文化都是多向时间文化的典范。而且,赞同个人主义价值模式的人们也喜欢用单向分析性的方法进行冲突管理和日程安排。相比之下,赞同集体主义价值模式的文化成员喜欢用多向流动方法处理冲突协商和信任建立过程。

单向时间的人们宁愿用线性的、连续的方式解决冲突(通过归纳或演绎的方式);多向时间的人们则更喜欢从螺旋形整体的视角处理冲突。对单向时间的人来说,冲突管理时间应该充满解决问题或做出决策的活动。对多向时间的人而言,时间就是人们交际中掌握舒缓含蓄的节奏的想法。当两个多向时间的个体之间发生冲突时,他们更关心如何恢复交际中被打破的节奏而不是直接对付实质性讨论的事情。单向时间的人们强调完成某个冲突目标的议程设置、目标标准和精确的时间安排。相比之下,多向时间的人们则会关注构成冲突事件的相关氛围和前后关系背景。对单向时间的人们而言,有效的冲突协商意味着在明确规定的时间范围内达到和完成切实的冲突结果。而对多向时间的人们来说,如果人们之间的关联节奏不和谐的话,人为分割的钟表时间或日历时间的意义就不大。

跨文化面子行为能力培训:三个要素

面子-协商理论的最后一个假设是:跨文化面子行为能力要求知识要素、专注要素和建设性冲突技能要素的优化组合,能恰当、有效并适应性地处理容易出问题的基于身份的交际场景。本节将概述跨文化面子行为的三个应用要素,并对评价跨文化能力的标准进行回顾。在面子能力的所有要素中,知识最重要并成为其他要素的基础。

知识要素

这里的知识是指培养对重要的面子行为概念的深刻了解,这些概念有助于出色地管理因文化造成的冲突。

没有对文化敏感的知识,冲突方就不会学着去揭示固有的"民族中心主义透镜",而这一透镜必须用来评估跨文化冲突情境中的行为。没有知识,人们就不会有正确的视角或从他文化的观点重构对一个冲突情形的解释。本章的概念提供了以下的知识分类:(1)个人主义—集体主义;(2)小权力或大权力距离;(3)独立自我或关联自我;(4)关联解释和情境解释;(5)各种各样的面子行为过程分类;(6)跨文化面子能力要素。总体来说,本章的知识块强调个人主义者和集体主义者以及大小权力距离文化的成员如何由于文化价值差异而遭遇文化碰撞、误解和冲突;探讨个人层面的因素以及关联和情境特征,如不同的冲突目标;讨论主要的面子行为过程的分类和面子的范畴条件。

跨文化培训师可以将个人主义—集体主义以及小权力距离或大权力距离的基础作为双重框架来解释各种基于面子的交际情境。他们还可以通过强调理解关联和情境特征在冲突场合影响面子行为的重要性而加深学员学习的复杂性。另外,他们还可以用其中的一些核心面子行为分类开展案例分析、录制的冲突互动或团队讨论课程(参见最后一节的培训问题)。我们获得其他冲突方的知识,我们专注地关照自身和他人的面子观和需求,以及我们适应性地用来处理冲突的技能可以戏剧性地影响冲突的结果维度(参见图9.2)。

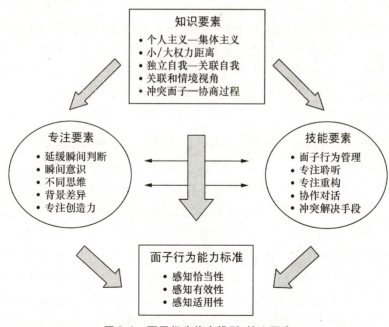

图9.2 面子行为能力模型:核心要素

专注要素

深刻的文化知识可以引导人们获得一些真正受到启发的"明白"(aha)时刻。这些"明白"时刻和专注的反思都有助于人们开发建设性冲突技能并养成出色的互动习惯。为了专注地解释跨文化冲突,必须对构成冲突互动过程的关键因素形成整体的观念。专注是指关注自身的内在假设、认知和情感,同时协调他人的冲突假设、认知和情感(Nhat Hanh, 1991, 1998; Ting-Toomey, 1999)。专注地反省要求人们在审视冲突互动场景时要与自身的文化和个人习惯性假设保持一致。

认真反省之外,我们还需对新奇或陌生的行为保持开放态度。要留意跨文化差异,我们必须学会从客观的视角看待不熟悉的行为。在跨文化冲突的背景下,我们必须处理好自身有关面子威胁行为的脆弱情感,还要对新的冲突互动符号做出反应。我们还需培养多元视角来看待导致冲突升级事件的文化和情境因素。整合新的思想或将各种各样的视角扩展到我们的价值体系中需要思维的灵活性。而思维灵活性要求我们重新考虑对自身和这个世界的设想。这种重新考虑可能导致身份不协调、困惑和不适。学会忍受进退两难之境、模棱两可和不确定的状态是个人变化过程的一部分,尤其是在改变文化视野和身份复杂性的时候。

为了培训学员养成一系列专注的品质,跨文化培训师可以强调"专注"的以下特征(Langer, 1989):学会把冲突场合中出现的行为或信息看成新奇或新鲜的事件,学会从几个不同的观点或视角去看待一个冲突情境,学会留意冲突背景以及我们感知行为的个人,学会创造新的归类以便理解新的冲突行为。

通过专注培训,学员可以学会转换视角,能够从他人的文化参照框架中理解和分析一个冲突事件。概括地讲,我们不能学会在冲突事件中突然变得专注起来。专注必须每天练习:练习者必须培养警醒和时刻在场的状态,通过多层面、基于身份的冲突问题与冲突对手一起努力(而不是争斗)。宏观和微观的身份问题总是在周期性发生的基于文化的冲突中出现。虽然日常的跨文化冲突总是建立在文化无知或误解的基础上,但是很明显并不是所有的跨文化冲突都建立在误传的基础上。有些跨文化冲突建立在根深蒂固的仇恨和几个世纪的敌对状态,通常源于长期的历史怨恨。不过,我们在工作场所或人际关系中遭遇的日常冲突大多数可以追溯到文化无知或人际间的漫不经心。

专注可以练习并通过聚精会神地聆听而不发表意见反映出来。它同时意味着寻求一个"第三文化"的方法沟通文化差异而锻炼创造力和灵活性。一个专注的面子行为协商者在解决问题时也是一个有创意的人。在有关创造力的著作中,研究者(比如 Csikszentmihalyi,1996;Gardner,1995;Sternberg,1999)发现,有创意的人们总是在他们周围的环境中培养一种好奇心和兴趣,尽可能地从各种角度看待问题,对新奇的事物持开放态度,留心群体或文化内部的复杂性和区别,对不同场合的特殊性很敏感,全身心地专注当前,在他们与他人的日常互动中培养"顺畅"或乐趣,实践不同的思维方式或侧面学习(sideways learning)。

侧面学习(Langer,1997)包括留意观察、聆听、感觉、体验和交流的多种方式。还包括创造更多的区别和层次来解释和分析基于文化的冲突事件。专注是连接知识和熟练的实践的中间步骤。

建设性冲突技能要素

用面子-协商理论来引导跨文化冲突能力课程,我们可以进行角色扮演,举行技能—实践培训,以及反馈训练来指导建设性冲突技能的形成。建设性冲突技能(constructive conflict skills)就是使恰当、有效、适应性地处理跨文化冲突情境成为现实的操作能力。建设性冲突交流者用文化敏感互动技能适应性地处理冲突过程,友好地使所有各方都达到重要目标。许多冲突技能都有助于增强跨文化冲突能力。所有这些技能中(Ting-Toomey & Oetzel,2001),下面这些技能为设计一个完善的跨文化冲突能力培训计划提供了坚实的基础:面子行为管理、专注聆听、专注重构、合作对话和冲突解决步骤。

面子行为管理(Facework Management)

面子行为技能解决的是冲突事件中保护自身交流身份的核心问题,同时让我们很好地处理另一冲突方的交流身份。所有人类都喜欢尊重和赞同,尤其是在易受伤害的冲突情境中。人们保护和维护自我面子需求的同时学会尊重另一冲突方面子需求的方式,在不同的文化中各有不同,在不同的特定冲突场景中也不一样。

总体来说,个人主义者和集体主义者在冲突事件中,都需要学会有策略地保全面子并恰当地给对方留面子。自我导向的面子保全行为(self-oriented face-saving behaviors)是面子受到威胁或丢面子之后,为挽回或防卫自身形象所作的努力。他人导向面子保全行为(other-oriented face-saving behaviors)是支持他人面子的申明,与他们一起为预防进一步丢面子或帮助他们建设性地挽回面子所作的努力。给面子(giving face)意思是不当众羞辱别人,尤其是自己的冲突对手。

对与集体主义者发生冲突的个人主义者而言,给面子意味着承认集体主义者内群体的冲突观和责任。这意味着在冲突过程中,学会专注聆听并持共同倾向(mutual orientation)的观点。意味着个人主义者应为冲突问题负责时学会道歉。还意味着认可影响集体主义者行动或成就的团队工作或家庭成员。对与个人主义者发生冲突的集体主义者而言,给面子意味着用坦白的方式积极地同另一冲突方分享你的意见(或建议)以示尊重他人。这意味着在冲突协商过程中,参与明确的言语确认和反馈。意味着认可对方团队中个体的名字、面貌、能力和技能,称赞每个个体成员的独特贡献。意味着理解独断行动与攻击性行动(或被动攻击性行动)之间的区别。

同样,不同权力距离的人们需要学会用不同的方式给面子。小权力距离的人们需要理解对大权力距离的人们来说,地位在维护面子中的重要性。在这样的情况下,小权力距离的人们要用尊重面子的言语,比如交际时承认对方的头衔,时刻保持镇静,借用地位高的人来解决工作中与同辈间的冲突。另一方面,大权力距离的人们在运用自身的地位或权力来解决问题时就要自我克制。他们必须用更积极主动的冲突策略——比如用积极的磋商和寻求事实过程,联合解决问题,有效的权力平衡技巧——解决同小权力距离的人们之间的冲突问题。对大权力距离的人们而言,专注控制地位差异将有助于"公平地"给机会让对方维护面子或挽回失去的面子。

专注聆听

专注聆听是一个有力的肯定面子的技能。在冲突事件中,冲突双方必须努力全神贯注地留意冲突互动中对方表达的文化和个人设想。他们必须学会有反应地留意或"聼"(中文繁体的听,意思是耳、眼、心都敏锐地关注)特定冲突情境中的声音、语气、手势、动作、非言语差异、停顿和沉默。

如果是漫不经心地听,冲突争论者倾向于选择性地听,表现出独白似的反应和防御性的态度。如果是专注聆听,面子行为协商者倾向于实行对答式聆听、专心致志、专注的沉默以及反馈性言词和姿态(见表9.2)。

表9.2 漫不经心与专注的冲突路径对照

漫不经心的冲突途径	专注的冲突途径
回应的方法	事前方法或选择方法
选择性聆听	专注聆听
防御性态度	支持态度
奋力反抗	共同努力
民族中心主义视角	民族相对视角
评判性态度	专注重构
习惯性话语	新的话语
只肯定自我面子	给双方留面子
不经意的面子威胁	专注询问
对抗或逃避螺旋	保持对话
情绪爆发	弱点共有
强制性权力	权力共享
立场差异	共同利益
固定目标	创造性选择
赢—输或者双输结局	双赢协作

通过专注聆听,冲突争论者可以学会创造新的类别来解释不断展开的冲突场景。在冲突中创造新的范畴,意味着学会运用文化敏感概念来理解冲突变异行为。我们也可以通过解释和感知核实技能进行专注聆听。解释技能包括言语上用我们自己的话总结冲突对方讯息的内容含义,以及在非言语方面附和我们对冲突方讯息情感意义的理解。言语总结或重述应该反映我们对冲突方内容含义的试探性理解,比如"我听起来好像……","换句话说,你的意思是……"我们也可以通过重复强调对这一讯息的情感语调的理解,设法解释冲突

方讯息的情感含义。在与高语境的人们打交道时,我们的解释陈述应该包含表示恭敬和承认他人资格的词汇,比如"我可能错了,但是我听的意思是……"或"如果我误解了你所说的意思,请纠正我。我听起来好像……"。在与低语境成员互动时,我们的解释陈述可以比高语境成员更直接和中肯。

说完解释之后,感知核实技能旨在帮助我们在不断升级的冲突周期,确保我们对发言者的言语和非言语行为做出准确的解释。感知核实声明通常以澄清问题的方式结束。这是一种核实问题的技巧,必须以明智的、对文化敏感的方式加以运用。可以用在我们不确定对非言语和言语讯息的意义解读是否准确的时候。文化敏感感知核实声明包括直接(对低语境人们而言)和间接(对高语境人们而言)的感知见证陈述和感知验证问题。高语境感知陈述可能是"从你们困惑的面部表情来看,我想我可能没有表达清楚,我对此表示抱歉。当我说我需要在下周早些时候拿到报告的时候,我的意思是最迟到下周二下午5点。你们对这一最后期限有什么问题吗?"(停下来等回应)。感知核实是专注观察和专注聆听技能的一部分。必须加以谨慎运用,尤其要与特定话题、关系、时机和事件背景相一致。

专注聆听涉及冲突视角的根本转换。这意味着不仅要考虑从自身的冲突视角来看事情怎样,还要从其他冲突方的视角来看事情如何,感觉怎样。专注聆听会随着时间的发展形成文化移情。文化移情有两个层次:文化移情理解和文化移情反应(Ridley & Udipi, 2002)。文化移情是一种习得的能力,是参与者能够准确地理解来自不同文化的他者的自我体验,同时能够反应迅速而有效地表达他们的理解,在冲突场景中成为不同文化的他者的"文化之耳"(cultural ears)。有人提出文化移情技巧(Ridley & Udipi, 2002; Ting-Toomey, 1999)包括检查冲突事件中是否存在可能的文化成见或隐藏的偏见;停止固有的群际定型观念;不假装理解,而要请求澄清说明;用思考的时间和适当的沉默表示对他人冲突观点的理解;领会另一冲突方关键的冲突情感、暗喻、含义和面子行为主题,用精心选择的回应性措辞和姿态把这些主题反馈给对方。

专注重构

专注重构是一种高度创造性的尊重相互面子的技能。它意味着创建一个别的背景,建构我们对冲突行为的理解。就像新的画框会改变我们对一幅画的欣赏一样,创造一个理解冲突行为的新语境,可以重新定义我们对该行为或冲突事件的解释。重构(reframing)是一个专注的过程,用语言改变每个人或当事方定义、思考、体验以及看待冲突情境的方式。它意味着策略性地运用语言,目的是将冲突的情感环境从防御变成协作。通过使用中立到肯定语气的语言,重构有助于缓和防御心理、缓解紧张状态并增强理解。在专注重构中,我们应设法根据共同利益重申冲突立场;将抱怨变成请求;将紧张的交际从谴责性言词引向以双方为中心和解决问题的言辞;帮助冲突各方认识到双赢协作方式的好处;帮助冲突各方看到冲突场合的"大环境"。重构是一种重要的冲突管理技能,因为我们"建构"冲突事件的方式可能会改变我们对冲突事件的回应方式。

冲突事件中的重构也可以出现在反省提问的层次。我们可以在文化质询层面和个人质询层面进行重构。我们还可以重构冲突情境中不同类型的冲突目标。重构的文化维度或涉及冲突方团队的质询可以包括以下的问题:

1. 他们的文化身份倾向是什么——个人主义还是集体主义?
2. 他们的权力价值倾向是什么——水平还是垂直?
3. 他们的面子行为假设是什么?他们来自我—身份还是我们—身份的面子模型?
4. 他们更喜欢什么样的冲突方式——水平和低语境还是垂直和高语境?
5. 他们如何看待内群体和外群体关系?
6. 他们的集体和个人冲突目标和需求是什么?

重构的个人维度可以包括以下问题:

1. 刺激他们个人动机的是什么——独立自我还是关联自我?
2. 他们希望怎样得到尊重——建立在平等还是恭敬的基础上?
3. 怎样才能满足他们的面子需求——自主性面子、赞同面子、能力面子还是其他类型的面子?
4. 他们对开始这段关系或在这个跨文化团队中工作的期待是什么?
5. 他们各自与不同文化的人共事的体验是什么?
6. 两个团队有哪些实际上超越文化成员差异之外的共同的特征、梦想、才能或愿望?

最后,我们还可以有意地学习将破坏性冲突比喻转化成更有建设性的、能够提供解决办法的比喻。

协作对话

　　在协作性对话交流中,人们的目标全力集中在当下。他们运用所有本章前面提到的那些技能,比如专注聆听和专注重构,全心全意地参与协作对话过程。在协作对话的开始阶段,对话过程假设"对话中的每个人都是不同的;每个人讲一种语言。每个人都更喜欢一种不同的'体系范式',而且每个人都有不同的故事和创造意义的方式"(Isaacs, 1999, p.293; Yankelovich, 1999)。

　　在方式上,与集体主义者实施协作性对话时,个人主义者在引出集体主义者个人的故事、情感、兴趣、目标和需求时,需要耐心和无需语言表达的注意力;时不时地用"嗯,嗯"或"噢"这样的停顿或暗示表示在专心聆听;对谚语、比喻、类比、螺旋形逻辑表达的例子和保守的陈述持开放态度;用谦卑的问题鼓励对方引导或给你指路;向整个团队成员提出冲突问题而不是单把某人提出来;接受话轮转换间停顿和反思沉默时间稍长的现实;用恰当的点头表示身份认可;留意构成冲突内容讯息的身份和关联意义。

　　在与个人主义进行的协作性对话交流中,集体主义者在引出个人主义者的个人兴趣、目标、愿望和需要时,要善于进行口头表达;用直接的口头回应表示赞同、可协商的观点和不同意见;用归纳的方式(也就是说,比如在跟美国人打交道时,从具体原因到总的结论),或者用演绎逻辑的方式(也就是说,比如在跟西欧人打交道时,从总的框架到具体的原因)明白无误地表达清楚不同意见背后的原因;用直接、具体的问题反复核对事实、兴趣和不明确的目标;将问题指向具体的个人;学会重复的叙述和更快的话轮转换行为;以他们自己的话用言语解释和感知核实陈述,来总结他们听到的话,避免误解。

　　不同的文化群体也可以试验以下的一些整合冲突技巧(Lederach, 1997; Ting-Toomey, 1997):通过文化敏感、尊重面子的讯息展示合作和利益互惠的意图;通过广泛的文化形式,比如传统戏曲、讲故事、文化比喻、图画、形象和"雕刻"(也就是把人作为象征性的活的雕塑来反映解决办法)和西式的"头脑风暴",找出有创意的包括各方面的解决办法;评估每个解决办法的优缺点,确保所有的文化成员都参与到这个创造和选择的过程;综合两个文化群体成员提出的不同的最好的解决办法;选择适用于(也就是合意的切实可行的)两个文化群体的最好的协同解决办法;建立监督体系(比如时间表和成功实施的标准)确定这个解决办法或行动计划从文化角度看是否可行。

通过协作对话过程的合作达成相互尊重，强化了对新解决办法的承诺，也增强了彼此的信任。在多元的长期协商课程中，协作性对话的目的是展现共同的身份需求，比如平稳、安全、联系、包含、尊重、赞同、能力和意义。在冲突对话过程中，我们展示真正的共同的利益越多，就越有可能发现深层次的共同的立场。

基于文化的冲突解决步骤

在确定解释冲突事件的不同角度时，两个文化群体也可以将以下的7步冲突解决模型（Clarke & Lipp, 1998）作为帮助他们前进的指导方针：

1. 问题鉴别（problem identification）。两个群体确定冲突问题及其背景，简单地描述冲突情境，同时努力寻找情感宣泄的出路。

2. 问题澄清（problem clarification）。把每一个群体的意图和行为与对方对他们的感知和评价进行对比，目的是排除误解，增强双方的理解。

3. 文化探讨（cultural exploration）。这一步骤分析构成不同冲突期待的根本文化假设和价值观，这些期待通常导致第二步中的意图和感知。

4. 组织探讨（organizational exploration）。这一步分析整体（总部）和局部（分支）层面给冲突增加压力的组织问题。

5. 冲突解决办法（conflict resolution）。这一步为两个文化群体寻求和谐、分享共同的目标、设计具体策略或行动以达到共同目标铺平道路。

6. 影响评估（impact assessment）。这一步设计监督冲突解决成果和相关利益的衡量标准。

7. 组织整合（organizational integration）。最后一步是接受建设性冲突解决经历的结果并在整个组织中进行传播。不同的成员都会学到有效的冲突教训，在多国工作环境中为成功缔造和谐而努力。

这7个步骤和所有已经提过的技能不能生硬地进行应用。冲突的解决有赖于不同语境、冲突问题、人、关系、资源和时机。没有任何冲突的解决主要依赖于协作性对话或仅仅依赖于面子行为管理。即使是在最好的协商中也会有竞争性和协作性冲突讯息的混合模式。任何有建设性冲突管理的关键都是要灵活适用，而不是局限于一套思维方式、情感反应模式或行为模式。

面子行为能力标准

最后,面子行为能力可以通过三种标准进行评估:恰当性、有效性和适应性(Cupach & Canary, 1997; Ting-Toomey, 1997; Wiseman, 2002)。恰当性(appropriateness)是指行为被看成恰当以及符合文化期待的程度。跨文化冲突期待包括理解文化规范、规则以及构成冲突事件的互动对话。有效性(effectiveness)是指争论方在特定的冲突事件中达到个人利益或目标的程度。这里的目标是指冲突方希望获得的结果。要达到这些期待的结果,争论方必须特别留意在特定冲突情境中出现的冲突规则和话语。用这两个标准,我们就可以把跨文化面子行为能力定义成:来自不同文化的两个个体在一个不确定的人际交流情景中,维持恰当和有效的印象的程度。

跨文化面子行为(因此的冲突能力)大大地有赖于意见不同的双方,在评估对方表现时的感知。一方看起来有效的行为,在文化背景不同的对方看起来可能是无效和不恰当的。同样,在一个文化背景的人看来恰当的行为,另一不同文化背景的人可能理解成不恰当和无效。由于不同的文化面子行为能力的观念可能不同,这些不同的解释会进一步将我们对出色的面子行为管理的理解复杂化。

评估面子行为能力的第三个标准:适用性(adaptability),指的是我们在实际的面子行为协商过程中,表现出来的言语和非言语行为方面的能力。交际适应性标志着我们愿意修正自己的行为以适应对方的交际方式。交际适应性要求在认知、情感和行为方面具有灵活性。它也是在两个冲突方打交道过程中,处理两极分化的冲突问题时一个有效的建立信任的机制。在参与到逐步升级的风险和行为变化中,冲突方要表示有极大的信心与对方建立和谐有效的关系。专注的行为转变标志着自我面子尊重和他人面子尊重。共同的面子体谅和尊重最终将有助于夯实缔造和谐的过程。

应用面子-协商冲突理论:培训和研究问题

用面子行为能力模型进行培训,培训师需要注意以下四个方面的问题:

(1)培训目标;(2)受众分析;(3)课程设计;(4)培训方法和活动。这四个培训问题以及关于面子行为理论和实践中交集的研究是本节即将要讨论的问题。

培训目标

面子协商理论及其相关模型,面子行为能力模型(参见表9.2)设计的目的是让培训师应用在诸如国际商务冲突协商、跨文化冲突调解、跨文化误传管理以及跨文化冲突能力开发等话题的培训课程中。

准确地理解了理论和能力模型,学员在完成培训课程的时候(比如"在多元文化工作环境中管理跨文化误传"的3天培训课程)应该能够定义文化、价值观、面子观和不同的基于文化的冲突假设;理解有关相反的面子观态度和面子需求问题在文化价值方面的含义;分析工作环境中个人主义和集体主义面子行为误传标志;分析工作环境中小权力距离和大权力距离的面子行为误传标志;深化他们在跨文化冲突协商过程中,对关联和情境视角的理解;确定恰当有效的策略,处理不确定的基于面子的冲突事件;在日常的工作环境中与不同文化背景的人打交道时,培养刻意运用有建设性的冲突技能的倾向。

受众分析

受众分析是任何优秀的培训课程必不可少的部分。如果可能的话,培训师必须提前对以下这些问题进行评估:

- 谁会参加——多国受众、同类受众、来自同一公司的人还是来自不同公司的人?
- 他们的期望是什么?他们需要和需求的是什么?培训的主办方的期望是什么?
- 学员以前是否有过跨文化培训体验?
- 他们参加培训课程的动机或动力是什么?
- 他们希望在什么样的语境下运用培训得到的知识和技能?

进行全面的受众需求评估以后,培训师可以形成一套现实的培训目标,解决参与者和他们所在组织的关注和需求。他们还可以根据这些数据确定培训范围、内容和期待的培训结果。一份设计完善的需求评估表可以提供衡量变化或结果的标准。由于组织中的关键人物参与了培训方案的设计,因此还可以得到他们的支持。小型评估可以通过组织中不同层次的关键人物的焦点组访谈,电话或者电子邮件访谈进行。深度需求评估则可以通过调查法、观察法、文献综述、焦点组以及长时间的一对一访谈进行。

培训师也应该对自身进行诊断性文化能力评估。他们应该问自己:我有哪些优势和弱势推动学员的跨文化学习进程?我同意这个培训项目的动机和动力是什么?我该如何作出最好的准备,满足学员的需求并提高他们的学习积极性?就时间、精力、资源可得性、文化多元性以及优势一致性方面我是否还需要一个合作者?我如何才能实践尊重面子问题的同时,插入面子脆弱的话题进行公开的讨论和对话?

总之,想在培训中用面子-协商理论的培训师应该清楚地了解过去和现在的理论模型和相关的研究发现。跨文化培训师还应该精通传统和现代的跨文化和文化间理论(比如参见Gudykunst, 2002; Gudykunst & Lee, 2002)以及冲突实践理论(比如参见Lederach, 1995, 1997; Rothman, 1997; Ting-Toomey & Oetzel, 2001)以便回答他们的受众提出的任何问题。培训师还应该熟知特定组织的知识(比如通过商务管理刊物和可信的互联网资源)以及学员希望将来运用他们培训能力的文化地域的知识。

课程设计

好的理论或一套理论有助于培训课程设计的一致性和方向性。这个设计就是将培训课程各种各样的内容和活动因素支撑起来的建筑蓝图。课程设计强调在培训课程中什么时候疏通知识障碍,如何进行优化学习。一个完善的设计能将受众需求数据、培训目标、培训师专长、学员的学习风格、内容、进程、安全—风险因素、时机、节奏、教授时机和学习活动连成一个节奏合理而连贯的整体。

运用面子-协商理论和面子行为能力模型进行培训时,理想的培训课程是3个整天。以下是简单的培训日程大纲。

- 培训第一天,上午课程:强调个人主义—集体主义和小—大权力距离的文化价值。学员应该有机会分析他们自己的文化价值观、个人自我价值观和他们工作环境的价值观。他们还应该有机会分析打算开展跨文化商务地域的文化价值观。下午课程：一般转向跨文化误传和误解问题。语言、非言语、低语境和高语境方式构成培训话题的一部分。自我评估调查、重要事件、对话分析和冲突录像带分析形成第一天活动的一部分。

- 培训第二天，上午课程：探讨面子观、面子策略、冲突目标和冲突方式的主题。可以将工作环境中大范围有问题的面子行为情境（比如请求、反请求、表现评估、合约协商和团队互动）用来阐明不同的面子期待和面子态度的存在。还包括面子抵触、冲突目标抵触以及冲突方式抵触等问题。用一系列评估、问题分类练习、危机事件和冲突角色扮演练习来增强人们在不同的工作环境中各种面子策略和冲突方式方面的自我意识和他人意识。这个培训不是强调存在一套理想的面子行为策略和冲突方式，而是强调开发灵活、适应性强和令人满意的行为来管理多重情境的重要性。将漫不经心地和专注的冲突行为进行比较和分析。特别注意将文化和个人价值倾向、不同情境、面子观、面子行为和冲突方式联系起来。下午课程：分析跨文化群际关联和情境冲突问题。讨论民族中心主义、定型观念、偏见和权力不平衡等概念。详细讨论带偏见的感知视角。展示学员们身份差异和相似点的活动。进行群际定型观念活动和去除分类的活动。运用建立团队信任、共同立场和有效的权力平衡的练习。讨论有助于积极的群际接触和减少群际偏见的条件。

- 培训第3天，上午课程：以群际冲突模拟训练开始，目的是整合面子行为学习的认知、情感和行为维度。学员汇报从面子-协商理论引出的各种问题。进行群际模拟训练通常是一个消耗时间和精力的过程。不过，学到的经验比失去的时间更重要。我强烈建议任何想有效地运用跨文化模拟训练的人，在实际正式的培训展示前，在非正式群体中对这种特定的模拟训练要进行充分地练习。中午和下午课程：直接针对学员现实生活中的冲突案例。不同的组可以分析不同的跨文化案例（比如可以借助于"冲突解决步骤"），然后聚在一起分享他们的观察和思考。最后，归纳和展示3天讨论中的行动计划和学习重点。复习和实践在整个培训过程中面子行为能力因素和技能，"专注"的主题是始终贯穿第1天到第3天培训内容的主线。

培训方法和活动

除了在小型讲座中展示面子协商理论和面子行为能力模型的核心概念,培训师还可以采用面子行为寓言和冲突故事(Augsburger,1992;Pearmain,1998)、结构游戏(Thiagarajan,1999)、积极培训技巧(Silberman & Auerbach,1998)、自我评估、重要事件、对比的角色扮演、录像片段和各种群际模拟练习来强调面子行为能力模型的不同因素。进行新颖的练习和活动让学员从认知、情感和行为层次理解跨文化面子行为能力。培训师还可以从过去 10 年发表的有关培训模型、方法、练习和活动的众多著作中发现很多有用的思路(Brislin & Yoshida,1994a,1994b;Cushner & Brislin,1996;Fowler & Mumford,1995,1999;Landis & Bhagat,1996;Paige,1993;Singelis,1998;Wang,Brislin,Wang,Williams & Chao,2000)。这些著作中还包括一些很有思想的文章,探讨在整个培训设计中不同的培训方法以及这些方法排序的利弊。

在我们自己的面子行为能力培训和教学中,我们用了以下的一些活动:从库什纳和布里斯林《跨文化互动:实践指南》(Cushner & Brislin,1996)中,我们改编和选用危机事件 28"进门还是出去";危机事件 50"移民官";危机事件 70"用传输系统传输信息"以及危机事件 95"约定时间没出现"。我们采用了对比性的角色扮演练习(用学员同伴或热情的多国学员)来说明面子协商理论的重要思想(比如角色扮演表现复习环节,成员扮演对比式文化的面子行为互动场景)。为了阐明面子协商理论,我们还用了各种录像片断;比如《喜福会》("中国宴会"场景)和《棒球先生》("那瑞塔机场交换名片"场景)。

另外,我们还用了"阿尔法-欧米加群际协商模拟活动"(Hoppe,Michalis & Reinking,1995)来指导学员的情感学习过程。通过这样的一些模拟训练,学员可以体验对比式面子行为,价值观和互动方式的关系,民族中心主义和偏见以及他们对于不同的冲突目标两极分化的立场。在短的模拟课中(45 分钟到 2 小时),学习暗示要引导学员从民族中心主义层面的思维和反思转移到种族相对主义层面(J. M. Bennett,1993;M. J. Bennett,1993)。在一堂长时间的模拟课中(2—4 小时),要指导学员练习面子行为能力模型中的专注和互动技能。可以邀请每个模拟组的代表就他们的差异进行重新协商(模拟进展到在其他的学员面前进行角色扮演),达到双方都满意的、双赢的结果(参见"协作对话"和"冲突解决"技能等节的内容)。

当然,很多这些经验性活动必须在文化敏感的框架下进行,因为许多学员(比如来自集体主义的、大权力距离文化的人)可能不适应这种经验性的学习方式。在培训课程的第1天创造一个有支持氛围的安全的环境很重要,在培训第2天和第3天出现更具挑战性的问题和练习(比如模拟练习)时尤其如此。伴随一些指导、愉快的心情以及一些支持面子的鼓励,大多数学员都能享受跨文化培训课程中提供的各种培训方法。如果学员在参与任何经验性练习时都感到不自在的话,让他们选择扮演其他角色(比如民族志学者的角色)也很重要。最后,总结汇报阶段是任何培训训练和活动中最关键的部分。如果没有关于一些有意义的跨文化理论的全面总结和汇报环节,任何训练的影响时效都很短暂,没有长久的生命力。甚至会产生负面影响。总结汇报阶段的时间应该大致是实际"游戏"时间的两倍(尤其是在模拟游戏之后)。

作为初步的指导,以下有关面子行为要汇报的问题会很有帮助。

- 你对自己的模拟体验感觉怎样?这个问题的目的是给参与者机会让他发泄过多的精力并努力"释放"一些基于面子的情绪(比如挫败、焦虑、面子威胁、尴尬、内疚、羞愧、民族中心主义和偏见)。

- 你怎么会有这个感觉呢?(比如学员会对"没听进去"、"不确定"、"不恰当的交流"、"价值冲突"等做出评价)

- 实际上发生了什么事影响了你的感觉或态度?这个问题给学员一个机会"漫不经心"地进行评估性解释,并鼓励他们学会留意自己在描述其他冲突方行为时的语言运用。

- 你从面子—威胁、面子—保全和面子—防御行为中学到了什么?这里的目的是鼓励学员将特定的面子行为分类与他们自身的冲突体验结合起来。

- 在模拟冲突情境中你的面子观是什么?你的面子需求是什么?你认为其他文化冲突方的面子观和面子需求是什么?

- 你认为构成冲突对方的冲突期待和行为的根本假设和价值观是什么?这是个汇报的关键问题;目的是将价值观与冲突行为联系起来。

- 在模拟冲突情境中的一些关联或情境压力是什么?如果是在不同的关联或情境规则下(比如,如果模拟的指令变了)你的行为会不会有所不同?

243

- 你从尊重面子的言语和非言语姿态中学到了什么？有人努力尊重你面子的时候你是否感觉良好？你是否还会使用一些别的面子行为或技能推动冲突朝着双赢的方向发展？

- 冲突模拟怎样与现实世界联系起来？目的是鼓励对现实工作场合中有问题的面子行为情境进行讨论。

- 下一步呢？最后总结汇报阶段的目的是引发对具体解决办法和行动计划的讨论，鼓励学员运用他们对面子行为的了解就日常工作环境中出色的面子行为给予指导。要想进一步了解有效的汇报秘诀，参见席阿柯罗俊的著作（Thiagarajan, 1999）。

在进行任何练习或培训活动中，应该考虑这样的一些因素，比如培训目标、培训设计、培训师专长、受众情况、适宜范围、信任—风险学习过程、可用的资源（培训支持、时机、预算和地点）。出色的面子行为培训师是这样一个人：他尊重受众需求，在改变学员的思想倾向、习惯和行为惯例时留意冲突行为并采取适应性行动。

面子行为理论与实践：研究方向

对将来结合面子协商理论和实践的研究有四点建议。第一点建议涉及知识、专注和冲突技能三要素的相对重要性。

面子行为能力研究

尽管我们强调知识要素与专注要素、技能要素相比是跨文化面子行为培训中最重要的方面，但是还需要进一步的实证研究去验证这一论断。我们还需了解如何对知识—专注—技能进行优先排序，以便我们能够进行有效出色的培训。重复一下兰迪斯和瓦西留斯基（Landis and Wasilewski, 1999）的观点，我们需要设计更好的培训前和培训后的测试研究，以便了解知识、专注和技能范畴发生变化的速度和性质，这是跨文化冲突培训课程的直接结果。另外，我们还需更多的后续研究去衡量学员在日常工作场合表现中对冲突管理知识和技能的保持和应用。

发展专注研究

将来另一引发兴趣的研究方向是专注培训的概念。我们用长达3天或一个星期的跨文化研讨会就真的能教会人们专注吗？专注是一个特点还是一种状态？是否有些人如此不可救药地"漫不经心"，以至于无法培训呢？有可能开发一个一般文化都适用的衡量标准来评估"专注"呢，还是我们需要开发一个特定文化的衡量标准来研究专注？或者更理想一点的情况是，我们需要开发一种以情境为基础的方法对专注进行概念化和操作化？某些人在特定的情景范畴能够非常的"专注"，而在别的情境中表现就完全漫不经心。我们是应该学会尊重和注意这样不同的专注能力，还是在专注意识和哲学指导下进行跨情境的研究和培训呢？

专注存在于哲学、精神、冥想、认知、情感、行为和道德等各个层次。我们应该在哪个层次培训和指导专注？借用豪威尔（Howell，1982）探索的一个图解，丁允珠（Ting-Toomey，1999）从楼梯发展的视角对专注进行了概念化，从这个角度来看，跨文化能力可以根据无意识的无能力（unconscious incompetence）、有意识的无能力（conscious incompetence）、有意识的能力（conscious competence）以及无意识的能力（unconscious competence）的阶段来定义其概念。第一阶段基本上是指在认知、情感和行为层次完全漫不经心。第二阶段是指半专注状态，这一阶段学员实际上能够"捕捉到"自己犯了不合格的文化错误。第三个阶段是指完全专注：学员能够意识到自己的跨文化交流错误，愿意整合新的知识、思想倾向和技能加以出色地运用。第四阶段，漫不经心的专注指的是，学员能够在新的文化中与当地人不用吹灰之力顺利进行交流的动态意识。同时，这一文化转换者可以在各种文化情景中适应性地进行交流，无需有意识的步骤就能从漫不经心的状态过渡到专注的状态。因此专注可以有两种解释——可以解释成表面上一种不自觉的漫不经心的态度；或者可以解释成深层的动态散漫的一种学习方式。在漫不经心和专注两种意识状态间来回转换的过程中，这一文化转换者可以很轻松自在地对待多极化、模棱两可以及不确定的状态。学员在不同的世界观、价值观和行为间转换时能够形成一种安全和平衡感，孜孜不倦地学习和遗忘。从"完全专注"到"漫不经心地专注"发展阶段的观察有待于进一步的模型开发、实证检验和概念完善。

面子行为情感研究

如果我们进一步挖掘会发现,面子观与冲突中基于情感的身份问题直接相关。我们应该怎样设计培训方案,让我们以更严肃的态度对待有益的情感管理培训的作用。有哪些特别的培训技巧——比如比喻分析、讲故事、图像思维、造型、模拟、有意识的移情和辩证行为培训——是处理情感自我意识和情感他人意识问题时最有效的方法?我们需要更系统的研究以便理解面子行为情感和面子行为情感专注的发展变化。我们需要了解核心比喻、语言、主题、身心变化、呼吸节奏和非言语方面的细微差别,它们是围绕情感面子行为尴尬和情感面子行为解决办法的开端。我们需要更有活力和创意的培训技巧和模型,去真正影响跨文化情感遗忘和学习的进程。

另外,我们需要更多元的方法研究尊重、信任、尊严和荣誉等情感的各个方面。比如说,由于"尊重"是跨文化面子行为协商中如此重要的一个概念,我们需要开发更复杂的模型,系统地分析不同文化团体中"尊重"的认知、情感、行为以及道德的维度和功能。同样,我们对"原谅"的概念也知之甚少。我们需要更深地概念化"原谅"在国际和跨文化领域的作用。"原谅"不同文化背景的人意味着什么?我们怎样知道已经被"原谅"?不同文化,尤其是在主要的冲突冒犯事件中,有关"原谅"概念特定的细微文化差异、含义、期待和假设是什么?跨文化冲突管理的文献中对羞愧、内疚、报复、仇恨、容忍、同情、信任和宽恕等情感概念的研究都不够充分。这些都是在与别人互动时产生并体验的复杂的情感反应,与自我面子、他人面子、相互面子和冲突话题显著性问题的认知评价相关。

基于文化的情境培训和研究

需要专注更多的研究和培训来理解跨文化或多元化培训中基于文化的"情境"作用。我们在培训中建立情境差异的概念越多,我们的培训课程建立的感知复杂性也就越多。我们在培训中,应该准备更多各种情境角色扮演或危机事件训练,以增加学习者批判性思维方式的复杂性和丰富性,而不是仅仅强调文化乙如何以及为什么不同于文化甲。

最后,我们应该更多地进行特定文化情境面子行为培训对一般文化情境面子行为培训的研究。人们在出发到达一个新的文化之前,一般文化面子行为培训很有用,这是就一般的价值倾向面子行为、低语境和高语境方式以及各种各样的面子观和冲突目标意识问题方面而言。不过,在到达和中途维持阶段,学习者需要经历更多建立在特定文化、特定情境模型基础上的培训。日常的面子行为情境(比如见面和告辞这样的惯例,市场里的讨价还价、解决工作上的要求、处理误解和冲突)可能突然变得更显著。基于文化的特定情境培训和指导在调整过程的不同阶段都可能使学员受益匪浅,非常实用。不过,我们需要更多的研究来确定旅居者的学习潜能,什么阶段才是最佳的学习时间——是在跨文化调整的初期、低迷期、高峰期还是高原期(Kim, 2001; Ting-Toomey, 1999; Ward, Bochner & Furnham, 2001)。跨文化研究者和冲突培训师间的进一步合作研究,有助于增进调整面子-协商冲突理论解释和探索方面的力量。

我们的结论是,跨文化面子行为能力的研究和培训是一个复杂的、多维度、多层面的现象。面子-协商冲突理论提供了其中一种适当的面子冲突行为,有助于训练那些冲突协商者更好地协调自身基于身份的标志,同时向不同文化的他者的身份和情感困惑标志表示尊重和礼貌。在形成相互尊重身份和文化共鸣的过程中,可能两个文化团队都能以更加透明、充满同情和智慧的方式,为面子行为的和谐缔造过程作出贡献。

参 考 文 献

Augsburger, D. (1992). *Conflict mediation across cultures.* Louisville, KY: Westminister/John Knox Press.

Bennett, J. M. (1993). Cultural marginality: Identity issues in intercultural training. In R. M. Paige (Ed.), *Education for the intercultural experience* (pp. 109–135). Yarmouth, ME: Intercultural Press.

Bennett, M. J. (1993). Toward ethnorelativism: A developmental model of intercultural sensitivity. In R. M. Paige (Ed.), *Education for the intercultural experience* (pp. 21–71). Yarmouth, ME: Intercultural Press.

Blake, R. R., & Mouton, J. S. (1964). *The managerial grid.* Houston, TX: Gulf.

Bond, M. (1991). *Beyond the Chinese face.* Hong Kong: Oxford University Press.

Brislin, R., & Yoshida, T. (Eds.). (1994a). *Improving intercultural interactions: Modules for cross-cultural training programs.* Newbury Park, CA: Sage.

Brislin, R., & Yoshida, T. (1994b). *Intercultural communication training: An introduction.* Newbury Park, CA: Sage.

Brown, B. (1977). Face-saving and face-restoration in negotiation. In D. Druckman (Ed.), *Negotiations: Social-psychological perspectives* (pp. 275–299). Beverly Hills, CA: Sage.

Brown, P., & Levinson, S. (1987). *Politeness: Some universals in language usage.* Cambridge, UK: Cambridge University Press.

Bush demands Israel pull out; Sharon to "expedite" offensive. (2002, April 7). *Los Angeles Times,* p. A1.

Clarke, C., & Lipp, G. D. (1998). *Danger and opportunity: Resolving conflict in U.S.-based Japanese subsidiaries*. Yarmouth, ME: Intercultural Press.

Cocroft, B., & Ting-Toomey, S. (1994). Facework in Japan and the United States. *International Journal of Intercultural Relations, 18*(4), 469–506.

Collier, M. J. (1991). Conflict competence within African, Mexican, and Anglo-American friendships. In S. Ting-Toomey & F. Korzenny (Eds.), *Cross-cultural interpersonal communication* (pp. 132–154). Newbury Park, CA: Sage.

Csikszentmihalyi, M. (1996). *Creativity: Flow and the psychology of discovery and invention*. New York: HarperCollins.

Cupach, W. R., & Canary, D. J. (Eds.). (1997). *Competence in interpersonal conflict*. New York: McGraw-Hill.

Cupach, W., & Metts, S. (1994). *Facework*. Thousand Oaks, CA: Sage.

Cushner, K., & Brislin, R. W. (Eds.). (1996). *Intercultural interactions: A practical guide* (2nd ed.). Thousand Oaks, CA: Sage.

Earley, P. C. (1997). *Face, harmony, and social support: An analysis of organizational behavior across cultures*. New York: Oxford University Press.

Fiske, A. (1991). *Structures of social life: The four elementary forms of human relations*. New York: Free Press.

Fowler, S., & Mumford, M. (Eds.). (1995). *Intercultural sourcebook: Cross-cultural training methods* (Vol. 1). Yarmouth, ME: Intercultural Press.

Fowler, S., & Mumford, M. (Eds.). (1999). *Intercultural sourcebook: Cross-cultural training methods* (Vol. 2). Yarmouth, ME: Intercultural Press.

Gao, G. (1998). An initial analysis of the effects of face and concern for "other" in Chinese interpersonal communication. *International Journal of Intercultural Relations, 22*(4), 467–482.

Gao, G., & Ting-Toomey, S. (1998). *Communicating effectively with the Chinese*. Thousand Oaks, CA: Sage.

Garcia, W. R. (1996). Respeto: A Mexican base for interpersonal relationships. In W. Gudykunst, S. Ting-Toomey, & T. Nishida (Eds.), *Communication in personal relationships across cultures* (pp. 137–155). Thousand Oaks, CA: Sage.

Gardner, H. (1995). *Leading minds: Anatomy of leadership*. New York: Basic Books.

Gudykunst, W. B. (2002). Intercultural communication theories. In W. Gudykunst & B. Mody (Eds.), *Handbook of international and intercultural communication* (2nd ed., pp. 183–205). Thousand Oaks, CA: Sage.

Gudykunst, W. B., & Lee, C. (2002). Cross-cultural communication theories. In W. Gudykunst & B. Mody (Eds.), *Handbook of international and intercultural communication* (2nd ed., pp. 25–50). Thousand Oaks, CA: Sage.

Gudykunst, W. B., Matsumoto, Y., Ting-Toomey, S., Nishida, T., Kim, K. S., & Heyman, S. (1996). The influence of cultural individualism-collectivism, self construals, and individual values on communication styles across cultures. *Human Communication Research, 22*, 510–543.

Gudykunst, W. B., & Ting-Toomey, S. (1988). *Culture and interpersonal communication*. Newbury Park, CA: Sage.

Guerrero, L., Andersen, P., & Alfifi, W. (2001). *Close encounters: Communicating in relationships*. Mountain View, CA: Mayfield.

Hall, E. T. (1959). *The silent language*. New York: Doubleday.

Hall, E. T. (1976). *Beyond culture*. New York: Doubleday.

Hall, E. T., & Hall, M. (1987). *Hidden differences: Doing business with the Japanese*. Garden City, NY: Anchor Press/Doubleday.

Hofstede, G. (1991). *Culture and organizations: Software of the mind*. London: McGraw-Hill.

Hofstede, G. (2001). *Culture's consequences: Comparing values, behaviors, institutions, and organizations across cultures* (2nd ed.). Thousand Oaks, CA: Sage.

Hoppe, A., Michalis, D., & Reinking, T. (1995). Alpha-Omega intergroup negotiation simulation. In S. Sudweeks & R. Guzley (Eds.), *Instructors' resource manual for building bridges*. Boston: Houghton-Mifflin.

Howell, W. (1982). *The empathic communicator*. Belmont, CA: Wadsworth.

Hu, H. C. (1944). The Chinese concept of "face." *American Anthropologist, 46*, 45–64.

Isaacs, W. (1999). *Dialogue and the art of thinking together*. New York: Currency/Doubleday.

Katriel, T. (1986). *Talking straight: Dugri speech in Israeli Sabra culture*. Cambridge, UK: Cambridge University Press.

Kim, Y. Y. (2001). *Becoming intercultural: An integrative theory of communication and cross-cultural adaptation*. Thousand Oaks, CA: Sage.

Landis, D., & Bhagat, R. (Eds.). (1996). *Handbook of intercultural training* (2nd ed.). Thousand Oaks, CA: Sage.

Landis, D., & Wasilewski, J. (1999). Reflections on 22 years of the *IJIR* and 23 years in other areas of intercultural practice. *International Journal of Intercultural Relations, 23*(4), 535–574.

Langer, E. (1989). *Mindfulness*. Reading, MA: Addison-Wesley.

Langer, E. (1997). *The power of mindful learning*. Reading, MA: Addison-Wesley.

Lederach, J. P. (1995). *Preparing for peace: Conflict transformation across cultures*. New York: Syracuse University Press.

Lederach, J. P. (1997). *Building peace: Sustainable reconciliation in divided societies*. Washington, DC: U.S. Institute of Peace.

Leung, K. (Ed.). (1999). *Conflict management in the Asia Pacific*. New York: John Wiley.

Leung, K., & Iwawaki, S. (1988). Cultural collectivism and distributive behavior. *Journal of Cross-Cultural Psychology, 19,* 35–49.

Lim, T.-S. (1994). Facework and interpersonal relationships. In S. Ting-Toomey (Ed.), *The challenge of facework* (pp. 209–229). Albany: State University of New York Press.

Markus, H. R., & Kitayama, S. (1991). Culture and self: Implication for cognition, emotion, and motivation. *Psychological Review, 98,* 224–253.

Markus, H. R., & Kitayama, S. (1998). The cultural psychology of personality. *Journal of Cross-Cultural Psychology, 29,* 63–87.

Nhat Hanh, T. (1991). *Peace is every step: The path of mindfulness in everyday life*. New York: Bantam.

Nhat Hanh, T. (1998). *The heart of the Buddha's teaching*. Berkeley, CA: Parallax.

Oetzel, J. G. (1998). Culturally homogeneous and heterogeneous groups: Explaining communication processes through individualism-collectivism and self-construal. *International Journal of Intercultural Relations, 22*(2), 135–161.

Oetzel, J. G. (1999). The influence of situational features on perceived conflict styles and self-construals in small groups. *International Journal of Intercultural Relations, 23*(4), 679–695.

Oetzel, J. G., & Ting-Toomey, S. (in press). Face concerns in interpersonal conflict: A cross-cultural empirical test of the face-negotiation theory. *Communication Research*.

Oetzel, J., Ting-Toomey, S., Yokochi, Y., & Takai, J. (2000). A typology of facework behaviors in conflicts with best friends and relative strangers. *Communication Quarterly, 48,* 397–419.

Oetzel, J., Ting-Toomey, S., Masumoto, T., Yokochi, Y., Pan, X., Takai, J., & Wilco, R. (2001). Face behaviors in interpersonal conflicts: A cross-cultural comparison of Germany, Japan, China, and the United States. *Communication Monographs, 68,* 235–258.

Paige, R. M. (Ed.). (1993). *Education for the intercultural experience*. Yarmouth, ME: Intercultural Press.

Pearmain, E. D. (Ed.). (1998). *Doorways to the soul*. Cleveland, OH: Pilgrim Press.

Putnam, L., & Wilson, C. E. (1982). Communicative strategies in organizational conflicts: Reliability and validity of a measurement scale. *Communication Yearbook, 6,* 629–652.

Rahim, M. A. (1983). A measure of styles of handling interpersonal conflict. *Academy of Management Journal, 26,* 368–376.

Rahim, M. A. (1992). *Managing conflict in organizations* (2nd ed.). Westport, CT: Praeger.

Ridley, C. R., & Udipi, S. (2002). Putting cultural empathy into practice. In P. Pedersen, J. Draguns, W. Lonner, & J. Trimble (Eds.), *Counseling across cultures* (5th ed., pp. 317–333). Thousand Oaks, CA: Sage.

Rogan, R. G., & Hammer, M. R. (1994). Crisis negotiations: A preliminary investigation of facework in naturalistic conflict discourse. *Journal of Applied Communication Research, 22,* 216–231.

Rothman, J. (1997). *Resolving identity-based conflict in nations, organizations, and communities*. San Francisco: Jossey-Bass.

Schlenker, B. R. (Ed.). (1985). *The self and social life*. New York: McGraw-Hill.

Silberman, M., & Auerbach, C. (1998). *Active train-*

ing: *A handbook of techniques, designs, case examples, and tips* (2nd ed.). San Francisco: Jossey-Bass.

Singelis, T. M. (Ed.). (1998). *Teaching about culture, ethnicity, and diversity: Exercises and planned activities.* Thousand Oaks, CA: Sage.

Smith, P. B., Dugan, S., Peterson, M. F., & Leung, K. (1998). Individualism, collectivism and the handling of disagreement: A 23 country study. *International Journal of Intercultural Relations, 22*(3), 351–367.

Stephan, W., & Stephan, C. (1996). *Intergroup relations.* Boulder, CO: Westview.

Sternberg, R. J. (Ed.). (1999). *Handbook for creativity.* Cambridge, UK: Cambridge University Press.

Thiagarajan, S. (1999). *Interactive experiential strategies for multicultural training* [Training material]. Portland, OR: Summer Institute for Intercultural Communication.

Thomas, K. W., & Kilmann, R. H. (1974). *Thomas-Kilmann conflict MODE instrument.* New York: XICOM, Tuxedo.

Ting-Toomey, S. (1985). Toward a theory of conflict and culture. In W. Gudykunst, L. Stewart, & S. Ting-Toomey (Eds.), *Communication, culture, and organizational processes* (pp. 71–86). Beverly Hills, CA: Sage.

Ting-Toomey, S. (1986). Conflict communication styles in black and white subjective cultures. In Y. Kim (Ed.), *Current research in interethnic communication* (pp. 75–88). Beverly Hills, CA: Sage.

Ting-Toomey, S. (1988). Intercultural conflicts: A face-negotiation theory. In Y. Kim & W. Gudykunst (Eds.), *Theories in intercultural communication* (pp. 213–235). Newbury Park, CA: Sage.

Ting-Toomey, S. (1993). Communicative resourcefulness: An identity negotiation perspective. In R. Wiseman & J. Koester (Eds.), *Intercultural communication competence* (pp. 72–111). Newbury Park, CA: Sage.

Ting-Toomey, S. (Ed.). (1994a). *The challenge of facework: Cross-cultural and interpersonal issues* (pp. 1–14). New York: State University of New York–Albany Press.

Ting-Toomey, S. (1994b). Managing conflict in intimate intercultural relationships. In D. Cahn (Ed.), *Intimate conflict in personal relationships* (pp. 47–77). Hillsdale, NJ: Lawrence Erlbaum.

Ting-Toomey, S. (1994c). Managing intercultural conflicts effectively. In L. Samovar & R. Porter (Eds.), *Intercultural communication: A reader* (7th ed., pp. 360–372). Belmont, CA: Wadsworth.

Ting-Toomey, S. (1997). Intercultural conflict competence. In W. Cupach & D. Canary (Eds.), *Competence in interpersonal conflict* (pp. 120–147). New York: McGraw-Hill.

Ting-Toomey, S. (1999). *Communicating across cultures.* New York: Guilford Press.

Ting-Toomey, S., & Cole, M. (1990). Intergroup diplomatic communication: A face-negotiation perspective. In F. Korzenny & S. Ting-Toomey (Eds.), *Communicating for peace: Diplomacy and negotiation across cultures* (pp. 77–95). Newbury Park, CA: Sage.

Ting-Toomey, S., Gao, G., Trubisky, P., Yang, Z., Kim, H. S., Lin, S. L., & Nishida, T. (1991). Culture, face maintenance, and styles of handling interpersonal conflict: A study in five cultures. *International Journal of Conflict Management, 2,* 275–296.

Ting-Toomey, S., & Kurogi, A. (1998). Facework competence in intercultural conflict: An updated face-negotiation theory. *International Journal of Intercultural Relations, 22*(2), 187–225.

Ting-Toomey, S., & Oetzel, J. (2001). *Managing intercultural conflict effectively.* Thousand Oaks, CA: Sage.

Ting-Toomey, S., & Oetzel, J. (2002). Cross-cultural face concerns and conflict styles: Current status and future directions. In W. Gudykunst & B. Mody (Eds.), *Handbook of international and intercultural communication* (2nd ed., pp. 143–163). Thousand Oaks, CA: Sage.

Ting-Toomey, S., Yee-Jung, K., Shapiro, R., Garcia, W., Wright, T., & Oetzel, J. (2000). Ethnic/cultural identity salience and conflict styles in four U.S. ethnic groups. *International Journal of Intercultural Relations, 24*(1), 47–81.

Triandis, H. C. (1994). *Culture and social behavior.* New York: McGraw-Hill.

Triandis, H. C. (1995). *Individualism and collectivism.* Boulder, CO: Westview.

Trubisky, P., Ting-Toomey, S., & Lin, S.-L. (1991). The influence of individualism-collectivism and self-monitoring on conflict styles. *International *Journal of Intercultural Relations, 15*(1), 65–84.

Wang, M., Brislin, R., Wang, W.-Z., Williams, D., & Chao, J. (2000). *Turning bricks into jade: Critical incidents for mutual understanding among Chinese and Americans*. Yarmouth, ME: Intercultural Press.

Ward, C., Bochner, S., & Furnham, A. (2001). *Psychology of culture shock* (2nd ed.). East Sussex, UK: Routledge.

Wilmot, W., & Hocker, J. (1998). *Interpersonal conflict* (5th ed.). Boston: McGraw-Hill.

Wiseman, R. L. (2002). Intercultural communication competence. In W. Gudykunst & B. Mody (Eds.), *Handbook of international and intercultural communication* (2nd ed., pp. 207–224). Thousand Oaks, CA: Sage.

Yankelovich, D. (1999). *The magic of dialogue: Transforming conflict into cooperation*. New York: Simon & Schuster.

第十章

具体的民族中心主义与文化感觉
——跨文化能力①培训的关键

米尔顿·J.贝内特(Milton J. Bennet)
艾达·卡斯蒂格莱尼(Ida Castiglioni)

我们想谈谈对自身文化的感觉以及对他文化的感觉。这一主题对跨文化学者很重要,因为他们的大多数著作都涉及民族中心主义,而民族中心主义最基本的事实就是很多事情在自身文化中"感觉合适"。用文化自觉来反对民族中心主义,仅仅知道自身文化的价值观和共同的行为模式是不够的。有必要关注伴随这些模式出现的恰当的感觉(feeling of appropriateness)。

跨文化学者关注的另一个主要问题是如何促进人们适应别的文化。再次强调,对某个文化的知觉或知识是不够的——还需对它有感觉(feeling)。比如,一个美国人可以认识到意大利的文化在许多方面都与美国不同。他或她能够认识到一些行为更具美国特点还是更具意大利特点。这位美国人可能比较了解意大利文化,尤其是其客观文化(比如艺术、建筑、历史)。他或她甚至可以

---

① 本章的资料包括 2001 年 4 月 22 日参加在美国牛津市密西西比大学召开的跨文化研究国际协会会议上的发言,题目是《文化身体:美国人和意大利人对文化感觉的视角》,以及 2001 年 5 月 18 日参加挪威斯塔凡格跨文化教育、培训和研究协会欧洲协会会议上的发言,题目是《文化身体:具体的种族中心主义》。

谙熟意大利主观文化并能够分析交流方式或价值观方面的文化差异,然而这个人可能缺乏对意大利文化的感觉。没有对这一文化的感觉,我们美国人在他或她理解意大利文化的深度以及适应这一文化的能力方面就会受到限制。

我们用"感觉"一词本义和比喻意义(《韦氏大学词典》,1998)。本义的感觉是指感官体验。感官的刺激可以是外在的,如"她感觉到阳光照在背上很温暖,"或者是内在的,如"他感觉体温在上升"。在文化语境中,这些刺激构成某一特定现实熟悉的感官体验——热带阳光的温暖或北极风的寒冷,新鲜出炉的面包或刚开锅的面包果的香味,鸽子翅膀的喀哒声或交通的喧闹。

比喻意义的"感觉"指的是对某一事态本能的把握,就像"她对物理有感觉"或"他有种感觉这个组会怎样往前走"。就文化而言,这种感觉与判断某种行为的恰当性有关——问候一个人时应该鞠多久的躬,应该鞠到多低;参加晚宴后什么时候离开正好合适,或者是否应该对小小的失礼道歉。这种文化的本能感觉建立在感官感觉的基础上,但是更多的是生理直觉与意识知觉之间的一种感觉——即我们稍后所说的具体感觉(embodied feeling)。

深刻地了解对文化的具体感觉后,跨文化学者设计的培训才能够将生理自觉融进处理民族中心主义的努力之中。他们也会有更好的立场将跨文化技能的开发聚焦于文化适应的终极目标——获得对其他文化的感觉。

本章将要解决如下问题:
- 跨文化学者认识文化感觉的重要性时为何受阻?
- 对文化的感觉如何体现在日常的生活体验中?
- 跨文化能力培训中用了哪些方法来了解具体的民族中心主义和对文化的感觉?

要解决第一个问题,我们需要首先简单地介绍一下跨文化关系领域的社会科学背景,然后是西方科学历史上如何处理"身体"(body)的问题。随后要说明"对文化的具体感觉"这一概念的理论基础并提出例证。最后,我们将提出应该如何将理论用于跨文化培训和教育的实践中。

文化的具体化

跨文化交流研究①大致是从美国的社会科学中演变而来。结果,该领域的理论和研究趋向受到被人们接受的社会科学因素的限制(Martin & Nakayama, 1997)②。另外,跨文化培训和教育的实践总体上倾向于西方文化,具体来说是美国文化。这不是对跨文化关系领域的批评;相反,是提醒大家任何具体的研究背景一定都是有限定性的。

跨文化交流的社会科学偏向体现在其强调将文化体验必然具体化的方法上。在实验研究中,调查方法必须是在确定主要的差异或相关性之前首先明确自变量和因变量。在描述性研究中,在观察之前或当中必须进行分类处理。在跨文化关系领域,这种方法论规则助长人们相信文化的本质,用无处不在的冰山比喻这样的描述暗示文化是漂在意识和观察的水平线之上或之下的实体。这种比喻是很有必要的,它将"文化"分解、归类,最后与其他具体现象之间联系起来,比如价值观或特定行为。

在西方,"文化"通常被当成一种认知建构。从客观层面讲,人类文化是指某个特定人群创造的制度和器物。根据社会学家彼得·伯杰和托马斯·勒克曼的观点(Peter Berger and Thomas Luckman, 1966),这些制度是某个群体协调行为的"客观化"(objectivation)(通常是具体化)。

西方思维中身体的缺失导致精神产品的具体化。这在"客观文化"的概念中尤为突出,正如伯杰和勒克曼所言:

> 制度世界是客观化的人类活动,每一个单一的制度都是如此。换言之,尽管客观性是人类体验的社会世界的标志,除去缔造社会的人类活动,它并不能因此获得认识论的地位(Berger & Luckmann, 1966, pp.60—61)。

---

① 我们将用人类传播研究中的跨文化交流一词来指跨越文化差异进行人类互动的研究。跨文化关系一词是更大范围的跨学科的社会学语境,通常包括心理学、人类学、教育学、文化地理学以及其他学科的跨文化互动研究。

② 朱迪思·马丁(Martin & Nakayama, 1997)曾指出跨文化关系的研究也包括更加强调现象学因素的解释性和批判性方法。不过,她也承认社会学视角的优势。

具体化表示人会忘记他是这个人类世界的创造者,另外,人们没有意识到作为创造者的人与其产品之间的辩证关系……也就是说,人能够自相矛盾地制造一个否定他自己的现实。(p.89)

在主观层面,人类文化是指确定群体的成员共有的根本世界观(Cushner & Brislin, 1996; Triandis, 1994)。在人类学和跨文化交流学中的典型定义是"互动的人群坚持的信仰、行为和价值观模式"。虽然不是伯杰和勒克曼所说的"客观化",主观文化的这一定义也是一种具体化。也就是说,它不是指体验本身,而是指文化体验的观察构建。当然,具体地描述任何事情都是必要的。跨文化学者的问题是:在考虑跨文化适应如何进行时,是否认识到了具体化的存在。

除了社会科学背景,跨文化交流学的西方尤其是美国偏向还表现在其心智与身体(mind and body)的分离以及对行动的强调。身体被看成由心智发起行动的工具。在跨文化语境下,这一偏向的表现是对跨文化能力的重视——了解自身文化和他人的文化如何能导致更加有效的跨文化行动。

心智与身体之间的假设关系——认知与行为——运用了体验的认识、情感和行为维度的传统分法。跨文化学者一般相信了解目标文化的价值观这样的认知观念可以转化成行动,比如在该文化中修正的社会行为。跨文化学者还倾向于相信特定的情感状态要么阻碍要么促进跨文化关系。比如,一般认为与"模糊容忍度"相关的积极情感(positive affect)有促进作用,而与"评判"相关的消极情感(negative affect)有阻碍作用。在社会科学语境中,情感与态度相关——是对感知对象或多或少积极或消极的感觉,而且可能是采取行动的先兆(Kuper & Kuper, 1985)。这些情感状态与此前定义的本能感觉是不一样的,跨文化理论中对它们的强调掩盖了对文化的具体感觉的深层现象。

西方社会科学方法用于跨文化关系的优点是:创造对比文化所参照的一般文化认知框架的能力、互动分析的方法论、以及对看似与跨文化能力相关的某些特征的识别。目前跨文化方法的主要局限性是:它不能正确地解释如何将认知和态度转化成行为。当然,在社会科学家中在这个问题上纠缠不清的并不止跨文化学者。但是由于他们把文化客观化为精神概念的倾向,跨文化学者在认识适应性行为如何与文化的具体感觉相联系这个问题上,尤其容易受到限制。

跨文化方法的局限性在文化适应领域表现得最为突出。尽管跨文化情境中的适应顺序和形式方面有很多出色的研究成果(Berry, Poortinga, Segall &

Dasen，1988），但是这些模型并没有寻求解释适应本身的机制。即使是跨文化敏感度发展模型（Bennet，1986，1993）在解释"适应"的世界观如何转化成实际的适应性行为时，也多少含糊不清，尽管它试图通过强调体验性世界观而避免（将文化）具体化。

西方思维中身体的缺失

跨文化学者在解释跨文化适应方面的困难很可能是由于西方科学总体上无法解决与身体和感觉或"亲身体验"相关的问题（Maturana，1988）。如前所述，我们相信跨文化适应在于达到总体上对其他文化，具体对一个或更多特定文化，包括自身文化有意识的"具体感觉"。然而，"身体"和"感觉"的概念被系统地排除在西方思维之外，使得将生活体验理论化的努力变得很困难。

在我们认为是西方文化基础的希腊哲学中，柏拉图认为，价值观、思想、精神和心理意识是真正的现实，而不是物体、身体和物质世界。根据他的观点，灵魂的非物质本性及其对物质世界的超越说明了存在的本质（Galimberti，1983）。的确，亚里士多德从"生物学"的角度提出了灵魂的问题，将其定义成身体不可分割的部分。比如在提到荷马时，他提出了有灵魂的活体与没有灵魂的尸体之间的区分。然而，尽管人们最终承认了亚里士多德思想的重要性，但是柏拉图的地位在很大程度上渗透了西方哲学。他早期处于优势地位的一个原因可能在于直到中世纪晚期，还只有天主教堂某些精英才能接触到亚里士多德的作品（Galimberti，1999）。

医学传到中世纪时期的一个渠道是通过哈德良皇帝时期（公元130年）盖伦（Galen）所著的《医学》一书。这部著作仍然将身体和灵魂联系起来。四种性格（或是由于体热和体液的不同引发的心理状态）巩固了身体就是热量的传统希腊观点。然而，犹太—天主教传统从根本上忽视了希腊有关身体的概念，甚至都没有词汇表达身体、灵魂以及希腊精神和拉丁传统这样的概念。在犹太—天主教用法中，表示词汇间神圣联系的理性（logos），意思是"光已经照射到的词汇"。从神学观点看，上帝与无所不在的光明有关。"启蒙"的过程就是改变自己的肉体欲望，走出自己的身体，走向光明的过程（Sennet，1994）。

第十章 具体的民族中心主义与文化感觉

这一思想的激进化出现在几个世纪之后笛卡尔的推理中,尽管脱去了一切神秘或宗教的外衣。将现实分成客观事物(res extensa)(身体体验和世界万物)和被认知的事物(res cogitans)(思想和灵魂,被认为是纯粹的智力)之后,笛卡尔基本上从二元论的角度对善恶进行了定义。我们也知道哪是善哪是恶。真理(善)只有通过培养理性能力和思想的证据(cogito ergo sum)才能获得。这种思想承认了作为两个独立实体的身体与精神之间明显的区别。心智是奇迹与神秘的源泉。身体是一部遵循同样物理规则的机器,同任何机器一样。随着1628年威廉·哈维(William Harvey)《心血运动论》以及1637年笛卡尔《方法论》的出现,身体现象被描述成机械的因果关系。人们开始强调神经系统和神经内分泌(脑边缘系统的)物质,这些物质被认为是精神(认知和情感)过程和内心过程的连接结构。社会科学家今天仍然坚持这种思想,如前所述,他们认为无形的"态度"的情感状态是认知与行为之间的纽带。

直到19世纪上半叶,知识精英阶层才开始将心智和身体分开。今天,这种区别在许多西方国家普通老百姓身上也很容易看出来。这主要在本体感觉受阻而出现身体僵硬时表现出来,随后会通过毒品、药物、或通过极端或上瘾的生理刺激引起的肾上腺素来寻求极端的感觉。比如,电视看得较多的孩子体验到非常强烈的心智与身体的分离,因为他们在保持身体不动的情况下接受了大量的外来能量。这种静止是造成压力以及感知来自身体的感觉能力缺失的一种原因,过度进行体育训练的人也如此——身体"自然"的感知被破坏(1996年与Luciano Marchino的交谈,1996)。

西方思维中生活体验的再发现

西方科学中范式变化的一个标志是自我生成(autopoiesis)的概念,表现在一些激进(自动化)建构主义理论中,尤其是马图拉纳(Herberto Maturana)和瓦瑞拉(Francisco Varela)的理论。他们和奥奈恩斯(Rosalindo Onians)、昂伯图·加林比蒂(Umberto Galimberti)以及其他的作者从哲学、历史和心理学的角度,在西方思想中重新追溯忽略具体感觉的根源,并提出了一个更综合的观点。当涉及身体时,文化的概念就不能与我们的直接体验分离。

加林比蒂(1999)指出"向外存在"(ek-sistence,原文如此)一词的前缀"ek"表示在我们认为的生物链之外,人类作为进化最快的特殊生物处于这个生物链的顶层。这种在任何特定世界向外存在的状态给人类提供了一个机会,让他们能够对一个没有导向空间、没有标志、没有地平线或对他们不特定的感知能够立即获得反馈的世界保持开放的态度。这就是人类要构建世界的原因。

世界的取向和解释对人类来说从来不是一个已知事物。正如格莱恩(Gehlen)指出的那样,这就是为什么"文化是存在的生理状态的一部分。这种说法对任何动物都行不通"。不像其他生活在环境中的动物(Um-Welt),人类体验世界(Welt)(Gehlen;1942/1990)。这个"生活体验"的思想是马图拉纳提出来的,他写道:

> 生活的实践,以及观察者的体验就这样发生了……但是当我们要进行解释时,结果却是观察者正要做出解释时,其生活实践在语言和身体之间就发生了变化。这就是为什么我们所说和所想的事情对我们的生活方式产生影响的原因。(Maturana,1988,p.26)

马图拉纳的见解与加林比蒂相似,后者提出如果认为文化是我们存在的生理状态的一部分,那么灵魂与身体、自然与文化以及精神与物质世界的所有二元论就将消失。这种范式转换对所有学科以及产生并依赖这种二元论的所有道德和宗教体系都将产生戏剧性的影响(Galimberti,1999)。

当然,心智与身体——具体感觉与生活体验统一的概念并不新鲜。比如,柏拉图之前的希腊著作指出体验总是被看成一个整体:感知和认知与情感或行动倾向相关或者说紧随感知和认知而来的就是情感或行动倾向(Onians,1998)。情感可以在思想之前出现——在意识中形成并明确知识化之前可以模糊地察觉到。在荷马时期,"思考"就等于"说话",这种能力与横隔膜是一体的。灵魂首先扎根在横隔膜,接下来是肺,两者都与呼吸的行为有关。古代盎格鲁-撒克逊人(如《贝奥武甫》中所展示的那样)用同一个词表示心脏、胸膛和心智。三者都在同一区域(肺的区域),都可以充满呼吸。

古代希腊的这一思想已经反映在20世纪20年代叫做观念运动(ideomotory)的"现代"心理学中(Onians,1998)。根据观念运动的观点,每个思想不仅仅是一种状态或知识的表现,而是行动的倾向。这一时期,威廉·赖希(Wilhelm Reich)根据对弗洛伊德病人的观察,也确定了心理状态与生理状态之间的临床关系。虽然这些研究在 20 世纪中期引起激烈的争论,却促进了心理分析的更多研究和方法,包括影响力极大的格式塔疗法和生物疗法运动。

20 世纪 60 年代的美国和 70 年代的欧洲又兴起对心智—身体整合疗法的兴趣,虽然大部分原因可能是这一时期对性解放的强调。尽管如此,人文主义心理运动和不计其数的身体导向疗法和心理疗法(包括 Rolfing, Hellework, Radix 等等)取得了有趣的进展。

20 世纪 80 和 90 年代,研究者对这些方法有了更深的理解。尤其是在挪威、德国、瑞典和意大利,许多研究者开始摆脱美国一些学派的正统做法。在今天的欧洲,新的心智—身体疗法包括新赖希(Neo-Reichian)身体心理疗法,大卫·伯德拉(David Boadella)的生物合成法,挪威身体心理治疗师,洛温(Lowen)的生物疗法分析,总部在丹麦的最新身体动力学,博伊森(Gerda Boyesen)的生物动力心理学,斯塔曼(Jay Stattman)的统一心理学,布朗(Malcom Brown)的机体心理疗法培训,乔治·唐宁(George Downings)的培训,英国的治疗法(Energy Stream and Chiron),明德尔(Arnie Mindell)的过程导向心理治疗师及其他一些方法。尽管这些运动展示的图景并不完整,但总体来看,他们清楚地代表了今天 10 大主要心理疗法流派(至少有 20 个次分支)之一不可忽视的地位(Young, 1997)。

西方思想对身体的重新强调并不只限于心理学。20 世纪 70 年代初直到现在,社会行为的新达尔文主义解释层出不穷。许多这些著作都建立在道金斯(Dawkins)关于"自私基因"的开创性著作之上,根据生理进化的语境来解释行为。道金斯避免从进化论的角度简单地解释人类行为从而摆脱了早期行为研究者的做法,虽然他也承认人类行为毫无疑问地受到基因规则的影响。要解释人类文化的复杂性,他引入了"拟子"(meme)的观念,这一概念与基因类似,主要因为它能进行复制。他指出,拟子复制出现在文化领域,它支持形成人类文化核心的不同信仰持续存在。布莱克默(Blackmore, 1999)扩展了这一概念,在生物学和文化现象间建立联系,这与我们讨论的"具体文化"的方法是一致的。

身体的再发现也发生在语言哲学领域。拉克夫和约翰逊(Lackoff and Johnson, 1980)的《我们赖以生存的比喻》(*Metaphors We Live By*)一书为此奠定了基础,他们在书中提出我们的大部分比喻世界是由与身体体验相关的形象组成的。拉克夫(Lackoff, 1987)的《女人、火及其他危险事物》(*Women, Fire, and Other Dangerous Things*)中延续了这个主题,他是这样解释具体化(embodiment)的:

认知模型的具体化就是直接或间接地通过系统的方式与具体概念联系起来。一个概念在其内容或其他特性由身体或社会体验激发出来时被具体化了。这并不一定意味着这个概念就是可以从体验中预知的,相反,考虑到相应体验的性质,它所拥有的内容(或其他特性)才有意义。具体化因此给认知和体验之间提供了一种非人为(nonarbitrary)的联系。(Lackoff,1988,p.154)

在其最近的著作《体验哲学——基于身体的心智及对西方思想的挑战》一书中,拉克夫和约翰逊集合了具体化历史语境的许多主题:

> 因此分类是我们如何被具体化的结果。我们进化到进行分类……我们之所以用这种方式分类是因为我们拥有我们的头脑和身体,也因为我们用我们的方式在世界上互动……分类的形成和运用是体验的要素。(Lackoff and Jochson,1999,pp.18—19)

分类的这种提法对具体文化(embodied culture)的概念尤为重要,因为传统的分类观念将其当成纯粹的认知活动。

因此,看来目前对身体现象的研究具有同步性。像 G. 韦斯(Gail Weiss)、A. 庞齐奥(Augusto Ponzio)、H. 马图拉纳(Humberto Maturana)、昂伯图·加林比蒂(Umberto Galimberti)这样的哲学家,托马斯·科索达斯(Thomas Csordas)这样的人类学家、乔治·拉克夫(George Lakoff)这样的语言学家,以及 A. 梅鲁西(Alberto Melucci)这样的社会学家和很多其他人几乎都同时在阐述同一领域的概念。身体的话题被重新发现。对我们目前的目标最重要的是,具体化的研究不是关于身体本身,而是关于文化和体验,因为文化和体验可以从身体在世界的存在角度来理解(Csordas,1999)。

文化的感觉和形成

> 对于不可说的东西我们应该保持沉默。
> ——路德维希·维特根斯坦(Ludwig Wittgenstein)《哲学导论》(1922,第72页)。

第十章 具体的民族中心主义与文化感觉

就"具体化感觉"(embodied feeling)而言,这一著名论断的语境是一个基础,也即我们希望能够让我们深刻认识认知和态度如何转化成行为。维特根斯坦在《哲学导论》中的结束语是在全面描述了他认为能够刻画所有普通现实的逻辑形式之后得出来的。但是在描述之后,维特根斯坦(1922)写到:"还有很多……被排除在因果关系规律之外的甚至无法描述的东西",因为其实质就是"神秘的"。尽管如此,他斗胆提出这种不可描述的特性是"对如此描述的整体的感觉"(所有的引文来自第 72 页)。我们假设这种"对整体的感觉"是交流,包括跨文化交流,不可避免的一部分。

在有关这个话题最初的著作中,贝内特提出"在一个正在进行的互动过程中,形成是感觉到的,感觉是形成的"过程(Bennett, 1977, p. 102)。他所说的"形成"是指"产生轮廓或背景(figure and ground)差异的区别或界限的形成"①。在认知维度,这种区别形成一套构成我们世界观(当然包括认知、情感和行为领域的区别)的范畴或概念(Kelly, 1963)②。在情感领域,类似的区别让我们能够在边缘活动(limbic activity)的总体背景中构建特别的情感。在行为领域,人们通过表现某些特定的而不是其他的行为从个人或集体的角度给现实划定界限。也就是说,我们体验的现实的形式是由我们辨别轮廓的总和来描述的。

在辩证法的另一端,感觉是指"对刚刚描述的一套界限形成(configured)的总体的知觉"。虽然,对整体感觉的出处总是很模糊,我们偶尔能够抓住一个新的形式形成时的感觉。这在轮廓—背景转换时最明显,比如在"老妇少女"的模糊图形中(指包岭设计的用于心理实验的老妇、少女图。译者注)。当别的轮廓成为焦点的那一刻(从背景变成轮廓),我们会体验到标志着现实转化的惊喜(aha)。当笑话中的妙语突然将背景部分变成轮廓时也会体验同样的惊喜(Koestler, 1964)③。

---

① 乔治·斯宾塞·布朗(George Spenser Brown, 1972)在他可读性极强的感知和分类数学《形式理论》一书的引言中,为这一论断提供了一个出色的论据。

② 乔治·凯利(George Kelly, 1963)在人们对认知建构的看法方面仍然具有很强的影响力。参见他的《人格理论:个人建构心理学》一书。这部著作以及冯·弗尔斯特(Heinz von Foerster)、厄恩斯特·格拉泽斯费尔德(Ernst von Glasersfeld)、保罗·沃茨拉维克(Paul Watzlawick)等人对此理论的延伸被称为"建构主义",或有时为"认知建构主义",以区别于后现代人文思想家的"社会建构主义"理论。参见沃茨拉维克的《发明的实在:对建构主义的贡献》(1984)。

③ 阿瑟·凯斯特勒(Arthur Koestler, 1964)的《创造的行动》是创造力与幽默关系的经典论述。目前还有 1990 版的平装本可用。

"对整体感觉"的其他例证期限较长,而且与特定的界限形态并没有如此明显的联系。举例来说,熟练的厨师、酒吧招待和发型设计师都说他们完成技巧靠的是"感觉"。当被问到的时候,他们都承认在刚开始学习技艺时,必须凭借有意识的行为形成。就烹调和调酒来说,这就意味着必须测量不同配料的量。但是随着技艺的娴熟,他们就不用再去测量——他们对正确的量就是有感觉。同样,发型设计师介绍说他们获得了对客户头发的感觉,剪本身就能表达这种感觉,而不是遵从任何特定的模式。

给感觉赋予形式的定义是一种交流,赋予的形式就是认知概念、特定的行为和具体的情感;感知的定义是对于由一系列特定的形式构成的整体现实的感觉(Bennett,1977)。因此,在一个辩证的过程中,感知涉及到对现实形成(configuration)的理解,对这一形成的感觉反过来以一种永远保存或更改原始现实的方式被赋予一种形式。在此模型中,任何特定的"感知",比如在嵌入式的轮廓测试中将轮廓与背景区分开来,其本身就已经是一种形式——在此情况下,是指感觉整个新的轮廓—背景组合的形式。某种特定的情感也是如此——比如说"愤怒"就是一种感觉整体现实的形式,其中可以包括特定的社会关系、人际行为和态度这样的形式。

形成—感觉模型一个主要的应用是理解创造性和意识(consciousness)。说到艺术创造力,一个艺术品的创作可以说是以一种特定媒介(比如画布上的颜料)的形式表达最初的感觉。最初的形成(比如说一笔画)之后,艺术家感觉到新的现实,这个现实是与原始感觉相关的原始形式组合,现在重新构成,包括了这一笔画的新形式。对整个重建现实的新感觉在下一笔画中被赋予形式,该过程一直如此持续下去。这一过程在任何创造活动中都能看到,包括(稍后要讨论的)文化的创造。

意识的定义是形成的形成,而知觉(awareness)是感觉的感觉(Bennett,1977)。意识和知觉在元水平上以互补双模态辩证的形式相互作用。交流和感知也是如此。当我们意识到某事,意思是我们能够给形成—感觉过程的某些方面赋予形状。例如,如果说作者意识到写作词汇,意思是他/她能够给一个过程赋予一种形式(写作),在这个过程中他/她对某个主题的感觉被赋予了语言的形式。任何作家都知道,意识是把双刃剑。意识过度,作者就变得"不自然",无法感觉到思想流动已成形(Csiszentmihalyi,1990)①;换句话说,作者失去了对过程的感觉或知觉。意识太少,(思想的)流动不足以适应写作的重点。总体上可以这么说:没有知觉的意识导致缺乏感觉的形式;没有意识的知觉导致缺乏恰当形式的感觉。

同创造的其他行为的过程一样,文化可以看作感知和交流的辩证互动。爱德华·T.霍尔(Hall,1973)最先提出"文化就是交流",并指出人们对文化事件的体验是符号的字面意义和引申意义的整体集合。霍尔并没有详细地讨论这一辩证的感知方面,但是他描述的文化要素的作用可以从形成—感觉的角度更完整地理解成"创造的行为"。

我们可以在言语和非言语行为中看到形成与感觉在文化方面的相互作用。作为一个体系的"语言"是一种形成的形成。也就是说,它描述的是讲该种语言的人如何区分不同的现象。同样,语言是"语言创造"(languaging)的具体形式:实质上是给语言学的形式赋予感觉。洪贝尔托·马图拉纳和弗朗西斯克·瓦瑞拉(Francisco Varela)是这样描述"语言创造"一词及其存在论的:

> 正是通过语言创造,知识的行为在语言的行为协调中造就了一个世界。我们通过相互的语言耦合开展生活,不是因为语言允许我们展示自己,而是因为我们通过语言在同他人一道带来的持续不断的形成过程中构造自己。我们在这个共生共存的耦合中找到自己,这个自己不是先前就存在的参照物,也不是指起源,而是我们同他人一道缔造的语言世界形成过程中持续的转变。(Maturana & Varela,1987,pp.234—235)

语言的形式带来一种认可的感觉。因为语言是对现实构建的描述,得到认可的是引导现实构建的规则(语法)模式的存在。讲这一语言的人能够认识任何正确(遵循规则)的语言形式,适合语言的有限整体。即使是偶然或无意义的词汇组成符合语法规则的正确模式也被认为(感觉)是有潜在意义的。

熟悉的句法会产生认可的总体感觉。语义学意义是指语言社区成员使用类似的形成—感觉关联的趋势。因此,如果我听到与我同文化的某人说"我和我的生意伙伴闹翻了",我可以非常肯定这个句子形式对我引发的感觉与这句

---

① 要了解有关即刻行为感知的讨论,参见奇克森特米哈伊(Csikszentmihalyi)1990年版的《沉浸理论:最佳体验心理学》。

话是一种形式的感觉类似。换句话说,我假设此人和我基本上遵循同样的区别现象的规则——我们多多少少有着相同的世界观。这个交流与感知意义的过程是基本的文化的形成和感觉,或如马图拉纳和瓦瑞拉所言,它是"造就这个世界的持续的共生共存的耦合(continuous co-ontogenetic coupling)"(Maturana and Varela, 1987)。

语言创造是感觉语言的形成;非言语行为是感觉超语言的形成。所不同的是语言创造能通过"语言"的原始构成进行反指(Russell, 1948)[①]。同样,我们更容易感知到语言创造并特意去使用。尽管人们做出很大努力去创造一种非言语行为的"语言"(Hall, 1973),但是这种行为具体化的程度却不及语言运用。因此,非言语行为很少能被意识到并特意得到创造。这一区别与欧文·戈夫曼(Erving Goffman, 1959)对无意识(given off)行为相对于有意识(given)行为的定义如出一辙。言语行为更易有意识地进行,因为语言总是有意识地得到运用(形成的形成)——非言语行为更可能是无意识的感觉形成。戈夫曼指出无意识行为更可靠,因为一般认为它不容易受到意识的控制。对非言语行为感知的研究支持戈夫曼的结论(Walzlawick, Bevin & Jackson, 1967)。

感觉的言语和非言语形式间的区别对我们稍后讨论具体的文化感觉很重要。我们将提出无意识行为逃避了跨文化学者的全部注意力。语言及其所能描述的事物提供了具体的文化观——等待粗心的旅行者沉入海底的冰山。使非言语行为具体化的类似的尝试也将其当成可以被破解的密码。我们相信另外一种方法就是将无意识行为当成了解我们以及他文化的形成—感觉过程的窗口。对无意识行为的理解不可能发生在语言当中。它一定发生在推动行为的中介——我们的身体上。

文化的具体化感觉

神经生物学家达马西欧(Damasio, 1999)[②]在其优秀的著作《感觉发生的事

[①] 伯特兰·罗素(1948)和其他的普通语言哲学家给语言和元语言之间的区别做出了定义。在本文中,语言的基本水平被称作"语言创造",而语言的元水平被称作"语言"以强调语言创造感觉的直接形成,以及元语言所暗示的形成的形成。

[②] 就本讨论的语境而言,很有趣的是达马西欧也是《笛卡尔的错误》一书的作者。

情：意识形成中的身体与情感》一书中写到：

> 很奇怪地，意识（consciousness）始于我们或看或听或触摸时感觉到发生的事情……它是我们生命有机体内部伴随视觉、听觉、触觉以及内心的任何形象形成的一种感觉。（Damasio，1999，p.26）

达马西欧（Damasio，1999）为贝内特（Bennett，1977）意识是"给感觉赋予形式"的论断提供了实证基础。我们可以通过一种特定的想法和特定的情感赋予感觉具体的形式，但是对整体的不可言传的那种感觉在于我们身体个体发育（ontogenetic）的整体状况。

运用"感觉"的生理学定义，我们用触觉来做个说明。皮肤是身体古老的感觉器官。它是有机体与环境之间最主要的接触点；换而言之，它是身体感知外部世界最重要的手段。健康成人的皮肤有1.8平方米，占整个身体重量的16%—18%。在一个25美分硬币大小的表面，有超过3百万的细胞，大约3.5米长的神经，100个汗腺，50个神经末梢，以及1米长的血管。每平方分米有50个神经末梢，而全身一共900,000多个感觉神经末梢。每平方米皮肤上有7—135个触觉点不等。进入脊髓的神经纤维的数量大约50万。换而言之，皮肤是一个令人难以置信的交流系统（Montagu & Matson，1981）。

我们买衣服或衬衫时不仅仅只是看一看。一般情况下，至少在电子商务（及其前身邮政商务）之前，我们都要触摸一下我们想买的衣服。商店里有什么东西吸引我们注意力时，我们摸摸以便"看一眼"。就好像一个东西的真实性要通过触摸以后才能得到证实。正如迈克尔·陶席格（Michael Taussig，1992）提出的那样，"构成习惯的触觉对视觉接收产生决定性影响（第144页）"。触摸的行为让小孩子学到了了解自我的第一课。正如蓬齐奥（Ponzio，1997）所言："难道真正的了解不是……对身体的了解吗？它了解自己的变异（他者），了解自己肉体存在的交互性（intercorproreality）。"（第25页）。在整个随后的人际和跨文化接触中，即使是在用词汇对话之前，我们的身体总是同时或连续地处于关联状态。它们从一开始便陷入肉体存在的交互性中（Ponzio，1997）。或者，如马图拉纳和瓦瑞拉提出的，他们卷入了存在实践个体发育同构的耦合（ontogenetic costructural coupling）之中（Maturana and Varela，1987）。

马图拉纳和瓦瑞拉给文化行为（文化）的定义是"在社会环境的交流活动中通过个体发育获得并经过历代人的传承而依然稳定的那些行为模式"（Maturana and Varela, 1987, p.201)。说到"个体发育",马图拉纳(1988)的意思是指通过他称之为"同构意向"(co-structural drift)的过程在我们的"身体"状态中出现的模式。就进化论而言,个体发育模式在有机体与它们的环境包括其他有机体互动时出现。通过自创生(autopoiesis)的过程,有机体既是自主的,又与其出现的网络相联:

> 一个自创生系统最显著的特点是靠自己的努力成功,并通过自身的动力变得与周围的环境截然不同,而两者却不可分割。(Maturana, 1988, p.46)

随着有机体不断自主化(比如神经系统的发育),他们会产生反馈到网络的行为(身体状态)。在"二阶耦合"(second-order couplings)层面,自主有机体的自发(reflexive)行为成为环境与其他有机体交流的一部分。人类进化的特点就是这些耦合向着更复杂的系统逐渐变化。

文化是一种"三阶耦合"(third-order couplings)的情况,其中二阶耦合的重现模式成为网络的一部分。这种网络的自创生组织包括我们称为文化的相对稳定的模式。便于此处的讨论,这一定义最重要的部分是,文化适应本质上与所有生命系统都具有的身体适应的特征是难以区分的。这种适应在自主有机体的身体里发生,因此,文化适应也是通过我们的身体产生的。以下段落就来探讨这种假设的隐含意义。

比如,我们的身体体验到不同的空间环境时会发生什么?如果走进一家正式的日本餐馆,低矮的餐桌、米纸糊的墙、安静微弱的灯光,这种气氛在我们内心诱发的某种心理物理状态与我们进入一家传统的意大利饮食店产生的感觉是完全不一样的。不考虑可能不同的喜好,我们可能会发现我们呼吸的方式发生了变化。事实上,要适应每个人都挨着坐一块儿、人们大声喧哗的意大利餐馆,我们可能会缩短呼吸的深度。我们缩短呼吸来仿效身体必要的退缩。或者,从形成—感觉的角度来讲,浅呼吸是我们对整个饮食店的现实感觉形成发出的一个行为。相反的,我们的呼吸在正式的日本餐馆就可能放松、加深。

当然,情境(以线性的因果关系)不会决定我们的反应。相反,餐馆是我们共生共存的(co-ontogenetic)适应所发生的环境。在同时耦合到这一环境中的许多自主人类机体中,体验会各不相同。但是每个情境中适应的相似性(这里的呼吸)标志着机体自身的三阶耦合。换句话说,每个情境中的人们都在感觉该地的文化。通过他们的身体给这种感觉赋予形式的同时,他们把反过来成为环境形式的行为反馈给这个网络,如此等等。这样,日本餐馆的文化就得以保存,与意大利饮食店的文化就不一样。

空间的组织影响人的身心并不是什么新鲜事;想一下古代的风水实践或新近的生物建筑就知道这种影响了。我们在这里想表明的是跨文化学者应该特别关注不同文化背景下的空间感。这种兴趣应该超越空间关系学的研究,通过它可以观察和分类既定的文化模式。这里的关键问题不是这些模式是什么,而是我们怎样去感觉它们?通过开发对空间感的意识(由此引申对其他文化维度的感觉),我们应该能够认识到对跨文化适应来说几件重要的事情。例如,熟悉空间的感觉可以代表一种"具体的民族中心主义(embodied ethnocentrism)"。我们认同周围空间以及与这一空间熟悉的身体状态的感觉越强烈,改变空间之后体验到的不适就愈明显。生活在强烈地反映自身空间的人们,或者强烈地反映他们所生活的空间的人们,需要做出一些内在的调整才能适应空间的改变(Tolja & Speciani, 2000)。就像其他形式的民族中心主义一样,提高适应能力的关键是文化自觉性。必要的内在调整因此成为感觉如何与自身文化形成相关的简单行动。

对空间、呼吸和自我感之间关系进行一定的归纳可以让我们的注意力转向形成和感觉关联的方式。对我们每个人来说,最重要的空间大小是由个人经历、需求和适应性策略来定义的。如果我们的重要空间受过干扰,就可能与空间有种"不自然"的关系。除了有限的物理空间,还包括受到他人的话语、气味、请求注意力以及其他方式的侵扰。一种抑制的呼吸模式可能是与这种近距离一同产生的。概括地说,我们在这些条件下对空间的需求可能受到限制,与我们的潜能相比,我们的自我感觉也可能受到束缚。相反的,深呼吸和更开阔的自我感觉可能与更大的空间有关。注意呼吸和空间是连在一起的——也就是说,呼吸不适应空间,空间也不适应呼吸。人们构建空间的方式与他们构建身体的方式并没有不同。它们是共生共存的关系。

不管怎样,对呼吸的关注已经很好地表明自我感觉如何与空间的形成相关。这里根本的问题是如何为我们自己确定恰当的空间大小,要顾及身体和呼吸的量以及我们生活空间的大小等等。另外,我们需要考虑身体的界限如何超越皮肤的限制,并包括一个"能量场"——也就是我们对别人出现在我们周围的区域特别敏感。对这种"场"的通常体验是当我们坐在一间屋子里或火车上,有些我们不喜欢的人却坐得离我们很近。我们的自然倾向不仅是屏住呼吸而且还要收缩周围的空间。在拥挤的公共场所，我们的内心也会逃避。在这种情况下，如果有轻微的接触，我们一般不会对此做出反应。相反的，如果我们坐在喜欢的人旁边，我们的身体会放松，我们的呼吸和能量场会朝对方扩散。在这种情况下，即使是最轻的接触也会引发强烈的反应。

我们身体界限的扩展和收缩是移情的基础。在最简单的层面，如果我们以一种很有成就感的方式骑马或开车，就好像我们在经历马或车的体验（车的确有体验——只不过是一种机械的体验而已）。我们已经将身体的界限扩展到包括身体之外的物体，它们的体验因此可以融入我们自身具体的体验。这种与物体的移情非常普遍，让我们可以通过汽车、滑雪板、剑和乐器①这样的物体来表达我们的意图。在与有机体的移情中，移情也让我们去感觉它们的意图。（再次强调，也可以认为物体在他们自身的语境中也是有"意图"的，所以移情实际上在任何情况下都是一个双向的过程。）我们这里讨论的移情包括根据不同场合修饰、收缩和扩大身体图像（body scheme）的能力——按照格伦的观点，就是人类的原始可塑性（Gehlen②，1983）。

梅洛-庞蒂（Merleau-Ponty，1945/1962）把我们习惯性地维护身体图像的方式叫做"习惯身体"（habit body）。比如我们开车、坐在电脑键盘前面或与他人交流的时候习惯性地保持某种身体姿势。梅洛-庞蒂认为，"最完整的体验为自身提供习惯性身体（habitual body）是种内在必要性"（Merleau-Ponty，1945/1962，p.43）。习惯身体的发展在感知过程中起着稳定的作用。用梅洛-庞蒂的话说，"感知习惯开始占有世界"（第146页）。或者用马图拉纳的话说，我们的姿势是结构耦合（structural coupling）的一部分，使世界以某种特定的形式出现并促成我们对世界的体验（Maturana，1988）。

最困难的就是"占有"另一个人的世界。根据马图拉纳和瓦瑞拉（Maturana and Varela，1987）的观点，这是由于人类以第三阶耦合的方式交换情感。他们

---

① E.T.霍尔（1973）将这种能力看成一种"延伸"。后来，马歇尔·麦克卢汉和昆丁·菲奥里（1967）将机械延伸的概念扩展到包括神经系统到电子媒介的延伸。
② 格伦（1983）认为解剖学功能不全以及非特定的本能同时存在于人的身体并具有可塑性；也就是说，人类拥有适应的多价能力，让他们能够在任何地方生存并"实现"自我——不仅仅是生存，而是引导他们的生活。人性通过选择和稳定性的程序在生命链中取得地位，有了这个地位人性就能从文化上实现选择性和稳定性，而动物由于本能天生就拥有这些特性。

通过交流来创造他们的世界。按照加林比蒂的观点（Galimberti，1983），交流的第一步应该在情感世界中寻找，因为情感是我们对世界景象的第一反应。比如，小丑展示超越解剖学意义上的身体的不同情感，使之成为"情感身体"，立刻就具有表现力。但是为了让别人理解这种表达方式，对方必须生活在正在表达这个人的世界里。我们的姿势和话语的意义不是被赋予的，而是被理解或领会；也就是说，意义的出现是在旁观者认知到一种个人情感的时候。梅洛-庞蒂认为，"每件事情发生时，只有好像他人的意图会经历我的身体或我的意图能够经历他的身体时"（Merleau-Ponty，1945/1962，p.256），才有可能沟通。

这就让人从根本上去了解"黄金法则"（golden rule）①，要逐渐意识到他人从自身的视角希望别人怎样对待他们，承认差异，努力移情尊重他人平等（但不同）的人性。我们这里所说的移情是一种能够开发的能力，最终以有意识的方式被无意识地运用。

将文化的具体感觉融入跨文化能力的发展

移情的意向性用法是开发跨文化能力的关键。我们可以通过移情去领会和理解我们自身文化世界里接触不到的体验。培养这种移情最直截了当的方式就是重建与我们身体的联系，这样（1）我们就能意识到我们自身文化中的具体体验；（2）能够将我们的身体界限转化成引出对他文化感觉的形式。最终，我们能够给对不同文化的感觉赋予形式，这种方式使我们的行为变得"适应"其他的文化。

文化适应行为不会像跨文化理论有时假设的那样，仅仅因为采取了恰当的认知态度而产生。当然，有必要尽可能多地从认知的角度了解另一文化，当然有些态度会看起来或者促进或者阻碍适应。我们这里想补充的是能够催生对他文化感觉的另一纽带。有了这种感觉，在其他文化语境中恰当的行为就能从我们的具体体验（embodied experience）中自然地流露出来，就像在我们自己的

---

① "所以无论何事，你们愿意人怎样待你们，你们也要怎样待人"（马太福音 7:12[英王詹姆斯钦定版]）。贝内特（1979，1998）指出，这一准则经常以民族中心主义的方式得到应用，而不是文本中提到的对文化敏感的方式。

文化语境中一样。其中的挑战是开发可以用于跨文化培训的方法，开发其他的发展成果可以给学员提供（1）接触他们自身文化的具体感觉；（2）领会理解其他文化具体感觉的技巧；以及（3）支持这些技能必需的思想倾向。本章只是简单地提出促成这些方法的初步途径。

在一般的"身体学"（somatics）领域有太多的技巧（Murphy，1992）。前面提到了围绕特定的心理或哲学体系组织技巧的几个系统。我们想说明我们并不是在暗示采用任何一种身体系统作为完善的跨文化能力培训方法。这样的培训应该有很多因素，只有其中一种可以用身体技巧。问题是选择或创造一些身体方法，这些方法能够适合跨文化能力开发的整体策略，并对培训具体感觉的知觉这一特定目标有效。我们注意到各种文化结构和心理生理状态之间的联系。我们将用"民族生理（ethnophysiological）"这个词来指代那些有文化背景的心理生理状态。民族生理状态是指体现文化感觉的状态。

一种肯定有效的方法是"呼吸活动"。一个人每次强烈地改变呼吸方式时，身体就面临一系列的重组，主要是在神经学层面。根据同构耦合（costructural coupling）的概念，个人呼吸模式的改变可能与周围环境的改变相关。例如，想学习改变呼吸模式的人会感觉到一种改变自身身体环境的冲动。相反，我们面临一个不熟悉的环境时，会特意改变呼吸来改善适应的过程。

众所周知，人们倾向于把呼吸的步调调整得和周围的人一致。最近的研究表明，影响我们心理生理反应的另一个特征是普遍的地点维度（Tolja & Speciani，2000）。去美国或日本的意大利人可能会体验各种不同的集体空间。他们可能会改变呼吸的方式，正如我们所见到的那样，这会改变身体感知和意识状态。如果他们保持意大利式的呼吸方式，就会觉得不适应新环境。或者，如果他们无意识地改变了呼吸，这种改变引发的新的民族生理状态的陌生感会使人不知所措。

身体学方法另一可能的资源就是空间和运动相互关联的概念。根据这种观点，身体运动的不同结构与不同的体格和自然环境相关，运动的模式与生理心理状况有联系。例如，如果一处娱乐场所显著的特点是水平线条，激活的运动主要是水平方向的旋转肌肉。垂直线条激发弯曲运动，纵向线条与前后肌肉组织的运动相关。人们认为神经系统这三种形态的活动会引发特定的心理状态。比如，水平维度引发一种"像子宫"一样的情形和归属感，垂直维度激发脑皮层神经系统和理性思考。纵向维度激活肌肉系统和行动。假设这些相关度在某种程度上存在,对他们的意识将会是一种有力的工具,它能帮助人们认知文化背景空间的影响并促进有意识的改变,这是文化适应的一部分。

同样是空间的主题,但是更宽泛一些,托利亚和斯佩查尼(Tolja and Speciani, 2000)认为由于某种习惯性的身心状态,一些空间形式就被构想成某种特定的形式。例如,纽约市的建筑就会反映那里城市居民的身心状态。由于建筑设计的选择往往肯定是一种受制于流行品位的主观活动,这就不足为奇了。当然,反过来也是有道理的:纽约的建筑环境会产生一种不同于例如新西兰的克赖斯特彻奇市的建筑产生的民族生理状态。不同时代建筑的影响又如何呢?生活在意大利文艺复兴时期的建筑周围与生活在挪威的尖耸教堂周围对人们的影响会有怎样的不同呢?就像音乐或食品一样,每个人的反映肯定有很大的不同。但这无疑是影响我们适应新环境的一个重要领域。据说建筑师声称他们能够设计一座房子让住在里面的夫妻一年之内就得离婚。

跨文化适应涉及改变,改变总是意味着对抗既定的结构——身体生理结构、情感模式和信仰体系等等。这种自我结构如何在转换和改变的同时仍然以一种健康的方式与世界相联呢?加之各种与身心相关的途径,我们强调人们在过渡的时候要特别关注身心关系差异的重要性。为了做到这一点,我们需要更细致地体会和感觉我们周围的空间及其对自我重构的影响。

贝内特提出"差异体验"与"民族中心主义"之间关联的理论(Bennett, 1993)。我们已经分析过文化背景体验与心理生理状态间联系的案例,我们称其为民族生理状态。接下来的逻辑是民族中心主义是一种物理状态也是一种心理倾向,是一种我们称之为具体的民族中心主义(embodied ethnocentrism)的状态。

将民族中心主义定义为"假设自身的文化是现实的中心",我们可以看出心理生理状态的几个隐含意义。第一,缺乏文化自觉的人也可能缺乏民族生理自觉。他们可能不愿或者不能确定自己的具体文化感觉,因此不能想象有别的选择。第二,有民族中心主义优越感(处于否认和防御阶段)的人避免接触文化差异(Bennett, 1993)。这可以根据民族生理概念来解释,即他们回避的情境不知不觉地引发陌生的状态,这反过来又威胁到他们无意识的结构完整性。第三,有民族中心主义优越感(防御)的人可能用熟悉的方式把权力作为一种建构身体和社会环境的方式。权力的使用可能以总体上控制感觉的形式出现,包括判断他人假定的感觉。这种控制性判断持续到民族中心主义的最小化形式，尽管是以更微妙的形式对与自身文化的相似之处做出正面判断。总之，对民族中心主义加上民族生理方面的解释有助于说明与这种状态相关的判断的总体态度。

从民族相对主义发展的角度来看，可以做出几种对比强烈的民族生理解释。第一，持民族相对主义观点的人看起来更明白自己的具体文化感觉，这是他们总体文化自觉的一部分。意思是说他们更容易根据过程和变化来识别自我，也就是说变化和发展被看成一种自然而不是危险的事情。第二，他们寻求关联。他们意识到（通过人和物）体验其他文化为他们提供了接触不同的民族生理状态的机会，自我也会因为接触这种状态而变得丰富。第三，他们会将民族生理状态的生成和毁灭看成改变的一个方面，因此他们愿意感受尽可能多的情感并重视任何过程中保持意识"目击者"的身份。

居住(inhabit)在这个世界上，我们的身体会形成一些习惯。身体对世界的体验都是事实，因为它既不是归纳或演绎得来，而是我们所生活和居住的体验(Galimberti, 1983)。通过特定的方式居住在这个世界上，身体表现为感受那些习惯的形式。前面我们已经描述了民族相对主义和民族中心主义的习惯或具体感觉。身体并不知道（不在乎）跨文化学者认为民族相对主义比民族中心主义要好。不管我们以哪种方式居住在这个世界上都是"正当"的形式，因为它会生成一种"正当"的感觉，这种感觉又通过自我完善的文化预言表现出来。

超越民族中心主义的关键是文化自觉。文化自觉是"体验自我在文化语境中活动"的简单的表达方式。我们提出身体意识技巧可以增加文化自觉的民族生理维度。除了以上提到的呼吸和动作技巧，可以用陌生的方式去感觉体验他人威胁的各种步骤来达到这个目的。我们的身体最不愿抵制民族相对主义。我们可以学习适应普遍文化的策略，我们可以学习客观和主观领域的特定文化概念，我们可以学习语言，但是我们通常不会学习如何让我们的身体有意识地适应"恰当的"文化形式。这可以通过以下的方式做到，首先观察我们的身体在自身的文化环境中如何举止，然后观察我们的身体在空间、形状、节奏等方面对文化差异作出何种反应。

除了开发更好的民族相对主义能力，我们可以更有效地用自己的身体，将其作为收集他文化信息的工具。有没有办法以更灵活的方式译解和运用我们的身体在陌生环境中接收到的信息呢？要做到这一点就要更好地意识到符号化和分类的过程①。领会了分类构建持续过程的感觉,我们就给了自己修正这个过程的机会——给感觉赋予不同的形式并从不同的角度来感觉这些形式。有了这种灵活性,我们就可以尝试创造适合于各种文化语境的体验。

在跨文化培训课程中,我们可以创造模拟情境和其他情境,让人们在其中体验自身身体的反应。这些情境应该是陌生的——也许是古怪的,但不一定是有危险的。在这些情境中,我们把注意力转向对情境的感觉,还不是对这个情境的解释。我们让参与者用尽可能具体的②方式来表达他们感知到的东西——我们感觉到颤动,呼吸的扩张或收缩,大腿的疼痛……逐渐地我们就学会把这些感知体验转化成别的与我们的生存方式和我们的情感(具体的)体验有关的东西。

从短期看,这些和其他的身体方法应该作为通常用于跨文化关系教学和辅助课程中的认知、态度和社会行为方法的补充。从长期看,我们相信语言学、心理学、哲学和控制论建构主义中不断发展的有关具体体验的理论会得到修正,并应用到跨文化交流当中,并构成这一领域新的研究和实践的基础。

参 考 文 献

Bennett, M. J. (1977). *Forming/feeling process: The perception of patterns and the communication of boundaries.* Unpublished doctoral dissertation, University of Minnesota, Minneapolis.

Bennett, M. J. (1979). Overcoming the golden rule: Sympathy and empathy. In D. Nimmo (Ed.), *Communication yearbook* (Vol. 3, pp. 407–422). New Brunswick, NJ: International Communication Association.

Bennett, M. J. (1986). Towards ethnorelativism: A developmental approach to training intercultural sensitivity. *International Journal of Intercultural Relation, 10,* 179–195.

Bennett, M. J. (1993). Toward ethnorelativism: A developmental model of intercultural sensitivity. In R. M. Paige (Ed.), *Education for the intercultural experience* (pp. 21–71). Yarmouth, ME: Intercultural Press.

Bennett, M. J. (1998). Overcoming the golden rule: Sympathy and empathy. In M. Bennett (Ed.), *Basic concepts in intercultural communication: Selected readings* (pp. 191–214). Yarmouth, ME: Intercultural Press.

Berger, P., & Luckmann, T. (1966). *The social construction of reality: A treatise in the sociology of knowledge.* Garden City, NY: Doubleday.

Berry, J., Poortinga, Y., Segall, M., & Dasen, P. (1988). *Cross-cultural psychology: Research and applications* (pp. 271–291). Cambridge, UK: Cambridge University Press.

Blackmore, S. (1999). *The meme machine.* Oxford: Oxford University Press.

Brown, G. S. (1972). *Laws of form.* Toronto, Ontario, Canada: Bantam.

---

① 除了此前引用的拉克夫(Lackoff,1987)以及拉克夫和约翰逊(Lackoff & Johnson, 1980)的著作,拉克夫和约翰逊(Lackoff & Johnson, 1999)新作《体验哲学——基于身体的心智及其对西方思想的挑战》(Basic Books, 1999)对这一概念进行了重大的扩展。

② 我们在这里对"具体"一词的用法类似于 K. 海师(Kichiro Hayshi, 1995)对"类推"或者拉克夫和约翰逊(Lackoff & Johnson, 1980,1990)对"比喻"一词的运用。

Csikszentmihalyi, M. (1990). *Flow: The psychology of optimal experience.* New York: Harper & Row.

Csordas, T. J. (1999). Embodiment and cultural phenomenology. In G. Weiss & H. F. Haber (Eds.), *Perspectives on embodiment.* New York: Routledge.

Cushner, K., & Brislin, R. (1996). *Intercultural interactions: A practical guide* (2nd ed.). Thousand Oaks, CA: Sage.

Damasio, A. (1999). *The feeling of what happens: Body and emotion in the making of consciousness.* New York: Harcourt Brace.

Dawkins, R. (1976). *The selfish gene.* Oxford: Oxford University Press.

Descartes, R. (1970). Discource on method. In E. S. Haldane & G. R. T. Ross (Eds.), *The philosophical works of Descartes* (2 vols., Reprint). Cambridge, UK: Cambridge University Press. (Original work published 1637)

Galimberti, U. (1983). *Il corpo* [The body]. Milan, Italy: Feltrinelli.

Galimberti, U. (1999). *Psiche e techne: L'uomo nell'etá della tecnica* [*Psiche* and *techne:* Man in the age of technology]. Milan, Italy: Feltrinelli.

Gehlen, A. (1983). *L'uomo: La sua natura e il suo posto nel mondo* [Man: His nature and his position in the world]. Milan, Italy: Feltrinelli.

Gehlen, A. (1990). Per la sistematica dell'antropologia [For the systemization of anthropology]. In A. Mazzarella (Ed.), *Antropologia filosofica e teoria dell'azione* [Philosophical anthropology and theory of action] (pp. 106–126). Naples, Italy: Guida. (Original work published 1942 as Zur Systematik der Anthropologie [Toward a systemization of anthropology])

Goffman, E. (1959). *The presentation of self in everyday life.* Garden City, NJ: Doubleday.

Hall, E. T. (1973). *The silent language.* Garden City, NJ: Anchor Books/Doubleday.

Hayashi, K. (1995, September). Intercultural management: Part 1. Communication. *NEC Management News,* pp. 13–14.

Kelly, G. (1963). *A theory of personality: The psychology of personal constructs.* New York: Norton.

Koestler, A. (1964). *The act of creation.* New York: Macmillan.

Kuper, A., & Kuper, J. (1985). *The social science encyclopedia.* Boston: Routledge.

Lakoff, G. (1987). *Women, fire, and other dangerous things: What categories reveal about the mind.* Chicago: University of Chicago Press.

Lakoff, G., & Johnson, M. (1980). *Metaphors we live by.* Chicago: University of Chicago Press.

Lakoff, G., & Johnson, M. (1999). *Philosophy in the flesh: The embodied mind and its challenge to Western thought.* New York: Basic Books.

Martin, J., & Nakayama, T. (1997). *Intercultural communication in contexts.* Mountain View, CA: Mayfield.

Maturana, H. (1988). The search for objectivity or the quest for a compelling argument. *Irish Journal of Psychology, 9*(1), 25–82.

Maturana, H., & Varela, F. (1987). *The tree of knowledge: The biological roots of human understanding* (Rev. ed.). Boston: Shambhala.

McLuhan, M., & Fiore, Q. (1967). *The medium is the message: An inventory of effects.* New York: Random House.

Merleau-Ponty, M. (1962). *Phénoménologie de la perception* [Phenomenology of perception] (C. Smith, Trans..). London, U.K.: Routledge & Kegan Paul. (Original work published 1945)

Merriam-Webster's Collegiate Dictionary (10th ed.). (1998). Springfield, MA: Merriam-Webster.

Montagu, A., & Matson, F. W. (1981). *I linguaggi della comunicazione umana* [The languages of human communication]. Florence, Italy: Sansoni.

Murphy, M. (1992). *The future of the body: Explorations into the further evolution of human nature.* Los Angeles: Jeremy P. Tarcher.

Onians, R. (1998). *Le origini del pensiero europeo* [The origins of European thought]. Milan, Italy: Adelphi.

Ponzio, A. (1997). *Elogio dell'infunzionale: Critica dell'ideologia della produttività* [In praise of the unfunctional: Critique of the ideology of productivity]. Rome: Castelvecchi.

Russell, B. (1948). *Human knowledge: Its scope and limits.* London: Routledge.

Sennett, R. (1994). *Flesh and stone: The body and the city in Western civilization.* New York: Norton.

Taussig, M. (1992). Tactility and distraction. In M. Taussig (Ed.), *The nervous system* (pp. 144–148). New York: Routledge.

Tolja, J., & Speciani, F. (2000). *Pensare col corpo* [Thinking with the body]. Milan, Italy: Zelig

Editore.

Triandis, H. C. (1994). *Culture and social behavior*. New York: McGraw Hill.

Watzlawick, P. (Ed.). (1984). *The invented reality: Contributions to constructivism*. New York: Norton.

Watzlawick, P., Bevin, J., & Jackson, D. (1967). *Pragmatics of human communication*. New York: Norton.

Wittgenstein, L. (1922). *Tractatus logico-philosophicus*. New York: Harcourt, Brace.

Young, C. (1997). *Body psychotherapy: Its history and present day scope*. Address presented at the European Association for Psychotherapy's Congress 1997, Rome. Retrieved July 26, 2003, from http://www.eabp.org/history_of_b-p.htm

第十一章

媒体与跨文化培训

卡洛斯·E. 科蒂斯（Carlos E. Cortés）

媒体具有教化功能。这个等式反过来就是：人们从媒体上学习知识，不管他们是否意识到这种学习或者媒体人是否意识到他们在进行教化。

这种媒体教化和基于媒体的学习涉及很多话题，包括文化以及不同背景人们之间的关系。简而言之，媒体进行跨文化教化，而人们从跨文化的角度从媒体学得知识。

媒体影响我们看待自己和他人的方式。也影响我们看待我们认同的群体，我们从属的国家，我们信仰的宗教以及我们是其中一份子的文化的方式。还影响我们感知其他的群体、国家、宗教、种族、文化和民族并与之交流的方式。

媒体教化和学习有关多样性的必然性为从事跨文化培训的人们既带来挑战又创造机会。这为培训师造成难以应付的挑战，因为媒体几乎肯定地影响了他们要培训的人，尤其是对那些亲自接触有限或不了解的群体和文化的态度、信仰以及知觉的人。不过，媒体也创造了一些文化教学机会，对那些希望更加熟谙媒体复杂性并善于利用媒体实现培训意图的人更是如此（Cortés, 2002）。

很显然，媒体长期以来都是跨文化培训师工作的一种渠道。然而，问题在于，那些培训师对媒体的利用是否建立在对以下问题的研究和严格把握上：媒体如何进行教学，人们能从媒体学到什么？在运用媒体进行跨文化教学时存在哪些机遇和缺陷？

我们来看看媒体—跨文化培训关系的两个维度。首先，媒体如何进行教化，不经意的受众又如何从媒体学到不同的文化？第二，跨文化培训师如何更有效正当地利用媒体进行专业培训？

媒体教化和学习

为了便于分析，我想颠倒一下传统上教—学这个统一体的顺序，先来说说"学"。这么做是因为了解竞争型学习范式可以帮助权衡媒体进行跨文化教学的论点。

所有的跨文化培训师——也可以说所有的教育者——都知道教和学不是同义词。我们讲授。接下来，经常令人失望的是，通过不同的评估方式，包括跨文化培训参与者的评价，我们发现学习的范围、内容和质量存在着巨大的差异。这种差异在学校里发生，在跨文化培训中出现。说到媒体时，这种差异也同样出现(Schwoch, White & Reilly, 1992)。

有些消费者可能会特别有意识地持批判态度对待媒体，比如，经常思考媒体如何处理种族、民族、性别、文化、宗教和多样性的其他方面。很少的一部分人甚至会反省这些媒体体验，不断质问，可能甚至修正他们自身的个人认知框架、态度结构、价值体系和跨文化信仰。然而，这种持续理性的媒体消费到目前为止只是例外，而不是惯例。

大多数消费者都以随意的非批判性的态度对待媒体。他们可能下意识地吸收或者发自内心地排斥跨文化形象或信息。这样，他们不自觉地将媒体传播的思想与已有的个人知识、体会、态度、价值和心理图解联系起来做出回应和学习。不管读者、听众和观众是否能意识到他们在学习，任何媒体都有促成个人跨文化知识主体形成的能力。

媒体有时也承认他们神秘的教化力量。比如，《电影制片规范》(美国电影业1934年通过)在前言中这样描述它的正式地位：

> 因此，虽然将电影主要看成娱乐方式，没有任何明显的教化或宣传的目标，他们知道电影在自身的娱乐领域可能是导致精神或道德进步，更高

层次的社会生活以及大多数正确思想的直接原因。(转引自 Stanley & Steinberg, 1976, p.80)。

效果之辩

提到社会知识,对媒体效果的讨论——不管是学术分析还是大众的见解——都已呈现两极分化的状态。一个极端站着"全能的媒体"批评家,他们将媒体看成事实上无法抑制的力量,无情地向受众反复灌输他们的讯息、形象和价值。有些解释者竟然采取一种几乎决定论的立场,将个人、群体、文化、民族信仰、态度和行为的发展与媒体看成直接的(有时是唯一的)因果关系。媒体决定论这一普遍圈套在早期的媒体研究中盛行,有时也被称作"皮下注射"或"魔弹"效果论(在现代电脑语言中,这种现象被冠以"学习者是空桶"的理论标签)。

一位分析家因为电视对儿童假定的巨大效果而将其描述成新的"花衣魔笛手"(pied piper)(Shayon, 1952)。玛丽·温(Marie Winn)甚至用《插电毒品》来命名她1977年论述电视的著作。虽然现在大多数学者都不屑于皮下注射效果的概念,但在反媒体抗议群体、政治煽动者、各类高谈阔论者、甚至有影响力的作家中,它仍是个普遍的假设。

由于媒体被认为是全能的,这些批评家认为没有什么必要出示具体证据表明媒体对学习的影响。忠诚的全能派媒体攻击者仅仅看了一种媒体,得出他们自己有关媒体内容的结论,然后就断言这一定就是别人从媒体上学到的东西。在那些关注跨文化媒体效果的人中,这种主张总被定格成人们一定会从媒体那里学到文化刻板印象。换言之,媒体内容(他们眼中的教化)成了受众效果(学习)的同义词。这就像老师用演讲、教案、课本和课程表来"证明"学生在学什么而不是直接评估学习本身。

在媒体决定论的另一个极端是"有限效果"分析家,他们不重视媒体对受众的影响。他们从不同的角度提出各种论据来说明这个问题。媒体只是反应社会舆论而不是塑造舆论。媒体仅仅是满足受众的欲望。媒体制作者和某种类型的接受理论家这两个基本的有时敌对的群体支持有限效果理论。

首先来考虑一下媒体制作者。当面临为他们狂热地挑选耸人听闻的消息或"专注"暴力犯罪进行辩护的挑战时,新闻媒体就依赖两个自圆其说的"镜子"比喻为自己辩护。有时他们宣称自己只是"反映"周围的世界,就好像他们只是被动地举起镜子照到外面的世界。或者辩解说他们只是提供一扇看世界的"窗口",就好像他们只是打开窗帘让世界流入他们的摄像机或纸张,忽略他们在选择、设计和评论这个"流入"中所起的作用。

其次是某些"接受理论家",尤其是那些主张媒体的读者、观众和听众在教学综合体中占据主导地位的人(Williams,1995)。他们认为受众是积极消费者,不断地从媒体构建他们自身的意义,因此排斥媒体制作者追求的教育意图。在现代媒体研究术语中,这种受众积极分子颠覆了支配和霸权式的媒体解读方式(Jenkins,1992)。少数这类分析家甚至宣称电影和娱乐电视节目没有本质的意义,是受众赋予其所有的意义。

争取平衡

在描述这两个相互排斥的立场观点的同时,我并不想留下激进的强硬派的虚假印象。一个人可以将媒体看成强大的教化力量(我是这么看)而不成为皮下注射决定论者。也可以认可不同的解释和知识建构是不可避免的(这一点我也是这么看),而不成为激进的建构论者。

实际上,大多数媒体学者都站在多面的中间立场(Rogers, 1994; Ross, 1998),理查德·戴尔这样简洁地描述道:"受众不能让媒体形象表达他们希望的意思,但是可以从复杂的形象中选择对他们有用的意义和感觉、变异、变化和矛盾"(Richard Dyer, 1986, p.5)。此外,大多数分析家都承认虚构和非虚构的媒体节目都具有影响力,这就是为什么一直以来都有人抗议针对年轻人的香烟广告以及最近专题电影中抽烟的主角儿增加的事实。不过他们也了解,这种影响不是魔弹论支持者们倾向于辩论的那样无所不能和具有决定性。

在这个广泛的中间立场中出现的研究提供了一些发人深省的观点(Huston, et. al., 1992; Tichi, 1992)。这个研究表明媒体——不管好坏——大大地有助于跨文化思维、感觉和行动。这里最重要的词是"有助于"(contribute),而不是单方面的"引起"（cause）。

在塑造跨文化理解力、信仰和态度方面，娱乐媒体也有可能比新闻媒体更具影响力。消费者可能更容易意识到他们可以从新闻媒体，包括电视和电影纪录片这种形式的媒体中学到（或假定学到）知识。不管这种学习涉及天气预报、股市报告、全球冲突还是不同背景、身份或信仰的人们之间的冲突，毕竟，他们选择新闻媒体来学习。

简而言之，在谈到新闻媒体时，虽然其准确性、偏向和包装会各有不同，但是消费者知道他们在与"信息"打交道。然而即使有这样基本的意识，他们也不可能完全认识到这些信息增加、加强和挑战他们的心理状态、世界观或更深层次的跨文化价值体系的所有方式。

娱乐媒体呈现出一种不同类型的学习两难选择。消费者看娱乐电视、看电影或听音乐通常是为了消遣，不是获取信息。因此，与他们对新闻媒体的体验不同的是，他们一般不会意识到学习也会在娱乐媒体中发生，因此更不容易有意识地提防和分析娱乐媒体对学习的潜在影响。然而研究和一些轶事趣闻证明人们的确从娱乐媒体中学到了东西。

消费者可能从相同的媒体源中得出不同的价值判断，尤其是当受众来自不同的文化立场（Korzenny, Ting-Toomey & Schiff, 1992）或者媒体的主题带有比如种族主义和其他形式偏见等沉重的情感负荷时（Cooper & Jahoda, 1947）。对一个主要的电视现象，诺曼·李尔（Norman Lear）关于每周播出一次的电视连续剧《一家大小》的研究戏剧性地表现了那些多元文化学习的变化。

1971年凸现在美国电视屏幕上的《一家大小》（All in the Family）成为以后一系列实证研究的试金石，展示了各种不同的观众反应。这部颇受欢迎的周播连续剧聚焦于非正统派主角阿契·班科（Archie Bunker）。他是一个固执地相信机会均等的人，是种族主义、男性至上主义、同性恋恐惧症以及其他一切可以想象的主义和恐惧症的化身。该剧通过突出处理阿契偏执的夸夸其谈，使得他偏执的表达显得荒诞可笑，旨在批评偏见，尤其是种族和民族偏见。李尔通过展示这种偏执的愚笨，使得阿契成为观众的笑柄，从而有意识地减弱观众的偏见——这是媒体制作者利用娱乐电视达到跨文化教育目的的典型实例。

他成功了吗？也许吧……但仅仅只是对一些观众而言。其他人同意甚至认同阿契的观点。正如卡洛尔·奥康纳（Carroll O'Connor）迎合地描述到，阿契最后成了令人喜爱的偏执分子和可爱的种族主义者。这使得本身就已经有这种倾向的观众理解他那些心平气和但滑稽的喋喋不休的口头偏执,以证实他们自己偏见的正确性。(Leckenby & Surlin, 1976)。

在美国和加拿大观众中对《一家大小》进行的实证研究证实了"选择性感知假设"的作用。已经存在较大偏见和武断的观众倾向于欣赏阿契,同情他的种族和民族诬蔑,认同他的信仰(Brigham & Giesbrecht, 1976; Surlin & Tate, 1976; Vidmar & Rokeach, 1974)。不过,一项比较研究发现选择性感知假设对荷兰观众好像不适用(Wilhoit & de Bock, 1976)。

作为教师的大众媒体

记住媒体跨文化学习和教学之间的复杂关系,记住新闻和娱乐媒体潜在的跨文化影响,我们来看看教与学中教的这个方面。我在《孩子们在看:媒体如何传授多样性》(*The Children Are Watching: How the Media Teach About Diversity*)(Cortés, 2000)一书中提出媒体扮演五种独特但是相互关联的跨文化教化角色类型。

1. 展示信息:媒体展示有关独特群体、文化、国家、全球性区域和广泛的跨文化话题信息。
2. 组织信息和思想:媒体组织有关社团组织群体、全球文化以及跨文化环境其他方面的信息和思想。
3. 传播价值观:媒体传播有关群体、跨文化关系、多样性其他维度以及跨文化主义本身的价值观。
4. 形成和提高受众跨文化预期:媒体促进形成和提高受众有关特定群体和文化以及各种通常与多样性相关的话题的跨文化预期。
5. 提供行为模式:媒体为某文化的成员与不同背景的人互动,以及应付各种跨文化情境,提供行为模式。

展示信息

大众媒体为读者、观众和听众提供的信息纷至沓来,包括文化和跨文化信息。来自媒体的信息可能准确也可能不准确。它可能与实际情况有细微差别或是一种定型观念。它可能提供背景加深受众的理解或是误导受众。它可能以新闻或者以娱乐的形式表现出来。

总有教师和跨文化培训师谈到他们的学生如何从虚构的媒体中获取信息,包括跨文化信息,这样的例子比比皆是。例如,一位美国高中教师引导学生研究纳粹德国。询问之下,她惊愕地发现,尽管她的学生已经了解一些有关纳粹德国的事情,但是他们很多人的基本知识都是从电视喜剧片《霍干的英雄》那里得来的(Chartock,1978)。

即使是教师和培训师也自觉不自觉地从媒体吸取跨文化信息。毕竟他们也是人。在我参加的一次多样性讨论会中,人们谈起了埃及艳后克莉奥佩特拉的"种族"这个乏味得令人窒息的话题,就克莉奥佩特拉是否是黑人的问题唇枪舌剑,讨论没有任何启发作用,责骂反倒逐步升级。接着一位老师使得讨论不祥地戛然而止,他严肃地问到:"伊丽莎白·泰勒在电影里都演过克莉奥佩特拉了,她怎么可能是黑人呢?"简而言之,像杂志故事、电视情景喜剧和专题电影这样虚构的大众媒体成为消费者获得信息的来源,即使许多接受者并没有意识到这一点(Naficy & Gabriel,1993;O'Barr,1994)。

这并不值得大惊小怪。任何人都不可能根据我们的亲身经历、深入研究甚至学校教育,而获得有关全世界每个种族或民族群体、国家、文化或宗教的全面知识。我们也无法穿越时空回到过去。所以,很明显,我们必须依赖媒介传播的形式,即历史学家丹尼尔·布尔斯廷所谓的"伪环境",来获得我们对现状乃至过去的知识(Daniel Boorstin,1961)。

然而这个媒介化的信息有多准确呢?谁也不知道。我们不会穷毕生精力去检验媒体传播的每一点跨文化信息。在很大程度上,我们都依赖媒体,即使有时我们批评它们那些明显的文化偏见、歪曲或刻板印象。

另外,媒体跨文化信息的问题远远不止是准确性问题(Keever,Martindale &

Westin,1997)。可能更重要的是重复的因素。在新闻中,即使有关某个文化及其成员的每一条故事都准确无误,不断地重复特定的主题就会促成一个群体公众形象(Heller,1992)。同样地,娱乐媒体也可以通过重复某些特定的群体形象,加深观众已有的跨文化知识储备。此外,新闻和娱乐媒体对某个文化的处理方式如果一致的话又会怎样呢?这种情况下,两者只会相互巩固他们对主题的选择。再重复一下,问题不是准确性,而是出现的频率。

多年前,我对新闻和娱乐媒体都同时使用"昏昏欲睡"(sleepy)这个形容词来指代拉美小镇而感到震惊,这似乎是一种模式。"昏昏欲睡"一词在电影、报刊文章、电视新闻、旅游杂志甚至美食广告里频频出现。但是世界其他地方的乡村和小镇又如何呢?大众媒体是否会机会均等地传播"昏昏欲睡"的小镇形象呢?答案是否定的。尽管"昏昏欲睡"一词偶尔在媒体中出现,用以指代欧洲、非洲、亚洲或非西班牙裔的美国小镇,却没有像形容拉丁美洲的小镇那样出现如此频繁。这些小镇和村庄往往是新奇有趣或风景如画,肮脏污秽或为贫穷所困,落后或传统。然而,他们只偶尔地才"昏昏欲睡"。媒体一般只把"昏昏欲睡"一词留给拉丁美洲小镇的居民,有时是美国乡下的拉美人社区。要确定重复是否是媒体处理某一特定文化或群体的独特模式,有必要进行比较分析。

尽管媒体努力想免除他们作为跨文化形象制造者、传播者和强化剂的角色,他们有时会极不情愿地承认自己对跨文化知识的潜在影响。可能最典型的就是"《教父》(God Father)免责声明"中的陈述了。这一古怪的现象始于1977年美国国家电视网播映的弗朗西斯·福特·科波拉德的《教父传奇》(根据两部获得奥斯卡金像奖的电影《教父》和《教父 II》改编扩展而成,结构按时间顺序进行,没有倒叙)。在播放这部电视电影之前,屏幕上出现了以下这些文字,同时有一严肃的声音读到:

> 《教父》是有关一小撮残忍的罪犯分子的活动,此故事纯属虚构。切勿把它同任何民族群体对号入座,那样既是错误的,也是不公平的。(Ruddy,1977)

在得到预先警告其角色不能"同任何民族群体对号入座"后,全国观众都观看了暴力的科莱昂家族几代人及其罪恶帝国的传奇。该片始于西西里,大部分对白讲意大利语加上英文字幕,大多数角色有 Clemenza, Barzini, Tattaglia and Fanucci 这样的名字。

此外,这种做法成为日后电影和电视自我免责的模式。其他电影制作人仿效并且只是稍微修改了一下《教父》的免责声明。后来那些具有争议的,通常聚焦于特定民族群体从事大范围罪犯暴力的探索性电影,比如 1983 年的《疤面煞星》(*Scarface*)(古巴裔美国人)和 1985 年的《龙年》(*Year of the Dragon*)(华裔美国人)都仿效并简单地修改了一下《教父》的免责声明。

谁又真的相信这些无用的话能真的减轻这些电影教科书潜在的教化作用?事实上,在出现这些和别的免责声明时观众的狂笑表明这种警告实际上可能弊大于利,它让人们更加注意电影中民族和犯罪行为的跨文化联系。不过,这些免责书的确成为媒体制作者承认娱乐媒体事实上教化并影响观众知识的口实。

组织思想

媒体远远不止通过海量的数据和形象提供跨文化信息。它们还有助于组织和传播这些信息的思想(Abt & Seesholtz, 1998; Barnhurst & Mutz, 1997; Dorfman & Woodruff, 1998)。它们以这种形式影响观众、读者和听众的认知结构——媒体消费者跨文化地感知、接受、思考、诠释以及记忆的方式。简而言之,媒体是在改变,而不仅是告知,从而加速影响消费者加工和组织媒体传播的跨文化信息和思想的方式(Adoni & Mane, 1984)。

最明显地体现媒体跨文化组织功能的是媒体影响消费者思想方面能够发挥主要作用和直接影响的因素——报纸社论、杂志专栏、媒体广告、电视评论员以及广播脱口秀节目主持人。他们无情地对消费者进行观点(有时是事实)轰炸,并试图说服他们用某种特定的方式组织和诠释信息。想想媒体为受众组织的那些跨文化主题,话题范围从全球移民到同化,从语言使用到两性关系,从全球宗教信仰和实践到民族间关系,从联邦货币的集中到基于信念的社会服务到国际争端中相互冲突的国家视角(Chavez, 2001)。2001 年 6 月,当我最喜欢的一个脱口秀节目主持人在即将开始节目之前插入一段仇外的笑话时,我吃惊不小,他说(大致如此):"国会通过法律要求所有的出租车司机都必须是语言不通的移民吗?"

而且,这种组织力量可能在媒体产品创造过程中的任何时候出现。比如,一名记者有时会通过展示不同的观点和声音,试图就一个复杂的跨文化话题提供一个平衡的故事。然而在读者的眼球没来得及看故事本身之前,一条摘要或杂志封面就能攫取他们的注意力,暗示他们细读故事时应该用这种解释框架。

1992年5月,陪审团裁决一名殴打非洲裔美国车手罗德尼·金的警察无罪后,在洛杉矶南中心区发生一起骚乱。《美国新闻与世界报道》5月11日的封面文章这样简洁地为读者组织这次事件:"罗德尼·金判决之后。种族与愤怒,黑人对白人:新的恐惧。警察陷入困境。"而一周之后,5月18日的《新闻周刊》提供了一个完全不同的框架,其封面写道:"超越黑人与白人:重新思考美国的种族和犯罪"。一个星期就会有这样大的变化!由于认识到此次骚乱是一个多文化而不仅仅是两个种族间的事件,《美国新闻与世界报道》传统的下意识的黑人—白人媒体惯例后来让位于新的框架。这就是为什么有时新闻被定义为"历史的初稿。"

当不断地构建和展示个别文化或多样性的其他方面时,媒体会影响读者、听众和观众在心理和态度上组织这些话题未来的信息和思想时的框架(Hartmann& Husband, 1972;Hawkins & Pingree, 1981)。当反复描述群际支配、种族存在的不足或跨文化优势时,娱乐媒体促成了受众对这些关系认知模式的形成和巩固(Bernardi, 1998)。当新闻和娱乐媒体以狭隘的方式描述特定群体或国家时不谋而合,它们就会创造或具体化人们的认知结构和情感倾向,让他们理解将来的跨文化形象,使之成为有意义的、连贯一致的、也可能被歪曲的概念框架(Shaheen, 2001;Wiegman, 1989)。

媒体叙事成为组织跨文化信息的一种特别有效的形式(Gregg, 1998)。虚构和非虚构的媒体叙事扮演着民间故事和神话故事多年来一直扮演的角色,帮助消费者了解这个世界——通常是只能通过媒体伪环境了解的世界(Bettelheim, 1976)。1977年有报道称,研究电视和人类行为的文章超过2300篇,社会心理学家乔治·科姆斯托克是这样谈论社会结构问题的:

> 几位作者主张电视是对现状有力的强化剂。表面机制是刻画观众的期待和感知的效果。人们认为电视表现尤其是暴力剧可以按照现实生活中的社会等级赋予不同的角色权威、权力、成功、失败、依赖和脆弱,因此通过增强公众对这些角色的认可,而没有提供处于社会从属地位成员的积极

形象以此来巩固这种等级制度。对电视剧的内容分析支持这些刻画反应了正常现状的论点。(George Comstock,1977,pp.20—21)

媒体维护社会、文化或民族等级常态的程度巩固了这些关系的合法性。它们展示或重复文化禁忌的程度使得那些顺理成章的跨文化规范和态度更加具体化。

例如,当代美国电视网黄金时段有两种跨文化信息为争取播出空间而竞争。电视剧,尤其是在工作场合的电视剧,从医院到警察局,从学校到法庭,都是废止种族隔离的典范。然而,一到社会场景中,尤其是"家庭时间"的情景剧,种族分野就彰显出来,主张隔离的内群体性战胜主张取消隔离的群际性。在这样的"社会情景"剧中,盎格鲁人(非西班牙裔白人)与非洲裔美国人很少在交叉的领域出现(Children Now,2001)。而且,很快扫一眼黑人娱乐电视网或西班牙语电视更是会增添别样的群内聚合的维度。

换句话说,黄金时段电视为观众组织了这样一个世界:在这个世界中,不同文化背景(尤其是种族背景)的人可以共事,而在一起从事社交活动却是不自然的。不管讯息传递的目的何在——或者根本没有目的,不同的节目制作者总在日复一日地传递着这种讯息。简而言之,通过影响观众、读者和听众跨文化的组织感知模式,媒体远远不止是在简单地传递有关多样性的信息(和错误信息)。

传播价值观

除了组织和影响接受感知模式外,媒体还传播跨文化价值观(Chan,1998;Hilmes,1997;Miller,1998)。吉恩·安扬论述到:

像学校、媒体和政府这样有信息传播功能的社会机构是现成的并得到社会认可的知识主要来源。如果这些机构传递的信息中包含的观点使得人们更倾向于接受这种而不是别的价值观,支持这个群体而不是别的群体的活动,排斥某些选择,认为其不可接受,那么它们就会给社会选择设定一种无形的知识内化而且可能是无意识的界限。(Jean Anyon,1979,p.383)

第十一章 媒体与跨文化培训

自从大众媒体的出现,它们就因其促成"积极的"或亲社会的价值观的能力而受到赞赏,而因其可能培养"消极的"或反社会的价值观的威胁而受到诟病。一个星期不到的时间,总会有一些政治家、抗议群体、拥护组织、特殊利益联盟、文化群体发言人甚或媒体内部的批评家提出媒体影响某些价值观的问题。一般的批评话题包括家庭价值观(通常的框架是媒体是支持还是削弱家庭价值观,而不会特别指出谁的或什么文化的家庭价值观被支持或被削弱)、宗教(一般的框架是根据最简单的媒体是支持还是反对宗教这样不是一就是的惯例,通常情况下避免提及更基本的一个问题:不同媒体可能支持什么或谁的宗教或宗教信仰)、性别角色(通常的框架是媒体是巩固还是挑战传统的、更现代的、或不同文化的性别角色)以及种族和民族(通常简化为媒体传播的是不同群体积极还是消极的形象)。

人们对媒体传播价值观问题的观照,从历年的作品标题就可见一斑。比如,20世纪30年代佩恩基金对电影效果的研究发表的作品中就包括亨利·詹姆斯·福尔曼(Henry James Forman,1933)的《电影造就下一代》(*Our Movle Made Children*),标题就颇具煽动性。多年来,针对媒体是价值创造者提出非难的研究有增无减。1993年,影评家麦克·梅德韦德(Michael Medved,1993)推出他的《好莱坞对美国:大众文化与传统价值观之战》(*Hollywood Vs. America: Popalar Culture and the War on Traditional Values*)一书。虽然梅德韦德没能用令人信服的案例支持他夸张的书名,但却提出一个极具说服力的论点:非虚构型电影和电视的确有着价值观教育者的功能。当然,所有的大众媒体也都如此,梅德韦德通过影评和主持脱口秀节目的方式充当了其中的积极参与者。

偶尔我们也会找到一些文献指出媒体能够意识到自身传播跨文化价值观的作用。美国电影业1934年实施的《电影制片法》(海司法典,the Hays Code)代表了好莱坞对公众关注电影传授价值观问题的最初回应。比如,法典中反对跨种族恋爱的价值观立场出现在第二部分第6条,法典称:禁止种族通婚(白人和黑人种族间的性关系)。直到1956年这条规定被废除,好莱坞不停地传达应该避免种族(主要是"白人和黑人种族",但通常是白人和其他被划为"有色人种"的人)通婚这个价值观讯息。在很少的银幕场景中,表现种族爱情或性爱发生;或看来种族爱情即将要发生的时候,灾难总是不期而至——失败、惩罚、死亡或其他形式的报应(Cortés,1991)。

好莱坞电影历史中的这一价值观因素在一定程度上反映了普遍的美国社会道德观念。古纳·米达尔的经典著作《美国难题：黑人问题与现代民主》的调查中，当问及南部白人男子必须保持区别对待的底线是什么时，大多数人的普遍回答是"禁止涉及白人女子的异族通婚和性关系"（Gunnar Myrdal, 1944, p. 60）。而且，与此类似的盎格鲁人（非西班牙裔白人）反对同墨西哥裔美国人通婚的情况，也记载在经济学家保罗·泰勒对美国墨西哥劳工研究的采访中（Paul Taylor, 1930）。另外，反对异族通婚还在不同的时间被美国 36 个州编成法典，禁止被列为不同种族的人们之间通婚。直到 1967 年，在洛文诉弗吉尼亚（Loving v. Virginia）一案中，美国最高法院取消所有的反异族通婚条例后，才解除了这种不公平的规定。直到此时，所有的美国人（异性恋者）才可以不顾种族背景合法地同自己爱的人结婚。

尽管反异族通婚法很普遍，异族通婚的现象在美国一直长期存在。然而，好莱坞通过展示异族通婚的现实拔高了反异族通婚的价值观，他们担心展示异族爱情的片子不好"推销"给白人观众，尤其是在南部（Cripps, 1970）。

自从 1967 年废除反异族通婚法以来，异族爱情不仅变成电影，而且成为大众媒体其他领域里炙手可热的一个话题。一个星期不到，一些报纸专栏作家、通讯社、国家杂志或电台脱口秀主持人无不在讨论混血儿的种族分类以及异族婚姻的后代等问题。电影制作人现在意识到跨种族和民族的爱情（如果营销奏效的话）事实上可以赢得票房，如同《樱花恋》（Sayonara）(1957)、《猜猜谁来赴晚餐》(Guess Who's Coming to Dinner?)(1967，与洛文案的决定同一年)《龙年》(Year of the Dragon)(1985)、《丛林热》(Jungle Fever)(1991)、《密西西比风情画》(Mississippi Masala)(1992)、《与我共舞》(Dance With Me)(1998)、《留住最后一支舞》(Save the Last Dance)(2001)、《疯狂与美丽》(Crazy/Beautiful)(2001)以及《死囚之舞》(Monster's Ball)(2001)。然而可能最能表现虚构处理跨种族爱情（和价值观课程）维度的电影和电视节目，包括日间肥皂剧，数量不断增长（Bramlett-Solomon & Farwell, 1996），在这些节目中爱情的产生很少或没有提及种族的问题。

1997 年 11 月发生了媒体教化价值转变最生动的事例之一：罗杰斯（Rodgers）和汉默斯顿与惠特尼·休斯顿（她在其中扮演仙女教母一角）共同执导的音乐剧《仙履奇缘》（Cinderella）在电视上复活。该剧主要讲述了一名非洲裔美国灰姑娘和一名由菲律宾裔美国人扮演的王子的故事,王子是白人国王与黑人王后的后代。多种族版的《仙履奇缘》提供了一个经典案例,表现了人们意识到肤色问题却努力要描述一个不在乎肤色的社会,尤其是王子那足以令三K党人做噩梦的舞会,其中跨种族舞伴的搭配简直出人意料。

形成跨文化期待

在《好莱坞对美国》(Hollywood Vs. America)中,影评家迈克尔·梅德韦德提出,"如果不是别的,反复接触媒体形象会改变我们对所生活的这个社会的感知并逐渐形成我们接受并期望周围的人如何表现的观念。"(Michael Medved, 1993, p. xxiii)我同意他的观点。大众媒体的确促成人们期待的形成(Carr, 2001)。

1986年9月的某个上午,我无意间打开流行的美国日间电视竞赛节目,《25000美元金字塔》(The $25,000 Pyramid)时,意外地发现了这种期待现象的一个离奇的例子。节目的竞赛包括由两个人领头的完全由陌生人组成的方队。一系列的词汇出现在一个参加游戏的人面前,他/她再给搭档一些提示引导对方在限制时间内猜出尽可能多的词。猜对词最多的一队获胜。

我看着看着,"歹徒"一词跳到一个提示人的屏幕上。她毫不犹豫地叫道:"洛杉矶东区(洛杉矶墨西哥裔美国人居住较多的地区)有很多这种东西。"名人嘉宾搭档立即应答道:"歹徒"。在竞争的压力之下,两个陌生人通过他们对墨西哥裔美国人社区与歹徒划等号这样一个不谋而合的看法即刻获得了精神交流。而且,他们也成为"媒体教师"向全国的电视观众传授这个跨文化期待。

不幸的是,洛杉矶东区的墨西哥裔美国人中的确存在歹徒。但是那里还有许多更突出的特点,比如家庭、学校、商业、教堂和对社会有贡献的组织。然而歹徒的概念而不是其洛杉矶东区生活的其他方面很快并反射性地将两个完全陌生的人联系起来。这是为什么?

答案在于媒体,它们的表现已经给拉美歹徒定了型。从新闻报道、纪录片到电视连续剧、专题电影,媒体选择都提升并巩固了大众认为洛杉矶东区(以及许多其他的拉丁美洲社区)就等于歹徒这样典型的观念。《金字塔》(Pyramid)节目通过突出拉美歹徒的这种公共课程渲染了媒体塑造跨文化期待的作用。

也许更具戏剧性的要数意大利裔美国人的情况了,他们基本上就等同于银幕犯罪,特别是自 1972 年《教父》播放以来,一直延续到新世纪 HBO 风靡一时的连续剧《黑道家族》(The Sopranos)。这种无情的媒体轰炸促成了观众的期待,一旦意大利裔美国人的角色出现在银幕上,他们就有可能与某种暴力或犯罪有牵连(Tomasulo, 1996)。这同时还培养新闻媒体消费者的一种倾向,期望或更温和一点地说,认为很可能有意大利姓的公众人物也与犯罪有染(美国民主党副总统候选人杰拉尔丁·费拉罗在 1984 年的总统选举中就面临这个问题,在那次选举中,她因媒体集中报道她丈夫的商业交往而受挫)。

认识到媒体对观众设置跨文化期待议程的效力以后,电影和电视节目制作者现在经常给罪犯角色标上意大利的姓,即使他们的种族背景在情节中没有重要性也是如此。同时,讲述意大利裔美国人的犯罪纪录片仍然是有线电视吸引眼球的炙手可热的节目。意大利裔美国大腕明星弗兰克·西纳特拉(Frank Sinatra)1998 年 5 月去世时,对他的生平回顾突出表现了传说中他与黑手党的联系。

为了分析媒体带来的跨文化期待的现象,媒体学者乔恩·诺瑞戈(Chon Noriega)研究了 30 种出版物中的影评,评估西班牙裔和非西班牙裔影评家如何评价拉美裔人制作的拉美人在美国体验的电影,如《青春传奇》(La Bamba)、《为人师表》(Stand and Deliver)以及《生在洛杉矶东区》(Born in East L. A.)。在这个过程中,他发现在选择性感知现象的实践中,种族划分是预测批评家期待和反应的一个决定性因素。非西班牙裔出版物的意识形态好像不是影响因素。诺瑞戈认为:

> 自由主义的非西班牙刊物总是依赖同样的局外人对美国城市中讲西班牙语居民的集居区(barrio)的假设,这种假设是保守刊物的特点。Barrio 是个问题空间,其历史、文化和不同的观点被否认,更不必提内在复杂性了。这种假设首先是将 barrio 一词误译成"贫民区",而不是更贴切的"街坊"。结果,电影经常被置于社会问题的语境,而不是文化身份或者甚至是电影史的语境中去讨论。(Chon Noriega, 1988—1990, p.23)

简而言之,由于他们受到来自媒体影响的期待的压力,盎格鲁批评家严厉指责这种电影,因为这些电影与他们自己内心有关拉丁美洲人街坊的刻板印象不符。

相似的期待压力在《为所应为》(Do the Right Thing)之后尾随而来,这是非洲裔美国人斯帕克·李1989年拍的一部卖座电影,电影讲述的是发生在纽约市布鲁克林区贝得—福得斯图维森特地段非洲裔美国人主要居住区内种族间冲突和跨文化误解的故事。这部电影赢得了某些白人批评家的溢美之词。而其他人对其真实性提出挑战。其中的一条批评是李在电影中没有提及毒品的问题。一部有关非洲裔美国人社区的电影却没有突出反映毒品问题还算什么电影?换句话说,这些白人批评家把媒体赋予非洲裔美国人贫民窟的期待带到了电影评论中。如果李没有传达这个讯息,那他就是错的。可是你什么时候见过白人电影制作人因制作白人社区没有毒品的电影而因此受到猛烈的抨击?

从跨国的角度来看看《珍珠港》(2001)这部电影对跨文化期待潜在的影响。这部电影基本上完全是从美国的视角进行拍摄(与1970年日美合作拍摄的《虎!虎!虎!》(Tora! Tora! Tora!)完全不同,这部影片有意识地照顾到双方对这件具有重大影响的历史事件的不同视角),甚至没有做一点努力去表现日裔美国人对美国的忠诚。

在电影发行之前,日本裔美国人就表达了他们的担忧,电影可能重新引发反对日本裔美国人的态度、期望、甚至怀疑他们不忠诚。这种担心并非子虚乌有,并在2001年4月发布的扬克洛维奇(Yankelovich)全国民意调查中得到进一步证实,调查显示32%的美国人相信华裔美国人对中国比对美国更忠诚。

提供行为模式

最后,媒体提供行为模式(Kniveton,1976)。电视和电影提供了无数娱乐媒体如何影响行为的例证。增加了美国的方言语汇("来吧,让我也高兴高兴";"把钱变出来给我看看"或"我会给他点好处,他无法拒绝")。热播电视连续剧《律政风云》(L. A. Law)播出的头四年,报考法律院校的申请剧增。《快乐日子》(Happy Days')中的冯兹(Fonzie)出示了一张图书卡,现实中的图书卡申请就增加了500%。可能最有意思的便是美国克利夫兰市印第安人全明星棒球队中的一垒手吉姆·汤姆,据说因为看了电影《水星领航员》(The Natural)中的罗伯特·里德福德而改变了自己击球的姿势。

更令人信服的是"产品定位"的显著增加,公司和广告机构争先恐后地拿出自己的产品让电影、电视节目甚至连环画中的男女主角使用。这种行为示范真的起作用吗?只要来看两个例子。詹姆斯·邦德在 1995 年的电影《黄金眼》(*Golden Eyes*)中把阿斯顿·马丁(Aston Martin)车换成宝马跑车后,后者的销量一路飙升。汤米·李·琼斯和威尔·史密斯在《黑衣人》(*Men in Black*)中戴过瑞班(Ray-Ban)牌太阳镜后,其销量也同样大幅上升。

现在许多年轻人都受"动不动就发火毛病"(Slight Trigger Disease)的困扰,这是一种遇到冲撞或看起来"不顺眼"就动手的倾向。根据詹姆斯·考夫曼(James Kauffman)和哈罗德·伯巴赫(Harold Burbach)的说法,他们可能是在模仿媒体中成人做的事情。

> 他们看到受人欢迎的体育明星好像总是很紧张,讲废话,千钧一发的时刻怒容满面,以威胁的眼神看着他们的对手……政治家自发地相互贬低……电视脱口秀节目的主持人通常因为鸡毛蒜皮的小事鼓励嘉宾相互辱骂。(James Kauffman & Harold Burbach, 1997, p.322)

不过,在考虑大众文化产品对行为的影响时,要避免一元决定论的思维模式,这点非常重要。来看看过去三十年中以文化为基础的大量警匪片。其中涉及的范围从诸如《武士》(*The Warriors*, 1979)、《彩色响尾蛇》(*Colors*, 1988)和《街区男孩》(*Boyz N the Hood*, 1991)这样的少年警匪片到更成人化,通常涉及跨国犯罪团伙的电影,如《疤面煞星》(1983)、《龙年》(1985)、《黑雨》(*Black Rain*, 1989)、《致命武器 IV》(*Lethal Weapon IV*, 1998)以及《毒网》(*Traffic*, 2000)。

抗议者通常都以相互敌对的原因反对这种电影(Willis, 1997)。一方面,他们关注电影可能影响"局外人"对被描述成罪犯的群体的态度。另一方面,尤其是针对少年警匪片时,他们担心"局内人",特别是被描述成匪徒的文化群体中的少年,可能在实际生活中崇拜并模仿那种行为。尽管电影对群体间、文化间,甚至是国际间态度和期待可能更深的影响难以确知,但是普遍的暴力模仿行为却没有记载。

一些理论批评家认为媒体培养的"无变化"——或至少是变化速度的减弱——可能构成了媒体与行为相关的最重要的因素。从这个角度来看,跨种族和跨文化的"伙伴"电影和废除种族隔离制度的电视新闻团队不经意地暗示这些事情发生得如此迅速和如此正常，无需采取额外的努力，从而在事实上阻碍了社会发展的进程。

在一项芝加哥本地电视新闻如何对待非洲裔美国人和白人的比较研究中，传播学者罗伯特·恩特曼总结道：

> 在分析的故事中，犯罪报道使黑人显得尤其危险，而政治报道又夸大黑人政治家（与白人政治家相比）谋求特殊利益政治的程度。这些形象就成为现代种族主义、排黑情绪以及阻挠黑人政治需求的前两个首要因素。另一方面，这些新闻积极的一面在于，黑人主持人和其他黑人权威人士的出现同时可能又会造成种族歧视不再是个问题的印象。（Robert Entman, 1990, p.342）

同样地，一些分析家也担心轰动一时的电视连续剧《考斯比一家》（*The Cosby Show*）可能引发的行为后果（Havens, 2000）。他们所关心的是连续剧集中描述阔绰的非洲裔美国人，而不提及下层非洲裔美国人，可能会在无意间鼓励观众忽视大多数非洲裔美国人仍然还面临着巨大的社会和经济问题这样的事实（Dyson, 1989; Jhally & Lewis, 1992）。这些批评回应了人们对20世纪60年末的电视连续剧《朱莉娅》的评论。

> 比如，《考斯比一家》成为非洲裔美国人希望被美国社会完全接受和同化这一梦想的缩影。电视剧和比尔·考斯本人都代表电视网和为获得高等地位成功的竞争者。虽然这种成功本身肯定不是消极的，但是我们应该考虑电视在展现不断发展的社会平等的全景时所起的作用，这里掩盖了不平等的社会关系，过高地估计了黑人融入白人社会（如果的确有融入的话）的程度。在被压迫者中有如此幸福之人的幻想，会导致政治活动的减少以及对社会公正和平等需求呼声的减弱（Paula Matabane, 1988, p.30）。

这里就出现了"解除抑制效应"，即减少对先前被抑制的行动的阻碍。比如，非洲裔美国喜剧演员在节目中频繁使用"黑鬼"一词在有线电视中的传播是否在不经意间降低了公众对使用这一恶毒无情的词汇的抵触，从而无意识地使非非洲裔美国人使用这一词汇变得合法？

2001年3月18日，生活频道《现在每一天》（*Any Day Now*）的一集中直接提出了种族标签的问题。一名非洲裔美国中学生被控杀人罪，他的非洲裔美国女律师为他辩护成功,理由是他被一群白人学生叫做"黑鬼"时是在自我防卫,那些白人学生一直跟踪他到了一个他不熟悉的漆黑的地方。在这一集中,"黑鬼"一词被用了无数次,主要是辩护律师,目的是要人们明白这一词汇作为含有严重行为暗示的绰号的重要性。

对媒体影响行为的担心甚至渗透到了法律体系中。在底特律,一名白人警官将一名非洲裔美国驾车者打死而被控杀人罪。将近5年之后,密歇根州高级法院推翻了原来的宣判。翻案中一个主要的因素是,在审判期间陪审员观看了1992年的电影《马尔科姆X》(*Malcolm X*)。

总之,同社会的其他要素一样,媒体也进行跨文化教育。而媒体因为其广泛、频繁地传播形象和思想的巨大能力而拥有强大的教育力量。不仅跨文化培训师要认识到他们自己本身受到媒体的影响,而且通过媒体进行的跨文化学习也是受训人员以及跨文化专业人士与之打交道的其他人生活的一部分,这一点非常重要。

媒体与跨文化培训

在工作中运用媒体时,跨文化教育者和培训师应该认识到媒体对多样性学习的总体影响。他们应该时刻考虑媒体的五个教育功能:展示信息、组织信息和思想、传播价值观、形成和提高受众跨文化预期、以及提供行为模式。虽然把媒体引入跨文化教学可以有多种方式,但出于分析的目的,我将集中介绍用于培训的四个精选范畴。

1. 传播信息:媒体可以用于传播有关多样性文化和其他跨文化话题的信息。

2. 增强媒体分析能力:媒体可以用于协助开发媒体分析的能力,并通过关注媒体对个别文化、跨文化接触以及其他跨文化主题的处理来实现。

3. 理解跨文化关系:媒体可以用于促进更好地理解,更深刻地洞察跨文化和群际关系的维度和问题。

4. 跨文化教辅人员的培训:媒体可以用于开发提高跨文化传播的技能。

传播信息

跨文化培训中最基本和简单的(而且可能是最简单的)媒体使用方式就是将其当成传播某一文化信息的工具。这种信息的传播可以通过印刷媒体(比如报纸和杂志文章)、听觉媒体(比如广播节目和录制的音乐)、移动影像媒体(比如电视和电影)或者许多总在不断变化的新网络媒体(Morris & Ogan, 1996)。

运用媒体传播信息有利亦有弊。尤其是一种媒体选择被培训师介绍为好的(真实、有效而且准确的)消息来源时,受训人员可能会(有意或无意地)对媒体内容不加批判地完全接受。仔细考虑一下,广泛用于跨文化培训的电影和录像就是如此。

能够为文化和跨文化关系提供有价值洞见的媒体资料当然有好例子。然而,即使培训师认为这样的选择是出色的文化消息来源,也应该鼓励受训人员超越被动接受媒体的倾向,在研究时要利用他们的分析能力(Higashi, 1998; Liebes, 1997; Rivers, 1996; Summerfield, 1993)。至少,应该鼓励受训人员考虑这样的问题:谁制作的电影?电影制作的背景(时间和社会背景)是什么?为什么要拍这部电影?电影制作者的意图——态度、价值观和期望值——会是什么?电影表现了哪些视角?运用了什么样的跨文化框架手法增强其信息的感染力和接受度?在选择的这部电影中除了电影制作者自己的说法,还有其他什么样的解释?

增强媒体分析能力

在第一种方法中,传播信息是主要目的,批评性分析是次要的维度,与此相反,第二种策略将批判性媒体分析置于首要位置(Potter, 1998)。跨文化培训的一个主要目标应该是帮助参与者高度认识到他们自己和其他人的跨文化感知能力(Said, 1978)。运用涉及个别文化和跨文化接触的媒体,包括娱乐媒体时,培训师能同时协助开发媒介分析能力和洞察个人感知、价值观和态度的能力(Bryant & Zillmann, 1991)。

在第二种途径中,重点在于运用媒体帮助受训人员不断地进一步认识基于媒体的跨文化教与学的进行过程(Holmes,1998;Keen,1986)。从一个层面上讲,这仅仅意味着帮助他们进一步认识到媒体在发展跨文化感知中起到了主要的作用(Armstrong,Neuendorf & Brentar,1992)。从另一层面看,这可以意味着更具体地识破媒体可以传授并已经传授了有关哪些特定文化群体(可能受训人员正准备与之进行大量专业接触的群体)的知识。在第三个层面上,也可以意味着获得更高的个人理解力来看待媒介对"他们自己"跨文化思维各种维度的影响方式。

比如,我的其中一个策略就是让受训人员闭上眼睛,听一段电影配乐,然后告诉我他们"看到了"什么。使用这种方法一部极好的电影就是1955年发行的《从拉莱米来的人》(*The Man From Laramie*),电影开篇是19世纪末期的某个时候,詹姆士·斯图亚特漫步在荒无人烟的西南部峡谷。电影开始放映前,我只给参与者两条信息——峡谷和孤独的白人男子——不再有别的。然后我叫他们闭上眼睛。一段很怀旧的音乐之后转成一段小调主题曲,鼓声增强了不祥的气氛。

这时候停掉电影,告诉参与者睁开眼睛,问他们"看到了"什么。如同预期的一样,他们联想到了危险和印第安人的出现,总认为印第安人可能潜伏在后面准备进攻(实际上,这个场景里根本没有出现印第安人。)

他们再次闭上眼睛,电影继续播放不祥的音乐和鼓声,但是现在穿插军号吹出的熄灯号声。我在此时停掉电影,参与者一般正确地解释说,印第安人已进攻完毕,消灭了一支部队,这是斯图亚特扮演的角色刚发现的部队。偶尔一些人会具体说出这是卡斯特的最后一役。

然后我把电影倒回去再放一遍这一部分,现在参与者睁开眼睛观看,然后让他们解释闭上了眼睛怎么还能如此精确地描述电影的场景。这时候他们就认识到了媒体教化的力量以及一辈子观看印第安人与军队的电影如何影响了(他们中的许多人)个人的组织框架并使他们的预期变得敏感起来。他们指出随着时间的流逝他们意识到小调音乐意味着威胁,鼓声意味着印第安人(通常是险恶的),而且吹熄灯号一般意味着死亡,尤其是军人的死亡。换句话说,电影制作者有意将这些声音元素并置,使得参与者不用实际观看电影而"看到"了电影里发生的事情。这一技巧戏剧性地表现了接受者在建构跨文化意义(在这部电影中,从音乐和音响效果)中起到了积极的作用(Bird,1996)。

最后,这一技巧也使我能够引入"睡眠效应"这一概念——媒体打磨的跨文化"材料"(态度、价值观、信仰、期望、感知能力)存在于我们每个人的潜意识中,等待一些外在的刺激引发出来——眼下的例子是电影音效(Bandura, 1977)。既然学生和我有了这个共识,我们就可以在此后的跨文化关系讨论中引入或引证媒体研究的某些基本概念。

运用媒介时,跨文化培训师要注意选择和从基本的分析框架进行建构。我经常看到关于媒体的跨文化讨论陷入混乱、令人不快的泥沼,最终变成声明"这是我的看法"这样毫无意义的交流。本文中前面提到的五种教—学类型也许可以帮助创建一种框架,使我们在进行基于媒体的跨文化讨论时,其分析具有更好的连贯性。

要使跨文化媒体分析有效的一个关键概念是模式(Chowdry, 2000)。跨文化培训师和受训人员都应该对媒介保持一贯的警惕性,以便自己发现媒介在对待特定文化群体或文化主题时是否存在一定的模式(Entman & Rojecki, 2000)。要在长期培训中培养对这些模式的敏锐能力,其中的一个技巧是让参与者记录正在进行的"媒介课程日记",随着时间的流逝,他们在日记中记录下接触到的媒体对待个别群体和跨文化主题多样性的范例(Cortés, 2000)。同样重要的是鼓励受训人员,对他们先前存在的有关媒介刻板印象和其他媒介跨文化维度的信仰提出质疑。

通过采取这样一种手段,培训师能够证明人的一生中对媒介,不管是印刷媒介、听觉媒介还是移动影像媒介,呈现跨文化思想和形象的方式保持一贯清醒是多么重要。这种处理模式可能会随时间而改变,或保持原样。不管是哪种情况,由于媒介的不屈不挠,这些模式对跨文化学习产生了有力的影响,并很可能影响人的感知和行为。对跨文化教育的参与者来说——不管是培训师还是受训人员——什么都无法代替个人现时对媒介如何处理多样性问题的分析(Scheufele, 1999)。

理解跨文化关系

对跨文化培训师来说,不间断的媒介分析以不同的方式起作用。它能更好地培养对跨文化复杂性和媒介细微差别的理解力;有助于培养对自身受媒介影响的跨文化信仰的敏感度;它还能让培训师进一步认识不同种类的跨文化感知能力,这些由媒介打磨出来的感知能力在他们的职业生涯中随时可能遇到(Volkan,1988)。

除了分析媒介处理多样性的方式外,还可以利用媒介帮助参与者培养对跨文化和群际关系的本质、维度以及问题的理解和洞见。在这方面,人们都没有把前面提到的两种方法中的任何一种(仅仅作为信息的传播者或只是媒介分析的基础)对那些媒介加以利用。相反的,它们被用作讨论跨文化感知和互动本质的出发点(Carson & Friedman,1995;King & Wood,2001;Toplin,1993)。

专题影片和商业电视节目有很多不错的片断可以用来激发跨文化讨论。我总是不断地关注一些简短的场景,这些场景可以用来刺激特定跨文化主题的讨论,并帮助参与者观察跨文化关系的本质并得出他们自己的结论。比如,为了培训的目的,我最喜欢的是音乐片《生在洛杉矶东区》(*Born in East L. A.*),以及《野百合》(*Lilies of the Field*)(1963),《火龙年代》(*China Girl*)(1987)和《打工好汉》(*Gung Ho*)(1986)三部影片的片断,因为每一部都清楚地说明了不同的普遍的跨文化困境。

《生在洛杉矶东区》聚焦于跨文化误解的问题:移民与规划局的一位官员想当然地以为一个年轻的墨西哥裔美国人需要绿卡,因为他"看起来像墨西哥人",最后因为年轻人不能出示绿卡而被驱逐到墨西哥去。《野百合》说明了在努力建立语言和跨文化"共识"(此处指圣经),让一位德国修女和非洲裔美国木匠之间进行跨文化对话时出现的问题。《火龙年代》的开篇字幕渲染了局内人把局外人(尤其是新来者)当成威胁的全球性问题,并通过一个华人家庭在纽约市传统的意大利裔美国人社区开了一家餐馆后,当地居民的态度以无声的面部和肢体反应表现出来。《打工好汉》则以喜剧的形式展示了日本人和美国人彼此认识不清、误解、误传而引发的共同的跨文化失误。

我再次重复一下,我用这些电影是为了刺激有关跨文化关系本质的讨论并培养对此问题的洞察力,并不是为了传播文化信息。很多专题影片并不会标榜文化的准确性。在利用这些或其他电影时,一些跨文化培训师可能希望利用自己的文化知识展示特殊的深刻见解或讨论媒介对文化的再现或歪曲再现。然而,参与者要意识到他们并不是把这些电影当课本来看,这点很重要。

在一次跨文化聚会时,我听到一位参与者——他自己也是个培训师——声明他决不会把《打工好汉》用于培训的目的,因为这部电影对日本的描述是"不准确的"。当然,你肯定不愿意把这部电影当教科书来放,让参与者从中了解日本文化,或美国文化。不过,即使是认识到这部电影歪曲或拙劣地模仿两种文化,它仍然是极好的原始资料,用于分析和讨论两种不同文化背景的人们接触时可能遇到的一些并发症的类型。

作为引发讨论的刺激物和跨文化分析的基础,媒介真是难得的资源。在分析跨文化关系的本质时尤其如此。

跨文化教辅人员的培训

最后,媒介可以用来开发跨文化教辅人员的技能。可以从不同的层次做到这一点。比如,可以利用媒介增强教辅人员与媒介分析不直接相关的跨文化能力。

有一年,我作为马里兰大学世界公民组织项目的客座教师,与史蒂夫、朗迪(Steve Petkas & Rhondie Voorhees)合作给本科生讲授一门课程,教他们就多样性问题进行跨文化对话时如何成为同学领袖。这些学生已经完成了我们一学期的"多元文化社会的领导能力"课程。不过,这次我们高级课程的教学目的是培训二年级学生辅助一年级新生的群际多样性对话。

我们的目标之一就是帮助对话领袖鉴别阻碍、出轨甚或是引爆群际讨论的言语或非言语行为,并对这些情况进行处理(Postman,1985)。为了处理这些场景,我们和学生一起研究策略,重新组织"出轨"的交流,抓住可以推动困难的对话朝着有建设性方向发展的"热键"表达方式。

在实践中,我们给他们放映各种各样的电影和电视节目场景,让他们识别不同背景的角色在对话中出现问题的情况。在对话失败的片段,我们让学生提出重组策略,让对话继续进行下去。在别的情况下,在艰难的跨文化对话取得成功的地方,我们让他们鉴别片中的角色用了哪些策略克服了可能会打断对话的文化间障碍。

在"期末考试"中,我们用了雷金纳德(Reginald Rose)编剧,西德尼(Sidney Lumet)执导的1957年经典电影《十二怒汉》(*12 Angry Men*)。在这部电影中,12名背景各异的美国白人男子聚于纽约市的陪审室,参加一个年轻人杀人案的审判。这名年轻男子只出现了一次,从来没有确定其种族身份,但是提到时总说

"他们"中的一个。(1997年的重拍版中,被告明确指明是拉丁美洲人,陪审员的种族背景各不相同。)

我们——三名教员和学生——看了电影。我说"看了",但实际上我们大多数时间都是在讨论。为了让对话有重点,我们让学生将自己想象成陪审团的成员并关注两个因素:不同的角色努力推动审议以及陈述的优点和弱点;看来会妨碍审议或损害陪审员之间关系的行为,包括按动"热键"的陈述。

学生们想讨论的话,任何时候都可以喊"停"。另外,当陈述可能会使审议偏离轨道危险的关键时刻,让学生们提出他们可能进行干预的方式。年轻人都非常投入,以致观看这部95分钟的电影变成了4小时的热烈的晚间课程,大大超出了原定的课程时间。

利用媒介的危险和缺陷

媒介当然可以是跨文化培训的有力工具。然而,培训师也必须意识到使用媒介的缺陷。根据我个人的尝试和所犯过的错误,还有对跨文化培训师以及其他老师的观察,我选了四个缺陷以示说明:滥设语境、滥用刻板印象、过度依赖跨文化行话以及媒介抨击。

滥设语境

对跨文化培训师来说,最难的一个挑战便是在选择特定的媒介,比如说电影或录像带时,设置一个得当的语境(Abercrombie & Longhurst, 1998)。培训师一谈到选择时,其媒介经验便开始起作用了。因此,很关键的一点是,培训师对运用媒介片段之前该说什么,在播放之后又如何引导讨论的问题上要有一个明确的计划。

最中性的一种手段应该是这样的。走进教室,不说一句话,放一段录像,然后站在受训人员面前等着他们看完之后的反应。这种技巧我从未见人用过。相反,每个培训师在放录像之前都会说点"什么",然后再问些问题,即使是可以自由回答的"你们怎么想"这样的问题。

给观看的媒介内容设置语境,培训师就可能犯下说得太多或说得不到位的错误。我见过一个最普遍的,在放映前说得"太多"的错误是培训师告诉参与者他们在录像中应该看到什么,应该得出什么样的结论,比如事先明确他们应该注意到哪些刻板印象。换句话说,培训师不是鼓励参与者从跨文化的角度探讨电影,这个训练变成播放前坚持参与者应该看什么并得出什么样的结论。

语境设置要求谨慎地选择究竟在播放前应该准确地说什么。比如,在我播放音乐片《生在洛杉矶东区》之前,我必须判断我的观众对"洛杉矶东区"、"T. J. 市中心"和"非法入境者(mojados)"这些出现在录像中的术语了解多少。如果我的结论是这些参与者大多数可能不知道这些术语,那我就得根据我的教育目的选择两个策略。如果我的目的是让他们第一次看的时候就完全理解这部录像,我的介绍中就必须解释这些术语的意思。然而,如果我的目的是要证明观众接受度的不同以及"休眠的"知识如何影响人们的理解,那我就得有意识地选择在播放录像之前不解释那些术语,这样等录像放完之后我们就可以讨论预先知识的问题。

语境的设置对后续的讨论也变得很重要。举三个情景为例。如果教辅人员想让观后的讨论仅仅成为个人意见的即兴讨论,那么引导讨论就只不过变成问一句"你们怎么看?"如果是为了更有中心的讨论,辅助者就会问一系列具体的问题使讨论朝着更连贯的方向发展。最后,有时在观看之前问一些问题,让参与者在观看时特别注意这些问题(而不是告诉他们具体应该看什么或得出什么样的结论)也很有帮助。

我喜欢用 1994 年一部极富挑衅性的电影《恐惧的颜色》(*The Color of Fear*)帮助我的参与者培养语境设置的技能。让他们看过电影之后,我让他们每个人制定一个计划选定一组参与者(由他们自己确定)来用这部电影,具体陈述他们从走进教室的那一刻到播放录像之前会说些什么,然后让他们分析他们选择的开场白有哪些优点和缺点。

换句话说,有经验的培训师应该把播放前的语境设置看成整个观看经验的一部分,因为这会影响学习的本质以及观后的讨论。这是跨文化培训的媒介使用中关键的一部分,一定不能忽视。

滥用刻板印象

刻板印象是一个至关重要的跨文化话题(Bar-Tal,1997;Gilman, 1985;Lester, 1996；Oakes, Haslam & Turner, 1994）。不幸的是,有关媒介处理多样性问题的讨论往往始于这个话题也止于这个话题,好像媒介没有其他的跨文化角色。

在最低的也是最歪曲的层次,我看到的教学并没有超越"发现媒介刻板印象"这一无用的练习,好像这是《灵欲春宵》(Who's Afrard of Virginia Woolf?)中的舞会游戏一般。媒介刻板印象是个非常重要的问题,不能如此轻率地处理。

正如我在拙著《孩子们在看：媒体如何传授多样性》一书的第九章"与刻板印象斗争：一个关键概念的运用与滥用"(Cortés, 2000)中所述,可以利用许多重要的问题和策略来分析这个问题。参与者可用以下的方式来解决这些看似简单却很复杂的问题：媒介对一个文化群体成员的描述与该群体的刻板印象间的区别是什么？如何确定媒介对一个群体的处理在什么时候可以被看成是刻板印象？刻画刻板印象和导致刻板印象间的区别是什么？（我认为,弗朗西斯·福特·科波拉(Francis Ford Coppola)的《教父》是一部很有才气的电影,虽然它本身并没有给意大利裔美国人刻画刻板印象,但是通过其力量和影响导致了人们对意大利裔美国人的刻板印象。）

必须承认,这种媒介分析对某些跨文化培训师来说有点过于晦涩。不过媒介刻板印象的问题可以成为讨论更具挑战性的问题的导火索。文化总体印象(generalization)与刻板印象间的差别何在(Bennett, 1998)？这个看似简单的问题实际上是个难以回答的折磨人的问题,尽管有关刻板印象的学术著作总是忽略这个问题,跨文化传播的文献也不例外。

提出这个探索性问题即使在经验丰富的培训师中间也可以引发激烈的讨论。我曾经开展过一个多小时的这种课程,参与者努力分辨总体印象与刻板印象差异性特征以及两者的共同因素。精心选择的媒介内容能够提供一些具体的例证,让参与者验证他们的假设。

因此,有关刻板印象的讨论对跨文化教育和媒介分析都极其重要(Leyens, Yzerbyt & Schadron, 1994；Macrae & Strangor, 1996)。但是,正因为其重要,才不能将"刻板印象"一词当作跨文化培训、对话和媒介批评(如果不知道还说些什么,就把它称作刻板印象)的默认功能。至少,跨文化培训师在运用媒介时应该避免随意地、软弱无力地或优柔寡断地使用这一术语,也要提醒参与者对该词的过度使用和误用。

过分依赖跨文化行话

在跨文化讨论中,能与"刻板印象"匹敌的默认维度便是过度依赖跨文化行话了。倒不是我反对使用行话。各行各业都有行话,在保证同行(或者,如当代学术术语所说的"话语群体")成员之间的顺利交谈极为有用。

如同所有其他的学术和专业领域一样,跨文化传播业充满了术语和行话,即使圈外人通常不知所云,但在跨文化圈内人士的对话中却很管用。媒介分析的问题是备有这些行话的参与者可能喋喋不休地使用行话,以致扰乱对话,事实上可能将讨论演变成使用行话胜人一筹的自我展示。

我有一次观察到知识颇为渊博、经验丰富的一位教辅人员在一个跨文化聚会上播放1985年的电影《目击者》(Witness)中合力盖谷仓的场景。讨论在一段时间内进行得很顺利,直到一位参与者的发言使得整个讨论基本上停顿下来。他用一种傲慢的口气说,这是高语境和低语境文化间冲突的一个典型事例,他用的是爱德华·霍尔(1976)的概念。讨论的整个气氛突然就变了,有人赶紧指出孤独的低语境文化外来者(哈里森·福特是费城警察)在文化方面如何对高语境的阿们宗派文化不敏感,以便压倒别人。有将近15分钟的时间,讨论蜕变成一场不可思议的术语盛宴,将不熟悉跨文化传播的参与者排除在外。在这个特定的文化背景下曾经一度丰富、微妙、充满多元视角的跨文化关系讨论烟消云散。取而代之的是乏味、平庸甚至毫无价值的对于高语境—低语境重复的陈述。就差佩姬·李在那唱"存在的一切竟是这样?"

请注意,我并不是在批评高语境—低语境文化这个重要的概念。相反,我要提醒的恰恰是:跨文化学者不应该允许自己退回到话语适宜区而可能出现的那种令人厌倦的僵化的过程,尤其是当他们有机会超越传统的行话范畴而抓住文化和跨文化特征的细微差别之时。偶尔我在放《打工好汉》时也不得不提醒参与者跳出同样的话语适宜区。

媒介抨击

也许因为跨文化目标而使用媒介最根本、最能预期的缺陷是它能成为一种长期的媒介抨击。的确,有些媒介应该受到抨击。在讨论会和学术研究中我经常这么做。不过,一点抨击大有帮助。不幸的是,参与者一旦闻到"鲜肉"的味道,就很难不去猎取了。

除了提醒、劝诫和请求参与者别将跨文化讨论变成长期的媒介抨击外,对这个两难的困境没有简单的答案。从经验而言,我敢肯定要牢牢把握媒介讨论以便参与者能够畅所欲言(有时甚至非常苛刻)而不至于陷入无休止的批评,这对教辅人员来说是个挑战。

结 论

大众媒介对跨文化培训带来机遇和挑战。特别是它们能成为有效的培训工具,更重要的是当教辅人员在使用媒介能够做到以下几点的时候:能够不厌其烦地深入思考媒介进行跨文化教育的方式;精通媒介分析的微妙之处;认真反省他们该如何运用哪种媒介;避免或处理有时在媒介使用中始料未及的陷阱。

大众媒介能够进行跨文化教化。这是全球都难以避免的现实。跨文化教育者面临的挑战是尽力帮助他们的学生和受训人员学会使用媒介,而不是为媒介所用。

参 考 文 献

Abercrombie, N., & Longhurst, B. (1998). *Audiences: A sociological theory of performance and imagination.* London: Sage.

Abt, V., & Seesholtz, M. (1998). Talking us down: "The shameless world" revisited. *Journal of Popular Film and Television, 26*(1), 42–48.

Adoni, H., & Mane, S. (1984). Media and the social construction of reality: Toward an integration of theory and research. *Communication Theory, 11*, 323–340.

Anyon, J. (1979). Ideology and United States history textbooks. *Harvard Educational Review, 49*(3), 361–386.

Armstrong, G. B., Neuendorf, K. A., & Brentar, J. E. (1992). TV entertainment, news, and racial perceptions of college students. *Journal of Communication, 42*(3), 153–176.

Bandura, A. (1977). *Social learning theory.* Englewood Cliffs, NJ: Prentice Hall.

Barnhurst, K. G., & Mutz, D. (1997). American journalism and the decline in event-centered reporting. *Journal of Communication, 47*(4), 27–53.

Bar-Tal, D. (1997). Formation and change of ethnic and national stereotypes: An integrative model. *International Journal of Intercultural Relations, 21*(4), 491–523.

Bennett, M. J. (1998). Intercultural communication: A current perspective. In M. J. Bennett (Ed.), *Basic concepts of intercultural communication: Selected readings* (pp. 1–34). Yarmouth, ME:

Intercultural Press.

Bernardi, D. L. (1998). *Star Trek and history: Raceing toward a white future.* New Brunswick, NJ: Rutgers University Press.

Bettelheim, B. (1976). *The uses of enchantment: The meaning and importance of fairy tales.* New York: Knopf.

Bird, S. E. (1996). *Dressing in feathers: The construction of the Indian in American popular culture.* Boulder, CO: Westview Press.

Boorstin, D. J. (1961). *The image, or whatever happened to the American dream?* New York: Atheneum.

Bramlett-Solomon, S., & Farwell, T. M. (1996). Sex on the soaps: An analysis of Black, White, and interracial couple intimacy. In V. T. Berry & C. L. Manning-Miller (Eds.), *Mediated messages and African-American culture* (pp. 146–158). Thousand Oaks, CA: Sage.

Brigham, J. C., & Giesbrecht, L. W. (1976). "All in the Family": Racial attitudes. *Journal of Communication, 26*(4), 69–74.

Bryant, J., & Zillmann, D. (Eds.). (1991). *Responding to the screen: Reception and reaction processes.* Hillsdale, NJ: Lawrence Erlbaum.

Carr, S. (2001). *Hollywood and anti-semitism: A cultural history up to World War II.* Cambridge, UK: Cambridge University Press.

Carson, D., & Friedman, L. D. (Eds.). (1995). *Shared differences: Multicultural media and practical pedagogy.* Urbana: University of Illinois Press.

Chan, K. (1998). The construction of Black male identity in Black action films of the nineties. *Cinema Journal, 37*(2), 35–48.

Chartock, R. (1978). A holocaust unit for classroom teachers. *Social Education, 42,* 278–285.

Chavez, L. R. (2001). *Covering immigration: Popular images and the politics of a nation.* Berkeley: University of California Press.

Children Now. (2001). *Fall colors 2000-01.* Oakland, CA: Author.

Chowdry, P. (2000). *Colonial India and the making of Empire cinema: Image, ideology and identity.* Manchester, UK: Manchester University Press.

Comstock, G. (1977). *The impact of television on American institutions and the American public.* Honolulu, HI: East-West Communications Institute, East-West Center.

Cooper, E., & Jahoda, M. (1947). The evasion of propaganda: How prejudiced people respond to anti-prejudice propaganda. *Journal of Psychology, 23,* 15–25.

Cortés, C. E. (1991). Hollywood interracial love: Social taboo as screen titillation. In P. Loukides & L. K. Fuller (Eds.), *Plot conventions in American popular film* (pp. 21–35). Bowling Green, OH: Bowling Green State University Popular Press.

Cortés, C. E. (2000). *The children are watching: How the media teach about diversity.* New York: Teachers College Press.

Cortés, C. E. (2002). *The making—and remaking—of a multiculturalist.* New York: Teachers College Press.

Cripps, T. (1970). The myth of the southern box office: A factor in racial stereotyping in American movies, 1920–1940. In J. C. Curtis & L. L. Gould (Eds.), *The Black experience in America: Selected essays* (pp. 116–144). Austin: University of Texas Press.

Dorfman, L., & Woodruff, K. (1998). The roles of speakers in local television news stories on youth and violence. *Journal of Popular Film and Television, 23*(2), 80–85.

Dyer, R. (1986). *Heavenly bodies: Film stars and society.* New York: St. Martin's.

Dyson, M. (1989). Bill Cosby and the politics of race. *Z Magazine, 2*(9), 26–30.

Entman, R. M. (1990). Modern racism and the images of Blacks in local television news. *Critical Studies in Mass Communication, 7,* 332–345.

Entman, R. M., & Rojecki, A. (2000). *The Black image in the White mind: Media and race in America.* Chicago: University of Chicago Press.

Forman, H. J. (1933). *Our movie made children.* New York: Macmillan.

Gilman, S. L. (1985). *Difference and pathology: Stereotypes of sexuality, race, and madness.* Ithaca, NY: Cornell University Press.

Gregg, R. W. (1998). *International relations on film.* Boulder, CO: Lynne Rienner.

Hall, E. T. (1976). *Beyond culture.* Garden City, NY: Anchor Books/Doubleday.

Hartmann, P., & Husband, C. (1972). The mass media and racial conflict. In D. McQuail (Ed.), *Sociology of mass communications* (pp. 435–455). Baltimore, MD: Penguin.

Havens, T. (2000). "The biggest show in the world":

Race and the global popularity of "The Cosby Show." *Media, Culture and Society, 22*(4), 371–391.

Hawkins, R., & Pingree, S. (1981). Using television to construct social reality. *Journal of Broadcasting, 25,* 347–364.

Heller, M. A. (1992, November). Bad news. *Hispanic,* pp. 18–26.

Higashi, S. (1998). Melodrama, realism, and race: World War II newsreels and propaganda film. *Cinema Journal, 37*(3), 38–61.

Hilmes, M. (1997). *Radio voices: American broadcasting, 1922–1952.* Minneapolis: University of Minnesota Press.

Holmes, D. (Ed.). (1998). *Virtual politics: Identity and community in cyberspace.* Thousand Oaks, CA: Sage.

Huston, A. C., Donnerstein, E., Fairchild, H., Feshbach, N. D., Katz, P. A., Murray, J. P., et al. (1992). *Big world, small screen: The role of television in American identity.* Lincoln: University of Nebraska Press.

Jenkins, H. (1992). *Textual poachers: Television fans and participatory culture.* New York: Routledge.

Jhally, S., & Lewis, J. (1992). *Enlightened racism: "The Cosby Show," audiences, and the myth of the American dream.* Boulder, CO: Westview Press.

Kauffman, J. M., & Burbach, H. J. (1997). On creating a climate of classroom civility. *Phi Delta Kappan, 79*(4), 320–325.

Keen, S. (1986). *Faces of the enemy: Reflections of the hostile imagination.* New York: Harper & Row.

Keever, B. A. D., Martindale, C., & Weston, M. A. (Eds.). (1997). *U.S. news coverage of racial minorities: A sourcebook, 1934-1996.* Westport, CT: Greenwood.

King, R., & Wood, N. (Eds.). (2001). *Media and migration: Constructions of mobility and difference.* New York: Routledge.

Kniveton, B. H. (1976). Social learning and imitation in relation to television. In R. Brown (Ed.), *Children and television.* Beverly Hills, CA: Sage.

Korzenny, F., Ting-Toomey, S., & Schiff, E. (Eds.). (1992). *Mass media effects across cultures.* Newbury Park, CA: Sage.

Leckenby, J. D., & Surlin, S. H. (1976). Incidental social learning and viewer race: "All in the Family" and "Sanford and Son." *Journal of Broadcasting, 20*(4), 481–494.

Lester, P. M. (Ed.). (1996). *Images that injure: Pictorial stereotypes in the media.* Westport, CT: Praeger.

Leyens, J. P., Yzerbyt, V., & Schadron, G. (1994). *Stereotypes and social cognition.* Thousand Oaks, CA: Sage.

Liebes, T. (1997). *Reporting the Arab-Israeli conflict: How hegemony works.* New York: Routledge.

Loving v. Commonwealth of Virginia, 388 U.S. 1 (1967).

Macrae, N. C., & Stangor, C. (1996). *Stereotypes and stereotyping.* New York: Guilford Press.

Matabane, P. W. (1988). Television and the Black audience: Cultivating moderate perspectives on racial integration. *Journal of Communication, 38*(4), 21–31.

Medved, M. (1993). *Hollywood vs. America: Popular culture and the war on traditional values.* New York: HarperPerennial.

Miller, T. (1998). *Technologies of truth: Cultural citizenship and the popular media.* Minneapolis: University of Minnesota Press.

Morris, M., & Ogan, C. (1996). The internet as mass medium. *Journal of Communication, 46*(1), 39–50.

Myrdal, G. (1944). *An American dilemma: The Negro problem and modern democracy.* New York: Harper.

Naficy, H., & Gabriel, T. (Eds.). (1993). *Otherness and the media: The ethnography of the imagined and the imaged.* Langhorne, PA: Harwood Academic.

Noriega, C. (1988–1990). Chicano cinema and the horizon of expectations: A discursive analysis of recent film reviews in the mainstream, alternative and Hispanic press, 1987–1988. *Aztlán, a Journal of Chicano Studies, 19*(2), 1–31.

Oakes, P. J., Haslam, S. A., & Turner, J. C. (1994). *Stereotyping and social reality.* Cambridge, MA: Blackwell.

O'Barr, W. M. (1994). *Culture and the ad: Exploring otherness in the world of advertising.* Boulder, CO: Westview Press.

Postman, N. (1985). *Amusing ourselves to death: Public discourse in the age of show business.* New York: Viking Penguin.

Potter, W. J. (1998). *Media literacy*. Thousand Oaks, CA: Sage.

Rivers, C. (1996). *Slick spins and fractured facts: How cultural myths distort the news*. New York: Columbia University Press.

Rogers, E. M. (1994). *A history of communication study: A biographical approach*. New York: Free Press.

Ross, S. J. (1998). *Working-class Hollywood: Silent film and the shaping of class in America*. Princeton, NJ: Princeton University Press.

Ruddy, A. S. (Producer). (1977). *The Godfather saga*. Hollywood, CA: Paramount Studios.

Said, E. W. (1978). *Orientalism*. New York: Random House.

Scheufele, D. A. (1999). Framing as a theory of media effects. *Journal of Communication, 49*(1), 103–122.

Schwoch, J., White, M., & Reilly, S. (1992). *Media knowledge: Readings in popular culture, pedagogy, and critical citizenship*. Albany: State University of New York Press.

Shaheen, J. G. (2001). *Reel bad Arabs: How Hollywood vilifies a people*. Brooklyn, NY: Olive Branch Press.

Shayon, R. L. (1952). *Television and our children*. New York: Longman.

Stanley, R. H., & Steinberg, C. S. (1976). *The media environment: Mass communications in American society*. New York: Hastings House.

Summerfield, E. (1993). *Crossing cultures through film*. Yarmouth, ME: Intercultural Press.

Surlin, S. H., & Tate, E. D. (1976). "All in the Family": Is Archie funny? *Journal of Communication, 26*(4), 61–68.

Taylor, P. S. (1930). *Mexican labor in the United States* (Vol. 1). Berkeley: University of California Press.

Tichi, C. (1992). *Electronic heart: Creating an American television culture*. New York: Oxford University Press.

Tomasulo, F. P. (1996). Italian Americans in the Hollywood cinema: Filmmakers, characters, audiences. *Voices in Italian Americana, 7*(1), 65–77.

Toplin, R. B. (Ed.). (1993). *Hollywood as mirror: Changing views of "outsiders" and "enemies" in American movies*. Westport, CT: Greenwood Press.

Vidmar, N., & Rokeach, M. (1974). Archie Bunker's bigotry: A study in selective perception and exposure. *Journal of Communication, 24*(1), 36–47.

Volkan, V. (1988). *The need to have enemies and allies: From clinical practice to international relations*. Northvale, NJ: J. Aronson.

Wiegman, R. (1989). Negotiating AMERICA: Gender, race, and the ideology of the interracial male bond. *Cultural Critique, 13,* 89–117.

Wilhoit, G. C., & de Bock, H. (1976). "All in the Family" in Holland. *Journal of Communication, 26*(4), 75–84.

Williams, L. (Ed.). (1995). *Viewing positions: Ways of seeing film*. New Brunswick, NJ: Rutgers University Press.

Willis, S. (1997). *High contrast: Race and gender in contemporary Hollywood film*. Durham, NC: Duke University Press.

Winn, M. (1977). *The plug-in drug*. New York: Viking Press.

第三部分

特定语境中的培训

第十二章

在国外大学学习

肯尼斯·卡什纳(Kenneth Cushner)
阿塔·U.卡利姆(Ata U. Karim)

    对大学生来说,在国外学习不是什么新鲜经历。芬兰的第一所大学创立于1640年,在那之前,学生们如果想接受高等教育,就不得不远赴瑞典的大学去求学。多年以来,海外留学已经为世界上许许多多的学生提供了各种重要的个人体会、职业经历、国际交流经验和跨文化体验。海外留学也成为了跨文化研究者和培训者的实验观察对象。通过对海外留学现象的调查,他们可以研究文化适应、涵化现象,探讨各种适应模式和培训模式的设计及其影响。

    本章首先调查了目前海外留学的发展现状以及留学的各种背景环境;然后分析了海外留学者的跨文化经验;说明了海外留学者的选择方法和准备步骤;纵览了研究海外留学经历所产生影响的学术文献;审视了海外留学项目的管理;最后讨论了海外留学项目未来的发展方向,并提出海外留学项目的有效管理方法。

海外留学项目的现状

    出国留学的目的各异,其背景也各不相同。现有的海外留学项目大致分为如下四种（Cushner,1994）：(1) 学术型，此类项目往往得到有教学资格的教育机构的认可，一般学习的主体为在校学生或者参与研究项目的教师和学生；(2) 宗教型、兄弟会型或者服务型，此类项目一般得到宗教团体、兄弟会或者社区服务组织的赞助，这些组织提供可选择的、有限的项目，往往都带有特殊目的；(3) 私人型或者非赢利型，此类项目一般得到基金会、学校、慈善机构的赞助；(4) 商业型，此类项目一般由赢利型机构策划，将旅游、海外学习和交流项目结合在一起。本文侧重研究学术型的海外留学项目，关于其他几类项目的研究及应用也将适当地加以介绍。

对大学生而言，海外留学项目的形式多种多样。学生们可以参加一个完整的项目，在异国他乡获得学位；或者他们（在获取学位的过程中）可以选择大三时在对象国学习，或在国外学习一个学期。一些大学提供一学期的混合项目，以吸纳来自同一个地方的学生。他们在参加项目时仍然是一个集体，可以修与原来大学课程相匹配的课程。许多特殊项目还提供其他海外留学机会：比如"海上学期"项目，学生们从一个港口驶向另一个港口，所有课程都是在船上教授的；有海外背景的特殊教育项目（如：东非游戏公园环境教育项目）；海外实习项目，包括让学生到另一种文化环境中去教学或参加社会公益服务。大学教师们也可以得益于其专业领域的研究，通过像富布莱特（Fulbright）基金会那样的组织、各种研究机构或者作为独立的学者到国外去研究几周，甚至一年。

人们对于海外留学的兴趣在日益增长。美国教育委员会（ACE）的制度与国际促进因素中心（Center for Institutional and International Initiatives）最新的研究表明，大多数大学一年级新生在入学前有国际交流经历。更确切地说，77%以上的一年级新生表示他们在入学前有直接的国际交流经历，如：在家里招待一名国际学生，或家中的直系亲属移居到了国外。几乎所有受访者（98%）表示他们学习过一门外语。超过半数的受访者（57%）表示他们计划在大学里学习一门外语，一半人表示他们要选修介绍他国历史或文化的课程。超过70%的学生认为所在高校提供海外留学项目是十分重要的，接近一半的人（48%）表示他们有在大学时期出国读书的打算（ACE,2001）。

这个学生调查的结果也得到了另一项比较研究的支持。此研究调查的是社会公众对于国际教育相关事物的总体看法。该研究发现：超过半数（50%）的社会公众认为国际问题的知识对他们而言是重要的；超过90%的人相信国际问题的知识对儿童和年轻人非常重要。超过70%的公众期望美国高校培养学生的外语能力和国际技能。超过70%的人相信大专院校的学生在学习期间应该有海外经历。3/4以上的人认为,有无受国际教育的机会是他们选择高校时的一个重要因素(ACE,2001)。

　　这些研究中获得的信息应该可以提醒大学管理人员根据学生的愿望和需求进行规划。鉴于1987年研究者也做过一个类似的调查以来,美国校园的国际化程度并未发生多大变化的情况,按学生的愿望和需求规划他们的学习就十分重要了。所有发现中,有一个现象值得关注,那就是选修外语类课程的学生人数从20世纪六十年代的16%下降到目前平均只剩8%。相关记录表明,有外语要求的4年制大专院校数从1965年的34%下降到1995年的刚过20%。而且,尽管人们当下对于海外留学都很乐观,并且到海外留学的学生人数在逐年上升,但只有不到3%的大学生在他们毕业时真正有海外留学经历。这个数字大大低于校长委员会10%的近期目标,也远远少于民意测验中48%的学生所表示的留学意愿。同样值得关注的是,现有的国际课程和国际活动只能赋予学生最基本的跨文化技能和能力,而在过去的10年中,政府对绝大多数国际领域的资助日益缩减,其中包括,从1994年起削减了富布莱特项目43%的资金(ACE,2001)。

　　历史上,所有这些问题都曾经有着光明的一面。1996年以来,美国学生到海外学习的人数每年都有两位数的增长,这一数字到1998—1999学年达到129,770人。比十年前的62,000人增长了一倍。目前的趋势表明到海外留学的学生呈增长态势,去发展中国家的学生人数也在增多。1981年,只有3400名美国学生在发展中国家学习。到1998—1999学年,超过30,000学生在拉美、亚洲和非洲学习。

　　世界上许多其他国家也呈现这种态势。近期数字表明美国继续成为招收外国留学生最多的国家,在1999—2000学年里美国一共招收了514,723名国际学生(国际教育研究所IIE NETWORK,2001)。这些学生里,亚洲学生超过了一半(54%);欧洲学生是第二大群体(15%);墨西哥、加拿大和巴西加起来超过8%。由于欧盟内部国家间学生的流动越来越容易,欧洲内部的国际交流也大幅增长。近几年,澳大利亚和新西兰也积极招收了许多国际学生。从全球角度来看,海外留学的人数日益增长。

国际学生和学者除了知识和智慧方面的获得和贡献外,对当地社会也做出了巨大的经济贡献。据估计,国际学生大约每年为澳大利亚经济贡献20亿澳元,为加拿大经济贡献超过20亿加元,为新西兰经济贡献5亿3千万新元并为美国经济贡献110亿美元。(Ward,Bochner & Furnham,2001)

中学交换项目包括短期项目(一般为暑期几个月)和长期项目(一般为一学年)。尽管此类项目不是本章的重点,但它们每年也为成千上万的青年学生提供了去东道国家庭居住和去东道国学校学习的机会。国际教育旅行标准委员会(CSIET),是美国的一个拥有62名成员的私人非营利组织。它为在美国的国际教育和青年交换项目制定标准并进行监督。据他们记载,2000—2001学年在他们批准的项目下有45,700名学生进入美国学习,有7,716名美国学生出国学习。

二战以来,随着海外留学生人数的增加,在海外研究机构访学的国际访问学者人数也日益增加。富布莱特基金会、国际教育交流委员会(CIEE)以及国际研究与交流理事会(IREX)等机构都为大学教师提供特殊的交流机会。比如,富布莱特项目就为美国大学教师提供到其他国家大学进行研究、学习或者教学的机会。与之对应,来访的国际学者可以在美国大学待很长一段时间从事他们的研究。1999—2000学年,在美国大学的外国访问学者达74,571名,比前一年增长了5.8%。除此之外,还有类似的中小学(K-12)教师交流项目。据估计,在任意时间点上,都有100万到130万的学生和学者在海外游学。

海外留学经历的性质

决定出国留学是指离开本国文化一段时间,进入新文化,追求学术和社会理想,并最后回国。这种暂时客居的状态从心理上将留学生们和移民们区分开。移民往往努力永久性地适应新国家和新文化。海外留学的特殊性质对于旅居者的选择和培训都有重要意义。因此,关于海外留学经历的参考资料应该包括重返本国文化的重新适应。

适应是个过程

哈勒尔(Harrell,1994)提出了这类旅居的四个阶段:(1)出国前;(2)进入;(3)适应和在新文化中生活;(4)回国前,海外学成后重返本国,重新适应本国文化。整个过程包括了两个重要的转变,一个是身体的转变,一个是心理的转变。这些转变会发生两次,第一次是在进入东道国文化时,另一次是在重返本国文化时。

海外留学的跨文化经历被认为是非常重要的过渡经历。与之相伴的是各种各样的压力,包括与不熟悉的生理和心理环境的冲突、对不熟悉的生理和心理变化的适应等(Furnham & Bochner, 1982; Kim, 2001; Martin & Harrell, 1996; Ward et al., 2001;另见第14章)。进入东道国文化和随后的重返本国文化两个过程中的心理变化要求个人在态度上和情绪上都要做出调整。融入社会互动领域的策略成为了这一社会化过程的一部分(Church, 1982; Martin, 1984; Martin & Harrell, 1996)。

海外留学生要面对大量的转变性挑战和调整压力,因此他们和国内的学生极为不同。最为显著的挑战即他们在专注于原有的学术目标的同时,还要尽快成功实现跨文化转变。梁(Leong,1984)提出了适用于海外留学生个人调整的三大领域:(1)对所有学生都适用的领域;(2)对所有旅居者都适用的领域;(3)对国际学生而言的独特领域。国际学生面临的独特压力包括:他们作为文化大使的角色要求;他们与东道国社会的文化差异;所有学生要面对的发展和学术的压力(Furnham & Bochner, 1982)。如果国际学生想获得学业的成功,他们就要快速地学习新环境下的社会规则,并迅速适应新环境赋予他们的新角色。

接下来种种对压力的反应(用术语来概括),包括:文化休克(Oberg, 1960; Ward et al., 2001;另见第八章)、文化疲劳(Guthrie, 1975)、文化适应(Paige, 1990)和文化压力(Bennett, 1998)。这些术语将在本书中为读者所熟悉。相关的经验也可以作为参考,如许多社会规则源自语言。因此,对于东道国语言的不熟悉会导致语言休克(Smalley, 1963)。当个人试图从现在的角色转变到新文化所要求的新角色时(在这种情况下,往往是社会地位更低的"学生角色"),

他往往会丧失个人身份,角色休克就由此产生了(Byrnes,1966;Higbee,1969)。当学生们试图适应新的、不同的学术生活时,他们也会经历教育休克(Hoff,1979)。无论给这些休克贴上何种标签,无论所经历的背景环境如何不同,不言而喻的是,在调整过程中个人以一种有意义的方式跟东道国文化进行互动以及学习的潜能很大(Adler,1985)。丁允珠(Ting-Toomy,1999)提出,尽管文化休克让人感到压力和倍感失落,但是如果处理得当,也可以产生积极效果:可以让人有幸福感、自尊得到提升、认知上更为开放和灵活、对不确定性的容忍度更高、对自己和他人信任度更高,以及有良好的社会交往能力。

海外留学经历还受到种种个人和环境因素的相互制约。个人方面的因素包括:年龄、性别、国籍、种族、宗教、社会经济地位、认知和交流风格、个性、处理问题的方式,以及过去的跨文化经验。个人心理方面的因素包括:期待、适应性、对不确定性的包容,以及感知(Weaver,1993)。环境方面的因素包括:东道国文化的人口统计学因素、东道国文化的互动特征、学术机构的文化因素、民族中心主义的程度和东道国文化对于外来者的态度(尤其是国际学生)、社会支持体系和学术支持体系、在东道国文化中停留的时间、沟通的有效性,以及任务功效(Kim,2001;另见第十四章)。

心理刺激因素

海外留学生感受的压力程度受到多重因素的影响,这些因素进而影响他们能否成功处理求学期间所发生的各种问题的能力。塔夫脱(Taft,1977)提出了对于跨文化压力影响最大的四个因素:即跨文化差异的距离、中断的突然性、必要改变的显著性、本国文化与东道国文化的相容性。雷德蒙(Redmond,2000)研究了一所美国大学国际学生的报告。其内容是关于文化距离对学生压力程度的影响、学生们对于压力的处理情况,以及他们的跨文化沟通能力。研究结果表明,那些与美国有着最相似的文化价值观的学生和那些与美国文化价值观差异较大的学生在跨文化能力以及相应的调整方面都大相径庭。那些来自相似文化背景的学生适应美国的学习和生活要相对容易些。

佩奇(Paige,1993)认为跨文化体验的强弱由一系列个人和环境的变量决定。他列出了8种心理刺激因素:文化差异的程度;过去的跨文化经验;民族中心主义的程度;语言的相似或相异性;文化浸没/文化隔离;期待;可见度/不可见度;以及地位、权力和控制。他假设一些刺激会强化旅居者的跨文化心理体验,而另外一些刺激则会弱化旅居者的跨文化心理体验。文化差异、过去的负面跨文化经验、旅居者的民族中心主义程度和东道国文化里的民族中心主义程度、文化浸没、不切实际的期待、可见差异以及东道国成员对外来人员的忽视等等都被认为会直接强化人们的跨文化心理体验。另一方面,他认为在东道国文化中对于权力和控制的感觉、在东道国文化中感受到的地位与尊重、过去深度跨文化体验的数量、对本文化群体的接触和语言能力则会弱化跨文化的心理体验。

赫利特和威特(Hullett & Witte, 2001)使用了古迪孔斯特和哈默的"焦虑—不确定性管理理论"以及威特的延展平行过程模式,来检查跨文化互动过程中的适应性行为和适应不良行为。他们在研究中测评了参与者的归因信心、焦虑、适应、社会疏离、定型观念、文化相似性、对东道国文化的了解、有益的接触和关键价值观。研究结果表明当不确定性控制过程占主导地位时,旅居者的反应是适应多于适应不良。而当焦虑控制过程占主导地位时,旅居者的反应是适应不良多于适应。这说明跨文化培训应该帮助旅居者发展可以增进他们的不确定性控制过程的那些技能。如此一来,可以促使他们更加适应跨文化环境。除此之外,我们还可以假设从更倾向于回避不确定性文化环境里来的学生在适应跨文化环境时,可能会面临更大的挑战。我们的一项跨文化培训就包括了增进相应技能形成的内容,以应对这方面的问题。

国际学生对于跨文化压力的反应

莫利(Mori, 2000)提出,文化适应的要求往往使得国际学生比普通学生更容易产生各种心理问题。如果学生们对于学术体系、风俗和人际关系感到迷惑,他们往往会感到压力和孤独(Aubrey, 1991)。许多研究者在研究海外留学生时都发现,文化适应的压力和情绪紊乱之间有轻度关联(Rogers & Ward, 1993; Searle & Ward, 1990; Ward & Kennedy, 1993)。个人所承受的压力程度取决于他们的处事风格以及对特殊生活事件的评估(Ward et al., 2001)。

文献表明国际学生在对文化的适应性调节过程中会产生大量的生理和心理的病症或情况。学生常抱怨的有：虚弱、紧张、失眠、咳嗽、感冒、消化不良、便秘、腹泻、麻木、心悸、性官能障碍、各种传染病、疾病恐惧症、焦虑、压抑、剧烈头疼、没有胃口、睡眠障碍、身体疼痛、身体疲劳、逃避社会、不能集中注意力、无法清晰思考等（Barna，1983；Gaw，2000；Thomas & Althen，1989；Weaver & Uncapher，1981）。据了解，国际学生比美国学生更多地使用医疗服务（Ebbin & Blankenship，1986）。有学者建议大学里的医务人员要对这个群体的学生多加关注（Cushner & Brislin，1996）。

重返本国文化的情况显示出惊人相似性。高（Gaw，2000）检测了有海外经历的美国大学生，发现重返本国文化的压力对于是否主动反映问题的严重性、是否愿意看心理医生和是否愿意使用学生支持服务等都有影响。相对于那些经历了比较少的重返本国文化冲突的人而言，经历过比较多的重返本国文化冲突的人更愿意反映个人调整情况、害羞问题或者是其他想法。白（Pai，1998）检验了中国台湾学生重返台湾文化的困难程度和一些特定变量之间的关系。这些变量包括性别、海外留学的时间、返回家乡的意愿、台湾社会或环境的变化等。结果表明女性重返本国文化要比男性困难。受到诸如政府或企业资助、父母之命或者职业发展考虑等外部因素限制，不得不回去的学生比原本就计划回去和从来不打算留在海外发展的学生更加难以适应重返本国文化的过程。

在谈及国际学生的心理健康问题时，塔法罗迪和史密斯（Tafarodi & Smith，2001）假设如果把个人主义和集体主义作为衡量文化距离的维度，这两个指标将产生对生活问题的不同敏感度。例如：集体主义文化对于消极的社会事件会产生压抑的不安情绪，而对积极的社会事件则产生抑制不安的效果。个人主义文化对于与事件相关的消极活动会产生压抑的不安情绪，而对与事件相关的积极活动则产生抑制不安的效果。对比一下马来西亚学生和英国学生，我们可以验证两者对于社会事件的敏感度是不一样的。我们还可以部分地验证两者在与结果相关的事件上存在差异。马来西亚学生比英国学生更加烦躁不安。

科祖（Kozu，2000）调查了在美留学的日本学生其世界观是否与其心理调整的水平相关。100名日本学生和108名美国学生完成了问卷，问卷内容包括心理和生理症状以及4个世界观的维度（即对于人类本性、对权威的态度、控制中心和人际关系的4个假设）。研究并没有发现什么重要结果，但是，研究发现日本学生整体上比美国学生更忧虑不安。

早期的假设提出一些心理特征,如容忍压力、容忍不确定性和容忍不可预测性的能力对于个体是否能成功地适应新文化至关重要(Brislin,1981)。基利和鲁宾(Kealey and Ruben,1983;Kealey,2001)赞同这个观点,并提出移情作用的特性、对当地文化的兴趣、灵活性和宽容度都对那些成功适应国际环境的人非常重要。然而,最近的分析表明人格特征对于个人过渡阶段经历的影响可能没那么重要(Pedersen,1994)。

奥尔和麦克拉克伦(Orr and MacLachlan,2000)对在都柏林学习的61个美国、北欧和南欧的学生进行了研究,测试了他们的地域依赖性和思乡病之间的关系,并发现无地域依赖性的学生与有地域依赖性的学生相比,思乡病没那么严重。这些没有地域依赖性的学生交际能力更强、更容易交朋友并且更容易相处。这些发现都支持了弗恩海姆和博克纳(Furnham and Bochner,1982)的关于文化休克的社会技能模型。这个模型强调了社会技能和社会互动的重要性,并强调了跨文化接触中不同社会情况所产生的种种困难。这些研究者同时还强调学习有利于适应东道国文化和有利于自身发展的相关技能的重要性。对于国际学生的研究表明,控制中心和情绪骚动间存在联系。持人生由外在自然力和社会力控制的人与心理问题以及情绪问题都有关联(Hung,1974;Kennedy,1994;Ward & Kennedy,1993)。但是,在不同的文化背景下,对于外向性(extraversion)的研究却产生了矛盾的结果。起码一个研究发现外向性和调整是呈正相关的(Searle & Ward,1990)而在另一个研究中,两者却呈负相关(Armes & Ward,1989)。

海外留学者的选拔与准备

海外留学者一般都经历过自我选择—他们自愿去留学,而且他们或者获得家庭的资助,或者得到了大学或政府的奖学金。尽管研究海外留学的文献没有多少涉及选拔方式的内容,但对于国际商务及和平队的相关研究则表明:个性评估程序(类似于探讨人格特征对于适应的影响)对于预测跨文化适应和效果是无效的(Guthrie & Zektick,1967;Kealey,1996;Mischel,1984;Vulpe,Kealey, Protheroe & MacDonald, 2000)。对于这样的预测缺陷,一些人的解释是:个性评估是一种自我汇报的评估,相对于许多其他研究方法而言,它缺乏表面效度(face validity);非临床的评估可能还有不适当的地方;社会期望会对答卷人造成影响;国际经验具有个人与环境互动的特性。因此,我们鼓励发展和使用行为测评的工具和方法(Kealey, 1996; Vulpe et al., 2000)。除此之外,研究者还用个性在情景中的互动来解释跨文化适应的成功或失败(Ward et al., 2001)。

因为海外留学通常是自愿行为,所学的课程各异,所以要给出一个能适用于所有情景的特定选拔标准是极为困难的。但是,有一点极为重要,那就是要根据精神病理学来挑选海外留学生。由于跨文化转变是一个压力极大的过程,在本国就受到心理失调等问题困扰的学生在跨文化转变过程中可能面临更大的困难。

一旦明白了跨文化过程是一种混杂了学术期待、充满压力的海外求学过程,让旅居者有所准备,培养他们认知、情感、行为方面的跨文化适应能力有助他们更有效地处理此类事情,并可以促进他们的跨文化适应(Brislin & Yoshida, 1994; Cushner & Brislin, 1996; Landis & Bhagat, 1996; Martin & Harrell, 1996; Paige, 1993)。沃德等人(Ward et al., 2001)反驳说那些学业上不成功的国际学生会给他们的家庭带来耻辱,因为他们会被认为是家庭、学校甚至国家的失败投资。因此,培训项目不能被看成是解决所有跨文化过程中可能发生问题的万灵药。但是,培训对于从出国前到回国以及回国后的这些经历都能提供有益的帮助。精心设计的项目可以给受训者提供一个参考框架。此框架将帮助他们有效地解释和管理他们的认知反应、情绪反应和行为反应;该框架还为他们提供跨文化过程中,适应调整过程的各种策略(Brislin, 1993; Cushner & Brislin, 1996, 1997)。

正如文献所指出的,出国留学是多阶段的,并且涉及学生的方方面面。这就是说,在认知、情感和行为领域都要求跨文化调整。因此,海外留学者的预备项目应该被定义为一个多阶段的过程。此课程既要让学生对于出国有所准备,帮助他们融入东道国文化,还要帮那些学成归来者重新适应、重新融入他们的本国文化。马丁和哈勒尔(Martin and Harrell, 1996)主张:回国后的培训,其重要目标是帮助学生理解身份的形成、他们所经历的变化以及他们的重新适应对其本国文化的影响。

拉·布雷克(La Brack,1993,1999—2000a,1999—2000b,2000)建议:应采用正式的、长达一学期的课程教学法对海外留学生进行跨文化准备(的培训)。他也赞同在课程中应该同时包括出国前对新环境的介绍和回国后的培训。这种方法的重点就是一遍遍地回顾旅居者在出国前和回国后的假设以及对旅居期间不同主题的反应。这些主题包括:文化价值观和传播、期待、身份、文化休克以及对比海外旅居学生和那些未出国的学生,看看究竟发生了哪些变化。

戈尔茨坦和史密斯(Goldstein and Smith,1999)调查了深度跨文化培训对于42名海外留学生的适应性的影响。结果表明参加了培训课程的学生比没有参加培训课程的学生的跨文化适应性更强。参与培训的学生在情绪恢复能力、灵活性和开放度方面得到了很大的提高。

马丁和哈勒尔(Martin and Harrell,1996)提出了一个综合培训模型,包括了4个重要阶段,并着重强调了回国后的职业发展。这4个阶段包括:

出国前 这个阶段的培训侧重于为学生提供特定国家的信息、语言培训、特定机构的信息、现有的支持体系、对象国学术体系及要求,以及介绍归国后的期待和问题等。

出国留学 这个阶段侧重对东道国文化的适应、家庭问题、(更多)特定国和特定文化的信息;鼓励学生们参加与本专业相关的学术活动并发展与本专业相关的职业关系;鼓励学生参与社区活动和课外活动。这个阶段的培训强调保持本国文化的支持体系。

回国前 这个阶段侧重帮助学生适应本国的学术体系,解决职业发展问题,转换学分,更新本国社会政治环境的信息,面对重新适应的期待,以及面对回国后的挑战。

回国后 这个阶段侧重重新适应的问题,如:找工作或者继续学习深造,将海外的经历和学术目标及个人目标有机结合起来,继续和海外专业机构联系,评价和反思海外经历给学术目标和职业目标带来的影响。许多人已经就回国过程部分做了大量的描述(Lester,2000;Martin,1993;Wang,1997)。

海外留学的影响

多年来,各种语境下的各种研究都试图断定海外留学经历会给个体带来认知、情感、行为发展方面的影响。早期的研究为后来的研究奠定了概念和实践基础。近几年的研究在方法上更为复杂,分析也更具批判性,研究重点也更为多样化。回顾一下《学位论文摘要》,我们可以发现自 1990 年以来,至少有 45 篇研究文章是与海外留学经历相关的。除了对于已知的认知、情感、行为发展方面的论述外,这些文章还涉及了管理结构、扩展和影响。下文是对于这些研究及其含义的回顾。

毫无疑问,留学的目的之一是从学业角度或者跨国、跨文化角度体验一种对于自身知识基础的冲击。多个研究表明,这种旅居生活将带来更多知识。比林迈耶和福尔曼(Billingmeier and Forman, 1975)发现即使回国 6 年后,学生们仍更理解他们曾去过的国家的学术生活和传统。除此之外,他们对于两国的差异也有更清醒的认识。菲尼斯特(Pfnister, 1972)对参与了为期 14 周的学习——服务项目的 120 名学生进行了调查,发现他们对于两国间哲学、文化、生活方式差异的认识有了巨大的进步。除此之外,91% 的交换学生认为他们的跨文化旅居生活挑战了他们关于自己和美国的原有观念。

亚齐莫威克兹(Yachimowicz, 1987)评估了在欧洲大学完成第 3 年学业的美国学生,在国际理解力、对祖国的态度、对他国文化态度方面的变化。此研究比较了两组学生:204 名在法国、西德、瑞典、英国读书的学生和 157 名留在美国学习的学生。相比较而言,在欧洲读书的学生在国际理解力方面有轻微程度的提高,他们在文化和政治知识方面的进步很大,他们对于东道国文化持有更具批判性的态度。本次研究还发现,留学后,学生们对于自身持有更为积极的态度,但是对于祖国的态度没有变化。研究还发现,留学组与参照组相比并不要面对更多的学术问题。但是,他们确实会遇到融合,以及生活方式方面的一些问题。

梅尔基奥瑞(Melchiori, 1987)研究了海外本科学习和年平均成绩、外语学习以及其他学术因素的关系。海外留学生选修了许多外语课程,学习外语的时间更长,花在学习上的时间也更长,与那些没有留学经历的学生相比,他们有可能取得更大成就。

翟(Zhai, 2000)研究了留学对于全球观、对文化多样性的态度、自我效验、职业兴趣的变化以及对本国和东道国的态度等方面的影响。结果却与前面的研究结果有冲突。定量分析表明留学对于学生没有显著的影响,也可能是由于样本数量较小($n=21$ 测试组,$n=77$ 控制组)。然而,定性分析表明学生的全球观、跨文化敏感性,对文化多样性的包容度都有所加强。此外,海外留学生有可能对东道国产生更友好的态度,并对美国颇有微词。

卡尔森和威达曼(Carlson and Widaman, 1988)研究了大学期间海外留学经历对其他文化态度的影响。他给450名在欧洲读大三的美国学生发了问卷,同时也给控制组的800名在美国国内读书的学生发了相同的问卷。海外留学组与对照组相比,显示出更高的国际政治关注度,更高的跨文化兴趣,和更高的文化世界主义。此外,研究还表明留学组与对照组相比,对本国的态度更为积极,也更具批判性。

贝茨(Bates, 1997)以35名留在美国国内的优等生为控制组,比较了14名留学海外的优等生。研究了海外留学经历对于智力发展(即,对东道国的知识、学习方法、现有的课程)、个人发展(即,自我效验和自我认知)、全球观念的影响。留学生在对东道国的了解和对自身、全球中心主义及各国相互关联的态度上发生了极大变化。这一结果支持了海外留学经历对智力机会、个人发展和全球观念会产生正面影响的观点。尽管学生们可以选学在本国学不到的51门课程中的27门,他们的学习方法没有重大改变。

水野(Mizuno, 1998)研究了海外留学经历对在日本学习的美国留学生的影响。他特别重视出国前对外国文化的接触。研究结果支持了这样一个观点,即出国前对外国文化的接触是海外留学项目中影响学生获得正面的、社会和学术经历的一个重要变量。对外国文化的接触对于提高语言的熟练程度也有积极影响。语言学习和语言能力在学生评价海外留学经历和满意度时,起十分重要的作用。

对于情感影响方面的研究过去是,将来从某种程度上来说,都会是矛盾的。早期的非实验研究表明:留学生表现得更为成熟、独立、自立、决断能力也更强(Billingmeier and Forman 1975)。菲尼斯特(Pfnister, 1972)指出,出国留学后,学生们更能理解和包容别人，他们的观念也发生了极大的变化。然而，许多研究得出了相反的结论。例如，纳什（Nash，1976）研究了41名在国外读大三的学生，发现海外组与控制组相比，在自主权扩大及自我分化方面表现出很大的不同。然而，在宽容度、自信或信心的增长方面没有什么不同。普赖斯和汉斯莱（Price and Hensley，1978）发现，在瑞士日内瓦学习了一学期的学生，在对模糊情况的宽容度上仅有微小的提高。麦圭根（McGuigan，1959）对24种人格进行了测量，他发现参加交换项目的留学生与留在国内学习的学生相比，对他人的种族距离（偏见）减少得很快。但是，同样是这个研究，也指出一些人在出国留学后，变得更加"仇视外国人"，他们对本国的欣赏得到了加强，而对于东道国的好感却没有增加。

海外留学的长期影响一直是许多学者感兴趣的研究方向。艾布拉姆斯（Abrams，1965）调查了424名来自安提俄克（古叙利亚首都，现土耳其南部城市）的毕业生，发现有海外留学经历的学生与未出国的学生相比参与了更多的国际活动；他们在海外有更多的朋友、同事和熟人；阅读更多的外文书籍和报纸。

华莱士（Wallace，1999）调查了48名珀莫纳学院（Pomona College）的毕业生，他们于1985—1986学年参加了海外留学项目。研究关注的是海外留学经历对于他们的职业和世界观的长期影响。结果表明，海外留学经历对于个人和职业发展在以下三个方面产生了长期、持续的影响：即事业发展、个人成就和对其他文化的欣赏。

沃尔夫（Wolf，1993）研究了为期5周的富布莱特集体项目中依阿华州教育者对东道国——俄罗斯的态度和看法有何变化，以及这个项目对他们教学和职业发展的影响。他比较了没有申请该项目的学者和参加了前两届项目的学者。可是研究结果却发现参与者和未申请者在对俄罗斯态度和看法方面，没有显著的差异。但是，参与者确实对本国、东道国和他国文化更为欣赏。即使项目结束4个月后，这种经历仍对他们的教学有影响。

里斯克达尔（Riskedahl，1996）分析了日本学生到美国学习3周后的效果。结果表明：3周的项目结束后，学生对于教育和自身的看法有所改变，对于新的学习方法和互动有良好的反应。但是，回日本后不到6个月，他们又重拾了原来的课堂学习模式。

马顿斯(Martens,1991)分析了1988、1989、1990三年间参加在德国举办的马歇尔基金在职教师培训研讨会的教师们的观点。尽管超过一半的参会教师说他们的同事不理解到海外留学的价值,但是参会教师还是觉得参与这个项目给自己带来了更大的学术声望。项目的参与者可以维持更长久的友谊,更了解国际问题,也更理解东道国。而且,24%的参会者还共同完成联合研究项目。研究还表明,留学海外的教师一旦回国后,有权威感并渴望与他人分享他们的知识和经历。但是,许多人在回国后经历了情绪低潮。此外,参加一个项目的学者更有可能申请参加别的海外留学项目,也更有可能被选上。

特殊群体研究

一些研究记录了海外经历对于特殊群体的影响,如进修教师和传教士。库什纳和马洪(Cushner and Mahon,2002)研究了一个海外学生教学项目对去国外教8—15周课的学生产生的影响。该研究表明,学生们在对于自我和他人的信念方面受到的影响颇深。他们在文化自觉性、基于全球观念的职业发展、自我效能、自我意识方面都有明显的进步。上述这些变化也使得老师们对教师的角色有了全新的理解,并提高了他们在多元文化环境下互动和教学的能力。这项研究的许多结果也有助于我们深入理解真正的文化学习所耗费的精力和时间。这对于老师来说也是一种很有意义的学习,因而他们现在能更好地理解来自不同文化背景的学生在学习中所要花费的时间和精力。

金格里奇(Gingerich,1998)比较了海外留学与反复强调"要培养文化敏感性和白人种族意识"说教式课程之间的关系,以验证"海外留学经历更有可能结合有意义的认知和经验性文化学习"这一假设。这个研究对比了在海外学习的大学生、在海外学习的研究生和学习了跨文化课程的学生,以及三个对应的控制组。结果表明:海外留学生与未出国的学生相比,有更高的文化敏感性和更强的白人种族意识。而且,过去的国内或国外跨文化经历与白人种族意识和文化敏感性有极高的相关性。这一点可以证实经验性学习的重要性。尽管不论在国内还是国际环境下,浸入式跨文化经验的影响都更大、更快,但说教式课程的有效性也得到了证实。

戴-瓦因斯(Day-Vines,1998)的研究目标是在加纳进行了6周非洲研究的非洲裔美国大学生,他希望探寻这些学生的社会心理发展过程。该研究致力于回答如下问题:(1)在非洲的经历是否会如种族认同态度量表所呈现得那样,促进他们的种族认同?(2)在非洲的经历是否会如非洲自我意识量表所呈现得那样,促进他们的非洲自我意识?(3)在非洲的经历是否会如黑人心理功能行为量表所呈现得那样,促进他们的黑人心理功能?(4)在非洲的经历是否会如跨文化发展量表所呈现得那样,促进跨文化发展?定量研究的结果表明测试组成员排斥黑人身份的态度大为减弱,接纳黑人身份的态度大为增强。他们的种族认同、黑人心理机能或跨文化发展则没有变化。定性分析揭示了以下5个方面的影响:该项目(1)消除了学生们心中关于非洲的种种负面印象;(2)使得参与者能够和加纳人进行有意义的互动;(3)鼓励参与者批判地分析西方和西非的文化价值观和观念;(4)通过无法定量测量的种种方式促进种族认同和跨文化发展;(5)促进学术发展和提供研究动力。

考帕(Khoapa,1987)研究了第三世界学生对于在本国和美国的职业和收入的看法和期待,以及影响他们移民美国的各种因素。他分析了三种移民定位:(1)最终要回到自己的家乡,并留在那里;(2)还没决定;(3)最终要移民美国。结果表明,与普遍的观点恰恰相反,只有很少一部分国际学生坚决要移民美国。研究还表明第三世界国家的学生很看重能在他们本国的文化、意识形态和历史环境里生活。

比尔斯(Beers,1999)研究了为期1个月的海外学习经历对于基督教学校学生信仰发展的影响。他比较了同一时期72名在海外学习的学生和99名留在国内学习的学生。从信仰成熟量表或者成熟信仰发展指标上来看,测试前和测试后的分数没有显著区别。然而,有些结果表明,海外留学群体更容易接受不同的宗教信仰。定性数据表明该海外留学群体感觉他们和上帝间建立了联系,他们在为他人服务。

比较项目的形式

许多研究成果让我们更好地理解了各种形式的项目所带来的影响。莱思罗普(Lathrop,1999)比较了完全融合的海外学习项目,即为期一学期、学生进入东道国高校学习($n = 16$)和混合学习项目,即学生在外国环境中仍主要和本国群体打交道($n = 24$)的效果。同时也研究了控制组,即没有出国的群体($n = 30$)。这三组在生活方式的规划、文化参与、情感自主性、群体间的相互依存或同辈关系方面都没有显著区别。完全融合项目的学生在职业规划和学术自主性上比同龄人得分要高得多。混合项目的学生在宽容度上得分要高一些。两组海外留学生在有益健康的生活方式和教育参与度上得分要高得多。作者认为,完全融合项目对学生的社会心理发展产生的总体效果最大。

凯斯特(Koester,1985)与国际教育交流委员会(Council on International Educational Exchange)合作,发现留学的形式和时间的长度是非常重要的变量。在这个研究中,参加各种项目的3200名学生给他们的跨文化经历打分。参加1个月到3个月项目的学生变化最小。参加3个月到12个月项目的学生变化最大。超过12个月的项目很少能对学生造成更大的影响。因此,3个月到12个月应该是海外经历的最佳时间。

赫尔曼(Herman,1996)研究了海外留学经历对学生心理发展所造成的影响。结果表明海外留学经历对于男性和女性的影响大致相当,但是,短期留学的时间可能还没有长到足以产生影响心理发展的后果。

佩蒂格鲁(Pettigrew,2001;Pettigrew & Tropp,2000)综述了200多个关于种族互动的研究。其中包括47个关于国际接触(旅游和交换学生)的研究。除去旅游中典型的、相对有限的遭遇,他发现通常情况下,国际接触比国内接触更有利于消除偏见。他还提出,高校学生交换项目在消除偏见方面尤为有效。佩蒂格鲁发现,不同于通常意义的群际接触,国际接触所导致的偏见消除包括:影响和信仰的增强及社会距离的缩短,但是人们的定型观念几乎没有变化。他提出了一个有待验证的假设,即:国际接触会改善人们原有的定型观念的情感色彩而不是实际内容。

总而言之,尽管短期和长期海外留学项目对学生们都有影响,项目的时间越长、与当地文化融合得越充分,对学生可能产生的影响就越大。短期海外留学项目还不足以影响学生心理发展的结果,短期项目的影响在持续一段时间后就会慢慢消失。定量研究和定性研究的结果仍会彼此矛盾。许多时候,当定量分析很难揭示影响方式时,定性分析可以揭示影响。

造成积极影响的因素

马丁(Martin,1987)研究了留学生对于跨文化能力的看法、过去的旅居经历、对跨文化能力的感受三者间的关系。她发现尽管人们的初始目的是学习另一种文化,但他们在旅居过程中也加深了对自身和本国文化群体的了解。该研究发现,与跨文化经历比较短或根本没有跨文化经历的人相比,有长期跨文化经历的人能更好地分辨语言和价值观等文化差异,并能更好地认识这些差异对人际交往的隐含意义。但是,她发现三组人(没出国经历、有短期出国经历、有长期出国经历)在人际交往灵活性的有效维度方面差异不大。人际交往灵活性的有效维度包括:对模糊状态的宽容、移情、区分文化定型观念和个人定型观念、处理不同观点的能力和不予置评的能力。

一些人认为,学生们在海外留学时做得最有价值的事莫过于旅游。可是,格梅尔希(Gmelch,1997)指出了混合项目的一个负面效应,即混合项目的大多数学生没什么机会接触当地人,因此他们投身学术以及学习文化的机会也不多。他详细研究了旅游对于学生到底是怎样的情形。在他的研究中,51名学生详细描述了他们离开项目所在地去旅游的各种经历。他们往往是周五到周日持欧洲铁路通行证(Eurail Pass)活动的。学生们认为他们周末出去旅游所学到的东西远远超过他们在正式教学项目中所学到的。一般情况下,一个为期6周的项目,学生平均每周末要去1.72个国家和2.4个城市。大多数学生都按图索骥,四处游玩,希望能趁他们在欧洲期间尽可能地多看。平均每周末学生们要在火车上度过18.7小时,在火车站等车3小时,而不是整个周末都待在一个地方,深入了解这个地方。如果学生们对现在的目的地不满意,他们就会根据火车时刻表决定下一站去哪里。哪趟火车最早离开,他们就跳上哪趟列车。

几周后,学生们开始意识到一大群人出游的不便,于是他们就会组成小团体——其实,是把他们和当地人隔离开。即使在大本营,一大群学生一起出去,也会妨碍他们和当地人互动。一大群人一起出游,反而减少了学习的机会。学生们发现当他们独自一人或者仅跟一个学生在一起时,才会更加注意当地人和他们周围的环境。

格梅尔希(Gmelch,1997)总结道:"学生们所学的欧洲文化可能没有教授们期望的那么多",他们可能只是浮光掠影地了解一些当地文化,和当地人也没有什么有意义的接触(p.483)。然而,在一些方面他们确实发生了变化,比如自信心、适应性(处理意外事件的能力)、灵活性、与陌生人谈话的自信和在陌生环境中搜集信息的自信。父母们反映他们的孩子更加成熟和独立,这一点与相关文献是一致的(Hansel,1989)。格梅尔希认为所有这些改变都是源于学生们要不断地处理问题(如:到哪里去、做什么、怎么去、去哪里吃饭)、要了解当地的社会系统以满足自己的需要、不得不处理一些意外突发事件(如:丢护照、遇小偷、改变日程)。这一点,也得到了相关文献的支持。皮亚杰和因赫尔德(Piaget and Inhelder,1958)提出,个人在旅游时,由于周围环境的变化,对于生活、文化和自身都有了新的理解。在中断、转移和分裂的过程中,个体会发生变化,走向成熟。与此相反,个体在平衡状态下几乎不会发生变化。格梅尔希(Gmelch,1997)建议大学赞助或组织的游学活动不能取代学生个人的旅游。应该鼓励学生们多出去旅游,因为这样可以加大他们与当地人互动从而不得不处理日常问题的几率。

与此相关,西格瓦(Segawa,1998)研究了15名在加拿大读书的日本女学生。那些没有任何国际交流经验的学生在项目初期不论是身体方面还是情感方面都最脆弱。他们仅跟其他日本学生密切交往,慢慢地在寝室里形成了一个种族禁区。这种强烈的族群隔离严重影响了他们和加拿大学生的关系。学生们挣扎着去迎合与他们的规范和价值观都有冲突的加拿大人的期待。留在自己的小圈子里对他们的海外留学生活会产生负面影响。

几乎所有关于国际学生适应问题的文献都提出国际学生愿意并且需要与当地人保持社会接触。一直以来,人们都知道与当地人保持接触可以减少旅居者遇到的困难(Sellitz & Cook,1962)。韦斯特伍德和贝克(Westwood and Barker,1990)研究了一个由年龄相当的留学生和当地学生共同参与的项目。该项目关注的内容是:文化阐释、传播、一般信息、知己和朋友。结果表明与当地人接触和学术成功及减少退学可能性呈正相关关系。这种接触对于当地人的好处也显而易见:文化自觉性和文化敏感度的提高、友谊的增强以及将来有可能会产生的成果。

接触理论也支持这个观点。卡马尔和丸山(Kamal and Maruyama,1990)发现与美国人的间接接触以及在美国逗留时间的长短对卡塔尔学生的态度变化几乎不起什么作用。相反的,促进性接触(有质量、有深度的接触)则似乎有助于推动学生们的文化适应,塑造学生们的态度。此外,在一个国家待的时间长了,学生们开始区分政府和人民;他们可能会更加热爱当地的人民,但不一定喜欢当地政府。在当地结下的友谊开始显示出正面效果,并影响到学生们对于学习经历的满意度。本研究并未发现这种接触会带来价值观的变化。比如说,对于女性,卡塔尔学生仍然保留着传统观念,这与是否进行接触无关。接触能够促进人们彼此理解、相互欣赏,但不会导致一些人所担忧的"观念同质化"。

海外留学项目的管理

近期的研究开始为项目管理者提供他们所感兴趣的数据。这些管理者要负责海外留学项目的开发、推广与协调工作。奇弗(Chieffo, 2000)调查了一些学生选择出国留学而另一些学生选择不出国的原因,并且分析了影响学生们作决定的因素。在该研究中,他于1999年上半学期调查了30个班的1000多名学生。通常情况下,尽管学校已经发动了大规模的招生宣传,学生们仍反映他们对于学校的海外留学项目所知甚少。绝大多数人做出留学决定都是受同龄人和父母的影响,只有极少数人是受老师的影响。对于那些没能出国的学生,经费问题是他们的主要问题。

在一个相关研究中,瑟里奇(Surridge, 2000)调查了宾夕法尼亚州立资产学院(Pennsylvania State Capital College)的成人学生参与海外留学项目的情况。结果表明,成年的大学本科生由于漠视多元文化、制度缺陷、家庭责任、经济负担等原因,无法参加海外留学项目。而造成学生不参加海外留学项目的最重要原因是他们对于多元文化的漠视,即他们对于生活在另一种文化中并学习新的文化无动于衷。瑟里奇建议海外项目的策划者们应该考虑管理、情景、制度等方方面面的因素都具有复杂性和互动性,这些都会使成人学生对海外项目望而却步。此项研究还建议应该给学生提供经费方面的资助,以鼓励他们参加项目。

华盛顿(Washington, 1998)研究了非洲裔美国学生对海外留学项目的态度和观点,以促成他们踊跃参与。对非洲裔学生来说,参加项目的关键在于他们是否知道出国机会,以及是否能获得资助。华盛顿认为,要想推动非洲裔美国学生参与海外留学项目,就应该确保每一个潜在的参与者都能获得信息。

尽管海外留学的文献中很少提及关于留学的案件,关于高等教育法的文献综述详细阐述了这一领域最有普遍性的几个特例。这几年,随着留学生受伤、死亡、受东道主家庭监护的情况越来越多,这些案例也变得更加重要。罗兹(Rhodes,1994)研究了加利福尼亚州私立学校和大学行政管理人员的看法,检查了他们对高等教育相关法律知识的了解程度,并询问了他们对于法律和海外留学项目管理间关系的看法。行政人员的回答再一次确证了文献所提出的观点:尽管人们试图回答跨文化管理者所提出的关于什么才是"合理和审慎的"这一问题,但在建立附加信息储备库及传播这些信息方面的工作做得仍远远不够。研究建议采取如下后续措施:建立一个海外留学政策资源基地,对各个机构的海外留学政策和程序进行法律审核,及时反馈资源基地的发展情况。

未来发展方向、含义和关注点

有时候,文献中会出现明显的前后不一致,这就使得精确预测未来发展方向和研究范围变得困难起来。例如对于48%的高中生计划出国读书,而只有不到3%的人真正出了国这样一个矛盾的事实,海外项目管理者该如何推动项目的发展?面对自1994年以来,政府对国际活动的资助减少了43%这一情况,管理者们又该如何鼓励学生们更多的参与项目?而为了适应那些有家庭和工作责任的大龄学生的需要,海外留学项目的时间越来越短,参加海外项目的少数民族裔学生越来越少,这些现象又有何深意呢?国际恐怖主义的威胁将如何影响海外留学项目呢?学校的管理者们观察到2001年9月11日后的几个月里,对海外留学项目感兴趣的学生人数开始增加,但是,那个学年实际参加海外项目的学生人数有所下降(可能是由于学生们和父母们对留学的意见不统一)。

外国学生事务协会最近的一个研究指出:一些趋势对于海外留学会产生重大影响(Hochhauser,2000)。例如,未来十年中,进入高等院校学习的学生人数将稳步增长。这群学生中有部分可能成为海外留学生,少数民族裔学生出国留学的数量也有可能增长。即将入校的大一新生似乎不但对大学生活有了很好的准备,对于接受国际教育也做好了充分的准备。这些准备包括:他们的多种语言经历、他们的电脑水平、基本技能、他们对于社区服务项目的参与以及适应程度。学生们也踊跃争取别的学校提供的出国留学的机会,并不仅限于一所高校的项目。越来越多的成年人开始享受高等院校提供的机会。由于人口的变化以及职业发展预测,越来越多的学生开始学习西班牙语,因此也创造了更为广阔的学西班牙语的前景。越来越多的退休人员通过学校校友及其他项目获得出国旅游的机会。毫无疑问,海外留学项目的参与者会越来越多,而且更多不同背景的学生将参与到项目中来。

现实情况可以为那些通晓跨文化教育知识和深谙跨文化培训技能的人提供影响大学的史无前例的机会。对国际事务感兴趣的学生越来越多,这给商务、教育、社会服务、社会科学领域的大学教师带来了在现有课程中融入跨文化概念和经验的机会。我们应该鼓励这些领域及相关领域的教师在讲课过程中采用各种方法讲授跨文化问题。如涉及其他文化观念和文化经历,在课程中引入比较研究范式,鼓励学生获取对其他文化浸入式的、第一手经验。同样的,跨文化培训者和教育者可以在拓展海外实习地点、增强田野实践经验、推动教育旅行、服务性学习及其他教育选择方面起促进作用。

对跨文化学者而言,还有一个能更好地将他们的工作与海外留学办公室相结合的机会。但是,这个机会经常被忽视。跨文化培训者和留学管理人员可能采用合作的方式,在学生进入大学学习的早期就吸引他们的兴趣。在校园的各个地方都可以举办跨文化研讨会或者跨文化展示,以提高学生们的留学意识。形式可以包括:宿舍楼宣传、非正式系列演讲、学生组织、与国际学生更为密切的合作等。当然,跨文化培训者们还应该开发针对海外留学生出国前和回国后的培训(马丁和哈勒尔在第十三章将详细阐述留学生重返本国文化的问题)。

对于那些希望开发出具有挑战性、支持性和积极成果的项目的人来说,日益增多的关于留学问题的研究文献将起到非常重要的作用。

参 考 文 献

Abrams, I. (1965). The student abroad. In S. Baskin (Ed.), *Higher education: Some newer developments*. New York: McGraw-Hill.

Adler, P. (1985). The transitional experience: An alternative view of culture shock. *Journal of Humanistic Psychology, 18,* 13–23.

American Council on Education. (2001). *ACE reports suggest a decline in U.S. college and university international education despite public interest*. Retrieved January 29, 2003, from http://www.acenet.edu/news/press_release/200/11November/ford_intl_rept.html

Armes, K., & Ward, C. (1989). Cross-cultural transitions and sojourner adjustment in Singapore. *Journal of Social Psychology, 12,* 273–275.

Aubrey, R. (1991). International students on campus: A challenge for counselors, medical providers and clinicians. *Smith College Studies in Social Work, 62*(1), 20–33.

Barna, L. M. (1983). The stress factor in intercultural relations. In D. Landis & R. W. Brislin (Eds.), *Handbook of intercultural training* (Vol. 2, pp. 19–49). New York: Pergamon Press.

Bates, J. T. (1997). *The effects of study abroad on undergraduates in an honors international program*. Unpublished doctoral dissertation, University of South Carolina, Columbia.

Beers, S. T. (1999). *Faith development of Christian college students engaged in a one-month study abroad mission trip*. Unpublished doctoral dissertation, Ball State University, Muncie, IN.

Bennett, J. (1998). Transition shock: Putting culture shock in perspective. In M. J. Bennett (Ed.), *Basic concepts of intercultural communication: Selected readings* (pp. 215–224). Yarmouth, ME: Intercultural Press.

Billingmeier, R. T., & Forman, D. (1975). Gottingen in retrospect. *International Review of Education, 21,* 215–230.

Brislin, R. W. (1981). *Cross-cultural encounters*. New York: Pergamon Press.

Brislin, R. W. (1993). *Understanding culture's influence on behavior*. Fort Worth, TX: Harcourt Brace Jovanovich.

Brislin, R. W., & Yoshida, T. (1994). *Intercultural communication training: An introduction*. Thousand Oaks, CA: Sage.

Byrnes, D. A. (1966). Role shock: An occupational hazard of American technical assistants abroad. *Annals, 368,* 95–108.

Carlson, J. S., & Widaman, K. F. (1988). The effects of study abroad during college on attitudes toward other cultures. *International Journal of Intercultural Relations, 12*(1), 1–18.

Chieffo, L. P. (2000). *Determinants of student participation in study abroad programs at the University of Delaware*. Unpublished doctoral dissertation, University of Delaware, Newark.

Church, A. (1982). Sojourner adjustment. *Psychological Bulletin, 91,* 540–572.

Cushner, K. (1994). Cross-cultural training for adolescents and professionals who work with youth exchange programs. In R. Brislin & T. Yoshida (Eds.), *Improving intercultural interactions: Modules for cross-cultural training programs* (pp. 91–108). Thousand Oaks, CA: Sage.

Cushner, K., & Brislin, R. (1996). *Intercultural interactions: A practical guide* (2nd ed.). Thousand Oaks, CA: Sage.

Cushner, K., & Brislin, R. (1997). Key concepts in the field of cross-cultural training: An introduction. In K. Cushner & R. Brislin (Eds.), *Improving intercultural interactions: Modules for cross-cultural training programs* (pp. 1–20). Thousand Oaks, CA: Sage.

Cushner, K., & Mahon, J. (2002). Overseas student teaching: Affecting personal, professional, and global competencies in an age of globalization. *Journal of Studies in International Education, 6*(1), 44–58.

Day-Vines, N. L. (1998). *Study abroad: An investigation of the impact of African diasporic travel on the psychological development of African American college sojourners*. Unpublished doctoral dissertation, North Carolina State University, Raleigh.

Ebbin, A., & Blankenship, E. (1986). A longitudinal health care study: International versus domestic students. *Journal of American College Health,*

34(4), 177–182.

Furnham, A., & Bochner, S. (1982). Social difficulty in a foreign culture: An empirical analysis of culture shock. In S. Bochner (Ed.), *Cultures in contact: Studies in cross-cultural interaction* (pp. 161–198). New York: Pergamon Press.

Gaw, K. F. (2000). Reverse culture shock in students returning from overseas. *International Journal of Intercultural Relations, 24*(1), 83–104.

Gingerich, K. E. (1998). *The impact of study abroad and didactic cross-cultural coursework experience on the development of white racial consciousness and cultural sensitivity.* Unpublished doctoral dissertation, University of Kansas, Lawrence.

Gmelch, G. (1997). Crossing cultures: Student travel and personal development. *International Journal of Intercultural Relations, 21*(4), 475–490.

Goldstein, D. L., & Smith, D. H. (1999). The analysis of the effects of experiential training on sojourners' cross cultural adaptability. *International Journal of Intercultural Relations, 23*(2), 157–173.

Guthrie, G. (1975). A behavioral analysis of culture learning. In R. Brislin, S. Bochner, & W. Lonner (Eds.), *Cross-cultural perspectives on learning* (pp. 212–232). New York: Halstead.

Guthrie, G., & Zektick, I. (1967). Predicting performance in the Peace Corps. *Journal of Social Psychology, 71*, 11–21.

Hansel, B. (1989). Developing an international perspective in youth through exchange programs. *Education and Urban Society, 20*(2), 177–196.

Harrell, T. (1994). *Professional integration of Indonesian degree holders from United States colleges and universities in the fields of business administration, education, and engineering.* Unpublished doctoral dissertation, University of Minnesota, Minneapolis.

Herman, N. (1996). *The impact of study abroad experiences on the psychosocial development of college students.* Unpublished doctoral dissertation, Ohio University, Athens.

Higbee, H. (1969). Role shock new concept. *International Educational and Cultural Exchange, 4*(4), 71–81.

Hochhauser, G. A. (2000). Demographic factors redefining education abroad. In M. Tillman (Ed.), *Study abroad: A 21st century perspective: Vol. 2. The changing landscape.* Retrieved July 31, 2003, from http://www.aifs.org/aifsfoundation/pdf/Demographic.pdf

Hoff, B. L. R. (1979). Classroom generated barriers to learning: International students in American higher education (Doctoral dissertation, U.S. International University, 1979). *Dissertation Abstracts International, 40*(7), 3810.

Hullett, C. R., & Witte, K. (2001). Predicting intercultural adaptation and isolation: Using the extended parallel process model to test anxiety/uncertainty management theory. *International Journal of Intercultural Relations, 25*(2), 125–139.

Hung, Y. Y. (1974). Sociocultural environment and locus of control. *Psychologica Taiwanica, 16,* 187–198.

Institute of International Education IIE Network. (2001). *Open doors.* Retrieved July 30, 2003, from http://opendoors.iienetwork.org/

Kamal, A. A., & Maruyama, G. (1990). Cross-cultural contact and attitudes of Qatari students in the United States. *International Journal of Intercultural Relations, 14*(2), 123–134.

Kealey, D. J. (1996). The challenge of international personnel selection. In D. Landis & R. Bhagat (Eds.), *Handbook of intercultural training* (2nd ed., pp. 81–105). Thousand Oaks, CA: Sage.

Kealey, D. J. (2001). *Cross-cultural effectiveness: A study of Canadian technical advisors overseas.* Gatineau (Hull), Quebec, Canada: Centre for Intercultural Learning, Canadian Foreign Service Institute.

Kealey, D. J., & Ruben, B. D. (1983). Cross-cultural personnel selection: Criteria, issues, and methods. In D. Landis & R. Brislin (Eds.), *Handbook of intercultural training* (Vol. 1, pp. 155–175). Elmsford, NY: Pergamon.

Kennedy, A. (1994). *Personality and psychological adjustment during cross-cultural transitions: A study of the cultural fit proposition.* Unpublished master's thesis, University of Canterbury, New Zealand.

Khoapa, B. A. (1987). *Brain-drain and study abroad: Factors influencing immigration plans of Third World students in the U.S.* Unpublished doctoral dissertation, Case Western Reserve University, Cleveland, OH.

Kim, Y. Y. (2001). *Becoming intercultural: An integrative theory of communication and cross-cultural adaptation*. Thousand Oaks, CA: Sage.

Koester, J. (1985). *A profile of the U. S. student abroad*. New York: Council on International Educational Exchange.

Kozu, J. (2000). Worldview and the psychological adjustment of Japanese sojourners in the United States. *Dissertation Abstracts International, 60*(07), 2385. (UMI No. 9937635)

La Brack, B. (1993). The missing linkage: The process of integrating orientation and reentry. In M. Paige (Ed.), *Education for the intercultural experience* (pp. 241–279). Yarmouth, ME: Intercultural Press.

La Brack, B. (1999–2000a, Fall–Winter). The evolution continues: The UOP cross-cultural training courses. *SAFETI On-line Newsletter, 1*(1). Retrieved July 30, 2003, from http://www.usc.edu/dept/education/globaled/safeti/v1n1_evo_cont.html

La Brack, B. (1999–2000b, Fall–Winter). The missing linkage: The process of integrating orientation and reentry. *SAFETI On-line Newsletter, 1*(1). Retrieved July 30, 2003, from http://www.usc.edu/dept/education/globaled/safeti/la_brack.html

La Brack, B. (2000, Spring-Summer). How do we really know what happens to our students overseas? The University of the Pacific SAFETI survey and its relation to cross-cultural training courses. *SAFETI On-line Newsletter, 1*(2). Retrieved July 30, 2003, from http://www.usc.edu/dept/education/globaled/safeti/v1n2_labrack.html

Landis, D., & Bhagat, R. (1996). A model of intercultural behavior and training. In D. Landis & R. Bhagat (Eds.), *Handbook of intercultural training* (2nd ed., pp. 1–13). Thousand Oaks, CA: Sage.

Lathrop, B. J. J. (1999). *The influence of study abroad programs on United States students' psychological development*. Unpublished doctoral dissertation, University of Georgia, Athens.

Leong, F. T. L. (1984). *Counseling international students: Relevant resources in high interest areas*. Ann Arbor, MI: University of Michigan, School of Education. (ERIC Document Reproduction Service No. ED250649)

Lester, J. (2000). *Strangers in their own land: Culture loss, disenfranchised grief, and reentry adjustment*. Unpublished doctoral dissertation, Antioch University and New England Graduate School, Keene, NH.

Martens, M. J. M. (1991). *Analysis of the perception of the participants in the German Marshall Fund of the United States teacher in-service training*. Unpublished doctoral dissertation, Oklahoma State University, Stillwater.

Martin, J. N. (1984). The intercultural reentry: Conceptualization and directions for future research. *International Journal of Intercultural Relations, 8*(2), 115–134.

Martin, J. (1987). The relationship between student sojourner perceptions of intercultural competencies and previous sojourner experience. *International Journal of Intercultural Relations, 11*(3), 337–355.

Martin, J. N. (1993). Intercultural reentry of student sojourners: Recent contributions to theory, research, and training. In M. Paige (Ed.), *Education for the intercultural experience* (pp. 301–328). Yarmouth, ME: Intercultural Press.

Martin, J., & Harrell, T. (1996). Reentry training for intercultural sojourners. In D. Landis & R. Bhagat (Eds.), *Handbook of intercultural training* (2nd ed., pp. 307–326). Thousand Oaks, CA: Sage.

McGuigan, F. J. (1959). Further study of psychological changes related to intercultural experiences. *Psychological Reports, 5*, 244–248.

Melchiori, A. (1987). *Relationships between undergraduate academic study abroad and subsequent academic performance*. Unpublished doctoral dissertation, Washington State University, Whitman.

Mischel, W. (1984). Convergences and challenges in search for consistency. *American Psychologist, 39*, 351–364.

Mizuno, N. (1998). *The impact of study abroad experience on American college students who studied in Japan*. Unpublished doctoral dissertation, University of Southern California, Los Angeles.

Mori, S. (2000). Addressing the mental health concerns of international students. *Journal of Counseling and Development, 78*(2), 137–144.

Nash, D. (1976). The personal consequences of a year of study abroad. *Journal of Higher Education, 17*, 191–203.

Oberg, K. (1960). Culture shock: Adjustment at new

cultural environments. *Practical Anthropology, 7*, 177–182.

Orr, D., & MacLachlan, M. (2000). SOCRATES in Ireland: Field dependence and homesickness in international students. In M. MacLachlan & M. O'Connell (Eds.), *Cultivating pluralism: Psychological, social and cultural perspectives on a changing Ireland* (pp. 279–295). Dublin, Ireland: Oak Tree Press.

Pai, H. (1998). Reentry difficulty, life satisfaction, and psychological well being of Taiwanese students who have returned from the United States. *Dissertation Abstracts International, 58*(7-A), 2549.

Paige, M. (1990). International students: Cross-cultural psychological perspectives. In R. W. Brislin (Ed.), *Applied cross-cultural psychology* (pp. 161–185). Newbury Park, CA: Sage.

Paige, M. (1993). On the nature of intercultural experiences and intercultural education. In M. Paige (Ed.), *Education for the intercultural experience* (pp. 1–19). Yarmouth, ME: Intercultural Press.

Pedersen, P. B. (1994). International students and international student advisors. In R. Brislin & T. Yoshida (Eds.), *Improving intercultural interactions: Modules for cross-cultural training programs* (pp. 148–167). Thousand Oaks, CA: Sage.

Pettigrew, T. (2001, April). *Does intergroup contact reduce racial and ethnic prejudice throughout the world?* Paper presented at the Second Biennial Meeting of the International Academy of Intercultural Research, Oxford, MS.

Pettigrew, T. F., & Tropp, L. R. (2000). Does intergroup contact reduce racial and ethnic prejudice throughout the world? Recent meta-analytic findings. In S. Oskamp (Ed.), *Reducing prejudice and discrimination* (pp. 93–114). Mahwah, NJ: Lawrence Erlbaum.

Pfnister, A. O. (1972). *Impact of study abroad on the American college undergraduate.* Denver, CO: University of Denver (ERIC Document Reproduction Service No. ED063882)

Piaget, J., & Inhelder, B. (1958). *The growth of logical thinking from childhood to adolescence.* New York: Basic Books.

Price, B. L., & Hensley, T. (1978, April). *The impact on French students of a study abroad program: The Kent State experience.* Paper presented at the meeting of the Ohio Modern Language Teachers Association, Columbus, OH.

Redmond, M. (2000). Cultural distance as a mediating factor between stress and intercultural communication competence. *International Journal of Intercultural Relations, 24*(1), 151–159.

Rhodes, G. M. (1994). *Legal issues and higher education: Implications for study abroad, key issues for institutions and administrators.* Unpublished doctoral dissertation, University of Southern California, Los Angeles.

Riskedahl, S. J. (1996). *The impact of short-term study abroad: Changes in participant attitudes and perceptions.* Unpublished doctoral dissertation, Union Institute, Cincinnati, OH.

Rogers, J., & Ward, C. (1993). Expectations-experience discrepancies and psychological adjustment during cross-cultural re-entry. *International Journal of Intercultural Relations, 17*(2), 185–196.

Searle, W., & Ward, C. (1990). The prediction of psychological and sociocultural adjustment during cross-cultural transitions. *International Journal of Intercultural Relations, 14*(4), 449–465.

Segawa, M. (1998). *The cultural adaptation of Japanese college students in a study abroad context: An ethnographic study.* Unpublished doctoral dissertation, University of British Columbia, Vancouver, Canada.

Sellitz, C., & Cook, S. W. (1962). Factors influencing attitudes of foreign students towards the host country. *Journal of Social Issues, 18*(1), 7–23.

Smalley, W. A. (1963). Culture shock, language shock, and the shock of a self-discovery. *Practical Anthropology, 10*, 49–56.

Surridge, R. (2000). *Factors deterring adult undergraduate students at Penn State Capital College from participation in study abroad.* Unpublished doctoral dissertation, Pennsylvania State University, College Park.

Tafarodi, R. J., & Smith, A. J. (2001). Individualism-collectivism and depressive sensitivity to life events: The case of Malaysian sojourners. *International Journal of Intercultural Relations, 25*(1), 73–88.

Taft, R. (1977). Coping with unfamiliar cultures. In N. Warren (Ed.), *Studies in cross-cultural psychology* (pp. 120–135). London: Academic Press.

Thomas, K., & Althen, G. (1989). Counseling foreign students. In P. Pederson, J. Draguns, W. Lonner, & J. Trimble (Eds.), *Counseling across cultures* (3rd ed. pp. 205–241). Honolulu: University of Hawaii Press.

Ting-Toomey, S. (1999). *Communicating across cultures.* New York: Guilford Press.

Vulpe, T., Kealey, D., Protheroe, D., & MacDonald, D. (2000). *A profile of the interculturally effective person.* Gatineau (Hull), Quebec, Canada: Centre for Intercultural Learning, Canadian Foreign Service Institute.

Wallace, D. H. (1999). *Academic study abroad: The long-term impact on alumni careers, volunteer activities, world and personal perspective.* Unpublished doctoral dissertation, Claremont Graduate School, Claremont, CA.

Wang, M. M. (1997). Reentry and reverse culture shock. In K. Cushner & R. Brislin (Eds.), *Improving intercultural interactions: Modules for cross-cultural training programs* (pp. 109–128). Thousand Oaks, CA: Sage.

Ward, C., Bochner, S., & Furnham, A. (2001). *The psychology of culture shock* (2nd ed.). East Sussex, UK: Routledge.

Ward, C., & Kennedy, A. (1993). Where is the cultural in cross-cultural transition? Comparative studies of sojourner adjustment. *Journal of Cross-Cultural Psychology, 24,* 221–249.

Washington, D. D. (1998). *African American undergraduate students' perceptions of and attitude toward study abroad programs.* Unpublished doctoral dissertation, George Mason University, Fairfax, VA.

Weaver, G. (1993). Understanding and coping with cross-cultural adjustment stress. In M. Paige (Ed.), *Education for the intercultural experience* (pp. 137–167). Yarmouth, ME: Intercultural Press.

Weaver, G., & Uncapher, P. (1981, March). *The Nigerian experience: Overseas living and value change.* Paper and workshop presented at the Seventh Annual SIETAR Conference, Vancouver, British Columbia, Canada.

Westwood, M. J., & Barker, M. (1990). Academic achievement and social adaptation among international students: A comparison groups study of the peer-pairing process. *International Journal of Intercultural Relations, 14*(2), 251–263.

Wolf, L. L. (1993). *Determination of Iowa educators' attitude and perceptions and the impact resulting from a Fulbright study abroad project to Russia on global education (study abroad).* Unpublished doctoral dissertation, Iowa State University, Ames.

Yachimowicz, D. J. (1987). *The effects of study abroad during college on international understanding and attitudes toward the homeland and other cultures.* Unpublished doctoral dissertation, University of California, Riverside.

Zhai, L. (2000). *The influence of study abroad programs on college student development in the College of Food, Agriculture, and Environmental Sciences at the Ohio State University.* Unpublished doctoral dissertation, Ohio State University, Columbus.

第十三章

学生与专业人员重返本国文化：
理论与实践

朱迪斯·N. 马丁(Judith N. Martin)
特里沙·哈勒尔(Teresa Harrell)

40年前,社会学家古拉霍恩(Gullahorn and Gullahorn,1963)提出了术语"W曲线"来描述旅居者从海外归来后所经历的反向文化休克。从那时至今,对于该现象有大量研究,有故事性的,也有经验性的。所有研究都致力于理解这种反常的经历,即一个人回国后,他的本国文化反而显得像外国文化。

自1996年本培训指南第二版出版以来,对于"重返本国文化"(intercultural reentry)问题的研究主要受到两大因素的影响。影响最大的是在跨文化传播领域和相关学科领域批判范式的兴起(Martin & Nakayama, 1999)。与传统的心理学与社会学范式不同,这种新兴的研究范式将研究的重点从个人转向了研究更为"宏大"语境的影响(如:历史的、社会的和政治的影响)。此外,批判派研究的目标不是预测和控制人类行为,而是分析权力关系、确定压力的来源以及最终影响系统变化。

第二个相关影响来自日益深入的全球化,以及由此造成的文化边界的模糊(Belay, 1996)。这两大因素对于文化适应性研究产生了巨大影响,对于重返本国文化问题的研究也有一定影响。文化适应性研究的重点已经转向以下领域:

从同化主义视角转向多元主义视角　过去的研究文献总把文化适应的终极目标定义为同化,即旅居者应该放弃他的本国文化,完全接受东道国文化。许多学者重新归纳了这一过程,视之为将本国文化元素和东道国文化元素相融合(Berry, 1997; Kim, 2001; Ward, Bochner & Furnham, 2001)。这也表明了对重返本国文化问题的研究发生了变化,现在学者们承认适应的过程并不是当人们在海外时,就放弃本国文化;当他们回国时,又重新拾起。而是将之视为一个更为复杂的混合现象。在适应的过程中,旅居者不论是在海外,还是回国后,都将本国文化和东道国文化的元素结合起来。更为重要的是,适应还涉及对自身文化相对性的理解和对文化不和谐性的理解。

从个人选择到环境影响　过去许多关于"文化适应"问题的文献都假设文化转变是自发的。近期的文献开始承认一些文化群体是由于战争、饥荒、经济困难等因素,被迫离开他们的本国文化(Ward et al. 2001)。而且,一些文化群体由于东道国社会成员的敌对反应,无法适应东道国文化(Berry & Sam, 1997; Kim, 2001)。这些群体的重返本国文化模式和过去研究的典型群体可能存在较大的差异(如:国际学生、企业雇员和军人)。

从固定的文化概念到动态的文化概念　最近,学者们开始质疑将文化局限于固定的、静止的区域的做法(Hegde, 1998a, 1998b)。例如,当纽约的波多黎各人口已经超过波多黎各首都圣胡安时,"波多黎各文化"到底指哪里?纽约的波多黎各人,像很多其他族群一样,定期来往于纽约和圣胡安之间。这又产生了对"适应过程"和"重返本国文化过程"是否为线性过程的质疑。这些旅居者什么时候适应异国文化?他们又是什么时候重返本国文化(Clifford, 1992; Hegde, 1998b, 2002)?或者,我们真的是在研究过去从未接触过的范式转变、旅居者的流动,还有文化身份吗?流动是否会创造新的、与原来文化大相径庭的文化身份?

现在想要知道这些想法和概念上的转变对于今后文化适应和重返本国文化问题的研究到底产生了多大影响还为时过早。但是,展望一些这样的影响也颇为有趣。

定义

重返本国文化问题被定义为:在跨文化旅居结束后,重新进入原先家乡文化语境的过程。这里所谓的跨文化旅居是指:对于与自己已经熟悉的文化语境有差异的其他文化语境的一段密集并有延续性的探访(Martin,1984)。然而,前面提到的理论影响也导致了对"重返本国文化"问题传统定义的质疑。过去,"重返本国文化"被认为是离开家园、前往异国、重返故土这一线性过程的终点。现实情况是,许多人来来往往,持续穿越文化的疆界(J. M. Bennett, 1993;Yep, 2002)。尽管大多数文献也适用于在国内经历过密集跨文化体验后的重新适应研究,但对重返本国文化问题的研究主要关注海外旅居者从国外回来后的重返本国文化经历。这些研究无疑也适用于美国的各个族群,他们离开了原来的文化背景(本国文化)并多次往返。这些变化也会导致心理和行为变化。比如:即使东道国和美国一样也说英语,两国间仍然由于地区和语言习惯的不同存在语言差异,与文化语境相关的角色期待也不尽相同。文化休克和重返本国文化休克也是这一现象的一部分。

由于跨文化旅居的目的不同,重返本国文化的经历也有所不同。跨文化旅居者可以是学生、企业雇员、技术支持工人、政府雇员和军队成员(Austin, 1983)。而海外任务志愿程度的差异,也会导致重返本国文化经历的差异。考虑到这两方面的差异,我们在这里主要关注两类旅居群体:学生和专业人员。

第一类群体:学生群体。他们出于多种原因志愿到海外留学。他们可能想获得外国的学位或者专业技能,学习语言,学习他们感兴趣的东西,在海外陪同他们的父母或者配偶,或者本身是交换生,或者只是想多了解这个世界(Carlson, Burn, Useem & Yachimowicz, 1990)。

第二类群体:专业人员群体。他们可能志愿也可能非志愿离开祖国,到海外执行任务。一些人(绝大多数是志愿的)由政府或者雇主派遣到国外的教学机构、公司或者政府参加培训,以学习相关的专业知识。这些专业人员可能是一回国就重新融入工作环境的国际学生(职业融合),也可能是处于事业发展期的专业人员,他们通过参加海外培训来巩固他们的事业。他们的雇主或资助培训项目,或帮助旅居者从其他渠道获得资助。那些被雇主派往国外的人往往会有某种形式的带薪或不带薪事假。

另外一些专业人员出国不是为了培训,而是去工作(如:技术支持人员、企业雇员、传教士),这些工作可能要持续几个月或者几年。这些人后来会注意到,如果他们能时不时保持跟本国工作单位的联系,并且定期回国,将极为理想。专业人员的特殊之处在于他们返回一个相对有组织的母文化环境。根据布莱克等人的研究,尽管这些人回到工作单位后会产生极大的摩擦,但他们仍会重返原来的工作岗位(Black and Gregersen,1999)。

另外一群旅居者是那些由于战争、自然灾害和糟糕的经济情况等原因而被迫离开家园的人们。他们离开并非出于自愿,而且他们通常也是来到一个秩序失衡的环境。那些没有离开的人们对他们往往怀有疑问、嫉妒和怨恨(Al-Shaykh,1995;Harrell,1994)。这些旅居者即便离开了家园,在地理上身处另一片土地,仍然与家乡的其他人保持密切联系。

因此,这些回国群体的跨文化旅居动机各不相同,旅居的自愿程度也各不相同,海外经历的特点和质量各不相同,回国后的环境也各不相同——所有这些因素都将影响我们对于适应培训的选择,即哪一种重返本国文化的适应培训最适合哪一类人群。这一章所提出的观点主要是以美国为中心的观点。尽管许多国家都有重返本国文化培训,但是根据不同国情,培训的方式和需要也有所不同。在一些社会里、在某些情况下,归国者会遭受猜疑和嫉妒;在另一些文化里,出国和回国则被看成是国际社会的惯常现象(La Brack,1996)。我们需要对各个国家归国经历的差异及这些差异对重返本国文化培训的意义做更广泛的研究。毫无疑问,美国的辽阔疆域为研究旅居者和回国者提供了一个独特的视角。

假设

本章所讨论的重返本国文化理论和实践是基于几个假设。第一个假设:重返本国文化只是复杂的跨文化现象的一个方面,而且也必须被如此看待。这个现象包括认知、情感、行为过程。第二个假设：重返本国文化的变化和其他成年人所经历的变化类似，因为所有变化都包括个人的损失和改变，同时也提供了个人和职业发展的机会（J. M. Bennett, 1993; Bridges, 1991; Kim, 2001）。最后，如果旅居者在回国前/后参加了重返本国文化培训，则重返本国文化的适应可能会非常成功。回到本国环境所遇到的困难（不论是一次还是多次）被详细记录下来，这些困难也给旅居者和他们的家庭、朋友和同事带来了挑战（Black & Gregersen, 1999; Gaw, 2000; Storti, 2001）。没有受过重返本国文化培训就回国往往意味着旅居经历将被封存起来（J. M. Bennett, 1993），隐藏在旅居者的脑海深处，旅居者也丧失了将个人成长和专业知识融入现在生活的机会。J. M.贝内特这样描述她作为志愿教师的回归经历：

> 我有一种错位的奇怪感觉。上一周我还在阿尔及利亚的一个小村庄执教，下一周我就来到美国的研究生院（学习），这里没有人对我所经历过的那些最难以置信的事情感兴趣。我也从来不提及，很快这些经历就变得像梦一样，甚至像是没有发生过。

尽管所有文献都指出培训的必要性，但是鲜有提供给归国学生和专业人员的正规培训。布莱克和格雷格森（Black and Gregersen, 1999）的研究报告表明，不到15%的北美经理人和不到10%的他们的家庭成员接受了回国培训。

研究、理论和培训

研究、理论和培训之间的关系很值得关注。学者和从业者可以有效地提高彼此的工作成绩。归国培训师可以帮助研究者们确定需要研究的常规培训项目和从培训中得出的、能获得经验性证明的具体假设，这有助于学术的发展。常规项目包括：哪类旅居者最可能从培训中受益？重返本国文化培训在哪一点上对跨文化旅居最有利？哪一类重返本国文化问题在哪一群旅居者身上表现得最突出（例如：个人适应问题还是职业重新融合问题）？具体假设包括诸如意识到重返本国文化过程的旅居者是否比否认存在重返本国文化现象的旅居者更容易从培训项目中受益之类的问题。

反之，学者也能协助培训师设计和执行重返本国文化培训项目，为培训提供理论基础和评估重返本国文化培训。例如,重返本国文化培训中最需涉及的重要问题是心理痛苦、人际关系问题、旅居者期望、职业发展和身份认同问题。哪种类型的个体最可能经历最严重的重返本国文化问题?哪种类型的培训对特定旅居人群最有效(说教式的还是经验式的)?评估培训的恰当方式又是什么?

这一章还描述了重返本国文化问题的最新研究趋势。第一部分集中研究重返本国文化过程的情感层面:心理健康。第二、第三部分阐述了重返本国文化过程的认知层面:期望和身份。第四部分集中在重返本国文化过程的行为层面:文化学习研究。然后,我们在金(Kim,2001)的"适应的系统理论"基础上提出了一个现有的合成理论框架。在这些理论概念基础上,我们为两组旅居者,大学生和专业人员,建立了设计和执行重返本国文化培训的框架和原理。

理论方法

心理健康

早期研究(20世纪60、70年代)强调重返本国文化的情感维度,把适应(和再适应)定义为旅居者在感觉上得到安宁或满足,反映了旅居者和环境的和谐程度。最重要的社会心理学理论是W曲线理论(U曲线理论的扩展),认为旅居者满意和安宁的感觉会随时间而变化。根据这一理论,海外旅居将按照可预测的U曲线发展:旅居者刚进入异域文化(环境)感到欣喜,既而转变成文化休克与不适,然后逐渐感到舒服(形成"U"字状)(Lysgaard,1995;Oberg,1960;Thomas & Harrell,1994;Torbiorn,1994)。W曲线理论认为U曲线过程在重返本国文化原有环境的情况下将被重复:旅居者在初回家乡时感到满足和舒适,然后他们意识到家乡并非想象中那样进而发展成一种"回归休克"的感受,然后又逐渐重新适应原有环境,再次感到满意和安宁(Gullahorn & Gullanorn,1963)。

一些研究检验了U曲线理论。虽然这一理论在直觉上有一定说服力,但最近的研究对其却鲜有实证支持(Ward, Okura, Kennedy & Kojima, 1998)。这也引发了对于 W 曲线理论的质疑。实际上,解释性研究为 W 曲线理论提供的支持很有限(Nafziger, 1995)。然而,对研究文献和培训材料的回顾却显示了学者和从业者对 W 曲线理论持续的强大的支持(Black & Gregersen, 1999;Storti, 2001)。

在强调社会情感维度的文化适应领域中最有前景的概念来自科林·沃德和其助手的杰出工作(Colleen Ward, 1996;Ward & Kenndy, 1994;见本书第八章),他们把原来极其有限的心理健康适应研究扩展到现有的综合概念,包含两个基本文化适应维度,即心理层面(情感上的)和社会文化层面(行为上的)。第三种解释认知维度也是由沃德提出的(Ward and Kennedy, 1999)。这个框架可能既适用于重返本国文化阶段也适用于在海外阶段。但是,需要指出的是,关于情感(心理健康)维度已经有大量文献,进行了较完善的研究(Gaw, 2000;Uehara, 1986;Ward et al., 2001),需要在重返本国文化培训课程的设计中加以考虑。

期望模型

第二种理论视角侧重从重返本国文化的认知维度进行研究,强调旅居者期望的重要性。研究者已经注意到旅居者的期望在他们适应国外环境中的重要性(Black & Gregersen, 1990;Chiu, 1995;Furnham, 1988;Hawes & Kealey, 1981;Kealey, 1989;Searle & Ward, 1990;Weaver, 1993),这一点在他们重返本国文化时同样重要。事实上,很多学者都认为"回归休克"中的一个显著特征就是它是无法预计性(Black & Gregersen, 1999;Martin, 1993;Smith, 1998;Storti, 2001;Sussman, 2001;Torbiorn, 1994;Westwood, Lawrence & Paul, 1986)。一个从越南执行任务归来的移居者的配偶观察到:

> 回家变得比出国还要困难,因为你在远赴海外的时候就已经预期到变化。真实的文化休克发生在归国的过程中。**我在自己的国家反而成了一个异乡人。**我自己的态度已经发生了变化,这使我在理解旧习俗中遇到了困难。(Black & Gregersen,1999, p.3)

期望价值模型是一种社会心理学理论。弗恩海姆(Furnham, 1988)在旅居者适应研究中应用了这一模型,认为旅居者对于即将发生的事抱有预期,这种预期之后或得以实现或不能实现。实证证据表明,已实现的预期带来正面评价和良好的调整,然而未实现的预期导致负面评价和更差的调整(Weissman & Furnham, 1987)。预期违背理论,起初被用于研究非言语行为(Burgoon & Walther, 1990),进一步说明了旅居者期望在旅居中所扮演的角色。与期望价值理论不同的是,在期望违背理论中,并非所有未实现的期望都将导致负面评价或后果。未实现的期望既可能得到正面评价也可能得到负面评价。被视作负面违背的期望(事情变化的比预期要糟)确实会导致负面评价(Burgoon & Walther, 1990)。而那些被视作正面违背的期望(事情变化的比预期得要好)却能带来正面评价和结果。

近来的研究从在海外和重返本国文化两个方面进一步证实了这些假设。几项研究的结果都显示,对困难的充分预期在新西兰的国际学生(Rogers & Ward, 1993)、日本的国际雇员(Black & Gregersen, 1990)和回国的美国学生(Martin, Bradford & Rohrlich, 1995)中都产生了积极效果。相反的,当适应过程表现得比预期更困难时,旅居者就容易产生心理问题,对国际学生(Rogers & Ward, 1993)和英国的西印度与亚洲移民(Cochrane, 1983)的研究报告就指出了这一点。萨斯曼(Sussman, 2001)的相关研究发现,在美国公司的回国人员中,那些为归国准备较少的人经历了更多重返本国文化的痛苦。此外,哈默等人(Hammer, Hart and Rogan, 1998)发现美国公司的回国雇员中,期望越正面的人越容易感到更大程度的满足和经历更少的重返本国文化困难。对上述文献的综述进一步表明在设计重返本国文化培训时考虑旅居者期望的重要性。

文化身份模型

与期望研究类似,第三个(也是最新的一个)研究领域强调重返本国文化过程的认知方面,重点研究跨文化适应与重返本国文化过程中的身份改变。例如,史密斯(Smith, 1998)就提出了一个以身份为核心概念的重返本国文化理论。她指出,身份改变是理解重返本国文化过程中跨文化交流能力的关键所在。她强调了在这种身份变化中交流的重要性:

如果文化身份和特定的交流行为联系在一起,而回国者已经获得了其他文化能力和行为,那么,假设在一定时期回国者的"跨文化"身份将在回国后的交往中显现出来就是合理的。回国者可能并没有意识到这种交往的跨文化属性,而这对不能共享回国者的国际经验的本国文化成员来说也像是一个谜。(p.307)

虽然这种困惑可能导致暂时的重返本国文化障碍,但有效的交流和关系网在推进身份改变的过程和统一新旧知识、行为、感觉与观点中扮演了重要角色——所有这些需要时间和努力。其他一些传播学者也已经把研究重点放到身份在跨文化交往和转变中的角色上来了(参见 J. M. Bennett, 1993; Kim, 2001; Sparrow, 2000; Ting-Toomey, 1999)。

在相关研究中,心理学家萨斯曼(Nan Sussman, 2000)强调身份转变的重要性,她最近在一项对美国公司的归国者研究(2001)中检验了她的理论。在这项研究中,她假设归国者对他们祖国的身份认同越小(文化身份改变得越广泛),他们所经历的回归痛苦就越严重。这一假设被证实了。正如她所指出的,在这项研究中只有一个调查问题用于度量身份变化,但是来自其他类型问题的证据仍能证实这一点。在关于从日本旅居归来的美国教师的另一项研究(2002)中,她也发现了相似的结果:那些在回国时更少认同为"美国人"的人经历了更多的回归痛苦。她指出,未来的研究需要开发出更复杂的方式度量回归过程中的身份变化。

关于身份与文化转变最有趣的概念或许要算受批判范式影响的研究了。这一学术成果重点研究生活在"边缘"的个体。这里,研究重心发生了改变,不再把文化变迁定义为一个离散的、线性的和有序的过程,而是将其视作在一个文化身份边界不再固定和静止的世界里,分裂、边缘化和多次"进入"与"再进入"的过程。当然,这项研究可能和那些长期以来试图与本国文化保持某种联系但又同时努力适应新(东道国)文化(Berry & Sam, 1997)只是偶尔回到故乡的移民最为相关。赫格蒂(Radha Hegde, 1998a)把这一过程称作"荡秋千"。其他学者也描述了这种身份认同经历所包含的巨大挑战与机遇(Anzaldua, 1990; J. M. Bennett, 1993; Yep, 2002)。正如前面提到的,这一批判观点的影响尚未得到重返本国文化研究的充分认识,但却为未来的研究指明了道路。毫无疑问,它表明重返本国文化培训必须在身份变化问题上对归国者有所帮助。

文化学习理论

第四个研究领域是文化学习理论,其重点是研究重返本国文化的行为方面。早期的文化学习研究将适应定义为在新社会里学习社会技巧和行为技巧的过程(Furnham & Bochner,1986)。后来,沃德等人(Ward et. al.,2001)扩展了这一方法,并把传播和社会心理研究整合到他们之前的研究中。他们提出了一个社会技巧与交流缺欠模型,该模型被用于理解旅居者的适应过程:个体在本国环境中按照特定互动规范(语言的和非语言的)被社会化,在旅居过程中遇到新的看法和行为,从而导致了文化休克和社会交往困难。在另一种文化中成功适应是一个学习过程,即使个体在相应的社会和职业环境中能够游刃有余、应付自如的必备社会技能的过程。

这一特殊理论方法很少被应用到重返本国文化体验中去。雪莉·史密斯(Shelly Smith,1998)是少数这样做的学者之一。她在其重返本国文化传播理论中观察了回归者面对的一些挑战,包括重新学习他们可能已经忘记的社会技巧和规范。例如,归国者经常报告他们意识到自己在社交或工作场合忘记一项重要社交礼仪时的忧虑(如:在打招呼时握手或亲吻,或不经通知就贸然登门拜访,这些行为在世界许多地方都是正常的但在美国社会却不适用)。对行为方式的文献的简单回顾表明,重返本国文化培训应该包含行为能力和重新学习交往中的社会和职业规范等问题。

重返本国文化的系统方法

最后一种,也是最具综合性的重返本国文化研究方法是把上面讲到的四种方法(心理健康、期望、身份和文化学习)结合起来,这一方法是源自金(Kim,2001)的传播与跨文化适应的综合理论。在此,重返本国文化适应被定义为一个由压力、适应和成长组成的循环。这一理论的一般假设是旅居者在回到原有环境时感受到压力,进而学会通过和他人交流来适应环境(缓解压力)。这种适应促使个人和智慧成长(Martin,1993;Rohrlich & Martin,1991)。这一模型的优势在于综合了前面的多种情感方式和最近强调的重返本国文化的认知与行为维度。除此之外，它还强调了批判理论所指出的环境因素和情境因素的重要性。

表 13.1 改编自金氏理论（Kim，2001），这个模型中共有五个主要维度：旅居者特征、东道国环境特征、家乡环境特征、归国者的交流和重新适应结果。

表 13.1　重返本国文化的系统理论

旅居者特征	东道国环境特征	本国（重返本国文化）环境特征	重返本国文化过程中的交流	重新适应结果
旅居者背景 　国籍 　年龄 　性别 　宗教 　民族 　社会经济地位 个性特质 　开放性 　个性力量 　积极性 为转变所做的准备 　培训 　先前的经验 　转变的自愿程度	社会的接纳性 东道国与家乡文化的差异 与家乡联系的多少	关系支持的多少	与家庭、朋友和同事的交流	心理健康 功能性适应 现实期望 跨文化身份

在我们改编的金氏模型中，旅居者的重新适应结果包括心理（情感的）、功能适应（行为的）、现实期望和跨文化身份发展（认知的）。这些重新适应结果通过归国者的交流得以显现，并受三组因素影响，即旅居者特征、东道国环境特征和家乡环境特征。各个变量将在下一部分做具体陈述。

旅居者特征

第一个部分，即旅居者特征，表明了一些影响再适应过程的重要特征：旅居者背景、个性特质和为转变所做的准备。

旅居者背景　旅居者背景指个体在旅居和回国过程中的社会人口学变量，包括国籍、年龄、性别、宗教、民族和社会经济地位。第一个特征，国籍，对个人和专业重返本国文化的影响是显而易见的。如上所述，不同的社会对待回国

(重返本国文化)的态度是不同的。例如,关于日本归国者所经历的困难的记载就很多(Isogai, Hayashi & Uno, 1999;Kidder, 1992;La Brack, 1981, 1981—1982;White, 1998)。沃德等人(Ward et. al., 2001)描写道,日本归国者"在海外居住较长时间后回国经常感到被社会所排斥"(188页)。他们频繁地在核心身份问题中挣扎。在重新适应过程中,他们经历了摩擦与冲突,因为他们被视作接受了与日本文化不和的"外来特征"。

艾索盖等人(Isogai et. al., 1999)指出了三种使日本人与重返本国文化环境发生矛盾的"外来特征":归国者与日俱增的过分自信,更明显的个人主义倾向和更少遵从集体规范。布拉班特等人(Brabant, Palmer and Gramling, 1990)调查了国际留学生的回国经历,发现国籍有时候会影响重返本国文化。具体地说,尼日利亚学生在回国时就遇到比其他国籍学生更大的困难。布莱克等人(Black and Gregersen,1999)报告,在四组经理人中,来自荷兰和美国的成员就比来自芬兰和日本的成员在回国时遇到的困难少。当然,未来的研究还需要进一步观察国籍对重返本国文化经历的影响。

在年龄问题上,研究似乎表明,更为年轻的旅居者(青少年)在重新适应时遇到的困难更大,这可能因为他们被海外经历改变得更多,而成年人已经被原来的文化环境充分社会化了(Ward et al., 2001)。归国者的问题也随年龄的不同而变化。归国者中的青少年或青年人更关心由于他们的缺位导致的人际关系变化(Martin, 1986a, 1986b),而那些已大学毕业或建立起自己事业的归国者则更关心专业融合问题(Black & Gregersen, 1999;Gama & Pedersen, 1977;Harrell, 1994)。

性别也会影响回归经历。女性归国者,特别是那些曾在对女性约束比较少的国家中生活过的女性,在回归过程中往往比男性经历更多的社会心理问题(Brabant et al., 1990;Gama & Pedersen, 1977;Harrell, 1994;Ward et al. 2001)。她们可能也会在重返本国文化过程中遇到更多的职业问题,发现自己在工作场合就像被隔绝起来的弱势群体(Adler & Izraeli, 1994)。但是,据金(Kim,2001)观察,性别本身并不足以解释已发现的在适应过程中的区别;它可能被诸如教育之类的其他个体背景特征复杂化。性别也会影响到旅居者在海外环境中扮演的角色类型,进而影响到重返本国文化过程。例如,作为公司管理者的家属,女性与海外文化环境的往来可能更为密切,因此,她们在重新适应家乡环境时遇到的困难就更大。

归国者的宗教信仰也可能影响重返本国文化。布拉班特等人（Brabant, et. al., 1990）发现，宗教归属和重返本国文化过程中的家庭与个人问题相关。即是说，近东和伊斯兰学生从比例上看，比来自其他宗教背景的学生经历了更多的重返本国文化过程中的家庭矛盾。这种困难大概是源于学生们在海外经历的自由化变化导致了回归后与家庭发生冲突。我们并没有过分强调这些背景特征（性别、年龄等等）在重返本国文化研究中往往混杂在一起，未来的研究应该着重指明某个单一变量的影响以及这些不同变量之间的相互关系。

在重返本国文化研究中依旧被忽视的两个因素是民族和社会经济地位。我们知道这两个变量影响旅居者如何经历文化转变。例如，来自非洲的国际学生对美国文化的适应过程比来自欧洲的学生要困难得多。并且，资金支持会使这些学生的海外转变过程更为轻松（Selmer & Shiu, 1999）。此外，美国的少数民族学生可能比多数民族的归国者经历的回归过程要更艰难。具体说，少数民族学生通常感到离开种族歧视的美国社会获得了一种解脱，因此回到美国的环境中遇到的挑战就更大。比如，在斯特林（Stelling, 1991）对 134 名归国者所做的调查中，一名非裔美国归国者报告说，他在海外从未感觉非裔美国人身份会产生个人问题，而在回到美国后，他却不得不承认种族差异的存在。从另一个方面来说，我们也可以说少数种族个体可能从总体上来说能更好地适应文化转变，就像处于"建设性边缘"的个体在一天之内就能穿越文化边界（J. M. Bennett, 1993; Yep, 2002），因而更善于处理重返本国文化中的转变一样。确实，对于民族划分和民族身份在重返本国文化转变中的作用我们还需要更多的研究。

对于社会经济地位影响的研究也是如此。观察这一变量的研究仅有一个，就是布拉班特（Brabant, et. al., 1990）等人发现社会阶层和重返本国文化过程中所爆发的问题之间并无联系，这个结果可能是由于研究中这一变量的变化太小所致。这就显现了重返本国文化研究中的一个典型问题——绝大多数的美国研究都把重点放在对中产阶级白人旅居者的研究上。未来的研究需要包含更多元化的旅居群体样本。

个性特质 虽然大量的研究都指明了一些预示成功文化转变的个性特点，但是在重返本国文化问题的研究文献中鲜有关个性特点的着重论述。如表

13.1所述,金(Kim,2001)指出了预示成功适应的三种相关特质:开放性、个性力量和积极性。这对于重返本国文化转变同样重要。开放性是接受性的门槛,也是与诸如"思想开放"、"敢于冒险"、"外向"等变量相关的基础概念(金认为年龄是影响开放性的实际因素但并不能预示成功的适应)。个性力量是使人能够应付紧迫的跨文化情境所带来的挑战的内在资源,即一种在充满压力的环境里仍能够以冷静和清晰思想应对的能力,而并非"崩溃"。积极性是一种自信和乐观的精神展望。积极性能使旅居者更好地参与到当地的社会进程中去。我们很容易理解这三种特质怎样帮助旅居者成功地适应海外生活,并且我们也可以设想这三种特质也是和成功的重返本国文化适应密切相关的,虽然这一点还未经实证检验(Adler,1981)。

为转变所做的准备 不少理论和实证文章都强调了预期重返本国文化过程的重要性,指明了在重返本国文化培训中正确处理期望值的重要性。例如,布莱克和格雷格森(Black and Gregersen,1999)强调了意识到重返本国文化过程的多变、及时调整预期的重要性。在最近一项对44名刚从海外归来的美国经理人的研究中,萨斯曼(Sussman,2001)假设那些为回国准备最少的归国者将经历最多的回归困难。通过使用一个10项内容的回国准备标准量表(PRS),她发现,那些在标准检测中得分较低的人确实经历了更多的回归痛苦。另一个包含其他预测变量的衰退模型显示,只有准备是一项显著的可预测量。这些发现无疑指明了重返本国文化培训的重要性。

另一个影响旅居者重返本国文化准备的因素是他们对转变和重返本国文化的先前跨文化经验。研究表明,有过国外文化经验的旅居者为他们下一次跨文化之旅所做的准备更加充分(Kim,2001)。虽然至今重返本国文化经历中是否也存在这种关系还未被证实,我们也可把它视作一种直觉假设。

最后一种强化文化转变的因素是这种跨文化迁移的自愿程度。如前所述,难民或那些被迫迁移的旅居者会发现适应新文化要困难得多。而这种被迫移居似乎也会影响重返家乡文化,或许能够使回归变得更为容易。这些归国者会为回国心怀感激,但是由于他们离家的性质特殊(因战争、饥饿或经济困难而背井离乡),他们在回归时通常会面临一个不确定和令人沮丧的家乡环境。未来的研究也需要多关注这些被迫逃离家园的人的重返本国文化经历。

东道国环境特征

表13.1模型中的第二个部分是海外东道国环境特征,它影响旅居者的个人和专业重返本国文化过程,并且是适应和重返本国文化过程中最重要的以个人为中心研究方法的一个重要附加成分。这里的一个重要的特征是东道国社会对外国人的接纳性,再加上居留的时间,将影响旅居者融入当地社会的程度。这种融合程度又会影响重返本国文化经历。即那些与环境融洽又居住较长时间的人较容易融入当地的社会生活。另一方面,那些遇到的环境不够友善并且停留时间较短的人则不容易融入。需要指出的是,东道国环境可能对一些人来说容易接受而对另一些人则不是。例如,种族分明的美国总体上说较易接受来自北欧或西欧的旅居者,而来自非洲和墨西哥的旅居者被接纳程度则较低,因此融入性也较差。一些研究表明,对于学生或工作人士来说,越好融入东道国环境的人在重返本国文化时遇到的困难就越大(Harris, Moran & Soccorsy, 1996; Sussman, 1986)。

另一个影响归国进程的因素是东道国与家乡环境的差异。先前的研究假设东道国环境与家乡环境差别越大,重返本国文化过程就越艰难。这是基于另一个假设,即,差别越大,海外旅居者发生的适应和价值观转变就越多,导致旅居者的前景变化也越大,而重返本国文化过程也更艰难(Harrel, 1994; Uehara, 1986)。但是,两项研究的结果却提供了相互矛盾的证据,表明相似性可能导致不切实际的期望。第一项研究测量了美国学生在欧洲的期望和经历,发现在英国的学生比在意大利和法国的学生遇到的困难更多。这些学生以为英国和美国更为相似,没想到在适应时会遇到挑战(Martin et al., 1995)。第二项研究调查了在中国内地工作的香港经理人。这些人没能正确地看待文化差异,出现问题时反而责怪下属或自己,而实际上这些问题可能是由文化差异造成的(Selmer & Shiu, 1999)。

另一个影响重返本国文化的因素是旅居者在海外时与家庭和家乡的朋友保持的联系频率。例如,经常和家人或朋友联系或者不时返回家乡的留学生在重返本国文化再适应时就较为轻松(Brabant et al., 1990; Harrel, 1994; Martin, 1986b)。对于工作人员来说情况也是一样的。布莱克和格雷格森(Black and Gregersen, 1999)就强调了在海外长期居住时请探亲假回家的重要性。这种持续的联系(不论是人际交流还是通过传播手段)使得旅居者能实时了解家乡的变化和新闻,也使得家乡的朋友和同事能够观察到旅居者的变化。长此以往,当旅居者返回时,每个相关的人感到的意外都较少。电子邮件和电子通讯手段的盛行看起来能有效地增加频繁交流的可能性,并且减少重返本国文化问题。

本国环境特征(重返本国文化)

本国环境特征为表13.1中重返本国文化模式的第三部分。回归者遇到的本国环境对于他们重返本国文化过程有极大的影响。其中一个重要方面就是现有的支持体系。很多研究都表明了社会支持在海外经历中的重要性(Adelman, 1998; Garcia, Ramirez & Jariego, 2002; Ward et al., 2001),一些研究还系统地调查了这方面的重返本国文化问题。

例如,回国的美国学生说他们的家人,有时甚至还包括朋友,都在他们回国过程中起到了感情支持的作用(Martin, 1985, 1986a, 1986b; Wilson, 1985)。但是,学院和大学往往不能提供一个支持性的环境;它们有时反而在转学分、财务资助和注册期限上毫不通融,让回国的学生饱受折磨(Kauffmann, Martin & Weaver, 1992)。

同样的事也发生在归国的工作人员身上。经常有这方面的报道,(国外的)工作人员感觉与国内的部门失去了联系,他们在海外学习到的技能得不到国内的承认或欣赏(Harrell, 1994)。此外,他们还不确定回国后的工作安排;他们的职位与在海外的职位相比自主性更小,权威更少(Black & Gregersen, 1999)。但是,公司总认为没有必要提供重返本国文化培训。仅有不到15%的北美经理们接受了归国培训或者适应性培训。60%回到美国的人认为他们的公司"传递的是一个相对模糊的归国程序"(Black & Gregersen, 1999, p.25)。

归国者的交流

重返本国文化模式的第四个组成部分是归国者的交流。学者们已经指出了重返本国文化经历中交流的重要性(Martin, 1986a, 1986b; Smith, 1998)。正如金(Kim, 2001)所指出的,旅居者正是通过与东道国居民的交流和互动才能够在海外的环境中实现"压力—适应—成长"这一循环。他们通过与东道国居民的互动,应对文化休克,并理解东道国文化。尽管有时候,这种社会交流很令人沮丧,但是最终那些最成功适应环境的人往往就是交流得最多的人(Martin et al.,1995)。回国(重返本国文化)的过程也是一样(Smith,2002)。一些学者认为重返本国文化过程中的交流也存在种种问题,但是另外一些证据表明,与朋友、家人、同事的人际交流和人际关系最后都可以起促进作用(Martin,1986b)。对青年学生来说,与家人的关系对他们重返本国文化的影响至深(Martin,1986b)。史密斯(Smith,2002)强调:

> 与朋友和家人进行有意义交流的需要,交流主要涉及的是归国者的跨文化体验和与身份认同相关的变化。如果能成功地进行交流,则能改善彼此间的关系,获得更大的社会和情感支持,继而改善自己的跨文化身份,以及该身份对本国文化的倾向性。(p.251)

未来的研究需要更深入地调查与同事间的交流对于归国工作人员的影响。某些交流方式和某些人际关系可能更能促进归国工作人员适应国内环境。

重新适应结果

我们这个模式的最后一部分也是最重要的部分包含了四个重新适应的结果:心理健康、功能性适应、现实期望和跨文化身份。① 如前所述,心理健康,即重新适应的情感部分,对于旅居者和归国者都十分重要。"反向文化休克",即在自己的国家感觉像一个外国人,轻则让人惊惶不安,重则让人创伤难愈(Gaw,2000)。

第二个重新适应的结果为*功能性适应*。所谓功能性适应是指能在回国后正常进行日常的社会活动和工作,并将前面提到的行为模式及文化学习模式有机地结合起来。功能性适应可能包括重新学习恰当的交流方法,以及本国文化的优先观和价值观(Smith,1998)。重新适应的第三个结果是现实期望的认知发展,前面已经详细阐述过了。

重新适应的第四个结果仍然是感知:跨文化身份的发展。这个观点认为,随着一个人在东道国改变自身来适应环境,他的身份也发生了改变。个人转变

---

① 金(Kim,2001)提出了三种适应结果:心理健康、功能性适应和跨文化身份。我们在此增加了第四种:现实期望。

为另一个身份,一个"跨文化身份":

> 来到东道国的陌生人不像其原有文化身份绝大部分源自童年在本国社会化过程中获得的经验,他们新的身份产生于大量的挑战,以及在新环境中自我调整的痛苦经历。通过漫长的试验和失败,一个陌生人将获得一个新的、扩展的身份,这个身份既超越了原来的文化身份又超越了东道国文化身份。(Kim,2001,p.65)

正如前面所描绘的,旅居者在海外会经历交流与感知方面的适应性变化。当他们回国后,又要进行重新适应,他们的"内部情况要从单一文化转变为多面特征……在这个过程里,他们的身份变得更为灵活……并且更具有跨文化性"(Kim,2001,p.66)。这四种重新适应的结果对于重返本国文化培训有实际意义,而培训又能进一步推动这些结果的发展。

培训的含义

本章对于培训的理论和研究做了综述,引申出了关于设计和开展学生和工作人员重返本国文化培训的几点含义。第一个理论方法表明在培训过程中强调归国心理问题的重要性。许多资料都记录了跨文化适应压力重重。马丁(Martin,1993)以及布拉默等人(Brammer and Abrego,1981)的"干预理论"提出了要把减压问题包括到重返本国文化培训中。

第二个理论方法基于期望。它强调了在旅居生活早期就怀有归国期望的重要性。研究表明,正面期望越多,准备得越充分,则回国后遇到的问题会越少。超出预期会让人产生更大的满足感。这也表明重返本国文化培训应该部分包括形成正面的、全面的预期。例如:韦斯特伍德等人(Westwood & Lawrence,1988;Westwood et al.,1986)根据归国国际学生的预期理论设计出了一整套重返本国文化培训课程。最近,布莱克和格雷格森(Black and Gregersen,1999)也为归国的工作人员制定了一个类似的课程框架。这一框架就是"提前预期",它也强调了能意识到重返本国文化的文化休克并优先考虑处理方法的重要性。

布鲁斯·拉·布雷克(Bruce La Brack,1993)在太平洋大学设计出了一个针对海外留学项目的长期重返本国文化培训的模板。在该项目中,出国前培训和重返本国文化培训是相互联系的。刻版印象、价值观和交流的文化模式、身份、文化休克等主题在归国前和归国后的培训中都有涉及。在归国后阶段,鼓励旅居者检查他们和其他人的社会网络的变化。这样一来,不但学生能在旅居异国的各个阶段都发展出现实期望,而且旅居也被看成是一个过程。因此,跨文化学习就更为顺利,海外的经历和重返本国文化经历也能和他们的个人及学术经验联系起来。这样一种侧重整体的、过程的学习就可以避免拉·布雷克所说的"鞋盒效应",即一旦回国,海外经历就被"丢弃",并且不再融入后来的学习中(La Brack & Pusch,2001)。

文化身份模式也为重返本国文化培训提供了些建议。艾索盖等人(Isogai et al.,1999)描绘了一个日本大学生重返本国文化培训的例子。其中包括四个部分。第一部分,对于自身的意识。鼓励归国人员思考什么是日本?什么是非日本?他们真正重视什么?他们还认识到需要适应这些差异。第二部分,培训关注于知识的习得,包括特定区域的、一般文化的和特定文化的知识。第三部分是关于情绪的,该培训注重培养对于重返本国文化经历的现实期望。培训的第四部分,主要帮助学生们培养特殊技能(用理论分析他们个人经验的能力,判断思考能力,再构造的能力)。

作为一种整合有效重返本国文化过程各个部分的方式,培训的各个部分已发展出一个跨文化敏感表(Albert,1983;Brislin,Cushner,Cherrie & Yong,1986),该表着重考察导致回国的日本学生产生摩擦的三个概念:自我判断的方式、个人和集体的关系、老人和青年人的关系。

为特殊旅居者群体设计重返本国文化培训

在考虑如何为特殊群体设计培训项目时,培训师全面掌握东道国环境、本国环境,以及受训者的需求是至关重要的。在这一部分,我们首先描绘两个旅居者群体的显著特征,然后大体介绍并讨论基于前面所提及的理论设计出来的普适的、长期的重返本国文化培训模式。在这里,我们针对学生和工作人员采取不同的培训思路。

回国的学生

典型的美国学生旅居者是一个大学本科生,到海外学习是他学业的一部分,但不一定与他的专业相关。这样的旅居经历的重点不是专业发展,而是个人成长与知识的积累(Carlson et al., 1990; Kauffmann et al., 1992; Klineberg & Hull, 1979)。对于大多数学生旅居者而言,尤其是对于来自主流民族文化的那些学生而言,他们对世界的认知和道德观仍在形成中,文化身份也还没有完全形成(Smith, 1991)。

对于学生旅居者的重返本国文化培训的目的在于帮助他们理解个人的成长、知识的积累,以及他们文化身份的变化,在于使他们对本国环境感觉更舒适,并能在该环境中高效地工作学习。最后,培训为他们提供自我评估工具,帮他们对海外学习期间获得的技能和知识作出评价(Harrell, 1994),如表13.2所示。

回国的工作人员

对于回国的工作人员而言,他们的旅居生活和相关的重返本国文化培训更侧重职业而不是个人。虽然在海外的旅居生活对个人而言是一种挑战,旅居者的工作人员的身份通常早已确定,他们旅居的最大挑战是通过现有机构的帮助,适应新的文化以便于完成一项或多项工作。在回国问题上,家庭因素,如:配偶和小孩的重新适应问题虽然非常重要,但并非首先考虑的因素。培训的目标通常是帮助旅居者适应他的工作。

有一些因素会影响到学生和工作人员的成功归国。表13.2和表13.3所呈现的是从出国前到回国后的情况。

工作人员综合模型为我们提供了一个理解海外经历和回国经历的过渡阶段特征的框架。它注重的不是特殊的培训策略,而是对"如何将重返本国文化问题结合到旅居生活的每一个阶段"的整体理解。如书中所言,工作人员和学生在回国问题上有不同的考量。

表13.2 学生重返本国文化综合培训模型

出国前 东道国	出国后 东道国	回国前 家	回国后 祖国
确立期望 东道国生活 该国特殊的文化介绍 东道国文化 国内文化和东道国文化的对比 生活情况 国外高等教育体系 如何让海外留学经历符合职业需求	**心理调整问题** 文化、性别、身份、年龄 资金方面的考虑 社会活动和交流活动 东道国家庭 文化活动 旅游	**确立期望** 回国适应性介绍 政治与经济 社会与文化	**重新调整问题** 家庭问题 文化、性别、身份和年龄 社会重新调整 资金的重新调整
功能性适应 鉴定技术和能力 语言培训 准备学术建议、案头工作 联系资助机构 健康和安全问题	**功能性适应** 学术介绍 语言培训 学术关系 学术责任 学术网络 实习 学术经验 学术严谨 非正式教育经历 生活和生活方式 学生组织 社团组织	**功能性适应** 学术关注 奖学金资助申请 注册 住房 高校工作机会 学位课程性的地位 将学分转回国内高校	**功能性适应** 转变工作或找工作 对海外经历的评估 回到校园

（续表）

出国前东道国	出国后东道国	回国前家	回国后祖国
心理调整 区别已有的各种支持系统和海外协议 调整和重返本国文化 东道国家项目的联系 确定导师		**心理和调整问题** 回国介绍 政治经济 社会文化	
跨文化身份 介绍框架	**跨文化身份** 日记和日志	**跨文化身份** 文化对比（东道国和祖国） 审阅日记和日志	**跨文化身份** 重温日记和日志 自我反思 讨论收获、挑战和责任

453

表 13.3 工作人员重返本国文化综合培训模型

	出国前 东道国	出国后 东道国	回国前 家	回国后 祖国
确立期望	职业综合介绍 职业方面重返本国文化 海外工作环境的特征 海外雇主,特定国家 比较本国文化和东道国文化		职业简报或汇报 批评性评价 与国内主管会面	
心理调整问题		是否携家属到东道国 文化,性别,身份,年龄 资金方面的考虑 社会活动 东道国家庭 文化活动 旅游		
功能性适应	鉴定技术和能力 语言培训 加入东道国职业圈 确定"顾问"(mentor) 东道国家庭 联系企业资助人	职业介绍 职业关系 职业责任 职业组织 参加会议 培训机会 职业网络 国内或国外的顾问 保持国内联系 与雇员接触做汇报 回国旅行 电子邮件 语言培训	更新简历 与国内员工建立关系网	重新开始工作 经历评价 正式/非正式的组织适应性介绍 正式/非正式的组织政策 组织文化 咨询顾问 咨询其他回国人员 加入职业圈 国内或国际会议
重新调整问题				家庭重新调整 文化,性别,身份和年龄 社会重新调整

第十三章 学生与专业人员重返本国文化：理论与实践

（续表）

出国前 东道国	出国后 东道国	回国前 家	回国后 祖国
心理调整 为职业和个人进行海外调整和重返本国文化，鉴定已有的支持系统和协议		**心理调整问题** 回国介绍 政治/经济 社会/文化的重新调整	
跨文化身份 概要的介绍	**跨文化身份** 日记和日志	**跨文化身份** 东道国和祖国文化对比 意识到个人成长 语言评估	**跨文化身份** 重温日记和日志 自我反思 讨论收获、挑战和责任

重返本国文化综合培训模型

工作人员综合模型最早由哈勒尔(Harrell,1994)提出,后来有所修改,增加了学生和回国工作人员的培训需求和活动,如表 13.2 和 13.3 所示。这两类人的培训需求在某些地方有重合。当海外工作人员开始在国外学习或当学生正准备进入职业领域时,这一点尤为突出。因此,这一模型的组成部分考虑到了两大群体。

该模型对海外经历以及为旅居者出国或回国而进行的培训做了整体的概念梳理。并且与前一章所讨论的理论观点相符。该模型把学生和工作人员的情况都分为四个阶段:(1) 出国前阶段,旅居者出国之前;(2) 出国阶段,在海外的经历时段;(3) 回国前阶段,旅居者居住在东道国,准备回国的时段;(4) 回国和重返本国文化阶段,旅居者回到祖国的初始时段。该时段一般长达 6 个月到 1 年。对于一些人来说,可能更长。

这四个阶段被划分出来使得海外旅居者的培训和定位更具有可操作性。尽管该模型呈线性,但是各个阶段不应被看做是不连续的,而应被看成是动态的、连续的活动流,偶尔或有重叠,各个部分不能够被割裂开。

前面提到的理论观点在四个阶段里充当不同角色。比如设定期望应该是出国前和回国前培训的重点,而出国阶段和回国阶段的重点应该是促进心理健康和功能性适应。关于跨文化身份发展的讨论应该被视为一条主线,贯穿培训各个阶段的始终,可能最为明显的是在回国和重返本国文化阶段。

该模型还假设:无论是以学生身份还是工作人员身份开始海外生活,海外经历会影响到职业的回归,并最后影响到他们进入职场生涯。正是基于这个原因,该模型还考虑了和职业发展相关的种种问题,从初始阶段(即当旅居者被选定或者决定出国时)到旅居者在海外生活期间,不间断的回国准备。该模型还发展和执行了一个确保顺利回国并顺利过渡到最后工作环境的策略(Adler, 1981; Black & Gregersen, 1999; Black, Gregersen & Mendenhall, 1992; Denny & Eckert, 1987)。学生旅居者的培训模型如表 13.2 所示,培训的各个阶段将在后面各部分展开。

学生重返本国文化综合培训模型

出国前培训

正如表 13.2 培训模型所指出的那样,对离开美国的学生重返本国文化培训的第一阶段(出国前培训)往往是由大专院校或者资助机构在出国前 3 到 12 个月内开发出来,并提供给学生的。这些培训可以在国内或者是在东道国进行,主要是为海外经历确立现实的和正面的期待。这一点主要通过创立一个框架来实现。通过这个框架,让学生理解海外生活中的转变,并意识到这些转变在他们回国后也是至关重要的。该培训包括:算学分的研讨会、小组活动以及可以在本国和东道国都开展的个人项目(具体开展地点取决于哪里有培训资源)。关于海外出国前培训的内容和方法,已经有大量的描述。① 美国海外咨询中心(一般隶属于美国国务院),为到美国读书的学生提供出国前的适应性介绍(Harrell, 2002)。这些短期课程为学生们展示了美国高等教育、区域文化和气候差异的全貌。

帮助学生认识到海外经历是职业发展的一部分,对于学生将海外经历融入职业中是十分重要的。对学生旅居者而言,这也是出国前培训的重要组成部分。同样的,学生旅居者应该接受这样的观念,即:海外经历可以融入他们的职业选择中,并帮助他们开始思考回国后可能要考虑的职业发展战略。同样,提供回国信息也十分重要。这些信息包括:找房子、前期注册、经济资助和就业。

培训师至少应该提供一些介绍性的特定国家数据资料。提供关于东道国文化的信息,比较本国和东道国文化价值观和文化标准,介绍旅居者可能会遇到的生活情况。此外,学生还需要关于海外机构的文化、学术要求、预期学术行为等信息。出国前就应该好好讨论与个人变化相关的地位和角色调整的问题,以及个人期待问题。性别问题也应该涉及,尤其是要教育那些即将前往青年男

---

① 参考书单(组织和文献材料)见马丁(Martin 1993)。

女的角色有特殊限制国家的学生。这一点在约会时很有用,也有助于培养课堂环境中正确的举止行为。所有的培训课和活动都应该包括给学生们介绍他们一旦回国后可能会发生什么事情。

作为建立对海外经历的期望的一部分,出国前的文化浸入活动可能很有用。文化浸入活动为旅居者提供体验与他们本国文化大相径庭的文化或亚文化群体活动的机会。比如,班嘎(*Barnga*)游戏(Thiagarajan & Steinwachs, 1990)和伊科托诺斯(*Ecotonos*)游戏(Nipporica Associates, 1993)[①]就是文化浸入活动。这类活动的目的是为旅居者提供一种熟悉文化环境被边缘化甚至是被彻底排斥在外的感觉。我们可以将有幸获取这种经历视为"接种",这有助于学生提前预计和了解他们在海外旅居时可能遇到的情况,尤其是他们被介绍进入新环境时的情况(Chiu, 1995)。

适应性介绍部分是最有用的部分,尤其是当该部分由既了解东道国现状又了解旅居者国家文化的东道国成员来介绍。东道国成员对于两国间的文化差异讲得越深刻,就越有助于旅居者在出国前培训中形成更为现实的期待。

对于学生旅居者的培训应该推动功能性适应的发展——在异国文化中徜徉的行为能力。包括语言培训和其他特殊技能。外语培训应该从本国开始,在东道国继续。理想的情况下,精通当地语言是旅居者全部能力中的一部分。我们应该鼓励旅居者具备最基本的语言能力,以便于他们在东道国生活得更独立更舒适。精通当地语言不但能让他们活得更自在,还帮助他们理解当地文化的细微差异。而且,学术领域使用的正式语言可能和日常语言不太一样。

功能性适应部分包含与海外关系保持接触。受资助的学生旅居者需要联系他们的资助机构,并要做一些额外的事,这包括学术咨询和完成申请国外大学所要求的论文。

功能性适应所关注的另一件事是健康和安全问题。这是泛滥全球的艾滋病、世界政治以及一些海外留学者近来在各地饱受欺骗的产物。项目的组织者觉得有责任确保学生对他们将学习和旅行的国家有清醒的认识。

---

① 这些模拟文化游戏的资料可从跨文化出版社获得,通信方法如下:374 U. S. Route One, P. O. Box 700, Yarmouth, ME 04096[phone: 866-372-2665(U. S.)] or 207-846-5168; fax: 207-846-5181; Website: http://www.interculturalpress.com)。

此外,学生旅居者需要关于在海外可能遇到的社会和心理调整问题的培训。一些跨文化培训鼓励学生按时间顺序记日记,记录下他们的经历和反应。这些日记在回国前和回国后(重返本国文化)也十分有用。它能帮我们勾勒出个人成长轨迹和跨文化身份发展轨迹。还鼓励学生们识别东道国文化中帮助他们实现心理适应的情感支持资源(如:东道国家庭、学术项目联系人、导师)(Albrecht & Adelman, 1987)。

在这个阶段提出一个关于旅居者在海外的跨文化身份如何发生变化的概念框架也很重要(参照 J. M. Bennett, 1993, or Kim, 2001)。对于身份发展变化早做预期能强化海外经历,并增强旅居者在回国时的有效度和舒适度。它为旅居者提供一个理解海外过渡经历中人际互动的框架结构。通过记日记或者讨论的方式反思事物的价值和优先级别对于理解身份转变是一个非常有益的开端。

所有这些出国前的准备都创造了一种期望,即旅居是一种牵涉个人并产生深远影响的复杂经历(Hu & Pedersen, 1998a, 1998b;Wang, 1997)。此外,适应性介绍项目专为在东道国创造积极的学习经历而设置。因此,像职业融合模型一样,旅居者在到达东道国之前就已开始,他们离开东道国时还未结束(Harrell, 1994;La Brack, 1993;Smith, 2002)。

学生旅居者的海外经历

如表 13.2 所示,第二阶段(培训)在海外发生。该培训主要关注如何帮助旅居者进行心理适应(尤其是如果还牵涉到家庭问题),并有效地学习(功能性适应)。推动适应的方法有:帮助学生参加和东道国家庭有关的社会活动,发展友谊和旅行。尽管参加这些活动可能会有压力,研究表明最终参加者将更好的适应并且心理也更健康(Kealey, 1989;Martin et al., 1995)。

功能性适应培训通常包括正式的和非正式的学术活动。例如,东道国正式语言的培训更注重提高旅居者的语言熟练程度。它的学术侧重点取决于该旅居者是本科生还是研究生,学术严谨程度,本国大学或资助者的要求,学生是生活在社区里还是封闭的校园环境里。应鼓励学生发展职业关系网,参加课外活动,积极参与学生和社区生活,并咨询他们的导师,导师能起到文化翻译员的作用。同样重要的是,旅居者还要继续发展他们在故乡的关系。

在培训中,应该提醒学生注意他们在海外工作和生活的同时,发展他们的跨文化能力。这一点通过他们能驾驭异国文化,能舒服地使用当地语言,能理解本国文化和东道国文化行为等都可以得到展现。平衡在海外时本国和东道国文化行为和价值观暗示了文化适应的程度,这种适应确定了跨文化身份的发展(Kim,2001)。海外旅居的时间长短也将影响学生跨文化身份的发展。

学生旅居者的回国前阶段

培训第三阶段(回国前培训)的主要任务是确定旅居者的回国期待,以及如何使他们在期待回国的同时保持对海外生活的功能性适应。在准备回国的这段时期里,至少有 6 个月的时间关注所有需要解决的问题是很有帮助的。该阶段还应该继续培养跨文化认同。重新介绍一些诸如"多元文化身份"的概念或者是 J. 贝内特(Janet Bennett,1993)的"建设与封闭边际"("constructive and encapsulated marginals")或 M. 贝内特(Milton Bennett,1993)的跨文化敏感性的发展模式,这些对学生可能很有帮助(见 Hammer,1999)。

学生旅居者还应该继续思考自己的期待,即如何将海外经验融入他们的职业发展。因为学生们往往不像工作人员那样有钱,可以时不时地回国。他们在海外时就需要准备回国以及处理相关学术问题。这意味着他们要做好准备一回国就要开始高效地工作(功能性适应)。这个阶段的训练应包括鼓励学生重新接触他们的学术顾问和财务补助顾问以及其他问题,如学生的就业问题、住房问题、与家人和朋友重新建立联系等。

学生旅居者回国前,他们的朋友可以帮他们提前注册好要上的课并找到住所。诸如从东道国大学转学分或其他相关文件的事则需要提前做好安排。从东道国大学获取相关文件的政策可能与本国大学极为不同。离开东道国大学未索取相关文件或证明,如果将来需要提供这方面的信息的话可能会有麻烦。

回国前阶段对学生旅居者的培训应该包括一些特定信息,这些信息有助于他们在回国过程中产生对社会和文化适应的现实期待。例如,他们应该获得关于本国政治经济状况的信息。如果由于财力有限,无法提供培训,也可以通过互联网或信件的方式获得这类信息。例如可以收集一些关于回国的小文章,并发给旅居者。本国大学的邮件或者其他信息可以帮旅居者保持与他人的联系并时刻了解国内的动态。

对学生旅居者来说,财务问题往往是个大问题。他们一般没有为回国预留钱。回国重新定居可能会非常昂贵,而这会极大地影响旅居者顺利转型的能力。

旅居者要留意"离开的工作"(task of leaving)以及"说再见",这些都很重要。旅居者对这些的适应程度取决于他们过去的转型经历及他们融入当地文化的程度(Thomas & Harrell,1994)。附带说一下,人们有各种说再见的方式。

学生旅居者的归国与重返本国文化阶段

归国是一个正在进行的过程,它可以持续几个月甚至一生。海外留学经历从很多方面来看都可以改变人的一生。它可能影响一个人的职业抉择、配偶的选择,以及其他与海外经历相关的决定。一些学生回国后基于海外的留学经历改变自己的学习领域。旅居者对于其自身、文化、国家、工作环境以及学术机构的看法会发生变化。正如该模型所指出的,许多培训问题可以在重返本国文化阶段提出来。心理重新适应问题看起来更重要些,因为学生一旦回到家乡的环境需要感觉更舒适些。家庭重新适应问题可能也要提及。关于辅助心理重新适应的培训技巧有详细的讨论(Martin, 1993)。

此外,学生重新适应本国生活时,他们可能需要重新学习社会和行为能力(功能性适应)(Austin, 1987;Ward et al., 2001)。一个完成功能性适应的策略是摸索出海外经历对他们职业和学术目标的影响的评价体系(Adler, 1981;Mestenhauser, 1988)。培训能够为他们提供找工作的策略或是顺利重返校园生活的策略。在任何情况下,都应该鼓励学生们保持海外的个人和职业关系,保持语言技能,参加国内和国际的组织,参与会议及组织活动。原来的学校应该为归国学生提供与新选拔的旅居者分享海外经历的机会。

最后,重返本国文化培训应该包括对于旅居者发展跨文化身份的讨论。通过对日记和日志的回顾,可以理解他们的价值观、世界观、文化观,以及他们现在作为多元文化个体（这些人生活跨越不同文化疆界，并保持平衡）所享有的独特观点是如何发生变化的。根据语境和旅居者的不同，培训还可以包含对于伦理责任、教育责任的讨论，以及与新的多元文化身份相伴的种种挑战（Adler，1975；J. M. Bennett, 1993）。

工作人员重返本国文化综合培训模式

出国前培训

针对工作人员的重返本国文化综合培训模式如表13.3所示。向海外派雇员是对公司资源及未来红利的一种投资。如果重返本国文化环节没有掌握好，可能导致国际专家的"人才流失"（brain drain），对公司来说损失极为严重：许多回国人员不久就离开了原来的公司（Black & Gregersen, 1999；Copeland & Griggs, 1985）。正如莱茵史密斯（Rhinesmith, 1993）所指出的，"一个不调整企业文化、政策、程序来解决重返本国文化问题的跨国组织永远也不可能拥有足够数量的、有才华的国际管理者"。（p.179）

如表13.3所示，重返本国文化培训的第一阶段始于出国前的本国国内（或东道国）。即使在这样的培训早期阶段，我们仍应鼓励工作人员思考回国后的职业抉择及工作环境特色。他们应该开始确立现实的期望和职业目标。对旅居者来说，评价海外经历对其雇主的价值及对其自身职业发展的影响是十分重要的。

培训师应该至少提供特定国家的一些数据信息，如文化模式、价值观、新文化中的规范，并且比较本国文化与东道国文化（Brislin, 2000）。培训还应该包括关于海外雇主性格及海外工作环境的信息。像学生旅居者一样，工作人员在离开祖国前也能从文化浸入活动中受益。

出国前，工作人员见一见那些最近回来的同行也很重要。所有的培训课程和活动都应该介绍海外工作环境中有什么可期待，以及回国后工作环境又有什么可期待。这样就可以（让受训者）产生一种期待，即旅居是一个牵涉到个人的复杂经历,它对个人产生深远的影响。于是,工作旅居开始了,这个过程与海外留学经历类似,早在到达东道国之前就开始,并一直持续到动身出国以后(La Brack,1993;Smith,2002)。

在这个阶段,对工作人员的培训应以推动功能性适应的发展(所谓功能性适应,即在新文化中完成工作任务的行为技术)。它通常包括语言培训和其他特殊技能的培训,如东道国文化中的人力资源实践。一些时候,语言培训被弱化了,因为海外工作环境中可以使用旅居者的母语。跨国组织一般在工作中也常常使用本国语言(home-country language)。但是,这限制了工作人员在工作环境以外探索当地文化的能力,也影响他们理解工作中存在的微妙文化差异。面试、培训、谈判和解决问题是典型的需要流畅语言技能的领域。

出国前提高功能性适应还包括与海外联系人、总监、同事、改派工作的职员保持接触。应鼓励工作人员融入东道国工作人员关系网,并确定懂得两种文化的潜在"顾问"(potential mentors)。他们应联系企业的资助人,并参加一项适应性培训。这一点十分重要,因为许多雇主都有一些要求或规定,员工若想完成海外任务就必须遵守。此外,工作人员还希望了解关于他们在东道国将要做的工作的性质,以及回国后海外经历将如何影响他们的职业发展等信息。

工作人员还需要一些关于他们在国外可能遇到的社会和心理适应问题的培训。他们应该获得有关海外工作地点的介绍,具体包括工作环境、恰当的行为、与同事、下级和上级进行有效跨文化交流的策略等(Harrell,1994;Osland,1995;Ward et al.,2001)。除此之外,培训项目还应该介绍海外工作中鼓励和嘉奖什么样的职业道德规范。因为技术和工作价值观的差异可能会造成极大障碍(Harrell,1994)。

最后,形成跨文化身份的培训是至关重要的。旅居者需要探寻跨文化身份和他们原来身份有何不同,文化身份的意识如何强化海外经历及其有效性,以及回国后的舒适程度。要确立跨文化身份,我们也应该向工作人员介绍汤姆士和哈勒尔(Thomas and Harrell,1994)讨论的金氏模式(Kim Model),J.贝内特(Janet Bennett,1993)的边缘化理论,M.贝内特(Milton Bennett,1993)的跨文化敏感度理论。由于许多工作人员都携带了家属,从家庭系统的层面了解身份问题就变得尤为重要。

工作人员的海外经历

正如表13.3所示,海外经历的培训发生在东道国,并侧重于帮助心理调整(尤其是当包含了家庭因素时),以及帮助旅居者高效率地工作(功能性适应)。东道国所提供的语言培训更重视的是提高旅居者的语言流利程度。

对海外工作人员的功能性适应培训包括旅居者工作环境的方方面面的信息。对于新的环境,我们应该提倡观察,不急于下判断。在东道国的培训为旅居者提供机会来讨论他们的经历,实践适当的文化行为,讨论每天遇到的挑战,讲述他们如何适应,寻求支持和资源,以便于在新的文化环境中提升他们的心理舒适度和行为能力。

对于归国人员来说,职业发展机会至关重要,因此,我们应该鼓励归国人员加强与工作有关的人际关系和人际网络,参加会议,发展与可信赖顾问之间的关系。我们不能忽视东道国同事对于职业发展及海外员工培训的贡献(Vance & Ensher, 2002)。

对工作人员而言,由国际教育机构(Institute of International Education)资助的赫伯特 H. 汉弗雷南-北学者项目(Hubert H. Humphrey North-South Fellows Program)是一个极好的机会。中高级工作人员来美国一年。他们主要待在大学校园里,并且立刻和各自领域的专业人员建立了联系。尽管他们要上课,但更关注的是职业发展而非学术成就。所上的课程是为了学习和强化他们想学或想提高的职业技能。这些课程被认为是一种为非美职业人员提供在美职业联系的方式。

旅居者在国外时,他们需要考虑与回国相关的问题。正如前面提到的,他们在不同时间段(或者借旅游的机会,或者借出差的机会)建立和保持与国内的关系是十分重要的。这给了他们回公司看看的机会,并弄清楚他们不在的这段时间都发生了什么事。

和学生旅居者一样,工作人员也会遇到跨文化身份的挑战。对于工作人员而言,他们不但要学习新的语言和文化,还要适应工作标准和如何融合本国和东道国文化以及组织文化。

海外工作人员回国前阶段

回国前培训应侧重确立旅居者的重返本国文化的期待,保持他们的海外功能性适应,及预测回国后的情况。当工作人员准备回国工作时,他们需要考虑自己事业发展的期待和重新适应组织文化的策略(Black & Gregersen, 1999; Osland, 1995)。例如,在做专业说明中,他们可能会以面对面或电话会议的形式与本国的主管和同事交流。他们要尽可能弄清新工作任务以及合作的主管和同事(是怎样的人)。邮件新闻和其他从国内组织内发来的信息有助于旅居者联系国内的人并掌握动态。

和学生旅居者的培训一样,对工作人员回国前培训应该探索跨文化身份的发展。培训应该反映他们由于参与了海外任务而可能经历的个人身份变化。

海外工作人员回国及重返本国文化阶段

海外工作人员回国是一个动态的过程,其中包括产生对于其自身、文化、祖国、家庭、工作和组织的新感知。重返本国文化阶段展示了一个真实的"可教的时刻",旅居者正处于适应心理重新调整、社会重新适应和功能性适应的阶段(Austin, 1987; Martin, 1993; Ward et al., 2001)。

海外工作人员通常都会考虑财务因素。海外的月薪和福利可能比在国内高得多。这意味着一旦归国,个人和家庭成员都要调整财务状况。幸运的是,公司的资助人常常会付给海外工作人员一定的回国费。

归国人员通常还会考虑工作情况和找工作的问题。他们需要评估海外工作经历以决定他们新近学到的专长该如何运用到新的工作环境中去。他们要重新熟悉管理结构、组织政策和组织文化。

归国人员需要了解雇主对他们的工作有什么期待,并重新适应。这一点可以通过正式的简报来实现,也可以通过顾问和归国雇员的非正式关系来实现。工作人员需要通过人际网络继续发展他们的事业,保持他们和东道国同事的关系,并在回国后创造新的同窗关系。他们应该继续学习并保持他们的外语能力。

最后,重返本国文化培训应该继续讨论旅居者发展跨文化身份的问题,这对全球性组织来说是很重要的资源。对于学生旅居者来说,培训可能还要讨论"地球村"村民这一身份对其民族身份的挑战(Adler,1975; J. M. Bennett,1993)。

结论

在这一章里,我们综述了影响学术界关于学生和工作人员回国问题的最新研究及其理论概念化的研究范式的转变。我们确定了一些仍待研究解决的问题,概述了一个培训模式,并提供了执行全面重返本国文化培训的一些建议。

参考文献

Adelman, M. (1988). Cross-cultural adjustment: A theoretical perspective on social support. *International Journal of Intercultural Relations, 12*(2), 183–204.

Adler, N. (1981). Reentry: Managing cross-cultural transitions. *Group and Organization Studies, 6,* 341–356.

Adler, N. J., & Izraeli, D. N. (Eds.). (1994). *Competitive frontiers: Women managers in a global economy.* Cambridge, MA: Blackwell.

Adler, P. (1975). The transition experience: An alternative view of culture shock. *Journal of Humanistic Psychology, 15,* 13–23.

Albert, R. (1983). The intercultural sensitizer or culture assimilator: A cognitive approach. In D. Landis & R. Brislin (Eds.), *Handbook of intercultural training,* (Vol. 2, pp. 186–217). Elmsford, NY: Pergamon.

Albrecht, T. L., & Adelman, M. B. (1987). *Communicating social support.* Newbury Park, CA: Sage.

Al-Shaykh, H. (1995). *Beirut blues.* New York: Anchor Books.

Anzaldua, G. (1990). La conciencia de la mestiza: Towards a new consciousness. In G. Anzaldua (Ed.), *Making face, making soul/Haciendo caras* (pp. 377–389). San Francisco: Aunt Lute Books.

Austin, C. N. (1983). *Cross-cultural reentry: An annotated bibliography.* Abilene, TX: Abilene Christian University Press.

Austin, C. N. (1987). Cross-cultural reentry. In C. Dodd & F. F. Montalvo (Eds.), *Intercultural skills for multicultural societies* (pp. 70–82). Washington, DC: Society for Intercultural Education, Training and Research.

Belay, G. (1996). The (re)construction and negotiation of cultural identities in the age of globalization. In H. B. Mokros (Ed.), *Interaction and identity: Information and behavior* (Vol. 5, pp. 319–346). New Brunswick, NJ: Transaction.

Bennett, J. M. (1993). Cultural marginality: Identity issues in intercultural training. In R. M. Paige (Ed.), *Education for the intercultural experience* (pp. 109–136). Yarmouth, ME: Intercultural Press.

Bennett, M. J. (1993). Towards ethnorelativism: A developmental model of intercultural sensitivity. In R. M. Paige (Ed.), *Education for the intercultural experience* (pp. 21–71). Yarmouth, ME: Intercultural Press.

Berry, J. W. (1997). Immigration, acculturation and

adaptation. *Applied Psychology, 46,* 5–68.

Berry, J. W., & Sam, D. L. (1997). Acculturation and adaptation. In J. W. Berry, Y. H. Poortinga, & J. Pandey (Eds.), *Handbook of cross-cultural psychology* (2nd ed., Vol. 3, pp. 291–326). Boston: Allyn & Bacon.

Black, J. S., & Gregersen, H. B. (1990). Expectations, satisfaction, and intention to leave of American expatriate managers in Japan. *International Journal of Intercultural Relations, 14*(4), 485–506.

Black, J. S., & Gregersen, H. B. (1999). *So you're coming home.* San Diego, CA: Global Business.

Black, J. S., Gregersen, H. B., & Mendenhall, M. E. (1992). *Global assignments: Successfully expatriating and repatriating international managers.* San Francisco: Jossey-Bass.

Brabant, S., Palmer, C. E., & Gramling, R. (1990). Returning home: An empirical investigation of cross-cultural reentry. *International Journal of Intercultural Relations, 14*(4), 387–404.

Brammer, L., & Abrego, P. (1981). Intervention strategies for coping with life transitions. *Counseling Psychologist, 9,* 19–36.

Bridges, W. (1991). *Managing transitions: Making the most of change.* Reading, MA: Addison-Wesley.

Brislin, R. (2000). *Understanding culture's influence on behavior* (2nd ed.). Belmont, CA: Wadsworth.

Brislin, R. W., Cushner, K., Cherrie, C., & Yong, M. (1986). *Intercultural interactions: A practical guide.* Newbury Park, CA: Sage.

Burgoon, J. K., & Walther, J. B. (1990). Nonverbal expectancies and the evaluative consequences of violations. *Human Communication Research, 17,* 232–265.

Carlson, J. S., Burn, B. B., Useem, J., & Yachimowicz, D. (1990). *Study abroad: The experience of American undergraduates.* Westport, CT: Greenwood.

Chiu, M. L. (1995). The influence of anticipatory fear on foreign student adjustment: An exploratory study. *International Journal of Intercultural Relations, 19*(1), 1–44.

Clifford, J. (1992). Traveling cultures. In L. Grossberg, C. Nelson, & P. Treichler (Eds.), *Cultural studies* (pp. 96–116). New York: Routledge.

Cochrane, R. (1983). *The social creation of mental illness.* White Plains, NY: Longman.

Copeland, L., & Griggs, L. (1985). *Going international: How to make friends and deal effectively in the global marketplace.* New York: Random House.

Denny, M., & Eckert, E. (1987, May). Reentry shock: Torn between two cultures. *Worldspeak,* pp. 10–11.

Furnham, A. (1988). The adjustment of sojourners. In Y. Y. Kim & W. B. Gudykunst (Eds.), *Cross-cultural adaptation: Current approaches* (pp. 42–62). Newbury Park, CA: Sage.

Furnham, A., & Bochner, S. (1986). *Culture shock: Psychological reactions to unfamiliar environments.* New York: Methuen.

Gama, E. M. P., & Pedersen, P. (1977). Readjustment problems of Brazilian returnees from graduate studies in the United States. *International Journal of Intercultural Relations, 19*(1), 46–58.

Garcia, M. F. M., Ramirez, M. G., & Jariego, I. M. (2002). Social support and locus of control as predictors of psychological well-being in Moroccan and Peruvian immigrant women in Spain. *International Journal of Intercultural Relations, 26*(3), 287–310.

Gaw, K. F. (2000). Reverse culture shock in students returning from overseas. *International Journal of Intercultural Relations, 24*(1), 83–104.

Gullahorn, J. T., & Gullahorn, J. E. (1963). An extension of the U-curve hypothesis. *Journal of Social Issues, 14,* 33–47.

Hammer, M. R. (1999). A measure of intercultural sensitivity: The intercultural development inventory. In S. M. Fowler & M. G. Mumford (Eds.), *The intercultural sourcebook: Cross-cultural training methods* (Vol. 2, pp. 61–72). Yarmouth, ME: Intercultural Press.

Hammer, M. R., Hart, W., & Rogan, R. (1998). Can you go home again? An analysis of the repatriation of corporate managers and spouses. *Management International Review, 38,* 67–86.

Harrell, T. (1994). Professional integration of Indonesian graduate degree holders from United States colleges and universities in the fields of business administration, education, and engineering (Doctoral dissertation, University of Minnesota, 1994). *Dissertation Abstracts International, 55–06A,* 1483.

Harrell, T. (2002). *U.S. overseas professional devel-*

opment participant evaluation. Washington, DC: National Association of Foreign Student Affairs, Association of International Educators, and U.S. Department of State–Education.

Harris, P. R., Moran, R. T., & Soccorsy, J. (1996). *Managing cultural differences* (4th ed.). Houston, TX: Gulf.

Hawes, F., & Kealey, D. J. (1981). An empirical study of Canadian technical assistance: Adaptation and effectiveness on overseas assignment. *International Journal of Intercultural Relations, 5*(3), 239–258.

Hegde, R. S. (1998a). Swinging the trapeze: The negotiation of identity among Asian Indian immigrant women in the United States. In D. V. Tanno & A. Gonzalez (Eds.), *Communication and identity across cultures* (pp. 34–55). Thousand Oaks, CA: Sage.

Hegde, R. S. (1998b). A view from elsewhere: Locating difference and the politics of representation from a transnational feminist perspective. *Communication Theory, 8,* 271–297.

Hegde, R. S. (2002). Translated enactments: The relational configurations of the Asian Indian immigrant experience. In J. N. Martin, T. K. Nakayama, & L. A. Flores (Eds.), *Readings in intercultural communication: Experiences and contexts* (2nd ed., pp. 259–266). New York: McGraw Hill.

Hu, L. T., & Pedersen, P. (1986a). *Reentry adjustment of returned Taiwanese students from abroad in engineering and related fields.* Syracuse, NY: Syracuse University.

Hu, L. T., & Pedersen, P. (1986b). *Research on the reentry of international students from abroad in engineering and related fields.* Syracuse, NY: Syracuse University.

Isogai, T. Y., Hayashi, Y., & Uno, M. (1999). Identity issues and reentry training. *International Journal of Intercultural Relations, 23*(3), 493–525.

Kauffmann, N., Martin, J. N., & Weaver, H., with Weaver, J. (1992). *Students abroad, strangers at home.* Yarmouth, ME: Intercultural Press.

Kealey, D. J. (1989). A study of cross-cultural effectiveness: Theoretical issues, practical applications. *International Journal of Intercultural Relations, 13*(3), 387–428.

Kidder, L. H. (1992). Requirements for being "Japanese": Stories of returnees. *International Journal of Intercultural Relations, 16*(4), 383–393.

Kim, Y. Y. (2001). *Becoming intercultural: An integrative theory of communication and cross-cultural adaptation.* Thousand Oaks, CA: Sage.

Klineberg, O., & Hull, W. F. (1979). *At a foreign university: An international study of adaptation and coping.* New York: Praeger.

La Brack, B. (1981, November). Can you go home? Part 1. *Kyoto English Center Journal, 80,* 2–4.

La Brack, B. (1981–1982, December–January). Can you go home? Part 2. *Kyoto English Center Journal, 81–82,* 7–12.

La Brack, B. (1993). The missing linkage: The process of integrating orientation and reentry. In R. M. Paige (Ed.), *Education for the intercultural experience* (pp. 241–280). Yarmouth, ME: Intercultural Press.

La Brack, B. (1996, November). *The dual ethnocentric: Why study abroad may not lead to internationalism.* Paper presented at the 49th meeting of the Council on International Educational Exchange, Monterey, CA.

La Brack, B., & Pusch, M. D. (2001, October). *"Home sweet home" or shattered social contract? Considering the cultural context of reentry.* Paper presented at the annual conference of the Society for Intercultural Education Training and Research, SIETAR-USA, Minneapolis, MN.

Lysgaard, S. (1955). Adjustment in a foreign society: Norwegian Fulbright grantees visiting the United States. *International Social Science Bulletin, 7,* 45–51.

Martin, J. N. (1984). The intercultural reentry: Conceptualization and directions for future research. *International Journal of Intercultural Relations, 8*(2), 115–134.

Martin, J. N. (1985). *The impact of a homestay abroad on relationships at home* [Occasional Papers in Cultural Learning No. 6]. New York: AFS Center for the Study of Intercultural Learning.

Martin, J. N. (1986a). Communication in the intercultural reentry: Student sojourners' perceptions of change in reentry relationships. *International Journal of Intercultural Relations, 10*(1), 1–22.

Martin, J. N. (1986b). Patterns of communication in three types of reentry relationships: An exploratory study. *Western Journal of Speech Communication, 50,* 183–199.

Martin, J. N. (1993). The intercultural reentry of student sojourners: Recent contributions to theory, research, and training. In R. M. Paige (Ed.), *Education for the intercultural experience* (pp. 301–328). Yarmouth, ME: Intercultural Press.

Martin, J. N., Bradford, L., & Rohrlich, B. (1995). Comparing predeparture expectations and post-sojourn reports: A longitudinal study of U.S. students abroad. *International Journal of Intercultural Relations, 19*(1), 87–110.

Martin, J. N., & Nakayama, T. K. (1999). Thinking dialectically about culture and communication. *Communication Theory, 9,* 1–25.

Mestenhauser, J. A. (1988). Adding to the disciplines: From theory to relevant practice. In J. A. Mestenhauser, G. Marty, & I. Steglitz (Eds.), *Culture, learning and the disciplines* (pp. 133–167). Washington, DC: National Association of Foreign Student Affairs.

Nafziger, L. L. (1995). *The reentry adjustment of short-term student sojourners: A growth curve analysis of the U-curve hypothesis.* Unpublished doctoral dissertation, University of Illinois, Urbana-Champaign.

Nipporica Associates. (1993). *Ecotonos: A multicultural problem-solving simulation.* Yarmouth, ME: Intercultural Press.

Oberg, K. (1960). Culture shock: Adjustment to new cultural environments. *Practical Anthropology, 7,* 177–182.

Osland, J. S. (1995). *The adventures of working abroad: Hero tales from the global frontier.* San Francisco: Jossey-Bass.

Rhinesmith, S. H. (1993). *A manager's guide to globalization.* Burr, IL: Irwin Professional.

Rogers, J., & Ward, C. (1993). Expectations-experience discrepancies and psychological adjustment during cross cultural reentry. *International Journal of Intercultural Relations, 17*(2), 185–196.

Rohrlich, B., & Martin, J. N. (1991). Host country and reentry adjustment of student sojourners. *International Journal of Intercultural Relations, 15*(2), 163–182.

Searle, W., & Ward, C. (1990). The prediction of psychological and sociocultural adjustment during cross-cultural transitions. *International Journal of Intercultural Relations, 15*(2), 209–225.

Selmer, J., & Shiu, L. S. C. (1999). Coming home? Adjustment of Hong Kong Chinese expatriate business managers assigned to the People's Republic of China. *International Journal of Intercultural Relations, 23*(3), 447–465.

Smith, E. (1991). Ethnic identity development: Toward the development of a theory within the context of majority/minority status. *Journal of Counseling and Development, 70,* 181–188.

Smith, S. L. (1998). Identity and intercultural communication competence in reentry. In J. N. Martin, T. K. Nakayama, & L. A Flores (Eds.), *Readings in cultural contexts* (pp. 304–314). Belmont, CA: Mayfield.

Smith, S. L. (2002). The cycle of cross-cultural adaptation and reentry. In J. N. Martin, T. K. Nakayama, & L. A. Flores (Eds.), *Readings in intercultural communication: Experiences and contexts* (2nd ed., pp. 246–259). Belmont, CA: Mayfield.

Sparrow, L. M. (2000). Beyond multicultural man: Complexities of identity. *International Journal of Intercultural Relations, 24*(2), 173–201.

Stelling, J. L. (1991). Reverse culture shock and children of Lutheran missionaries (Doctoral dissertation, United States International University, 1991). *Dissertation Abstracts International, 52/12B,* 6671.

Storti, C. (2001). *The art of coming home* (2nd ed.). Yarmouth, ME: Intercultural Press.

Sussman, N. M. (1986). Reentry research and training: Methods and implications. *International Journal of Intercultural Relations, 10*(2), 235–254.

Sussman, N. M. (2000). The dynamic nature of cultural identity throughout cultural transitions: Why home is not so sweet. *Personality and Social Psychological Review, 4,* 355–373.

Sussman, N. M. (2001). Repatriation transitions: Psychological preparedness, cultural identity, and attributions among American managers. *International Journal of Intercultural Relations, 25,* 109–123.

Sussman, N. M. (2002). Testing the cultural identity model of the cultural transition cycle: Sojourners return home. *International Journal of Intercultural Relations, 26*(4), 391–408.

Thiagarajan, S., & Steinwachs, B. (1990). *Barnga: A simulation game on cultural clashes.* Yarmouth, ME: Intercultural Press.

Thomas, K., & Harrell, T. (1994). Counseling student sojourners: Revisiting the U-curve of adjustment. In G. Althen (Ed.), *Learning across cultures* (pp. 89–108). Washington, DC: National Association for Foreign Student Affairs.

Ting-Toomey, S. (1999). *Communicating across cultures*. New York: Guilford Press.

Torbiorn, I. (1994). Dynamics of cross-cultural adaptation. In G. Althen (Ed.), *Learning across cultures* (pp. 31–56). Washington, DC: National Association for Foreign Student Affairs.

Uehara, J. (1986). The nature of American student reentry adjustment and perceptions of the sojourn experience. *International Journal of Intercultural Relations, 10*(2), 109–123.

Vance, C. M., & Ensher, E. A. (2002). The voice of the host country workforce: A key source for improving the effectiveness of expatriate training and performance. *International Journal of Intercultural Relations, 26*(4), 447–462.

Wang, M. M. (1997). Reentry and reverse culture shock. In K. Cushner & R. W. Brislin (Eds.), *Improving intercultural interactions: Modules for cross-cultural training programs* (Vol. 2, pp. 109–128). Thousand Oaks, CA: Sage.

Ward, C. (1996). Acculturation. In D. Landis & R. Bhagat (Eds.), *Handbook of intercultural training* (2nd ed., pp. 124–147). Thousand Oaks, CA: Sage.

Ward, C., Bochner, S., & Furnham, A. (2001). *The psychology of culture shock* (2nd ed.). Philadelphia, PA: Taylor & Francis.

Ward, C., & Kennedy, A. (1994). Acculturation strategies, psychological adjustment and sociocultural competence during cross-cultural transitions. *International Journal of Intercultural Relations, 18*(3), 329–343.

Ward, C., & Kennedy, A. (1999). The measurement of sociocultural adaptation. *International Journal of Intercultural Relations, 23*(4), 659–677.

Ward, C., Okura, Y., Kennedy, A., & Kojima, T. (1998). The U-curve on trial: A longitudinal study of psychological and sociocultural adjustment during cross-cultural transition. *International Journal of Intercultural Relations, 22*(3), 277–291.

Weaver, G. (1993). Understanding and coping with cross-cultural adjustment stress. In R. M. Paige (Ed.), *Education for the intercultural experience* (pp. 137–167). Yarmouth, ME: Intercultural Press.

Weissman, D., & Furnham, A. (1987). The expectations and experiences of a sojourning temporary resident abroad: A preliminary study. *Human Relations, 40,* 313–326.

Westwood, M. J., & Lawrence, W. S. (1988). Reentry for international students. In G. MacDonald (Ed.), *International student advisors' handbook*. Ottawa, Ontario: Canadian Bureau of International Education.

Westwood, M. J., Lawrence, W. S., & Paul, D. (1986). Preparing for reentry: A program for the sojourning student. *International Journal for the Advancement of Counseling, 9,* 221–230.

White, M. (1988). *The Japanese overseas: Can they go home again?* New York: Free Press.

Wilson, A. H. (1985). Returned exchange students becoming mediating persons. *International Journal of Intercultural Relations, 9*(3), 285–304.

Yep, G. (2002). My three cultures: Navigating the multicultural identity landscape. In J. N. Martin, T. K. Nakayama, & L. A. Flores (Eds.), *Readings in intercultural communication: Experiences and contexts* (2nd ed., pp. 60–67). New York: McGraw-Hill.

第十四章

长期跨文化适应：整体理论的培训含意

金荣渊（Young Yun Kim）

> 尽管我们努力挣扎，对于已发生的变化进行"修补"是没有意义的。唯一有意义的是投入进去，和它一起舞动。
>
> ——亚伦·沃茨（Alan Watts, 1951, p.43）

与跨文化适应相关的跨文化培训资源主要涉及影响短期出国人员的一些问题。[①] 这些资源主要致力于增加他们应对"文化休克"等压力的知识和技能，推动他们学习新的文化（如：Befus, 1988；Brabant, Palmer & Gramling, 1990；Goldstein & Smith, 1999；Gudykunst, 1998；Kealey & Protheroe, 1996；Storti, 2001b；Summerfield, 1993；Walton, 1990），处理"重新进入休克"或"反向文化休克"（如：Gaw, 2000；Isogai, Hayashi & Uno, 1999；Martin & Harrell, 1996；Storti, 2001a；Wang, 1997；见第十三章）。[②] 相比较而言，在移民、难民和其他

[①] 在本章里，"培训"一词被广泛使用在所有帮助长期移民进行跨文化适应的有组织活动。因此，培训也含有与之相关的教育、适应性介绍和相关简报。

[②] 考虑到跨文化适应无所不包的特性，当前的讨论不包括描绘或预测个人与异文化者之间传播能力的各种理论模型，尤其是跨文化传播能力或类似的概念，如文化或跨文化（传播）能力，文化或跨文化（传播）技巧，文化或跨文化（传播）敏感等。

长期定居者(如:传教士、退休人员)身上的关注就少得多,这些人要经历长期而全面的适应,他们的心理和社会幸福很大程度上建立在他们对东道国文化系统的适应能力上。

这一章是根据我提出的跨文化适应理论的一些实际见解,研究长期定居者的潜在培训需求(Kim, 1988, 1995a, 1995b, 2001)。这一理论提供了一个宽泛的跨学科概念框架,此框架融合了多种社会科学的概念、模型和研究结果,形成了一整套描述和解释体系。这一理论最早在10年前《传播与跨文化适应:一个整体理论》(Kim, 1988)一书中提出,而后在《跨越文化:关于传播和跨文化适应的整体理论》(Kim, 2001)一书中得到更新、凝练和进一步阐述,以回应其他社会科学家们呼唤建立更宽泛的理论以解释现有现象的种种努力(如:Berry, 1980, 1990; Berry & Sam, 1997; Bourhis, Moiese, Perreault & Senecal, 1997; Searle & Ward, 1990; Ward, 1996)。可以把现有理论看作一幅全景图,使广泛而各异的跨文化适应研究更加清晰。

哲学基础和方法论基础

从20世纪30年代以来,对跨文化适应现象的研究主要集中在美国。大多数用来解释个体是如何适应新社会文化环境的理论都基于一个隐含的价值前提,即适应是定居者个人希望达到的目标;适应是间接的、长期的;适应是为了实现与东道国社会的结合。他们提出了各种模型以缓解过渡的压力并推动个体和社会的顺利运行。这一普通的哲学基础与美国的社会同化主义意识形态传统是一致的。正如一句格言所说,万物归一("E pluribus unum")。美国社会的这种观念在"大熔炉"观点中得到了体现。"大熔炉"这一比喻不单是描述性的,而且是说明性的。它主张把各种社会元素动态聚合,融入美国的统一身份中。

可是20世纪60年代以来,社会同化主义的观点一直受到质疑。受民权运动的影响,"新种族划分"运动于60年代应运而生。在社会学分析中,格莱泽和莫伊尼汉提到:"大熔炉从来就不曾存在"(Glazer and Moynihan, 1963, p.290)。格里利等人发现:"少数民族裔"美国人和"非少数民族裔"美国人的政治定位不一样。这从多年来他们投票的不同中可见一斑(Greeley,1974)。之后,贝瑞等人还在"心理涵化"这一理论模型中提出了关于跨文化适应的多元主义概念(Berry,1980,1990;Berry & Sam,1997)。在区别四种不同的涵化模式时,贝瑞等人主要依据关于主观身份定位的两个关键问题:"自己的文化认同和有价值的风俗传统是否要保留下来?"和"与主流社会的积极联系是否有价值,是否应该被建立?"。结合对于这两个问题的不同回答(是/否),贝瑞等人确定了适应的四种模式:"融合(是,是)、同化(否,是)、分隔(是,否)、边缘化(否,否)"。布里等人提出了这种模型的修改版,将"边缘化"改成了"失范"和"个人主义"(Bourhis et al.,1997)。

多元化模式与传统模式的不同在于其隐含的假设:适应是个体自己做出的有意识(或无意识)选择,它不是所有人必须采取的行为。多元化概念的潮流更受到了近期批判学派、后现代主义和后帝国主义学者的鼓舞。他们直接而公开地指责:从意识形态基础来看,传统社会科学范式就是同化主义范式。这些分析质疑了实证主义理论的合理性;解释了他们固有的缺陷(如不强调文化多样性和特殊性)起着复制同化主义这一主流文化意识形态现状的作用。

例如,根据对10位美国亚洲印度裔移民妇女的采访,赫奇用"移位"和"奋斗"来概括她们的经历,她们不得不面对内在身份和外部世界的矛盾。在外部世界里,霸权结构(hegemonic structures)系统在边缘化某些差异(Hedge,1998,p.36)。批判学派研究者倾向于关注群际动力不均衡问题以及文化身份神圣不可侵犯。他们最关心的问题是移民或少数民族为了适应新文化的代价,使他们在面对"文化压迫"时成为其"受害者"(如:Moon,1998;Tsuda,1986;Young,1996)。

目前的理论并不是要宣传任何特定的意识形态立场,而是把跨文化适应看作一个自然而必需的人类现象,"一个普通环境适应过程"的例子(Anderson,1994,p.293)。然而,我最感兴趣的是阐明一种描述和解释系统,以揭示在面对不利外部环境时,人类尽量达到内部平衡的天然本能。

对这种自然主义概念的一种推论是实用主义观点,该观点认为人类在遇到不熟悉的环境挑战时就会尽量去适应。绝大多数生活在新环境中的人都希望能更好地适应当地文化,以便能更加熟练和有效地生活。不管意识形态和其他因素,只要人们仍在接触主流文化,还依赖主流文化解决其日常社会需要,很少有人能在陌生环境中逃避适应的压力。

这种跨文化适应的自然主义、实用主义概念得到开放体系观点的支持。该观点认为跨文化适应是基本人类生活活动的延续，一种在不利环境中保持内部平衡的动力。开放体系观点赋予了适应泛人类现象的本体论地位。适应是一种人类普遍倾向，不论何时何地，个人内心都会努力控制各种生活给予他们的机会。

适应倾向是个人将生活给予的机会最大化的先天渴望。适应性奋斗是以发出和接受传播活动形式出现的，而这些传播活动往往结合个人（中心身份）和环境（基础）形成单一结构。因此，从更大的范围来看，跨文化适应既不是一个因变量，也不是一个自变量。它被视作个人经历的复杂、动态、不断进化的过程的整体，一个受多方力量同时相互作用的过程。这种整体—动态的概念赋予本理论一个超越传统的线性简单化认识论（linear-reductionist epistemology）的显著特征，线性简单认识论是很多现有理论模式的基础。

跨文化适应（cross-culture adaptation）在本理论中被定义为：个人从移居到一个不熟悉的社会文化环境，到试图与环境建立和维持相对稳定的、互惠的和功能性关系的全部现象。本定义的核心是在个人内心状况和新环境外部条件之间达到人与环境整体"适应"（Mechanic，1974；Moos，1976，1986；Ward & Chang，1997）。因此，适应"几乎总是一种妥协，一个文化内部结构和外部环境压力间的向量"（Sahlins，1964，p.136）。位于个人和环境的十字路口，适应本质还是一种互动的传播过程。

基于这样一种跨文化适应的系统概念，本理论提出了两个主要问题：移民个体长期以来经历的适应过程的本质是什么？为什么在东道国环境中，一些移民能比另一些移民获得更成功的社会心理适应（psychosocial fitness）？第一个问题在过程模型里进行阐述，过程模型是关于个人获得更好的功能性适应、心理健康和逐步显现的跨文化身份的过程。第二个问题在结构模型里进行阐述。结构模型里定义了各种促进或阻碍适应过程主要因素的维度，并阐明了它们的相互关系。

过程模型

任何人在出生时都对如何在社会中生存知之甚少。我们不是一出生就准备好了投入各种活动,并在活动中形成对于现实的感受和自我的概念。

相反,我们是在学习中与社会环境和文化发生关联。所谓文化,即信息与可操作的语言/非语言交流仪式的全部,仪式赋予了公共生活方式一定的一致性、连续性和差异性。熟悉的文化是"家园",它把家庭或其他对你重要的人紧紧联系在一起。每一种文化未曾明言的职责是组织、融合和维系一个人的家园,尤其是在他童年时期。通过和文化环境各方面连续互动,我们的内部系统随着我们接纳(文化方面)可接受的概念、态度和行为而经历着变化。我们因此适应了和其他与我们有着相似的现实形象和自我形象的人一起生活。

这个过程一般被称为"融入文化"(enculturation)。持续的融入文化过程是通过传播来实现的,传播也被称为所有人类学习行为的基石。我们通过学习说话、倾听、读书、翻译及理解语言与非语言讯息的方式,使讯息能被与我们互动的个人承认、接受和作出反应。一旦拥有传播能力,它就成了与周围环境妥协的工具、解释的方法和表达的途径。这种传播—融入文化过程的重要特征是个人之间的关联、群体的构成和文化身份。

进入一种新文化

在许多方面,进入一种新文化就好像将融入文化过程从头再来一遍。新文化中的生活给我们带来了新情况,这些往往是不遵循我们无意识文化脚本的。这些新情况产生了"危机",它唤醒并质疑了我们的精神习惯和行为习惯。我们可能被迫搁置甚至是放弃标志着"我们是谁,我们是什么"的文化模式的认同。这种个人内心冲突也使我们易于受到外部影响,强迫我们学习新的文化系统。这种学习活动是"涵化"(acculturation)的本质。所谓"涵化",即在广泛的领域,尤其是与我们日常生活直接相关或间接相关的领域获取东道国文化。

涵化不是一个简单地把新文化元素叠加到过去的心理内部条件的过程。

随着不断学习新知识,去文化过程(deculturation)也相应而生,即一些旧的文化元素被渐渐遗忘。起码它是对一些情景会产生一些新的反应,以新替旧。获取新东西的行为仍"悬而未决",从长期来看,这就意味着"失去"一些旧的习惯。随着涵化和去文化过程交替进行,我们将经历心理内部转型,从浅层次的明显角色行为到深层次的基本价值观的转变。我们易受东道国环境规范一致性压力的影响,这些压力往往以简单的、常规的文化假设和文化期待形式出现。东道国环境的要求与我们适应这些要求的能力之间存在差异,只要规范一致性的压力存在,我们就不得不学习和改变自己的习惯。

适应性变化的最终理论方向是"同化"(assimilation),即我们内部和外部情况最大可能地与东道国文化的成员们趋于一致(见图14.1)。对大多数外国定居者而言,同化是一辈子的目标而不是唾手可得的目标,常常需要几代人的努力。无论是主动选择被同化,还是迫于现实情形不得不接受同化,个人在连续过程的不同时期整体适应程度不同,从最低程度的"涵化"、"去文化",到最大程度的"涵化"、"去文化"。

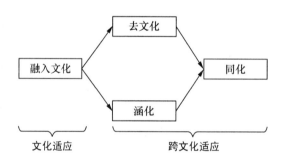

图14.1　与跨文化适应相关关键术语间关系

资料来源:Kim(2001).

压力—适应—成长动态

每个人在经历适应性变化时都无可避免要承受精神压力——一种"身份冲突"(Leong & Ward, 2000)。该冲突一方面根植于维持旧传统,保持旧身份的愿望,另一方面又源自改变行为,寻求与新环境和谐的愿望。该冲突主要体现在"涵化"的需求和对"去文化"的排斥,即排斥新文化,紧握旧文化。这种冲突制造的内心混乱导致一种"失衡"(disequilibrium)状态,表现为情绪"低落"、不确定、困扰和焦虑。因此,压力是一种一般过程的显现,只要我们的心理上无法适应环境的要求就会彰显。这表现了人类保持动态平衡(homeostasis)的本能要求,即在内部结构中保持各种变量的恒定不变以保持整体完整。

开放系统的自然倾向是抗拒随着旧结构解体而产生的演进(evolution)。对长期移民来说,这种倾向通过各种心理阻力得以体现。我们可以采取选择性关注、否认、回避、撤离,以及被迫的利他行为、愤世嫉俗和敌意等试图回避或将可预料的或真实的失衡痛苦最小化。然而,没有任何开放系统能永远保持稳定。如果真是这样,也就不会有演进了。不适应状态和对压力的高度认知推动我们去克服困境并积极发展新习惯。这一点在我们采取预见性步骤,努力通过回应环境来面对挑战时是可能出现的(Piaget,1963)。由于这些活动,外部环境中的一部分可以被纳入我们的内部结构,渐渐提高对外部现实的整体适应。

伴随压力—适应动态失衡而来的是不为人察觉的成长。当我们通过使用精神作用的自我反省这一创造性力量解决现有问题时,压力阶段就过去了。压力、适应和成长是跨文化适应过程的核心。合在一起,就构成了向前和向上心理活动(psychological movement)的三维的压力—适应—成长动态,使得适应东道国环境需要的成功率增加了。压力是人类复杂开放系统内在固有的,并且是人类转型过程(自我组织和自我更新过程)中最本质的元素。

压力—适应—成长动态并非是平滑的、线性的,而是辩证的、螺旋式的,不断后退—向前(draw-back-to-leap)的模式。对每一次对压力的回应都伴随着一定程度的后退,也激活了适应的能量,帮助我们重铸自我、向前跨越。因为一些部分的成长总是以其他部分的损失为代价的,适应过程遵循一种整合与解体并行、进步与退步并行、新意和确认并行以及"创造力和压抑"并行的模式(Kirschner,1994)。只要有新的环境挑战,只要整体向前、向上的变化朝更大的适应和发展的方向运行,这个过程就会继续。

在这样一个转型的过程中,在暴露于新文化的初始阶段更有可能发生大而突然的变化。正如文化休克研究已经证明的那样,这样巨大的变化本身就暗示了困难和割裂的严重程度。同时,詹特奇指出,

> 对于结构性变化的排斥越大,最终产生的波动也越强烈——基于弹性结构中的自我组织力的展示也越丰富和多样化。或者,我们也可以说,思维的呈现也越丰富多彩。(Jantsch,1980,p.255)

在一个长期的个人内心变化期间,压力和适应的波动有可能不那么强烈,导致一个整体"平静"的内部环境,如图14.2所示。

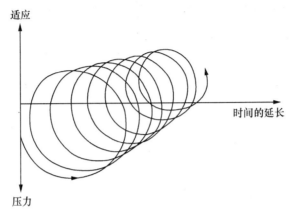

图14.2 压力—适应—成长动态

资料来源:Kim(2001).

结构模型

本理论在过程模型的基础上研究了不同的适应率。适应率是指移民获得的跨文化转变的水平,移民者产生一定的跨文化转变,转变水平高的体现在更适应各种社会功能、心理更健康、跨文化认同更强。有些移民转变得很平稳也很迅速;有些移民则长期无法克服跨文化的困境,会非常排斥改变他们原来的文化习惯,他们自己为适应设置了障碍。因此,个人层面的跨文化适应可以是一个连续的过程,可以通过提出下列理论问题得到解释。"为什么一些移民比另一些适应得快?"或"如果适应的时间一样长,为什么一些移民适应的程度要更高?"

本理论通过重新回到开放体系的假设回答这些问题。该假设认为,适应是一个互动的过程,传播是适应发生的媒介。传播活动在两个基本的,相互联系的维度发生:(1)个人传播,即"私人符号"和每个人所产生的头脑内的精神活动。这些精神活动使得他们在现实社会情景中以某种方式采取行动或者作出反应;(2)社会传播,包括"公共符号"和两人或多人有意识或无意识的,直接或间接的"多种观念间"的互动过程(Ruben,1975)。正如盖耶所指出的,个人传播或社会传播可以比作电脑系统的"单机离线功能"和"多机在线功能"(Geyer,1980,p.32)。

个人传播:在东道国的交流能力

成功适应东道国社会有赖于我们个人的内部传播系统与东道国成员内部传播系统的充分重叠。我们的个人传播系统充当了跨文化适应结构最深层次的维度。使得我们能够根据社会文化环境,从认知上、情感上、行动上组织我们自身,发展观察、理解和反映环境的方法。

当我们越来越能胜任东道国传播系统时,就越能洞悉本国文化和东道国文化的异同。这些能力在本文作者提出的在东道国的交流能力的理论里得到了集中阐述。该能力被定义为个人能根据东道国传播系统,恰当、有效地接受和处理信息(解码)以及设计和实施计划,以产生讯息或回应他人(编码)的整体能力。在东道国的交流能力充当了跨文化适应过程的发动机,它使得我们拥有了与环境协调的方法。

在东道国的交流能力的认知元素在现代理论中被视为对于东道国语言的理解和掌握。掌握当地的语言并不仅仅意味着掌握一些技能性知识,如语音、语法和词汇,还包括对于日常生活中的语用知识,语言在各种正式和非正式社交场合的细微差别的掌握。一个特定社会的语言代表了真实的,可以察觉到的社会、政治和意识形态压力(Clachar,1997;Reid & Ng,1999)。东道国的语言是我们进行适应的基本渠道。使我们能够接触到日积月累留下来的东道国文化,并学会以当地人的思维方式思考问题(Brown,1991)。

在东道国的交流能力的认知元素还包括对于非语言符号和相关传播规则的理解与掌握。与当地人的有效传播不仅仅依赖语言,还依赖身体活动、说话方式、"互动节奏"和"行为链"中暗含的非语言行为使用规范(Hall,1976)。这些暗示的传播代码和规则巩固了方方面面的社会关系。

关于在东道国的交流能力的情感水平,理论将它定义为参加东道国传播活动中动态的、情感的、态度的和动机的能力。确切地说,我们需要一个积极的态度(承认东道国文化),适应动机(学习和参与的意愿),以及灵活的身份认同(尊重我们自身,本国文化和东道国文化的社会心理定位)。一个积极的、自愿的、灵活的关于自我与他人的定位将使我们拥有更为开阔的胸襟,也减少一些对新文化毫无根据的偏见与嘲讽。与之相反,一个消极的、不情愿的、僵化的定位可能会使我们思想封闭,对事物持防御和批判的心理姿态,这样会妨碍我们的适应过程。

在美学的或情绪的共同定位(co-orientation)的发展过程中,情感能力得以进一步体现。我们因此与当地文化发生更深刻的联系。正如曼塞尔描绘的,这种共同定位对于发展"自我与环境的一致感"以及"让生命变得有意义的成就感"都是很重要的(Mansell,1981,p.99)。尽管一开始总是困难的,我们能更好地融入日常周围的艺术、食物、音乐、运动环境中,更好地体验开心、欢乐、幽默和幸福,以及愤怒、绝望和失望等情绪。由于这种内部联系,我们不再处于东道国文化之外,而是也将成为一名局内人,可以和另一种文化的成员一起分享满意和亲密的关系。

随着我们在东道国传播系统中传播能力越来越强,我们把前面所说的认知能力与情感能力运用到每天的互动活动中。换言之,我们现在具备操作能力(operational competence)或者技能,运用这种能力,我们和东道国其他社会成员一起参与社会转变。现在理论所定义的最基本的操作能力为互动同步(interactional synchrony)能力,即适应当地人的互动节奏和行为链与当地人互动的能力。同时被定义的还有行为"机智",利用这种机智协调和弥合文化差异,为达成各种个人和社会目标采取行动。

东道国的社会传播

在东道国的交流能力影响着参与东道国社会传播活动,参与东道国社会传播活动反过来也影响着在东道国的交流能力。我们与东道国文化成员接触的数量和质量很大程度上取决于我们在东道国的交流能力。反之,每一次接触都给予我们培养该能力的机会。现在的理论描绘了从与东道国社会成员进行直接人际互动(东道国人际传播)到通过大众传播渠道进行间接互动(东道国大众传播)的社会传播活动。

通过在东道国的人际传播活动,我们获取对东道国个人思想和行为的信息和见解。东道国人际传播活动为我们提供通过信息、技术、物质、情感支持建立关系的机会。东道国人际传播活动通过强化东道国社会的语言和文化,或明或暗地进一步向我们施加社会控制。

参与东道国大众传播过程通过提供超出周边环境的东道国社会信息以推动我们的适应。广义地说,东道国大众传播包括各种各样的传播与保存东道国文化形式,如餐馆、学校、教堂、超市、高速路、政治活动、时尚业、剧院、博物馆、画廊、图书馆,以及一般的大众传播工具,如广播、电视、报纸和杂志。一般来说,东道国大众传播活动不要求与特定个体有个人关系。因为参与东道国大众传播活动不需要关系约定,所以这些活动对于我们在适应过程早期学习当地文化和语言十分有用,在这段时期我们在东道国的交流能力不强,与东道国文化成员的直接接触也有限。

少数族裔的社会传播

除了东道国社会传播活动(人际传播和大众传播),很多人还能接触到与他们同一民族(或同一国家)的人,这一点在有大量移民的大城市极为普遍。很多少数族裔社区提供一些有组织的互助或自助项目,向那些需要物质、信息、情感和其他社会支持的人提供帮助。在大型少数族裔社区里,定居者还能接触到该民族的媒体。在美国,至少发行了 40 种语言的几百种报纸(Sreenivasan, 1996)。在芝加哥、洛杉矶、纽约和迈阿密,少数族裔社区每周提供几小时或几天的外语广播或电视节目。在附近的小店里也可以买到(该语言的)电影录像带、音乐磁带和杂志(Kelly, 1985; Miller, 1987; Subervi-Velez, 1986)。

如果有可能的话,新移民往往倾向于寻求并严重依赖少数族裔社区的帮助。在本族社区里的压力较少的交流经历可能使他们延迟或避免进行压力更大的与东道国社会成员的接触。这种少数族裔交流的适应性功能可以有效地缓解新移民的跨文化压力。但是,现有理论认为少数族裔交流的适应性功能会慢慢消失。与本族的交流会限制适应性学习并阻止跨文化转变。这一点从许多老年移民身上都可以得到印证,他们每天都只在一个狭小的圈子里活动,只跟他们的家庭、本族的朋友打交道,只接触本族的媒体。当一个人的民族关系主要局限于本族人,而且这些人都对当地环境适应较差时,少数族裔交流表现出极强的隔离效果(Hsu, Grant & Huang, 1993)。以亚裔移民做的小生意为例，贝茨（Bates，1994）发现过分使用本民族关系网导致生意利润下降，生意更容易失败。不管是主动选择还是受客观条件限制，移民对本族严重和长期的依赖使他们保持原来的文化习惯和身份，限制他们获得东道国交流的能力，也限制了他们参与东道国社会交流活动。

环境

移民居住的环境是他们交流的社会语境。对很多人来说，环境包括了本族人，尤其是大型的、有组织的本族社区。另一些人可能只有小型的、组织松散的本族社区的经历，这些社区仅能提供有限接触母文化的机会。考虑到许多移民现在生活环境的复杂多样，我们需要检查东道国环境和本族的小环境。

本理论定义的一种环境情况为东道国接受度（host receptivity），即当地居民欢迎移民参与他们社会生活的程度。在日常生活中，东道国接受度（或者缺乏东道国接受度）可以从一系列相关的、不相关的传播讯息里得到反映（Kim，1997）。相关行为通过增进理解、合作和对移民的支持，以及将他们纳入东道国的日常话语体系来推动交流过程。这些相关行为往往就是我们与同事、邻居和朋友的互动行为。这些行为包括从简单表达兴趣和好意，如注意、打招呼、开始交谈、祝福，到更为主动地表达方式，如提供支持和帮助。当地人一般会包容外来人，交谈中会减慢语速、使用简单句、选择简单的不需要较深文化和语言理解力的话题。

与之相反，不相关行为包括从漠不关心和表示心理距离，如避免眼神接触、面无表情，到更为极端的表示敌意，如开恶意的种族玩笑和骂人。对于不同的移民群体，社会和社区表现出不同的接受度。但是一般来说，单一民族和地理隔绝的社会提供给移民发展与当地人亲密人际关系的机会比较少。我们可以把东道国接受度的差异归结为如下原因：文化和种族的相似或差异、相容或不相容、本国的相对地位、祖国和东道国过去和现在的政治关系。

和接受度一样，本理论还将东道国规范一致性压力（host conformity pressure）作为影响移民活动的一个主要因素。东道国规范一致性压力指环境要求移民采用当地文化和传播系统的标准化模式的程度。基于东道国文化成员常有的移民该如何思考和行动的期待或假设，东道国规范一致性压力决定了东道国环境要求移民采用他们的传播规范和实践的程度。许多这类压力都很微妙，以东道国文化成员对移民的社会期待的形式出现，但是，此类压力也可以以更露骨的形式表现出来，如不包容、偏见和歧视。总而言之，更多元文化的、开放的环境，如大都会城市，对民族差异呈现更多元化的意识形态和政策（cf. Bourhis et al., 1997；Kim, 1999；Pettigrew, 1988）。在美国，意识形态从传统的"大熔炉"转变为更为多元化的"拌色拉"或"马赛克"，这多少缓解了新移民与东道国一致化的压力。

某一东道国环境对移民的接受度和规范一致性压力的程度与整体民族实力（ethnic group strength）相关，民族实力即移民群体的整体地位和权力。一种测量民族群体实力的方法是评估它的"民族语言活力"（ethnolinguistic vitality），即在社区里一种语言的地位，使用该语言的绝对人数和相对人数，以及机构对该语言的支持（如：政府机构、学校、大众媒体）（Giles & Johnson, 1987）。克拉克和奥布勒（Clarke and Obler, 1976）对民族群体实力提供了更深入的看法，他们把民族群体发展定义为如下三个阶段。第一阶段是经济调整期，该阶段从移民进入东道国开始，直到他们成为当地固定经济结构的一部分。第二阶段是社区建设期，即发展社区领导力和利用制度资源以确定民族身份和兴趣。该阶段的民族社区发展与"制度性圆满"（institutional completeness）的概念是一致的（Breton, 1964, 1991；Goldenberg & Haines, 1992）。

第三阶段是积极的自我维权阶段，在该阶段群体通过运用现有的政治体系来达到在自己成员中加强民族性和集体身份的目的。在这个阶段，一些民族会特别积极地寻求"身份政治"（Aronowitz, 1991）。一些民族可能将他们的民族身份定义为区别于主流社会之外的身份。这样一种群体层面的身份姿态趋向迫使群体成员不与群体外成员发展关系，通过公开或隐蔽的压力使群体成员顺从，并威胁将那些和群体外成员保持良好关系的人排除在外，例如把他们称为"被遗弃者"（deserters）或"背叛者"（betrayers）（De Vos & Suarez-Orozco, 1990）。

基于这些考虑，一个强势的民族极有可能在更大的东道国环境中赋予其成员较强的以民族为基础的亚文化。因此，民族的实力与其个体成员在东道国社会中的跨文化适应往往呈负相关关系。当该民族有政治诉求要建立一个与外部大社会相分离甚至相冲突的身份时，民族实力会阻止适应。尽管强势的民族群体可能在初始阶段推动适应，但该群体公开或隐蔽地给其成员施加政治压力,迫使他们遵从民族规范,并不鼓励其成员积极参加该民族社区之外的活动。与之相反,一些已经成功适应外部大社会的移民则可能觉得他们的民族社区与他们的日常生活关系并不密切。

素质

跨文化适应的过程也受到移民的带到东道国环境中的个人素质的影响。每一个移民在开始适应时都有独特的性情和敏感性。一些人可能立志要在东道国社会出人头地;另一些人可能发现自己非常讨厌所需的奋斗。一些人可能开放性较强,容易接受新的经历;另一些人可能觉得他们太老了,无法改变生活习惯。一些人可能发现他们融合得很好;另一些人可能与东道国的主流民族格格不入。这样一些素质条件为个人未来发展勾画了蓝图,也影响到移民个人的适应潜力。

本理论定义了多种素质条件,包括不同层次的"准备"(preparedness),或愿意学习和适应某一生活环境(包括个人在出国前的文化学习和语言学习)的程度。具备更多在东道国的交流能力和更加现实期待的移民是更有准备进入东道国的移民(Black & Gregersen, 1990; Searle & Ward, 1990)。移民的心理准备还受到他们跨文化迁徙背景环境的影响。尤为重要的一个因素即看他们的跨文化迁徙是自愿的、计划周密的还是非自愿、无计划的。自愿的移民与那些非常不情愿、迫于无奈的移民相比,对重新安家作了更充分的准备。

此外,移民进入一个新环境,往往对东道国社会的主流民族存在不同程度的民族亲近性(ethnic proximity)。① 本文中的民族亲近性是指移民民族与东道国主要民族的"接近"程度(或差距),即相关的文化、语言、体貌"相似性"(或差异)和"兼容性"(或不容性)。移民的民族特性与东道国的差异越大,就越可能与东道国社会的主流民族格格不入。显著的民族特性常常会影响移民的适应,因为它们是介于移民和当地社会环境的心理障碍。特殊的体貌(如:身高、肤色、面部特征、体形),尤其是外国口音,都使得移民被归为"外国人"。

这样显著的民族差异也会影响当地人对移民的接受和容纳程度。瓦兹奎

---

① 本理论使用了"民族相近性"一词,没有使用语义较窄的"文化距离"(Redmond, 2000; Searle & Ward, 1990)等词汇。

兹等人对墨西哥裔美国学生的研究支持了上述观点(Vazquez, Garcia-Vazquez, Bauman & Sierra, 1997)。该研究发现肤色在被调查者涵化过程中起了非常重要的作用。每一个移民的民族背景都程度不同地和东道国主流民族背景相容。移民的文化价值观和规范如果与东道国的高度相容，则他们会觉得东道国环境的压力不是很大。这样一种相容性也使得移民能更顺利地获得在东道国的交流能力，并能更容易地参与到东道国社会传播过程中。

除了心理准备和民族亲近性，移民的适应性格(adaptive personality)特征在个人对新经历不同程度成功的追寻和回应起着基础作用。最有意思的是，那些促使个人面对挑战，尽最大努力学习的性格特征可以促进移民的适应。

本理论定义了三种主要适应性格特征。其中之一是开放性(openness)，即接受新信息并将对环境变化的抵触情绪降低到最小的心理倾向(cf. Caligiuri, Jacobs & Farr, 2000; McCrae & Costa, 1985)。这种开放性使得孩子们具有适应的优势。开放性让孩子们可以不带民族中心主义地判断、领会和解读新环境中的各种事情。开放性这个词包括了其他更为详细的概念，如灵活性、思想开明、对模糊状态的宽容。

除开放性外，本理论还认为性格坚强(personality strength)促进了适应过程。性格坚强，即消化来自环境"冲击"，在自身受损不严重的情况下将冲击反弹回去的心力。性格坚强的概念融合了多种相关概念，如达观、敢于冒险、顽强、毅力、弹性、自我控制等。性格不坚强表现为面对不确定情况的害羞、恐惧和忧伤，而性格坚强的人则在遇到新挑战时会觉得兴奋刺激。

开放性和性格坚强都与适应性格的第三个性格特征即积极性(positivity)紧密相连。积极性指一种肯定和乐观的态度，或是挑战负面预言的心力(Dean & Popp, 1990)。具有积极性格的移民一般能更好的忍受压力，坚信事情会转向他们期待的方向发展。这是一种理想主义，一种对可能性的信仰和一种整体上对生活和人类美好天性的信心。这种性格与那种毫无根据的失败主义的玩世不恭的性格正好相反。积极性格鼓励人们排除差异，去接受别人，并且呈现出自尊、自信，或者"全面的我能行"("general self-efficacy")(Harrison, Chadwick & Scales, 1996)。

开放性、性格坚强和积极性三者展现了移民的心理轮廓，这些性格品质具有一种内在力量，这种力量促进了人们适应过程。那些开放的、坚强的、积极的移民更不轻易放弃,更愿意在东道国的环境里接受挑战。他们更有可能发展在东道国的交流能力,因为他们一直在寻找处理生活中各种问题的新方法。这样一来,他们更能够做适当的调整,促进自身的跨文化转型。相反,如果严重缺乏这些性格特征,则会损害移民的适应能力。

跨文化转型

基于压力—适应—成长之动态循环,产生了广泛的经验积累,跨文化转型显现出来。跨文化转型是一种超越了原来文化范围的、渐进的、大部分时间是无意识的内心发展过程。

通过重复学习与重组的重复活动,移民在其心理状况与东道国环境的外部需求之间达到功能性适应。

适应良好的移民实现了所期待的在东道国的交流能力,并参与到东道国社会交流活动中,通过这种活动他们更容易在各方面获得成功。这样一来,他们就更能获得更高层次的心理健康,自信和自尊感更强,对东道国社会的片面感、敌意、陌生感也会减少。伴随着提高心理健康状况的是在不知不觉中逐渐重构自我。本理论将这种现象称为跨文化身份(intercultural identity)的发展,即超越原来文化的跨越文化的个性特征。新形成的跨文化身份源于原来的文化身份,它并非基于单一的、排他的文化资格,而是"既非完全属于某种文化,又非完全不属于某种文化"的一种自我意识(Adler, 1982, p.391)。

形成跨文化的过程并非必须抹去一种文化,以另一种文化来代替,而是通过各种涵化和去文化的经历来创造过去未曾有过的新结构(Belay, 1993)。跨文化身份发展的一个重要元素是个性化的自我—他人定位的出现。个性化(individuation)允许移民不受传统族群划分的限制,顺其自然地体验人生。个性化涉及清晰的自我定义和他人定义。它并非以族群从属关系定义个人和他人的关系,而是依照个人的独特性定义个人和他人的关系。反映了一种对差异和细分的更为认同的精神态度(cf. Billig, 1987; Boekestijn, 1988; Hansel, 1993; Oddou & Mendenhall, 1984)。

个性化表现出把个人作为自主行为、承担责任和决定"自己"命运的主要行为者。研究发现,能成功适应新文化或亚文化环境的人,都直接或间接表现出个性化。阿梅里卡纳(Amerikaner,1978)对军官学校学生、神学院学生、大学兄弟会成员进行了研究,发现性格融合力强(以"有效处理日常紧张和焦虑"的能力来衡量)的被测试者表现出对差异和融合更大程度的认知,对自我身份更少的类型化和简单化,对新的社会经历有更大的开放度(Oddou & Mendenhall,1984)。

墨菲-重松(Murphy-Shigematsu,1987)指出,母亲是第一代日本移民,父亲是欧裔美国人的美国人有明确的愿望要掌握日本文化传统,日本文化对他们生活有旺盛和强大的影响,他们还需要将自己的奋斗经历与其他有着相似经历和冲突的人的经历联系起来。解决方式包括通过他们种族与文化条件的独特经历,接受和维护他们在社会中真实的自我形象。达斯古普塔(Dasgupta,1983)的一项研究表明,亚洲印度裔移民能够通过两分法,解决其传统的强调整体及归属的价值观与美国强调个人主义、成就和竞争的价值观之间的冲突,并维持其基本群内关系和在更大社会中事业成就之间的健康平衡。

与个性化对应的是个人——他人定位的普遍化(universalization),这是平行发展的一种精神态度,"源于意识到价值观的相对性和人性的普遍性"的协同认知(Yoshikawa,1978,p.220)。当我们行进于跨文化转型中时,我们能更好地看到人性的唯一性和一致性,对和我们不同的人有更多的同情和敏感,更容易表达赞同或补充意见而不是异议和争辩。这样一来,我们就能渐渐克服文化地方主义(parochialism),并形成更广阔的文化身份。具有跨文化理念是一个渐进的、将我们从排他观念中解放出来的、获得更大和更为包容观念的过程。普遍化的观点反映出非二元的(nondualistic)、元语境的(metacontextual)、协同的态度(synergistic attitude),通过它我们可以体会超越表面对立和差异的人类通性。

普遍化的身份定位培养了一种被称为"第三文化"的视角(Casmir,1999;Gudykunst,Wiseman & Hammer,1977;Mendenhall & Oddou,1985;Useem,1963),这是一种克服不同哲学传统间"范式障碍"(paradigmatic barrier)的定位(Bennett,1986,p.93)。有跨文化能力的人表现出更多的移情,即"进入或者想象中进入他人世界观"的能力(Bennett,1977,p.49)。他们在做价值判断时能更少带民族中心的偏见,并基于人们基本条件及变异理解人的情况和差异,与世界各地的人保持更好的关系(Csikszentmihalyi,1993)。

相关维度和因素:定理

上面所说的和图14.3所总结的各个因素的维度构成一个互动模型,其中所有连接都是双向互动的(并非单向因果关系)。基于实用主义的、开放性系统观点,这些连接强调了移民(一个开放性系统)和新环境间各种内部因素的相应的、功能性关系,以及移民长期以来所经历的转变。这个框架模型为一定时期内各种不同速度或层次的跨文化转型提供了各种原因的整体描述。该模型所包含的维度和因素可以解释和预测跨文化适应的成功或失败。

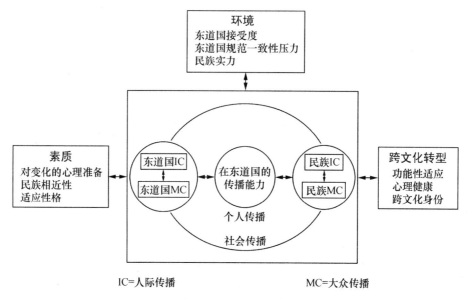

图14.3 影响跨文化适应的因素:框架式模型

资料来源:Kim(2001).

对一些移民可以发现的自身特殊情况而言,模式中的某些维度和因素可能比其他维度和因素更贴切。比如,移民能否成功适应几乎完全取决于他们的适应性格(adaptive personalities),这种性格有助于他们应对最有敌意的环境。在另一些例子中,移民们可能几乎无法进行跨文化适应,因为同族人几乎把他们和东道国文化完全隔离开。另外一些人可能适应得很差,因为他们缺乏在东道国的交流能力,尤其是无法理解和回应东道国社会成员,并将与东道国的交流能力视为艰巨的任务,而不愿去获得它。

现实中,所有这些因素相互作用,推动或阻碍个人的适应进程。就像一个内燃机引擎,这一过程的各单元影响其他所有单元的运作并被其他单元影响着。这些维度和因素间动态作用使移民形成了跨文化转型过程中的压力、适应和成长的波动式经验,提高了对东道国环境、原来文化和正在进行的跨文化转型的和谐度和适应度。

框架模型里的相互关联由 21 条定理描绘(如表 14.1 所示)。这些定理可以由实证的、可预测的语言陈述,详细说明框架中 6 个维度间的正负相关关系。

表 14.1　结构模型的相互关系:21 条定律

1. 在东道国的传播能力越强,介入东道国的人际传播和大众传播就越多。
2. 在东道国的传播能力越强,介入本民族的人际传播和大众传播就越少。
3. 在东道国的传播能力越强,跨文化转型越大(功能性适应、心理健康和跨文化身份)。
4. 介入东道国人际传播和大众传播越多,介入本民族的人际传播和大众传播就越少。
5. 介入东道国的人际传播和大众传播越多,跨文化转型越大(功能性适应、心理健康和跨文化身份)。
6. 介入本民族的人际传播和大众传播越多,跨文化转型越小(功能性适应、心理健康和跨文化身份)。
7. 东道国的接受度越高、规范一致性压力越大,在东道国的传播能力越强。
8. 东道国的接受度越高、规范一致性压力越大,介入东道国的人际传播和大众传播越多。
9. 东道国的接受度越高、规范一致性压力越大,介入本民族的人际传播和大众传播越少。
10. 本民族群体实力越强,在东道国的传播能力越差。
11. 本民族群体实力越强,介入东道国的人际传播和大众传播越少。
12. 本民族群体实力越强,介入本民族的人际传播和大众传播越多。
13. 对变化的心理准备越好,在东道国的传播能力越强。
14. 对变化的心理准备越好,介入东道国的人际传播和大众传播越多。
15. 对变化的心理准备越好,介入本民族的人际传播和大众传播越少。
16. 民族相近性越大,在东道国的传播能力越强。
17. 民族相近性越大,介入东道国的人际传播和大众传播越多。
18. 民族相近性越大,介入本民族的人际传播和大众传播越少。
19. 适应性格越强,在东道国的传播能力越强。
20. 适应性格越强,介入东道国的人际传播和大众传播越多。
21. 适应性格越强,介入本民族的人际传播和大众传播越少。

资料来源:Kim(2001).

培训的基本观点

一个理论的生命力最终取决于它所研究的现实。本理论中所研究的现实就是：目前全球各地的人都正在离开熟悉的家园开始新生活的经历，以及随之而来的个人的变化。不可否认，当长期移民与不断学习新东西的挑战作斗争时，跨文化适应确实存在。本理论肯定这个现实。本理论承认：为了生存，我们中大多数人都有动力和能力接受变化，即使我们抵抗这些变化，但也会继续转变下去。

一旦我们理解了跨文化适应的不可否认的现实，留给我们的真正选择就是我们到底愿意承受多大程度的变化。如果拒绝变化，我们可以将变化减到最小。如果付出更多的适应努力，我们则能将变化增到最大。该理论强调了新环境在我们适应过程中的重要角色，并指出了移民的最终责任，他们必须接受适应变化的担子，也可以收到相应的回报。

下面是对从本理论中产生的几个实用观点的考察。这些观点可以转变成促进移民长期跨文化适应培训项目中针对特定主题或目标的核心观念。

被改变的意愿

适应从本质上来说是个人转变的过程。因此，我们要有心理准备接受我们的部分自我和意愿可能会被新经历所改变。一些原来的文化习惯必须改变，在东道国社会里能否成功取决于我们能否理解当地文化系统并按他们的规矩行事。当可以理解我们中大多数人（如果不是所有人）都有吸收和整合新的（甚至是不相容的）元素到现有精神领域内，而不是被他们所摧毁时，我们更愿意通过学习新文化而被改变。我们需要进一步认识到，正是我们（而不是当地人）被期待有必要进行适应性的自我修正（self-corrections）。改变是在国外生活的一个部分，我们中的大多数人都理解并对此早有思想准备。这种理解使得我们对学习新知识产生责任感和决断力。

在接受改变及个人对变化的责任的过程中，我们也承认童年的文化底子尽管有所改变,但对现在仍有影响。我们接受个人转变的意愿并非否认自己原来的文化身份。这仅仅是认识到有必要敞开胸怀去面对可能改变我们的新环境。学习新知识(涵化)和失去旧习惯(去文化)之间的互动原则很清楚地表明:我们想选择既完好无损保留原来的文化身份又适应新文化的作法是不现实的。要在坚持原来的文化习惯和接受新世界这两种生活方式中做出"非此即彼"的选择是不符合逻辑的。这个原则适用于所有长期定居者,甚至是那些非自愿的移民,如战争难民、政治难民和经济难民。在某种程度上,他们也得谋求提高与东道国社区交流(传播)的质量,以适应各种各样的个人和社会需求。

接受和驾驭压力

不管我们多么愿意接受改变,跨文化适应的过程不总是顺利的。不熟悉的环境总会限制我们成功经历一些事情。只要我们在新的社会里生活,就必然会产生严重的压力。在初始阶段,我们快速地学习,此时经历的适应压力也特别大。我们注定要经历自我怀疑、自我询问、某种程度的绝望和不安等。有趣的是,驾驭适应压力和对待长期移居可能带来的糟糕影响的基本工具是接受这种压力,不再与之对抗。尽管我们当中许多人的本能是通过将自己和压力源(东道国环境)分离来避免压力,我们实际上还是接受了压力。

然而,每一次退让,我们都错失了一次学习的机会,还顽固地抱残守缺。面对压力重重的环境意味着我们承认压力是适应过程中不可或缺的一部分。它还使我们意识到,即使在最令人沮丧的时刻,也会产生新的意识,所受的挫折越大,我们内心越是能被激发出对生活更深和更敏锐的新感知。正如阿特沃特说的,"成长包括进入不熟悉、甚至有潜在危险的环境中,它往往会使我们在面对伤害和失望时变得更脆弱。每前进一步也会导致后退一步……甘愿承担风险是个人成长的关键。"(Atwater, 1983, p.14)

实际上,受到挑战的生活鼓励我们成熟,使我们化解矛盾,达到新旧结合。面对适应挑战意味着我们需要承认我们个人承受压力和不稳定状态的能力不是无限的。我们要尊重这样的事实,即不论是出于本性还是迫于外部环境,一些人可能特别容易受到创伤的不良影响。

我们驾驭适应压力的能力会随着我们养成放松的习惯而提高。放松能把我们带到反思的状态,或是像穆斯塔卡斯说的那样为自我发现而"沉默"(Moustakas, 1977, p.96)。反思是安静、全心投入自我对话、自我学习、自我整合的状态。尤其是在危机来临时,反思帮助我们理解我们做的如何、感觉如何,以及下一步该怎么走,新视角产生了,新的感觉也由之而生,启发我们产生新的顿悟。

评价适应潜力

从某种程度而言,成功的适应有赖于跨文化移居发生前所设定的条件。对一些现实的决定(诸如是否移居他地,移居他地的目标等)必须做仔细评价,这种评价应基于对预先准备阶段适应潜力的审慎理解。打算移民的人必须问自己,自己的民族文化、语言、种族、民族起源与东道国环境的主流文化相应方面之间的相似度、相容度有多高?这些方面在东道国成员的心中又如何?本国(或民族)和东道国关系是好是差?自己移居该国和适应新环境的准备是否充分?自己对东道国文化和传播系统(尤其是当地语言)的知识了解又有多少?自己对这些知识的学习有多投入?自己愿意或能够接受对方习以为常的文化习惯并作必要和适当改变的程度如何?自己是否能灵活地吸收新知识?自己的弹性有多大?自己对不确定的事物够宽容吗?自己对东道国社会和人民是否持有积极而尊重的态度?

一旦移民进入东道国文化就可能遇到挑战,在估计挑战的严重性时,需要认真考虑和回答上述的和相关的问题。这些事前准备可以帮助个人选择(当可以有选择时)自己准备生活的东道国社会环境。清楚地了解这些事前准备情况,有助于人们理解为适应移民生活将要付出多大努力。对于这类问题的诚实自我评估意味着对成功适应的可能性有了更好的估计,并能帮助移民找到方法更好地做好准备,以便走上未来适应新文化的坦途。

培养适应性格

跨文化适应的挑战无处不在,我们如何面对它则有赖于个人的性格。开放性让我们更容易接受学习新知识。就像一面透明玻璃,开放性帮助我们清晰、准确、不带偏见地面对现实,使我们对新环境里的新信息十分敏感,并给予关注。开放性就好像是一种准备"放弃"一些习惯想法的内心姿态。穆斯塔卡斯曾说,开放性是"一种态度、一种接纳、一种大胆开放的意愿;去看存在的事物、去听各种声音、去感觉和了解我有什么,摆在我前面的又是什么"(Moustakas,1977, p.96)。

开放性与坚强相互作用。所谓坚强,指使我们能吸收生活重重压力的内心原动力。坚强所代表的是弹性(并非性格变化无常)、参与(不是自我疏远)和信心(并非妄自尊大)的品质。坚强产生自信,使我们理解适应变化并非对过去经历的否定。开放性和坚强可以培养积极态度。积极态度反过来也能培养出开放性和坚强。所谓积极态度,是对人生的看法和自我—他人关系的一种基本定位,它鼓励现实的乐观,不鼓励虚假的幻想、伤人的怒气和愤世嫉俗,因为这些最终都会导致个人失败。负面态度常常反映出我们内心的脆弱和试图把自身从压力中超脱出来的挣扎。定位准确不但能增强支持性"气候",为我们提供所需的环境推动力,还能积极地影响那些与我们有接触的人。

开放性、坚强和积极的个人有可能全身心地面对当前。他们不太可能与变化的过程作对。这种"顺其自然的姿态"反过来加强了他们的弹性,就好像当我们在水中努力挣扎想留在水面却沉入水底,当我们在水中放松时却漂在水面上一样。适应的个人以探索的心态去"驾驭"遇到的任何事情,而不是去抗拒它。他们能够暂时搁置先前关于事态该如何发展的想法,因此他们可以像第一次经历那样去看、去听、去闻、去感受当地的"节奏"。适应的个人知道为改变让路根本上与逃避现实不是一回事,也不是否定过去。他们迟早会发现在改变最让人沮丧的时刻往往孕育着新的意识和成长。沮丧感越强,对于新形成的自我的认识也越明朗,对一直变化的生活经历也有着更深、更准确的感触。

应对东道国接受度和规范一致性压力

如果将社会作为一个伙伴,移民能进一步适应东道国社会。他们需要寻找那些愿意接受他们的个人和群体,并与他们打交道。每天,个人需要对身边的其他人的相关姿态更为留意。这些姿态可能仅仅表示兴趣或好意,也可能表示更为复杂的包容和接纳。移民要准备对这种表示接受的姿态做出回应,并与东道国成员发展良好关系。而且,他们还要承认,并不是东道国环境中的每个层面都一样的接受他们,他们应联系那些能够提供具体接受形式的地方和机构。还会有一些类似于东道国家庭、兄弟会的项目为移民和东道主提供互动和发展私人关系的机会。一些乡镇和城市可能还有志愿机构为新来者服务。可能还有为移民提供的语言指导和文化课程。

移民还必须意识到东道国规范一致性压力:长期移民要尊重东道国环境对他们直白或隐讳的期待,要学习东道国的文化生活方式。这种期待或多或少存在于各种社会和社区中。即使是在美国的大都会和多民族聚居区,也没有几个人能避开这种压力。实际上,一定的规范一致性压力对保持一个社会的基本完整和文化凝聚力是必须的。如果移民要成功地适应东道国社会,他们就必须尊重当地被广为接受的规范和行为标准。

东道国规范一致性压力的表现形式多种多样,从含蓄地示意不安到对更为公共事务(如特定社区或社会的官方语言政策)表示否定。例如,在美国俄克拉荷马州,有一项法律规定如果大学生觉得外国教师的课难以理解,允许大学生起诉学校。在纽约市,日益增多的关于与外地出生的出租车司机难以沟通的抱怨,导致纽约市出租车协会对申请执照者增加了英语培训要求(Hevesi, 1991)。

东道国接受度和东道国规范一致性压力在任何社会都同时存在。移民要想努力促进适应,就需要理解这些环境压力并应对他们。不论是邻居还是公共机构,东道国环境是移民新生活不可或缺的一部分;他们生活的方方面面都直接或间接受其影响。与现实环境妥协使得移民能够将适应过程看做一种合作关系。在这种合作关系里,个人成就部分取决于移民接受并尊重东道国社会和文化完整性的程度。当个人承认、回应(reciprocate)、并希望得到东道国环境接受时,这种合作关系能够被强化。对于这种人与环境互相依存关系的理解造成合作精神和自我责任意识,它能帮移民避免埋怨东道国环境这种给所有跨文化困境帮倒忙的行为。

集中发展在东道国的交流能力

理解跨文化适应的互动本质就明确了发展个人在东道国的交流能力的重要性。在东道国的交流能力的确是成功适应的"必要条件"。跨文化适应的整

第十四章 长期跨文化适应：整体理论的培训含意

个动态过程有赖于移民在东道国环境中的交流能力。移民与东道国社会关系的质量和数量都有赖于他们个人在东道国的交流能力。

在认知层面上，移民必须增进他们对东道国传播系统各个方面的了解，包括东道国语言正式和非正式用法，非语言行为，以及潜藏的文化逻辑和思维过程。个人需要培养一种对东道国传播系统更为精确的感知和理解。特别是语言能力在促进社会稳定和信誉的过程中充当了基本工具。获得东道国语言能力的最大好处就是能和该国人一样享受语言优势。俚语、成语、幽默、讽刺、比喻和其他修辞的使用是要根据上下文含义，并存在细微差异，要想正确使用语言要求我们要完全掌握该国人的相关经历。所有这些文化语用规则要求我们对东道国文化进行深入了解，包括它的价值观、意识形态、艺术、科学、技术、态度、信仰和对互惠角色的要求等。

必须发展感情能力，包括发展肯定和尊重东道国文化基本完整的强烈动机和积极态度。适应动机影响移民如何看待与东道国环境的关系；反之移民如何看待与东道国环境的关系也影响其适应的动机。这种心理定势成为自主倾向的基础，该倾向往往设想不存在的事情，包括新移民希望在东道国社会中做出什么成绩来。一些时候，外部压力不可能比内在动力更强烈地影响我们的行为。适应动机越强烈，移民就越有可能努力学习，并热情而持久地参与到东道国环境中去。适应动机这种基于预期的性质又是区分短期居留者和长期（或永久）移民的跨文化适应差异的重要因素。旅居者把他们在国外短暂的客居看成是短期行为（如，仅限于在外工作的时间），并不会考虑认真地去适应。如果动机有限，学习东道国传播系统和参与东道国传播过程就显得不是那么重要或值得了。

除此之外，我们需要努力发展与当地人审美情趣和情感倾向的共同定位。通过不断暴露于各种社会情况中，我们逐渐将当地人的审美倾向与情感倾向融入我们自身。从某种程度来说，发展同东道国文化审美情趣和情感倾向的共同定位与老一代人不愿意接受青年一代人的种种做派是很相似的。时间一长，移民能更好地在东道国文化中产生移情作用，因而丰富他们和当地人的交流经验。

移民需要在日常生活中演练这些认知的、情感的能力，并发展出新的行为习惯，使得他们能和当地人一样地进行社会交流活动。通过培养自己参与东道国社会化的过程,他们能够发展出一种与当地人一致的、流畅的交流风格。当移民能够与当地人协调行为和做法,并与当地人发展出高度个人化的关系时,这种社会生活中的舒适和高效才成为可能。与之相关的是培养机智能力,或培养处理在东道国社会中面对各种差异和挑战的应对能力。这种机智也会反过来增强他们在东道国处理问题的质量。因为每一件处理的社会事务都代表了一系列独特的挑战。例如,我们几乎没有关于居住在日本的美国人该如何以两国人都能接受的方式,处理明显文化差异的切实规则。机智的人会想出如何将他们谈判代表的角色最大化的方式来处理这些差异。

在东道国的交流能力三个层面(认知层面、情感层面、操作层面)的发展要求我们有侧重地不断付出努力。这是一个个人发展的过程,可以产生"无国家偏见传播者"的特性(Pearce, 1989)。具备了很强在东道国交流能力的移民不再置身东道国文化之外,而是日益将当地人看成同事、朋友和邻居来交往。

参与东道国社会传播过程

如果不积极参与东道国环境的人际传播过程,就不可能成为一个有完全能力的交流者。我们不可能不参与交流而真正地学习交流,就好像我们不可能不入水就学会游泳一样。参与东道国人际传播帮助移民获得适应必需的社会资本。直接的人际接触是最有效的收获关于我们交流行为反馈的方式。从每一次接触传递回的信息都为新移民提供一个可供比较,甚至是改进交流方式的参考点。正式参与有人安排的活动,如在当地大学注册学习一门课程,可以提供大量人际接触的机会,可以提供足够有挑战性的社会语境。与东道国成员的人际交流经历还可以提供情感支持,帮助移民消除寂寞、压力和困难。移民在搜集必要信息、克服困难和寻找其他联系人时应该寻求帮助。这些关系所提供的安全感和支持将渐渐超过建立这些关系时所产生的困难和折磨。

当使用东道国大众媒体时,参与东道国交流过程的范围也增大了。通过媒体,移民能够了解超出他们直接人际交流范围的东道国环境。通过媒介进行社会参与,个人可以了解更广阔范围的新文化元素:渴望、传统、历史、神话、艺术、工作、戏剧、幽默和当下的事件。如果移民在东道国的交流能力还欠功力,很多面对面交流的情景中所固有的紧张可能给人太强的压迫感。在这些情况下,大众传媒提供了另一种压力更小的传播渠道选择,通过大众传媒移民可以间接地参与东道国文化经历。

避免过度依赖本民族支持系统

要缓解适应压力,民族支持系统往往提供更普通、更易获得的帮助(Walton,1990)。一些新移民可能至少在一开始更愿意住在本民族居住区。新移民也可以从居住时间更长的移民那里受益,听取他们关于克服跨文化困境的经验和想法,并在他们的朋友和亲属那里得到庇护来缓解压力。在本民族的媒体中也可以寻求类似的支持,它们可以提供有关祖国的信息,使他们有机会享受熟悉的美好文化和情感经历。

然而,需要注意的是,民族社区的潜在重要作用在经过定居的初始阶段后就会逐步减少,对于适应东道国社会的目标甚至会产生反效果。如果新移民过度依赖本民族社区而没有直接和主动地跟外部社会接触的话,本民族的社会化过程对于适应的努力来说可能是一种负担。尽管本民族群体可以提供许多有价值的支持性功能,但过分和过长地依赖这种支持会阻碍移民努力地参与东道国传播过程。当移民所依靠的同族人对东道国社会的适应也较差时,或是当本民族社区对移民施加种种社会控制,迫使个人顺从某种排他的民族身份,批评那些不顺从的人并将其视为被遗弃者时,这种阻碍尤为明显。

然而,在像美国这样自由、民主的社会,移民个人不得不决定他们在东道国社会里希望有怎样的将来,并为自己的决定负责任。从本理论的角度来看,重要的是我们能清楚地理解为适应东道国环境并参与其中的现实决策与保留原来身份的理想态度间的"交换"。

锻造跨文化人格之路

那些将长期目标定于成功适应东道国社会的移民将会经历逐渐的精神转型,这种微妙的、很多是无意识的改变会增强跨文化人格。在这个成长过程中,最重要的是发展感知成熟度、情感成熟度和对人们周围环境的深入理解。尽管(并由于)新生活有许多无法预计的兴衰变迁,新移民要面对超越原来文化进入新领域的挑战。

除了更好的功能性适应和心理健康，大量压力和适应的经历会产生日益增强的跨文化身份和人格。在转型过程中，移民有可能发现"我们"与"他们"之间界限的模糊。旧身份永远不可能被新身份取代。移民的身份转化为一种既保持了旧身份又具有新身份的混合体，形成了对人们之间差异更开放和更认可的观点，对"既……又……"的理解，能够深度参与别人审美经历与感情经历的能力。移民真正的坚强不在于顽固地坚持自己过去是谁或现在是谁，而在于肯定自己改变的能力并成为自己将成为的人。在当今民族主义日益强大，世界范围内种族冲突日益严重，利益之争已经遍及经济、政治和社会各个领域，跨文化人格理念为我们提供了新的视野。这是一个比包容和共有（mutuality）概念更真实、更有导向性的视野。尽管向跨文化性转变的进程永远不会完结，在这条道路上的每一步都会带来新的生活。这个过程并非特殊人的专利，而是普通人可变性的一个例证，表明普通人可以走出旧的、熟悉的环境，继续发展。

吉川（Yoshikawa, 1978）提供了关于上述跨文化人格概念的雄辩证明。吉川生长于日本，在美国生活多年，他对自己的精神转型提供了如下看法，该看法牢牢抓住了作为跨文化个人意味着什么的精髓。

"我现在能既客观又主观地看待两种文化；我能在两种文化中自由往返而没有任何明显的冲突……我认为一些超越每一种（文化）身份的东西诞生了，这是一种类似"协同能力"（synergy）的概念——1加1加1等于3，或者更多。这些多出来的东西并非属于某一文化，而是非常特殊的，出现了一种新属性或者新自我意识，源自对于价值观相关特性和人类本性普遍性的意识……我一点都不在乎别人是否把我当成日本人还是美国人；我能接受自己现在的样子。我觉得，不但在认知的领域（观点、想法等），而且在情感领域（感觉、态度等）和行为领域，自己比原来更加自由。"（p. 220）

对培训方法的考虑

前面提到的一些源自理论的想法更能产生特定的培训目标和主题。根据许多在东道国的传播能力中认知的和操作的元素，人们可直接将培训目标限定为增加东道国语言知识与提高语言—非语言交流技能。培训的其他目标还有增强学员对东道国重要文化规范和价值观的理解(包括对主要的艺术和音乐形式以及其他美的表现形式),对政治、社会、经济的敏感。从某种程度来说,在美国的许多社区里,一些培训元素已经通过ESL(英语作为第二语言)课程得到了传授。许多ESL课不但提供英语指导还教授一些交流技能(如对话技能),并包含了新移民很关注的有关美国文化和社会的话题(如住房、服装、食物、健康、交通和工作)。除了这些语言和基本文化课程外,长期移民,尤其是那些已经对东道国社会的许多基本方面都很熟悉的人,将从那些讲授其他不显著的在东道国的交流能力的培训项目中受益,其中包括:审美和感情的共同定位(co-orientation)、人际同步(interpersonal synchrony)、适应动机、对东道国环境的态度。

考虑到本理论所阐述的人内传播、人际传播和大众传播过程之间是相互联系的,培训项目应该把在东道国的交流能力和促进学员参与东道国人际传播和大众传播活动相结合。这种综合的方法可以通过安排学员和当地居民实时互动得以实行。在精心安排的方针指导下,学员有机会学习在东道国的交流能力,并和当地土生土长的合作伙伴一起讨论。同样的安排可以鼓励学员培养出与互动伙伴的人际关系。当学员和伙伴共同分享一些东道国大众传播活动时(如电视节目、报纸文章、博物馆、电影、音乐会、歌剧、戏剧和体育运动),他们之间的关系将进一步发展。

培训项目可以包括一些活动,以拓宽学员对东道国环境中接受度和规范一致性压力的理解。例如,可以指导学员理解成功的适应必须要与环境建立合作关系,建立该关系有赖于学员真诚地接受东道国社会和其他任何社会中都有的规范一致性压力;还应指导学员认识身边的个人和群体给予的接受度并对此做出友善的回应。

与此同时,还需要提一下和适应压力有关的问题。应该教育学员不要以不参与东道国环境的方式试图回避压力,而要将之视为适应过程中自然的、无法避免的一部分(cf. Redmond & Bunyi, 1993)。基于这样一种理解,我们可以指导学员对他们承受压力的能力做一个现实的评价。学员可以彼此分享各自的经历,并一起探讨创造性的方法来面对和驾驭适应压力。这种活动还能作为指导学员检查自己已有的适应性资源的自然开端,并进一步培养这些能力:开放性、坚强、积极的性格。

358　　可能对于长期移民来说,更有挑战性也更重要的培训目标是给学员灌输哲学视野——对他们适应过程的意义、目的和方向的清晰感觉。该视野体现在本理论概念"跨文化人格"(参见第六章)。培训项目可以提出这一概念供学员参考,并帮助他们思考跨文化人格的优点和挑战。当学员看到其他长期移民在东道国社会里拥有了更好的功能性适应和心理健康,并拥有超越单一文化疆界的身份定位的个人实例后,会觉得跨文化人格具有说服力。

一些学员可能把跨文化人格解释成宣扬同化主义意识形态。这种反应是可预见的,尤其是当学员本人倾向于多元文化主义观点时更是如此。培训师需要解释清楚基于意识形态的观点(同化主义和多元主义)和跨文化人格概念形成的实用主义哲学观的差异,以便打消这种疑虑。培训师还需要帮助心存疑虑的学员理解他们是哲学和意识形态选择的最终裁决者,每一种选择都会带来一系列后果,并决定他们与东道国社会关系的质量。

当我们探讨这些相关的培训想法时,长期移民将明显受益于把他们看做是培训过程中合作伙伴的培训方法。学员必须自愿参加各种自我检查和自我评价活动,检查和自我评价他们对东道国社会过去和现在的感觉、动机、态度和信仰,以及他们对未来的希望和恐惧等。因而,成功的培训项目应有效使用自然的活动,如同龄人分组讨论、开具推荐信、写随笔文章并交流分享、参加实地考察和一些有组织的社区活动(如为当地青少年组织筹款的展现各国风味的美食文化节)。这样一些自然的活动应该可以让学员自省,在他们彼此间形成共同情感,并灌输一种是当地社区合作伙伴的感觉。

要把前面讨论的种种培训想法转变为成熟的移民培训项目还有很多工作要做。长期跨文化适应是跨文化培训领域中一大块未被触及的领域。跨文化培训师们还需要慎重思考,如何运用目前的想法来设计特定和有效的培训项目,帮助对此有兴趣的移民以非正式的、思索性的、从容而谨慎的方式达到他们的适应目标。这个广泛的培训目标将促进像美国这样的多民族社会的社会文化凝聚力。

参 考 文 献

Adler, P. (1982). Beyond cultural identity: Reflections on cultural and multicultural man. In L. Samovar & R. Porter (Eds.), *Intercultural communication: A reader* (3rd ed., pp. 389–408). Belmont, CA: Wadsworth.

Amerikaner, M. (1978). *Personality integration and the theory of open systems: A cross-subcultural approach.* Unpublished doctoral dissertation, University of Florida, Gainesville.

Anderson, L. (1994). A new look at an old construct: Cross-cultural adaptation. *International Journal of Intercultural Relations, 18*(3), 293–328.

Aronowitz, S. (1991). *The politics of identity.* New York: Routledge.

Atwater, E. (1983). *Psychology of adjustment: Personal growth in a changing world* (2nd ed.). Englewood Cliffs, NJ: Prentice Hall.

Bates, T. (1994). Social resources generated by group support networks may not be beneficial to Asian immigrant-owned small businesses. *Social Forces, 72,* 671–689.

Befus, C. (1988). A multilevel treatment approach for culture shock experienced by sojourners. *International Journal of Intercultural Relations, 12*(4), 381–400.

Belay, G. (1993). Toward a paradigm shift for intercultural and international communication: New research directions. *Communication Yearbook, 16,* 437–457.

Bennett, J. M. (1977). Transition shock: Putting culture shock in perspective. In N. Jain (Ed.), *International intercultural communication annual* (Vol. 4, pp. 45–52). Falls Church, VA: Speech Communication Association.

Bennett, M. (1986). A developmental approach to training for intercultural sensitivity. *International Journal of Intercultural Relations, 10*(2), 179–196.

Berry, J. (1980). Acculturation as varieties of adaptation. In A. Padilla (Ed.), *Acculturation: Theory, models and some new findings* (pp. 9–25). Washington, DC: Westview.

Berry, J. (1990). Psychology of acculturation: Understanding individuals moving between cultures. In R. Brislin (Ed.), *Applied cross-cultural psychology* (pp. 232–253). Newbury Park, CA: Sage.

Berry, J., & Sam, D. (1997). Acculturation and adaptation. In J. Berry, M. Segall, & C. Kagitcibasi (Eds.), *Handbook of cross-cultural psychology* (2nd ed., pp. 291–326). Boston: Allyn & Bacon.

Billig, M. (1987). *Arguing and thinking: A rhetorical approach to social psychology.* New York: Cambridge University Press.

Black, J., & Gregersen, H. (1990). Expectations, satisfaction, and intention to leave of American expatriate managers in Japan. *International Journal of Intercultural Relations, 14*(4), 485–506.

Boekestijn, C. (1988). Intercultural migration and the development of personal identity: The dilemma between identity maintenance and cultural adaptation. *International Journal of Intercultural Relations, 12*(2), 83–105.

Bourhis, R., Moiese, L., Perreault, S., & Senecal, S. (1997). Towards an interactive acculturation model: A social psychological approach. *International Journal of Psychology, 32*(6), 369–386.

Brabant, S., Palmer, C., & Gramling, R. (1990). Returning home: An empirical investigation of cross-cultural reentry. *International Journal of Intercultural Relations, 14*(4), 387–404.

Breton, R. (1964). Institutional completeness of ethnic communities and the personal relations of immigrants. *American Journal of Sociology, 70*(2), 193–205.

Breton, R. (1991). *The governance of ethnic communities: Political structures and processes in Canada.* Westport, CT: Greenwood.

Brown, H. (1991). *Breaking the language barrier.* Yarmouth, ME: Intercultural Press.

Caligiuri, P., Jacobs, R., & Farr, J. (2000). The attitudinal and behavioral openness scale: Scale development and construct validation. *International Journal of Intercultural Relations, 24*(1), 27–46.

Casmir, F. (1999). Foundations for the study of intercultural communication based on a third-culture building model. *International Journal of Intercultural Relations, 23*(1), 91–116.

Clachar, A. (1997). Students' reflections on the social, political, and ideological role of English in Puerto Rico. *Hispanic Journal of Behavioral*

Sciences, *19*(4), 461–478.

Clarke, S., & Obler, J. (1976). Ethnic conflict, community-building, and the emergence of ethnic political traditions in the United States. In S. Clarke & J. Obler (Eds.), *Urban ethnic conflicts: A comparative perspective* (pp. 1–34). Chapel Hill: University of North Carolina Press.

Csikszentmihalyi, M. (1993). *The evolving self: A psychology for the third millennium.* New York: Harper & Collins.

Dasgupta, S. (1983). *Indian immigrants: The evolution of an ethnic group.* Unpublished doctoral dissertation, University of Delaware, Newark.

Dean, O., & Popp, G. (1990). Intercultural communication effectiveness as perceived by American managers in Saudi Arabia and French managers in the U.S. *International Journal of Intercultural Relations, 14*(4), 405–424.

De Vos, G., & Suarez-Orozco, M. (1990). *Status inequality: The self in culture.* Newbury Park, CA: Sage.

Gaw, K. (2000). Reverse culture shock in students returning from overseas. *International Journal of Intercultural Relations, 24*(1), 83–104.

Geyer, R. (1980). *Alienation theories: A general systems approach.* New York: Pergamon Press.

Giles, H., & Johnson, P. (1987). Ethnolinguistic identity theory: A social psychological approach to language maintenance. *International Journal of Social Language, 68,* 69–99.

Glazer, N., & Moynihan, D. (1963). *Beyond the melting pot.* Cambridge: MIT Press.

Goldenberg, S., & Haines, V. (1992). Social networks and institutional completeness: From territory to ties. *Canadian Journal of Sociology, 17*(3), 301–312.

Goldstein, D., & Smith, D. (1999). The analysis of the effects of experiential training on sojourners' cross-cultural adaptability. *International Journal of Intercultural Relations, 23*(1), 157–173.

Greeley, A. (1974). *Ethnicity in the United States: A preliminary reconnaissance.* New York: Wiley.

Gudykunst, W. (1998). Applying anxiety/uncertainty management (AUM) theory to intercultural adjustment training. *International Journal of Intercultural Relations, 22*(2), 227–250.

Gudykunst, W., Wiseman, R., & Hammer, M. (1977). Determinants of the sojourner's attitudinal satisfaction: A path model. In B. D. Ruben (Ed.), *Communication yearbook I* (pp. 415–425). New Brunswick, NJ: Transaction.

Hall, E. (1976). *Beyond culture.* Garden City, NY: Anchor.

Hansel, B. (1993). *An investigation of the re-entry adjustment of Indians who studied in the U.S.A.* (Occasional Papers in Intercultural Learning, No. 17). New York: AFS Center for the Study of Intercultural Learning.

Harrison, J., Chadwick, M., & Scales, M. (1996). The relationship between cross-cultural adjustment and the personality variables of self-efficacy and self-monitoring. *International Journal of Intercultural Relations, 20*(2), 167–188.

Hedge, R. (1998). Swinging the trapeze: The negotiation of identity among Asian Indian immigrant women in the United States. In D. Tanno & A. Gonzalez (Eds.), *Communication and identity across cultures* (pp. 34–55). Thousand Oaks, CA: Sage.

Hevesi, D. (1991, December 28). Future cabbies may face tougher language exam. *New York Times,* p. B28.

Hsu, T., Grant, A., & Huang, W. (1993). The influence of social networks on the acculturation behavior of foreign students. *Connections, 16*(1/2), 23–30.

Isogai, T., Hayashi, Y., & Uno, M. (1999). Identity issues and reentry training. *International Journal of Intercultural Relations, 23*(3), 493–525.

Jantsch, E. (1980). *The self-organizing universe: Scientific and human implications of the emerging paradigm of evolution.* New York: Pergamon.

Kealey, D., & Protheroe, D. (1996). The effectiveness of cross-cultural training for expatriates: An assessment of the literature on the issue. *International Journal of Intercultural Relations, 20*(2), 141–165.

Kelly, J. (1985, July 8). To the land of free speech. *Time,* pp. 95–97.

Kim, Y. Y. (1988). *Communication and cross-cultural adaptation: An integrative theory.* Clevedon, UK: Multilingual Matters.

Kim, Y. Y. (1995a). Identity development: From cultural to intercultural. In H. Mokros (Ed.), *Information and behavior* (Vol. 5, pp. 347–369). New Brunswick, NJ: Transaction.

第十四章 长期跨文化适应：整体理论的培训含意

Kim, Y. Y. (1995b). Intercultural adaptation: An integrative theory. In R. L. Wiseman (Ed.), *Intercultural communication theory* (pp. 170–193). Thousand Oaks, CA: Sage.

Kim, Y. Y. (1997). The behavior-context interface in interethnic communication. In J. Owen (Ed.), *Context and communication behavior* (pp. 261–291). Reno, NV: Context Press.

Kim, Y. Y. (1999). Unum and pluribus: Ideological underpinnings of interethnic communication in the United States. *International Journal of Intercultural Relations, 34*(4), 591–611.

Kim, Y. Y. (2001). *Becoming intercultural: An integrative theory of communication and cross-cultural adaptation.* Thousand Oaks, CA: Sage.

Kirschner, G. (1994). Equilibrium processes: Creativity and depression. *Mind and Human Interaction, 5*(4), 165–171.

Leong, C., & Ward, C. (2000). Identity conflict in sojourners. *International Journal of Intercultural Relations, 24*(6), 763–776.

Mansell, M. (1981, April). Transcultural experience and expressive response. *Communication Education, 30*, 93–108.

Martin, J., & Harrell, T. (1996). Reentry training for intercultural sojourners. In D. Landis & R. Bhagat (Eds.), *Handbook of intercultural training* (2nd ed., pp. 307–326). Thousand Oaks, CA: Sage.

McCrae, R., & Costa, P., Jr. (1985). Openness to experience. In R. Hogan & W. Jones (Eds.), *Perspectives in personality* (Vol. 1, pp. 145–172). Greenwich, CT: JAI Press.

Mechanic, D. (1974). Social structure and personal adaptation: Some neglected dimensions. In G. Coelho, D. Hamburg, & J. Adams (Eds.), *Coping and adaptation* (pp. 32–44). New York: Basic Books.

Mendenhall, M., & Oddou, G. (1985). The dimensions of expatriate acculturation. *Academy of Management Review, 10*(1), 39–47.

Miller, S. (1987). *The ethnic press in the United States.* New York: Greenwood Press.

Moon, D. (1998). Performed identities: Passing as an inter/cultural discourse. In J. Martin, T. Nakayama, & L. Flores (Eds.), *Readings in cultural contexts* (pp. 322–330). Mountain View, CA: Mayfield.

Moos, R. (Ed.). (1976). *Human adaptation: Coping with life crisis.* Lexington, MA: Heath.

Moos, R. (Ed.). (1986). *Coping with life crises.* New York: Plenum.

Moustakas, C. (1977). *Creative life.* New York: Van Nostrand Reinhold.

Murphy-Shigematsu, S. (1987). The voices of Amerasians: Ethnicity, identity, and empowerment in interracial Japanese Americans (Doctoral dissertation, Harvard University, 1987). *Dissertation Abstracts International, 48*(04), 1143B.

Oddou, G., & Mendenhall, M. (1984). Person perception in cross-cultural settings. *International Journal of Intercultural Relations, 8*(1), 77–96.

Pearce, W. B. (1989). *Communication and the human condition.* Carbondale, IL: Southern Illinois University Press.

Pettigrew, T. (1988). Integration and pluralism. In P. Katz & D. Taylor (Eds.), *Eliminating racism* (pp. 13–30). New York: Plenum.

Piaget, J. (1963). *The origins of intelligence in children.* New York: W. W. Norton.

Redmond, M. V. (2000). Cultural distance as a mediating factor between stress and intercultural communication competence. *International Journal of Intercultural Relations, 24*(1), 151–159.

Redmond, M. V., & Bunyi, J. M. (1993). The relationship of intercultural communication competence with stress and the handling of stress as reported by international students. *International Journal of Intercultural Relations, 17*(3), 235–354.

Reid, S., & Ng, S. H. (1999). Language, power, and intergroup relations. *Journal of Social Issues, 55*(1), 119–139.

Ruben, B. (1975). Intrapersonal, interpersonal, and mass communication processes in individual and multi-person systems. In B. Ruben & J. Y. Kim (Eds.), *General systems theory and human communication* (pp. 164–190). Rochell Park, NJ: Hayden.

Sahlins, M. (1964). Culture and environment: The study of cultural ecology. In S. Tax (Ed.), *Horizons of anthropology* (pp. 132–147). Chicago: Adine.

Searle, W., & Ward, C. (1990). The prediction of psychological and sociocultural adjustment during cross-cultural transitions. *International Journal of Intercultural Relations, 14*(4), 449–464.

Sreenivasan, S. (1996, July 22). As mainstream

papers struggle, the ethnic press is thriving. *New York Times,* p. C7.

Storti, C. (2001a). *The art of coming home* (2nd ed.). Yarmouth, ME: Intercultural Press.

Storti, C. (2001b). *The art of crossing cultures* (2nd ed.). Yarmouth, ME: Intercultural Press.

Subervi-Velez, F. (1986). The mass media and ethnic assimilation and pluralism: A review and research proposal with special focus on Hispanics. *Communication Research, 13*(1), 71–96.

Summerfield, E. (1993). *Crossing cultures through film.* Yarmouth, ME: Intercultural Press.

Tsuda, Y. (1986). *Language inequality and distortion in intercultural communication: A critical theory approach.* Amsterdam, The Netherlands: John Benjamins.

Useem, J. (1963). The community of man: A study of the third culture. *Centennial Review, 7,* 481–498.

Vazquez, L., Garcia-Vazquez, E., Bauman, S., & Sierra, A. (1997). Skin color, acculturation, and community interest among Mexican American students: A research note. *Hispanic Journal of Behavioral Sciences, 19,* 377–386.

Walton, S. (1990). Stress management training for overseas effectiveness. *International Journal of Intercultural Relations, 14*(4), 507–527.

Wang, M. (1997). Reentry and reverse culture shock. In K. Cushner & R. Brislin (Eds.), *Improving intercultural interactions* (Vol. 2, pp. 109–128). Thousand Oaks, CA: Sage.

Ward, C. (1996). Acculturation. In D. Landis & R. S. Bhagat (Eds.), *Handbook of intercultural training* (2nd ed., pp. 124–147). Thousand Oaks, CA: Sage.

Ward, C., & Chang, W. (1997). "Cultural fit": A new perspective on personality and sojourner adjustment. *International Journal of Intercultural Relations, 21*(4), 525–533.

Watts, A. (1951). *The wisdom of insecurity.* New York: Vintage.

Yoshikawa, M. (1978). Some Japanese and American cultural characteristics. In M. Prosser (Ed.), *The cultural dialogue: An introduction to intercultural communication* (pp. 220–239). Boston: Houghton Mifflin.

Young, R. (1996). *Intercultural communication: Pragmatics, genealogy, deconstruction.* Philadelphia, PA: Multilingual Matters.

第十五章

和平队跨文化培训的发展

劳里特·本霍尔德-萨曼(Laurette Bennhold-Samaan)

1961年和平队成立时,架设各种文化之间的桥梁就已经成为一种迫切需要。在那时,由于冷战和两大意识形态间此起彼伏的斗争,整个世界处于一种紧张的局面。约翰·F.肯尼迪总统建立和平队的基本目标很简单明确——把美国人①送到发展中国家的社区去工作,传播美国文化,并把对其他国家人民的新认识带回来——这些目标直到今天仍体现着美国的理想主义精神,它已经被证实是一种有效的人民与人民的外交。今天,我们更加迫切需要各个年龄段的受过良好培训和有技能的美国人在全世界发展中国家进行服务、提供所需的援助并实现跨文化理解。

本章论述了以下内容:从讨论和平队如何表现得不仅是一个发展机构开始,随后概述了21世纪该机构面临的发展和培训的挑战;讨论了过去40年的培训发展情况;着重讨论了一个较新的模型——社区式培训,该模型是历史进程的逻辑成果;和平队培训的简短回顾,它总体上是对跨文化培训做重点介绍,审视了和平队的跨文化哲学、运转、主要任务、资源和方法,讨论了近40多年来的跨

---

① 由于英语里面除了"American"没有别的形容词来指美国及其居民,因此在这里用了形容词 A-merican。这里没有对任何美国的北美和南美大陆的邻居有不尊敬的意思,所有北美和南美人也都被称作 American。

文化培训取得的主要经验教训;最后讨论了和平队当前面临的机遇和挑战。

超越发展:改变生活

　　1961年3月和平队由总统行政命令建立起来,至今已有42年历史了,超过168,000位美国人在和平队服务过,服务的对象国包括亚洲、非洲、拉丁美洲和东欧的136个国家。我们可以从接受免疫的孩子、教授的学生、打井、植树、开发小生意等方面的数量看出他们工作的成功。他们的成功也体现在东道国伙伴(在项目中和志愿者密切配合的东道国公民)、政府部门、社团组织、那些把志愿者带回家住的接待家庭,以及那些和志愿者一起致力于当地发展的草根阶层的民众所讲述的成千上万的故事中。

　　对于大多数东道国居民来说,和平队的志愿者是他们认识的第一批美国人,这些人愿意生活在他们的社区,学习他们的文化,用他们的语言进行交流,为提高他们的生活质量而和他们一起工作。尽管为了适应当地需求,和平队的培训方法、志愿者的技能、发展项目多年来已发生了变化,但是基本的人与人之间的沟通交流仍然是和平队的核心理念。

　　和平队服务同样对志愿者们有着深远的影响。很多志愿者认为他们的服务是一次改变自己人生的经历。这种经历改变了他们看待自己、看待美国的方式,改变了他们回国后从事的职业。正是由于和平队独特的培训和发展方式,其经验也得到广泛的认同。

　　通过密集的跨文化、语言和技术培训,以及健康和安全的培训项目,和平队培养了志愿者的技能,使他们能够讲当地的语言、运用他们学习的技术、理解当地的文化、并与当地人分享他们自己的语言、技术和文化。

　　和平队没有自己的发展项目,他们与东道国合作进行项目策略规划。在实践中必须遵循一定的优先发展策略,包括为在当地一些机构或政府部门工作的志愿者确定目标和对象。通过反映和平队的哲学理念、东道国的优先考虑、资源的可获得性的规划标准,和平队制定了各种项目(参见文字框15.1"和平队成熟项目的规划标准")。

文字框 15.1　和平队成熟项目的规划标准

- 增强当地实力
- 尽量满足那些资源和机会有限的人的迫切需求
- 寻求补充其他发展成果的可持续性效果
- 有当地的参与者作为伙伴一起来开发、执行和评估项目
- 考虑性别关系，推动妇女参加项目以提高其社会地位和为其增加机会
- 把志愿者安置在需要驻留的基层
- 不用志愿者替代当地已有的称职在岗员工
- 使用的志愿者的种类和数量要与可能的申请者相一致
- 使用东道国和平队的人员和资源来培训和支持志愿者成功地完成他们的项目

　　和平队的成功多亏了那些工作在社区一级的志愿者，这样可以保证当地资源能够自我发展。那些以社区为基地的教育、环境、健康、经济发展和农业等活动都是互相关联的。工作在社区一级的志愿者通过发展小生意，教育孩子、青年人和成年人，保存森林和水资源，增强家庭食物安全来增强当地的实力。在工作中，和平队的志愿者会想办法来提高和他们一起工作的东道国居民的自我发展能力。受过教育并掌握信息的人们更有可能过上健康的生活，解决他们自身和社区的问题，引导平衡的社会和经济系统的发展，并在当地和全国范围内建立自由的公民社会。如今，和平队志愿者更是把环境教育、商业教育、防治艾滋病意识加入到他们的课程当中。

　　在他们的首要任务之外，和平队也要求志愿者们在两年的服务期中参与一个次要项目。过去，这些项目包括：为孩子们组织夏令营、宣传防治艾滋病知识的活动、地球日庆祝活动、组织辩论小组、创办学校的报纸、建立体育运动队、培训女性领导力，这类项目也包括建立学校、培训在职老师、组织学生在国内外进行短途旅行等。那些曾经当过志愿者的人在当地留下了跨文化关系这一永恒的财富，带回国的是他们对这个世界更深刻的认识——一种超越个人发展的影响。

　　考虑到美国在当今世界和全球经济中的领袖地位，特别是 2001 年 9 月 11 日的"9·11 事件"，在未来发动更多的美国人参与到这项国际活动中来是非常重要的。布什总统在他的联邦政府演讲（2002 年 1 月）中号召大家为国尽力，他强调通过唤醒美国人的同情心来扩大和平队。总统号召力争在全世界范围内使和平队志愿者数目翻番，尤其是在伊斯兰世界。

和平队培训的发展

观察和平队的培训,理解该机构40多年的培训发展史很重要。由于志愿者是为服务做准备的,因此出现了清晰的发展和跨文化培训模式。这些模式反映了和平队所处世界的变化,反映了发展中国家经济和社会现状的变化,反映了和平队自身的经验,以及关于人们如何学会最有效率在海外生活和工作的不断增长的知识。(参见表15.1关于数十年跨文化培训的发展趋势概述)

表15.1 跨文化培训的发展趋势

时间框架	跨文化培训的发展趋势

20世纪60年代
(肯尼迪总统号召服务和行动)
	地点:美国
	时间长度:有长有短
	培训模式:集中式
	培训方法:传统的学术式定位,走出培训点检验经验
	示例内容:
	  国家和区域研究
	  历史、宗教、地理
	  编印背景阅读材料
	  获取点滴信息

20世纪70—80年代	地点:美国出国前培训中心(在美国本土1—3周)
	时间长度:12周的到所去国培训
	培训模式:集中式
	培训方法:学术和经验相结合的定位
	示例内容:
	  社会礼节和礼貌
	  社会和宗教习俗
	  传统
	  感受能力培训
	备注:在这一时期,和平队编写了世界上第一份跨文化手册《和平队跨文化培训指导》(*Guidelines for Peace Corps Cross-Cultural Training*, Wight, 1970; Wight & Hammons, 1970a, 1970b; Wight, Hammons & Wight, 1970)

（续表）

时间框架	跨文化培训的发展趋势
20世纪90年代，2000年和2001年	地点：出国前培训（在美国本土1—5天） 时间长度：8—12周的到所去国国内培训 培训模式：社区式和/或集中式 培训方法：经验定位和理论 示例内容： 　跨文化社区进入技能 　对比维度（时间观念、地位、自我等） 　沟通技巧 　多样性 备注：在这一时期，和平队为志愿者编写了第一本跨文化工作手册《文化问题》[*Culture Matters*, Storti & Bennhold-Samaaan, 1997（英语版），2001（西班牙语版）]。

20世纪60年代

1961年招募第一批和平队志愿者时，大多数志愿者是刚刚走出大学校园、获得文科学位的单身男青年。这些年轻的志愿者主要来自盎格-鲁撒克逊后裔、信奉新教的白人家庭、绝大多数属于中产阶级家庭。他们直接响应肯尼迪总统在就职演讲上的号召，想对本国和这个世界做点贡献。

和平队意识到在被送往发展中国家之前，这些年轻的美国人必须接受训练。最初的培训外包给美国国内的学院和大学，学员们被送往在波多黎各的阿雷西沃（Arecibo）的特殊培训营，早期的培训项目大致为期8—12周（Stein, 1966）。

早期的训练项目，特别是那些在波多黎各的训练项目，类似新兵训练。学员们必须进行长途拉练、马拉松式游泳、绳索攀爬和山地生存等训练，他们必须自己"杀鸡做饭"。正如1961年4月《新闻周刊》（*Newsweek*）报道的那样，志愿者进行了"要应付可能要过艰苦生活"的吃苦训练（"Peace Corps Trains Americans,"1961）。高风险、高回报这样的术语被用到了学员身上，他们是"富有创造性的思考者和行动者，当他们到达海外后，他们有可能创造辉煌，也可能完全失败"（Weiss, 1968）。

将新志愿者的培训外包给大学和学院的决定基于如下原因：外包有望减少

和平队的初始工作量、与学术界建立合作关系、获得美国私人机构对这个新组织的支持(Hapgood & Bennett, 1968)。

直到1968年,绝大多数预服务培训(PST)都是由大学承担的。比较典型的是,这个培训团队有300多个学员,他们每天花大概十个小时,用比较传统的学习方法了解远方的国家。和平队把正在接受培训的志愿者叫做学员。培训师绝大多数是大学的教师。其他培训人员包括一个医学博士、一个精神病学家、"一个高水平的心理学家作为全职评估员"("和平队培训",1965)。除了身体锻炼,更为优先考虑的培训是情感准备,志愿者会不断演示这项技能。最初的培训强调学术成绩和身体锻炼,而志愿者们在海外需要的是对人民、人际关系和当地事务的责任。初期的培训对这方面缺乏关注(Hapgood & Bennett, 1968)。

早期的培训项目是过度学院化和乏味的。培训项目通常早上六点钟以身体训练开始,直到晚上十点才结束。身体训练主要集中在居住国的体育项目和志愿者的身体素质的锻炼(Hoopes, 1965)。项目包括7个基本部分:语言、工作培训、区域研究(即研究志愿者将要去的国家,包括历史、宗教和政治)、美国研究、世界事务、健康培训和和平队定位。

以往的经验显示,当志愿者到达时,对所在国的语言掌握不够会使他们接受语言培训的时间翻倍(Schwarz, 1991)。和平队坚持志愿者能够胜任在工作中用语言完成交流。语言指导每天平均5个小时。新的志愿者们对培训课程表或培训时间没有自主权,长时间的讲课和指导对他们来说是一段非常难受的经历。这里运用了各式各样的培训技术,包括讲课、研讨会、电影、角色扮演和讨论。但是,学习语言主要还是靠死记硬背(Hoopes, 1965)。

这个阶段的工作培训是"贫乏的或误导的";长时间的做讲座好像志愿者出国是为了通过某个考试而不是体验真实的生活(Hapgood & Bennett, 1968)。一旦志愿者到了国外,他们将完全脱离专家的建议,必须在新的环境下独自处理各种含糊不清的问题。

和平队的培训方法最难的转变是要求志愿者们走出课堂,进入到真实的生活情境。志愿者被要求生活在城市里,生活在美国印第安人社区。这项举措的原理是模拟志愿者在异文化中的经验,尽管它和这些海外任务没有任何相似之处(Searles, 1997)。这些经验让学员们在一个不熟悉的环境里对自己的个人承受能力和个人能力有一个准现实概念(Hoopes,1965)。此外,这项新的安排让志愿者感受到自主权并模拟了国外经验。

20世纪60年代末和70年代初

在20世纪60年代末和70年代初,根据回国志愿者的反馈意见和培训经验的发展与积累,和平队意识到需要对培训项目做一些重大改变。培训项目中的一些主要变革发生在60年代末期:增加了教授语言时间、减少了讲课时间、不再强调教室环境的重要性。

虽然学术队伍仍然经常通过合同聘任来实施培训,但是培训项目的地点由大学校园搬到了更"真实"的环境。1965年夏天,一系列项目都"离开原培训点",远离了学院和大学,创建一个练习者可能会在国外碰到的更加真实的环境。举例来说,加州大学洛杉矶分校(UCLA),通过合同聘任来培训派遣到尼日利亚和埃塞俄比亚(其他国家一起)的志愿教师,该大学在市内的一些地方为练习者建立了夏季教师培训项目。到1964年和平队已经把它的培训项目扩展到很多岛屿,除了波多黎各,还包括为亚洲和平队项目服务的美属维京群岛和夏威夷岛。

这些都是比较大的改进,但多数服务前的培训是在较大的群体中完成的。300多个学员居住在同一所大学的学生宿舍里、接受派往不同国家的训练是很普遍的。学员仍然与周围的环境和语言隔绝。然而,和平队改进了外语教学,并且开发出一种包含社会礼节和礼仪、社会和宗教习俗、以及敏感性的培训的文化(非跨文化)组成部分。

20世纪70年代

从初期开始一些年老的志愿者就加入了该机构,但是在20世纪70年代,和平队有意识地尝试着招募有其他实用技巧、有经验的教师和教授。东道国也需要有类似土木工程和园林管理领域相关背景的、有经验的志愿者(Schwarz,1991)。

20世纪60年代末和70年代初,和平队也尝试着把家属送到海外,目的是吸纳一些技术技能更强的志愿者。然而,维持家庭生活的成本高昂,没有工作的家属也普遍不开心,最终和平队放弃了该项目(Schwarz,1991)。

至20世纪70年代,志愿者培训中心被重新设定在海外,设在要去服务的国家或者附近的国家。这种新型的海外培训模式给志愿者接受一个国家的机会,它被看做是开始服务旅程的过渡期或者"缓冲期"。它也被证明是一段有效的语言浸入期和经历跨文化环境的机会。

为了完成对志愿者的新型培训,和平队建立了大型的培训中心,配备该中心是为了管理在所在地区多个国家中的培训队。尽管大的培训队会有很多固有的缺点,但是队中的学员们至少有机会沉浸于一种文化,这和他们以后生活两年的环境至少很接近。该项目的意图是为了让学员们"面对现实"。他们去掉了一切假的道具或时间安排表,培训者也开始意识到"像一个志愿者那样去生活能够提高效率"(Peace Corps,1982,p.7)。跨文化培训的重点放在了体验性、非指示性和改良的培训队方面,放在了敏感度培训和角色扮演上。

转换为到东道国内培训很重要,因为和平队能够利用当地人的智慧帮助志愿者做准备。这是跨文化预服务培训的另一项革命性变革。志愿者现在可以直接和那些了解这个国家、文化、语言和工作环境的人一起工作。1977年一位被派往非洲的学员认为,"村里的妇女很无聊,我估计她们聚到一起,只会飞短流长而不会对发展自身感兴趣。但是我错了。在大多数非洲农村里,首先发生改变的总是这些女人们!"(Schwarz,1991)。志愿者最终在培训中通过生活在该国、与人们肩并肩一起工作而有了全面的接触。这种在培训期间的全面接触是培训材料发展的推动力。1970年,和平队编写了世界上第一本跨文化手册《和平队跨文化培训指南》(*Guidelines for Peace Corps Cross-Cultural Training*)(Wight,1970;Wight & Hammons,1970a,1970b;Wight,Hammons & Wight,1970)。

由于当时受训者和志愿者的流失率比较高,70年代后期在美国国内开展培训(主要侧重特别技能)来补充一些跨文化、语言、高级技术培训等本土完成的培训。美国国内培训由两个阶段组成,一个在再评估与培训中心(CREST,Center for Re-assessment and Training),一个在评估与培训中心(CAST,Center for Assessment and Training)。在再评估与培训中心,在出国前培训的初始阶段,志愿者对他们的责任做出再评估。在评估与培训中心,受训者参与培训和没有反馈的评估。基于培训师们的评估结果,受训者被邀请(或不被邀请)成为一个志愿者。尽管有了再评估与培训中心和评估与培训中心,对全球范围的志愿者流失率没有多少改变,这两个系统最终衰落了。需要有另外一套策略(Schwarz,1991)。

20 世纪 80 年代

20 世纪 80 年代见证了把东道国本地家庭吸纳到在该国培训的过程。学员在预服务期中至少一段时间是居住在当地居民家里。刚开始是两周,后来延长到八周。("和平队培训美国人在海外更有效地工作",1974)。最后,学员从宿舍搬到家庭中,在此他们独自学习语言和文化。跨文化内容主要集中在特定文化信息、人际关系技能、文化同化、角色扮演和力场分析(force-field analysis,力场分析技能是组织开发实践者理解困难形势、采取矫正行动的策略,French & Bell,1990)。

现在,绝大多数学员会在他们要进行服务的国家接受培训,而不是像 20 世纪 70 年代那样在邻近的国家。除了身在服务国之外,有些培训项目开始把学员送出去一段比较短的时间——通常不会超过一个礼拜——实地考察或现场考察。尽管学员通常会组成大的团队出去,但起码他们在最终接受工作安排之前,在新的环境下有了"亲身实践"的机会。("和平队培训美国人在海外有效的工作",1974)。

在整个 20 世纪 80 年代,一般培训和跨文化培训都在不断的发展。和平队的培训专家们编写了很多新材料,包括《和平队志愿者的跨文化培训》(Edwards & McCaffery,1981)。专家们更新了跨文化手册并指导教员使用新材料。教授具体专业技能的方法得到检验,培训中心通过他们的工作在很多年间变得更加专业和能力更强。和平队的语言培训被认为是世界范围内最好的项目之一(Hoffman,1998)。尽管取得了相当可观的进步,然而,跨文化准备仍然是巨大的挑战。在很大程度上,多数培训仍然以较大的团体进行培训,阻断了人们和周围文化。学员非常了解他们的美国志愿者同伴,但是仍然缺乏跨文化意识。

在同一时期,一些非洲国家的培训项目让学员有机会在与他们作为志愿者发挥作用的相同语境中完成任务。这种培训类型被称为"基于村庄的培训":学员在村庄中生活和接受训练。由于学员在开发社区项目时磨砺他们的专业技能,强调了实务经验,跨文化技能也得到提高。这种模式被广泛应用到一些非洲和太平洋国家,直到 90 年代仍有部分国家保留。这项设计发展成为基于社区培训的设计(CBT),后面将对它详细讨论。

20 世纪 90 年代和 2000 年初

自 1961 年起和平队就开始参与跨文化培训;然而,直到 1996 年才发展出一套综合的全球培训策略。1995 年发布的《培训状态调查》(Peace Corps, 1995)披露了和平队确认这个领域迫切需要帮助。这些调查结果表明,在所有的培训组成部分中,跨文化培训得到培训者的评级是最低的。1996 年总部率先在和平队设立了第一位跨文化专家的职位,为和平队跨文化培训建立了框架和制度。

跨文化专家的作用是为了提高志愿者和其他职员的个人和专业的跨文化效率,更好地实现和平队的目标和促进基层及美国总部的跨文化培训理论和实践方法。这通过在世界范围内,改进跨文化材料开发、培训方法、对培训师的培训、培训设计等方面的跨文化培训来完成。跨文化专家支持跨文化培训者、培训经理、区域承包商或分地区跨文化工作室。另外,该职位的专家也支持个别国家提出的革新和新的跨文化倡议。

在和平队历史上,第一次有了指引和支持教员在跨文化方法上培养能力的专项活动。这类活动还开创了双月期的电话会议、为跨文化培训师建立辅导培训师的工作坊、以及海外和总部职员发展项目。除此之外,跨文化专家与一些组织建立起专业关系网络,这些组织有:国际跨文化教育、培训和研究协会(SIETAR)、跨文化交流协会、东西方中心、加拿大外事服务学院的跨文化学习中心和海外情况简报机构。

第二项首创是支持把跨文化意识融入志愿者场所选择、项目计划、设计、培训、执行和评估中,促进该领域跨文化方法的融合。基本的跨文化材料和行动现在包括为项目管理者、国家部长和医学官员所举行的区域和分区域会议。

第三项革新是编写材料和开发系统,向内部和外部受众传播最优秀的跨文化实践。现在革新办法被用来通过远程教学和网络对教员和志愿者进行继续教育和培训。《文化问题:和平队跨文化工作手册》(*Culture Matters: the Peace*

Corps Cross-Cultural Workbook)（Storti & Bennhold-Samaan，1997）是编写材料的一个实例。它像地图一样在文化调整过程中指引着志愿者，它也是志愿者们记录在东道国工作和生活的想法和感受的一种方式。编写该手册是为了给予服务培训和服务期间培训的跨文化培训发展提供支持，它包含了各种练习和从志愿者那里获得的故事和引述。这些故事展现了兴奋、满意、疑惑、挫折等"你曾喜欢过的最艰苦的工作"（如同和平队的广告所说）的所有方面。随着他们更加深入了解东道国文化和他们自身的文化意识，志愿者们会将这些情感和他们自己的观察和反应进行比较。

更好地了解东道国对志愿者的体验是非常有必要的。1994年，尼加拉瓜成为试验新型跨文化培训模式的第一个国家：社区式培训（CBT，不要和现在使用的"基于计算机的培训"混淆）。在社区式培训中，志愿者组成较小团队被安置在村庄或城市社区的某些区域里，完全融入他们将要共同生活的东道国人民的语言、文化和工作环境中。一位语言和跨文化引导员和四、五个学员一起被放到村庄里进行集中式、日常语言和文化的强化培训。直到近期，尽管察觉到这种方法有效，但在和平队工作的大多数国家实施这种方法并不实用。因为交通和通讯的困难，所以把练习者集中到位于中心的培训场所更加有效。如今，在全世界绝大多数地区交通和通讯条件发生了很大改变。即使是最贫穷的国家某些地区也改善了道路、交通和通讯系统。同时，许多国家发现当培训点设置在农村或小城市时，当地居民会对培训中心产生一定程度的类似对当地产业的依赖。接收学员的接待家庭在多年接收学员后可能不再"典型"。不断修改培训项目的结构和内容只是和平队持续适应世界范围内不断改变的环境的一种方法。

总之，和平队承诺聘请一位跨文化专家；专心致力于提高跨文化培训、促进社区式培训的发展；为志愿者编写的《文化问题：和平队跨文化工作手册》（Storti & Bennhold-Samaan，1997）无可争议地代表了过去20年来和平队培训发展的最大变化。和平队所有的三个目标都包含跨文化的部分，然而，在其40年历史上，和平队第一次不仅意识到跨文化培训的需要，而且拥有了适当的广泛代理机构，得到了核准的、跨文化培训的对象和目标。除此之外，申请者的数量和质量都得到了提升，也得到了更多的支持，通过邮件来支持跨文化培训。这主要是由于在20世纪90年代末和2000年初，和平队的机构正式承认和意识到跨文化培训的重要性，以及由于和平队的机构在这方面不断展示的奉献。

社区式培训模式:一个历史进程的逻辑产物

多年以来,在和平队培训发展和模式使用上有些可认识到的发展趋势。这些趋势包括:倾向于更多地让学员系统地融入文化和语言中;对东道国居民和当地资源更加依赖;把志愿者放到一个更加典型或现实、类似于志愿者将要工作和居住的环境里;增加体验性、教室外的学习来认识和尊重学员作为成年学习者自身的能力和可塑性,这包括自身导向性和独立的活动;现在的培训反映了参加和平队的志愿者以及志愿者所服务国家的人民日益成熟并拥有了更多的"世界智慧"。

所有这些因素影响着从集中式培训模式向社区式培训模式的转变。社区式培训模式背后的观念不是新的观念。在和平队创立初期大部分培训都在美国本土完成时,培训师认识到"分散式的"、"基于发现的"培训的好处。甚至在 20 世纪 60 年代,培训师就提出将练习者以小团队的形式送到加利福尼亚的小城镇的想法(由于大多数学员来自城市和城郊区域,对小社区没什么概念)。因此,社区式培训代表着在有规律的和合理的发展的道路上前进的一大步,它不是突然中止和平队的培训传统。

培训模型

和平队现在使用三种培训模型:集中式培训,社区式培训,各预服务培训传统的混合式培训。(表15.2)

表 15.2　1999 年使用的培训模式

地区	国家数目	年均培训次数	集中式培训	社区式培训	混合式培训
非洲	24	2	4	5	15
东欧、地中海和亚洲地区	23	1	8	9	6
美洲和太平洋地区	23	2	0	13	10
总数	70	1.6	12	27	31

集中式培训

集中式培训始于1961年,是过去40年里组织和平队培训的传统方式。培训集中在培训场所附近。通常在全部或部分的培训时间内,学员居住在离培训中心很近的东道国居民家里。多数培训都遵循固定的时间表,通常在教室里或者野外进行。当地的培训教员使用一间中心办公室处理绝大多数行政和管理方面的事务。绝大多数教员居住在培训点或培训点附近,并参与培训的全过程。当地的社区成员和资源会对培训有帮助,但是由培训教员负责确认和安排他们参与进来。

预服务社区式培训

志愿者们三人一组分散到小村庄里,在培训期间他们都与各户接待家庭生活在一起、参观反映服务发展领域的当地项目、同一位语言和跨文化教师合作,学习取自村里日常体验的课文,让他们为新的体验做准备。周末的时候,他们在首府培训中心集合为较大团体,由专家和当地权威人士进行更正式的培训。这个革新设计说明了和平队培训发展的趋势:更重视个体需求、强调培养独立能力,以及将跨文化、语言和专业技能发展的培训领域相结合。

当地的培训师充当语言和跨文化的引导师;他们不仅仅教正规的语言课程,并且充当学员在课堂外的跨文化和技术的"向导"。学员被赋予了职责去安排自己的时间表和规划他们想学什么。当学员来到培训的中心场所时,所有学员会参加每周一次的跨文化、专业技能和医学课程。社区式培训是一个培训设计也是一套哲学体系。这就是为什么培训项目在不同国家看起来有很大的区别。隐蔽在社区式培训中的哲学是基于四种基本假设。第一,分散的培训项目是基于这样的认识,即每位学员进入和平队时都有独特的知识、技能和经验。第二,经验表明大多数进入和平队的人要有独立性和承担创新风险的倾向。他们是有较强好奇心的个体。第三,学员是珍视独立性的成年人,他们对学习和适应能力有足够的信心。第四,绝大多数学员到达一个国家,完全期望在该国现实的情境中"和人民一起生活"。当他们到达时,他们已经开始了为"和平队经验"适应和做准备的过程(集中式和社区式培训之比较,参见表15.3)。

表 15.3　集中式培训和社区式培训的比较

主题领域	集中式培训	社区式培训
居住	培训活动以培训点为中心,所有人居住在培训中心或附近。学员在全部或部分培训期间可以或不可以和家人生活在一起。	培训是分散式的,学员以(3—4人)小组单位居住和工作在多个社区或附近。在培训期间,所有人都和家人生活在一起。
培训师或教师的角色	语言老师主要负责语言培训,也可能对培训的其他部分提供定期帮助。	语言和文化引导师不仅教正规的语言课程,并且也为学员充当课堂外跨文化和技术的"向导"。
学习方法	无论是在教室还是在工作现场,大多数培训活动由指导者和培训师安排。每日培训的安排由训练教员决定。	独立的"以学员为导向的活动"是社区级别培训练习的主要构成部分。学员在一定范围内负责制定自己的时间表。
培训活动	大多数培训在中心培训点通过每日分组完成。在中心外以学员为导向的活动是例外,而不是规定。	独立的、社区式培训活动与周期性(每周一次)的培训"研讨会"相关联,研讨会是团队培训的主要模式。
行政和管理的功能	所有的行政和管理功能都由培训中心的培训教员处理	许多行政和管理的功能都委托给引导师和学员自己,并在社区级别处理。
培训教员的角色	培训教员在培训中心有管理职能。他们参与培训的全程。	在社区级别没有管理人员。虽然引导师作为"向导",但是由学员和引导师共同商议角色和职责。
社区成员的使用	当地社区成员和资源会帮助培训,但是培训教员负责确认和安排他们合作。很多信息通过培训教员传递给学员。	各种当地社区成员被请来与培训活动合作。学员(和引导师一起)负责寻找需要当地的人员和资源。大多数信息直接传递给学员。
培训场所	多数培训在培训中心的教室中进行。培训中心有固定场所和所需设备。	大多数社区级别的培训在学员家里或在学员和引导师选定的地方进行。中心研讨会场所不固定。

预服务混合式培训

预服务混合式培训的本质就是集中式培训设计,但与之有重要的区别。特定项目的学员团队(通常在10个以上)会在社区里度过一些时间,而不是在集中培训所在地。这种基层培训通常围绕着技术培训而展开,尽管培训的其他部分也被融合到里面,学员通常会被要求开发一个小的社区项目。他们常常和接待家庭待在一起,在基层培训后期返回培训中心。

总之,如今和平队培训点的自我报告表明,40%的培训是社区式培训,大约44%是混合培训,17%是集中式培训。在美洲和太平洋地区,23个培训点中57%是社区式培训,43%是混合培训,没有集中式培训。在非洲24个国家中,21%使用社区式培训,63%已经转移到混合培训,17%使用集中式培训。在东欧、地中海地区和亚洲地区有23个国家,39%使用社区式培训,26%使用混合培训,35%使用集中式培训(Peace Corps,1999c,1999d,2000b,地域和培训方式使用的细目分类请参见表15.2)。

多种来源的逸闻信息都支持社区式培训能更好地让志愿者做好和平队体验的准备这一观点。它能使学员更快融入社区、更快在社区开始工作、更好调整、更健康和更安全。在三种培训方式设计与志愿者的健康、风险和核心技能之间没有显著区别。目前,由于没有调查研究,培训成本和培训类型之间的差异没有清晰的标示。培训点的人员指出,当调整到社区式培训模式时,虽然他们看到了工作负担的转移,但这好像并未给培训执行过程制造困难。然而,社区式培训让跨文化和语言培训师承担了较大的工作负担。很明显,增强对培训师的培训和促进培训方法融合,以及用可信的定量研究证明培训结果,这些是这一培训设计成功的关键所在。

和平队培训

从哲学层面来说,和平队所做的一切——无论是在华盛顿特区的和平队总部还是海外——本质都是跨文化的。然而,在实践中,当前和平队的方法倾向于只在培训领域运用跨文化的概念和意识。尤其在预服务培训中,跨文化培训被分割为片断,被淡化成仅仅是孤立的部分。但是跨文化领域需要更多关注而不仅仅是一个培训部分。它是志愿者经验的重要组成部分、是成功执行发展方案必不可少的组成部分、是达到和平队所有三个目标的关键。因而跨文化维度对和平队志愿者、地区教员、东道国的搭档来说至关重要。

和平队培训的目标是塑造精通语言和跨文化知识技能的充分独立的志愿者:他们能从他们所处的跨文化环境中学习到他们所需要的东西来适应文化差

异、健康而平安地生活、轻松地进行交流、与代理机构和社区合作,一起实现他们的目标。

进行社区评估和与接待家庭一起生活是培训的关键,尤其是在培训志愿者的跨文化意识和技能方面。要求新的志愿者不仅仅和东道国居民一起生活,并且用合理的方式与他们进行跨文化互动,发现跨文化的范围,比如人们的时间观、空间观、感知、性别角色和礼貌礼仪。与此同时,志愿者必须把文化看成他们开展工作的环境,使用课堂上介绍的语言结构。

学员通过为发展他们所需的技能设定自己的目标而对自己的学习负责任是很重要的。这可能是一种挑战,因为很多学员和东道国的培训师把培训看作是"传承",培训师负责培养学员所需要的技能。这个转变强调自我责任、学会如何学习的技能、引导学员和志愿者形成把每次的经验当成一个学习机会的心态。还有,培训师现在表现出更多的合作性而不是权威性的方式。把这些放到一起,培训的概念变成一个连续统一体,而不是一系列单个的事件,这样拓宽了方法范围,把培训变成一个受到志愿者支持的整体。

在和平队,培训一直被看成是维持和提高志愿者体验的质量和提高志愿者社区发展活动质量的关键。东道国的预服务培训为两年期的连续培训提供基础。培训是指发生在志愿者参与过程中的所有学习活动。培训被认为是一个持续 27 到 30 个月的过程,这从东道国信息送给学员开始,继续经历(1)在美国的定位、(2)在东道国的预服务培训、(3)实地服务中培训,最后(4)服务结束时培训,共四个阶段。

定位或进入角色 这是培训的第一阶段也是志愿者奔赴海外前的唯一阶段。每年超过 4000 名学员按照所服务的国家分组,参加在美国境内不同地点举行的近 120 项活动。这种 1 到 3 天的定位培训是从美国生活向进入新文化的过渡。

预服务培训 预服务培训在东道国通过由东道国的组织代表、原先的志愿者、培训承包人和其他掌握相关资源的人合作参与来完成。预服务培训的长度是可变的;从 8 周到 12 周,这取决于培训小组分配任务的技能要求和学习语言的困难程度。预服务培训的主要目标是让学员为开始六个月的服务做好准备。它也是学员对东道国所要承担责任的一个评估。培训模式取决于培训点,可以是集中式(培训在集中点进行),也可以是社区式(学员们在村庄里居住和学

习）。（参见表15.3）

宣誓成为志愿者,学员必须证明自己有执行和平队服务目标的真诚愿望和承诺作为一名志愿者完成一个完整的服务期。在培训结束时,他们需要掌握能完成任务的跨文化、语言和专业技能。最后,他们需要证明必要的成熟性、适应性和足够的自信,来成功适应在另一种文化中生活,并且与那种文化的人进行互动和交流。总之,预服务培训是持续贯穿志愿者服务的整体培训体系的第一件事情。

实地服务培训 也叫服务中培训,通常在志愿者开始服务第一年的中期进行。实地服务培训的目标是为志愿者增加知识、提高技能和改善态度,同时充分利用最初服务的几个月里获得的跨文化学习体验。内容可能包括一个高级的或者进修的语言班、跨文化研讨会和与项目相关的特殊部门专业技能工作坊。在很多情况下,实地服务培训是给志愿者和东道国的搭档探讨一般性跨文化误解和工作价值的一个机会。跨文化概念通常包含在教育、健康或实地服务技术培训中。

结束服务培训 这在志愿者结束在东道国的服务之前进行。结束服务培训的目标是对志愿者的经验进行评估,也帮助他们完成回归美国社会的过渡。大多数已回国的和平队志愿者同意回归美国社会的过渡是他们人生中最重要的过渡。回家的挑战和困难,寻找有意义的职业,努力认同"家园"文化,丰富的食物、技术和机会,这些只是志愿者们回归美国社会所面临文化休克的部分问题。

和平队培训的选择构成

预服务培训的构成包括跨文化、语言、技术、个人健康和安全。

和平队的语言培训

跨文化文献中关于语言培训的角色、对跨文化互动和适应的影响方面有大量著述(Brake, Walker & Walker, 1995; Caudron, 1991; Chapel, 1997; Hofstede, 1991; Hugenberg, LaCivita & Lubanovic, 1996; Lanier, 1979; Mendenhall & Oddou, 1985, 1986; Stening, 1979; Tung, 1981, 1988)。和平队在世界范围内

用160多种语言发送指令,在许多国家志愿者需要学习不止一种语言。例如在哈萨克斯坦,志愿者不仅要学习用哈萨克语会话,也要学习用俄语交流。在大多数讲法语的非洲国家,志愿者至少要达到法语的中等水平,然后开始学一门当地语言,比如班巴拉语、豪撒语或沃洛夫语。仅在非洲,志愿者会接触到80多种不同的语言。此外,有一些语言必须通过全新的读写方法来学习,比如汉语、尼泊尔语和阿拉伯语。

和平队语言培训的最近一项创新就是把语言学习的更多责任交给志愿者。有人帮助他们分析他们自己的学习风格、决定他们的语言需要、运用适当的策略、而且在有些培训点他们学习如何组织自己的课程。这对于那些没有文字——更不用说教授了——的语言尤其重要,比如在苏里南内部说的土著印第安语和一些菲律宾的特定岛屿语。这些自学技能在缺乏培训老师的国家(如冈比亚、巴拉圭农村和西萨摩亚群岛)很重要。当然,所有语言课程都包括文化概念。《文化问题:和平队跨文化工作手册》(Storti & Bennhold-Samaan, 1997)和《文化问题:培训师向导》(Storti & Bennhold-Samaan, 1999)提供了很多跨文化综合资料。

社区式培训的特点是允许语言项目利用现有的社区资源。这主要通过课程内容本身和通过最大限度地用本地语言与社区进行交流得以实现。通常,学员在非正式课堂环境下每周5天接受培训师每天4—5小时的"正式"指导。课程经常在东道国居民家里进行。除了这些更正式的课程外,还强调应用语言学习。这可能采取结构化技术培训任务、与东道国居民合作的实践项目、自我导向性学习任务和社区成员的非正式互动等形式进行。还有,这些接待家庭项目让学员和东道国居民有了进一步的互动。这反过来大大促进了语言习得。

和平队评估语言项目效果的一种方法是通过语言熟练程度面试(Language Proficiency Interview),它主要用来进行听说能力测试。语言熟练程度面试在预服务培训结束的时候和两年服务期的末尾,以测验语言熟练程度水平。每个培训点决定宣誓成为志愿者的学员需要的水平。一些培训点的主观发现表明志愿者达到了相应的语言熟练水平目标(不管培训点使用什么培训模式)。

考虑到社区式培训中学员通常有更多的机会使用语言,人们会期待语言成绩应有相应的提高。在社区式培训情况下,和平队还没有足够的定量数据来支持社区式培训能使语言习得更好更快。然而,看一下更主观的指标,培训和项目成员的观察表明在社区式培训后的语言习得确实有所提高。根据和平队培训状态调查,所有进行社区式培训的国家中,93%报告说在实现培训目标方面语言培训效果超过预期,或圆满达到他们的预期效果(Peace Corps, 2000b)。以下原因可以解释这一现象。首先,要融入某一文化环境,似乎使用当地语言更容易,因此增进了跨文化理解和适应。特别是在社区式培训里学员使用当地语言的舒适程度得到了提高。其次,社区式培训减少了使用英语的机会。土库曼斯坦的和平队培训点注意到"志愿者语言技能和测试分数的提高"是由于"培训地点设在农村,学员与学员接触机会较少"(Peace Corps, 1999i, p.3)。因此他们在培训社区里花更多的时间和东道国居民在一起,使用当地的语言和他们进行交流。跨文化文献支持这个观点,认为通过培训培养的交流能力能帮助改善适应另一种文化的进程(Black & Mendenhall, 1989; Gannon & Poon, 1997; Howe, Tseng & Hong, 1990; McEnery & DesHarnais, 1990; Mendenhall & Oddou, 1985; Tung, 1981, 1998)。然而,如果没有和平队实施研究来证实这些在文化适应和语言技能方面的差异,则很难证明上述结果。

和平队的跨文化培训

跨文化培训的哲学 和平队之所以独特的实质是在于:它以让志愿者和他们所要服务的人员生活在一起的形式来传递技术和人道帮助。和平队的成功服务部分地取决于志愿者如何理解本国和东道国的文化价值观、态度以及东道国文化如何发挥作用。因此,跨文化培训的目标一定是增加志愿者的理解能力;让他们掌握一套很强的专业技能;增强他们对于观察、理解和恰当适应东道国文化的意识和敏感度。这会帮助他们成功地与东道国居民进行交流,帮助他们达到服务目标。

长期以来,学习另一文化一直是加入和平队的主要动机。大多数志愿者学习另外一种语言以便于服务。而所有志愿者必须适应新的文化。1998年,根据和平队志愿者调查报告,和平队培训点报告说由于文化适应的困难而提前中止志愿服务要比由于缺乏技能和语言能力中止服务更常见(Peace Corps, 1998)。跨文化文献清楚地表明,大多数海外任务的失败是由于文化的不适应造成的,而不是技术和专业性的不合格造成的(Black & Gregersen, 1999; Chapel, 1997; Earley, 1987; McCaffrey & Hafner, 1985; McEnery & DesHarnais, 1990)。因此,跨文化培训作为确保海外任务成功的方法得到大力倡导（Black & Mendenhall 1990；Brewster，1995；Carson，1989；Caudron，1991；Copeland，1985；Hugenberg et al,．1996；Katz & Seifer，1996；Mendenhall，Dunbar & Oddou，1987；Mishra & McKendall，1993；Muehrcke，1996；Sullivan，1995；Tung，1981）。受过跨文化培训、能完成技术工作的志愿者在工作中觉得适应了并感到满意后，会留在海外直到项目完成。这些可以通过他们可以适应不同的生活居住环境得到证实，包括房屋、饮食、通讯以及他们处理伴随海外项目而来的隔绝、寂寞和文化休克等问题的能力。

文献阐述了跨文化培训的特定方法（Brake et al.，1995；Hugenberg et al. 1996；Levinson，1987；Mendenhall & Oddou，1985，1986；Tung，1981，1988）。例如，门德霍尔和奥多（Mendenhall & Oddou，1985，1986）把跨文化技能划分为相关联的三类：自我、他者、认知维度。跨文化技能发展的因素涉及外派人员与任务所在地居民进行有效的交流能力。跨文化技能发展也包括技能之间的成功转换（Hofstede，1991）。布莱克和门德霍尔（Black & Mendenhall，1990）总结出在三种维度下的技能：第一，与维持自己生存相关的技能（精神健康、心理健康、减轻压力、自信的感觉）；第二，与当地居民建立关系的技能；第三，促进对当地环境和社会体系正确认识的认知能力。

在和平队服务，志愿者必须具有跨文化技能、知识、意识和敏感性，以便有效地生活和工作，有意义地融入所在社区。有效跨文化志愿者表现的三个维度在前面已经列举过。

跨文化培训的执行　和平队通过很多种方法来进行跨文化培训。在以往，很多培训点强调提供关于东道国的历史、习俗、人口统计资料、地理、文学及其他艺术等相关信息。虽然很明显这些信息对志愿者有价值，也应该提供，但是不应是跨文化培训的核心。此外，跨文化培训里列举"可做或者不可做"文化被过分强调了。做出"正确"的回答和提供一些行为指导对志愿者是有用的，以免冒犯别人，但是这些"可做或者不可做"不应该是跨文化培训的基础。跨文化是一个动态的、复杂的过程，跨文化语境包括方方面面。一份行为列表或一份活动脚本只能帮得了志愿者一时，因为在某种环境下某事"可做"，在另外一种环境下就"不可做"（Storti & Bennhold-Samaan，1997）。

应鼓励和平队学员了解自己的文化背景以及它如何影响自己的行为，把这作为他们了解东道国文化的过程的组成部分。跨文化培训考量了东道国的文化、行为和与志愿者自身的价值观相关的东道国人们的价值观。居住在农村和住在接待家庭里给了志愿者比较自己文化和其他文化的机会。然而,跨文化接触并非跨文化了解。换句话来说,有经验不必然意味着理解了它。志愿者必须要理解他们已有的接触,这也是跨文化培训设计的目的。

志愿者可能理解大多数身边发生的事情,但是很多行为、态度和价值观——整体的思维和行为方式——可能有时会令他们吃惊、迷惑甚至震撼。另一方面,他们也许没有意识到他们的共性。由于志愿者在审视两种不同文化的区别,他们通常会看到对于同一问题有两种不同的回答。如果他们没有注意到相似性,那是因为他们的行为和思考方式不同,这会引起最大的挑战和压力。他们的共性很有可能被忽视。

为了尝试欣赏自己文化和当地文化的差别,志愿者通常觉得应该喜欢和接受所有的不同。然而,文化敏感性的含义是指了解和尊重当地文化的规范,不需要认同或接受他们。事实上,他们可能被某些行为所挫伤甚至冒犯。在一些情况下,增进了解会产生更多宽容、尊重和接受;在其他情况下,增进了解仅仅是扩大了知识面。

社区化培训中的跨文化培训　每个培训点最终决定它将如何培训和传授跨文化技能。很多国家都有一个跨文化合作者来教授每周一次的中心培训课程,但是对大部分培训点来说,语言教师或语言和跨文化引导师对文化学习至关重要。他们重点强调学员的自我指导和应用性学习。基于《文化问题》的每周理论和综合培训课程(Storti & Bennhold-Samaan, 1997)被转化为一种实践课程,即学员单独或以小组的形式与社区成员一起生活和工作的实践课程(参见表15.6 跨文化培训涵盖的样本主题)。

有一个假设认为社区式培训后跨文化适应得到了提高。根据1999年和平队志愿者调查,社区式跨文化培训的满意度似乎稍高(Peace Corps, 1999b)。为生存环境所做的跨文化准备(参见表15.4),5分为满分的话,志愿者给的平均分是3.28分,而没有进行社区式培训的国家是3.00分(Peace Corps, 2000b)。然而,由于没有报告标准差,这个数据的重要性还不清楚。(3.0被认为在平均分之上)。关于对工作环境的跨文化理解,在社区式培训国家的志愿者和非社区式培训国家的志愿者没有显示差别,培训评分都是2.90分。不幸的是,

1998年的志愿者调查里面没有对比数据。

表15.4 1999年预服务培训评估的志愿者调查结果

	生活环境中的适应	工作环境中的适应	语言	技能	健康	安全
所有地区中社区式培训的国家	3.28	2.90	3.10	2.54	3.64	3.28
非社区式培训的国家	3.00	2.90	3.10	2.80	3.50	3.38

注释：$N=3387$。本表显示的是平均数。志愿者被问及："请对预服务培训为你做的准备进行评估：
- 适应居住环境中的文化差异
- 适应工作中的文化差异
- 使用工作和社会交流需要的语言
- 展现工作技术方面
- 保持你的健康
- 保持你的个人安全

评分等级：1＝无效,2＝较差,3＝合格,4＝有效,5＝非常有效

根据和平队1999年培训状态调查,和平队培训点在跨文化培训效果评价中,社区化培训模型的满意率为45%,优秀率为43.34%（通过使志愿者为服务做准备来实现他们的培训目标），如表15.5所示。

表15.5 世界范围内的培训状态调查反馈:核心培训满意度(百分比)

分数	跨文化	健康	语言	安全	技能
全球					
5	43.34	11.67	58.3	0	39.0
3	45	73.33	34.8	88.34	38.9
1	0	0	6.9	0	5.53
回答不正确或没回答	11.66	15	0	11.66	16.66
非洲					
5	50.0	12.5	62.5	0	37.5
3	37.5	75.0	37.5	87.5	37.5
1	0	0	0	0	0
回答不正确或没回答	12.5	12.5	0	12.5	25.0

(续表)

分数	跨文化	健康	语言	安全	技能
东欧、地中海、亚洲地区					
5	30.0	10.0	50.0	0	41.6
3	60.0	70.0	30.0	90.0	41.6
1	0	0	20.0	0	16.8
回答不正确或没回答	10.0	20.0	0	10.0	0
美洲和太平洋地区					
5	50.0	12.5	62.5	0	37.5
3	37.5	75.0	37.5	87.5	37.5
1	0	0	0	0	0
回答不正确或没回答	12.5	12.5	0	12.5	25.0

注释:百分比体现的是全球和地区全部培训点的反馈。全球(全部)有76个国家,非洲有24国,东欧、地中海、亚洲地区有24国,美洲和太平洋地区有28国。评分是基于1999年培训状态调查对第三个问题的反馈:"培训中多大程度上实现了(核心)培训的预期效果?"核心培训包括跨文化、语言、技能、健康和安全训练。评分标准:1=低于预期,3=合格,4=达到满意标准,5=超过预期。

该研究的局限性在于总体答复中有11.66%的无效回复(志愿者回答问题不正确或者不回答)。除了显示的定量数据,还存在大量轶事类证据(这些当然不能代替定量的研究)。例如,危地马拉的培训点报告说(Peace Corps, 1999g),那些经历过社区式培训的志愿者:

> 能更好地理解、和更加熟练运用文化习俗。课堂上展示学术性跨文化内容让志愿者觉得很难与现实生活联系起来。在社区式培训里,学员和东道国居民生活在一起并密切交流,因此他们有第一手的跨文化经验。

培训师和引导者的角色变成了帮助学员处理和分析他们自己的经验(Peace Corps, 1999g)。

尼泊尔的培训点报告称(Peace Corps, 1999h),他们看到学员:

> 通过社区式培训学习特定国家的文化价值观、信仰和实践。社区式培训为这些需要掌握的知识和技能提供基本环境。通过让志愿者立即和这些环境接触,帮助学员发展处理隔绝、孤独、个人空间和文化休克的策略。

亚美尼亚的培训点证实(Peace Corps, 1999f),在跨文化社区式培训中,志愿者已经证明他们自己更愿意为自己的行为负责,有足够的能力来应对压力、跨文化疑惑,来发展能带来健康和安全生活的跨文化技能。

社区式跨文化培训的资产和挑战

资产 社区式培训模型让学员马上接触到文化。社区式培训也强调跨文化适应是一个过程而不是事件。社区式培训和跨文化培训同样是建立在对美国和东道国文化的基本假定和价值观的分析基础上。

一份1999年的研究《跨文化培训和外派人员的效率:和平队个案》(Ezzedeen & Rao, 2000),重点关注和平队志愿者自己报告的关于跨文化培训对海外效率的影响。研究表明在很大程度上,效率和学员的感知相关。海外效率被定义为"跨文化技能发展、专业效率和工作表现性、个人调整和满意程度"(第23页)。结论认为:

在增进海外效率和适应东道国文化方面,跨文化培训被证明对于(和平队)志愿者是宝贵的。尤其是,社区式培训强调实地接触和融入当地文化……对促进语言习得和跨文化技能习得非常有效(Ezzedeen & Rao, 2000, p.23)。

挑战 由于社区式培训让练习者很快接触到社区,这增加了他们的舒适度,然而也增加了他们面对失败的次数。学员和培训师需要看到事务如何连续发展来确保最初的、小的跨文化成功。学员的动机会依据他们第一次接触新文化的性质而增加或者减少。社区式培训的另外一个缺点是它没有考虑到东道国培训师的情感状态和该国的文化规范。当培训师和学员在一个社区内生活和工作时,让培训师远离家人很困难。此外,该文化也不支持从久居的城市搬到农村的做法。很多国家还轮换培训师,这给培训师和引导师造成额外的压力。东道国的语言和文化引导师发挥着极其重要的作用,同时显现出较高的消耗率。而且,尽管他们在学员的培训和学习处理过程中发挥了重要作用,但没有得到足够的报酬和适当的认可。很多东道国培训师需要更多的培训和处理技能,以便更好地理解如何更高效地和美国人一起工作。

萨摩亚群岛的培训点认识到只有一位跨文化培训师的困难(Peace Corps, 2000b)。"由于学员是分散的,有时培训过程中做一些跨文化的内容很困难"

(第5页)。摩尔多瓦和其他国家的培训点抱怨"在服务期间缺乏开发预服务培训(PST)课程的长期跨文化教员"(Peace Corps, 2000b,第5页)。通过有限的描述可靠性趋势的数据,仍然不能证明社区式跨文化培训更加有效的假设。一些趣闻评论的确提供了支持社区式培训能更好发展志愿者的适应技能这一观点的证据。

学员在培训前对跨文化培训的误解

跨文化培训师面对的另一挑战是学员对跨文化组成部分的误解。下面是常见的7种误解,以及怎样有效处理这些误解的建议。

学员感觉培训的内容"只是常识"。一位培训师应该机智的指出,如果跨文化技能和知识只是常识,就不会有和平队和大量其他组织的关于文化错误的经典故事。这些故事的核心通常是某种形式的文化误会或者曲解。另外,学员们跨文化经验的水平不同:与其他文化接触的范围从没有出过美国到频繁地在美国之外旅游,再到在别的国家居住过一段时间。对于有些学员,跨文化培训的内容看起来太简单了;但对其他人也许就是一个挑战。甚至那些在海外旅游或者居住过的学员都很少思考他们的经验,或在和平队跨文化培训期按照要求的方式正确地运用经验。

学员只想要"能做和不能做的"事情列表。学员都很紧张,不想犯错,因此他们想知道"能做和不能做的"事情就非常自然。他们错误地认为,如果知道了在大多数一般情况下能做什么或者不能做什么,那么他们就能和东道国居民融洽相处。为了减少焦虑,培训师肯定会在可能并且合适的情况下提供有限的能做什么或者不能做什么的信息。与此同时,培训师应机智的指出这种方法对于跨文化理解的局限性。能做什么和不能做什么是一种普遍概括(例如"不用你的左手传递东西"),这种概念通常是从情境中得出的,而忽视了实际上每个行为都有它特定的情境。

学员不喜欢对东道国或他们自己的国家作概括。这是跨文化培训师面对的更为严重的问题之一。没有概括归纳不可能进行跨文化培训;也就是说,如果你没有与一个群体内的人交流过,你是不能谈论他们的文化的。但同时,在一些方面,个人和他们的群体(他们的文化)很相似,在另一些方面则与团队有很大区别。那是因为概括归纳忽略了个人差别,倾向于把它最小化,对此学员们是强烈反对的。在培训初期就说明做概括很重要,以便有可能同时讨论东道国文化和美国文化,但是培训者应该意识到概括归纳的局限性,谨慎应用,并要持怀疑态度。

学员认为由于他们就在该国所以不需要跨文化培训。进入东道国后的培训是获得第一手文化体验而不是仅仅"谈谈"的一个宝贵机会。拥有跨文化体验、甚至是学员住在接待家庭里,也不等同于对经验和文化的理解。换一种说法,仅仅与别的文化的人交流不一定会转变为理解,而理解是跨文化培训的目标。学员需要将他们的跨文化经验看做获取更深刻见识的机会,但是他们一定不要将经验和见识混淆。

学员认为表面上人是不同的,但在表层下,人类都是相同的。当学员意识到表面行为反映出表层以下的价值观和信念时,就开始逐渐丧失了这个理念。所以,如果人们在表面上是不同的,那么他们"表层下"也是不同的。当然,来自不同文化的人们确实是相互之间有差异也有相似性——差异是因为文化行为、相似是因为普遍性——但是这些差异和相似既是外在的又是内在的。

学员认为跨文化培训内容规定了自己的行为,他们讨厌别人告诉自己如果想有效工作必须怎么做。的确如果学员想有效率,他们必须有文化意识和敏感度。虽然他们理解了这点,但是他们仍然讨厌别人告诉自己哪些能做哪些不能做。跨文化培训的一类信息就是告诉学员:该国的人民如何行为,他们期望你该如何做。学员能不能或愿不愿意用这样的行为方式取决于他们自己,而不这么做会产生一些后果。

学员消极地应对跨文化培训是因为培训意味着他们将不得不改变一些行为变成一个不同的人。有时为了加强文化敏感度和培训效果,培训师会要求学员停止做在自己的文化里习惯做(或说)的事情,开始做他从来没做过的事情。学员可能会感觉到不舒服。一些这样的行为改变会让学员感到烦恼,有些甚至会与他们的某些核心价值观和自我意识相冲突。由于导致这些改变的原因常常和文化差异相关,这一部分常常被人谴责说强迫他们改变了个性。这是一个正当的和敏感的问题。不管是培训师还是和平队都没有要求任何人做这样的改变。志愿者仅仅需要知道在某种环境下某一文化期待他们做什么,以及如果他们不能够或者不愿意遵从东道国的预期,后果会是什么。

跨文化培训的主题

布莱克、沃克等建议（Brake, Walker & Walker, 1995），培训应包括跨文化意识培训、有效的语言和交流培训、特定国家培训。休根伯格、拉斯威塔和鲁巴诺威克认为（Hugenberg, LaCivita & Lubanovic, 1996），跨文化培训最重要的方面包括语言和非语言交流、语言、对价值观和规范的认识等技能。董（Tung, 1981, 1988）提倡使用区域学习项目、语言培训、敏感性培训、实地体验和文化同化来减少文化休克。莱文森特别提到（Levinson, 1987），和平队是非盈利性人道组织，提出培训应该在人际交流的复杂环境、东道国环境的不确定性和不稳定性、对服务和利他主义的核心组织价值观方面，对志愿者和外派人员进行教育。

表15.6展示了目前世界范围内和平队预服务跨文化培训涵盖的主题列表；一些主题在正式的培训课程中涉及，有一些包含在读物或讲义中。

表15.6 跨文化培训主题样本

跨文化的主题
自我概念：个人主义和集体主义
时间概念：线性时间和环形时间
家庭：角色、结构等
性别与发展
关系（友谊和爱情）
男性和女性的关系
跨文化的文化适应
文化多元性问题（美国和东道国）
与工作地点相关的文化问题（例如，等级、地位、权力距离、回避不确定、普遍性）
进入社区技能
社会礼仪（能做的和不能做的）
问候
吃和喝的习惯
洗澡和个人卫生
着装习惯
做客
赠送与接受礼物
接触
手势和肢体语言

(续表)

实践问题
食物(购物、餐馆)
交通
衣着(购物)
租房
金钱(开银行账户、现金)
健康问题
其他特定国家的问题

地区研究
历史
政治和政府结构
经济概况
人口统计学和地理
宗教
教育系统
艺术和文化
仪式和庆典:生日、婚礼、葬礼、死亡仪式
假日和节日
特定国家的问题(讨价还价等)

近来的跨文化培训资料

在跨文化专家的指导下,和平队从1997年到2001年出版了5本跨文化书籍:

- 西班牙语版的《文化问题:和平队跨文化工作手册》(*La Cultura es Importa*: *Manual Transcultural del Cuerpo de Paz*, Storti & Bennhold-Samaan, 2001)。
- 《和美国人工作入门指导》(*The ABCs of Working With U. S. Americans*, Peace Corps, 2000a)。通过使用在工作地点和文化中的行为个案,讨论了美国人态度和价值观的历史和传统根源。
- 《接待家庭问题:寄宿家庭手册》(*Host Families Matter*: *Homestay Manual*, Peace Corps, 1999a)。为培训师提供实施接待家庭项目的指导,包括指导方针、时间框架、培训课程。
- 《文化问题:培训师的指导》(*Culture Matters*: *Trainer's Guide*, Storti & Bennhold-Samaan, 1999)。帮助培训师把《文化问题》工作手册中的概念和主题

运用到培训中。

- 《文化问题：和平队跨文化工作手册》(*Culture Matters: The Peace Corps Cross-Cultural Workbook*, Storti & Bennhold-Samaan, 1997)。这本书不仅仅对志愿者和跨文化培训师有价值,而且进入了美国教育系统,成为美国大学各层次多文化课堂里老师们的教科书,该书还作为那些回国志愿者走进学校分享改变人生经验的补充材料。

《文化问题：和平队跨文化工作手册》主要是为独立研究而编写的,它成为跨文化培训的基本组成部分。该书从将要讲授的内容的基础开始,在了解任何一个特定文化之前（文化特性）,把文化作为一个概念（文化共性）来进行审视和讲述。该书帮助志愿者运用和理解行为背后的价值观和信仰,最终理解当地人如何思考。志愿者一直把该书当成是进入东道国文化的个人行程记录。该书会变成他们学习本国文化和东道国文化的经历,这是和平队经验积累的最大财富。

基于文化问题的跨文化培训设计

以下的设计（参见表 15.7）把《文化问题：和平队跨文化工作手册》当作跨文化培训组成部分的基础。该设计将《文化问题：和平队跨文化工作手册》里的内容和预服务培训中通常涵盖的其他特定国家的主题结合起来。特定国家的内容是从世界范围内编写的跨文化培训主题列表里节选出来的。这个设计的理念是给那些国家提供一个模板,当他们继续讲解该书里没有包含的不同特定国家主题时（例如,历史、租房、讨价还价和祝酒仪式）,可以通过这个模板把《文化问题：和平队跨文化工作手册》中介绍的内容运用到跨文化项目中去。

表 15.7 为 10 周培训而设计的跨文化主题示例

第一周和第二周：基本的文化概念和社区入门	第三周和第四周：交流和文化休克
目标： 介绍生活在海外和与接待家庭一起生活的基本生存技能 展示特定国家区域研究的信息 介绍跨文化领域的基本概念 开始对比美国和东道国的价值观、信仰和世界观	目标： 认识美国文化多元化和相关适应问题的多样性 考察文化休克的概念和文化适应周期 认识语言交流风格的文化差异和非语言交流的模式 展示更深入的地区研究信息

（续表）

第一周和第二周：基本的文化概念和社区入门	第三周和第四周：交流和文化休克
主题和可能的课程： 　文化的定义 　文化条件 　把文化置于语境中 　文化在解释行为中起的作用 　美国和东道国的文化价值观 　美国的文化资源 　社会礼仪	主题和可能的课程： 　美国文化的多样性 　交流的风格 　非语言交流 　面子的概念 　文化休克和文化调整 　文化基础1：自身的概念（个人主义，集体主义） 　额外的地区研究（参见表15.6）
第五周和第六周： 志愿者的生活和关系	第七周和第八周： 工作环境下的跨文化培训
目标： 　介绍东道国社会交往的概念 　考察东道国的社会关系（区分与东道国居民的友谊和恋爱关系） 　发展建立社会关系的策略	目标： 　考察工作地点的价值观、信仰和规范的影响 　认识对等级和地位的态度中的文化差别 　考察在管理者和下属关系上美国和东道国的差别 　认识志愿者在工作中建立信誉时遇到的障碍和相应策略
主题和可能的课程： 　与东道国居民建立非正式的关系 　在东道国志愿者的社会角色 　吃和喝的习惯 　着装习惯 　洗澡和个人卫生 　做客 　赠送与接受礼物 　接触、手势、肢体语言 　文化基础2：个人和社会责任（普遍性和特殊性）	主题和可能的课程： 　管理者和下属的关系 　对等级和地位的态度 　工作地点的规范和价值观 　在工作和社区作中建立信誉 　性别和发展 　文化基础3：时间观念（直线式时间观念、环形时间观念） 　文化基础4：控制点（内部控制、外部控制）
第九周和第十周：文化适应以及从学员到志愿者的过渡	
目标： 　认识文化意识和敏感度发展的阶段 　考察学员转化为志愿者的过渡和相关调整 　认识在另一文化处理生活和工作适应问题的策略 　展示与在居住点定居有关的信息	

(续表)

第九周和第十周:文化适应以及从学员到志愿者的过渡
主题和可能的课程: 　看待文化差异的文化意识和态度的发展 　　阶段 　过渡为一名志愿者 　文化适应问题的处理策略 　定居

跨文化方法

自和平队成立开始,跨文化培训就是其培训的基石。跨文化问题对志愿者的技能发展和个性调整都非常重要,这些反过来也影响志愿者的表现;从志愿者和和平队作为一个机构的角度看,这又反过来决定海外项目的成功。由于它的重要角色,文化不仅在正规的跨文化课程中被讨论,也被融合到训练和项目的结构中。跨文化培训帮助志愿者在社区内定居下来,以便完成他们的技术任务。因此跨文化培训成为连接所有培训部分的一根总线。

当前和平队跨文化培训的方法是基于成人学习的理念,强调以学习者为中心的、参与式的培训。包括动机、信息、实践和反思与应用的经验性学习周期被融入培训活动中。培训师设计出允许学员使用各种资源,以提高他们的技术、跨文化、语言、观察力、反思和技能发展的培训活动。要把跨文化、语言、个人健康、安全和技术组成部分交织在一起,确保一种整体的培训模型。

在和平队里,跨文化学习通常通过结合很多不同方法来进行。在美国和抵达东道国后都给学员分发读物。读物和培训也给予那些帮助学员学习该文化的东道国教员。当学员提出自己遇到的跨文化问题时,与引导师进行对话很有帮助。正规、独立的跨文化课程由语言和跨文化引导师、当前的志愿者、国家指导者单独传授和以多种联合形式进行传授(参见附录1特定培训方法)。跨文化内容与课程的所有其他组成部分(比如语言、技能培训、医疗、健康和安全)相结合,学员也通过接待家庭、实践学校、实地参观、在许多国家的社区式培训中体验到有重要意义的文化沉浸。

跨文化培训中的主要经验

内容和方法

当今的培训很少强调一种文化中能做什么不能做什么,这有助于帮助学员了解行为背后的价值观和信仰。跨文化培训不仅仅包含对新文化的学习,也包括把它与志愿者已形成的假设和价值观进行比较。培训也包括学习美国文化和伴随它的多样性,把跨文化理论和实际的应用实践结合起来,以实现有意义和有效率的跨文化体验。对于后者而言,《文化问题:和平队跨文化工作手册》很受该领域的志愿者和教师的欢迎。和平队培训点编写并使用了一些以《文化问题:和平队跨文化工作手册》中的概念为基础的更针对培训点的材料。最后,当前培训包含了更多体验性(课堂外)的学习,认识和尊重学员作为成年学习者的自主能力。

培训点报告了对结合跨文化内容和其他培训部分的需求不断增长。例如在健康方面,课程说明文化是如何在个人安全和性骚扰问题上扮演了重要角色。鉴于2001年的"9.11"事件,现在的培训将更多重点放在了安全、保险与跨文化培训之间的关系上。在技术课程上,更多重点放在工作中跨文化的各个方面,包括等级、权力差距和回避不确定性。在语言课上,开发和引进了新的小型课程来讲解围绕家庭和工作场所的语言。

文化沉浸

现在和平队里有一个趋势是:让学员更加系统地沉浸于和他们一起生活工作的人们的当地语言和文化中。然而,正如先前所讲,仅仅接触东道国文化并不意味着跨文化理解,除非将经验进行处理和分析。坦桑尼亚培训点的一个改进型社区式培训方法包括对接待家庭和实地考察,这种方法给所有的学员提供了文化沉浸的经验。在技能培训中提供更进一步的文化沉浸,这通过在坦桑尼亚学校进行为期四周的教学实习来完成。环境志愿者有两周在实地和农民待在一起,进行训练;有一周时间"跟随"当前志愿者。

沉浸经验能提供丰富的跨文化学习的部分原因是:这些经验帮助建立起一种机制,它能在体验发生的时候,让学员有可能与博学的跨文化信息传递者——语言和跨文化引导师——讨论这些体验。例如,在教育实习期,一位语言和跨文化引导员和四位学员被分到一所学校,每个学员配备一位东道国的导师。对那些与农民在一起的环境志愿者也用同样的模式。此外,所有坦桑尼亚的接待家庭、导师和农民技术培训师自己也接受跨文化培训。

另一个成功的沉浸方法是利用接待家庭。接待家庭对于学员来说发挥着跨文化信息传递的积极作用。肯尼亚的接待家庭协调员汇报说,经过对志愿者和接待家庭成员广泛的跨文化培训后,一些有经验的接待家庭,有些家中住过七、八个学员,他们询问在培训点这样的培训有何不同。接待家庭观察到这些学员比以往的学员对文化更敏感、对讨论跨文化问题更感兴趣(Peace Corps, 1999a)。

作为文化传递者或导师的东道国教员

当地的培训师是一个有知识和有经验的群体,他们帮助学员理解文化。然而,东道国教员的技能需要强化,这可以通过对东道国教员提供额外的跨文化培训来实现加强他们作为文化传递者的自信和技能。在一些国家,出现了一个语言和跨文化引导师的核心群体,他们在设计和简化跨文化课程方面显示了高水平的技能和兴趣。学员评价这些课程是跨文化组成部分中非常有效的部分。东道国的社区合作者经常被邀请参加这样的培训,因此志愿者和社区合作者能发展出取得成功经验的技能。和平队希望在志愿者离开社区后,社区合作者将使用这些技能。费尔德曼和汤普森(Feldman & Thompson, 1992)的研究表明,除了跨文化培训,导师的本地支持能够帮助海外人员成功完成他们的任务和职责(Hugenberg et al., 1996; McCaffrey & Haffner, 1985; Mendenhall & Oddou, 1985, 1986; Quelch & Bloom, 1999; Stening, 1979; Tung 1981, 1988)。

志愿者的调整

志愿者们几乎无一例外地按照自己的感觉去准备应对将遇到的挑战,以相应的文化表现自己的方式,来评定对于跨文化培训的满意度。此外,教员要报告他们与新培训志愿者的初次实地考察情况。通过来自志愿者和与其一起工作的东道国教员的观察和反馈,表明志愿者成功融入社区、他们最初的文化理解水平和有效性在很大程度上归功于跨文化培训。在最近的服务期间培训中,当环境志愿者讨论在当地最初的三个月中他们如何进入社区和融入社区时,环境志愿者显示了较高的跨文化理解水平(参见文字框 15.2 志愿者融入的指标举例)。

文字框 15.2　志愿者融入的指标举例

从东道国角度来看志愿者融入当地社区的指标举例
• 在街上、商店里、工作场所和人们用当地语言进行交流,并使用口语化语言 • 至少 60% 的时间吃本地加工的食物 • 参加社区活动——节日、庆典、学校活动 • 被当地人邀请参加社会活动、到当地人家里、有当地朋友 • 当地人向志愿者寻求建议和志愿者向当地人请教 • 穿当地人的服装(但不是"本地化") • 给出合理地积极改进意见而不是一直抱怨当地情况 • 了解社区的神话传说和传统,并表现出兴趣 • 了解在社会交往中、专业环境下当地人希望被问些什么问题 • 展示对该国内部事情的了解 • 不花时间比较自己国家的生活和"这儿"的生活 • 了解当地的性方面的道德规范

当地非政府组织

志愿者对于加强当地非政府组织(NGOs)起到了非常重要的作用。当地社区服务和志愿者精神的加强帮助人们真正掌握改变自我的机会。和平队志愿者无论在精神上还是行动上都是社区服务的主要模范,通过很多的项目活动播下服务的种子,激发了积极向上的精神,这对以人为中心的发展很重要。例如,和平队与塞内加尔、马里、马来西亚、巴布亚新几内亚、泰国、智利、捷克等国的当地积极分子、政府以及非政府组织一起工作,支持建立了国家志愿者组织。在加强当地志愿者服务的主动性方面,和平队希望达到发展持续能力的新水平。除了上述在跨文化培训中学习的主要经验,和平队作为一个机构已认识到:跨文化理解不是单一的培训职能,而且它需要渗透到总部的各层机构中和所有职能中。

当前的挑战和未来发展的机遇

内容

每个和平队培训点设立的跨文化总课表都包括一套略有不同的主题,这使得探询跨文化主题多少有些困难。为了确保跨文化培训始终给学员提供一套最基本的技能和信息,需要回归到基本的核心概念。需要清楚地说明核心的跨文化能力,而其他的材料和技能应被看成是"额外的"或"补充的"。在性骚扰、健康和安全问题、与多文化背景教员一起工作、跨文化团队建设、志愿者回国后问题等,要进一步为学员开发新的材料和培训课程。此外增强在出发前美国教员家庭和配偶熟悉相关情况将大有益于和平队。

持续性和可重复性

在跨文化培训设计和管理方面没有长期的、拥有专业技能的东道国教员时,试图建立持续和可重复的跨文化培训是有挑战性的。东道国培训师通常缺乏跨文化理论背景,可能退而求其次求助于区域研究。当前,那些介绍新资料和分享最好的实践经验的工作坊和会议构成了响应海外实地需求的主要机构。

没有稀释的结合

三个主要培训部分(跨文化、语言、技能)的结合对有意义的培训经验来说是必需的,然而,这使得把它们中的任何一个分离开变得困难。那么,避免冗余的介绍以及确保学习超越了仅仅介绍概念,达到使志愿者理解在该国这个概念的意思、以及概念含意的深层次水平就变成了挑战。综合培训经常导致跨文化课程被明显稀释。例如,那些不太适合放到技术和语言部分的课程和活动,通常是跨文化培训特点的一部分。跨文化问题渗透到志愿者生活的所有部分,有理由要求跨文化问题和其他培训部分进行更多的融合。

大量使用科技

跨文化培训与技术相结合的需求在不断增长。局域网、光盘和视频都提供了新鲜刺激的机会，可以用来加强培训点获取跨文化培训所需信息资源的能力。需要对使用技术（例如，网站、讨论组、聊天组、视频会议）做进一步的开拓，使之成为收集和传播跨文化信息、培训和研究的工具。

定量和定性研究手段与逸事类证据

跨文化研究需要长期进行。和平队投身于跨文化培训已经好几十年了。然而，仅近期以来才开始考虑：为跨文化领域开发和积累数据提供充分资源。缺乏严谨的纵向研究需要的、具有连续性的定量和定性研究工具，限制了和平队获得和保持经过充分证明的、基于研究的培训高标准。用逸事类证据替代定量和定性数据，和平队不仅丧失了参与跨文化研究的珍贵机会，也使文化培训依赖个人经验而不是依赖以研究为基础的跨文化理论和知识。

总结

有效的跨文化培训是和平队成功的关键。分享美国文化的精华一直是志愿者工作的有机组成部分，分享美国文化的精华常是他国人民从某些方面了解美国的切入点。同样重要的是，志愿者理解东道国文化和回国后与其他美国人分享在异国的经验，能高效地开阔国内人民理解文化的视野，这点也是约翰·肯尼迪总统原有使命的另一个重要目标。和平，作为发展的先决条件，依赖于这样的沟通和理解。在人类和技术的发展框架下，和平队的志愿者充当起了架设不同文化间人们跨文化理解桥梁的"催化剂"。

任何合作援助成功的衡量标准是在合作援助完成时留下了什么——新的态度、与合作伙伴的跨文化关系和在改善人们生活环境方面不断进步。教育学生的数量、植树量、打井数以及非政府组织的帮助将一直是衡量成功与否的重要指标,但是一些人类发展的最重要的方面——解决问题、建立关系、经历成功和理解授权的希望——尽管是最不好衡量的,但可能是最重要的。

附录1 和平队跨文化培训方法的术语指称举例

欣赏调查(appreciative inquiry):一种采取以强度为基础的、参与发展式的,以及对发现、设计和讲授的评估工具的主动搜集信息的技术。

学徒—导师(apprenticeship-mentor):在有经验人的指导下学习。

艺术化表达(artistic expression):指来自东道国或学员祖国的影视资料,这些资料表达一个场景、事件、感情、地区、动态或其他变量,看后对它们进行反思。

信息摘要(briefing):结合了很多元素的一个概念模型:

- 特定国家的事实信息,比如历史、家庭和社会结构、宗教、哲学、教育、艺术、经济和工业、政治和政府、医疗、科学和体育(由于学员自己能找到这些信息,这是本文讨论中最不重要的地方)
- 有关国家人民的态度信息,包括人们的人格特征、也包括目标文化中人们的态度、价值观和行为信息(通常在书本中找不到)。
- 对学员可能将面临的问题进行讨论,目的是增强交流、适应和合理反应的能力。

案例研究(case study):为一小团体所做的对某一情况、事件、场景的口头或书面叙述,或报告一个问题,进行分析和做出回应;它允许学员移情场景、发展批判性思维、得到新的视角和引出可能的回应。

教练(coaching):通过演示、练习、快速反馈和修改等方式进行的一对一学习。

社区接触任务(community contact assignments):在社区完成指派的跨文化、语言和技能等方面的任务。

差异连续序列(continuums):参与者把自己放在两个互相对立的因素(例如,价值观)的连续序列中,目的是认识他们如何看待自己与要探索的文化之间的关联和对比。

危机事件(critical incident):对跨文化遇到的难题的口头和书面叙述;要求参与者提出解决方案。

文化同化案例(cultural assimilator):一种设计出的学习方法。在这个方法中,向参与者描述了特定跨文化交流中的困难情节。每个情节结束后都会提出一个问题,并伴有四到五种解释方案;学员对每个方案都进行合理性讨论,选择一个最佳方案,并解释为什么。

文化传递者(cultural informant):来自东道国一些人,担负传递者的职责,告知该文化特定方面的信息。

辩论(debate):由各方机智聪慧的人提出有冲突的观点,通过他们之间热烈讨论使观点得以澄清。

演示(demonstration):引导员口头解释并表演一种行为、程序或过程。

对话(dialogues):解读不同文化个体之间的真实话语,探讨哪种文化因素可能在起作用。

日记(diaries):用日记中记载的事项为例证(真实的或非真实的)考察跨文化场景中个人经验的性质。

戏剧展示,动画(dramatic presentation, animation):准备好的戏剧或幽默短剧,用来告知信息和征求反馈。

体验练习(experiential exercises):为帮助学员体验与其他文化的成员互动和从中学习经验而设计的特定文化练习。它们包括与东道国居民的结构性接触、特定文化模拟、特定文化角色扮演。为了帮助学员体验可能应用于任何跨文化场景的一般文化并对之进行反馈,而设计的通用文化练习。例如班嘎游戏(*Barnga*, Thiagarajan & Steinwachs, 1990),马洛纳文化探险队(*The Malonarian Cultural Expedition Team*, McCaig, 1988),巴发巴发模仿游戏(*BaFaBaFa*, Shirts, 1974),和信天翁模仿游戏(*The Albatross Simulation Game*, Gochenour, 1977)。

反馈(feedback):有关人们的行动、行为结果或回应问题的语言和文字信息交流。

实地练习和参观(field exercises and trips):为获得一手的观察和研究资料而体验或观察实际情境。

寄宿家庭(home stay):在东道国家庭居住几天或者几个星期的经历。

跨文化敏感案例(intercultural sensitizers):阅读一个事件,或一个案例研究,或一个危机事件,这些材料中都包括给出 3 或 4 个可能的回答,读者从中选择最合适的回答,说出回答正确或者错误的原因。在角色扮演时也能使用该方法。

跨文化互动(intercultural interactions):意欲从文化领域的两个方面来解释行为的角色扮演。

面谈(interviews):与来自东道国文化的成员交谈,询问他们关于特定文化的要素或问题。与交流者分享自己祖国文化中的相似要素,询问对相同问题的反馈。然后,汇报交流。

日志(journals):个人对学习活动进度写的个人评价,借此了解思想、观念和感觉的进展,记录对跨文化体验的态度和情感反应。

学习合同(learning contracts):学习者自己或在引导师的协助下写一份"合同",明确通过一段时间学习后,他们可能得到的结果或能力。以该合同为基础(参考标准)而不是团队的表现能力(参考规范)进行评估。

讲座和演讲(lecture or speech):由有学问有经验的人做单向的、有人组织的和正式的报告,传递信息或观点。

音乐表达(musical expression):用创造性音乐对一种主题或场景加以开发和表达。

非正式教育活动(nonformal education activities):正规(学校)教育系统以外在社区环境中进行的教育活动。

开放空间(open space):自我管理讨论和作决定的过程,其间对讨论要点作记录。参与者明确问题和召集一个出于真正感兴趣和激情的讨论,讨论的问题不必是个人的专长。

参与者的观察(participant's observation):观察、建立模型和模仿别人的表现。

参与性评估工具(participatory appraisal tools):评估式询问和基于强度优势的方法是参与性评估工具的例子,与社区成员一起用它们来计划项目和实施项目。

项目学习(project learning):在培训期间和社区成员开发一个小项目。

报告观察(reports on observation):对通过随意走动中观察到的流行文化

（音乐、舞蹈、食物和电影）的情况进行简要报告。随后的讨论集中在观察到的文化相似性和不同点、交流中的模糊性、行为语境、行为的情感维度和产生的结果等方面。避免了的错误和发生的错误也是有用的讨论主题。

角色扮演(role play)：对一个问题或一种情境进行即兴的编剧、模仿现实生活的行为，接着与表演者讨论，然后与观察者讨论。

自我评估(self-assessment)：以完成设计出的自我评估问卷来确定对能力的态度和感知；通过这种方法，学员可以认识他们需要注意的跨文化关系。

自我导向的学习(self-directed learning)：基于他们自己的标准，学员选择深入研究的领域，然后决定实现目标的方法，确定完成任务的时间表，以最初的标准为基础评估自己。这种方法可能是正式的或非正式的，可能是文字性的或事实性的。

跟随(shadowing)：与社区成员在工作中结成合作伙伴，观察他或她。

模仿(simulation)：在模仿需要某种技能的真实环境中，学员学习该项技能。

结构化体验(练习)[(structured experiences(exercises))]：体验或观察现实情况来获得第一手的信息和研究（如实地考察）。

录像和电影(videos and films)：录像和电影可以设定选择标准和需要学习的领域。观看录像或电影，关注在那些满足学习标准和含有丰富特定文化互动特征的部分。多次重播这些部分，注意在哪些特定环境下语言和非语言交流或行为和主题引起了争论。最好伴有与来自目标文化的个人进行面谈或开展小组讨论。

资料来源：改编自劳里特·本霍尔德-萨曼《文化问题：培训师指导》(*Culture matters: Trainer's guide*, Storti & Bennhold-Samaan, 1999)；《跨文化培训窍门和培训师的多样性》(*Training Know-How for Cross-Cultural and Diversity Trainers*, Kohls & Brussow, 1995)；《改进文化交流》(*Improving Intercultural Interactions*, Brislin & Yoshida, 1994)；《跨文化培训指南》(*Handbook of Intercultural Training*, 2nd ed., Landis & Bhagat, 1996)；《提高跨文化实践者的技能》(*Enhancing Your Skills as an Intercultural Practitioner Workshop*, Samaam et al., 1999)。

参 考 文 献

Black, J. S., & Gregersen, H. B. (1999, March/April). The right way to manage expats. *Harvard Business Review, 77*(2), 52–62.

Black, J. S., & Mendenhall, M. (1989, Winter). A practical but theory-based framework for selecting cross-cultural training methods. *Human Resources Management, 28*(4), 511–539.

Black, J. S., & Mendenhall, M. (1990, January). Cross-cultural training effectiveness: A review and a theoretical framework for future research. *Academy of Management Review, 15*(1), 113–136.

Brake, T., Walker, D., & Walker, T. (1995). *Doing business internationally: The guide to cross-cultural success.* New York: Irwin.

Brewster, C. (1995). Effective expatriate training. In J. Selmer (Ed.), *Expatriate management: New ideas for international business* (pp. 57–71). Westport, CT: Quorum Books.

Brislin, R., & Yoshida, T. (Eds.). (1994). *Improving intercultural interactions.* Thousand Oaks, CA: Sage.

Carson, W. M. (1989). Prepare them to thrive in foreign countries. *Journal of Management Consulting, 5*(4), 30–33.

Caudron, S. (1991, December). Training ensures success overseas. *Personnel Journal, 70*(12), 27–33.

Chapel, W. (1997). Developing international management communication competence. *Journal of Business and Technical Communication, 11*(3), 281–296.

Copeland, L. (1985, July). Cross-cultural training: The competitive edge. *Training, 22*(7), 49–53.

Earley, P. C. (1987). Intercultural training for managers: A comparison of documentary and interpersonal methods. *Academy of Management Journal, 30*(4), 685–698.

Edwards, D., & McCaffery, J. (1981). *Cross-cultural training for Peace Corps volunteers* (ICE Pub. No. T0902). Washington, DC: Peace Corps, Information Collection and Exchange.

Ezzedeen, S. R., & Rao, P. (2000, August). *Cross-cultural training and expatriate effectiveness: The case of the Peace Corps.* Paper presented at the Academy of Management Conference, Toronto, Ontario, Canada.

Feldman, D. C., & Thompson, H. B. (1992). Expatriation, repatriation, and domestic geographical relocation: An empirical investigation of adjustment to job assignments. *Journal of International Business Studies, 24*(3), 507–527.

French, W. L., & Bell, C. H., Jr. (1990). *Organizational development: Behavioral science interventions for organization improvement.* Englewood Cliffs, NJ: Prentice Hall.

Gannon, M., & Poon, J. (1997). Effects of alternative instructional approaches on cross-cultural training outcomes. *International Journal of Intercultural Relations, 21*(4), 429–446.

Gochenour, T. (1977). The albatross. In D. Batchelder & E. G. Warner (Eds.), *Beyond experience: The experiential approach to cross-cultural education* (pp. 131–136). Brattleboro, VT: Experiment Press.

Hapgood, D., & Bennett, M. (1968). *Agents of change: A close look at the Peace Corps.* Boston: Little, Brown.

Hoffman, E. (1998). *All you need is love: The Peace Corps and the spirit of the 1960s.* Cambridge, MA: Harvard University Press.

Hofstede, G. (1991). *Cultures and organizations: Software of the mind.* London: McGraw-Hill.

Hoopes, R. (1965). *The complete Peace Corps guide.* New York: Dial Press.

Howe, I. C. K., Tseng, A. T., & Hong, A. T. K. (1990). The role of culture in training in a multinational context. *Journal of Management Development, 9*(5), 51–56.

Hugenberg, L. W., LaCivita, R. M., & Lubanovic, A. M. (1996, April). International business and training: Preparing for the global economy. *Journal of Business Communication, 33*(2), 205–215.

Katz, J. P., & Seifer, D. M. (1996). It's a different world out there: Planning for expatriate success through selection, pre-departure training, and on-site socialization. *Human Resource Planning, 19*(2), 32–50.

Kohls, L. R., & Brussow, H. L. (1995). *Training know-how for cross-cultural and diversity train-*

ers. Duncanville, TX: Adult Learning Systems.

Landis, D., & Bhagat, R. (1996). *Handbook of intercultural training* (2nd ed.). Thousand Oaks, CA: Sage.

Lanier, A. R. (1979, March). Selecting and preparing personnel for overseas transfers. *Personnel Journal*, pp. 160–163.

Levinson, D. (1987, May). Training and development for nonprofits. *Training and Development Journal, 41*(5), 80–82.

McCaffrey, J. A., & Hafner, C. R. (1985, October). When two cultures collide: Doing business overseas. *Training and Development Journal, 39*(10), 26–32.

McCaig, N. M. (1988). *Malonarian cultural expedition team: A cross-cultural simulation*. Washington, DC: Meridian House International.

McEnery, J., & DesHarnais, G. (1990, April). Culture shock. *Training and Development Journal, 44*(4), 43–47.

Mendenhall, M. E., Dunbar, E., & Oddou, G. R. (1987). Expatriate selection, training, and career pathing: A review and critique. *Human Resources Management, 26*(3), 331–345.

Mendenhall, M. E., & Oddou, G. R. (1985). The dimensions of expatriate acculturation: A review. *Academy of Management Journal, 10*(1), 39–47.

Mendenhall, M. E., & Oddou, G. R. (1986). Acculturation profiles of expatriate managers: Implications for cross-cultural training programs. *Columbia Journal of World Business, 21*(4), 73–79.

Mishra, J., & McKendall, M. (1993, March). Globalizing business: The importance of around-the-job cultural training. *International Journal of Management, 10*(1), 47–54.

Muehrcke, J. (1996, July/August). Does training make a difference? *Nonprofit World, 14*(4), 2.

Peace Corps. (1982). *Language, skill and service: The education of a volunteer*. Washington, DC: Peace Corps, Information Collection and Exchange.

Peace Corps. (1995). *Training status review survey*. Washington, DC: Peace Corps, Center for Field Assistance and Applied Research.

Peace Corps. (1998). *1998 survey of the Peace Corps volunteers*. Washington, DC: Peace Corps, Office of Planning, Policy, and Analysis.

Peace Corps. (1999a). *Host families matter: Homestay manual* (ICE Pub. No. T0106). Washington, DC: Peace Corps, Information Collection and Exchange.

Peace Corps. (1999b). *1999 survey of the Peace Corps volunteers*. Washington, DC: Peace Corps, Office of Planning, Policy, and Analysis.

Peace Corps. (1999c). *Training status reports: Africa region*. Washington, DC: Peace Corps, Center for Field Assistance and Applied Research.

Peace Corps. (1999d). *Training status reports: Europe, Mediterranean and Asia (EMA)*. Peace Corps, Center for Field Assistance and Applied Research.

Peace Corps. (1999e). *Training status reports: Inter-America and Pacific region (IAP)*. Washington, DC: Peace Corps, Center for Field Assistance and Applied Research.

Peace Corps. (1999f). Training status review (TSR) Armenia: Fiscal year 1999. In *Training status reports: Europe, Mediterranean and Asia (EMA)*. Washington, DC: Peace Corps, Center for Field Assistance and Applied Research.

Peace Corps. (1999g). Training status review (TSR) Guatemala: Fiscal year 1999. In *Training status reports: Inter-America and Pacific region (IAP)*. Washington, DC: Peace Corps, Center for Field Assistance and Applied Research.

Peace Corps. (1999h). Training status review (TSR) Nepal: Fiscal year 1999. In *Training status reports: Europe, Mediterranean and Asia (EMA)*. Washington, DC: Peace Corps, Center for Field Assistance and Applied Research.

Peace Corps. (1999i). Peace Corps (1999i). Training status review (TSR) Turkmenistan: Fiscal year 1999. In *Training status reports; Europe, Mediterranean and Asia (EMA)*. Washington, DC: Peace Corps, Center for Field Assistance and Applied Research.

Peace Corps. (2000a). *The ABCs of working with U.S. Americans* (ICE Pub. No. T0110). Washington, DC: Peace Corps, Information Collection and Exchange.

Peace Corps. (2000b). *1999 project and training status reports: Global summary and promising practices*. Washington, DC: Peace Corps, Center for Field Assistance and Applied Research.

Peace Corps training. (1965, July-August). *Personnel*, pp. 23–28.

Peace Corps trains Americans. (1961, April 17). *Newsweek*, pp. 31–32.

Peace Corps trains Americans to work effectively overseas. (1974, November). *Saturday Review*, pp. 18–24.

Quelch, J. A., & Bloom, H. (1999). Ten steps to a global human resources strategy. *Strategy and Business, A14,* 18–29.

Samaan, J., Bouget, J., Bender, S., Davis, J., Gaw, K., & Wu, A. (1999, May). *Enhancing your skills as an intercultural practitioner workshop.* Paper presented at the 51st Annual Conference of NAFSA: Association of International Educators, Denver, CO.

Schwarz, K. (1991). *What you can do for your country.* New York: William Morrow.

Searles, D. (1997). *The Peace Corps experience: Challenge and change 1969–1976.* Lexington: University Press of Kentucky.

Shirts, R. G. (1974). *BaFá BaFá: A cross-cultural simulation.* Del Mar, CA: Simile II.

Stein, M. (1966). *Volunteers for peace: The first group of Peace Corps volunteers in a rural community development program in Columbia, South America.* New York: Wiley.

Stening, B. W. (1979). Problems in cross-cultural contact: A literature review. *International Journal of Intercultural Relations, 3*(2), 269–313.

Storti, C., & Bennhold-Samaan, L. (1997). *Culture matters: The Peace Corps cross-cultural workbook* (ICE Pub. No. T0087). Washington, DC: Peace Corps, Information Collection and Exchange. Retrieved August 7, 2003, from http://www.peacecorps.gov/library/pdf/T0087_culturematters.pdf

Storti, C., & Bennhold-Samaan, L. (1999). *Culture matters: Trainer's guide* (ICE Pub. No. T0103). Washington, DC: Peace Corps, Information Collection and Exchange. Retrieved August 7, 2003, from http://www.peacecorps.gov/library/pdf/T0103_trainculturematters.pdf

Storti, C., & Bennhold-Samaan, L. (2001). *La cultura es importa: Manual transcultural del cuerpo de paz [Culture matters: The Peace Corps cross-cultural workbook]* (S. P. de Silva & S. D'Aniello Acosta, Trans.). Washington, DC: Peace Corps, Information Collection and Exchange. Retrieved August 7, 2003, from http://www.peacecorps.gov/library/pdf/T0087_cmespanol.pdf

Sullivan, R. L. (1995, June). Training across international borders. *Training and Development, 49*(6), 55–57.

Thiagarajan, S., & Steinwachs, B. (1990). *Barnga: A simulation game on cultural clashes.* Yarmouth, ME: Intercultural Press.

Tung, R. L. (1981). Selection and training of personnel for overseas assignments. *Columbia Journal of World Business, 16*(1), 68–78.

Tung, R. L. (1988). *The new expatriates: Managing human resources abroad.* Cambridge, MA: Bollinger.

Weiss, A. (1968). *High risk, high gain: A freewheeling account of Peace Corps training.* New York: St. Martin's.

Wight, A. R., & Hammons, M. A. (1970a). *Guidelines for Peace Corps cross-cultural training: Philosophy and methodology* (Part I). Washington, DC: Office of Training Support, Peace Corps, and Estes Park, CO: Center for Research and Education.

Wight, A. R., & Hammons, M. A. (1970b). *Guidelines for Peace Corps cross-cultural training: Specific methods and techniques* (Part II). Washington, DC: Office of Training Support, Peace Corps, and Estes Park, CO: Center for Research and Education.

Wight, A. R., Hammons, M. A., & Wight, W. L. (1970). *Guidelines for Peace Corps cross-cultural training: Supplementary readings* (Part III). Washington, DC: Office of Training Support, Peace Corps, and Estes Park, CO: Center for Research and Education.

Wight, W. L. (1970). *Guidelines for Peace Corps cross-cultural training: Annotated bibliography* (Part IV). Washington, DC: Office of Training Support, Peace Corps, and Estes Park, CO: Center for Research and Education.

第十六章

非美国军队的文化多元化管理和培训

唐娜·温斯洛(Donna Winslou)
斯蒂芬·卡姆休伯(Stefan Kammhuber)
约瑟夫·L.索伊特斯(Joseph L. Soeters)

  1989年冷战结束以来,军队的变化非常大。尽管对国际和平与稳定的主要威胁日益增加,军队发现他们正面临比从前更多样化的环境的挑战。过去,对于军队来说,能运用军事谋略并了解敌人就足够了。今天,在离散的政治版图中,军队必须与冲突中的各交战方谈判,保持中立,并抵御侵略。他们还不得不与各种国际舞台上的各种角色(包括联合国代表、媒体以及非政府组织)打交道。而且,他们还要在外国的文化环境中执行任务,身处被战火摧毁的国家,远离家庭与朋友。这种情况就需要有高水平的跨文化能力。

  跨文化能力对于很多军事组织的日常活动也是非常必要的,因为军队内部由于种族、性别、宗教信仰等不同也呈现多样化趋势。这是很多因素作用的结果。其中之一的变化是现今士兵很多是志愿兵而非被征入伍。[①] 这个变化意味

[①] 尽管许多军队(如美国)早在几十年前就转型为完全志愿军队,但对一些国家(如比利时、法国),这还是新现象。它们最近才转型为完全志愿的军队。而奥地利、丹麦、德国等国仍在全国范围招收应征兵。

着军队必须面对日益增长的兵源多样化问题。如果他们想解决征兵及士兵储备的问题,他们不仅要吸收少数民族和妇女入伍,还要提供宽松的工作环境以便留住新征入伍的士兵。许多社会比20年前更加异质化,这使得军队要在所有征兵单位(employing organizations)中创造公平机会,保证军队代表了所要保卫的整个社会的各个阶层。

本章讨论的是非美国军事力量的文化多元化管理和培训。[①] 要覆盖全世界的军事组织是不可能的,我们尝试解释一些非美国军事力量所面对的挑战。我们首先讨论的是产生文化多元化的内部组织因素。事例来自南非、加拿大和德国,南非的文化多元化也是十分重要的国内问题(Heinecken,1999)。然后,我们将继续讨论参与维和行动给军事组织带来的特殊挑战,并详细描述为德国军队开发的跨文化培训项目。结论部分我们将讨论实施跨文化培训的各种问题。

多元文化主义与军事力量

当全世界的军队都在精简人员、走向现代化时,一些国家军队已经决定从征兵制转向职业军队制。这种变化增强了迎合机会平等目标的需要。这中间有几个原因。首先,由于军队不论是从数量还是从质量上,都与一般公司共同竞争稀缺人力资源,这有利于扩大征兵范围。例如,在英国,尽管少数民族只占总人口的6%,但是,他们在16至24岁年龄段中的比例高达19%(Crawford,1995)。在加拿大,2000年有80%刚参加工作的人都来自特定的少数群体(妇女、少数民族和原住民),而这些少数群体在加拿大军队中的数量却少于17%(加拿大国防部,1999)。

此外,很多西方国家都面对人口老龄化危机。例如,尽管加拿大目前15岁以下的人口数是65岁以上人口数的两倍,但到2030年,"接受抚养的老人"(dependent elderly)(在加拿大,往往指65岁以上的人)数量将超过抚养者。这种趋势下,加上出生率不断降低,移民就成为维持或保持人口增长的唯一选择(Verdon, Okros & Wait, 1999)。移民者将逐渐超过加拿大本地居民,并将成为

[①] 本书的前两版描述了美国空军的文化多元化项目。

未来军队的主要兵源。这将与当前军队中主要是欧洲白人后裔的景象完全不同。人口组成的变化将对军队产生压力,比如德国军队,因为德国宪法使得外族移民和他们的后裔难以成为德国公民。没有正式的公民身份,他们不能进入德国军队。这将排斥很多少数民族,特别是土耳其裔居民。如果自然化的过程被改变,实际上将不得不招少数民族人员入伍,而他们大多数是穆斯林。保罗·克莱因认为,这种民族的、文化的以及宗教的文化多元化要求相应的政策、行动和项目以应对这些变化(Paul Klein, 1999)。

另一种支持少数民族人员入伍的观点认为,军队能够从技能多样化和由文化多元化入伍规定而产生的人员文化背景多样化中获得好处。若能招收比现在更多的少数民族士兵,军队将比现在获益更多,而那些少数民族团体也能因此受益。如果美国经验值得借鉴的话,在军队中服役能让少数民族团体觉得他们是这个社会和政治制度的有价值因素,即少数民族感觉到他们不是被排斥,而是被社会接纳,他们服役中学会了增强社会经济灵活性的技能,并发展出领导才能,退役后可将其用在社会生活中。以上三个因素可以看成塑造公民身份过程的三个方面(Moskos & Butler, 1996)。

在未来对聪明又灵活的人才的需求不断增加而不是减少的情况下,这种文化多元化或许在将来是一种优势。另外,一个没有种族歧视,关注多样化、宽容和行为得体的军队比允许种族骚扰存在的军队更有战斗力(Powell, 1998)。军队会因被社会公众视为坚持提供公平机会的雇主而受益,而这种美誉也将在社会公众中维持了军队的合法性和良好口碑。对于一个健康的民主社会来说,军队与它所保护的社会不要分离的太远,这很重要。毕竟,正是社会资助军队并赋予它合法地位,而且正是社会,它不仅是士兵的来源地,也是士兵退伍后成为一名社会公民工作之处(Dandeker & Winslow, 1999)。

军队内部文化多元化也是导致军队组织结构发生变化的各项法律的结果。例如,欧盟法庭判定同性恋不应被英国军队拒之门外。在此之前,英国国王与国防大臣不能参与立法,特别是涉及英国军队人员组成的立法。现在的情况已经不是这样,英国政府也认识到立法事实上被用于所有国防建设。在未来,只有表明强迫接受法律与军队的培训及作战任务发生冲突时,例外才可以获得支持。在当今缺少服从的环境里,是由军队来证明适应更广泛社会的变化着的规范和价值观有可能会损害军队的行动效率,而不是证明军队站在变革倡导者一边是个负担(Dandeker & Winslow, 1999)。

无独有偶,在卢森堡的坦杰·克雷尔的案件中(Tanja Kreil case, C-285/98),欧洲正义法庭要求联邦德国国防军要向妇女提供入伍的机会(克雷尔是学电子的,她于 1996 年申请德国国防军的武器电子维护人员的职位,她的申请被驳回,因为德国法律禁止女性在能接触到武器的岗位上工作)。在此之前,德国法律规定,妇女只能作为志愿者参与医疗部队及部队文艺演出(详情参阅 Klein, 1999)。但欧洲正义法庭判定德国此项法律有违男女平等的精神。德国则认为欧盟的法律不适用于国防问题。国防问题是欧盟成员国的国内主权问题。欧盟法庭拒绝了德国的此项申辩,并规定欧洲社会法律适用于公共服务事务,包括军队中服役的男女。

有趣的是在十多年前,加拿大军队无法成功证明男女异性混编将削弱部队战斗力,因此 1989 年人权法庭发现,加拿大军队没有遵守根据职业要求设定的加拿大人权法是无根据的(Winslow, 1999)。因此,法庭裁定加拿大军队中关于只限男性的特殊部门和职业的规定是违法的性别歧视。如果其他欧洲国家也仿效加拿大,这些只限男性的规定都将被诉诸公堂。虽然各国的立法机构还将继续出台各项裁决和指令性文件,数量不会多,但是像欧盟委员会、欧洲法庭一类的机构则会出台更多的相关裁决和指令,特别在雇用法领域更是如此(Dandeker & Winslow, 1999)。

一个回应文化多元化需求的实例:南非

军队内部文化多元化也可被看做主体社会变化的结果,例如南非的后种族隔离时代。1994 年南非第一次多党民主选举后,政府通过认定被宪法定义为"积极性区别"(positive discrimination)的理念,发布了减少原来的不平等和不平衡的新法律。新组建的全志愿南非国防军,作为公共服务的一部分,遵从了给军队的种族问题带来巨大变化的法律。

这些变化对南非国防军的影响可能大过其他机构,因为这些变化使 7 个具有完全不同的政治与军事背景的部队联合起来形成一个新组织(Heinecken, 1999)。而且他们中的一些还是想推翻政府的革命军,其他则更趋向于传统的

"职业军队"。因此,新的南非国防军不得不面对文化多样性的巨大障碍,而何种文化将成为军队的主流文化也引起激烈争论。

在这个新的军队里,从前各部队的建制都被取消,人员组建新的建制。在正式场合,新的南非国防军中再没有任何种族隔离。但是社会的种族隔离仍然以非正式的形式存在,这从正式的、非正式的军事集会和活动中都能看出来。紧张气氛也继续存在,特别是部队中的白人害怕由于部队对妇女和黑人的偏爱使得他们没有晋升的机会。另一方面,黑人继续感到被歧视,因为军队的权力仍掌握在无委任状的高级白人士官(noncommissioned officer)和高级军官手里(Heinecken, 1999)。按照组织理论,以上这些失衡有可能导致冲突,并间接降低组织的效率(Cox, 1993)。对于新组建的南非国防军(与其他情形一样),这种文化多元化引发的紧张气氛发展到顶点就酿成了悲剧,比如 1999 年 9 月有 8 名军官死于种族仇杀(Soeters & van der Meulen, 1999)。

这种紧张引发的惨案是可以预见的。造成紧张的部分原因可以归咎于机会平等培训项目未能得到很好的执行。一个例子是心理融合项目(PIP),它被用于解释在与从前的敌人共处时,人们潜意识中的不信任、缺乏安全感以及种族仇恨。心理融合项目也可被看做是南非社会为了弥合过去的怨恨而采取的更广泛的和解政策的一个明证(见 Krog, 1999)。

长达 5 日的心理融合项目的核心因素是感情汇报会,感情汇报会的目的是有利于讨论种种关于种族隔离的罪恶的、痛苦的、恐惧的和愤怒的情感。心理融合项目强调对他人的接受一定发生在认知的、感情的和个人的层次。简单来说,心理融合是个有价值的项目,但它在开会过程中缺乏足够多受过培训的、能够化解不满情绪的推动者,因此,它最后失败了。心理融合项目最终不幸以分裂的效果结束,它加剧了紧张情绪而非化解紧张情绪(Heinecken, 1999),该项目持续了仅仅 3 年。

更多的培训项目相继出现。心理融合项目的一些因素被纳入关于文化多样性的公民教育项目。该项目被引入面向军官和无委任状士官的课程。这个课程中讨论了刻板印象的负面结果,以及从法律的角度有关种族、性别、语言和宗教歧视等问题,详细解释了为什么需要一定的行动来解决这些问题。最终,该课程指出军队里需要创造出平等与民主的气氛(Heinecken, 1999)。

另外,由参加了在美国举办的保卫平等机会管理学院课程的培训师向高级军官讲授了关注项目的课程。因而,"保卫平等机会管理学院的思想"成为南非的流行思想就不奇怪了(关于"保卫平等机会管理学院的思想"的论述,见Dansby, Stewart & Webb, 2001)。这个特殊的关注课程被设计成用来警示指挥官和管理者关于歧视的本质、根源以及衍生物。测试表明,该项目有助于培养对文化多样性,以及对机会平等和认同行为的尊重(Heinecken, 1999)。

另一个多样性培训事例是由南非海军开发出来的。该项目类似公民教育项目,但它不同之处在于它是基于艾伯特·埃利斯(Albert Ellis)的"理性—感性"疗法和人性的"ABC理论"(A指刺激性事件,B指信仰,C指结果)。该理论的重要性在于它注意到事件(A)并不是简单地引起了情绪(C)。在事件和情绪之间的对事件的信仰(B)才是情绪的诱因。该项目基于以下思想:通过向人们展示如何改变他们的信仰系统,他们才能够对其行为和态度带来改变。通过使用电影《狮子王》的片断,这种理论被用于新兵教育上(Heinecken, 1999)。该课程和其他军事基础培训项目编织在一起,似乎对培养一定程度的对异文化的容忍是成功的。

南非军队中的文化多样性交织着权力与先前冲突留下的遗产。新军队不仅必须将军队中不同文化群体整合起来,还要整合各种军事文化。鉴于此任务的规模和特点,这基本上是"不可能完成的任务"。因此,南非军队中的紧张情绪与出现枪击事件就并不奇怪了(Heinecken, 1999)。尽管如此,南非案例还是清晰证明了多样性培训对战胜文化差异以及消弭从前的敌对情绪是作出了贡献的。这对于当前正处于后冲突时代的重建,与从前的敌人同处一个军队中的国家还是很重要的。

多样性和新维和行动的挑战:比利时与加拿大

冷战事实上是各国军事力量的相对稳定期。现在,更直接的两极斗争已让位于更混乱的世界冲突。冲突可能来自国内的分裂或者内战而非过去的那种国家之间的对峙。多国维和部队若想发挥作用,就必须能够应对异国当地民族文化与语言的多样性。另外,维和行动在世界各地此起彼伏。例如,我们看看新闻:比利时军队驻扎在波斯尼亚作为波黑稳定秩序力量的一支,同时在科索沃又作为科索沃的一支武装力量。正如马尼戈特(Manigart,2000)指出的,同一支部队作为联合国多国维和行动中的一部分被派往索马里、扎伊尔、海地、柬埔寨以及土耳其。另外,在国际维和活动中,各国军队还不得不应对其他国家维和成员的文化。这不仅包括其他国家军队的文化,也包括国际组织、非政府组织等等(Winslow & Everts, 2001)。

与当地人民的关系

在巴蒂斯泰利等人看来(Battistelli, Ammendola & Galantino, 2000),军事人员要面对的一个主要挑战是从敌—友二元逻辑为主导的战争环境转变为基于友—敌—非敌的模糊不清逻辑的多元维和环境。士兵的作用从利益相关方转向利益不相关方;从敌对者转向旁观者;从运动员转向裁判员。在跨文化交流方面没有准备将给部队带来灾难。例如,加拿大与比利时维和部队在索马里就遇到了麻烦,因为他们对自己要去的国家没有做好各方面准备。

在索马里,加拿大的空军面对着地理条件的严峻挑战和动荡的政治环境。士兵们对当地文化的冲击未做任何准备,根据温斯洛的描述(Winslow,1997),很多士兵都感觉装备不良,相关信息介绍不够或是相关技能培训不够。对散发给部队的大多数传单及手册官兵们都匆匆一瞥,事实说明加拿大士兵在进入索马里之前都未能得到充分的信息帮助他们了解当地局势。[①] 士兵们开始感觉到他们好像是在另一个星球一样。根据沙因的报道,"新的语言、奇怪的风俗习惯以及不熟悉的景象、声音、气味和未曾预料到的行为反应使外来者难以放松"(Schein, 1985, pp.24—25)。这就像把他们从一个熟悉的世界抛进一个原因

[①] 在加拿大空军作战部队出动前,发给他们的《索马里手册》(加拿大国防部,1992)中,"处理与当地人关系"章节由3部分共6句话构成。该手册告诉士兵们"一些当地居民即使平时也是难以预测的,每次遇到他们携带武器,即可视为危险或有潜在敌意人群"。该手册并未提及,实际上几乎所有的索马里游牧部族都携带枪支保护他们的羊群。《索马里手册》还将索马里人视为潜在威胁和危险,甚至被视为敌人:"只要符合其利益,而他们又可以全身而退,昨日的盟友可能会激怒毫无警惕的人群。这是在索马里建立信任的最不幸的一面。"该手册里的简单申明确实暗示了维和环境的不可预测性,但未能指出情况的复杂性。

第十六章 非美国军队的文化多元化管理和培训

与结果、方法与目的、前提与结论完全混乱的另一世界。① 一支部队在这种特殊的跨文化情景下,"将按照自己的想法对待发生的事情,对事件本身和环境做出基本假设,以无声的过滤器对感知发生作用"(Schein,1985,p.41)。这就是为什么更好的跨文化培训将帮助加拿大军队,做好了跨文化差异的相关准备,可能仇外以及种族主义的暴力与其他不幸的结果就会被阻止。

比利时军队也参与了对索马里人过多的暴力事件。一些比利时士兵被指控在非洲的维和行动中有暴力行为和种族主义行为。官方在1998年4月发布的调查报告宣称,比利时军队试图从性别上的区别开始,消除军队中的各种歧视。因此,建议之一即是多样性培训是部队绝对需要的(Manigart,1999)。② 该报告的建议被纳入由多方人士起草的"普遍规则"(General Order)之中,并于1999年2月由国防部长签发。"普遍规则"规定,国防部的成员应禁止任何形式的种族主义以及对外仇恨。同时,规则陈述到,种族主义是完全背离军事伦理的,有害于部队声誉以及良好的工作关系,因此,种族主义行为不能容忍。

比利时"普遍规则"的其他相关政策包括预防政策,目的在于在招募新兵广告中不考虑文化背景的挑选政策和对官兵个人的培训与教育。最后,还颁布了起诉程序和惩罚措施。尽管有这些良好的愿望,但要推行这些建议却很困难,因为培训课程和处理多样化性培训都是自愿的。③ 发给每个旅的专门的"精神准备建议",可以对本单位发生的任何种族主义与仇外主义具有警示作用,可以强烈建议专职军官和士官要实行这些标准。但这些建议对那些不愿遵守这些标准的强制力有限。尽管比利时的军队有文化多样性培训,但它对整个军队的作用可能依然有限。

---

① 例如:加拿大士兵不能理解索马里人的性别行为。他们对男人手拉手,男人像女人那样蹲下撒尿感到震惊(尽管当人们穿上布裙(sarong)时,这一行为更为隐秘)。加拿大士兵尤其不满索马里人对女性施行割礼,以及索马里男人对待妇女的方式。
② 这一点尤为重要,在90年代初,征兵制被废除,随之引入了完全志愿军,军队组织中的文化多元化也极大增加(女人、少数民族)。
③ 比利时军官和士官们可以要求学习为期2天的跨文化传播课程,为期3天的谈判技巧课程。这是第一步,也仅是很小的一步。很容易设想这种志愿程序会导致那些已表现出与问题有关的人的自我选择。

与其他维和部队的关系

维和部队遇到另一个问题是维和所在地各国维和部队间的文化差异。尽管北约组织国家里似乎有相同的军队文化,促进了北约国家间的有效合作,但当北约军队与非北约国家军队一起行动时,巨大的差异就出现了(Winslow & Everts,2001)。一项对加拿大军队道德的调查显示,文化紧张在多国部队协同执行任务时十分普遍。文化紧张包括加拿大军队和其他军队间存在着实质性的道德差异,例如参与黑市买卖问题(Maillet,1998)。其他问题来自面对突发事件的不同价值体系。就像一位加拿大士兵所说的,"我已经注意到,不仅是在东道国的不同维和部队中,而且在多国联合执行任务的友军之间,都存在着不同的文化价值观,这在引起思想压力方面表现最为普遍"(Maillet,1998,p.20)。其他谈到的困难是"各个东道国之间,特别是有着不同文化价值观体系的各维和部队之间的伦理道德标准差异(特别是有关性骚扰和与不同性别的人在一起等)"(Maillet,1998,p.10)

其他的困难还包括在维和地区与一些国际救援机构以及非政府组织间打交道的问题。现在有大批平民救援工作者在维和部队中广泛承担任务,例如食品运送、监督选举以及人权情况、管理难民营和分发救援药品和医疗服务。他们分属于各个组织,有不同的预算、任务、目标、能力和性格等,这些有时会引发彼此之间的摩擦,给军事活动带来困难。①

传统上,军队与人道主义工作人员间回避接触互动或彼此带有敌对的特点。与非政府组织相比,军队是保守性组织,非政府组织吸引了年轻人和具有社会意识的人。很多非政府组织成员认为,他们和士兵在价值观上没有相通之处,但是士兵又是应当受到保护的社会成员。每个组织通常都对他人怀有刻板印象。根据一些分析,在非政府组织成员眼里,士兵是"带着玩具的男孩",他们

---

① 在维和行动中,人们能发现大型国际组织的身影,如联合国难民事务高级专员公署(UNHCR)和联合国儿童基金会。在波斯尼亚,有知名的国际非政府组织,如:各地合作支持与援助组织 CARE(Cooperative for Assistance and Relief Everywhere),牛津饥荒救济委员会(Oxford Committee for Famine Relief),无国界医生组织(Doctors without Borders)和国际红十字会(ICRC)。在后冷战时期,冲突地区存在着更多小型的非政府组织,这些非政府组织可能有宗教背景,也可能是世俗的,可能包含一个或几个国家的人员,可能是完全非政府的,也可能得到政府的大力资助。

思想僵硬、独裁、保守、缺乏耐心、易怒、对平民恐惧、同性恋以及对安全过于敏感等等。而战地指挥官则称非政府组织为"无导向组织"。一些作家记下了下面一些对非政府组织成员的评论:"60年代的孩子"、"做好事的怪人"、"不准时的人"、"碍手碍脚的人"、"无政府主义者"、"没有原则的人"等(详见Winslow,2000)。战胜年龄、性别、种族以及组织等方面的文化差异对消除非政府组织与军队间的隔阂很重要。① 而这里,跨文化培训又将扮演一个重要角色。然而,现有的跨文化培训关注的都是与东道国当地人的关系,正如我们前面所看到的。

德国军队中的跨文化知识管理

近40年来,德国军队一直是严格意义上的国防军,其任务是保卫宪法中载明的自由和民主的权利。20世纪90年代,随着东欧的开放、东西德合并和苏联解体,欧洲地图和德国军队的角色发生了根本的变化。今天,在联合国、北约和欧洲安全与合作组织的指令下,德国军队参加了在索马里、柬埔寨、波斯尼亚、科索沃和马其顿的国际军事行动。但是,在索马里与柬埔寨,德国军队出现了不少并非军事考虑不周而是因缺乏对当地文化规范与价值观了解所造成的问题。

由于这些问题的出现,德国国防部委任雷根斯堡大学心理学院为执行国际军事行动的士兵开发一套培训课程(Kammhuber, 2001; Thomas, Kammhuber & Layes, 1997; Thomas, Layes & Kammhuber, 1998)。下面依照该项目的5个培训阶段详细介绍其开发和实施情况。该项目的5个阶段是:(1) 对参与国际行动的士兵活动范围分析;(2) 为教员和士兵开发出跨文化学习环境;(3) 开发出跨文化交流"工具箱";(4) 跨文化环境学习的实施;(5) 建立跨文化知识管理。

---

① 根据威廉姆的记述,与军队相比,非政府组织和国际组织缺乏严密组织不倾向替年轻人做决定,这往往会使军事人员产生挫折感。此外,联合国机构,如联合国难民事务高级专员公署,按积极性歧视(positive-discrimination)的标准招收女性雇员意味着在波斯尼亚执行任务的一半联合国雇员都为女性(Williams, 1998)。女性联合国难民署官员和雇员会给那些习惯于在清一色男性环境下工作的官员带来麻烦。

活动范围分析

该项目的第一步就是对在国外执行任务的士兵活动范围进行综合分析。这是为了使研究者熟悉特定跨文化接触的语境,使他们能够运用跨文化心理学的概念与理论来整理危机事件,把它作为培训材料。研究者对 31 名不同级别,参加过不同文化背景国家的各种国际任务(包括人道主义救援、军事观察等)的官兵展开调查。访谈的一部分是经过设计的,并配有访谈指南,最后对调查材料进行定性的内容分析(Mayring, 1993)。表 16.1 展示了跨文化接触的最主要行为环境。

表 16.1　军队中跨文化接触的分类

非正式的军民接触	正式的军民接触	军队之间的接触
公共生活	会议代表	护卫
重建被毁设施	公共关系	巡逻
交通	个人的管理	汇报
邀请	谈判	会议
空闲时间	行政管理和公务	空闲时间
	医疗卫生	

三种跨文化接触是有区别的:(1) 与东道国平民的交流;(2) 与东道国官员交流;(3) 与其他国家维和部队官兵的交流。士兵们特别指出,最后一种接触特别难以应对。表 16.2 列举的危机事件是这三类接触的实例。

表 16.2　军队中跨文化接触的危机事件

非正式的军民接触	正式的军民接触	军队之间的接触
"在索马里有一些重伤员来到我这里。在有些情况下我们得给他们截肢以挽救他们的生命。然而,一旦他们氏族的人听说我们要给他们截肢就会赶来拒绝。这样一来,他们中一些人由于腿部受伤感染而不幸丧命。我们在医院所能做的一切尽可能减轻伤员的痛苦,后来他们都悲惨地死去。"	"在巴尔干人那里有不同的时间观念。在谈判前,我们常常喝一种叫普罗西克的开胃酒,给我们递烟。然后再一次问我们需要喝点什么。大约谈了 30—45 分钟天气和家庭之后,谈判才慢慢开始。"	"法国军队中的官兵关系等级森严。有一次我和一位下等兵来到法国军官的驻地。法国军官不和这位下等兵交谈。这给我的印象是如果我不在场,军官也不会和作为下等兵的他说话,这可是个大问题。"

该项调查确证了很多跨文化交流互动的研究结果。例如,文化差距和个人的文化休克体验正相关(Bochner,1994),文化差距和官兵回国后重新融入祖国文化时的休克体验正相关。同样,研究也确认了通过同辈人的社会支持可以减弱文化休克。执行任务的士兵比执行观察任务的士兵具有优势,因为后者大部分时间都待在多国部队里。研究小组从访问中收集了41次危机事件。从这些事件中获取的信息后来被纳入不同的培训技术中。

跨文化学习环境开发

一些情景学习理论被用作跨文化学习环境的基础(Greeno, Collins & Resnick,1996)。支持这些理论的人认为,这些理论比起行为理论与认知理论更充分地解释了学习与思想行为的转变现象(Clancey,1997)。接触过实用主义的与社会历史的认知理论的人都了解,"知晓"可以被看做是人与环境之间的交流转化关系。

通常,知识是与语境脱离的,并假设认为概念被总结得越抽象就越适用。实际上,知识与现实经验脱节会导致"死知识"(Bransford, Franks, Vye & Sherwood,1989;Witehead,1929)。这是说,在培训课程结束后,学员更容易在理论的框架里津津乐道,但当他们把所学到的理论运用在现实生活中时就会失败。如果要能灵活地运用知识,就必须让学习者在真实环境中学习。在哈里森和霍普金斯的文章里,他们将跨文化准备培训项目中"死知识"现象看成是"大学教育模式"的结果(Harrison & Hopkins,1967)。但是,他们并未提及任何学习和教育理论。根据情景学习理论,我们将在下一节列举产生"死知识"的各种因素。

知识与经验的脱节

1995年,德国军队中发行了一本关于波斯尼亚基本情况的书。书中有如下关于与东道国人民交流的提示:"与塞尔维亚人的异性关系能够导致限制一个人的行动自由,甚至危及生命安全。他们的家庭关系很强,冒犯一个人的尊严,可能会导致其进行复仇。"(German Federal Armed Forces,1995,第17页)。这种提示体现的是专家式的认知过程模式。然而,与塞族人接触过的学员是不可能真正领会这些从经验中抽象出来的知识。当他们读到这些内容,肯定会激活他们在特定文化中的经历,并且通过这个框架来解释骄傲、尊严以及家族关系,来理解它们是如何表达的。这种评价将导致有偏差的思维模型,导致很可能不能实现的期待(Cushner & Brislin,1996)。这使学员更难做出适应行为。

缺乏对学习目标的主动性

一个人通常只有在遇到现有知识无法解决的障碍和学习非常重要时才会去学习,这种学习需求比为竞争而学习更强烈。

当学员没有意识到相关的行为障碍时,他们将选择一种"防卫型"动机来学习。这就是说,他们会试图把培训和上一次的冲突联系起来(Holzacamp,1995)。而培训的目标是提升"更广泛"的学习动机。这意味着学员对跨文化问题产生大量好奇,并且在培训结束后他们能继续探寻这方面的知识并运用于实际生活(Bransford & Schwarz,1999)。

认知论的失效

所有的学习处于一种学习语境中,这种语境包含着学习过程以及关于学习目标的重要提示(Bateson,1972;Greeno,1989)。学习行为规则,就像那本关于波斯尼亚的书一样,能够给学习者带来一种感觉:文化学习是很琐碎的,只要记住这些规则就可以了,因而学习被看做是有终点的过程。根据情景学习理论,学习过程不能被看做是有终点的过程,因为学习者要不断地重构意义。根据情景学习理论,模型与概念仅仅是"概念性工具",是"达到目的的手段"。学习者应该不仅仅学习去思考模型本身,而是要学习模型表达的意思或用模型去思考(Bransford et al.,1989)。

设计情景式跨文化学习环境

有效的跨文化学习环境应该包含以下设计标准。

从真实和相关的问题情境中学习 学员可能对特定文化规范的感知更敏锐,并能在特定的环境中约束自己(Greeno,1998)。在这种语境中,由实际生活收集的危机事件比凭空编造的更接近现实。只要可能,危机事件应尽可能反映真实场景的复杂性。这样,学习者在探求解决方案时,首先必须确定最重要的

第十六章　非美国军队的文化多元化管理和培训

问题是什么,什么信息与解决问题相关。如果危机事件太短或太简单,学习者就失去了学习真实任务中的非常重要部分。

多角度的综合　根据情景学习的社会构成主义基本思想,"真实"是各种意义协商的结果。因此,培养知识的灵活性不可缺少的一环是从多个角度来仔细审查一个问题。例如,分析国际维和行动中遇到的危机事件可以从文化、政治、军事、医疗和法律等多个角度进行分析。如果学习者学会从多个角度考虑问题,那么就更容易适应在采取行动中出现的多种选择。

表述核心概念　对事情进行多角度的思考需要跨文化培训中有一个以话语为基础的环境。跨文化培训话语中表述隐含的特定文化的假设,对转化性学习非常重要(Greeno, et al., 1996; Mezirow, 2000; Taylor, 1994)。特别需要指出的是,军队教育中文化学习的特点通常是通过教官讲学员听的方式进行的。

培训师转变成"优秀的学习者"　由于跨文化学习永远不会结束,加上社会意义不断进行重构,培训师的角色渐渐从"万能专家"转向"优秀的学习者",有责任给学员在学习过程中提供知识和认知框架(Bransford, Brown & Cocking, 1999)。

清晰表达和陈述功能认知假设　因为关于知识的认知假设与如何构建知识是学习成功的基础,所以这些假设应该得到清晰的表达和讨论。为达到这一目的,应揭示出相应的理论和工具的建构过程。

跨文化定位式询问

以上设计标准是通过"跨文化定位式询问"的方式被纳入跨文化学习环境的(Kammhuber, 2000)。这是对范德比尔特认知与技术小组(Cognition and Technology Group at Vanderbilt)发明的定位式询问(anchored inquiry)的运用。定位式询问是用来激发美国中学生学习数学、自然科学与社会科学的方法。定位式询问是把与中学生相关的真实复杂问题录像。其核心原则是这些情景没有明显的解决方法,它们最后以"难点"或困惑结束,以激发学生深入学习的兴趣。每一个定位都来自一个事件(Cognition and Technology Group at Vanderbilt, 1997)。表16.3显示了定位和其产生的危机事件。

表 16.3 定位和危机事件

定 位	危机事件
叙事形式	有时间地点环境中的真实情景,加上交流互动的人员角色
产生问题形式	以惊讶、困惑或冲突结束,没有一致的解决方案
加入设计的资料	包括角色的"行为资料"和语境的"环境资料"
问题的复杂性	由互相影响的多种因素所决定
与培训课程相联系	允许从多个角度对情景进行分析,例如从心理的、经济的、人种学的和法律的角度

跨文化定位式询问是根据一个简单的循环来操作的(见图 16.1):(1)显示定位;(2)给出情景的意义;(3)产生多种视角;(4)陈述各个视角;(5)产生采取行动的多种选择;(6)陈述各种行动的多种结果;(7)构建元语境(metacontext)。操作的起点是由课程内容(主要是危机事件)在学员们中产生的不一致的认知与情感的经历开始。鼓励学员尽可能完整地解释情景进展情况,先是学员个人独自解释,然后是与其他学员以及培训师一起解释。接着,由他们提出建议,在这种情景下应该怎样做,也是先由个人提出,然后由小组提出。在学得知识的基础上,然后要求学员陈述各种选择的正面与负面的结果。在第一个循环结束后,向学员提出新挑战。在这个阶段,请他们"比较案例",并在其中寻找各个定位之间的异同,以开发学员们关于一个"文化主题"的灵活与深层次的知识。

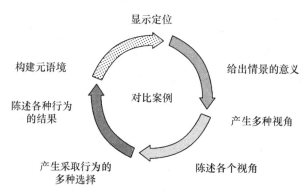

图 16.1 跨文化定位式询问循环图

在宏观层次,跨文化学习环境的次序见图 16.2。

图 16.2 跨文化学习环境的次序

跨文化工具箱

该工具箱由三部分组成:(1) 一本覆盖跨文化心理学核心概念的手册;(2) 一个"广义文化"的文化同化案例集(Cushner & Landis, 1996);(3) 一套现场事件的只读光盘。在手册中,理论、模型和研究结果是以真实危机事件的设计者与顾问之间关于跨文化问题的对话形式体现的。学员通过一种非正规的方式学习核心概念,随后向他们作系统描述。同时,他们在潜移默化中学会在真实的跨文化问题中进行争论,这对于说服与打动所在组织的学员是一项很重要的技巧。另外,通过调查发现,很多士兵感觉这种方法很容易将理论运用于军事实践。

因为士兵们不知道将被派到什么地方执行任务,因此他们必须学习适应性更强的、更广泛的跨文化知识。这些知识是通过广义文化"跨文化敏感案例"提供的(Cushner & Brislin, 1996; Cushner & Landis, 1996),"跨文化敏感案例"是在危机事件的基础上形成的案例集。库什纳和他的同事根据典型的程序步骤构建了该案例集。也就是说,它通过调查研究确定了危机事件,请专家判断它们的典型性和社会历史背景,将紧急事件分类,开发一个文化主题和可以选择的多种归因。尽管如此,常规的跨文化敏感案例是经过修改的。跨文化敏感案例通常受到指责,批评它的效果主要停留在认知水平,而对于行为没有任何作用(Harrison, 1992)。[①] 这里开发的跨文化敏感案例在这方面有所创新,这体现在这些案例要求学员学习在危机情景挑选可选择的行为,然后解释给出的四种选择的正面与负面的结果。这些行为选择是建立在四种不同的文化涵化策略上:主导、同化、妥协和协商。修改背后的理念帮助学员认识到:每一种情景中都存在超过常规的两种行为选择(主导与同化),以便达到成功地解决问题。广

---

① 然而,一些研究(如:Landis, Brislin & Hulgus, 1985; Weldon, Carston, Rissman, Slobodin & Triandis, 1975)已经证实了文化同化案例培训会产生超出认知的影响。

义文化"跨文化敏感案例"包含 19 个危机事件,并覆盖了 8 个建立在霍夫斯泰德(Hofstede,1991)、霍尔(Hall,1976)、库什纳和布里斯林(Cushner and Brislin,1996)、托马斯(Thomas,1999)的文化模型上的文化主题。其他的危机事件来自前面讲的调查数据。

这些危机事件中的三件被制作成了电影。电影使用的都是专业装备、技术、场所和道具,但演员不是职业演员,因此,演员表现出来的行为更加真实。电影制作把重点放在跨文化敏感过程方面,这是为了避免观众产生刻板印象(Kammhuber,2000)。记录的访谈内容包括同一位高级德国军医的访谈。他在阿富汗执行任务时遭遇到创伤性文化休克。由于他在谈到相关症状、疗法和对跨文化准备的需要时,很开放和坦诚,他成为遭受文化休克人群的典型。

另外,所有的培训材料都集中刻录在一张光盘上,并且都是超文本形式,为学习了解广义文化和特定文化、为跨文化训练、为重返祖国后的文化适应自动地设计了跨文化学习环境,为跨文化培训者参与做好了准备。使用者可以从这个工具箱中选择培训技术。工具箱还附带文化了解培训、培训介绍、如何操作与结果分析。该光盘还包含采取技术培训次序的建议,以及相关的基础的理论和教育信息。

多媒体学习项目是为"广义文化敏感案例"而开发出来的,通过情景学习,在德国军队的官兵中使用。① 使用这个项目,学员能够通过录像与文本形式,学习和运用跨文化心理学的核心概念来处理危机事件。

跨文化培训项目的落实执行

所有的教员要参加四天的"培训跨文化培训师"的学习。这是个研讨式的学习,主要是让学员熟悉跨文化心理学的基本观点、跨文化培训师扮演的角色以及上述为德国军队开发的培训材料。② 通过这种方式,培训过程为获取跨文化培训能力起到了定位作用(详见 Kammhuber,2000)。在研讨会的最后,将组

---

① 该项目是与某单位(EADS Dornier GmbH Systems and Defense Electronics)共同合作开发的(Friedrichshafen,德国)。
② 该研讨会的目的是帮助培训师将教学材料应用于有情景的学习环境中。因此,"培训跨文化培训师"学习环境是基于情景学习范式的概念,即把研讨会发展成为"普通"的跨文化培训,反映出某一特定阶段培训师所采用的方式和承担的角色。

建培训师小组,在上级监督下为执行针对士兵的跨文化培训总体项目做好准备。

几周后,培训内容在一个由 13 名士兵组成的小组中展开。这个培训试点是为了确定培训材料是否行得通,对培训师提供一个真实的学习环境,以让他们学习作为跨文化培训师所需的能力。最后重要的一点是,这个培训是为了鼓励参与者对跨文化问题产生兴趣。并不是所有的广义文化的培训在任何时候都是有效的(Gudykunst & Hammer, 1983),因此重要的是要在合适的时候进行培训。

在执行任务出国前,士兵需要有一定的生存信息,特别是关于执行任务的具体地理环境的真实信息。这种需求取代了他们思考自己社会化文化的动力。不幸的是,德国军队并未意识到这一点,他们也没考虑到培训小组由非军官组成,并在两个星期后就要出国。尽管有这些困难,军方还是挑选了根据在前南斯拉夫一些危机事件创造的危机事件模型,用这一模型实施了持续两天的培训,随后进行了评估。

情景学习环境是为了解决"死知识"的问题。为达到这个目的,评价者必须证明士兵将培训中学到的知识运用到实际情况中了。因此,我们更感兴趣的是学员证明了学习效果超过了从前的认知领域。特别是影响了行为,这很重要(Kirkpatrick, 1979)。前面关于对跨文化培训的评估研究主要集中在学习水平上(见本书第五章)。如果要对行为进行评价,那么最可能在人工设置的角色扮演中进行评价(Kinast, 1998)。另一个重要方面是对学习的总体评价。如果跨文化培训的主要目标是学员的"独立效果"(McCaffery, 1993),那么评估者必须证实学员能够在跨文化环境中应用所学的知识,以及更重要的是证实学员已经做好未来的跨文化学习准备(Bransford & Schwarz, 1999)。

"培训跨文化培训师"学习环境通过撰写文件法(Jacobson, Sleicher & Maureen, 1999; McLellan, 1996)的单一案例研究及参与者观察加以评估。撰写文件法包括在四个不同的时间完成四项任务:(1)在"培训跨文化培训师"过程中制定一项培训日程安排;(2)制定培训测试计划;(3)主持培训测试;(4)写一份关于培训测试的报告。这些日程安排与报告将被装入文件袋。对文件袋中的这些文件的评估将显示培训师喜欢"培训跨文化培训师"学习环境的情况(反应),并形成对嵌入情景学习跨文化问题的多方面的理解(学习),把这些想法运用到基于情景学习理论的培训日程设计中(行为)。可以证明,"培训跨文化培训师"和所用的培训材料在行为层次上产生了效果。尽管这样,培训师在一些困难情况下不一定真正有能力掌控培训。当然,并不是所有培训师都如此。

在评估一般性文化培训时,我们关注两个数据。首先,在培训结束后,我们立即将通过问卷评估士兵的学习环境,询问他们喜欢这次培训的程度(反应)。四个月后当士兵奔赴维和地区,他们将完成第二个评估。通过两次评估获得的对培训评价在语言表达差异的分析表明,培训师在培训过程中有能力创造一个以话语为基础的学习文化,这种学习文化对任何特定主题的多方位分析都是必须的。参与评估的人认为,跨文化培训是出国前准备的重要部分,但又抱怨培训的时间安排。我们还发现,培训被安排在眼看就要出国执行任务之前,这并没有被参与培训的人所接受,一般性文化培训在士兵即将参加行动前是没有效果的。这可能是因为他们认为一般性文化培训对成功完成任务没有帮助。

在德国军队建立跨文化知识管理

这个研究计划的目的在于为德国军队开发一套广泛的跨文化学习课程。第一步是要通过设计培训材料使士兵了解广义的文化。然而,准备特定文化的材料并对士兵进行培训则更复杂。引起军事干预的政治危机并不能被提前预见。因此,这就需要实施跨文化知识管理,使得德国军队能迅速收集东道国的相关跨文化信息,同时将这些信息纳入开发的跨文化学习环境项目中。在执行长期任务中,例如在前南斯拉夫,做到这一点并不困难。研究者可以访谈一些官兵,获得他们在执行任务中遇到的危机事件,使用这些危机事件来培训后来的官兵。通过这种方式,官兵们有机会学习与执行任务场景有关的、真实的、与特定工作有联系的最新学习材料。

但是如果在对所去维和地区的信息了解很少的情况下,这个过程就变得更为复杂。在这个计划中,我们通过引入严格的时间压力(8个星期)来模拟这些情景。我们想看看合理且有效的特定文化学习能否在这种情况下开发出来。印度尼西亚因其民族、宗教和语言多样性被选为测试对象。另外,在那时(1998年),印尼的经济和政治危机都在恶化。这个测试特意选取一个德国军队不太可能执行维和任务的文化区域,其目的也是为了避免任何外部政治麻烦。具有讽刺意味的是,政治格局改变得如此之快,一年后,德国军队即开赴东帝汶执行任务。

跨文化知识的摸底

首先,一个由两名研究者组成的小组调查了德国军队各个信息部门是否有关印尼的信息。结果是否定的:仅收获一些印尼的地理信息,关于处理好与印尼人跨文化交往的信息非常少。

跨文化知识的确认

接下来研究小组进行了获取和确认特殊文化信息的工作。用行为场景的方法发现能作为跨文化信息源的相关人士。例如,德国-印尼合资企业的中层管理者被找来询问相关工作动机、领导和谈判的危机事件。为了反映不同的行为环境,研究中调研了一些其他群体:在德国和印尼两种文化中工作的两国医生被找来询问关于医疗情况;研究小组和相关外交人员交谈了解公务活动;向懂得两种文化的记者询问公共关系问题。[①] 8 个人被确定为访谈对象。[②] 此外德国的公司和组织、印尼人的公司和组织、德国-印尼合资公司和组织也成为小组的研究对象。这个过程将产生 18 个危机事件,观察到 27 个文化分歧。

下面的例子来自对一位在德国学习过的印尼医生访谈:

> 一天,一对夫妇带着他们的母亲来到我的诊室就诊(这对夫妇是我的客户)。他们在同意将做一个外科手术后回家。但回到家后,那位母亲又不同意做外科手术了,因为寺庙中的菩萨建议她不要做这个手术。最后,我只好放弃给她做手术。

下面是文化分歧的一个实例,这个事例是一位印尼高级军官对在印尼的德国人的观察:

> 当德国人来到印尼后,他们应该注意以下事实:他们一般比印尼人高,

---

① 采访中把 LIVIS 模型作为选择被采访者的标准(Thomas, Layes & Kammhuber, 1998)。根据该模型,理想的被采访者应该与东道国文化中的人有着长期而密集的互动,应该能够清楚思考并口头表达他或她自身的跨文化经历,并且他们思想开明。

② 一般采访时间为 80 分钟,对采访内容进行了录音并全部整理成文字材料,并对内容进行了定性分析。

说话声音大,更富裕,受教育程度更好。因此,他们应该注意:这些因素可能给印尼人一种傲慢的印象,这又很可能因为一些行为而加深这种印象。例如,大多数德国人喜欢"指导性"的交流方式,而印尼人更喜欢"劝说式"的说话方式。尽管表达内容一样,但指导性的方式听起来就有点刺耳,而劝说式的方式则更容易让人接受。

跨文化知识的评估

危机事件不能自动等同于跨文化知识。首先,它们仅是一些信息碎片,必须由专家转化为知识。因此,成立了一个双文化专家小组,专门来判定德国—印尼的跨文化交流典型事件,以及导致这一情形的复杂背景。在完成这个分类过程后,才有可能确定特定的德国—印尼文化标准(Thomas,1999)。

融合跨文化知识

最后,被选出来的危机事件被融入先前开发的跨文化学习环境的框架中,这些危机事件为接受一般性文化与特定文化培训官兵定了位。培训师可以把这个建立在经验主义基础上的文化标准当作理论框架,以此对跨文化交流情景进行分类。

这项研究项目证明,在事前对相关地区文化所知甚少的情况下,有可能开发出一套以理论为基础的和为特殊任务所准备的跨文化培训项目。这项研究项目也说明,在情景学习理论的基础上,有可能为官兵开发、运行以及系统评估跨文化学习环境。这个学习环境和培训材料都被官兵和培训师接受,而且在"培训跨文化交流培训师"的学习环境中,显示出了行为层次的效果。

结论

常言道,通向地狱的道路都铺满良好的愿望。很多组织里的高质量计划和决定都由于"混乱的执行"而失败(Pfeffer,1992)。通常这些计划和决定在组织中都没有达到目的或影响每天的工作生活,或者是它们的执行方式使其影响日趋减小。在这个方面,多样化管理与培训与其他管理没有什么区别。就像我们在德国军队案例研究中看到的,在短时间内没有大量时间和人员的情况下,开发一个成功的跨文化学习环境并非不可能。但是,每一个学习环境都处于一个组织的语境中,外部的研究者在这个语境中的影响有限。研究者能够开发学习材料和课程,培养合格的培训师,使得执行过程尽量简化。但是在组织中落实培训计划和培训定位并不全在研究者手中。这在德国军队培训项目中关于士兵跨文化培训的时间安排和培训团队的组成方面就很明显。

选择一个小组或者至少有一人对执行全面跨文化课程负责也很重要。如果做不到这点的话,培训的部分内容可能难以在整个组织中系统地执行,同时内部的衔接和学习材料所发挥的作用也可能丧失。所有的培训方式只有在其所有的培训策略衔接起来才有效。如果有专人在组织中负责对跨文化知识的协调,那可能有更好的机会在组织中评估、融合和传播相关知识。

另外,文化多样化管理要求对传统的军队文化加以转变,做到这一点有困难。一个国家的整体文化和特定的军队文化,通常都是同样固执的。这就是说与文化多样化相关的变化要冒难以发挥作用的风险。因此,应该强调在执行文化多样化管理和培训的一些方面。这些方面包括:执行的方向与力度、在较长一个时期的持续不断以及领导问题,还包括把培训项目运用于每天的工作和生活中。

方向与力度

首先,认识到文化多样性管理与多样性培训应互相联系,这很重要。管理是主要是建立在"游戏规则"上;培训目标集中在对面临的文化多样化的了解和关注。当"游戏规则"与培训中教授的内容矛盾的话,培训是肯定要失败的(如:Schneider & Barsoux, 1997)。如果一个多样化培训计划强调融合穆斯林是有价值的,同时,这个组织不愿意承认穆斯林的特殊饮食习惯与节日,那么这个培训将毫无效果,甚至还会产生负面影响。

除了与管理政策并行不悖的培训内容(Cox, 1993),在多样化培训中引进一些紧迫感与力度是重要的。南非国防军提供了一个很好的例子:军队中的每个人都要参加培训计划,没有任何例外。但在很多国家,例如比利时,参加培训都是自愿的。这就暗示多样化培训并非那么重要。尽管从上至下的管理模式在现今很多西方国家看来并不是非常流行的方式,但这是最好的引进多样化培训的方式。如果这种管理方式在员工中引起某些抵制,这就需要组织的战略顶层来澄清文化多样化政策背后的原因。

持续不断

改变人的信仰并不容易。这需要时间,特别是如果评估其他人是如此,"陌生"人就是这样一种改变信仰的目标。"接触假设"在这里很重要(Allport, 1954; Pettigrew & Tropp, 2000)。这个假设提出,随着时间的流逝,人们逐渐倾向互相喜欢。尽管可能在开始时人们接触有负面的刻板印象,互相讨厌与敌对,然而,很多相异文化相遇时并不是以负面印象开始,而是以积极印象与感觉开始。这种现象可能被称作"欣快症"的阶段,即一个人在面对新事物时产生的一种兴奋。但是他(她)很快开始产生文化休克。人们发现其他群体的怪癖,而很多这种发现都令人不快。但是当人们适应了新环境,他们就会试图融入所在群体,并开始正面评价,至少是接受所在群体的做法。这个阶段被称为涵化阶段(Hofstede, 2001)。在这个阶段,一个人试图用各种方法改进互相间的感知与价值观(见本书第六章中关于发展学习多样性状态的讨论)。

这不仅仅是理论。这个过程在1995年的德国—荷兰军队的发展过程中被清楚证明。这是一个显著的军队融合,因为至少是在第二次世界大战开始前以来,这两个国家的人相互间就不存在好感。尽管如此,可能由于政治压力与对一些新事物的恐惧,两国军队在开始时被证明是成功的。但是,在充满希望的头两年过去后,两个建设性的民族开始产生对对方不满。这种情形恶化地如此之快,以至于威胁到混合军队执行任务的能力。幸运的是,这个惊人的改变很快就结束了。由于在科索沃危机时执行任务的良好合作,以及双方司令部的努力合作,使得双方又开始互相欣赏对方。整个过程被一系列关于双方军队的调查证明(Moelker & Soeters, 2003)。很明显,时间和"接触假设"确实起了作用。但除了时间以外,跨文化接触的成功还有更多的因素。

领导

当不同的文化相遇并且多样性问题摆在面前时,领导层就变得极其重要。

第十六章 非美国军队的文化多元化管理和培训

一个新的课题例如跨文化培训,在一个组织里通常都被看做与其他现有的培训是一种竞争关系。执行培训可能变成分配继续教育时间的政治游戏的一部分。在一个等级森严的组织,顶级管理层的支持是能否开设跨文化能力课程的关键。在官方陈述了跨文化能力重要性之后,必须紧接着落实完成培训。否则,这种官方的干预将只是象征性的,这将危害跨文化培训本身的信誉。

指挥官也应开发官兵们对跨文化问题的意识。这也是他们的工作,而不仅仅是培训师的责任。指挥官应该通过言行来建构对多样性好处的意识(如:Soeters & BosBakx 出版中的书)。他们应该强调组织或任务的共同特点是每个人都需要参与的至高无上的目标。指挥官强调组织中所有人的平等地位很重要。如果其中一些人(如南非国防军中的地方部队或德国军队中的穆斯林士兵)相对来说地位较低,并且占"主导"地位的其他群体中"有道德的人"被认为是"邪恶的人",这时指挥官就有义务提高地位较低人们的地位。指挥官应该以这种方式来做决定,以使各群体成员能够保持尊严而不丢脸面。另外,应采取一些措施使得跨文化交流更容易,不仅在工作场合,还包括非正式的社交场合和体育运动中。

我们希望强调文化多样性培训和跨文化交流培训不应以单独方式被引进和实施。这种培训应该经常融入更广泛的多样性和跨文化政策(嘉奖、不同群体的具体协同、开始执行任务前的准备)。另外,这些培训应该以一定的力度执行,并且相关课程应该被融入每天的活动中。跨文化接触的准备也应以大致相同的方式融入执行任务前的所有培训时段中。而所有这些,指挥官都应负主要责任。

未来研究之路

我们不想以一个未来应研究的各变量关系模型来结束本章。我们希望指出一些从先前的观察和分析中出现的问题。这些问题涉及跨文化接触的准备、多样化管理及培训。

首先,就像我们已经在德国军队案例中看到的,研究军队具体的跨文化接触经验,多样化管理与培训才有意义。把重心放在案例研究可以帮助理解这些组织政策与实践领域的动态和效率。如果这些案例研究在很多国家的军队中都推广的话,就会产生有价值的比较(如:Soeters & ven der Meulen,1999)。深入研究这些经验以及详细解释这些经验中组织文化的影响和指挥风格的影响很重要。

第二,我们指出时间因素的影响。关于德国—荷兰联合军队的组建的研究指出,时间是个很重要的变量。人们预料到时间可能在融合南非国防军整合过程中也发挥着作用。在南非种族隔离政权结束一年后,南非军队中的仍充满问题(如前面提到的与种族问题相关的枪杀事件),但很有可能这些紧张将随着时间流逝而消失。仔细设计的纵向研究可以证明这些。至于新的欧洲快速反应部队,同样的纵向研究可以证明对指挥官与学者同样重要。

第三,至于培训计划本身,比较明智的是在项目刚刚结束,以及项目结束一段时间当受训者已经回到工作岗位或者执行任务后,再来研究那些项目对受训者产生的效果。项目的内容可能还要继续研究。此外,正如德国的例子所展示的,要善加利用学员自己的发现和经历。这可以通过基于问题的学习或者对"危机事件"的自我报告来实现(David & Lloyd,2001)。还可以介绍一些军事模仿游戏。在这些游戏中有不同文化成员参与,因而不确定性和摩擦是游戏的主要元素。在结合了冲突管理培训诸元素和把重点放在团队合作任务方面,这种模拟的跨文化和文化多元化培训能够促进学员间的亲密关系,并培养他们处理跨文化接触的能力(参见第十七章里这方面的例子)。设计这些模型并研究其影响将为整合军队中不同文化群体并促进不同文化成员间的交流互动作出贡献。

参 考 文 献

Allport, G. (1954). *The nature of prejudice*. Cambridge, MA: Addison-Wesley.

Bandura, A. (1986). *Social foundations of thought and action*. Englewood Cliffs, NJ: Prentice Hall.

Bateson, G. (1972). *Steps to an ecology of mind*. San Francisco: Chandler.

Battistelli, F., Ammendola, T., & Galantino, M. G. (2000). The fuzzy environment and post-modern soldiers: The motivations of the Italian contingent in Bosnia. In E. Smidle (Ed.), *Peace operations: Between war and peace*. London: Frank Cass.

Bochner, S. (1994). Culture shock. In W. J. Lonner & R. S. Malpass (Eds.), *Psychology and culture* (pp. 245–251). Needham Heights, MA: Allyn & Bacon.

Bransford, J. D., Brown, A. L., & Cocking, R. R. (1999). *How people learn: Brain, mind, experience and school*. Washington, DC: National Academy Press.

Bransford, J. D., Franks, J. J., Vye, N. J., & Sherwood, R. D. (1989). New approaches to instruction: Because wisdom can't be told. In S. Vosniadou & A. Ortony (Eds.), *Similarity and analogical reasoning* (pp. 331–354). Cambridge, UK: Cambridge University Press.

Bransford, J. D., & Schwartz, D. (1999). Rethinking transfer: A simple proposal with multiple implications. In A. Iran-Nejad & P. D. Pearson (Eds.), *Review of research in education* (Vol. 24, pp. 61–100). Washington, DC: American Educational Research Association.

Canadian Department of National Defense. (1992). *Somalia handbook for Canadian Forces*. North York, Ontario, Canada: Land Force Central Area Headquarters.

Canadian Department of National Defense. (1999). *Employment equity plan: Building teamwork in a diverse Canadian Forces*. Ottawa, Ontario, Canada: Department of National Defense.

Clancey, W. B. (1997). *Situated cognition*. Cambridge, UK: Cambridge University Press.

Cognition and Technology Group at Vanderbilt. (1997). *The Jasper Project: Lessons in curriculum, instruction, assessment, and professional development*. Mahwah, NJ: Lawrence Erlbaum.

Cox, T., Jr. (1993). *Cultural diversity in organizations: Theory, research and practice*. San Francisco: Berret-Koehler.

Crawford, S. (1995). Racial integration in the army: An historical perspective. *British Army Review, 3*, 24–28.

Cushner, K., & Brislin, R. W. (1996). *Intercultural interactions: A practical guide* (2nd ed.). Thousand Oaks, CA: Sage.

Cushner, K., & Landis, D. (1996). The intercultural sensitizer. In D. Landis & R. S. Bhagat (Eds.), *Handbook of intercultural training* (2nd ed., pp. 185–202). Thousand Oaks, CA: Sage.

Dandeker, C., & Winslow, D. (1999). Challenges to military culture from living in the 21st century. In D. Hayne (Ed.), *Governance in the 21st century* (Series 6, Vol. 10, pp. 195–218). Toronto, Ontario: Royal Society of Canada and University of Toronto Press.

Dansby, M. R., Stewart, J. B., & Webb, S. (Eds.). (2001). *Managing diversity in the military: Research perspectives from the Defense Equal Opportunity Management Institute*. New Brunswick, NJ: Transaction.

German Armed Forces. (1995). *Informationsheft Ex-Jugoslawien fuer Truppen- und Einheitsfuehrer* [Bosnia factbook]. Bonn, Germany: Author.

Greeno, J. G. (1989). A perspective on thinking. *American Psychologist, 44*(2), 134–141.

Greeno, J. G. (1998). The situativity of knowing, learning, and research. *American Psychologist, 53*(1), 5–26.

Greeno, J. G., Collins, A. M., & Resnick, L. (1996). Cognition and learning. In R. C. Calfee & D. C. Berliner (Eds.), *Handbook of educational psychology* (pp. 15–46). New York: MacMillan

Gudykunst, W. B., & Hammer, M. R. (1983). Basic training design: Approaches to intercultural training. In D. Landis & R. W. Brislin (Eds.), *Handbook of intercultural training* (Vol. 1, pp. 118–154). New York: Pergamon Press.

Hall, E. T. (1976). *Beyond culture*. Garden City, NY: Anchor Books/Doubleday.

Harrison, J. K. (1992). Individual and combined effects of behavior modeling and the culture assimilator in cross-cultural management training. *Journal of Applied Psychology, 77*(6), 952–962.

Harrison, R., & Hopkins, R. L. (1967). The design of cross-cultural training: An alternative to the university model. *Journal of Applied Behavioral Science, 3*(4), 431–460.

Heinecken, L. (1999). Managing diversity in an unequal society: The challenges facing the South African Defense Force. In J. Soeters & J. van der Meulen (Eds.), *Managing diversities in the Armed Forces: Experiences from nine countries* (pp. 187–210). Tilburg, The Netherlands: Tilburg University Press.

Hofstede, G. (1991). *Cultures and organizations: Software of the mind*. London: McGraw-Hill.

Hofstede, G. H. (2001). *Culture's consequences: Comparing values, behaviors, institutions and organizations across nations*. Thousand Oaks, CA: Sage.

Holzkamp, K. (1995). *Lernen: Subjektwissenschaftliche Grundlegung* [Learning: Fundamentals for a subject-oriented theory]. Frankfurt am Main, Germany: Campus.

Jacobson, W., Sleicher, D., & Maureen, B. (1999). Portfolio assessment of intercultural competence. *International Journal of Intercultural Relations, 23*(3), 467–492.

Kammhuber, S. (2000). *Interkulturelles Lernen und Lehren* [Intercultural learning and training]. Wiesbaden, Germany: Deutscher

Universitaetsverlag.

Kammhuber, S. (2001). Interkulturelle Kommunikationskompetenz für Soldaten der Bundeswehr [Intercultural communication competence for soldiers of the German Federal Armed Forces]. In D. W. Allhoff (Ed.), *Mündliche Kommunikation als Schlüsselkompetenz* [Speech Oral communication as key competence] (pp. 89–99). Munich, Germany: Reinhardt-Verlag.

Kinast, E.-U. (1998). *Evaluation interkultureller Trainings* [Evaluation of intercultural training]. Lengerich, Germany: Pabst.

Kirkpatrick, D. L. (1979). Techniques for evaluating training programs. *Training and Development Journal, 33*(6), 78–92.

Klein, P. (1999). Managing diversity in the German Armed Forces. In J. Soeters & J. van der Meulen (Eds.), *Managing diversities in the Armed Forces: Experiences from nine countries* (pp. 73–84). Tilburg, The Netherlands: Tilburg University Press.

Krog, A. (1999). *Country of my skull.* London: Cape.

Landis, D., Brislin, R., & Hulgus, J. (1985). Attributional training versus contact in acculturative learning: A laboratory study. *Journal of Applied Social Psychology, 15,* 466–482.

Maillet, P. (Ed.). (1998). *Canadian Forces ethics and peacekeeping survey report.* Ottawa, Ontario, Canada: National Defense Headquarters, Defense Ethics Program.

Manigart, P. (1999). Managing diversity: Women and ethnic minorities in the Belgium Armed Forces. In J. Soeters & J. van der Meulen (Eds.), *Managing diversities in the Armed Forces: Experiences from nine countries* (pp. 105–125). Tilburg, The Netherlands: Tilburg University Press.

Manigart, P. (2000). Military sociological research in Belgium. In G. Kummel & A. D. Prufert (Eds.), *Military sociology: The richness of a discipline* (pp. 10–21). Baden-Baden, Germany: Nomos Verlagsgessellschaft.

Mayring, P. (1993). *Qualitative Inhaltsanalyse: Grundlagen-Techniken-Methoden* [Qualitative content analysis: Foundations-techniques-methods]. Weinheim, Germany: Beltz.

McCaffery, J. A. (1993). Independent effectiveness and unintended outcomes of cross-cultural orientation and training. In R. M. Paige (Ed.), *Education for the intercultural experience* (pp. 219–240). Yarmouth, ME: Intercultural Press.

McLellan, H. (1996). Evaluation in a situated learning environment. In H. McLellan (Ed.), *Situated learning perspectives* (pp. 101–111). Englewood Cliffs, NJ: Educational Technology.

Mezirow, J. (2000). *Learning as transformation.* San Francisco: Jossey-Bass.

Moelker, R., & Soeters, J. (2003). Sympathy, stereotypes and the contact hypothesis. In P. Klein (Ed.), *Armed forces and multinationality: Experiences from multinational collaborations in Europe.* Baden-Baden, Germany: Nomos Verlag.

Moskos, C., & Butler, J. S. (1996). *All that we can be: Black leadership and racial integration the Army way.* New York: Twentieth Century Fund Books, Basic Books.

Pettigrew, T., & Tropp, L. (2000). Does intergroup contact reduce prejudice? Recent meta-analytic findings. In S. Oskamp (Ed.), *Reducing prejudice and discrimination* (pp. 93–114). Mahwah, NJ: Lawrence Erlbaum.

Pfeffer, J. (1992). *Managing with power: Politics and influence in organizations.* Boston: Harvard Business School Press.

Powell, C. (1998, November). Paper presented at the Equal Opportunities Conference, United Kingdom Royal Society of Arts.

Schein, E. H. (1985). *Organizational culture and leadership.* San Francisco: Jossey-Bass.

Schneider, S. C., & Barsoux, J.-L. (1997). *Managing across cultures.* London: Prentice Hall.

Soeters, J., & Bos-Bakx, M. (2003). Cross-cultural issues in peacekeeping operations. In A. Adler & T. Britt (Eds.), *The psychology of the peacekeeper: Lessons from the field* (pp. 283–298). New York: Lawrence Erlbaum.

Soeters, J., & van der Meulen, J. (Eds.). (1999). *Managing diversities in the Armed Forces: Experiences from nine countries.* Tilburg, The Netherlands: Tilburg University Press.

Taylor, E. W. (1994). A learning model for becoming interculturally competent. *International Journal of Intercultural Relations, 18*(3), 389–408.

Thomas, A. (1999). Scientific and practical aspects of cross-cultural cooperation and management in the context of European integration. *Studia Psychologica, 40,* 69–78.

Thomas, A., Kammhuber, S., & Layes, G. (1997). Interkulturelle Kompetenz: Ein Handbuch für internationale Einsätze der Bundeswehr [Intercultural competence: A handbook for international deployments of the German Federal Armed Forces]. *Untersuchungen des Psychologischen Dienstes der Bundeswehr, 32*(Special issue).

Thomas, A., Layes, G., & Kammhuber, S. (1998). Kulturelles Sensibilisierungs- und Orientierungstraining für Soldaten der Bundeswehr [Cultural sensitizing and orientation training for soldiers of the German Federal Armed Forces]. *Untersuchungen des Psychologischen Dienstes Bundeswehr, 33,* 1–289.

Verdon, J., Okros, N. A., & Wait, T. (1999). *Some strategic human resource implications for Canada's military in 2020.* Paper presented at the Inter-University Seminar on Armed Forces and Society, Baltimore, MD.

Weldon, D., Carston, D., Rissman, A., Slobodin, L., & Triandis, H. (1975). A laboratory test of effects of culture assimilator training. *Journal of Personality and Social Psychology, 32,* 300–310.

Whitehead, A. N. (1929). *The aims of education and other essays.* New York: Macmillan.

Williams, M. (1998). *Civil military relations and peacekeeping* (Adelphi Paper 321). London: International Institute for Strategic Studies.

Winslow, D. (1997). *The Canadian airborne regiment in Somalia: A socio-cultural inquiry.* Ottawa, Ontario: Minister of Public Works and Government Services Canada.

Winslow, D. (1999). Diversity in the Canadian Armed Forces. In J. Soeters & J. van der Meulen (Eds.), *Managing diversities in the Armed Forces: Experiences from nine countries* (pp. 33–54). Tilburg, The Netherlands: Tilburg University Press.

Winslow, D. (2000). Strange bedfellows in humanitarian crises: NGOs and the military. *Military Spectator, 10,* 525–534.

Winslow, D., & Everts, P. (2001). It's not a question of muscle: Cultural interoperability for NATO. In G. Schmidt (Ed.), *NATO: The first fifty years* (pp. 85–104). Hampshire, UK: Palgrave/Macmillan.

第十七章

异质小型群体研究:研究结果分析

艾森·巴克尔(Aysen Barkir)
丹·兰迪斯(Dan Landis)
野口贤二(Kenji Noguchi)

异质工作群体如何有效合作是个重要研究领域,对此问题的关注也并非只存在于学术界。1989年的一项调查显示,商业领袖最常担心的问题之一就是:如何管理差异性越来越大的劳动力(Sirota, Alper & Pfau, Inc., 1989)。著名的"劳动力2000"研究估计,1985年至2000年进入美国的劳动力中,有85%的是女性、少数民族和移民(Johnston & Packer, 1987)。最新人口调查数据显示,美国拉美裔人口数量将在短期内超过黑人,成为最大的少数种族群体。在加利福尼亚州,白种人在人口中已不占多数。在另一些州,如夏威夷,情况更是如此。如今,要组建任何一种种族或文化同质的工作群体已经几乎不可能了。这些担心出现已久,如今获得如此大的关注,是由人口迁移引起的。另一方面,机会均等也成为政府立法的一个迫在眉睫的问题。

各类组织越来越依赖于小型群体或群组。他们普遍存在于公共的和私人的各种组织。传统的一人负责一项任务的流水线模式正在淡出市场,而小型任务群体的生产模式成为首选。本章将对小型工作群体具体运行的研究进行分析,对运用的部分方法进行评判,最后介绍我们实验室对文化、种族及性别对群体生产力影响所做的一系列研究。

在美国社会，人们对多样性投入了越来越多的关注。与此同时，人们对社会及组织心理学研究也愈发重视。1948年7月美国总统杜鲁门在军队中取消所有黑人建制，民族融合在美国人生活中成为可能。在此之前，社会心理学家的研究范围仅限于群体与个人在某些解决问题的方法上的比较。而这些研究者们大多以1920年奥尔波特（Floyd Allport）发表的关于群体及问题解决行为的研究为模型。总的来说，他的研究表明，在群体中工作（即在有听众的情况下）能够对绩效起到促进作用。这项研究结果在多年后被扎乔恩克的著名蟑螂"拉拉队"研究中采用（Zajonc, Heingartner & Herman, 1969）。然而，直到20世纪60年代，对群体功效的研究才开始。即使是在那时，多数研究的焦点也没有放在种族或文化异质性上。在为数不多的研究由来自主导及非主导文化群体的人组成的群组时，研究的重点也往往放在占多数的个体的刻板成见及态度上，并未涉及群组决策（Schwarzwald & Yinon, 1977）。"罗伯斯山洞"研究（the Robbers' Cave）却是个值得注意的例外（Sherif, Harvey, White, Hood & Sherif, 1961）。

组织心理学家往往将群体组成研究的重点放在性别或才能上，而非文化差异。他们希望将劳动力模式化，而劳动力又是由工作群体组成，后者又是由拥有不同态度和知识，在组织中起到不同作用的人组成。十分凑巧的是，该研究重点在多数大学环境里主体有效性参数中相当适用。举例来说，诺曼·梅尔（Norman Maier）及其同事（Hoffman & Maier, 1961; Maier & Hoffman, 1960）将研究重点放在学术异质性及课题种类的多变性上（例如，创造性与普通课题的比较，在40多年前它已由奥尔波特使用过）。除此之外，特里安迪斯、霍尔和尤恩（Triandis, Hall & Ewen, 1965）利用二分原理指出，态度上的差异会提高创造性，而能力上的差异则会降低创造性。而在该时期中的许多对性别差异的研究表明，异质性会提高创造性，而同质性（例如，全部是男性或女性）则会降低创造性。然而也有其他研究者对该结果提出异议。

有三大因素影响并改变了美国人社会心理的狭义性，尤其是那些首当其冲遭受歧视的人，无论是服务业从业人员还是学者。这三大因素分别是民权运动，对反犹太运动提出的挑战，以及美国校园中越来越多的外国学生。学校发现，这些外国学生作为非美国人是对美国社会及个体造成影响的无价资源。

群体的属性

组织中的群体是复杂的动态系统。一个群体系统由一群人(群体成员)之间动态关系构成的复杂模式组成,这群人利用一套技术以达到某些共同目的(Arrow & McGrath, 1995, p.376)。虽然所有群体在运作程序上都具有某些共同点,但每个群体都具有其特质,即其成员的组成。早前的研究提出了定义群体成员组成的五项标准。首先,群体中的个体将自己视为群体中的一员(群体—成员关系)。其次,每个个体将其他个体视为群体中的一员(成员之间的关系)。其三,群体成员之间的关系是在完成任务而进行合作的过程中形成的。其四,群体成员遵守一套规定及程序(成员—技术关系)。最后,成员的任务及相应报酬是相互依存的,由组织制定(群体—组织关系)(Arrow & McGrath, 1995)。

为进一步满足群体成员组成的标准,对群体的定义大多对成员之间不同程度的互动关系进行了描述(McGrath, 1984)。这些不同程度的互动关系可能对其他的群体现象,如绩效产生影响。出现在不同程度群体互动中的一个主要形式是群体凝聚力。费斯廷格(Festinger, 1950)将其定义为"将成员保持在群体中的力量"(p.274)。凝聚力被认为是可能反应群体绩效或相关物的因素之一(Mullen & Copper, 1994)。群体凝聚力的不同组成部分(例如,个体间相互吸引,对任务的奉献精神)被认为会对凝聚力和绩效之间的关系产生不同的影响。对凝聚力—绩效影响的元分析表明,两者之间的关系首先是由对任务的奉献精神决定的,而非个体相互吸引或集体荣誉感。而且,绩效对凝聚力产生的影响比凝聚力对绩效的影响更为直接(Mullen & Copper, 1994)。

那么,工作群体内成员的巨大差异性是否会对集体凝聚力构成威胁,从而影响生产力? 对异质性和绩效关系的最新研究表明,异质群体是否比同质群体绩效高取决于任务的类型(Mayo, Pastor & Meindl, 1996)。异质群体在完成需要解决问题及对创造力要求较高的任务上常常优于同质群体(Laughlin, 1980)。而在表演类任务上,人群异质群体常常不如同质群体(Clement & Schiereck, 1973)。

从任务绩效与凝聚力关系来看,这些研究结果似乎表明异质群体的凝聚力较弱。事实上,奥赖利、考德威尔和巴尼特(O'reilly, Caldwell & Barnett, 1980)认为,与同质群体相比,异质群体更有可能产生凝聚力弱、摩擦大、沟通不力的问题(Gudykunst, 1994)。在分散性任务中,个体的态度及定型观念产生的期盼心理将加剧群体成员间沟通不力问题(Gudykunst, 1994)。最新研究表明,群体异质性可能降低领导对群体绩效的评价(Mayo, Pastor & Meindl, 1996)。而群体中与人口相关的异质性,如性别、种族及任期会降低个体间的吸引(Byrne, 1971),增大误解、缺乏信任及人际冲突发生的可能性(Scincr, 1972)。

异质群体的缺陷十分明显。凝聚力低下,群体内部冲突,沟通不力,缺乏信任都会给组织造成损失(Jackson, May & Whitney, 1994)。然而,如果处理得当,群体异质性将成为组织的竞争优势(Mayo, Pastor & Meindl, 1996)。对跨文化研究者及培训师来说,理解如何增强此类群体的生产力至关重要。

群体多样性的定义

本节将从社会多样性及群体异质性入手,理解如何使异质群体成为能为组织产生效益的多样性中的一部分。

群体中的社会多样性包括明显的特征(如种族、年龄、性别、国别,虽然这可能引发问题)以及不明显特征,后者可由前者推断得出。后者可被称为基础属性,可分为三类(Milliken & Martins, 1996):一,基于价值观的属性(如性格,文化背景及社会经济背景);二,由技能及知识差异导致的属性(如教育背景,工作经历);三,基于个体在组织中所处的地位(组织建立时间长短,加入某特定群体的时间长短)。

除成员多样性之外,任务也存在差别(如创造性地解决问题,简单重复,承担风险等);社会环境的差别(面对面或虚拟);分析者的焦点不同(以进程为焦点,如群体凝聚力,或以互动的结果为焦点);结果本身(基于主观标准或来自群体成员或局外人的客观评价)。群体多样性中的另一个因素是背景语境(Triandis, 1995)。例如,某些群体可能被迫(即遭受奴役)或出于自愿移民某地。特里安迪斯还主张要全面看待多样性,必须考虑文化差异,适应能力差异,群组间关系的历史,之前的文化适应情况及同态的归因水平。

419

麦格拉斯、伯达尔、阿罗（Mcgrath，Berdahl and Arrow，1995）等学者提出，组织环境也是十分重要的变量之一。一些这类问题中也包括组织中任务与其他因素的联系，某些特定个体之间的历史关系以及个人与组织其他部分的历史关系，组织在多样性方面的历史。鲜有研究关注过这些变量。

许多研究将重点放在可见的特征与群体进程方面的关系上。这些研究都以斯坦纳（Steiner，1972）对进程损失和预测该损失在异质群体中更普遍的研究为基础。此类研究的例子包括调查性别对群体解决问题的影响。一些关注群体成员特征的研究认为，男性和女性在解决问题及交流上表现出的不同风格会对绩效产生影响（Hauser et al.，1987；Maccoby，1990）。麦科比（Maccoby，1990）认为，女性在交流中常采用授权风格，而男性通常采用制约风格。授权风格的定义是"对搭档所做的一切表示支持，并保持互动的延续性"；制约风格则被定义为"可能造成交流互动终止，对搭档造成制约或使其退却"（第517页）。

在任务特征方面，罗格尔伯格和鲁姆瑞（Rogelberg and Rumery，1996）发现，当任务为所谓的"男性主导"任务时，如冬季生存训练（Johnson & Johnson，1987），随着男女比例增大，决策的质量也随之提高（该结论由三位野外生存专家提供）。然而，这种情况似乎与完成任务花费的时间及凝聚力水平都没有明显的关系。由于没有"女性主导"任务，该研究无法为女性风格的问题提供参考。虽然在性别多样性方面的研究结论各不相同，但考虑到劳动力中女性比例的升高，继续就这一课题进行研究是十分必要的。

竞争

另一个学者们鲜有兴趣研究的变量是群体之间的竞争（如，Graziano，Hair & Finch，1997；Pate，Watson & Johnson，1998）。该变量似乎仅在个人主义文化中受到关注。个人主义文化理所当然产生于竞争文化之中。各类群组——体育团队、工作群体，甚至整个公司及国家，都花费相当多的精力将自己与他人进行比较。在这方面的研究似乎是对奥韦尔（Orwell，1947）关于体育团队专著《邦·莫特》（bon mot）的有趣检测：

在村庄的公共草地的赛场上，如果你不站在比赛某一方的立场上，不被爱国主义的情绪影响,那么你可以单纯地以娱乐和锻炼为目的进行体育活动;而一旦有关声誉的问题出现,一旦你意识到如果你落败,你和一个更大集体将因此颜面尽失,那么这将激发你心中最强烈的竞争本能。

而进一步的研究可能会证明与奥尔波特(Allport, 1958)相反的观点:

> 虽然除了认识到群体内部成员与外部的相对性,我们对其一无所知,但我们仍然在心理上将内部成员放在首要位置……对群体外部的敌意有助于加强我们的归属感,虽然这并没有必要……人们更倾向于所熟悉的内部成员。陌生的事物常被视为低等的,不好的,但不一定对其持有敌意……这样一来,当某种程度的偏袒在所有群体内部成员中成为不可避免的情况时,相应的对外态度的影响范围会更大。(p.41)

文化对小型群体运行的影响

1991年贝顿豪森(Bettenhausen, 1991)在发表的一篇评述中预测,"下一个对小型群体研究的评述将发现该领域会有大量发表的文章"(第356页)。尽管贝顿豪森做出这样的预言,但过去十年中只有相对很少的研究将文化作为一个变量合并进来。虽然有大量研究采用了非主导群体的成员作为研究对象(Cox, Lobel & Mcleod, 1991;Goto, 1997;Kirchemyer & Cohen, 1992;Mcleod & Lobel, 1992;Mcleod, Lobel & Cox, 1996; Thomas, 1999; Watson, Johnson, Kumar & Critelli, 1998;Watson & Kumar, 1992; Watson, Kumar & Michaelson, 1993),但其中大多数研究将国别或民族区别作为不同文化的划分标准。极少有研究对其目标群体的文化价值进行测量。这种研究设计很有可能导致生态学上的谬误。事实上,那些采用非美国群体为对象的研究通常会接受霍夫斯泰德(Hofstede, 1991)的国别文化分类方法,并以此来反映参与者的价值观,且在很大程度上依赖于个人主义—集体主义结构。而当研究者测量文化价值观时(如 Cox et al., 1991),发现重复面太多,以至于只能以批评检测工具不佳而结束。更正确的批评应是:简单的国别文化分类对区别群体成员中的文化属性是远远不够的。

与之相关的一个问题是,群体成员如何看待其他个体的文化价值观。在所有引用的研究中,无法明显地看出群组成员是否意识到群体成员中文化价值观的异质性。他们可能认识到生理上的明显差异,但是的确没有办法要将这些差异与文化差异联系起来。沃特森等人(Watson et al., 1993)认为,测量多样性十分重要,不能仅以生理上的差别为基础认定多样性的存在。另外一种可能性是,群体成员可能早先已经认识到了这种价值观差异,但是随着群组运行的继续,凝聚力自然而然地增强,最终导致该差异被忽略。或者,如佩蒂格鲁和特罗珀(Pettigrew & Tropp, 2000)所主张的,持有偏见的群体成员的态度可能有所转变,对他人的态度更积极,反应更热情,但对该文化仍旧保持负面的定型观念。这大概能够解释沃特森等人(Watson et al., 1993)的研究结果。该结果显示,4个月之后,异质群体在最初表现出来的优势就消失殆尽了。

小型群体中的关联假设仍旧成立吗?

莱文和莫兰(Levine & Moreland, 1990)针对小型群体所做研究得出的结论表明,社会心理学无法在小型群体研究中占据主导地位。他们指出:"火炬已经传递到……来自其他学科的同事手中了,尤其是组织心理学同事的手中。"(p. 621)。M. 布鲁尔(Marilyn Brewer, 1995)在五年后对该说法做出回应,她指出:

> 社会心理学试验在群体间研究及认知方面的研究焦点几乎完全放在合作性关联的结果上。换句话说,社会心理学家的注意力已经转移到利用合作性工作群组,将其作为一种技术,以此改进群体间关系,而全然无视群组经验的成败本身。而这样做的结果是,几乎没有评估是基于群组竞争影响及群组进程结构或绩效结构做出的。(p.63,斜体为后加)

作为跨文化关系这个体系的中心,奥尔波特(Allport, 1958)的关联假设认为,当特定情况下,如果属于同一群组,拥有相同目标的人群中产生关联,歧视将随之减轻。然而,可能由于 M. 布鲁尔(Marilyn Brewer, 1995)的观察得出结论,鲜有研究关注群体本身的素质,以确定其是否与歧视的减轻有某种联系。也少有研究尝试去仔细探讨群体条件,以确定进程及绩效上的变化是否与歧视态度的变化相关。总体上来说,小型群体的研究者假设,如果奥尔波特提出的五项条件在任何程度上都得到了满足,那么该群体一定是在最大程度上良好地运转,因此歧视情况理所当然会减少。而事实上,可能几乎没有机会研究群体中发展与任务无关的个人友谊。而且细小的研究任务被认为其重要性不足以形成共同目标。

从积极的角度看,我们有充分的理由相信,如果能满足奥尔波特提出的条件,歧视可以得到减轻,由此还可能引起群组绩效的提高(Pettigrew & Tropp, 2001)。虽然造成影响的因果方向尚未明确,但是该假设仍然提供了一种理论,使研究的焦点能够集中在寻找各种途径,使不同小型群体的条件与关联结果产生联系。

真实群体与虚拟群体

研究兴趣正在转向利用技术增强群体能力以实现生产目标(DeSantis & Gallupe, 1987; Keisler Siegel & McGuire, 1984)。① 如今打开电视,随处可见网络公司推销自己,号称可以通过网络的连通性帮助组织进入数字时代。② 其中一些数字化支持包括电子邮件,合作写作及编辑程序,群组决策支持系统,及实时影像或因特网会议等,这还只是其中的一小部分。1990年发表的有关多项收益增值率证据的总结中,莱文和莫兰声称:"能够证明电子通讯对群体绩效有促进作用的证据很少。"(Levine & Moreland, 1990, p.588)事实上,有充足的证据怀疑绩效下降。

另一方面,麦格拉斯等人(McGrath et al., 1995)则认为,在某些特定任务的条件下,的确有促进作用。

> "电脑群体中的联系可能更加无名,更加非个人。因此,个人及组织动态关系的影响在电脑群体中被大大削弱。这是因为群体成员对成员中有关这些属性的异质性认识较少"。(p.29)

换句话说,引用斯坦纳(Steiner)的话就是,"进程损失"将减少。

---

① 然而有证据证明,使用因特网对用户心理健康状况的影响不总是正面的(Kraut et al., 1998; Kraut et al., 2002)。

② 可以肯定的是,这种欺骗行为在网络股市崩溃之后已经减少,但对技术能够在全球化的世界中提高生产力的希望仍旧未变。

如果不考虑这些情况,虚拟群体为"解密"群体成员特征中的文化变量提供了一个理想的验证个案(van de Vijiver & Leung, 1997)。文化或其他方面的信息量可以受到控制,其他群组成员的行为也可以用多种方式加以刺激。从而,因特网技术让我们将民族的影响从文化价值观中分离出来,对某些绩效变量的影响进行单独评定。

我们测量什么?

多数研究通常对两类相互依赖的变量(有时在同一实验中)进行测量:与互动或进程有关的变量。正是利用这些变量,群组在相对"优秀"的评分制度的基础上,进行某种决策或绩效测量。研究者有时会运用客观绩效标准进行测量,但这并不常见。沃特森等人(Watson & Kuma, 1992)在他们"风险转移"的研究中运用了客观测量法,克南等人(Kernan, Bruning & Miller-Guhde, 1994)发表了有关物物交换游戏中的客观绩效测量方法。[①] 我们将把重点放在这少数几个研究上,以提供测量标准,能够在所有条件下对群体客观绩效进行比较。

为什么获得具有良好心理测量性质的测量方法如此必要?因为,虽然了解群体内部运行的确能引起人们的兴趣(例如,群体凝聚力如何,或参与者是否相互喜欢),但这对我们了解群体成员共同工作及出色完成任务的能力没有太大帮助。事实上,就像前面提到的研究所表明的,内部变量和输出变量之间的联系很松散,甚至有时是负面的。现在我们将介绍评估文化及种族对小型工作群体取得高质量绩效影响的方法。该方法取自西尔弗及同事的研究,运用了客观绩效测量方法(Silver et al., 1966)。

方法论概述

在实验室中测试异质群体绩效的过程中,我们首先组建一个有活力的群

[①] 该游戏以德尼斯和普里查德(DeNisi & Pritchard, 1978)研发的游戏为基础,而他们并未意识到原始技术早在10多年前就由西尔弗等人(Silver, Jones & Landis, 1966)研发出来了。

第十七章 异质小型群体研究：研究结果分析

体，给他们一个相互联系的问题，并对他们如何寻找解决方法的过程进行观察。给出的问题是基于兰迪斯等人的"航班安排"任务（Landis, Slivka & Silver, 1970），并用电脑控制的 LCD 投影仪投影到屏幕上。群体中的种族或性别可能是单一的，也可能是混合的。过程都进行了录像，我们对他们的互动进行分析。在这种情况下通常会出现一个领导者，引导群体的发展方向，由此否定了任务的相互联系性。从一开始解决问题进程的损失或获得就十分明显，使得我们无法将相关性变量的改变归因于群组组成成分。显然我们需要一个更好的方法。

在最近的研究中，被测试者被安排进入由四人组成的性别、种族同质的群体中，并避免他们任何视觉或听觉上的沟通。他们被告知其伙伴是其他大学的学生，而不是跟他们一起进来的人。所有关于他们伙伴的信息都通过仿真网页展示在他们的电脑上。该任务被称为"销售电话"（*Sales Call*）游戏，①以20世纪60年代由西尔沃、兰迪斯及同事提出的展示评估为基础（Landis, Slivka & Jones, 1968; Landis, Slivka & Silver, 1969; Landis et al., 1970; Silver et al., 1966）。这个正在进行的试验中运用的版本是在苹果机（MacIntosh）平台上研发的，允许多达10个参与者在任何指定时间同时上线。被测试者玩游戏时获得的唯一反馈就是屏幕上的倒计时器。②

该展示是由20个随机分布在15英吋 iMAC 电脑屏幕上的虚拟城市构成。每个城市（用名字加以区别）都有四个由字母和数字组成的信息条目，分别位于其上下左右四个方向。如果被测试者选择一个城市，其中两个条目将增加其得分，另外两个减少其得分。

"销售电话"游戏允许参与者之间通过 Appletalk 及 TCP/IP 协议进行交流。该协议允许局域网及因特网上的活动。游戏由主机进行控制。每个游戏的结构都由实验者事前设计好。该结构包括每个游戏一整套的可能通道，游戏预定点上有每位参与者需要回答的问题。主机将光标放在某个特定点上，游戏即开始。参与者的顺序是随机的，由主机控制。可行通道随之出现；第一个参与者可以在这个通道中进行选择，当游戏传递到下一个参与者时，新的一组通道随之出现（参见 Landis, Bakir, Moore, Noguchi & O'Shea, 2002，结果将展示给被测

---

① "销售电话"的游戏程序由 Sinister 软件公司的迈克·兰迪斯（Michael Landis）设计。
② 其他类型的反馈将在未来的研究中体现。3.01.0 版本的系统允许在每一步后显示累计得分及距离。

试者)。如果出现下列三种情况之一则游戏结束：事先设置的时间已到；事先设置的距离已到；某一参与者回到起点。

每走一步，程序将自动记录得到的分数及每一步所花费的时间。在所有参与者中，每一步的价值将被加起来成为"群体得分"。对于游戏中的所有调查问题，将建立起每一位参与者回答的档案文件。在此介绍的实验中，包括5次实践及10项得分游戏。

自变量操控

从一所学院另一校园的一名同事获得了6组数码相片。其中3组分别由3名白人女性、3名黑人女性及3名亚洲女性组成。另外3组照片则由与前3组种族构成相同的男性组成。这些照片(外加一组空白照片做控制用)提供了种族变量的操控方法。事先测试显示，每组照片中的每个人都被同组中的其他成员认为同样具有吸引力。①

文化变量则由两组4条陈述构成，这些陈述都反映了群体成员多方面的特质：一组反映了个人主义立场；另一组反映了集体主义价值观。外加的第三组空白陈述作为控制。将这两组变量进行结合，可以得出12项条件。

我们也在游戏过程中的一些特定点上(利用语义差异)搜集有关凝聚力和亲切度感知状况的信息。游戏结束时，每位被测试者都需在全体群组成员中分配50美元。这样我们得到了4项因变量：生产力得分、亲切度、凝聚力程度及报酬分配。自变量则是观察到的群组成员的种族，观察到的群组成员的文化价值观，及我们称为第三变量的"性别群体"。

性别群体分为三种类型：认为自己与女性成员互动的女性被测试者，认为自己与男性成员互动的女性被测试者，及认为自己与男性成员互动的男性被测试者。②将此变量与另外两个变量结合起来产生了36个单元。

被测试者由392名女性及282名男性组成，均为美国南部中型大学的白人本科学生。参与该研究的学生可以得到学分。他们3或4人组成小组参与研

---

① 我们现在正在测试白人男性被测试者对待白人、黑人及亚洲男性照片的反应。
② 由于时间限制，我们未能完成第四类：认为自己与女性群组成员互动的男性被测试者。

究,每个小组成员均为同一性别。

结果

生产力

性别群体 三个性别群体具有明显区别($F[2,1640]=5.98$, $p<0.003$),其中最显著的区别出现在两组女性群体之间。相信自己的小组成员同为女性的女性群体得分最低(0.410);认为其他组员是男性的女性群体得分最高(0.444),两者之间的差别等级为0.002(图17.1)。男性群体得分处于两组女性群体之间。

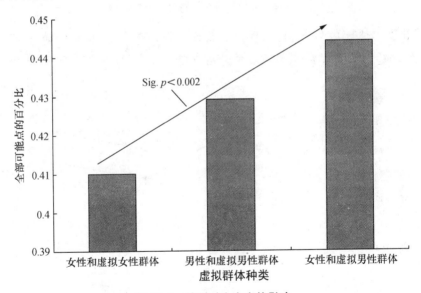

图17.1 性别对生产力的影响

文化价值观的影响 虚拟的集体主义群体及个人主义群体($p<0.001$)均比未能意识到文化信息的群体具有明显优势。而有文化"信息"群体之间并没有明显的差异(图17.2)。

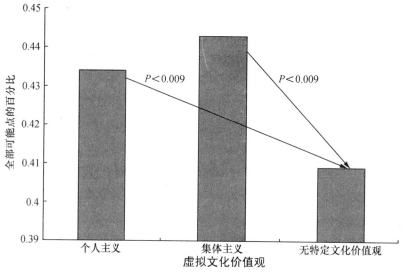

图 17.2 虚拟组员文化对生产力的影响

种族 种族的影响并不明显。然而,基于种族的文化互动差异明显($F[6,1640]=2.26$, $p<0.036$)。对单元中数的分析(图 17.3)显示,当虚拟群

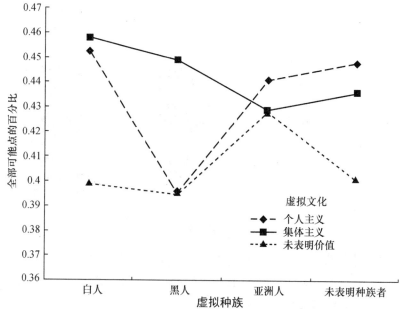

图 17.3 虚拟组员文化和种族对生产力的互动

体由黑人个人主义者构成时,群组绩效低下;而在另一方面,由黑人集体主义者组成的群体的得分是高分之一。除此之外,与(白人)被测试者最接近的群体通常得分最高。

性别对其他变量的影响 性别、种族及文化三者之间的相互影响十分明显($F[12,1640]=4.76, p<0.001$)。对女性来讲,当其他女性团队成员被认为拥有集体主义的观念时,该团队整体运作得更好。同时,被测试者之间种族差异越大,团队绩效越低。当未表明队员来自亚洲人或黑种人时,团队绩效受到负面影响。这里有个例外,如果该亚洲人团队的成员被认为拥有集体主义观念时,则绩效不受到影响,和白人团队的绩效没有差别。

当虚拟团队由男性成员组成时,拥有个人主义观念的黑人产生了最大削弱作用,而持有个人主义观念的亚洲人却最能推动绩效。显而易见,同性群体和异性群体的效应完全不同。这些影响显示于图17.4和图17.5。当所有文化因素被排除时,绩效和种族差异负相关。被测试群体越远离种族变量,绩效越好,这一结果和全部由女性组成的虚拟群体的表现相当不同。

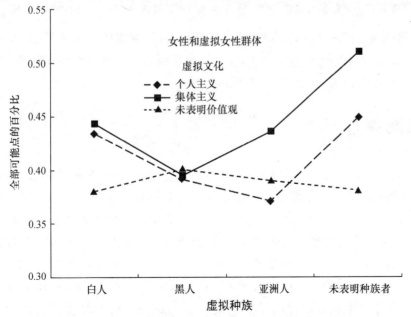

图17.4 虚拟组员文化、种族和性别(女性)对女性被试者在生产力的互动

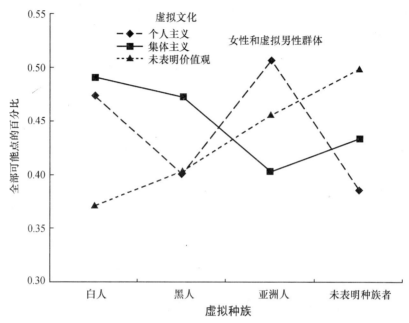

图 17.5　虚拟组员文化、种族、性别（男性）对男性被测试者生产力的相互影响

男性与虚拟男性群体绩效呈总体下降趋势,除非群体中有黑人男性集体主义者(和女性与虚拟男性团队一起工作的情况相似),而亚洲男性虚拟团队成员则会强化下降趋势。(参见图 17.6)

群体凝聚力

由托马斯改编的 8 级计分法用于游戏的开始、中间(5 种测试之后)和结束。8 级的用词由开始部分的"预期",变为中间和结束部分对群体特点的判断。级别越高得分越低,得分高意味着凝聚力低。从四个方面着手综合分析:虚拟种族、虚拟文化观念、变量间的性别群体和一个变量内的时间。时间、性别群体、性别群体的性别、性别群体的文化有重要的影响(其数值分别为:$F = 239.14$, $p < 0.001$; $F = 3.19$, $p < 0.042$; $F = 3.88$, $p < 0.001$; $F = 2.54$, $p < 0.05$)。

在测试游戏结束时,整个群体的凝聚力下降,中数从 2.21 上升到 2.72——分数越高意味着凝聚力越低。最大的变化发生在测试游戏早期,中期和结束期间的区别不明显,但是中期和结束却和开始的预期有明显不同。如上所示,时

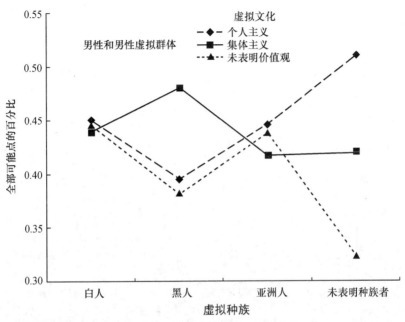

图 17.6　虚拟组员文化、种族、性别（男性）对女性被测试者生产力的相互影响

间确实没有和其他任何影响产生互动。

最有凝聚力的群体是认为自己与虚拟男性群体互动的女性被测试者（平均值＝2.48）。该群体的凝集力比其他两个群体的凝聚力都高。由此可见，异质群体比同质群体更有凝聚力，也有更为优秀的表现（至少本次研究是这样的）。

当观察性别群体和种族因素、文化因素互动时，可以看到一些有趣的效应。第一个案例中（见图17.7），男性和男性团队共事时，认为其种族伙伴（即白人）最缺乏凝聚力。而女性则趋向判定所有其他种族群体都更有凝聚力（当女性与那些认为亚洲人缺乏团队精神的女性团队互动时除外）。

当考虑性别群体和虚拟文化间的相互作用时，情况变得更为复杂了（见图17.8）。和男性群体共事的女性认为，集体主义者是最有凝聚力的；而和女性群体共事的女性则完全相反，认为个人主义者才最有凝聚力。男性再次认定他们文化的伙伴（个人主义者）最缺乏凝聚力。

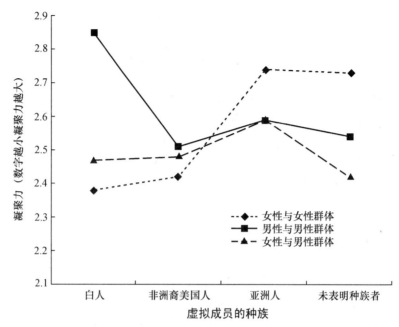

图 17.7　虚拟组员的种族和性别对凝聚力的相互影响

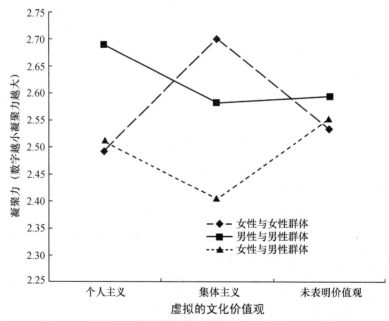

图 17.8　虚拟文化价值观和虚拟性别对受试群体凝聚力的作用

喜好反应（喜欢力）

在本游戏测试中的两个点（计分测试的开始和终端），各通过9个不同语义层次的量表测试被测试者，要求被测试者在每一层次上评价自己及他们团队的成员。该量表由奥斯古德、梅和迈伦（Osgood, May and Miron, 1975）基于多种文化因素开发出来的，每一层次获取的信息包括细分的三个方面：评价（好或坏）、潜力（强或弱）、活跃性（快或慢）。该量表在游戏开始和结束时分发给被测试者。

用4种方差分析（ANOVAs）对被测试者对自己和其他成员在3个细分方面的反应进行了处理，由此我们得到6种因变量。自变量则包括3个被测试者之间变量（种族、文化、性别群体）和1个被测试者内部的变量（时间）。

游戏开始时的测量与游戏结束时的测量之间，测量到的所有因变量都发生了显著变化。参与者显然在游戏开始时比游戏结束时无论是评判自己还是评判他人，都趋向于以积极的方式做出回答。在自我评定中，研究者发现了另外两个重要不同：一个是时间和性别群体的互动对评定测量的影响（$F[2,472] = 4.40, p < 0.05$）。在游戏开始时，女性的自我评定显然比男性的自我评定更差。但是这种游戏开始时的不同却在结束时趋于相同——所有的参与者在回答结束时的问题时对自己的评价都比开始时糟糕。另一个是性别群体对潜力有轻微影响（$F[2,471] = 11.09, p < 0.001$）。男性认为自己比女性更有潜力。

对团队其他成员的评定方面，我们有几个重要的发现：性别群体对活跃性有明显影响（$F[2,471] = 8.61, p < 0.001$），与女性群体相比，男性群体更倾向认为团队其他成员缺乏活跃性，而在自我测量方面，男性和女性没有明显区别，男性认为只有其他成员缺乏活跃性；在测量活跃性时，发现了时间和种族的相互作用（$F[3,471] = 2.94, p < 0.05$），在游戏开始的测量中，亚洲人和黑人活跃性更高，但在游戏结束时的测量中，这种不同消失了；性别群体的明显影响（$F[2,471] = 30.61, p < 0.001$），和女性群体相比，男性对其他成员的评价更为消极，而他们的自我评定中没有发现这种趋势，再次出现男性只是对其他成员评定消极的情况；时间和文化的互动影响（$F[2,471] = 4.59, p < 0.05$），与女性在时间方面的差异相比，男性在时间方面的差异更大，使得他们在游戏结束时

对其他成员的评价变得更差;种族和性别群体有相互影响($F[6,471] = 3.35$, $p < 0.01$),对亚洲人的看法几乎没有差异,也没有种族方面的问题,然而性别群体间对黑人和白人的看法有较大的差异,和女性相比,男性对其他白人或黑人成员的评价更为消极;在对其他成员的潜力(强或弱)评定方面,只在性别群体上发现了一个明显影响($F[2,469] = 4.45$, $p < 0.05$),和女性相比,男性更倾向于认为其他的团队成员在潜力上比自己弱。

一些总结性评论

这项研究的结果以及我们对相关文献的分析说明,有关异质群体怎样以及何时可以超越同质群体的问题,还有很多需要研究。有一点很明显,即群体由何人构成对其工作效率等方面是有差别的。群组成员的种族及文化特征,甚至即使其相互间没有面对面的接触,也能产生深刻和显著的影响。但是如果因此认为测量到的这种变化过程的增强或损失与生产力之间有着十分紧密的联系,则是错误的。因为在我们的研究中可以看到,变化过程的损失没有机会进一步发展。这两个领域之间的联系,即使有也很微小。虽然这种联系可能很重要,但它似乎并不具有实用价值。我们认为,种族、文化及性别在我们社会中非常重要以至于远远超过了其他因素的影响。它们的影响很可能是自发的,或者会使人产生逃避心理,进而妨碍绩效,或者可能使人产生互动的兴趣,进而促进绩效。相关培训应该着手寻找一些方法,使这些超越其他影响的因素调动起来,进而使绩效能够更接近工作任务的要求。利用这种培训技巧可以缩小异质工作群体和同质工作群体之间的差别。

我们也必须记住,我们得出的结论可能仅限于采用的特定样本中。我们的被测试者是美国南部的大学本科学生。校园里的多数活动都受到种族问题的影响(Cohodas, 1997; Landis, Dansby & Tallarigo, 1996; Williams, 2002),这也许可以解释由黑人组成的群组得出的某些结论。前文中提到,由黑人个人主义者构成的虚拟群组的得分是最低中的一个,而由黑人集体主义者构成的群组则恰恰相反。我们可以假设,前者把多数白人认为是某种威胁,而后者则把多数白人看作合作对象。这种结果仅在男性虚拟群组中出现。换句话说,黑人个人主义者可以被看做是让人产生顾虑的群组,因为他们在任何社会分组中都不太可能接受二等公民的地位。这种情况是否可以由面对面接触得到改善?这是一项应做的研究,我们实验室已计划在不久的将来着手研究该问题。

麦格拉斯(McGrath)的预言,即认为虚拟群组由于不具有进程损失而表现较好,未得到研究结果的支持。在可控条件下,没有得到信息的群组表现最差。一些研究结果可以归因于奥尔波特(Allport, 1954)的说法:"真实的或想象中的他人的行为"。当获得有关他人的信息时,被测试者是否会想象与他人的互动将会是怎么样的呢? 换句话说,他们是否在演练如果身处真实的面对面群组中,自己将如何应对? 也许人类在遇到交流互动的任务时(任何形式的交流),都会写好剧本并照此进行演练? 如果该剧本中包括一个可能使人产生负面情绪的人时,人们将试图逃避这种情况,对完成任务的投入也随之减少。这也许可以被称为"想象中的进程损失"。在实验过程中,虽然在游戏的三处设点搜集喜好反应的数据可能对想象中的进程损失提供一些参考,但这个概念尚未经过测验。

研究发现的总结

虽然我们和许多其他研究者已经尽最大努力进行研究,罗德古兹(Rodriguez, 1998)的观点仍然有效:"相关的实证研究提供了一幅复杂而令人费解的图画"(p.745)。总的来说,有关多样性对个人及群体进程及任务相关结果影响的研究,有关同质性对个人及群体进程及任务相关结果影响的研究,及群组中的个人差异影响的研究提供了复杂的发现,其中既有负面的也有正面的影响(Rodriguez,1998)。我们希望本章使用的方法论可以为研究者们提供参考,能使他们解决前面提到的相互矛盾的研究发现。可以肯定,未来的工作环境及工作群组将变得更加多样化。这也让我们认识到,整个社会都需要寻找途径,使这些群组具有最大限度的包容性,并发挥最高的生产效率。

致谢

本研究报告得到了来自海军研究办公室的大力支持,他们为第二作者提供了资助(ONR)(#N00014-98-1-0347 及 N00014-01-1-0917)。在此还要感谢帮助我们收集数据的人:多尔斯基、穆尔、英格拉姆、卡苏巴、南斯、奥谢和希特(David Dalsky, Matt Moore, Stephanie Ingram, Korrie Kashuba, Chesley Nance, William A. O'Shea & Jason Hitt);也要感谢 Sinister 软件的迈克·兰迪斯(Michael Landis)编写了"销售电话"游戏程序;感谢米泽尔(Kimberly Kehala Mizell)在本版准备工作中提供的帮助;感谢 ONR 的项目主管布莱克斯通(Tanja Blackstone)博士在资助期间提供的鼎力支持。2001 年 4 月于美国密西西比州牛津市举行的国际跨文化研究学会双年年会上,本文第二作者在大会主席发言中发表了本论文的最初版本。

参 考 文 献

Allport, F. H. (1920). The influence of the group upon association and thought. *Journal of Experimental Psychology, 3*(3), 159–162.

Allport, G. (1954). The historical background of modern social psychology. In G. Lindzey (Ed.), *Handbook of social psychology* (Vol. 1, pp. 3–56). Reading, MA: Addison-Wesley.

Allport, G. (1958). *The nature of prejudice.* Garden City, NY: Doubleday Anchor Books.

Arrow, H., & McGrath, J. E. (1995). Membership dynamics in groups at work: A theoretical framework. *Research in Organizational Behavior, 17,* 373–411.

Bettenhausen, K. (1991). Five years of groups research: What we have learned and what needs to be addressed. *Journal of Management, 17,* 345–381.

Brewer, M. (1995). Managing diversity: The role of social identities. In S. Jackson & M. Ruderman (Eds.), *Diversity in work teams: Research paradigms for a changing workplace* (pp. 47–68). Washington, DC: American Psychological Association.

Byrne, D. E. (1971). *The attraction paradigm.* New York: Academic Press.

Clement, D. E., & Schiereck, J. J., Jr. (1973). Sex composition and group performance in a visual signal detection task. *Memory and Cognition, 1,* 251–255.

Cohodas, N. (1997). *And the band played Dixie: Race and the liberal conscience at Ole Miss.* New York: Free Press.

Cox, T., Lobel, S., & McLeod, P. (1991). Effects of ethnic group cultural differences on cooperative and competitive behavior on a group task. *Academy of Management Journal, 34*(4), 827–847.

DeNisi, A., & Pritchard, R. (1978). Implicit theories of performance as artifacts in survey research: A replication and extension. *Organizational Behavior and Human Performance, 21,* 358–366.

DeSantis, G., & Gallupe, B. (1987). A foundation for the study of group decision support systems. *Management Science, 33,* 587–609.

Festinger, L. (1950). Informal social communication. *Psychological Review, 57,* 271–282.

Goto, S. (1997). Majority and minority perspectives on cross-cultural interactions. In C. Granrose &

S. Oskamp (Eds.), *Cross-cultural work groups* (pp. 90–112). Thousand Oaks, CA: Sage.

Graziano, W., Hair, E., & Finch, J. (1997). Competitiveness mediates the link between the personality and group performance. *Journal of Personality and Social Psychology, 73*(6), 1394–1408.

Gudykunst, W. B. (1994). *Bridging differences: Effective intergroup communication.* Beverly Hills, CA: Sage.

Hauser, S., Powers, S., Weiss-Perry, B., Follansbee, D., Rajapark, D., & Greene, W. (1987). *The constraining and enabling coding system manual.* Unpublished manuscript.

Hoffman, L., & Maier, N. (1961). Quality and acceptance of problem solutions by members of homogenous and heterogeneous groups. *Journal of Abnormal and Social Psychology, 62,* 453–456.

Hofstede, G. (1991). *Cultures and organizations: Software of the mind.* London: McGraw-Hill.

Jackson, S. E., May, K., & Whitney, K. (1994). Understanding the dynamics of diversity in decision making teams. In R. A. Guzzo & E. Salas (Eds.), *Team decision making effectiveness in organizations.* San Francisco: Jossey-Bass.

Johnson, D., & Johnson, F. (1987). *Join together: Group theory skills.* Englewood Cliffs, NJ: Prentice Hall.

Johnston, W., & Packer, A. (1987). *Work force 2000—Work and workers for the 21st century: Executive summary.* Indianapolis, IN: Hudson Institute.

Keisler, S., Siegel, J., & McGuire, T. (1984). Social psychological effects of computer mediated communication. *American Psychologist, 39,* 1123–1134.

Kernan, M., Bruning, N., & Miller-Guhde, L. (1994). Individual and group performance: Effects of task complexity and information. *Human Performance, 7*(4), 273–289.

Kirchemyer, C., & Cohen, A. (1992). Multicultural groups: Their performance and reactions with constructive conflict. *Group and Organization Management, 17,* 153–170.

Kraut, R., Kiesler, S., Boneva, B., Cummings, J., Helgeson, V., & Crawford, A. (2002). Internet paradox revisited. *Journal of Social Issues, 58*(1), 49–74.

Kraut, R., Patterson, M., Lundmark, V., Kiesler, S., Mukhopadhyay, T., & Scherlis, W. (1998). Internet paradox: A social technology that reduces social involvement and psychological well-being? *American Psychologist, 53*(9), 1017–1032.

Landis, D., Bakir, A., Moore, M., Noguchi, K., & O'Shea, W. (2002). Life in the virtual office: The effect of culture and ethnicity on work-group productivity. In P. Boski, F. van de Vijer, & A. Chodynicka (Eds.), *New directions in cross-cultural research* (pp. 365–382). Warsaw: Polish Psychological Association.

Landis, D., Dansby, M., & Tallarigo, R. (1996). The use of the equal opportunity climate in intercultural training. In D. Landis & R. Bhagat (Eds.), *Handbook of intercultural training* (2nd ed., pp. 244–263). Thousand Oaks, CA: Sage.

Landis, D., Slivka, R., & Jones, J. (1968). Visual search time in a structured field. *Psychological Record, 18,* 543–552.

Landis, D., Slivka, R., & Silver, C. (1969). Some determinants of certitude judgements in a complex decision-making task. *Psychological Reports, 24,* 447–460.

Landis, D., Slivka, R., & Silver, C. (1970). The effect of three types of visual irrelevancy on complex decision making. *Journal of Psychology, 74,* 29–42.

Laughlin, P. R. (1980). Social combination process of cooperative problem-solving groups on verbal intellective tasks. In M. Fishbein (Ed.), *Progress in social psychology* (Vol. 1, pp. 210–231). Hillsdale, NJ: Lawrence Erlbaum.

Levine, J., & Moreland, R. (1990). Progress in small group research. *Annual Review of Psychology, 41,* 585–634.

Maccoby, E. (1990). Gender and relationships: A developmental account. *American Psychologist, 45*(4), 513–520.

Maier, N., & Hoffman, L. (1960). Quality in first and second solutions in group problem solving. *Journal of Applied Psychology, 44,* 278–283.

Mayo, M., Pastor, J. C., & Meindl, J. R. (1996). The effects of group heterogeneity on the self-perceived efficacy of group leaders. *Leadership Quarterly, 7*(2), 265–284.

McGrath, J. E. (1984). *Groups: Interaction and performance.* Englewood Cliffs, NJ: Prentice Hall.

McGrath, J. E., Berdahl, J. L., & Arrow, H. (1995).

Traits, expectations, culture and clout: The dynamics of diversity in work groups. In S. Jackson & M. Ruderman (Eds.), *Diversity in work teams: Research paradigms for a changing workplace* (pp. 17–46). Washington, DC: American Psychological Association.

McLeod, P., & Lobel, S. (1992). The effects of ethnic diversity on idea generating groups. *Academy of Management Best Paper Proceedings*, pp. 227–231.

McLeod, P., Lobel, S., & Cox, T. (1996). Ethnic diversity and creativity in small groups. *Small Group Research, 27*(2), 248–264.

Milliken, F., & Martins, L. (1996). Searching for common threads: Understanding the multiple effects of diversity in organizational groups. *Academy of Management Review, 21*(2), 402–433.

Mullen, B., & Copper, C. (1994). The relation between group cohesiveness and performance: An integration. *Psychological Bulletin, 115*(2), 210–227.

O'Reilly, C. A., Caldwell, D. F., & Barnett, W. P. (1989). Work group, social integration, and turnover. *Administrative Science Quarterly, 1,* 310–325.

Orwell, G. (1947). *The sporting life.* New York: Harcourt, Brace and World.

Osgood, C., May, W., & Miron, M. (1975). *Cross-cultural universals of affective word meaning.* Urbana: University of Illinois Press.

Pate, S., Watson, W., & Johnson, L. (1998). The effects of competition on the decision quality of diverse and nondiverse groups. *Journal of Applied Social Psychology, 28*(10), 912–923.

Pettigrew, T., & Tropp, L. (2000). Does intergroup contact reduce prejudice? Recent meta-analytic findings. In S. Oskamp (Ed.), *Reducing prejudice and discrimination.* Mahwah, NJ: Lawrence Erlbaum.

Pettigrew, T., & Tropp, L. (2001, April). *Does intergroup contact reduce racial and ethnic prejudice throughout the world?* Paper presented at the International Perspectives on Race, Ethnicity, and Intercultural Relations Conference, Oxford, MS.

Rodriguez, R. (1998). Challenging democratic reductionism: A pilot study investigating diversity in group composition. *Small Group Research, 29,* 744–759.

Rogelberg, S., & Rumery, S. (1996). Gender diversity, team decision quality, time on task, interpersonal cohesion. *Small Group Research, 27*(1), 79–90.

Schwarzwald, J., & Yinon, Y. (1977). Symmetrical and asymmetrical interethnic perception in Israel. *International Journal of Intercultural Relations, 1*(1), 40–47.

Sherif, M., Harvey, O., White, B., Hood, W., & Sherif, C. (1961). *Intergroup conflict and cooperation: The robbers cave studies.* Norman, OK: University Book Exchange.

Silver, C., Jones, J., & Landis, D. (1966). Decision quality as a measure of visual display effectiveness. *Journal of Applied Psychology, 50,* 109–113.

Sirota, Alper, & Pfau, Inc. (1989). *Report to respondents: Survey of views toward human resources policies and practices.* New York: Author.

Steiner, I. D. (1972). *Group process and productivity.* New York: Academic Press.

Thomas, D. C. (1999). Cultural diversity and work group effectiveness: An experimental study. *Journal of Cross-Cultural Psychology, 30,* 242–263.

Triandis, H. (1995). The importance of context in studies of diversity. In S. Jackson & M. Ruderman (Eds.), *Diversity in work teams: Research paradigms for a changing workplace* (pp. 225–234). Washington, DC: American Psychological Association.

Triandis, H., Hall, E., & Ewen, R. B. (1965). Member heterogeneity and dyadic creativity. *Human Relations, 18*(1), 33–35.

van de Vijver, F., & Leung, K. (1997). *Methods and data analysis for cross-cultural research.* Thousand Oaks, CA: Sage.

Watson, W., Johnson, L., Kumar, K., & Critelli, J. (1998). Process gain and loss: Comparing interpersonal processes and performance of culturally diverse and non-diverse teams over time. *International Journal of Intercultural Relations, 22*(4), 409–430.

Watson, W., & Kumar, K. (1992). Differences in decision-making regarding risk taking: A comparison of culturally diverse and culturally homogenous task groups. *International Journal of Intercultural Relations, 16*(1), 55–63.

Watson, W., Kumar, K., & Michaelson, L. (1993). Cultural diversity's impact on interaction processes and performance: Comparing homogenous and diverse task groups. *Academy of*

Management Journal, 36(93), 590–602.

Williams, B. (2002, October). *Diversity and education: A case of theory and praxis in teacher training at the University of Mississippi.* Paper presented at the Annual Meeting of the Mid-South Sociological Association, Memphis, TN.

Zajonc, R., Heingartner, A., & Herman, E. (1969). Social enhancement and impairment of performance in the cockroach. *Journal of Personality and Social Psychology, 13,* 83–92.

第四部分

最后的一些思考

第十八章

结束语:对未来培训的一些思考

乔治·伦威克(George Renwick)

本书前面的章节主要阐述了跨文化关系方面的理论、研究和实践。确切而言,他们给你提供了新观点,能与你的培训结合起来;并且提供了新方法来实施你的培训。但是大多数章节没有直接说明培训师自身的角色和职责。这就是撰写这篇结束语的目的。

结束语不是"事后诸葛亮"。它的目的是留给你一些重要的总结性观点,并为行动指出明确的方向。在这种情况下,我将提取一些社会科学理论的精华,看它如何能帮助我们成为更优秀的跨文化培训师。我考虑到系统理论的一些核心概念、交际风格、群体动力学、集体学习和语言。提到这么多种理论的原因是提示跨文化培训师可以利用的广泛领域、准则和挑战性的视角。

本篇结束语更大的目的是鼓励你探索那些天才思想家们迷人且有启发意义的著作,向他们学习,然后设计并实践一些真正具有创造性的、对参加者来说完全参与性的、价值非凡的项目。

在你开始读这篇文章时,鼓励你去做两件事。

第一,选择一个项目,这个项目对你和你的组织特别重要,并且你来负责设计项目和尽快实施项目。当你思考每一个理论时,要把项目和项目参与者牢牢记住。然后接着问:"这个理论对我的重要项目和这些参与者来说有什么特别的、重要的含义。

第二,选择一个概念,这个概念格外能激起你的好奇心(也可能对你特别有用)。接下来,在下个月里,尽可能多地学习提出这个概念的理论(每个理论的便捷可用的参考已提供)。这进一步的探索旅程不仅刺激,并且在这个过程中,你领悟将会改善你的培训项目。

培训师的可信度

许多跨文化培训师首先被最频繁关注的是他们的可信度。他们的下一个任务、甚至他们的职业生涯大概都依赖于可信度。社会科学理论倾向于在态度养成和变化(例如,McGuire,1985)或是权力(French & Raven,1968)的语境中看待可信度。

我们能够限定权力的类型来代表跨文化培训师的可信度类型:

- 天生的可信度。例如:民族、性别和年龄。
- 被授予的可信度。例如:从权威机构获得的正式证书(象学位和专业执照),受尊重的组织的认可(通过书籍出版、晋升到高职位和重要的荣誉和奖励等),结交有名望的个人(教授或高级行政长官,尤其是如果得到名人的个人推荐)。
- 专业的可信度。这点取决于个人所涉猎学的知识量,专业技能,对工作伙伴母语掌握的流利程度,对于所讨论文化中的语言的流利程度。
- 一致性的可信度。假如培训师具有的素质和客户组织的素质相一致,并且和培训师工作对象的素质相一致,则可以得到一致性可信度(例如,一致的价值观、信仰、行为模式、专业经验、专业语言和幽默方式)。
- 贡献的可信度。信息、洞察力和提供的准则(或是共同开创的)能立即或从长远来看被证明是准确的、可行的、有价值的和有用的。培训师本人能够"做出重要贡献"。

这五种可信度常对应到一个项目的三个不同时间段。天生的可信度和被授予的可信度是在培训项目开始之前获得的(或丧失的),专业的可信度和一致性的可信度大概在项目的过程中执行,贡献的可信度在项目结束后可能实现也可能实现不了。

对培训师的一些建议

了解你的客户和培训参与者。清楚地理解在他们的心目中他们先前的培训师所拥有的最高可信度是哪项,以及为什么。当然,在这里要警惕文化差异。

许多培训师专注于第二种和第三种(即被授予的可信度和专业的可信度),而忽略了第四种(一致性的可信度)。当培训师不具有一致性可信度时,培训参与者很可能会不接受,培训师和培训很可能被视作是不相关的,培训项目可能是无效的。因此,在你下一个项目开始之前和进行过程中,想出(如果有必要的话去学习)如何获得一致性的可信度。

一些培训师一直不能获得第五种可信度(贡献的可信度)。当你考虑提出的重要项目中包括什么的时候,同时不要忘记思考如何最终获得贡献的可信度。

信任

刘易斯和魏格特(Lewis and Weigert,1985)提出:

> 当我们看到别人行为的方式暗示他们信任我们,我们会变得更倾向于回馈他们更多的信任。相反的,我们会不相信那些行为似乎违背了我们的信任或是不信任我们的人。(Kreitner & Kinicki,1989, p.350)

换句话说,如果我们信任那些参与者,他们往往会信任我们。如果我们不信任他们,他们很可能不信任我们。我们得到的就是我们付出的。然而,我们经常通过至少两种方式传递给参与者我们对他们的不信任。

首先,我们"否定他们的角色"。在培训项目之外,培训参与者是父母、专业同行——是拥有责任岗位的人。他们习惯了拥有某种社会地位、做决策、贡献他们的知识和专业技能、受人尊重、并且能自我指引。但是一旦他们走进培训教室,很多这些角色就被拿走(参见角色理论概述,见 Kuper & Kuper, 1996, pp.749—751)。

在一些培训项目中,参与者根本没有清楚的角色。角色模糊会使培训项目瘫痪。在另外一些项目中,他们的角色被缩减到是孩子或是学生(两种角色都是他们多年不扮演的)。角色缩减会迷失方向,令人感到丢脸和羞辱。角色被否定尤其能使那些来自高语境文化的参与者感到无力和挫败(见后面 Hall 的论述,1977)。

第二,我们强迫他们成为外国人。坦率地想想我们在培训的时候常常做什么。(1)我们设置培训日程——我们的日程。然后我们期望参与者遵循它,我们对此十分严格。(2)我们设计自己的活动,那些我们熟悉和擅长的活动——例如,培训练习。我们要求参与者完成这些活动和练习。(3)我们说自己的语言,使用自己的专门词汇。我们要求参与者理解甚至学习我们的行话。(4)我们假定自己的个人价值观和专业价值观是最好的。而且我们假设(或者至少希望),过一段时间后参与者会接受我们的价值观和优先考虑的事情,并以它为生活准则。

换句话说,我们期待参与者来到我们的地盘按照我们的规则比赛。当我们剥夺了他们的角色和他们努力赢得的社会地位时,当我们强迫他们以我们的方式思考、说话和交际时,难道不是在向他们传递甚至是说服他们我们其实不信任他们吗?难道这不是与我们督促他们实践的工作态度和方式自相矛盾吗?如果有人以这样的方式对待你,你将会回应什么呢?你会信任那个人吗?

这点不就说明了:为什么有时候我们会遭遇来自参与者的"抵触"?为什么有时候我们没有被再度邀请?为什么高级职位的男性和女性不经常参加我们的培训项目?

一些建议

当你了解了那些将要参与你的培训项目的人们,如果你不信任他们,就不要培训他们。如果你真的信任他们,在你跟他们接触的第一刻起就开始展示信任,并且在项目结束的时候用你的告别继续展示你的信任。尊重和保持每一位学员的社会地位和职业地位。为每位学员创造等同于他们的社会地位和职业地位的、让人舒服的角色(这点尤其重要,当一些或所有的学员来自高语境文化时)。确保清楚的角色和角色期待(你的和他们的)。在计划项目和决定他们在

第十八章 结束语:对未来培训的一些思考

项目过程中要做什么时要给予参与者相当多的控制力(难道"参与者"不就意味着他们应当参与项目的各个方面?谁的项目?你的还是他们的?或者是我们的?)。从他们的现有程度开始,尊重并依托他们的价值观。从他们熟悉和擅长的活动开始。学习他们的语言,你越想让他们理解一种特别的视角和见识,你用他们的语言来表达就更重要。

这些信任的观点引导我们思考一种可能性:学员无法从他们不信任的培训师那儿学习到跨文化的见识和技能。很有可能学员不能向那些不信任他们的培训师学习。没有相互信任,跨文化学习就不可能发生。

设计艺术化

彼得·森奇曾说:

> 我们所有的人都有一些共性,喜欢拼图游戏,喜欢看到全部的图像显现出来。一个人、一朵花或一首诗的美在于能看到它的全部。有趣的是"整体"(whole)和"健康"(health)这两个词都来自同一词根[古英语的 *hal*,比如"精神矍铄"(hale and hearty)这个词]。因此也不奇怪今天我们世界中的不健康就和我们不能将它看作整体是直接成正比的。
>
> 系统思考是看待整体的准则。这个框架让我们看到各种关系而不是孤立的事物,看到变化的形式而不是静态的"快照"。它是一套普遍的原理——在20世纪的过程中提炼出来的,跨越了物理学、社会科学、工程学和管理科学等多个领域。它也是一套特别的工具和技术,发端于两条线:控制论的"反馈"概念和追溯到19世纪工程学理论的"自动控制系统"。在过去的30年里,这些工具已被广泛应用于理解公司、城市、地区、经济、政治、生态甚至生理系统等范围。系统思考是一种敏感力——对一些赋予活的系统独具特色的、微妙的和相互联系的敏感力。(Peter Senge,1990,pp. 68—69)

一个培训项目是一个活的系统,不是吗?项目设计是一种敏感力——对赋予一个项目独具特色的、微妙的和相互联系的感觉。一个项目的美在于我们——培训师,还有他们——参与者,去感受这些相互联系的能力。

今天我们的培训项目的健康活力也许和我们把它们看作整体的能力直接

成正比。当设计一个培训项目的时候,培训师太过于经常从细节和事物入手。首先进入脑海的是方法、最受欢迎的练习、这个录像、那个角色扮演。接着我们把这些插入(或者,更为确切地说,我们把这些打包)到一个紧密的日程表中去。

健全的系统有一种组织原则。一种有效的培训项目的组织原则就是参与者——他们的活力、需求和专业责任。

一些建议

假如我们在头脑中开始和培训参与者设计下一个项目(在那个项目中),我们需要浏览种种可能的资料,获得对这组培训对象的深度了解,他们在哪里,他们的职业状况,他们的关注点和愿望。这就是真正的承诺和原则的要求所在。

如果我们希望项目是综合性的、健全的系统,接下来的步骤是什么?用一贯创新的方法,我们明确项目的目标、找出培训师的优势(目的是充分利用他们)、思考对培训师和参与者都最舒适、最具建设性的培训项目文化类型、决定最合适的语境(环境和交际风格)、草拟出在参与者中间最能相互支持、最具活力的关系(群体动力学)以及确定要培养的最重要的能力。

到了这一步,而且只有到了这一步,我们才可以开始考虑方法。现在我们了解的东西足以选择那些最高效的方法(或者,甚至更好,创造出对该项目中的这些参与者尤其适合并且效率最高的新方法)。

在我们选择了方法后(或创造方法后),我们可以仔细地排序各种方法。给方法和主题排序需要细心,因为前面进行过的培训内容必须考虑在内。假如要学习,则每种方法必须建立在先前的方法之上,然后引导到下一个。此外,特定的方法只适合某些主题,并不适合其他的主题。要牢记方法间的相互联系。

因为各方法间彼此相关,仔细地对方法和主题排序很重要:排在最前面的将会影响参与者对后面的期望值、观察、理解力和反应力(有时程度惊人)。这就是众所周知的"首位效应"(primacy effect)(Thibaut & Kelley,1959)。除此之外,最后的方法和主题也对参与者有相当强烈的(有时是意想不到的)影响。结束的方法、主题、人物、见识和经验可能在他们脑海中保存的最为生动。这被称为"近期效应"(recency effect)(Thibaut & Kelley, 1959)。因此,我们选择如何开始和如何结束特别重要。我们的选择会对把项目的各个部分结合起来,把项

第十八章 结束语:对未来培训的一些思考

目和每位参与者的生活结合起来,并造成影响。

当然,从我们开始考虑参与者的那一刻,在整个项目过程中,和当在项目结束后的第一天我们坐在桌子旁边时,还有下一次重新设计项目时,反馈和评估是必要的。

项目设计中的系统方法意味着我们尽力从他们各自的位置来看待学员(在他们家里和组织中),从整体来看待整个项目,还有整体看待项目中所有的学员。我们尽力去了解并协助创造一个基础框架、稳定的模式、进度、节奏和协调。我们尽力去发现和促进各种相互联系——与学员的联系和学员之间的联系、项目和人的联系、项目各部分间的联系、概念和能力的联系、训练课堂和"回家"之间的联系。结果就是得到一个完整的、有特色的项目(在任何系统中,完整是特色所必需的)。

当我们构想和艺术化地设计一个项目时,要对学员之间的关系给予特别关注。玛格丽特·惠特利(Margaret Wheatley,1999)在思考量子理论的实际含义时,她给出了独特的洞察力:

> "关系"的世界是丰富而复杂的。格雷戈里·巴特森……提到"联结的模式"并恳请我们停止教授事实——"事实"的知识——相反,我们应把关系视为一切定义的基础。因为关系,我们放弃预测性而拥护可能性。几年以前,我读到基础微粒就是"无数的可能性"。我开始以这种方式思考我们所有的人,可以肯定的是,我们是无法定义的、不能分析的,和宇宙中的任何事物一样充满了可能性。没有人可以离开我们和他人之间的关系而存在。不同的环境和人群都唤起我们内在的某些素质,使其他的素质潜隐。在每种关系中,我们都是不同的,在某些方面是崭新的……在量子世界里,关系不仅仅使许多物理学家感兴趣,它们也使现实变得有趣。(pp.34—35)

参与者之间舒适、互相尊重和合作的关系会创造一个完整的群体。只有完整的群体才能产生完整的学习。一个支离破碎的群体会产生支离破碎的学习(还有混乱和矛盾)。

只有完整的项目才能产生完整的学习。一个支离破碎的项目会产生支离破碎的学习(还有羞辱和憎恨)。

只有完整的学习才能被想起和应用。支离破碎的学习很快被遗忘,因此不能应用到实践中。

是不是完整的项目能由也只能由完整性的人来设计？是不是一个完整的群体只能由完整性的人来领导？系统理论和量子理论清楚地表明答案是肯定的。

交流风格

爱德华·T.霍尔(Edward T. Hall,1983)曾指出：

所有的文化都依照语境等级来安排成员和他们的关系，其中一条重要的交流策略就是不管是对单个人还是对整个群体讲话，要确定交流语境的准确等级。(p.61)

高语境或低语境指的是在特定交流中的信息量在交流语境中的功能。高语境交流中意思大部分包含在语境中，而很少包含在传递的信息中。低语境交流同人与计算机交流很相似——假如没有明确地陈述信息，没有严格遵循程序，那么意思就会被曲解。(p.229)

设计一个项目时，培训师要做的最重要的决定之一就是使用的交流风格（且要在学员中建立和促进使用）。霍尔在此处和其他大量著述中都建议我们可以从两种形成对比的风格中选择：高语境和低语境。

培训中的低语境风格通常包括以下元素。
1. 在项目开始时，描述我们的特定工作，详细列举我们的专业成就。
2. 分发当天的培训日程(主题和时间)。
3. 直接进行第一个主题的详细报告和讨论。
4. 提供完整的、准备好的解释，说话用词要精挑细选，并结合我们已知的正确事实和数字，使用幻灯片来投影最重要的文本和数字。
5. 总结讲过的要点。
6. 计划并写出特定的行动步骤，以及测量具体结果的技术。
7. 询问参与者问题，用集中的、有用的答案直接回答他们的提问。
8. 让参与者写出对项目的评价。
9. 道别和休会。

听起来是不是很熟悉？低语境风格培训有时和"好的培训"相混淆，而事实上它是一种好的培训风格。另外一种是高语境交流风格。高语境培训通常以间接的方式强调语境和关系。在许多培训情况下,高语境风格可能比低语境风格更为恰当和有效。但是很多培训师不太熟悉这一风格,要想用好它需要特别注意。

一些建议

在培训中使用高语境风格,我们可以精心安排以下元素。

等级语境　由受到全体雇员高度尊重的组织主管宣布培训项目,确认该项目对组织的重要性,介绍我们(培训师),传达对我们的信任和对培训参与者的期望(主管用多种语言和非语言的方式来完成)。

时间语境(组织培训的历史和参与者的历史)　主管提醒培训参与者(还有他们的上级管理者、同事和下属)我们培训师和该组织的合作已有18年了。接着主管讲一个说明我们对组织有重要贡献的故事。此外,在项目开始前,我们就应与学员建立关系的历史,例如,给每位学员写信,和他们每一位(或有代表性的抽样选择)进行电话交谈(和倾听)。在培训过程中,我们在业余时间和一些学员单独相处,在项目结束后的几个月里我们要进一步追踪每一位学员的情况。

物理语境　我们认为物理环境同样以微妙和有力的方式来传递信息。因此,我们要仔细挑选培训地点、培训房间(考虑到大小、形状、装饰、照明和温度)和家具的摆设(主管、项目培训师和参与者的相对位置)。(见罗杰·贝克《生态心理学》,Roger Barker's *Ecological Psychology*,1968,Hall 引用,1977,pp.99—100)

社会语境(社团构建)　我们为学员提供频繁的、温馨的机会,例如,通过培训项目的开班晚宴、小组讨论、团队项目、共进午餐、一起郊游、一起运动锻炼、以及提供给学员可以选择和谁相处的自由时间做他们想做的事情等办法,让他们互相了解,建立相互间的联系。

个人语境　我们向学员提供(语言和非语言)我们个人自身的一些事情。这可能包括我们家庭的故事、导师的简介及如何影响我们、解释我们为何从事跨文化工作、有关讨论过的主题和所得到的见识在我们自己生活中的事例、表达强烈的(积极的)情感、伦理问题上的鲜明立场、偶尔自嘲、一直展示出对所有参与者的尊重、对他们最感兴趣的问题做出实际的承诺。

在实施培训项目的过程中,恰当地提供我们的个人语境给参与者,从而提供了有联系的一个人,而不仅仅是处理信息。同样,我们制造和便利了参与者们在其个人语境中见面和互相欣赏的机会。

对参与者来说,理解高低语境的观点很重要;对培训师来说,设计项目时考虑到高低语境也很重要。因为这个原因,在培训项目接近尾声时,我们可能想回顾项目的每个阶段,解释运作中的特定语境(高或低)。通过对比培训项目中不同的阶段中运用的不同语境,语境可以进一步明确。这将会为理论概念提供经验性学习,这才是有效的培训。

群体动力学

什么是合作动力学?1991年约翰逊等(Johnson and Johnson,1991)曾回顾了过去90年进行的520多例实验性研究和100多例相互关联调查研究。他们在比较了过去25年里自己关于合作的、竞争的和个人主义的研究成果后,得出的结论是"为了共同的目标一起合作比单独工作更努力、产出更高的成就及有更大的生产力"(p.88)。

他们发现了小组合作工作的三种普遍的结果。

为成就付出努力。成员在群体能成功实现目标的情况下一起工作,能使成员们互相鼓励和促进彼此的努力。成员们彼此之间互相查找并接收更多的信息,共同使用成员们的信息,影响彼此的态度和结论。

参与者之间的关系质量。一个未被充分认可的重要因素就是当人们一起工作的时候,单个人互相关心更多、更能保证彼此的成功。即当群体中包含不同性别、不同种族群体、不同社会阶级或不同能力水平的成员时,结果依旧有效。合作越频繁,关系就变得越积极。

参与者的社会技能和能力。在合作群体中,社会技能和能力往往会比在竞争性群体或个人主义群体中增长迅速。(Napier & Gershenfeld, 1999, pp. 187—188)

第十八章 结束语:对未来培训的一些思考

查找信息……关心……合作……积极的关系。这难道不就是跨文化领域包括的技巧和能力吗？这在哪里发生？它就在群体中发生。

想想下一个你要负责的培训项目。想象所有的学员都在你面前,想象该项目中的学员不断地鼓励并促进彼此的努力学习;彼此之间查找信息、接受信息、使用信息,培养社会技能和能力;互相关心;为彼此的成功负责。这难道不就是为所有学员提供了多种学习和多层次的学习吗？这难道不能显著提高你培训的益处吗(尤其是在多义化群体中)？

一些可能的练习

和参与者一起(大概在评估学员的需求和优势期间),确认一个他们共有的、有压力的目标。和他们一起认清这个共同目标。接下来用一种方法来设计你的整个项目,项目(和你自身)能使学员们完全实现这个(他们的)目标。

对该群体有(并不断展示出来)强烈的信心是有意义学习中的必要源泉。给这个群体有意义的、富有挑战性的任务(和学员们的目标、项目的目标相一致),这些任务需要由该群体作为一个整体才能完成。给群体提供实现目标需要的所有资源(包括文化洞察力、或最好是通晓文化的人)。

在培训开始之后不久,明确并加强以群体为基础的学习。确认群体学习产生的成果并给予奖励。和群体一起庆祝学习任务完成和目标实现。

和学员仔细计划把他们的学习成果转移到项目结束后他们工作的群体和环境中。

学习

彼得·森奇(Peter Senge,1990)注意到:

沃纳·海森伯格(Werner Heisenberg)[现代物理学中著名的"不确定原理"(Uncertainty Principle)的提出者]在其名著《物理学和超越物理学：会面和谈话》(Physics and Beyond: Encounters and Conversation)中认为,"科学植根于谈话中。不同的人们互相合作可能取得最重要科学成果的最高点。"海森伯格接着回忆了一生中和波利(Pauli)、爱因斯坦(Einstein)、波尔(Bohr)以及其他在20世纪前半叶彻底颠覆和重新塑造了传统物理学的著名人物之间的谈话。海森伯格说这些谈话"对我的思想产生永久的影响,"严格来说,这些谈话也孕育了这些名家最后成名的一些理论。海森伯格的谈话,以生动的细节和情感回忆阐明了合作学习的令人惊讶的潜能——集体使我们有可能比单独个人更有见地、更聪明。(pp.238—239)

大卫·波姆(David Bohm)是"领军"的量子理论家,正在研发一种群体"接收更大智慧的流入"的"对话"理论和方法。"对话"最终被证明是一个古老的观点,被古希腊人所推崇,并被许多"原始"社会实施,比如美国的印第安人。然而,它完全在现代世界中消失了。我们都尝过对话的滋味——在特别的谈话中,它获得了"自身的生命力",带领我们朝我们事先没有计划过、也从没想到的方向前进。(p.239)

波姆认为,一个群体在对话中进入更大的"共同意义的信息库",这是单个人无法进入的。"整体构成了部分",而不是试图把部分拉进整体中。(pp.240—241)

假如集体思考是流淌的小溪,"思想"就像漂浮在水面的、被冲到岸边的树叶。我们收集树叶,我们的体验就是"思想"。我们误以为它们就是我们自己的思想,因为我们没有看到集体思考的溪流,我们的思想就源自那里。(p.242)

所以,根据波姆所说,集体思考不仅是可能的,而且对发掘人类智慧的潜能至关重要。(p.242)

沃纳·海森伯格、大卫·波姆和彼得·森奇在这里究竟要告诉我们什么?就是让我们考虑学习是由群体而不是由个人创造或产生的这一可能性。让我们更进一步考虑,可能智慧、同情和能力存在于群体中,而不是在单个人那里。如果群体能比单个人学到更多,学得更快,该怎么办?如果群体能比单个人更全面、更有效地实践所学,该怎么办?如果群体,至少是潜在的,能比任何一个个人更有知识、更富技能,该怎么办?

在培训中,我们中有多少人"接收更大智慧的流入"?我们中有多少人能看到参与者群体中的"集体思考的溪流"或是辨认出"共同意义的信息库"?在很多年里,因为高度关注个人、强烈相信个人,我们是不是对群体智慧(可能甚至

第十八章 结束语:对未来培训的一些思考

是天才)的潜能视而不见了? 我们是不是因此而减少了我们一直工作于其中的合作群体的智力和能力?

今天许多教师和培训师备受挫折。一些学生和培训师一定也是焦躁不安。是不是我们当前的范式(单个培训师为单个学员提供知识)带我们走到了它所能达到的地步? 是不是今天需要的见识和能力只能由群体学习才能获得,或是只能从一个群体习得?

当未来的几代人回顾我们的时候,他们是否会看到我们深层的偏见是对集体的偏见? 他们是否会认为我们最虚弱的"主义"就是个人主义?

一些建议

在为下一个培训项目做准备时,如果我们认真地看待群体,如果我们想承认和开发群体的潜能,我们不该做什么?

- 不要说教。
- 不要指定结果。(群体了解或将会发现最好的目的)
- 不做任何事。顺其自然,在他们左右、尊重他们、关注他们、回应他们,成为群体的一员。作为完整的人属于这个小组,完整的人才能保持整体相互联系的项目的敏感性。

如果我们觉得必须做些什么,或他人要求我们做什么(可能是他们付钱给我们),那么我们自己能做什么(当继续关注群体时)? 以下就是一些可能性。

尽可能经常地和"完整"的团队(夫妻、家庭、基本工作单位、项目小组)合作。这会让你更容易把群体看作是一个完整的群体(不仅是单个人的集合)和一个群体打交道(而不仅是分别和其中的单个人打交道)。

相信这个群体。对整个小组充满强烈的、真正的信心(这对个人主义的培训师来说尤其困难。对高度需要控制培训结构的那些个人主义的培训师来说,这几乎是不可能的)。

在项目开始前,和群体的每位成员进行真正的对话。在项目进行过程中,使整个群体投入到真正的对话中。接着,在项目结束后,要使每位成员投入真正的对话中去。在项目的整个过程中,在参与者中分两组、三组、四组和整个群体来组织和鼓励有深度的对话,经常为整个群体安排非正式的活动(例如,会餐、散步、娱乐活动、一起旅行、或一起面对陌生的地方)。理想的活动应当包括有规律的机会(可能在每天开始和结束的时候)静静地坐在一起或一起走路。

为群体拍照。这是每位成员能把他或她自己看做是群体一部分的唯一办法。同样,当向群体外的人展示这样的照片时,尤其是向成员的家人、朋友和领导,这些人开始把这个群体真看作一个群体,也把它当作群体来对待。这当然会对群体会产生虽微妙但却深远而积极的影响。

让整体组织部分培训活动。例如,为何不让群体自己计划项目?毕竟,我们谈论的项目的是为该群体,而不是为了培训师。

问一些能唤起群体思考的问题,这些问题能唤起对群体的重要情况和重要问题的最佳想法和真实情感。接着退到一边,聆听发言,不仅要听单个人发言,而且要听到集体思想的"溪流"。在适当的时候,阐明这一思想溪流。

促成群体接近共同意义的信息库。例如,探讨整个群体都关心的、对整个群体很重要的情境。提供群体用非言语探讨和表达所讨论问题的方法。(一个群体是否有类似于"大脑右半球"的东西?为何不画出来?)例如,建议群体(如实地)描绘"友谊"。

以实际群体的学习潜能做实验,尤其是实验该群体在延长时间内有规律地在虚拟的相同"地点"相遇的潜能。

这种以群体为中心的方法要求什么?对我们很多人来说,它需要的就是我们的改变。事实上,它可能也需要模式的转换。我们应假设学习的主要源泉是群体,而不是个人。这会把焦点从我们培训师身上转移。我们应识别群体的需要(和优势),该群体在更大的组织中担任的角色和职责,以及对我们的工作影响最大的群体特性。我们至少要了解它的历史、成就、失败、能量、凝聚力、对多元化的承认和融合、创造力、目标感、学习能力、适应能力、表现力和学习风格。我们甚至可能会问,"这个群体完整吗?"

在群体中工作,我们可能更多依靠直觉,我们会更多依靠群体(再说一遍,这对个人主义的培训师来说可能是一大步)。我们从群体开始(也许从群体的资源开始),而不是从我们的模式开始。探索将会成为主要的方法,而不是解释。关键是互动的质量而不是指导。

当我们的角色改变之后,"培训师"的概念就不再贴切。在对话进行中我们更像伙伴、厨师长、探险队的领队、为河流挖掘更深航道的船长、或者可能是艺术博物馆里的看门人,他打开一扇扇门、打开窗帘和窗子、打开灯、移走通道上的障碍物。我们尝试这些新角色,看来我们不再"提供"任何东西(例如,项目)。实际上,培训"项目"本身可能并不适合我们服务的群体。也许我们在项目中投入的时间和天分会分散我们的注意力。也许从今以后,我们应该考虑把项目留给电视节目制作人和软件工程师。

近些年来,人们一直关注"影响力"。利用这个新的(或是古老的?)方法,我们相信,与任何一位培训师相比,群体能对自身产生更深、更相关、更有创造性和更持久的影响力。

方法

几十年来,一些社会科学学者把注意力集中在成年学习者身上。在这些学者中有著名的科特·卢因(Kurt Lewin),1951年他写了《社会科学中的实地理论》(Field Theory in Social Science)一书。从他们的研究和理论中显露出一个主题就是体验性学习的重要性(体验性学习的原理和方法曾用在儿童和大学生身上,并被证明有效)。大卫·科尔布(David Kolb,1984)在《体验性学习:体验是学习和发展的源头》(Experiential Learning: Experience as the Source of Learning and Development)一书中,全面概述了这个领域(和他自己原创的观察和模式)。

另一个对这一调查线索贡献重大的人物是卡尔·罗杰斯(Carl Rogers),我们还未充分意识到他的贡献。罗杰斯写到:

> 让我更准确地定义与重要的或经验的学习相关的一些元素。它具有**个人参与**的特征——在学习过程中一个情感和认知方面完整的个体。**它是自发性的**。即使推动力和刺激来自外界,发现的觉察力、外延的觉察力以及领会与理解的觉察力都来自于内部。**它是扩散性的**。它使学习者的行为、态度、可能甚至个性都发生改变。**它由学习者评估**。学习者知道它是否满足了自己的需要,是否引导他走近要学习的知识,是否阐明了他体验到的不知道的"黑暗领域"。我们说评估的场所一定是在学习者那里。**它的本质是意义**。当此类学习发生时,对于学习者有意义的元素建构在整个体验中。(Rogers,1969,p.5,Knowles引用,1990,p.8)

这些观点中有很多是爱德华·林德曼（Eduard Lindeman, 1926）在成人教育领域的研究工作中成形的。他明确了成人学习的几个基本假说（就像 Knowles 总结的, 1990）。

根据林德曼所说，成年人在体验到学习将会满足他们的需要和兴趣时，会被激发出学习动力，所以这就是组织学习活动的恰当起点。成年人的学习定位是以生活为中心的，因此组织成年人学习的适当单元就是生活场景，而不是主题。林德曼认为体验是成年人学习中最宝贵的资源，因而成人教育的核心方法应当是经验分析法。成年人对自我指导有深切需要。由于这点，成年人的老师应让学员参与共同探讨的过程，而不是把他或她的知识传递给学习者，并评估学习者对知识的顺从。人们之间的个体差异随着年龄的增长而增长，成人教育必须认识到这一点，依照风格、时间、地点和学习进度的差异，提供最佳的选择。

让我们接受这点，至少是现在，体验是成人学习（换句话说，就是我们的学员）的一种资源（也许是主要资源）。培训师能为哪种特定体验做出最大贡献？就是参与者与培训师在一起的体验。这些体验给学员的学习帮助比任何课堂报告和练习都大。

举例来说，如果在一个项目中，每位学员不断地体验到培训师真正的尊重、移情、交流能力和建立并保持人际关系的能力，想想它的效果（当然，与培训师在一起的特定体验，将取决于项目的学习目标，目标反过来也依赖于学员的特定的需求和优势）。或者如果每位参与者体验到尊重、移情、交流能力与其他参与者的人际关系（当培训师担当减轻参与者之间互动困难的角色时，这种体验会不断增加），想想它的效果。假如这是一个多元文化群体，学习（或其他结果）将会怎样？

一些建议

直接利用参与者过去的体验。例如，如果项目的主题是变迁，那么就要承认一个事实，就是房间里的每个人都在生活中经历了变迁，可能是几次重大的变迁。因为这些成年人生活在越来越多元文化的社区和组织内，他们中至少有几个可能体验过文化变迁。为何不让培训项目中的每个人选择他们体验过的一次变迁（可能是最难的一次或是他们处理得最好的那次），让他们在脑海中再

第十八章 结束语:对未来培训的一些思考

次体验那些经历,也许和其他参与者讨论,接着从中得出与即将到来的变迁最有关联的见识和教训?难道基于他们自身体验的这些见识和指导准则不比任何书本的知识都更有意义、更有用吗?如果这些见识和指导准则被其他参与者(建立在他们自身的经历基础上)和培训师(建立在他或她自己的经历和书本知识基础上)扩展和丰富,难道对每位学员(和培训师)不是无比宝贵吗?

把参与者的见识变成研究。当学员们回忆和再现他们的体验时,难道他们不是在研究吗?要是他们现在(在培训师的帮助下)巩固他们的发现结果,并提出充分表达他们发现的概括结论,结果会怎样?如果每一位正在阅读此书的跨文化培训师都在来年的一个项目中指导这样的学习研究,接着出版这个群体的研究结果,这对我们这个领域的理论建构、对我们这个领域每个人的集体智慧,将是多么大的贡献。接下来,如果在随后的一年他们再做一遍……

利用特别增加了维度的标准体验性练习。模仿和案例研究经常是以其他人在其他地方的经历为基础。尊重我们的学员和他们的经历,为何不把我们使用的每项体验性方法直接建立在他们的经历基础之上?而这最好是让专家们来决定。谁担当学员们经历的专家呢?他们才是。为何不让学员创造一项结合了他们自身经验的个案研究?把它做得真实、切题和富有挑战性。接着在学员非常需要并且做好了准备的关键时候,要借助培训师提供适当的信息,由学员去完成它,也可能是把它演示出来。

为替代性体验创造机会。数百万人不仅欣赏过戏剧,也被戏剧吸引和影响。从中国的京剧到英国的莎士比亚戏剧,从马来西亚的皮影戏(*wayang kulit*)到希腊的悲剧,戏剧被用来娱乐和教化。为何不表演故事、小品、关键的戏剧片段以及包含能被参与者迅速而深刻地辨认出有趣人物的跨文化情景录像?

去做,而不仅仅是谈论。参与者自己扮演这些角色(或者可能选取蕴涵最重要学习潜能的角色部分)很重要。文化同化案例可能是不错的起点。在规定场景下参与者尽力选择出目前最好的回应、并在讨论完或之后,他们接下来就做出了更好的回应——可能借助于其他参与者、培训师和来自正在探索文化中的项目职员的支持和带有文化信息的反馈,学员们再做一遍,回应甚至更好。每位参与者在观察到跨文化的出色表现、并练习优异的回应后,他们会做的更好,接下来让每位参与者观看自己的出色表现(在录像带上)。

关注出色表现。学员们观察到的、并随后扮演的每个角色要具有特别的跨文化能力并且非常有效，这点很重要。例如（还要取决于学员的需要和项目的目标），参与者观察并接下来练习对当地人的尊重，观察并接下来练习适应力、对模糊的容忍度、对他人的开放度、有效的交流和成功解决问题的能力。换句话说，他们体验到跨文化的出色表现。这种方法与许多培训师和那些关注跨文化交流中的失礼、错误和语误的作者们所使用的方法形成了对比。

探索可能的回应选择。在故事和危机事件中安插两种处理相同情境都很有效的方法。学员们可观察这两种方法并能看到两种方法的结果。接着他们表演（和直接体验）两种方法。另外，鼓励学员们自己利用到目前为止所学的提出第三种很有效的方法（借助于培训师和项目职员的建议）。接着学员演出（和直接体验）第三种方法。演出后进行讨论，接下来再开始演一遍。在这次演出中，你作为培训师露一头角，加入情节中，向参与者展示第四种方法——不仅学习文化而且是真正创新的、能激励人的方法。

把体验概念化。在有了体验（在这一案例中是多样的、管弦乐队式的体验）之后，把体验概念化很重要。这里的关键问题是由谁来概念化？如果我们尊重参与者，如果我们想为他们提供宝贵的经验，难道由他们来为自己创造这一体验不是最好的吗？例如，他们思考以上提出的体验，他们提炼出学到的基本教训，他们分辨出基础的观点、原理和模式，他们建构自己的框架和模型。在这个过程中，培训师从对学员们体验的观察、从知道这个领域相关模型出发，给予学员们帮助。接着，陈述概念化也由参与者来做，以他们的体验为基础。他们可以选用视觉的、语言的或其他任何形式（因为那种形式能让他们最准确、最完整的陈述他们刚刚经历的体验）。这一概念化过程难道对他们来说不最有意义？不是最生动的记忆？不经常被提起？不最容易传给别人？

在分析和阐明了他们的体验、询问了相关问题之后，学员们学到了什么？他们学到了如何从自身的经历中去学习更多。这对他们来说是不是最根本的？是不是我们很多培训的一个基本目标？此外，学员们是一起完成的。他们一起学习，事实上他们彼此之间互相学习。他们相互交流和相互合作。这里，尤其假如这是一个多元文化群体，这难道不是在进行其他方面的基础学习？

培训师常常展示其他人依据许多年前在其他地方的体验发展而成的模型。他们由此剥夺了参与者的独特体验和从自己的体验（过去的和现在的）中学习的独特机会,并且剥夺了他们向其他参与者的体验(过去的和现在的)学习的机会。

再思考一下你要指导的下一个项目。假设有10个人来,他们的平均年龄是35岁。他们给你的(他们的)项目带来总共350年的人生体验,和大约150年的职业经历。如果他们参与的项目持续两天,他们也会获得总共累计大约150个小时互相分享的体验。为什么不尊重这一体验?研究它,开发它,把这些体验变成项目的"资料"。使学员能够充分理解它并从中多多学习。你自己也从中学习。

命名的权力

爱德华·萨皮尔(Edward Sapir,1931)写到:"语言和体验之间的关系经常被误解……[它]实际上为我们定义了体验……因为我们把它暗示的期望无意识地投射到体验的领域中"(Sapir, 1931, p.74, Hall引用,1977, p.15)

保罗·沃茨拉维克(Paul Watzlawick,1978)认为,"众所周知,语言与其说反映了现实,不如说是创造了现实"(p.16)。

假如我们的工作是新的,我们的工作方法是新的,我们的很多见识是新的,我们则必须创造新的方法表述它们。

在古老的希伯来《旧约全书》的首五卷中,上帝赋予第一个人亚当为动物命名的权力。这项权力的确需要博学。在许多传统社会中,事物的命名创造出或赋予了它身份特征。中国的一位皇帝,事实上,当他大权在握时,他说到:"我们第一件必须做的事情就是恰当地给帝国内的一切事物命名。"几个世纪以来中国的父母一直很谨慎地为新生儿取名。他们认为名字对性格影响很大,并会塑造孩子的命运。

当我们为事物命名,我们会影响到人们对该事物的理解和期望,这反过来会影响人们对它的态度和行为。我们的领域是个相对新的领域。我们用来标记我们的领域和工作所使用的语言将会影响到将来人们的理解、期望、态度和行动。因此我们拥有权力——我们常常意识不到的权力。当然,跟随权力而来的还有责任。

我们分给人们角色的名字尤其重要。这些标签会影响到人们如何看待他们自己和他们的所为。这也反过来影响到别人如何回应他们——这当然地会引起反作用。因此这种交互的模式就建立起来了。

例如,你是否把和你一起工作的人叫做"学生"？世界上许多人都清楚这个角色。他们在那个角色身上花费了他们一大部分生命。当你称他们为学生时,你为他们建立起特定的着装方式、问候方式、坐姿、聆听方式、做手势、书写和离开的方式(当然这些方式一个国家和另一个国家会有不同,但是在特定的国家内,学生的角色通常是十分清楚的)。假定他们是你培训项目中的人,学生的角色是否让他们觉得舒服？这对他们、对目标以及对项目的内容是否恰当？如果不恰当,什么更为恰当？受训者？参与者？我建议尝试用同事。想象一下把参与项目的人称为同事,把他们看作同事,像对待同事一样。设想这会如何影响他们的行为——和你的行为；他们的学习——和你的学习。设想这将会如何影响整个项目的设计,整个群体的发展和所有个体的效果。

甚至项目这个术语也可能限制我们的思想,阻止我们做那些自己潜在的能做的事情。我们有什么选择？有些可能叫做工作室、对话、现场外、正在现场、现场、实验室、回顾和计划活动时间、发生、同事磋商、闲谈、锻炼、学习、静修、预静修。大概最合适的称谓来自另一国家可以相提并论的事件,所以最好用另一种语言来表达。如果"项目"这个词并不是对我们下一个培训的努力的公正命名,为何不尝试用来自意大利语或法语、阿拉伯语、马来语中一些富有表现力的词语？

你下一个项目的名称以及它的来源和内涵,将会渗透到塑造该项目的特点,塑造参加(或是参与、学习、贡献、创造、享受、工作、加入或观察)项目的人们的体验。

甚至可能学习这个标签也不再充分。假如我们真正坦白,我们会不会承认很多和我们一起工作的人根本对学习不感兴趣？他们中很多走出学校已经多年。他们不是被雇佣来学习的,也不会因为学习得到奖励。如果我们分析清楚他们最关心的事情,我们可能发现他们最关心的事情中包括贡献(为他们的家庭、组织、同事和社区),平衡职业和个人生活,养活自己和家庭,保住工作,和为自己的将来定位。

要解决这些关心的问题当然需要学习,但我们的同事最迫切要求的活动可能是做艰难的决定,从事高素质的工作、减少压力、获得上级的支持、赢得顾客或客户的信任、还有领导别人。那么他们的价值观是什么?经调查,我们大概发现这些人(还有他们的组织)都高度重视贡献、平衡、支持、进步、生存、决策、创新、保证收入和领导能力等,而不是学习。现在在很多公司内,领导能力比学习更重要。

当我们创建我们的领域、设计项目、艺术化我们的角色,给每个角色命名时,何不以和我们合作的人的价值观为起点?让我们从他们的语言和价值观开始,而不是从我们的开始。

还有一步。可能甚至培训这个标签对我们的目标、或对我们和他们的目标都不再充分。训练蹒跚学步的孩子使用卫生间、对新兵的基本培训、专业学院对学生进行医学和法学的培训可能用培训表述都是对的。首相和院长、大使和管理经理、教授和高级工程师、资深编辑和法学家们通常不认为他们需要"培训"。他们很多人非常聪明。他们当然比我们更了解他们自己和他们的工作。可能他们是对的。可能他们的确不需要"培训"。

那么,对这些更成熟、资格更高的人(他们的决定和行动,毕竟会影响到数百万的人,也包括我们,会影响到无数的行业,也包括我们的行业)来说,什么是合适的?我们如何让他们利用对他们来说非常有趣和有价值的视角和文化见识?找到答案的最好办法可能是向他们咨询。如果我们使他们用他们的语言投入真正的对话中,那么和他们一起,我们就能创造出对他们真正有意义,也很有价值(对他们有价值)的概念、策略、产品和服务(可能还有其他我们没想到的东西)。也是和他们一起,我们才能创造出向他们传达我们提出的想法的最恰当的术语和标签。

文化评论

与我们研讨领域的原理和见识相一致,我们想要识别并表达清楚文化对我们工作的影响,也包括对本章写作的影响。

首先,我们借鉴的大多数理论家都是西方的。这当然很有启发,但也被限制住了,有局限性。因此,当我们继续探索的旅程,我们一定要仔细地探索在世界其他地区和其他传统中那些思想家们的视角。

其次,本文的分析中当然包含了一些基本的西方假说。例如,我们假定最好的(可能是唯一的)理解事物(象理论和培训)的方法就是分析。通常我们通过把对象分成几部分来分析——常分成两部分。例如,黑与白、好与坏、宗教的与世俗的、私人的与职业的,诸如此类。

在此,我们划分事情的倾向中有一个内涵丰富的概念。例如,当我们设计并指导培训项目时,我们通常把私人生活和职业生活分离开来。因为我们的任务是培训,而不是咨询,我们常常关注职业的方面(当然我们尽力用完全"职业的"方式去做)。这么做的效果怎样?通过关注和投入参与者生活的职业方面,我们可能会促成他们职业生活与私人生活的分离。

几十年来,西方很多组织的雇员已经发现工作场所是非人的、无情的、使人们疏远甚至是不人道的。这是不是因为在很多组织内私人的生活是和职业的生活分离开来,因为雇员觉得他们是被分裂的?这大概就是压力的根本原因吧,而这种压力西方公司里很多雇员正在经历,也是为什么很多雇员尽力在生活中取得更好平衡的原因。在我们的培训项目中,是不是因为我们意图是好的,就强迫每位参与者的私人生活和职业生活进一步分裂(还有,一直强调"职业",对我们是不是也一样)?

一个植根于西方思想的相关假说认为人类可以被分为三部分。这个假说可追溯到三位理论家,我们发现柏拉图审视人类然后看到了欲望(*epithumia*)、理性(*logistikos*)和精神(*thumoeides*);几个世纪后,弗洛伊德看到了本我(id)、自我(ego)和超我(superego);又过了几个世纪后,在我们的时代,记录分析的实践者看到了孩子、成年人和父母。在对人细分的基础上,西方文化创造了完整的产业和专门职业服务于细分的各部分。如果身体出了问题,你去看医生。如果你的思想出了问题,去看心理学家。精神出了问题,你要去找牧师、神父和教士。

假说、理论和概念具有普遍性和体制性,当然,它们的确会影响培训师。当我们观察和我们一起工作的人们,也就是我们的学员时,我们常常能看到知识、技能和态度。许多培训师强调"以技能为基础"的培训。另一些认为打下牢固的知识基础最重要。许多培训师虽然不是同步地,但在项目的不同阶段,想要注意学员的三个"部分"。他们常常在不同的阶段使用不同的方法和练习。

第十八章　结束语:对未来培训的一些思考

现在的问题是:把人看成是分割成部分的,接着在一天内计划一些独立的活动,每个活动只能涵盖一个部分,效果怎样?我们和学员仅在与一个部分有联系的层次上互动交流,效果怎样?一种可能的效果就是忽略其他我们看不到因此也不参与的部分(例如,良心觉得怎样?)。还有,仅仅关注一个或几个部分,并发展这几个部分,我们是不是把这几个部分与一个人的其他部分分裂了?我们是不是没能帮助促进成长反而导致他们的不完整?我们的培训越精深,"影响"越大,是不是这种不完整就越严重?

在希腊文《圣经新约》早期版本的语言中,"分裂"的动词就是"*merigo*"。这个词还意味着"焦虑"。当我们把学员看成是分割成部分的,当我们的项目(和我们自己的互动)仅包括一个或两个其中的部分,我们是不是给他们制造焦虑?我们是不是以自己的形式在"解构",解构人们?每次我们认为我们是在帮助人们发展,帮助人们树立信心时,我们是不是造成了破坏和焦虑?

同样地,在我们观察一群人,我们倾向于分割一个群体。如果这个群体参与我们的培训项目,我们倾向于看到它的各部分——单个的"学员"。因此我们是不是并没有帮助群体发展反而造成了它的不完整?如果这是一种可能性的话,培训师们是不是应该寻找其他可选择的理论?也许我们会在其他国家或其他学科中发现它们。或者我们可能继续少数培训师开始做的事情,那就是创造我们自己的跨文化和培训的理论——这种理论关注的是在相关的、参与性的语境中与其他成熟的成年人一起培养跨文化能力。

选用的社会科学理论文献

Ashley, D., & Orenstein, D. (2001). *Sociological theory* (5th ed.). Boston: Allyn & Bacon (488 pp.).

Baron, R., & Byrne, D. (2000). *Social psychology* (9th ed.). Boston: Allyn & Bacon (678 pp.).

Bennett, M. (Ed.). (1998). *Basic concepts of intercultural communication: Selected readings*. Yarmouth, ME: Intercultural Press (272 pp.).

Bornstein, M., & Lamb, M. (1999). *Developmental psychology: An advanced textbook* (4th ed.). Mahwah, NJ: Lawrence Erlbaum (657 pp.).

Brislin, R. (Ed.). (1990). *Applied cross-cultural psychology*. Newbury Park, CA: Sage (367 pp.).

Cashmore, E., & Rojek, C. (Eds.). (1999). *Dictionary of cultural theorists*. New York: Arnold (497 pp.).

Clegg, S., Hardy, C., & Nord, W. (1996). *Handbook of organization studies*. Thousand Oaks, CA: Sage (730 pp.).

Harris, M. (2001). *The rise of anthropological theory* (Rev. ed.). New York: Rowman & Littlefield (806 pp.).

Kreitner, R., & Kinicki, A. (2001). *Organizational behavior* (5th ed.). Boston: McGraw Hill/Irwin (774 pp.).

Kuper, A., & Kuper, J. (Eds.). (1996). *The social science encyclopedia* (2nd ed.). New York:

Routledge (923 pp.).

Layton, R. (1997). *An introduction to theory in anthropology.* Cambridge, UK: Cambridge University Press (241 pp.).

Martin, J., & Nakayama, T. (1999). Thinking dialectically about culture and communication. *Communication Theory, 9,* 1–25.

Moore, H. (Ed.). (1999). *Anthropological theory today.* Malden, MA: Blackwell (292 pp.).

Napier, R., & Gershenfeld, M. (1999). *Groups: Theory and experience* (6th ed.). Boston: Houghton Mifflin (568 pp.).

Renz, M., & Greg, J. (2000). *Effective small group communication in theory and practice.* Boston: Allyn & Bacon (342 pp.).

Smith, P. (2001). *Cultural theory: An introduction.* Malden, MA: Blackwell (268 pp.).

Turner, B. (Ed.). (2000). *The Blackwell companion to social theory.* Malden, MA: Blackwell (570 pp.).

Wiseman, R. (Ed.). (1995). *Intercultural communication theory.* Thousand Oaks, CA: Sage (327 pp.).

参 考 文 献

Barker, R. (1968). *Ecological psychology.* Stanford, CA: Stanford University Press.

French, J. R. P., Jr., & Raven, B. (1968). The bases of social power. In D. Cartwright & A. Zander (Eds.), *Group dynamics: Research and theory* (3rd ed.). New York: Harper & Row.

Hall, E. (1976). *Beyond culture.* Garden City, NY: Anchor Press/Doubleday.

Hall, E. (1983). *The dance of life.* Garden City, NY: Anchor Press/Doubleday.

Johnson, D., & Johnson, F. (1991). *Joining together* (4th ed.). Englewood Cliffs, NJ: Prentice Hall.

Knowles, M. (1990). *The adult learner: A neglected species* (4th ed.). Houston, TX: Gulf.

Kolb, D. (1984). *Experiential learning: Experience as the source of learning and development.* Englewood Cliffs, NJ: Prentice Hall.

Kreitner, R., & Kinicki, A. (1989). *Organizational behavior.* Homewood, IL: BPI Irwin.

Kuper, A., & Kuper, J. (Eds.). (1996). *The social science encyclopedia* (2nd ed.). London: Routledge.

Lewin, K. (1951). *Field theory in social science.* New York: Harper.

Lewis, J., & Weigert, A. (1985, June). Trust as a social reality. *Social Forces, 63*(4), 967–985.

McGuire, W. (1985). Attitudes and attitude change. In G. Lindzey & E. Aronson (Eds.), *Handbook of social psychology* (Vol. 2, 3rd ed., pp. 233–346). New York: Random House.

Napier, R., & Gershenfeld, M. (1999). *Groups: Theory and experience* (6th ed.). Boston: Houghton Mifflin.

Rogers, C. (1969). *Freedom to learn.* Columbus, OH: Merrill.

Sapir, E. (1931). Conceptual categories in primitive languages. *Science, 74,* 578–584.

Senge, P. (1990). *The fifth discipline.* New York: Doubleday.

Thibaut, J., & Kelley, H. (1959). *The social psychology of groups.* New York: Wiley.

Watzlawick, P. (1978). *The language of change: Elements of therapeutic communication.* New York: Norton.

Wheatley, M. (1999). *Leadership and the new science* (2nd ed.). San Francisco: Berrett-Koehler.

第十九章

跨文化培训中理论建设与实践相结合

丹·兰迪斯(Dan Landis)
德哈姆·P.S.巴乌克(Dharm P. S. Bhawuk)

事实的真相是在文化的单纯性和复杂性的每一个层面,存在多种可能的人类惯例和动机。而智慧就在不断容忍它们的差异中积累起来。一个人只有在一个文化环境里长大,依照该文化的规范生活,才算是完全参与到这个文化中。然而,他可以把在自己文化中认识到的重要性传达给其他文化的参与者。

——露丝·本尼迪克特(Ruth Benedict, 1959, p.45)

本章的主旨包括三个层次:(1)论证在这个领域要取得进展就必须推动理论的发展,开发可测量的跨文化行为过程模式,这个模式具有综合性,能包括跨文化行为过程中涉及的一切关键变量;(2)论证这个模式是切实可行的,并能为将来进一步的研究奠定基础;(3)评估本版《跨文化培训指南》出版后的我们所处的位置。

首先,我们要承认研究者和培训师之间存在一条鸿沟。这两类人在看待跨文化交际培训的任务和判断培训的有效性上存在分歧。在本章中,我们将从研究者的角度出发,兼顾培训师的实际需要。但是,最好先谈谈两组人员如何看待验证问题和模式、技巧何时被认为是有效的。有一个案例提到,研究者经常关注一些相对而言微不足道的变量和简单的模式,这些对培训师来说即使有用,但作用不大。对此,研究者反驳说培训师的工作条理不清,总是混淆模式和技巧。研究者进一步反驳认为科学的特点就是验证与再现。方法上出现混乱就无法进行再现。培训师回应,再现研究和模式确实存在,但遗憾的是,这些研究和模式通常都是专利成果,不对公共的科学界公布。研究者称,除非这些模式和评估被公布,接受同行的评论,否则它们实际上是不存在的。在此,培训师不再继续争辩,而是对象牙塔模式在现实世界中的可行性提出质疑。对研究者来说,要通过试验或类似试验的设计或统计数据进行验证;培训师则依靠观察到这些模式对客户和受训者产生的效果,有人称之为"市场讯号"。二者的区别也就是统计数据验证和法律验证(legal proof)之间的区别。统计数据验证总是存在一定问题。我们面临的情况是,任何技巧或模式都无法完全得到证实;因为总存在一些可能产生误差的地方。另一方面,法律验证取决于证据能否占优势。因此,一种技巧或模式如果在长期使用中,很少接到用户投诉,就被证实是有效的。如果我们记得科特·卢因(Kurt Lewin, 1946, 1948; Marrow, 1969)说的——"好的理论就一定实用"——那么研究者和培训师完全可以合作,将理论与实践相结合,这对于跨文化培训这类应用研究领域至关重要。

理论的作用是预测与解释。有关专业技能培训的文献显示,专家不同于新手,因为他们不仅能获取信息解决问题,还能利用理论组织知识。因此巴乌克(Bhawuk, 1998; Bhawuk & Triandis, 1996)提出了文化理论对跨文化培训的作用。下面我们简要归纳这些论点以及证明这些论点的模式。

文化理论在跨文化培训中的作用

索恩戴克和伍德沃斯(Thorndike & Woodworth, 1901)提出相同要素理论(identical-elements theory),认为只要受训环境和工作环境中存在相同要素就能实现从受训环境到工作环境的转变。该理论的批评家认为,不应将转变局限于具有相同要素的环境。埃利斯(Ellis, 1965)认为相同要素不限于刺激要素和反映要素,还应该包括其他要素,如一般原理和态度;通过消化原理和理论来实现知识的获取和应用看来也是合理的。

"通过理论转变"原则(transfer-through-theory principle)(Thorndike & Woodworth,1901)强调在执行任务的过程中,学习理论的指导价值。这点被亨德里克森和施罗德(Hendrickson & Schroeder,1941)通过一个经典研究进行了证明。他们让两组受试者进行射击训练,射击目标设在水下,训练进行到两组受试者都能连续击中目标为止。然后改变射击目标在水下的深度,给其中一组受试者讲解光折射原理及其如何影响射击水下目标。在下一轮的射击中,接受了光折射原理训练的一组受试者表现明显比另一组好。这个经典研究证明了学习理论的价值。巴乌克(Bhawuk,1998)以同样的方式指出,文化理论有利于跨文化专业技能的提高。

巴乌克(Bhawuk,1998)提出了一个跨文化专业技能培训模式,包括认知资料和学习阶段。该模式也可用于评估跨文化培训项目的理论框架。在这个模式中,巴乌克定义了四个层次的跨文化专业技能。非专业人员(lay person)指不具备另一种文化知识的人;新手(novice)指通过旅居海外或参与跨文化培训项目获得广泛跨文化经验的人;专家(expert)指在新手的基础上,掌握与行为方式相关的文化理论,并因此能够运用理论更好地组织有关文化差异的认知;高级专家(advanced expert)是指有一定实践经验的专家,能熟练或自然地完成相关任务。巴乌克假定专家不同于新手,因为专家不仅能获取知识解决问题还能用理论组织知识。他提出,以理论为基础的培训项目能将非专业人员训练为专家,而特定文化、一般文化、行为校正训练最多能将非专业人员训练为新手。这个模式还假定,要成为高级专家就必须参加额外的行为校正训练或旅居海外积累跨文化经验,这个模式源自认知心理学,可以称作专业技能培训的阶段模式。

安德森(Anderson,2000)曾描述过人们是如何提高专业技能的。根据他所说的,技能学习分为三个阶段。第一阶段是认知阶段(Fits & Posner,1967),描述学习步骤。在这一阶段,要记住概念的名称、定义和关键实质内容。因此,知识具有"宣告性",人们需要努力记忆这些知识,并运用他们所学的知识。典型的做法是,学员会在第一次实施任务前排演这些事实。例如,一位个人主义者(如:一个美国经理)新进入一种集体主义文化(如:日本),在面对在人际交往情景中,他或她想不赞成或反对一个提议、想法和方案时,就会回忆这些事实,即日本人不喜欢直接或坦率地说"不",他们往往会使用比较委婉的语言。有关此类信息的知识属于"宣告"知识,在这个情况下,当这位经理在同日本人互动时,就会记住这一细节。互动结束后的自然感受可能是"好家伙,还真难"、"还不错"、"希望下次会轻松些"等等或其他类似的感受。这取决于互动过程中所产生的成就感或挫败感。在这个学习阶段,学员要明白回忆知识和运用知识的全过程。

第二阶段是联想阶段(Fitts & Posner, 1967),在这个阶段,学员将他们掌握的某一领域的"宣告"知识转变为更为有效的程序表述。从认知阶段开始,学员就能意识到自己在运用技巧、完成任务的过程中所犯的错误并能纠正这些错误。在进一步的实践中,他们记住了整个过程的要素及其顺序。进入联想阶段后,学员运用知识就不必事先排演,他们只需要按照程序一步一步进行,就能取得成功的结果。在上面所讨论的跨文化情景中,美国经理同日本工人合作时,就不必再去回忆或排演日本人不直接说"不"这一事实。这位经理能顺利地进入讨论,找到一个合理的借口表示反对意见,或者使用适当的表达说"不",而同时不会让工人丢面子。因此,在这一阶段,学员学习完成任务的步骤,按照程序的步骤,一步一步完成任务,这被称作"程序化"。

安德森(Anderson, 2000)提出"宣告"知识和"程序"知识是可以同时存在的。例如,一个人既可以讲一口流利的外语,又能记住这门语言的很多语法规则。在跨文化交际语境中,"宣告"知识和"程序"知识可以共存,就如同旅居者不断掌握东道国的文化规则,并与自己母语文化中的一些行为进行比较。只有在一个人"当地化"(即他/她完全被东道国文化同化)这种极端例子中,"程序"知识才会单独出现。彻底同化反映在旅居者无法解释清楚当地人(或者旅居者自己)的行为方式,比如,他只能说"就应该是这样"。

第三阶段,技巧掌握得更加习惯、自然,在实践中得到提高,这一阶段叫"自发阶段"(autonomous stage)。人们非常熟悉任务,能迅速完成,而不必一步一步按程序进行。速度和精确是这一阶段的特征。人们能迅速运用技巧而极少出错或不出错。上面场景中提到的身处日本的美国经理能快速地表达"不"的意思而又不出错得罪日本人。日本人还可能认为这个人"很像我们"、"非常礼貌"等等。这一阶段,人们是在一个特定领域内(跨文化交流案例中的一个特定文化)熟练的知识运用者,运用广泛原则归类、解决这一领域中出现的问题。

安德森(Anderson, 2000)认为"联想阶段"和"自发阶段"的差别不大,可以说"自发阶段"是"联想阶段"的延伸。在这个阶段,技能逐步提高,因为没有语言干预,学员无法完全用语言表达知识。实际上,"自发阶段"指的是通过更多的实践让这些行为变成习惯。这个阶段和跨文化交流关系密切,因为旅居者受到在母语文化内养成的习惯的推动,慢慢地,一步一步从"认知阶段"过渡到"联想阶段"和"自发阶段",掌握了适应当地文化的行为方式。而这些行为方式通常同他们在母语文化中的行为方式背道而驰。例如,上面所说的那位美国经理就要放弃美国人崇尚的直接、坦率的行为方式,接受日本人推崇的间接、委婉的行为方式。如前面提到的,旅居海外的人如果不想被当地文化完全同化,就需要具备熟练和当地人互动的能力,但同时要能够用语言解释东道国文化行为模式,这样才能保留自己母语文化身份。

安德森(Anderson,2000)把利用原理和理论去组织解决问题的方案叫做"战略学习"。这样的例证可以通过新手和专家解决物理问题时所采用的不同方法来说明。拉金(Larkin,1981)在一项研究中,特意让一组新手和一组专家解决一个斜面问题,计算自由落体滑落到斜面底部的速度。她发现新手采取从后往前的策略,一步步来,先列出计算未知数(速度)的公式,然后列出计算前一个公式里未知数(加速度)的公式,依次往前类推,算出每一个未知数,最后得到速度。另一方面,专家在解决同一问题时,采取的是相反的顺序,用理论(如牛顿第二运动定律)直接计算出能计算出的未知数,一步一步往下计算,得到速度。安德森(Anderson,2000)认为新手采取的"反向推理"(backward reasoning)加重了工作记忆负荷,容易导致出错,而专家采取的"正向推理"(forward reasoning)不会出现这种情况,因此更为精确。采取"正向推理",使用者必须对一切可能的解法了如指掌,然后能够判断哪一个与当前的问题相关,这就需要有相当扎实的专业技能。

安德森、法洛和索尔斯(Anderson,Farrel and Sauers,1984)发现在另一领域中(即计算机编程),新手和专家都采取类似"反向推理"的"由上至下"的策略(top-down strategy)。他们认为这种不同是由这一领域的特殊性决定的:在物理学和几何学中,人们可以根据已知数推算出明确的结果,然而在计算机编程中,人们只知道最终目标,无法向前推算。所以在该领域,专家也只能采取"反向推理"来解决问题。尽管如此,该领域专家和新手解决问题的方法也存在很大差别,专家采取"横向策略",尽可能拓宽问题的广度,而新手采取"纵向策略",先纵深彻底解决问题的一个方面,不考虑其他方面(Anderson,1995)。

在跨文化互动中,专家一般会采用"正向推理"方式,因为这种方式有可能依据既定背景和情况的其他特征来推测人们的行为方式。实际上,社会学习理论的一个中心前提是,人们可以预见自己的行为及其可能产生的后果(如:人们可以根据过去的观察和经验,决定在某种环境下采取某种行动)(Bandura, 1977)。例如,在跨文化环境中,知道集体主义者在乎自己集体的需要,专家就可以利用与集体利益相关的刺激因素来激励他们。要理解专家和新手策略的不同还需要做更多的调查。直觉告诉我们,专家懂得运用理论指导跨文化环境中的交流互动。

为了测试这个模式,巴乌克(Bhawuk, 1995, 2001)开发了一个基于理论的文化同化案例,使用四个关键属性以及垂直型和水平型的个人主义、集体主义(Bhawuk, 1998; Triandis, 1995b)。他认为基于理论的同化案例分类少,可以减轻跨文化互动中的认知负荷,采用多种方法评估跨文化培训工具,测试该模式。在这项研究中,巴乌克(Bhawuk, 1998)发现用接受特定日本文化的同化案例或一般文化同化案例的几组群体与控制组相比较(Brislin, Cushner, Cherrie & Yong, 1986),接受基于理论的个体主义和集体主义同化案例(ICA, Individualism and Collectivism Assimilator)的学员明显更具有跨文化敏感性、掌握的分类更广、对设计的棘手危机事件归因得更加准确、也更满意培训课程。该研究结果表明,在跨文化培训中使用个人主义和集体主义等全面的理论很有前景。我们希望今后多应用这类理论来开发基于理论的培训工具。同样有证据表明,研究者在为基于理论的跨文化培训开发练习,近年来已经有几册这类练习面世(Brislin & Yoshida, 1994; Cushner & Brislin, 1997; Fowler & Mumford, 1995, 1999; Singelis, 1998; Stringer & Cassiday, 2003)①。

模式的性质

模式,即使是表达学术赘词,也是很重要的。我们将模式定义为由若干组可量化的变量组成(有些变量是可分类的,例如性别)。每组变量都应具有相同

---

① 此外,巴乌克也出版了包括基于理论的文化敏感的全动态CD。

程度的抽象性。例如,原籍国就不能划归到人们的个性特征里。有的模式变量是个人内部的(例如旅居者对于新经历的开放接受程度);有的变量则是宏观生态性的(例如原住国与东道主国经济体制的差别);还有的变量具归属性(例如旅居者的民族背景)。各变量间的关系即使只是暂时性的也应该得到确定。这些关系有积极和消极的、直接和间接的。最后,对于标准变量的差异观点,不论是东道主对成败的评价还是对能力的主观感觉,都应指出或者暗示出其差别。即使根据样本规模,这一数量具有统计学上的重要性,但只包含微小数量变化的差异几乎没有任何用处,除非在指出需要测算或加以控制的新变量时才能发挥作用。当然,模式中的变量应该通过可靠且有效的工具测算;否则,结果只能是无效分析。模式还应该包括一些原理,用以解释为何变量间的关系会在数量或方向上发生改变。电影导演阿尔弗雷德·希区柯克(Alfred Hitchcock)将这些原理称作"麦克古芬"(McGuffins),也就是说,使人们发生改变的东西。如果本领域内的模式是描述性的,列出了变量而不是假定实体间的关系或提供结构内变化的依据,那么我们作为研究者应该加以注意,因为缺少精确的模式对于这一领域并非好事。

  一些模式是连续的,另一些则是间断的(阶段模式)。在前一种模式里,行为变化是逐步增加的,态度、认知或活动的复杂程度不会有太大的变化。行为会受环境条件的影响而前后移动。在第二种模式中,从一个阶段到另一阶段的过程是突然变化且不连续。行为会向着一个方向变化,一离开某一阶段便会否定对该阶段的认知。两种模式都有阐释学的吸引力。连续性模式之所以有吸引力,是因为它们通过完善的工具设计和分析技巧容易得到测试。因此,如果从某种以连续的民族中心主义行为作为起点、用单一维度连续体的视角看跨文化行为的发展,那么测算将会进行得非常直接。同样的,在大部分统计组合中,可以利用假设为连续的熟知技巧进行数据分析。

  阶段模式之所以吸引人,是因为它们能仿效跨文化发展如何发生的常识观点。它以一系列改变世界观的步骤前进,使以前阶段显出异常的错误性。我们对于他人以及自己行为的看法焕然一新。通过使用格式塔心理学家的框架(例如:Koffka,1935),整体现在已不再仅仅是部分的总和了。将阶段模式有效化并非易事,因为该类模式假定了认知和行为向着一个方向发展。此外,如前所述,大部分的分析技巧都假定了测算的连续性。可以肯定地说,因素分析甚至观点分析的方法(Landis & O'Shea, 2000; Tucker & Messick, 1963)虽然有用,却会导致阶段的相互重叠,可能违反基本的阶段理论。正因为阶段模式在认知心理学中的应用(Anderson, 2000)有可能有助于发展并测试出一种关于发展跨文化专业技能的认知模式(Bhawuk, 1998),对于何种模式类型最终证明不仅有利于训练也有利于反映内在事实,我们并不给出回答。前几章中已列举了两种模式的例子。

总模式的必要

本《指南》的前两个版本中(Landis & Bhagat, 1996; Landis & Brislin, 1983)都提到了跨文化行为的总模式。这是为了在个人层面上解释在一个陌生文化中的(短期或长期)旅居过程。与本章作者一样,人们曾希望这样一种模式能够成为今后研究的模板。和所有让我们抱很大希望的模式一样,希望寄予在过程,而不是结果。前面版本的编者曾预想研究者们会开始着手测试模式中的每一个连接,证实真理、摒弃虚假。我们相信,本领域在过去二十年间已经开发出进行这类测试的工具,并且希望未来会对这些模式进行严格的测试。

走向综合模式

本文和其他文章中提到的模式大多是"中观理论"的样例,也就是说,它们只提取了少量先前变量并将之与通常单一维度的跨文化行为联系。当然,这是以最精确的"奥卡姆剃刀"(Occam's razor)传统为依据的(译者注:14世纪逻辑学家英国奥卡姆的威廉提出的一个原理。对于科学家其常见的表述是:当你有两个处于竞争地位的理论能得出同样的结论,那么简单的那个更好。)。但是差异量,尽管具有统计学上的意义,却很可能太小(例如,多次 $R^2 < 0.10$),因此实际应用的意义不大。另一种方法是绘制诸如兰迪斯和巴格特(Landis & Bhagat, 1996)提出的总模式(见图19.1),并测试连接,根据分析结果进行修改。这种总模式的局限性在于它令人生畏,人们很容易以为它不能够接受充分测试。为了避免对总模式的自动否定,我们提出了一系列可测试的模式,可以整合到总

模式里去。我们想指出的是,尽管难度更大又耗时,但这却是一种更佳的方法,因为这种模式给每一个先前的研究都提供了一份"路线图"。

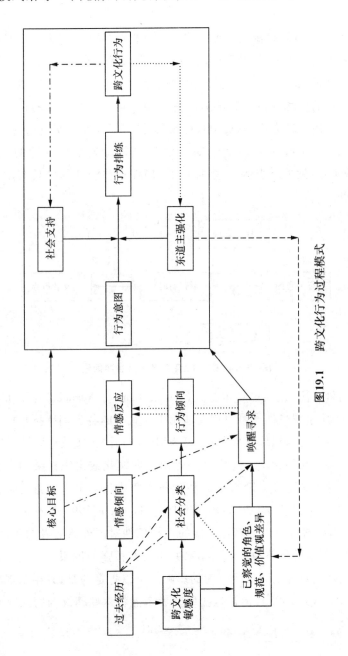

图19.1　跨文化行为过程模式

模式 1

该模式(见图 19.2)源自态度研究,态度研究已证实,行为意图是一种行为的最佳预测因素。不通过填写问卷而是直接测算跨文化行为是很重要的,因为问卷可能受到记忆力和要求等特定因素的影响。这些行为可以通过东道主评价或研究人员的实际观察得到测算。另一种来自个人心理学的技巧可以在调整后运用。运用这种方法,雇员由自己及其同事、下属和上级进行评价(即所谓的360°方法)。在旅居的各个时期评估跨文化行为也是可行的,正如沃德(Ward,1996)所做的。当然,应多加小心,确保这些测算的确具有规范的心理测量学特点。

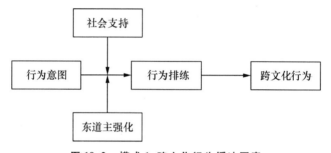

图 19.2 模式 1:跨文化行为缓冲因素

客观测量方法,正如巴克尔等人(Bakir,Landis,Noguchi)在第十七章中表述的,决定—质量测量标准可以用在适用于模式 1 的各类训练技巧的实验室测试。这些测量方法与训练明确分离,可为训练技巧的真实效果提供准确评估。

社会支持有几种含义。其中之一是由本国文化或组织提供的一系列支持机制。另一种含义是来自随行配偶和其他家庭成员的个人支持。不论哪一种含义,都鲜有研究的变量(de Verthelyi,1995;Fontaine,1996;Landis & Wasilewski,1999)。有些研究指出了随行配偶的优越条件对国外旅居者的重要性,但这只是初级的,而且到目前为止研究结果并不具有很强的说服力。同样缺乏研究的是跨文化婚姻对成功跨文化行为的影响。可以肯定的是,有相当多跨文化婚姻的数据(Baldwin,1995),但是这些研究者未能将这些情况与跨文化情境联系起来。

该模式还包括另一个缓冲变量:东道主强化变量。大部分的理论都认为当地人对旅居者的所作所为及频率对旅居者很重要,但这很难测算。沃德和拉纳-杜巴(Ward and Rana-Deuba, 2000)近期做的一项研究发现,对旅居者总体的情绪干扰取决于当地人行为的质量而不是数量。东道主行为效果通过对旅居者进行问卷调查得出,该问卷中有关实际行为的真实性还有待研究。尽管研究结果并不具有很强的说服力,但该研究有重要意义。如果结合对东道主的实际测算,研究的规模也许会得到增大增强。

我们认为,行为排练在跨文化语境中很有必要,因为人们正从另一种文化中获得新的行为,学习这些行为的过程必将遵循社会学习理论(Bandura, 1977)。社会支持和东道主强化会影响对新文化行为的学习。如果配偶及其他家庭成员、国外侨民社群支持该人学习这些新行为,那么他学习这些行为的效果将更好。同样地,如果与旅居者共事的东道国的人们支持并鼓励旅居者学习这些新行为,学习过程也会更有效果。该模式可以从外语学习到学习手势语和身体语等一系列跨文化行为来测试,该模式将被用作随后几种模式的基础模式。

模式2

大部分跨文化互动包含功能性成分:经理需要管理国际组织或项目,学生需要在国外取得学位,志愿者需要实施开发项目,医生或护士需要提供医疗服务,维和部队需要维持和平,诸如此类。因此,所有跨文化互动和任务都有一个核心阶段,核心目标可能对行为意图以及最终的跨文化行为有直接影响。这体现在模式2中(见图19.3)。

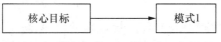

图19.3　模式2:核心目标与跨文化行为

跨文化研究领域常见的理论模式中如果有特定的变化介质,那么这种变化通常是以减少动力理论为基础的,该理论在20世纪四五十年代的心理学界一度流行(Brown, 1953; Spence, 1951)。似乎有这样一个信条,即紧张或压力对人不利,旅居者会采取行动减轻不舒服的程度(Lazarus, 1966)。然而,哈洛

(Harlow, 1953)以非常概括的实验证实,至少猴子会为了实现理想的结果而增加动力。根据减少动力一类的理论,决定在另一种文化中旅行、居住是难以理解的,但人们却这么做,就如同攀登珠穆朗玛峰或者从事其他产生高度焦虑的活动一样。

在培训中加入当前心理学和其他领域的动力理论应该是有吸引力的。举个例子,我们也许需要知道目标寻求研究的意义。洛克的目标寻求理论(goal-setting, Locke & Latham, 1990)就是这样的理论公式。该理论认为,高挑战性的目标比简单或不具体的目标更能激发出色表现。也有证据表明,人们对目标有不同的倾向(Dweck, 1986; Dweck & Leggett, 1988)。有学习倾向的人会把任务视作获取本领的机会,在遇到困难的时候,这类人会冒着增加压力的风险加倍努力。最近一项探索性研究表明,有学习倾向的人在学术和互动行为中制造积极改变,而有表现倾向的人仅仅在学术上有所提高(Gong, 2003)。这些发现也许与目前流行的、以在训练中减少压力为指导思想的许多训练方法并不一致。正如本书许多章节所述,把最新研究成果与动力研究相结合仍然要在未来完成。

模式 3

跨文化行为这一因变量是多维度的。但是,为简单起见,跨文化行为应该只限于沃德(见第八章)所说的"社会文化行为"。可以肯定的是,心理内部活动如沮丧和焦虑是很重要的。然而尽管这两个维度互相交织,二者却有不同的先前变量。例如,前者可能部分取决于祖国与东道国文化间的文化距离,后者更多地与处理不熟悉的社会刺激的内在技巧相联系。这些技巧更多地取决于过去经历和其他心理特征。

第十章贝内特和卡斯蒂格莱尼(Bennett & Castiglioni)强调情感在跨文化行为中的预示作用、组成成分和指导作用。我们提出另一种模式,在这一模式里,情感以两种形式出现:"情感倾向"即有情绪波动的倾向,"情感反应"即实际情绪状况的表现。此外,史蒂芬夫妇(Stephan & Stephan, 1992; Stephan & Stephan, 1985)还指出,跨文化互动是自发地制造焦虑。贝内特和卡斯蒂格莱尼所描述的情感类型是植根于身体意识的积极特征,可自行指导行为,这与克伦德尔和麦克鲁尔(Krendle and McRuer,1960)①所描述的认识的连续顺序(SOP)多少有些类似。这种情感或许与唤醒寻求联系更加紧密,而不是和史蒂芬夫妇描述的消极情感联系紧密。因此,两类情感代表了同一情感维度的两极。到目前为止尚未有人研究过这两种理论公式之间的关系。作为开始,我们应该研究过去经历如何塑造情感倾向,而情感倾向又反过来影响情感反应,并最终影响行为意图。行为意图与跨文化行为的关系已在模式1中说明。因此,模式3建立在模式1的基础上,它关注的是跨文化互动中的情感方面(见图19.4)。

图19.4 模式3:情感与跨文化行为

模式4

接下来这个模式包括跨文化敏感度、社会分类、行为倾向和跨文化行为。从最早关于外派人员培训的兴趣发展中可以看到,研究者寻找能在海外环境中决定成功的个体差异(例如,Jasinskaja-Lahti & Liebkind, 2000; Kealey, 1996; Mak &Tran, 2001)。这些努力也取得一定成功。例如,马克和特兰(Mak & Tran, 2001)研究了所谓的"五大"(Big Five)个性维度在跨文化社会自我效能上的影响。他们发现只有"外向性"维度和"开放性"维度会产生明显影响,而所占比重却相当小。民族特征、外语流利程度以及民族融合社会自我效能却有更显著的影响。詹森斯卡嘉-拉蒂和李伯肯德(Jasinskaja-Lahti & Liebkind, 2000)也发现了类似的结果。

结果令人失望,原因之一可能是分析层面的问题。被测试的行为往往相当具体,而个体差异衡量标准非常分散,并且可以应用到许多情形下。另一个原因很明显,如果我们承认图19.1所提到模式的普遍正确性的话。在人们带入情境中的个性特征与真实的跨文化行为之间,存在大量交叉变量,因此直接效果不明显也就不足为怪了。

---

① 克伦德和麦克鲁尔(Krendle & McRuer, 1960)描述了飞机在航空母舰上着陆的过程,对于优秀的飞行员而言,这是一个不需要思考的过程,其中大部分凭的是感觉。一些飞行员降落失败,是因为"感觉不对"。

然而,我们应当承认有很多可利用的跨文化敏感度量表(Bhawuk & Brislin, 1992; Hammer, Bennet & Wiseman, 2003; Matsumoto et al., 2001;也可参见第四章),能帮助对此模式进行测验。在开发和验证跨文化发展量表(Intercultural Development Inventory)方面已经做了大量的工作(Hammer et al., 2003),或许可以提供一种测量跨文化敏感度的标准。有一些证据(尽管只是试验性的)表明,跨文化发展量表的确预测了跨文化行为的某些方面(Straffon, 2003)。如果这些结果证明是可信的,那么就有望改进这个模式,在跨文化敏感度和跨文化行为间建立直接联系。

许多旨在减少偏见的努力都集中在增加社会分类的渗透性上(例如,Brewer & Gaertner,正在准备出版; Gaertner & Dovidio, 2000; Shachar & Amir, 1996)。这些研究大多数都假定对本群体人与外群体人的情感是不同的(Allport, 1954; Amir, 1969; Brewer, 1999)。正是这一差异强化了本群体和外群体的界限。因此,很多研究都致力于改变与外群体人员有关的认知和情感,这样就能将他们看作类似本群体的人员。一般在具有支配—服从关系的两个团队中进行这种研究(如欧洲美国人—非洲美国人,以色列人—阿拉伯人,等等)。这样的研究即便有也很少会被应用到旅居国外的经理人或其他旅居者身上。图19.5中显示的模式4,突出强调了社会分类的重要性。通过说明这一点,我们希望跨文化研究者(与种族关系研究者相区别)在今后的研究中,把这个变量考虑在内。

图19.5 模式4:跨文化敏感度与跨文化行为

模式5

最后这个模式假设:对主观文化所感知的差异越大(Triandis, 1972),情感反应就越大。我们认为,在某一最佳的差异水平上,即使冒着压力增加的危险,个人将寻求更多的信息。在高于这一水平的某个点上,唤醒寻求会下降,个人也将会努力回归到先前的自我平衡(homeostatic)①层面上来,就像金(Kim)在第十四章提出的模式中所论述的那样。我们提出的这一轨迹,与把动机和行为联系起来的叶克斯-多德森曲线(Yerkes-Dodson curve)有类似之处(Spence,1951)。索利和墨菲(Solley and Murphy, 1960),在讨论动机对感知的影响力的语境中时,也描述了类似的过程。为了简便起见,我们没有涉及认知—感知类型或风格对唤醒寻求的影响(例如,Gardner, Holzman, Klein, Linton & Spence, 1959; Wiktin, 1950; Witkin, Goodnough & Oltman, 1979)。一旦研究了模式5(图19.6),这些类型的影响就会包含在研究之中。

图19.6 模式5:主观文化差异与跨文化行为

跨文化行为过程的总体模式

测试每一个模式都需要做很多实验,每一项研究都可以看作建立某个跨文化行为理论所需的一个关键实验(Platt, 1964)。综合以上五个模式,我们得到一个具有许多前项的跨文化行为过程的总体模式(见图19.1)。我们在五个模式的各种因素之间增加了其他环节,使得整个结构更加完整,其中有些线是断开的,这意味着两个变量之间的联系较弱。我们认为这个模式既可以通过较小的研究来测试各个部分,也可以通过某个研究项目来测试它的整体性。

按照以上方式来测试五个模式并且把它们联系起来,较大的模式就可验证了。这个模式能够提供我们许多人过去钟爱的中观模式之间的联系。这样一种模式也使得人们在陌生文化中行为的复杂性变得突出。

我们现已取得的成果和今后的努力方向

比较本书与以前的《指南》,会有以下发现:

---

① 关于个性语境中的"自我平衡"理论的详细描述,见斯塔格纳的著作(Stagner, 1948)。

第一，构建理论和模式以指导培训，长久以来受到关注，尤其是学术界的关注。这些理论及其衍生出来的各种假说变得更加精确，因而也变得可以测试。培训师却对这些理论的价值仍然持某种程度的怀疑态度，声称这些模式通常无法反映民族中心主义这一现实，而这却是他们在日常实践中经常碰到的。坦率地说，我们必须承认，从 20 年前编写这本书起，我们所希望建立理论和实践之间桥梁的目标还远未实现；虽然正如本书所展示的，这个目标在今天已经更加接近了。本章或许可以有助于使得这座桥梁持续更久更稳定。

第二，哪些理论可视为最根本的理论，学术机构对此问题的认识有所改变。重心似乎已经从心理学（例如，Triandis, 1972, 1977, 1994, 1995b）转向传播学（例如，Gudykunst, 1998）①。我们也更少听到霍夫斯泰德，虽然丁允珠的模式可能是个例外。研究者似乎已经意识到，无法接受从打上霍夫斯泰德标签的"集体主义"的现场得来的所有样本将会反映那种价值观②。与此同时，重心也偏离了霍夫斯泰德（至少是在研究设计方面），其他关于文化差异的理论[例如，Schwartz, 1994；Trompenaars & Hampden-Turner, 1998；甚至男性主义和儒家动力论层面（Hofstede, 1998）]还没有获得它们的地位。

第三，我们几乎没有看到有人提到文化休克的 U 型或 W 型曲线。沃德在本书和其他著作的研究中，似乎已经最终彻底抛弃了那个理论模式，并用人们熟悉的递减学习曲线取而代之。我们希望基于经验的文化休克曲线将在不久的将来找到应用于培训设计的方法。研究者不应把时间浪费在追求本不存在的、充满波动的文化涵化曲线上。更重要的是，培训师不应当在培训报告中涉及这些曲线。

第四，在开放的同行评价媒体环境中，相当严格的评价性研究迅速发展。可做的元分析（meta-analytic）评估的研究有很多。同时，长期评估还没进行。另外，评估者必须认真对待霍索恩效应（Hawthorn effects）的可能性（Roethlisberger & Dickson, 1939），尤其当这些措施渗透在培训中时更是如此。进行这样的研究，需要一个资源充分和具有政治意愿的经理人的机构（例如，和平队或加拿大国际发展机构）提供资金和实施这些研究。我们认为，这个领域经过长期

---

① 可以肯定的是，这种改变是因为本书现在的编辑中有两位带有传播学背景，而前两版书的编辑全部都接受的是社会学或工业心理学的教育。

② 虽然任何跨文化杂志的编辑都会声明，但是仍有一些研究者继续制造出生态学谬误。

的演化发展,形成了足够成熟的理论;因而,我们已准备好迎接主要跨文化项目的严格评估。我们相信,这种项目评估很有可能关注跨文化工作的重要性,并且阐明许多我们仍然困惑的谜团。

第五,跨文化培训的道德规范以及培训师的资格将继续受到重视(Paige & Martin, 1983,1996)。这个问题在本书中并未涉及,原因是在过去七年中,没有一个学者群体或团体研讨过这个问题。我们不愿再次介入这个争论,只想指出这个问题依然存在,它仍然是一个苏格拉底式的令人讨厌的问题。这也提醒我们不要被自己的理论和培训技巧所迷惑。

第六,培训师和研究者应当努力对照其他技巧评估培训方式(例如,Landis, Brislin & Huglus, 1985)。通常的评估测试设计只测试某一方法而不对比其他方式,无法令人满意,而且不能获得不同技巧的成本—收益率,而这是消费者在众多培训手段中做出选择时所需要了解的(Bhawuk, 1998;Blake & Heslin, 1983;Blake, Heslin & Curtis, 1996;Kealey & Protheroe, 1996;Rosenfeld, Landis & Dalsky, 2003)。

第七,仍然需要知识的历史,需要回顾和总结那些曾经对跨文化培训领域的思想作出贡献的概念和理论。如果这个领域要发展并在学术上受尊重程度有所提高,那么最基本的就是了解什么观点真正影响过培训的方式。例如以下概念就是影响培训的众多概念中的一部分:弗罗伦斯·克拉克洪和弗雷德·斯特罗德贝克的价值观取向模式(Florence Kluckhohn and Fred Strodtbeck, 1961),可参见《文化指南针》(*Culture Compass*)练习题(Stringer,2003;Chu,1996);爱德华·霍尔的时间观念(Edward Hall, 1959),可参见《测量时间的无声的语言》(*Measuring the Silent Language of Time*, Levine, 1998);以及哈里·特里安迪斯的主观文化模式(Harry Triandis,1972),可参见《文化同化案例》(*Cultural Assimilators*, Albert, 1995;Brislin, 1995;Triandis, 1995a)。这些基本观点已经改变了进行培训和研究的方式。克林伯格(Klineberg, 1980)提出了一项针对为跨文化心理学领域的类似服务。我们希望本《指南》的下一版能够把这种分析包括在内。

第八,在评估旅居者的效果时,研究者和培训师都应当重视使用在个体心理学、人力资源管理、跨文化有效性研究中通常使用的一种技巧:360度评价。用这种方法,一个人由他或她本人、上级主管、同事、下级员工进行评估。凯利

（Keally，1990）在评估加拿大海外发展顾问的有效性时曾用到过类似的技巧。

第九，也许是最重要的一条，即研究者和培训师都应当努力避免为旧现象创造新名词。如同在很多领域一样，人们倾向于发展某一变量的独特测试方法，而未意识到现有方式也可取得同样的效果。只有在一小部分相关现象及其评估方法上，以及如何应用到实践的方式上，达成共识，这个领域才会取得进展。

在本书中，我们希望推动本领域的发展，不仅通过有争议的跨文化经验方面的论文，也要通过提供方法和工具让新的理论和见解得到重视。本书最好与前两版共同使用，本书中所提到的模式和数据可以用来说明和解释前两个版本中的文章。

本章开头我们引用了人类学家露丝·本尼迪克特的一段话。她指出我们需要了解自己的文化，也需要有宽阔的胸襟让其他人了解他们自己的文化。但重要的不仅仅是被理解。这里有一个真正的一直存在的问题，哲学家伯特兰·罗素（Bertrand Russell）对此做过精辟的论述。这是他是在冷战刚开始的时候写的，而这个方面与半世纪以前同样重要。虽然罗素谈的是教师，但是他的话同样适用于我们这个职业：

> 如果民主能够幸存，教师应该首先培养学生的宽容精神，这种精神是在努力理解他人与自己的差异中发展起来的。
>
> ——伯特兰·罗素（Bertrand Russell，1950，p.121）

参 考 文 献

Albert, R. D. (1995). The intercultural sensitizer/culture assimilator as a cross-cultural training method. In S. M. Fowler & M. G. Mumford (Eds.), *Intercultural sourcebook: Cross-cultural training methods* (Vol. 1, pp. 157–167). Yarmouth, ME: Intercultural Press.

Allport, G. (1954). *The nature of prejudice*. Cambridge, MA: Addison-Wesley.

Amir, Y. (1969). Contact hypothesis in ethnic relations. *Psychological Bulletin, 71*, 319–342.

Anderson, J. (1995). *Architecture of cognition*. Hillsdale, NJ: Lawrence Erlbaum.

Anderson, J. R. (2000). *Cognitive psychology and its implications* (5th ed.). New York: Worth.

Anderson, J. R., Farrell, R., & Sauers, R. (1984). Learning to program in LISP. *Cognitive Science, 8*, 87–129.

Baldwin, J. (1995). *Dual-culture marriages: An annotated bibliography*. Unpublished manuscript.

Bandura, A. (1977). *Social learning theory*. Englewood Cliffs, NJ: Prentice Hall.

Benedict, R. (1959). *Patterns of culture*. New York: Mentor Books.

Bhawuk, D. P. S. & Triandis, H. (1996). The role of culture theory in the study of culture and intercultural training. In D. Landis & R. Bhagat (Eds.). *Handbook of intercultural training* (2nd Ed.)(pp.17-34). Thousand Oaks: Sage.

Bhawuk, D. P. S. (1998). The role of culture theory in cross-cultural training: A multimethod study of culture-specific, culture-general, and culture theory-based assimilators. *Journal of Cross-Cultural Psychology, 29*(5), 630–655.

Bhawuk, D. P. S. (2001). Evolution of culture assimilators: Toward theory-based assimilators. *International Journal of Intercultural Relations, 25*(2), 141–163.

Bhawuk, D. P. S., & Brislin, R. (1992). The measurement of intercultural sensitivity using the concepts of individualism and collectivism. *International Journal of Intercultural Relations, 16*(4), 413–436.

Bhawuk, D. P. S., & Triandis, H. (1996). Diversity in work place: Emerging corporate strategies. In G. Ferris & M. Buckley (Eds.), *Human resource management: Perspectives, context, functions, and outcomes* (3rd ed., pp. 84–96). Englewood Cliffs, NJ: Prentice Hall.

Blake, B., & Heslin, R. (1983). Evaluating cross-cultural training. In D. Landis & R. Brislin (Eds.), *Handbook of intercultural training*. (Vol 1, pp. 203–223). Elmsford, NY: Pergamon.

Blake, B., Heslin, R., & Curtis, S. (1996). Measuring impacts of cross-cultural training. In D. Landis & R. Bhagat (Eds.), *Handbook of intercultural training* (2nd ed., pp. 165–182). Thousand Oaks, CA: Sage.

Brewer, M. (1999). The psychology of prejudice: Ingroup love or outgroup hate? *Journal of Social Issues, 55*(3), 429–444.

Brewer, M., & Gaertner, S. (in press). Toward the reduction of prejudice: Intergroup contact and social categorization. In R. J. Brown & S. Gaertner (Eds.), *Blackwell handbook of social psychology: Intergroup processes*. Oxford, UK: Blackwell.

Brislin, R. W. (1995). The culture-general assimilator. In S. M. Fowler & M. G. Mumford (Eds.), *Intercultural sourcebook: Cross-cultural training methods* (Vol. 1, pp. 169–177). Yarmouth, ME: Intercultural Press.

Brislin, R., Cushner, K., Cherrie, C., & Yong, M. (1986). *Intercultural interactions: A practical guide*. Beverly Hills, CA: Sage.

Brislin, R., & Yoshida, T. (Eds.). (1994). *Improving intercultural interactions: Models for cross-cultural training programs*. Thousand Oaks, CA: Sage.

Brown, J. (1953). Problems presented by the concept of acquired drives. In *Nebraska symposium on motivation* (pp. 1–21). Lincoln: Nebraska University Press.

Chu, P. (1996). The culture compass. In H. N. Seelye (Ed.), *Experiential activities for intercultural learning* (Vol. 1). Yarmouth, ME: Intercultural Press.

Cushner, K., & Brislin, R. (Eds.). (1997). *Improving intercultural interactions: Models for cross-cultural training* (Vol. 2). Thousand Oaks, CA: Sage.

De Verthelyi, R. (1995). International students' spouses: Invisible sojourners in the culture shock literature. *International Journal of Intercultural Relations, 19*(3), 387–412.

Dweck, C. (1986). Motivational processes affecting learning. *American Psychologist, 41,* 1040–1048.

Dweck, C., & Leggett, E. (1988). A social-cognitive approach to motivation and personality. *Psychological Review, 95,* 256–273.

Ellis, H. C. (1965). *The transfer of learning*. New York: Macmillan.

Fitts, P. M., & Posner, M. I. (1967). *Human performance*. Belmont, CA: Brooks/Cole.

Fontaine, G. (1996). Social support and the challenges of international assignments. In D. Landis & R. Bhagat (Eds.), *Handbook of intercultural training* (2nd ed., pp. 264–282). Thousand Oaks, CA: Sage.

Fowler, S. M., & Mumford, M. G. (Eds.). (1995). *Intercultural sourcebook: Cross-cultural training methods* (Vol. 1). Yarmouth, ME: Intercultural Press.

Fowler, S. M., & Mumford, M. G. (Eds.). (1999). *Intercultural sourcebook: Cross-cultural training methods* (Vol. 2). Yarmouth, ME: Intercultural Press.

Gaertner, S., & Dovidio, J. (2000). *Reducing intergroup bias: The common ingroup identity model*. Philadelphia: Taylor and Francis.

Gardner, R., Holzman, P., Klein, G., Linton, H., & Spence, D. (1959). Cognitive control: A study of individual consistencies in cognitive behavior.

Psychological Issues, 1(4), 1–186.

Gong, Y. (2003). Goal orientations and cross-cultural adjustment: An exploratory study. *International Journal of Intercultural Relations, 27*(3), 297–305.

Gudykunst, W. (1998). *Bridging differences: Effective intergroup communication* (3rd ed.). Thousand Oaks, CA: Sage.

Hall, E. (1959). *The hidden language.* Garden City, NY: Doubleday.

Hammer, M., Bennett, M., & Wiseman, R. (2003). Measuring intercultural sensitivity: The intercultural development inventory. *International Journal of Intercultural Relations, 27*(4), 421–444.

Harlow, H. (1953). Motivation as a factor in new responses. In *Nebraska symposium on motivation* (pp. 24–48). Lincoln: Nebraska University Press.

Hendrickson, G., & Schroeder, W. (1941). Transfer of training in learning to hit a submerged target. *Journal of Educational Psychology, 32*, 206–213.

Hofstede, G. (1998). *Masculinity and femininity: The taboo dimensions of national cultures.* Thousand Oaks, CA: Sage.

Jasinskaja-Lahti, I., & Liebkind, K. (2000). Predictors of the actual degree of acculturation of Russian-speaking immigrant adolescents in Finland. *International Journal of Intercultural Relations, 24*(4), 503–518.

Kealey, D. (1990). *Cross-cultural effectiveness: A study of Canadian technical advisors overseas.* Hull, Québec: Canadian International Development Agency Briefing Centre.

Kealey, D. (1996). The challenge of international personnel selection. In D. Landis & R. Bhagat (Eds.), *Handbook of intercultural training* (2nd ed., pp. 81–105). Thousand Oaks, CA: Sage.

Kealey, D., & Protheroe, D. (1996). The effectiveness of cross-cultural training for expatriates: An assessment of the literature on the issue. *International Journal of Intercultural Relations, 20*(2), 141–165.

Klineberg, O. (1980). Historical perspectives: Cross-cultural psychology before 1960. In H. Triandis & W. Lambert (Eds.), *Handbook of cross-cultural psychology* (Vol. 1, pp. 32–68). Boston: Allyn & Bacon.

Kluckhohn, F. R., & Strodtbeck, F. L. (1961). *Variations in value orientations.* Evanston, IL: Row, Peterson.

Koffka, K. (1935). *Principles of Gestalt psychology.* London: Routledge and Kegan Paul.

Krendel, E., & McRuer, D. (1960). A servomechanisms approach to skill development. *Journal of the Franklin Institute, 269*, 24–42.

Landis, D., & Bhagat, R. (1996). *Handbook of intercultural training* (2nd ed.). Thousand Oaks, CA: Sage.

Landis, D., & Brislin, R. (1983). *Handbook of intercultural training* (Vols. 1–3). Elmsford, NY: Pergamon Press.

Landis, D., Brislin, R., & Huglus, J. (1985). Attributional training versus contact in acculturative training: A laboratory study. *Journal of Applied Social Psychology, 15*, 466–482.

Landis, D., & O'Shea, W. (2000). Cross-cultural aspects of passionate love: An individual differences analysis. *Journal of Cross-Cultural Psychology, 31*, 752–777.

Landis, D., & Wasilewski, J. (1999). Reflections on 22 years of the *International Journal of Intercultural Relations* and 23 years in other areas of practice. *International Journal of Intercultural Relations, 23*, 535–574.

Larkin, J. (1981). Enriching formal knowledge: A model for learning to solve textbook physics problems. In J. Anderson (Ed.), *Cognitive skills and their acquisition* (pp. 311–334). Hillsdale, NJ: Lawrence Erlbaum.

Lazarus, R. (1966). *Psychological stress and the coping process.* New York: McGraw-Hill.

Levine, R. V. (1998). Measuring the silent language of time. In T. M. Singelis (Ed.), *Teaching about culture, ethnicity, and diversity: Exercises and planned activities* (pp. 29–38). Thousand Oaks, CA: Sage.

Lewin, K. (1946). Action research and minority problems. *Journal of Social Issues, 2*, 34–46.

Lewin, K. (1948). *Resolving social conflicts.* New York: Harper.

Locke, E., & Latham, G. (1990). Work motivation: The high performance cycle. In U. Kleinbeck, H. Quast, H. Thierry, & H. Hacker (Eds.), *Work motivation* (pp. 3–26). Hillsdale, NJ: Lawrence Erlbaum.

Mak, A., & Tran, C. (2001). Big five personality and cultural relocation factors in Vietnamese Australian students' intercultural social self-efficacy. *International Journal of Intercultural Relations, 25*, 181–201.

Marrow, A. (1969). *The practical theorist: The life and work of Kurt Lewin.* New York: Basic Books.

Matsumoto, D., LeRoux, J., Ratzlaff, C., Tatani, H., Uchida, H., Kim, C., et al. (2001). Development and validation of a measure of intercultural adjustment potential in Japanese sojourners: The Intercultural Adjustment Potential Scale (ICAPS). *International Journal of Intercultural Relations, 25*(5), 483–510.

Paige, R. M., & Martin, J. (1983). Ethical issues and ethics in cross-cultural training. In D. Landis & R. Brislin (Eds.), *Handbook of intercultural training* (Vol. 1, pp. 36–60). Elmsford, NY: Pergamon Press.

Paige, R. M., & Martin, J. (1996). Ethics in intercultural training. In D. Landis & R. Bhagat (Eds.), *Handbook of intercultural training* (2nd ed., pp. 35–60). Thousand Oaks, CA: Sage.

Platt, J. R. (1964). Strong inference. *Science, 146*, 347–353.

Roethlisberger, F., & Dickson, W. (1939). *Management and the worker*. Cambridge, MA: Harvard University Press.

Rosenfeld, P., Landis, D., & Dalsky, D. (2003). Evaluating diversity programs. In J. Edwards, J. Scott, & N. Raju (Eds.), *The human resources program-evaluation handbook* (pp. 342–362). Thousand Oaks, CA: Sage.

Russell, B. (1950). *Unpopular essays*. New York: Simon & Schuster.

Schwartz, S. (1994). Are there universal aspects in the structure and contents of human values? *Journal of Social Issues, 50*(4), 19–46.

Shachar, H., & Amir, Y. (1996). Training teachers and students for intercultural cooperation in Israel. In D. Landis & R. Bhagat (Eds.), *Handbook of intercultural training* (2nd ed., pp. 400–413). Thousand Oaks, CA: Sage.

Singelis, T. M. (Ed.). (1998). *Teaching about culture, ethnicity, and diversity: Exercises and planned activities*. Thousand Oaks, CA: Sage.

Solley, C., & Murphy, G. (1960). *Development of the perceptual world*. New York: Basic Books.

Spence, K. (1951). Theoretical interpretations of learning. In S. S. Stevens (Ed.), *Handbook of experimental psychology* (pp. 690–729). New York: Wiley.

Stagner, R. (1948). *The psychology of personality* (2nd ed.). New York: McGraw-Hill.

Stephan, C., & Stephan, W. (1992). Reducing intercultural anxiety through intercultural contact. *International Journal of Intercultural Relations, 16*(1), 89–106.

Stephan, W., & Stephan, C. (1985). Intergroup anxiety. *Journal of Social Issues, 41*, 157–176.

Straffon, D. (2003). Assessing the intercultural sensitivity of high school students attending an international school. *International Journal of Intercultural Relations, 27*(4), 487–502.

Stringer, M. D., & Cassiday, P. A. (2003). *52 Activities for exploring value differences*. Yarmouth, ME: Intercultural Press.

Thorndike, E. L., & Woodworth, R. S. (1901). The influence of improvement in one mental function upon the efficiency of other functions. *Psychological Review, 9*, 247–259.

Triandis, H. (1972). *The analysis of subjective culture*. New York: Wiley.

Triandis, H. (1977). *Interpersonal behavior*. Monterey, CA: Brooks/Cole.

Triandis, H. (1994). *Culture and social behavior*. New York: McGraw-Hill.

Triandis, H. C. (1995a). Culture-specific assimilators. In S. M. Fowler & M. G. Mumford (Eds.), *Intercultural sourcebook: Cross-cultural training methods* (Vol. 1, pp. 179–186). Yarmouth, ME: Intercultural Press.

Triandis, H. (1995b). *Individualism and collectivism*. Boulder, CO: Westview.

Trompenaars, F., & Hampden-Turner, C. (1998). *Riding the waves of culture: Understanding diversity in global business* (2nd ed.). New York: McGraw-Hill.

Tucker, L., & Messick, S. (1963). An individual differences model for multidimensional scaling. *Psychometrica, 28*, 333–367.

Ward, C. (1996). Acculturation. In D. Landis & R. Bhagat (Eds.), *Handbook of intercultural training* (2nd ed., pp. 124–147). Thousand Oaks, CA: Sage.

Ward, C., & Rana-Deuba, A. (2000). Home and host culture influences on sojourner adjustment. *International Journal of Intercultural Relations, 24*(3), 291–306.

Witkin, H. A. (1950). Individual differences in ease of perception of embedded figures. *Journal of Personality, 19*, 1–15.

Witkin, H. A., Goodnough, D. R., & Oltman, P. (1979). Psychological differentiation: Current status. *Journal of Personality and Social Psychology, 37*, 1127–1145.

人名索引

（以下页码为英文原书页码，即本书边码）

阿贝　　Abe, J., 204
阿伯克龙比　　Abercrombie, N., 281
阿伯尔　　Aberle, D. F., 171
阿博德　　Aboud, F., 198
艾布拉姆斯　　Abrams, D., 197, 199
艾布拉姆斯　　Abrams, I., 298
阿夫雷戈　　Abrego, P., 320
阿布特　　Abt, H., 132, 271
亚当斯　　Adams, J. C., 13, 205
阿德尔曼　　Adelman, M. B., 319, 325
阿德勒　　Adler, N. J., 1, 317, 322, 327
阿德勒　　Adler, P. S., 205, 292, 327, 332, 348
阿多尼　　Adoni, H., 271
阿乌娜　　Ahuna, C., 111, 196
艾伯特　　Albert, R. D., 67, 68, 202, 321, 464
阿尔布雷赫特　　Albrecht, T. L., 325
奥尔登　　Alden, J., 58
奥尔登　　Alden, L., 178
奥尔登　　Alden, L. E., 196
阿儿菲菲　　Alfifi, W., 225
阿利布海　　Alibhai, N., 194, 199
艾伦　　Allen, W., 161
奥尔波特　　Allport, F. H., 417
奥尔波特　　Allport, G., 28, 409, 419, 420, 429, 462
阿尔-沙伊克　　AI-Shaykh, H., 311
阿尔腾　　Althen, G., 294
阿特罗基　　Altrocchi, J., 196
阿特罗基　　Altrocchi, L., 196
阿梅里卡纳　　Amerikaner, M., 348
阿米尔　　Amir, Y., 199, 204, 462

阿门杜拉　　Ammendola, T., 399
安德森　　Andersen, P., 225
安德森　　Anderson, J. R., 455, 456, 458
安德森　　Anderson, L., 339
昂　　Ang, G., 190, 199, 204
昂莱特纳　　Angleitner, A., 174
安妮斯　　Annis, R. C., 173
安扬　　Anyon, J., 272
安扎尔杜瓦　　Anzaldua, G., 314
阿波斯波瑞　　Apospori, E., 201
阿拉纳尔德　　Aranalde, M. A., 196
阿奇博尔德　　Archbold, M., 94, 111, 112
阿盖尔　　Argyle, M., 186, 189, 194
阿姆斯　　Armes, K., 193, 295
阿姆斯特朗　　Armstrong, G. B., 278
阿姆斯特朗　　Armstrong, T. L., 199
阿尔诺　　Arnau, R. C., 118, 119
阿诺尔德　　Arnold, B., 94, 110, 196
阿罗诺维茨　　Aronowitz, S., 346
阿雷东多　　Arredondo, P., 147
阿罗　　Arrow, H., 417, 419, 421
阿瑟　　Arthur, N., 60
阿斯顿　　Aston, B., 190
阿塔扎　　Ataca, B., 193, 201
阿特沃特　　Atwater, E., 352
奥布里　　Aubrey, R., 293
奥尔巴克　　Auerbach, C., 241
奥格斯伯格　　Augsburger, D., 241
奥斯汀　　Austin, C. N., 310, 327, 331
阿瓦　　Awa N. E., 129

巴克曼　　Bachman, G., 199

培根　Bacon, M., 173
巴于谢　Bahuchet, S., 173
贝尔　Baier, V., 116
贝克　Baker, O., 148
贝克　Baker, R., 113
巴克尔　Bakir, A., 422
鲍德温　Baldwin, J., 460
巴柳　Ballew, A. C., 58
班杜拉　Bandura, A., 203, 279, 406, 456, 460
邦克斯　Banks, C. A. M., 28
邦克斯　Banks, J. A., 1, 28, 147, 158
巴克　Barker, M., 132, 135, 137, 204, 302
巴克　Barker, R., 432
鲍尔瑙　Barna, L., 18, 204, 294
巴尼特　Barnett, W. P., 418
巴恩赫斯特　Barnhurst, K. G., 271
巴拉德　Barnlund, D., 1, 24
巴罗纳　Barona, A., 196
巴里奥斯　Barrios, B., 98
巴里　Barry, H., 173
巴苏克斯　Barsoux, J.-L., 409
巴尔塔尔　Bar-Tal, D., 282
巴彻尔德　Batchelder, D., 20, 60
贝茨　Bates, J. T., 297
贝茨　Bates, T., 344
贝特森　Bateson, G., 403
巴蒂斯泰利　Battistelli, F., 399
鲍曼　Bauman, S., 346
比尔　Beale, R. L., 147
比弗　Beaver, B., 199
贝宾顿　Bebbington, P., 196
比尔斯　Beers, S. T., 300
贝法斯　Befus, C. P., 132, 135, 137, 337
贝莱　Belay, G., 309, 348
贝尔　Bell, C. H., Jr., 368
贝尔　Bell, R., 196
贝纳里　Ben-Ari, R., 199, 204
本德　Bender, S., 391
本尼迪克特　Benedict, R., 28, 453, 465
贝内特　Bennett, J., 292
贝内特　Bennett, J. A., 173
贝内特　Bennett, J. M., 23, 43, 44, 85, 88, 140, 149, 157, 161, 242, 311, 314, 317, 325, 326, 327, 330, 332, 349
贝内特　Bennett, M. J., 1, 26, 43, 44, 57, 59, 70, 85, 86, 88, 89, 90, 91, 93, 94, 99, 100, 149, 152, 156, 161, 242, 251, 255, 256, 257, 261, 282, 326, 330, 348, 365, 366, 367, 462
本霍尔德·萨曼　Bennhold-Samaan, L., 16, 74, 369, 375, 377, 378, 382, 385, 391
伯达尔　Berdahl, J. L., 419, 421
伯杰　Berger, P., 149, 150, 250
贝尔克曼　Berkerman, Z., 197
贝尔纳迪　Bernardi, D. L., 272
伯尼　Berney, M. G., 52, 74
伯尼尔　Bernier, J. E., 201
贝尔诺　Berno, T., 192, 193, 201
贝瑞　Berry, J. W., 7, 166, 168, 171, 172, 173, 175, 176, 177, 178, 179, 180, 186, 191, 192, 193, 194, 195, 197, 198, 199, 205, 251, 309, 310, 314, 338
贝当古　Betancourt, H., 150
贝特尔海姆　Bettelheim, B., 272
贝文　Bevin, J., 257
巴加特　Bhagat, R. S., 2, 8, 85, 130, 131, 185, 241, 295, 391, 458
巴特卡尔　Bhatkal, R., 132, 134, 135, 137
巴乌克　Bhawuk, D. P. S., 68, 85, 93, 94, 100, 101, 130, 131, 132, 134, 135, 136, 137, 202, 454, 457, 458, 462
比格尔　Biegel, D., 193
比利希　Billig, M., 346
比林迈耶　Billingmeier, R. T., 297, 298
伯德　Bird, A., 132, 134, 135, 137
伯德　Bird, S. E., 279
布莱克　Black, J. S., 129, 130, 131, 132, 138, 192, 204, 311, 312, 313, 316, 318, 319, 320, 322, 327, 331, 346, 376, 377
布莱克本　Blackburn, T. C., 193
布莱克·古特曼　Black-Gutman, D., 98

布莱克莫尔　Blackmore, S., 254
布雷克　Blake, B. F., 3,138,139,464
布雷克　Blake, R. R., 229
布莱肯希普　Blankenship, E., 294
布劳　Blau, G. L., 189
布鲁姆　Blohm, J. M., 21,55,59,60,63,65
布卢姆　Bloom, H., 384
博克纳　Bochner, S., 2,116,129,186,187, 188,189,190,191,195,196,205,245,291, 292,294,295,309,310,313,315,316,319, 327,330,331,401
博克斯蒂金　Boekestijn, C., 348
博雷尔　Bohrer, A., 193
邦德　Bond, M. H., 198,226
博耐尔　Bonial, R. C., 116
布尔斯廷　Boorstin, D. J., 270
博罗多夫斯基　Borodovsky, L. G., 158,159
博斯·巴克斯　Bos-Bakx, M., 410
布热　Bouget, J., 391
布里　Bourhis, R. Y., 175,178,179,201, 338,345
布拉腾　Braaten, D. O., 58
布拉班特　Brabant, S., 316,317,319,337
布拉德福德　Bradford, L., 192,313,318, 319,325
布雷克　Brake, T., 375,377,381
布拉姆利特·所罗门　Bramlett-Solomon, S., 274
布拉默　Brammer, L., 320
布兰特　Brandt, M. E., 205
布兰斯福德　Bransford, J. D., 402,403, 407
布伦塔尔　Brentar, J. E., 278
布雷顿　Breton, R., 345
布鲁尔　Brewer, M., 179,420,462
布鲁斯特　Brewster, C., 376
布里奇斯　Bridges, W., 311
布里格斯　Briggs, K. C., 117
布里格姆　Brigham, J. C., 269
布林克　Brink, P. J., 103
布里斯林　Brislin, H., 1

布里斯林　Brislin, R. W., 17,23,24,60, 65,68,69,85,91,93,94,100,107,120, 130,131,201,202,204,205,217,241,251, 294,295,321,327,391,403,405,457,458, 462,464
布罗迪　Brody, S. E., 147
布朗　Brown, A. L., 404
布朗　Brown, B., 228
布朗　Brown, C., 55,85,86,90,94
布朗　Brown, H., 343
布朗　Brown, J., 461
布朗　Brown, P., 225,226
布朗　Brown, R., 1
布朗　Browne, L., 94,120,121
布鲁宁　Bruning, N., 421
布鲁斯切科　Bruschke, J. C., 132,134,136
布吕索　Brussow, H. L., 391
布赖恩特　Bryant, B., 189,194
布赖恩特　Bryant, J., 278
布亚基　Bujaki, M., 178,197
布尼　Bunyi, J. M., 357
比尔巴克　Burbach, H. J., 276
伯迪克　Burdick, E., 13
伯贡　Burgoon, J. K., 313
伯恩　Burn, B. B., 311,321
布彻　Butcher, J. N., 56
巴特勒　Butler, J. S., 7,396
伯恩　Byrne, D. E., 418
伯恩斯　Byrnes, D. A., 292

考德威尔　Caldwell, D. F., 418
卡利朱里　Caligiuri, P. M., 94,121,347
坎贝尔　Campbell, D. T., 138,172,179
卡纳里　Canary, D. J., 238
卡吉尔　Cargile, A. C., 204
卡尔森　Carlson, J. S., 297,311,321
卡内瓦莱　Carnevale, A. P., 148,150
卡尔　Carr, S., 274
卡尔·鲁菲诺　Carr-Ruffino, N., 28,29, 51,148
卡森　Carson, D., 280

卡森　Carson, W. M., 376
卡特　Carter, R. T., 88, 94, 109, 148, 159, 162
卡弗　Carver, C. S., 192
卡斯米　Casmir, F., 348
卡斯　Cass, V. C., 158
卡斯　Casse, P., 26, 55, 85, 93, 94, 103
卡西迪　Cassiday, P., 38, 65, 457
卡斯蒂格莱尼　Castiglioni, I., 156
科德龙　Caudron, S., 375, 376
卡瓦利·斯福尔扎　Cavalli-Sforza, L. L., 173
查德威克　Chadwick, M., 193, 347
尚　Chan, K., 272
章　Chang, W. C., 193, 339
召　Chao, J. H., 60, 68, 69, 241
查普尔　Chapel, W., 375, 376
查托克　Chartock, R., 270
蔡斯　Chase, M., 52, 53
查塔韦　Chataway, C. J., 192, 193
查维斯　Chavez, L. R., 271
切里　Cherrie, C., 68, 120, 202, 321, 457
切斯特顿　Chesterton, P., 98
张　Cheung, F., 174
奇弗　Chieffo, L. P., 302
蔡尔德　Child, I., 173
基乌　Chiu, M. L., 313, 324
丘　Cho, W.-C., 197
乔德里　Chowdry, P., 279
克赖斯特　Christ, J. R., 194
朱　Chu, P., 70, 464
丘奇　Church, A. T., 129, 188, 292
克拉查　Clachar, A., 342
克朗西　Clancey, W. B., 402
克拉克　Clarke, C., 238
克拉克　Clarke, S., 345
克莱门特　Clement, D. E., 418
克莱芒特　Clément, R., 179, 190
克里夫兰　Cleveland, H., 13, 205
克利福德　Clifford, J., 310
科克伦　Cochrane, R., 314

科金　Cocking, R. R., 404
科克洛夫特　Cocroft, B., 230
科恩　Cohen, A. K., 171, 420
科霍达斯　Cohodas, N., 429
乔克莱　Cokley, K. O., 109
科尔　Cole, M., 224, 228
科曼　Coleman, H. L. K., 158
科利特　Collett, P., 189
科利尔　Collier, M. J., 230
科林斯　Collins, A. M., 402, 404
科姆斯托克　Comstock, G., 272
康登　Condon, J. C., 24
科诺利　Conoley, J. C., 112
库克　Cook, S. W., 194, 302
库克　Cook, T. D., 138
库克　Cooke, R. A., 93, 94, 95, 96
库珀　Cooper, E., 269
库珀里德　Cooperrider, D., 30
科普兰　Copeland, L., 327, 376
科普兰·格里格斯　Copeland Griggs, 29
科珀　Copper, C., 418
科比特　Corbitt, J. N., 57, 89, 92, 94, 113, 114
科特　Cort, D. A., 193
科蒂斯　Cortés, D. E., 195, 196, 266, 269, 273, 279, 282
科斯塔　Costa, P. T., Jr., 174, 347
考克斯　Cox, T., Jr., 147, 398, 409, 420
克劳福德　Crawford, S., 396
克里普斯　Cripps, T., 274
克里泰利　Critelli, J., 420
克罗斯　Cross, W. E., Jr., 94, 108, 109, 158
克劳尼　Crowne, D., 100
奇克森特米哈伊　Csikszentmihalyi, M., 234, 256, 349
奎利亚　Cuéllar, I., 94, 110, 196
库伊　Cui, G., 129
坎宁安-沃伯顿　Cunningham-Warburton, P. A., 132, 135, 136, 137
楚帕奇　Cupach, W., 228, 238

柯尔　　Curl, L. S. , 98
克提斯　　Curtis, S. C. , 3,138,139,464
卡什纳　　Cushner, K. , 17,65,68,85,91,
　　93,94,107,120,132,135,137,202,217,
　　241,251,289,294,295,299,321,403,405,
　　457
塞尔　　Cyr, R. , 51

达伦　　Dahlen, T. , 22
达尔斯特伦　　Dahlstrom, W. G. , 56
戴尔　　Dale, P. N. , 189
达利斯基　　Dalsky, D. , 464
达马西欧　　Damasio, A. , 257
达米科　　D'Amico, C. , 148
丹德克尔　　Dandeker, C. , 397
丹德烈亚　　D'Andrea, M. , 89,94,119
丹尼利恩　　Danielian, J. , 17,67
丹尼尔斯　　Daniels, J. , 89,94,119
丹斯比　　Dansby, M. R. , 6,7,85,87,88,
　　94,97,98,398,429
丹特　　Dant, W. , 60
达森　　Dasen, P. R. , 166,168,172,173,251
达斯古普塔　　Dasgupta, S. , 348
戴维　　David, 411
戴维森　　Davidsen, O. M. , 194
戴维斯　　Davis, A. , 171
戴维斯　　Davis, J. , 391
道金斯　　Dawkins, R. , 254
戴-瓦因斯　　Day-Vines, N. L. , 299
迪安　　Dean, O. , 347
杜克斯　　Deaux, K. , 197
德博克　　de Bock, H. , 269
德根　　Degen, L. , 132
德雅盖　　DeJaeghere, J. , 99
德梅鲁　　DeMello, C. , 17,66,67
德梅特里奥　　Demetriou, A. , 196
丹尼　　Denny, M. , 322
德尔　　Der, G. , 196
德尔-卡拉贝田　　Der-Karabetian, A. , 89,
　　94,113,196
德桑蒂斯　　DeSantis, G. , 421

德斯哈耐斯　　DesHarnais, G. , 376
德什潘德　　Deshpande, S. P. , 130,131,
　　132,138,140,204
德泽特　　De Soete, G. , 193
德韦尔特利　　De Verthelyi, R. , 460
德沃斯　　De Vos, G. , 346
迪尤　　Dew, A.-M. , 189
戴伊　　Dey, E. , 200
迪克森　　Dickson, W. , 3,464
迪格　　Digh, P. , 1
迪格曼　　Digman, J. M. , 119
丁格斯　　Dinges, N. , 205
迪萨巴蒂诺　　DiSabatino, J. , 38,39
迪斯泰法诺　　DiStefano, J. J. , 58
迪奇伯恩　　Ditchburn, G. J. , 193
狄克逊　　Dixon, N. , 113
多宾斯　　Dobbins, J. E. , 150
多娜　　Donà, G. , 197
唐纳斯坦恩　　Donnerstein, E. , 268
多诺霍　　Donoghue, J. , 111
多尔夫曼　　Dorfman, L. , 271
多维迪奥　　Dovidio, J. , 462
唐尼　　Downie, R. D. , 23
唐斯　　Downs, C. W. , 189
德拉德福德　　Dradford, S. , 13
德里斯基尔　　Driskill, G. W. , 189
德赖弗·林　　Driver-Linn, E. , 3
杜克特　　Duckitt, J. , 179
杜根　　Dugan, s. , 219
邓巴　　Dunbar, E. , 94,107,189,376
邓巴　　Dunbar, R. , 132,134,135,137
杜兰　　Duran, G. , 94,120,121
达兰　　Durran, A. , 201
德韦克　　Dweck, C. , 461
戴尔　　Dyal, J. A. , 193
戴尔　　Dyer, R. , 268
戴森　　Dyson, M. , 277

厄利　　Earley, P. C. , 226,376
埃宾　　Ebbin, A. , 294
埃克特　　Eckert, E. , 322

伊登　Eden, D., 194
爱德华兹　Edwards, D., 368
埃夫克赖德斯　Efklides, A., 196
埃克曼　Ekman, P., 174
埃利斯　Ellis, H. C., 454
英格利希　English, A., 52,53
恩设　Ensher, E. A., 331
恩特曼　Entman, R. M., 276,279
奥勒　Eogler, L. H., 195
埃斯彭沙德　Espenshade, T. J., 199
埃谢什　Esses, V. M., 197,199
埃弗雷特　Everett, J. E., 198
埃弗茨　Everts, P., 399,400
尤恩　Ewen, R. B., 417
伊兹丁　Ezzedeen, S. R., 378,379

费尔柴尔德　Fairchild, H., 268
法列　Faley, R. H., 88,97
范蒂尼　Fantini, A. E., 65,93
法尔　Farr, J. L., 94,121,347
法雷尔　Farrell, R., 456
法韦尔　Farwell, T. M., 274
范伯格　Feinberg, L., 201
费尔德曼　Feldman, D. C., 386
费尔泽　Feltzer, M., 178,180
芬尼斯　Fennes, H., 65
费尔德曼　Ferdman, B. M., 147,151
费尔南德斯　Fernandez, T., 94,105,195
费什巴克　Feshback, N. D., 268
费斯廷格　Festinger, L., 417
法根·史密斯　Fhagen-Smith, P. E., 109
菲德勒　Fiedler, F. E., 37,202
芬奇　Finch, J., 419
菲斯克　Fiske, A., 219
菲茨　Fitts, P. M., 455
弗莱文　Flavin, C., 132,135
弗莱彻　Fletcher, G. J. O., 198
弗洛拉克　Florack, A., 178
弗洛考斯基　Florkowski, G. W., 201
福格尔　Fogel, D. S., 201
福克尔曼　Folkman, S., 186,194

福兰斯比　Follansbee, D., 419
方丹　Fontaine, G., 193,203,460
福尔曼　Forman, D., 297,298
福尔曼　Forman, H. J., 273
福斯特　Foster, R. J., 17,67
福勒　Fowler, S. M., 30,37,38,55,57,60,
　62,64,65,67,73,77,79,85,91,180,241,
　457
弗兰克斯　Franks, J. J., 402,403
弗伦奇　French, J. R. P., Jr., 438
弗伦奇　French, W. L., 368
弗里德曼　Friedman, L. D., 280
弗里森　Friesen, W. V., 189
弗里吉达　Frijda, N., 174
弗恩海姆　Furnham, A., 2,95,96,116,
　129,186,187,188,189,190,191,192,194,
　196,199,201,205,245,291,292,294,295,
　309,310,313,315,316,319,327,330,331
富鲁卡瓦　Furukawa, T., 193

加布里埃尔　Gabriel, T., 270
盖特纳　Gaertner, S., 462
加兰蒂诺　Galantino, M. G., 399
加林比蒂　Galimberti, U., 252,253,259,
　262
加拉格尔　Gallagher, T. J., 103
盖洛普　Gallupe, B., 421
伽马　Gama, E. M. P., 316
甘农　Gannon, M. J., 132,135,136,376
高　Gao, G., 226,230
加查　Garcia, M. F. M., 319
加查　Garcia-Vazquez, E., 346
加查　Garcia, W. R., 220,230
加登斯沃茨　Gardenswartz, L., 1,29,38,
　41,147,148
加德纳　Gardner, H., 234
加德纳　Gardner, R. C., 179,463
加德纳　Gartner, C., 132,134,136
加斯金斯　Gaskins, R., 149
高　Gaw, K. F., 294,311,313,320,337,391
吉尔胡德　Geelhoed, R. J., 204

吉尔茨　Geertz, C., 169
格伦　Gehlen, A., 253, 259
盖尔芬德　Gelfand, M. J., 94, 100, 101
耶奥加斯　Georgas, J., 197
格尔纳　Gerner, M., 94, 111, 112
格申菲尔德　Gershenfeld, M., 443
戈通　Gerton, J., 158
赫尔岑　Gertsen, M. C., 129
加法里安　Ghaffarian, S., 196
吉斯布雷希特　Giesbrecht, L. W., 269
吉尔　Gil, A. G., 201
贾尔斯　Giles, H., 204, 345
吉尔曼　Gilman, S. L., 282
金格里奇　Gingerich, K. E., 299
格拉泽　Glaser, W., 132, 135
格莱泽　Glazer, N., 338
格利森　Glisson, C., 95
格梅尔希　Gmelch, G., 301
戈切诺　Gochenour, T., 20, 38, 65, 390
戈夫曼　Goffman, E., 257
戈登堡　Goldenberg, S., 345
戈德曼　Goldman, A., 132
戈尔茨坦　Goldstein, D. L., 132, 135, 137, 296, 337
贡恩　Gong, Y., 461
冈萨雷斯　Gonzàlez, G., 196
古迪纳夫　Goodenough, D. R., 173, 463
戈托　Goto, S., 420
高达　Gowda, S., 53
格雷厄姆　Graham, J. R., 56
格拉姆林　Gramling, R., 316, 317, 319, 337
格兰特　Grant, A., 344
格雷夫斯　Graves, T. D., 175
格雷　Gray, R., 193
格拉齐亚诺　Graziano, W., 419
格里利　Greeley, A., 338
格林　Greene, W., 419
格里诺　Greeno, J. G., 402, 403, 404
格雷格森　Gregersen, H. B., 129, 192, 204, 311, 312, 313, 316, 318, 319, 320, 322, 327, 331, 346, 376

格雷格　Gregg, R. W., 272
格里格斯　Griggs, L. B., 150, 327
格罗斯　Gross, H., 132, 135, 137
格罗夫　Grove, C., 21, 39, 41, 64
古迪孔斯特　Gudykunst, W. B., 1, 3, 25, 39, 85, 87, 90, 180, 199, 200, 203, 204, 219, 221, 240, 337, 348, 406, 418, 464
格雷罗　Guerrero, L., 225
古拉霍恩　Gullahorn, J. E., 14, 190, 193, 194, 309, 313
古拉霍恩　Gullahorn, J. T., 14, 190, 193, 194, 309, 313
格斯里　Guthrie, G., 205, 292, 295
古兹莱　Guzley, R. M., 39, 87, 90, 203

哈多克　Haddock, G., 197
哈夫纳　Hafner, C. R., 376, 386
哈恩　Hahn, A., 193
海恩斯　Haines, R., 161
海恩斯　Haines, V., 345
海尔　Hair, E., 419
霍尔　Hall, E. T., 1, 3, 15, 21, 24, 28, 30, 77, 189, 218, 227, 231, 256, 283, 343, 405, 417, 438, 441, 442, 464
霍尔　Hall, M., 231
哈洛韦尔　Hallowell, W., 64
哈默　Hammer, M. R., 3, 26, 39, 57, 85, 86, 87, 88, 89, 90, 92, 93, 94, 99, 100, 103, 104, 132, 135, 137, 193, 203, 224, 314, 326, 348, 406, 462
哈蒙斯　Hammons, M. A., 14, 16, 368
汉普登-特纳　Hampden-Turner, C., 24, 464
汉塞尔　Hansel, B., 301, 348
哈普古德　Hapgood, D., 365, 366, 367
哈普古德　Hapgood, K., 65
哈拉吉里　Harajiri, H., 197
哈迪曼　Hardiman, R., 87, 158, 159
哈洛　Harlow, H., 461
哈勒尔　Harrell, T., 292, 295, 296, 311, 312, 316, 318, 319, 321, 322, 324, 325, 326,

330,337
哈里斯　Harris, A. C. , 196
哈里斯　Harris, L. C. , 110
哈里斯　Harris, P. R. , 22,57,318
哈里森　Harrison, J. K. , 132,135,193,202,347,405
哈里森　Harrison, R. , 402
哈特利　Hartley, C. , 47,63
哈特曼　Hartmann, P. , 272
哈特　Hart, W. B. , II, 13,25,166,314
哈维　Harvey, O. , 417
哈斯拉姆　Haslam, S. A. , 282
毫泽　Hauser, S. , 419
哈韦尔　Havel, J. , 194
黑文斯　Havens, T. , 277
霍斯　Hawes, F. , 313
霍金斯　Hawkins, R. , 272
霍利　Hawley, W. D. , 147
哈亚西　Hayashi, Y. , 315,316,321,337
海勒斯　Hayles, V. R. , 147,148
赫克　Heck, R. , 89,94,119
赫奇　Hedge, R. , 338
赫格蒂　Hegde, R. S. , 310,314
海因布赫　Heinbuch, S. , 132,134,135,137
海内肯　Heinecken, L. , 396,398,399
海恩加特纳　Heingartner, A. , 417
赫勒　Heller, M. A. , 270
赫尔姆斯　Helms, J. E. , 88,94,108,109,110,151,158,159
赫尔姆斯·洛伦茨　Helms-Lorenz, M. , 178,180
亨普希尔　Hemphill, H. , 161
亨普斯特德　Hempstead, K. , 199
亨德森　Henderson, G. , 148,161
亨德里克森　Hendrickson, G. , 454
汉斯莱　Hensley, T. , 298
赫尔曼　Herman, E. , 417
赫斯科维茨　Herskovits, M. J. , 28,168,169,172,175
海斯林　Heslin, R. , 3,85,138,139,464
海韦希　Hevesi, D. , 353

休伊特　Hewett, T. , 202
休斯通　Hewstone, M. , 198
海曼　Heyman, S. , 221
希加什　Higashi, S. , 278
希格比　Higbee, H. , 292
希尔姆斯　Hilmes, M. , 272
霍　Ho, R. , 199
霍克豪泽　Hochhauser, G. A. , 303
霍克　Hocker, J. , 224
赫尔克　Hoelker, P. , 178
霍夫　Hoff, B. L. R. , 292
霍夫曼　Hoffman, E. , 369
霍夫曼　Hoffman, L. , 415
霍夫斯泰德　Hofstede, G. H. , 5,24,38,65,219,220,375,377,405,410,420,464
霍夫斯泰德　Hofstede, G. J. , 38,65
霍格　Hogg, M. , 197,199
霍尔库姆　Holcombe, K. M. , 94,100,101
霍姆斯　Holmes, D. , 278
霍姆斯　Holmes, T. H. , 186,191,205
霍尔茨坎普　Holzkamp, K. , 403
霍尔兹曼　Holzman, P. , 463
洪　Hong, A. T. K. , 376
胡德　Hood, W. , 417
胡普斯　Hoopes, D. S. , 17,18,19,23
胡普斯　Hoopes, R. , 366,367
霍普金斯　Hopkins, R. L. , 402
霍普金斯　Hopkins, R. S. , 55
霍庇　Hoppe, A. , 242
霍伦克兹克　Horenxzyk, G. , 197
霍顿　Horton, W. , 52
霍瓦特　Horvath, A. M. , 93,94,106,107
霍华德　Howard, R. , 54
豪　Howe, I. C. K. , 376
豪威尔　Howell, W. , 243
胡　Hsu, T. , 344
胡　Hu, H. C. , 226
胡　Hu, L. T. , 325
黄　Huang, W. , 344
休根贝格　Hugenberg, L. W. , 375,376,377,382,386

胡格勒斯　Huglus, J., 464
胡伊　Hui, C., 1
赫格斯　Hulgus, J.F., 202
赫尔　Hull, W.F., 194, 321
赫利特　Hullett, C.R., 293
亨　Hung, Y.Y., 193, 295
亨特　Hunt, E.B., 173
乌尔塔多　Hurtado, G., 200
赫斯本德　Husband, C., 272
休斯顿　Huston, A.C., 268
胡特尼克　Hutnik, N., 195

因帕拉　Impara, J.C., 85
因赫德尔　Inhelder, B., 301
欧文　Irvine, S., 172, 173
艾萨克斯　Isaacs, W., 237
伊希艾　Ishii, S., 25, 189
艾索盖　Isogai, T.Y., 315, 316, 321, 337
伊托　Ito, Y., 25
伊瓦万奇　Iwawaki, S., 223
伊兹拉利　Izraeli, D.N., 317

杰克逊　Jackson, B.W., 87, 158, 159
杰克逊　Jackson, D., 257
杰克逊　Jackson, L.M., 199
杰克逊　Jackson, S.E., 418
雅各布斯　Jacobs, R.R., 94, 121, 347
雅各布斯-卡苏托　Jacobs-Cassuto, M., 99
雅各布森　Jacobson, W., 407
亚吉　Jaggi, V., 198
亚霍达　Jahoda, M., 269
詹姆斯　James, L.R., 95
贾米森　Jamieson, D., 147, 148
詹韦　Janeway, A., 20
扬奇　Jantsch, E., 341
哈列戈　Jariego, I.M., 321
亚辛斯卡亚·拉蒂　Jasinskaja-Lahti, I., 462
亚索　Jasso, R., 110
詹金斯　Jenkins, H., 268
耶路撒冷　Jerusalem, M., 193

贾里　Jhally, S., 277
约翰逊　Johnson, D., 419, 442
约翰逊　Johnson, F., 419, 442
约翰逊　Johnson, L., 419, 420
约翰逊　Johnson, M., 1, 5, 254
约翰逊　Johnson, P., 345
约翰逊　Johnston, W.B., 29, 148, 416
乔纳斯　Jonas, K., 197
琼斯　Jones, J., 422
琼斯　Jones, J.E., 85
琼斯　Jones, J.M., 150, 159
约瑟夫　Joseph, J., 140
朱迪　Judy, R.W., 148
荣格　Jung, C.G., 103, 117, 118

克默　Kaemmer, B., 56
卡奇茨巴斯　Kagitçibasi, C., 166
卡林　Kalin, R., 176, 177, 178, 179, 180, 198, 199
卡马尔　Kamal, A.A., 302
卡米欧卡　Kameoka, V., 106
卡姆休伯　Kammhuber, S., 132, 401, 404, 406
卡普　Karp, H.B., 161
卡西玛　Kashima, Y., 196
卡特里厄尔　Katriel, T., 226
卡茨　Katz, J.P., 376
卡茨　Katz, P.A., 268
考夫曼　Kauffman, J.M., 276
考夫曼　Kauffmann, N., 319, 321
基利　Kealey, D.J., 3, 129, 130, 131, 132, 137, 138, 139, 173, 181, 193, 294, 295, 313, 325, 337, 462, 464, 465
基恩　Keen, S., 278
基弗　Keever, B.A.D., 270
基斯勒　Keisler, S., 421
凯利　Kelley, C., 26, 56, 85, 86, 87, 89, 90, 93, 94, 114, 115, 203
凯利　Kelley, H., 440
凯利　Kelly, G.A., 153, 255
凯利　Kelly, J., 344

肯登　Kendon, A., 189
肯尼迪　Kennedy, A., 94, 116, 117, 186, 188, 190, 191, 192, 193, 194, 196, 197, 204, 294, 295, 313
克南　Kernan, M., 421
凯泽　Keyser, D. J., 85
凯泽　Keyser, J., 3
卡恩　Khan, M., 193
考帕　Khoapa, B. A., 299
霍欧　Khoo, G., 111, 196
库利　Khoury, E. L., 201
基德尔　Kidder, L. H., 315
基尔曼　Kilmann, R. H., 229
金　Kim, C., 462
金　Kim, H. S., 230
金　Kim, J., 158
金　Kim, K. S., 221
金　Kim, U., 7, 178, 194, 197
金荣渊　Kim, Y. Y., 1, 245, 292, 293, 309, 310, 311, 312, 314, 315, 317, 318, 319, 320, 325, 326, 337, 338, 341, 343, 345, 350, 351
金博尔　Kimball, A., 53
基梅尔　Kimmel, P. R., 17, 66
基纳斯特　Kinast, E.-U., 132, 407
金　King, M., 193
金　King, R., 280
金内基　Kinicki, A., 438
基尔切姆耶尔　Kirchemyer, C., 420
科克哈特　Kirkhart, E., 94, 118
科克哈特　Kirkhart, L., 94, 118
基尔霍恩　Kirkhorn, J., 58
柯克帕特里克　Kirkpatrick, D. L., 406
基施纳　Kirschner, G., 341
北山　Kitayama, S., 101, 221, 226
克莱因　Klein, G., 463
克莱因　Klein, P., 396, 397
克林伯格　Klineberg, O., 3, 194, 321, 465
克洛普　Klopf, D. W., 149, 189
克拉克洪　Kluckhohn, C., 167, 168, 169
克拉克洪　Kluckhohn, F. R., 28, 70, 79, 94, 102, 464

奈特　Knight, E. M., 201
奈特　Knight, J. M., 21, 38, 58
奈特　Knight, K., 55, 85, 86, 90, 94
克尼维顿　Kniveton, B. H., 276
诺尔斯　Knowles, M., 46, 446
凯斯特勒　Koestler, J., 149, 255, 300
科夫卡　Koffka, K., 458
科哈兹　Kohatsu, E. L., 108, 109
柯尔斯　Kohls, L. R., 21, 22, 23, 38, 58, 64, 65, 72, 73, 391
小岛　Kojima, T., 188, 194, 313
科尔布　Kolb, D. A., 3, 22, 42, 43, 44, 79, 86, 89, 93, 94, 112, 113, 446
考兹尼　Korzenny, F., 269
考斯密兹基　Kosmitzki, C., 198
科塞克　Kossek, E., 94, 96, 97
科祖　Kozu, J., 294
克雷默　Kraemer, A. J., 70
克雷默　Kramer, J. J., 112
克雷特纳　Kreitner, R., 438
克伦德尔　Krendel, E., 461
克罗伯　Kroeber, A. L., 167, 168, 169
克罗格　Krog, A., 398
库尔曼　Kühlmann, T., 129
库马尔　Kumar, K., 420, 421
郭　Kuo, W. H., 193
库珀　Kuper, A., 251, 438
库珀　Kuper, J., 251, 438
库林特斯　Kurintes, W., 94, 105
库罗奇　Kurogi, A., 2, 218, 219, 230
科蒂尼斯　Kurtines, W. M., 195, 196

拉·布拉克　La Brack, B., 296, 311, 315, 321, 325, 330
莱西　Lacey, L., 57, 58
拉斯威塔　LaCivita, R. M., 375, 376, 377, 382, 386
拉弗蒂　Lafferty, J. C., 93, 94, 95, 96
拉弗朗布阿斯　LaFromboise, T., 158
赖　Lai, J., 195, 196
拉克夫　Lakoff, G. P., 1, 5, 254

兰伯特　Lambert, W. E., 197, 198
兰迪斯　Landis, D., 2, 6, 7, 8, 85, 87, 88, 94, 97, 98, 185, 202, 204, 205, 241, 243, 295, 391, 405, 421, 422, 429, 458, 460, 464
莱恩　Lane, H. W., 58
兰格　Langer, E., 232, 234
拉尼尔　Lanier, A. R., 22, 375
拉宾斯基　Lapinsky, T., 47, 63
拉金　Larkin, J., 456
拉斯里　Lasry, J. C., 197
莱瑟姆　Latham, G., 461
莱思罗普　Lathrop, B. J. J., 300
劳克林　Laughlin, P. R., 418
劳伦斯　Lawrence, W. S., 313, 320
拉耶斯　Layes, G., 132, 135, 401
拉扎勒斯　Lazarus, R. S., 186, 194, 205, 461
莱克恩比　Leckenby, J. D., 269
莱德拉奇　Lederach, J. P., 238, 240
莱德勒　Lederer, W. J., 13
李　Lee, C., 240
李　Lee, R. M., 94, 120, 121
李　Lee, S., 55
利兹-赫维茨　Leeds-Hurwitz, W., 15
莱格特　Leggett, E., 461
莱伯肯德　Leibkind, K., 462
伦克特　Lenkert, A., 197
莱诺伯格　Lennenberg, E., 1
梁　Leong, C. -H., 193, 200, 201, 341
勒鲁　LeRoux, J., 462
莱斯特　Lester, P. M., 282, 296
梁　Leung, K., 174, 219, 223, 421
莱文　Levine, J., 420
莱文　Levine, R. V., 464
莱文森　Levinson, D., 377, 381
莱文森　Levinson, S., 225, 226
利维　Levy, J., 45
利维　Levy, M., 171
卢因　Lewin, K., 446, 454
卢　Lew, S., 94, 105, 110, 111
刘易斯　Lewis, J., 277, 438

刘易斯　Lewis, L. H., 42
利恩斯　Leyens, J. P., 283
李　Li, Y. H., 194
利布斯　Liebes, T., 278
利布金德　Liebkind, K., 196
莉泽　Liese, L. H., 194
莉莉　Lilly, R. L., 94, 120, 121
利姆　Lim, T. -S., 226
林　Lin, A., 190
林　Lin, K. -M., 191, 193
林　Lin, N., 193
林　Lin, S. L., 230
林德曼　Lindeman, E., 446
林登　Linden, W., 195
林霍尔姆　Lindholm, K. J., 193
林顿　Linton, H., 463
林顿　Linton, R., 167, 175
利普　Lipp, G. D., 238
利帕德　Lippard, L., 77
劳埃德　Lloyd, 411
洛贝尔　Lobel, S., 420
洛克　Lock, M., 150
洛克　Locke, E., 461
洛登　Loden, M., 147, 148
洛夫腾　Lofton, M. C. J. F., 148
朗赫斯特　Longhurst, B., 281
卢米斯　Loomis, M., 94, 118, 119
洛佩斯　López, S. R., 150
洛佩斯-纳尼　Lopez-Nerney, S., 193
洛　Louw, L., 150
洛　Low, M., 193
卢　Lu, L., 193
鲁巴诺威克　Lubanovic, A. M., 375, 376, 377, 382, 386
勒克曼　Luckmann, T., 149, 150, 250
卢莱　Lulay, G., 132, 135
勒斯蒂格　Lustig, M. W., 149
林斯基　Lynskey, M., 198
吕斯高　Lysgaard, S., 188, 312

麦科比　Maccoby, E., 419

麦克唐纳　MacDonald, D., 295
麦克法迪恩　Macfadyen, L., 52, 53
麦克拉克伦　MacLachlan, M., 294
麦克雷　Macrae, N. C., 283
马多克斯　Maddox, T., 85
马吉德斯　Magids, D. M., 119
马洪　Mahon, J., 299
梅尔　Maier, N., 417
马耶　Maillet, P., 400
梅努斯　Mainous, A. G., 201
马克　Mak, A., 462
马尔多纳多　Maldonado, R., 94, 110
马利维斯卡-皮尔　Malewska-Peyre, H., 200
迈尔甘地　Malgady, R. G., 195, 196
马娄　Mallew, A. C., 85
马内　Mane, S., 271
曼古恩　Mangone, G. J., 13, 205
玛尼格特　Manigart, P., 399, 400
曼塞尔　Mansell, M., 343
马丁　Matín, B., 196
马丁　Marín, G., 196
马库斯　Markus, H, R., 101, 221, 226
马洛　Marlowe, D., 100
马罗　Marrow, A., 454
马尔塞拉　Marsella, A. J., 106
马顿斯　Martens, M. J. M., 298
马丁代尔　Martindale, C., 270
马丁内斯　Martínez, C. M., 199
马丁　Martin, J. N., 1, 23, 87, 88, 92, 132, 135, 137, 159, 192, 250, 292, 295, 296, 300, 309, 310, 313, 315, 316, 318, 319, 320, 321, 325, 327, 331, 337, 464
马丁斯　Martins, L., 418
丸山　Maruyama, G., 302
马斯格拉特　Masgoret, A. M., 179
增田　Masuda, M., 191, 193
升元　Masumoto, T., 221, 227, 231
梅达巴恩　Matabane, P. W., 277
马特森　Matson, F, W., 257
松本　Matsumoto, D., 189, 222, 462

马图拉纳　Maturana, H., 251, 253, 256, 257, 259
莫琳　Maureen, B., 407
马夫雷亚斯　Mavreas, V., 196
默威尼　Mawhinney, T. A., 197
梅　May, K., 418
梅　May, W., 427
梅奥　Mayo, M., 418
梅玲　Mayring, P., 401
麦卡利斯特　McAllister, I., 199
麦卡弗里　McCaffery, J. A., 368, 407
麦卡弗里　McCaffrey, J. A., 60, 376, 386
麦凯格　McCaig, N. M., 24, 65, 390
麦科纳希　McConahay, J. B., 120
麦克雷　McCrae, R. R., 174, 347
麦克丹尼尔　McDaniel, A. K., 202
麦克丹尼尔　McDaniel, C. O., 202
麦克丹尼尔　McDaniel, N. C., 202
麦克内里　McEnery, J., 376
麦克沃伊　McEvoy, G. M., 190
麦吉·班克斯　McGee Banks, C. A., 1
麦金利　McGinley, H., 189
麦格拉思　McGrath, J. E., 417, 419, 421
麦圭根　McGuigan, F. J., 298
麦奎尔　McGuire, T., 421
麦奎尔　McGuire, W., 438
麦基尔文-亚布洛　McIlveen-Yarbro, L. C., 132, 135, 137
麦肯道尔　McKendall, M., 376
麦金利　McKinlay, N. J., 132, 135, 137
麦克莱伦　McLellan, H., 407
麦克劳德　McLeod, B. M., 190
麦克劳德　McLeod, P., 420
麦克纳尔蒂　McNulty, M., 132, 134, 135, 137
麦克鲁尔　McRuer, D., 461
米德　Mead, M., 28
梅凯尼克　Mechanic, D., 339
梅德韦德　Medved, M., 273, 274
梅辰鲍姆　Meichenbaum, D., 203
迈因德尔　Meindl, J, R., 418

梅尔基奥瑞　Melchiori, A., 297
梅勒　Meller, P.J., 85
门登霍尔　Mendenhall, M.E., 129, 130, 131, 132, 138, 322, 348, 375, 376, 377, 386
门多萨　Mendoza, R.H., 195, 196
梅洛-庞蒂　Merleau-Ponty, M., 259, 260
默米格斯　Mermigis, L., 198
梅斯奎塔　Mesquita, B., 174
梅西克　Messick, S., 458
麦斯顿豪瑟　Mestenhauser, J.A., 327
梅策　Metzer, J., 94, 113
迈耶斯　Meyers, J., 26, 56, 85, 86, 87, 89, 90, 93, 94, 114, 115, 203
麦兹罗　Mezirow, J., 404
迈克尔森　Michaelson, L., 420
米凯利斯　Michalis, D., 242
米多卡　Midooka, K., 25
米克　Miike, Y., 25
米尔文-亚布洛　Millveen-Yarbro, L.C., 132
米勒　Miller, J.A., 196
米勒　Miller, S., 344
米勒　Miller, T., 272
米勒-古德　Miller-Guhde, L., 421
米利肯　Milliken, F., 418
米利翁斯　Milliones, J., 108
米尔斯　Mills, C.J., 117
明德　Minde, T., 194, 197
迈伦　Miron, M., 427
米舍尔　Mischel, W., 295
米什拉　Mishra, J., 376
米什拉　Mishra, R.C., 173
米切尔　Mitchell, T., 37, 202
水野　Mizuno, N., 297
莫迪　Mody, B., 1
莫尔克　Moelker, R., 410
穆加达姆　Moghaddam, F.M., 197, 199
茂串　Moguchi, K., 422
莫瓦伊斯　Moiese, L., 338, 345
莫伊兹　Moïse, C., 175, 178, 201
莫克　Mok, D., 194, 197

蒙塔古　Montagu, A., 257
蒙哥马利　Montgomery, J., 116
穆恩　Moon, D., 339
穆尔　Moore, M., 422
穆尔　Moore, R., 199
穆斯　Moos, R., 339
莫兰　Moran, R.T., 22, 58, 318
莫兰　Moreland, R., 420
莫利　Mori, S., 293
莫里斯　Morris, M., 278
莫塞勒　Moselle, M.A., 94, 111, 112
莫斯科斯　Moskos, C., 7, 396
穆斯塔克斯　Moustakas, C., 352
穆顿　Mouton, J.S., 229
莫伊尼汉　Moynihan, D., 338
米尔克　Muehrcke, J., 376
马伦　Mullen, B., 418
芒福德　Mumford, M.G., 30, 37, 38, 55, 57, 60, 62, 64, 65, 67, 73, 77, 85, 91, 180, 241, 457
穆门代　Mummendey, A., 179
墨菲　Murphy, G., 453
墨菲　Murphy, L.L., 85
墨菲　Murphy, M., 260
墨菲-重松　Murphy-Shigematsu, S., 348
默里　Murray, J.P., 268
穆茨　Mutz, D., 271
迈尔斯　Myers, I.B., 56, 90, 93, 117, 118
米达尔　Myrdal, G., 273

纳菲斯　Naficy, H., 270
纳夫兹格　Nafziger, L.L., 313
奈杜　Naidoo, J., 193
中山　Nakayama, T.K., 1, 159, 250, 309
纳帕斯特克　Naparstek, A., 193
内皮尔　Napier, R., 443
纳什　Nash, D., 298
纳瓦　Nava, G., 54
纳扎凯伊维茨　Nazarkiewicz, K., 132
内尔曼　Nerman, N., 300
内斯戴尔　Nesdale, D., 204

内托　Neto, F., 193
内茨　Netts, S., 228
诺伊恩多夫　Neuendorf, K. A., 278
内维尔　Neville, H. A., 94, 120, 121
纽伯里　Newberry, B., 174
额　Ng, S. H., 342
恩哈特·哈恩　Nhat Hanh, T., 232
尼卡西奥　Nicassio, P. M., 196
尼科尔斯　Nickols, F. W., 41
奈尔斯　Niles, S., 199
西田　Nishida, T., 25, 221
诺埃尔　Noels, K., 179, 190
诺里斯　Norris, D. M., 148
诺顿　Norton, J., 191
诺沃柯　Novoco, R., 203
纳萨门农　Nsamenang, B., 173

奥克斯　Oakes, P. J., 282
奥巴尔　O'Barr, W. M., 270
奥布德扎莱克　Obdrzalek, P., 178
奥伯格　Oberg, K., 188, 205, 292, 312
奥布勒　Obler, J., 345
奥布赖恩　O'Brien, G. E., 202
奥多　Oddou, G. R., 129, 348, 375, 376, 377, 386
奥策尔　Oetzel, J. G., 1, 218, 220, 221, 223, 227, 230, 231, 234, 240
尾上　Ogami, N., 27
奥根　Ogan, C., 278
厄克勒斯　Okros, N. A., 396
大仓　Okura, Y., 188, 194, 313
奥利弗　Oliver, J., 38, 39
奥尔特曼　Oltman, P., 173, 463
奥马拉　O'Mara, J., 147, 148
翁　Ong, S.-J., 194
奥奈恩斯　Onians, R., 253
奥赖利　O'Reilly, C. A., 418
奥尔　Orr, D., 294
奥顿　Orton, J., 132
奥图诺　Ortuno, M. M., 103
奥韦尔　Orwell, G., 419

奥斯古德　Osgood, C., 427
奥谢伊　O'Shea, W., 422, 458
奥斯兰　Osland, J. S., 129, 330, 331
奥特罗-萨伯盖尔　Otero-Sabogal, R., 196
奥塔维　Ottavi, R. M., 109

帕克　Packer, A. E., 29, 148, 416
帕迪利亚　Padilla, A. M., 147, 193
白　Pai, H., 294
佩奇　Paige, M., 292, 293, 295
佩奇　Paige, R. M., 25, 26, 39, 40, 87, 88, 92, 99, 241, 464
帕尔马-利瓦斯　Palma-Rivas, N., 148, 149
帕尔默　Palmer, C. E., 316, 317, 319, 337
潘　Pan, X., 221, 231
潘迪　Pandey, J., 166
帕勒姆　Parham, T. A., 88, 94, 108
帕克　Parker, B., 190
帕克　Parker, W. D., 117
帕斯特　Pastor, J. C., 418
佩特　Pate, S., 419
帕蒂森　Pattison, H. M., 132, 135, 137
保罗　Paul, D., 313, 320
保卢斯　Paulhus, D. L., 196
保卢斯　Paulus, D., 178
皮尔曼　Pearmain, E. D., 241
佩德森　Pedersen, P. B., 19, 23, 38, 65, 158, 201, 294, 316, 325
彭尼　Penney, R., 199
佩雷斯-斯戴保　Perez-Stable, E. J., 196
佩罗　Perreault, S., 175, 178, 201, 338, 345
佩里　Perry, F., 94, 111, 112
佩里　Perry, W. G., Jr., 1, 155, 157, 161
彼得森　Peterson, M. F., 219
佩蒂格鲁　Pettigrew, T. F., 300, 345, 409, 420, 421
法伊弗　Pfeffer, J., 409
法伊弗　Pfeiffer, J. W., 58, 85
菲尼斯特　Pfnister, A. O., 297, 298
菲利普斯-马丁森　Phillips-Martinsson, J., 22

菲尼　Phinney, J. S., 94, 105, 106, 158, 178, 195
皮亚杰　Piaget, J., 301, 341
平德胡格斯　Pinderhughes, E., 158
平格里　Pingree, S., 272
皮翁特科夫斯基　Piontkowski, U., 178
普莱克　Plake, B. S., 85, 195, 196, 200, 201
普拉默　Plamer, D. L., 199
普拉特　Platt, J. R., 463
伯德斯爱德洛斯基　Podsiadlowski, A., 132, 135, 137
波拉德　Pollard, W. R., 132, 135, 136, 137
波洛克　Pollock, D. C., 24
庞　Pon, G., 190
蓬斯　Ponce, D. E., 103
蓬特洛图　Ponterotto, J. G., 85, 119, 158, 159
蓬齐奥　Ponzio, A., 257
蓬　Poon, J. M. L., 132, 135, 136, 376
波尔廷格　Poortinga, Y. H., 166, 168, 172, 251
波普-戴维斯　Pope-Davis, D. B., 109, 147
波普　Popp, G., 347
波特　Porter, L., 180
波斯纳　Posner, M. I., 455
波斯特曼　Postman, N., 280
波特　Potter, W. J., 278
鲍威尔　Powell, C., 396
鲍尔　Power, S., 178, 197
鲍尔斯　Powers, R. B., 64
鲍尔斯　Powers, S., 419
普赖斯　Price, B. L., 298
普里恩　Prien, K. O., 130, 131
普罗瑟罗　Protheroe, D. R., 3, 130, 131, 132, 137, 138, 139, 295, 337, 464
普鲁厄格　Pruegger, V. J., 132, 135, 137
普鲁伊特　Pruitt, F. J., 194
帕奇　Pusch, M. D., 23, 28, 31, 65, 75, 201, 321
帕特　Putnam, L., 229

奎尔奇　Quelch, J. A., 386
昆塔纳　Quintana, D., 195, 196
坎特里尔　Quintrell, N., 132, 135, 137, 204

雷　Rae, L., 38
拉赫　Rahe, R. H., 186, 191, 205
拉希姆　Rahim, M. A., 229
拉贾帕克　Rajapark, D., 419
拉米雷斯　Ramirez, H. A., 132, 135, 136
拉米雷斯　Ramirez, M., 195
拉米雷斯　Ramirez, M. G., 319
拉姆齐　Ramsey, S., 42
拉纳-杜巴　Rana-Deuba, A., 194, 197, 460
伦道夫　Randolph, G., 204
饶　Rao, P., 378, 379
拉茨拉夫　Ratzlaff, C., 462
雷文　Raven, B., 438
雷丁　Reddin, W., 57, 85, 86, 89, 90, 94, 115
雷德菲尔德　Redfield, R., 175
雷德蒙　Redmond, M. V., 293, 357
里德　Reeder, K., 52, 53
里得　Reid, S., 342
赖利　Reilly, S., 267
赖因金　Reinking, T., 242
伦威克　Renwick, G. W., 21, 22, 23, 40, 73
雷斯尼克　Resnick, L., 402, 404
莱因史密斯　Rhinesmith, S. H., 327
罗兹　Rhodes, G. M., 302
理查兹　Richards, J. C., 65
理查森　Richardson, T. Q., 108, 109
里卡德-菲格洛　Rickard-Figueroa, K., 94, 105, 110, 111
里德利　Ridley, C. R., 236
里斯克达尔　Riskedahl, S. J., 298
里韦拉-辛克莱　Rivera-Sinclair, E. A., 105
里弗斯　Rivers, C., 278
鲁滨逊　Robinson, J. P., 102
罗奇　Roche, J., 52, 53
罗德里格　Rodriguez, R., 430
勒特利斯贝格尔　Roethlisberger, F., 3, 464

罗根　Rogan, R. G., 224,314
罗格尔伯格　Rogelberg, S., 419
罗杰斯　Rogers, C., 446
罗杰斯　Rogers, E. M., 25,180,268
罗杰斯　Rogers, J., 192,294,313
罗杰斯　Rogers, T. B., 132,135,137
罗格勒　Rogler, L. H., 195,196
罗尔利希　Rohrlich, B., 192, 313, 315, 318,319,325
罗伊兹纳　Roizner, M., 96,97
罗杰克　Rojecki, A., 279
罗凯奇　Rokeach, M., 269
罗尔斯顿　Rolston, K., 52,53
罗施　Rosch, E., 5
罗森　Rosen, B., 149
罗森　Rosen, H. R., 118,119
罗森菲尔德　Rosenfeld, P., 464
罗森塔尔　Rosenthal, D., 196
罗斯　Ross, S. J., 268
罗特鲍姆　Rothbaum, F. M., 193
罗思曼　Rothman, J., 224,240
鲁索　Rousseau, D. M., 95,96
罗　Rowe, A., 1,29,38,147,148
罗厄尔　Rowell, K., 57
鲁宾　Ruben, B. D., 129,193,294,342
拉迪　Ruddy, A. S., 271
鲁伊斯　Ruiz, A. S., 158
鲁默瑞　Rumery, S., 417
罗素　Russell, A. M., 147,148
罗素　Russell, B., 256,465
罗素　Russell, J. A., 174
里本斯基　Rybensky, L., 193
赖德　Ryder, A. G., 178,196
赖菲尔　Ryffel, C., 38,39
里内什　Rynes, S., 149
罗斯卡　Rzoska, K., 204

萨伯纳尼　Sabnani, H. B., 158,159
萨博加尔　Sabogal, F., 196
萨基夫　Sagiv, L., 199
萨林斯　Sahlins, M., 339

塞义德　Said, E. W., 278
西户　Saito, M., 24
萨曼　Samaan, J., 391
萨姆　Sam, D. L., 193,205,310,314,338
桑普森　Sampson, D., 89,99,113
桑切斯　Sanchez, C. M., 119
萨诺　Sano, N., 189,204
萨皮尔　Sapir, E., 448
萨拉斯沃蒂　Saraswathi, T. S., 166
索尔斯　Sauers, R., 456
萨伊格　Sayegh, L., 197
斯凯尔斯　Scales, M., 193,347
谢德龙　Schadron, G., 283
谢弗　Schaeffer, C., 194
谢蒂　Schaetti, B. F., 24
沙伊尔　Scheier, M. F., 192
沙因　Schein, E. H., 399
沙伊茨　Scheitza, A., 132
谢勒　Scherer, K., 174
朔伊费尔　Scheufele, D. A., 279
朔伊夫勒　Scheufler, I., 132
席雷克　Schiereck, J. J., Jr., 418
希夫　Schiff, E., 269
辛根　Schingen, K. M., 62
施伦克尔　Schlenker, B. R., 225
施奈德　Schneider, S. C., 409
斯科菲尔德　Schofield, J. W., 147
施罗德　Schroeder, W., 454
施瓦茨　Schwartz, D., 403,407
施瓦茨　Schwartz, S. H., 199,464
施瓦茨　Schwarz, K., 366,367,368
施瓦策尔　Schwarzer, R., 193
施瓦茨瓦尔德　Schwarzwald, J., 199,417
施沃赫　Schwoch, J., 267
斯科佩塔　Scopetta, M. A., 196
斯科林尼瓦森　Screenivasan, S., 344
瑟尔　Searle, W., 94,116,186,189,190, 191,193,194,204,294,295,313,338,346
瑟尔斯　Searles, D., 367
西利　Seelye, H. N., 38,65,70
西霍尔茨　Seesholtz, M., 271

西格尔　Segall, M. H., 166, 168, 172, 251
西格瓦　Segawa, M., 301
塞费尔　Seifer, D. M., 376
赛佩尔　Seipel, M. M., 193
塞特　Seiter, J. S., 132, 134, 136
塞利茨　Sellitz, C., 194, 302
塞尔默　Selmer, J., 317, 318
塞内卡尔　Senécal, S., 175, 178, 201, 338, 345
塞尼查尔　Sénéchal, C., 173
森奇　Senge, P., 439, 443
森尼特　Sennett, R., 252
休厄尔　Sewell, W. H., 194
沙哈尔　Shachar, H., 199, 204, 462
沙欣　Shaheen, J. G., 272
夏皮罗　Shapiro, R., 230
夏基　Sharkey, W. F., 102
谢弗　Shaver, P. R., 102
谢昂　Shayon, R. L., 267
谢里夫　Sherif, C., 417
谢里夫　Sherif, M., 199, 417
舍伍德　Sherwood, R. D., 402, 403
芝山　Shibayama, T., 193
涩泽　Shibusawa, T., 191
希克　Shiekh, S., 201
岛田　Shimada, E., 196
希尔茨　Shirts, R. G., 20, 30, 37, 62, 63, 64, 202, 390
希乌　Shiu, L. S. C., 317, 318
西格尔　Siegel, J., 421
西拉　Sierra, A., 346
西尔贝曼　Silberman, M., 241
西尔伯斯坦　Silberstein, F. J., 38, 76, 79
西尔弗　Silver, C., 422
塞尔沃曼　Silverman, M., 49
西尔弗耐尔　Silvernail, D. L., 89, 113
西蒙斯　Simons, G. F., 27
辛德尔　Sindell, P. S., 197
辛格里斯　Singelis, T. M., 38, 58, 65, 85, 91, 93, 94, 100, 101, 102, 107, 241, 457
辛格　Singer, J., 94, 118

辛哈　Sinha, D., 173
斯里芒考　Sirimangkal, P., 132
西斯克　Sisk, D. A., 62, 76
斯凯利　Skerry, S., 198
斯基林斯　Skillings, J. H., 150
什莱赫　Sleicher, D., 407
斯利夫卡　Slivka, R., 421, 422
斯莫利　Smalley, W. A., 292
斯马特　Smart, D. F., 190, 199, 204
史密斯　Smith, C. J., 201
史密斯　Smith, D. H., 132, 135, 137, 296, 337
史密斯　Smith, E., 321
史密斯　Smith, E. J., 158
史密斯　Smith, K. P., 89, 99, 113
史密斯　Smith, P. B., 219
史密斯　Smith, S. L., 6, 25, 313, 314, 315, 319, 320, 325, 330
史密瑟　Smithe, A. J., 294
索科尔西　Soccorsy, J., 318
索多夫斯基　Sodowsky, G. R., 195, 196, 200, 201
索伊特斯　Soeters, J., 398, 410, 411
索利　Solley, C., 463
所罗门　Solomon, C. M., 148
萨默斯　Somers, M., 193
索伦森　Sorensen, P. J., Jr., 30
索林　Sorin, J., 197
索林　Sorin, S., 197
斯帕罗　Sparrow, L. M., 314
斯佩查尼　Speciani, F., 259, 261
斯彭斯　Spence, D., 463
斯彭斯　Spence, K., 461, 463
斯宾塞-罗杰斯　Spencer-Rodgers, J., 197
斯皮斯　Spies, R. A., 85
施皮　Spieβ, E., 132, 135, 137
斯塔尔　Stahl, G., 129
斯坦格　Stangor, C., 283
斯坦利　Stanley, R. H., 267
施特格利茨　Steglitz, I., 25
斯坦　Stein, M., 365

斯坦伯格　Steinberg, C. S., 267
斯坦纳　Steiner, I. D., 418, 419, 421
斯坦范特　Steinfatt, T., 180
施泰因考克　Steinkalk, E., 193
施泰因瓦克斯　Steinwachs, B., 30, 63, 64, 324, 390
斯特林　Stelling, J. L., 317
斯坦宁　Stening, B. W., 198, 375, 386
史蒂芬　Stephan, C. W., 99, 132, 135, 137, 151, 180, 186, 193, 195, 199, 200, 202, 204, 224, 461
史蒂芬　Stephan, W. G., 99, 132, 135, 137, 151, 180, 186, 193, 195, 199, 200, 202, 204, 224, 461
斯腾伯格　Sternberg, R. J., 234
斯图尔特　Stewart, E. C., 16, 17, 19, 67, 70, 202
斯图尔特　Stewart, J. B., 7, 94, 98, 398
斯通　Stone, G. L., 109
斯通　Stone, S. C., 148, 150
斯通·费恩斯坦　Stone Feinstein, E., 193, 194
斯托尔蒂　Storti, C., 16, 70, 71, 74, 93, 311, 313, 337, 369 375 377 378 382 385 391
斯特拉方　Straffon, D., 462
施特恩劳　Strelau, J., 174
斯特林格　Stringer, D., 38, 65, 457
斯特林格　Stringer, M. D., 464
斯特罗德贝克　Strodtbeck, F. L., 28, 70, 79, 94, 102, 464
施特勒贝　Stroebe, W., 197
施特罗　Stroh, L. K., 129
斯特朗　Strong, E. K., 93
苏亚雷斯-奥罗兹克　Suarez-Orozco, M., 346
苏韦尔维-维雷　Subervi-Velez, F., 344
苏　Sue, D., 158
苏　Sue, D. W., 158, 201
苏因　Suinn, R. M., 94, 105, 110, 111, 196
沙利文　Sullivan, R. L., 376

萨默菲尔德　Summerfield, E., 55, 278, 337
舒尔林　Surlin, S. H., 269
瑟里奇　Surridge, R., 302
萨斯曼　Sussman, N. M., 313, 314, 318
萨顿　Sutton, F. X., 171
萨顿　Sutton, N., 161
铃木　Suzuki, L. A., 85
斯威特兰德　Sweetland, R. C., 3, 85
赛克斯　Sykes, I. J., 194
绍波克兹尼克　Szapocznik, J., 94, 105, 195, 196
苏迈　Szumal, J. L., 94, 95, 96

塔法罗迪　Tafarodi, R. J., 294
塔夫脱　Taft, R., 193, 293
泰弗尔　Tajfel, H., 186, 195, 197
高井　Takai, J., 221, 231
高井　Takai, M., 189
塔尔博特　Talbot, D. M., 204
塔拉里戈　Tallarigo, R., 7, 85, 87, 88, 94, 97, 98, 429
塔塔尼　Tatani, H., 462
泰特　Tate, E. D., 269
陶席格　Taussig, M., 257
泰勒　Taylor, D. M., 176, 179, 180, 198, 199
泰勒　Taylor, E. W., 404
泰勒　Taylor, P. S., 273
龙麻　Tazuma, L., 191, 193
泰勒根　Tellegen, A., 56
西亚加拉甘　Thiagaragan, R., 49, 62, 64
蒂亚加拉金　Thiagarajan, S., 30, 40, 49, 53, 62, 63, 64, 65, 241, 243, 324, 390
蒂博　Thibaut, J., 440
托马斯　Thomas, A., 132, 135, 199, 401, 405, 408
托马斯　Thomas, C., 108
托马斯　Thomas, D. C., 420, 425
托马斯　Thomas, K., 294, 312, 316, 330
托马斯　Thomas, K. W., 229
托马斯　Thomas, R. R., Jr., 147, 148, 150

汤普森　Thompson, B., 118, 119
汤普森　Thompson, H. B., 386
汤普森　Thompston, E., 5
索恩戴克　Thorndike, E. L., 454
蒂希　Tichi, C., 268
丁允珠　Ting-Toomey, S., 1, 149, 196, 217, 218, 219, 220, 221, 222, 223, 224, 225, 226, 227, 228, 230, 231, 232, 234, 236, 238, 240, 243, 245, 269, 292, 314
托德　Todd, P., 204
托利亚　Tolja, J., 259, 261
　　　　Tomasulo, F. P., 275
托普林　Toplin, R. B., 280
托尔比约恩　Torbiörn, I., 129, 312, 313
德兰　Tran, C., 462
特雷维尼奥　Trevino, J., 200
特里安迪斯　Triandis, H. C., 1, 17, 37, 41, 67, 85, 94, 100, 101, 149, 169, 196, 198, 202, 205, 219, 221, 223, 251, 417, 418, 454, 457, 463, 464, 465
特龙彭纳斯　Trompenaars, F., 24, 464
特罗普　Tropp, L. R., 300, 409, 420, 421
特罗布里奇　Trowbridge, J., 57, 58
特罗尔　Trower, P., 189, 194
特鲁比斯基　Trubisky, P., 230
蔡　Tsai, V.-M., 193
曾　Tseng, A. T., 376
特苏达　Tsuda, Y., 339
塔克　Tuck, B., 199
塔克　Tucker, L., 458
塔克　Tucker, M. F., 26, 56, 57, 85, 89, 90, 92, 94, 115, 116
童　Tung, R. L., 129, 375, 376, 377, 381, 386
蒂尔-卡斯帕　Tur-Kaspa, M., 199
特纳　Turner, J. C., 282
泰勒　Tylor, E. B., 167
曾　Tzeng, O., 204

内田　Uchida, H., 462
尤迪皮　Udipi, S., 236

上原　Uehara, J., 313, 318
乌拉　Ullah, P., 196
昂凯普赫　Uncapher, P., 21, 294
昂德希尔　Underhill, F., 132, 135
乌诺　Uno, M., 315, 316, 321, 337
乌尔巴内克　Urbanek, E.-U., 132
乌塞姆　Useem, J., 111, 311, 321, 348
乌塞姆　Useem, R. H., 23, 111

万斯　Vance, C. M., 331
范·德·考派尔　van de Koppel, J. M. H., 173
范·登·布鲁克　Van den Broucke, S., 193
范·得·默伦　van der Meulen, J., 398, 411
范·德·齐　van der Zee, K. I., 191
范·德·维吉弗　van de Vijver, F., 172, 178, 180, 421
范迪弗　Vandiver, B. J., 94, 108, 109
范·库坦　van Kooten, M., 191
范·乌登霍文　van Oudenhoven, J. P., 191
范任肯　VanReken, R. E., 24
瓦瑞拉　Varela, F. J., 5, 256, 257, 259
瓦西楼　Vassiliou, V., 198
巴斯克斯　Vazquez, L., 346
维加　Vega, W. A., 201
弗登　Verdon, J., 396
沃文　Verven, R., 196
维德马　Vidmar, N., 269
维吉尔　Vigil, P., 94, 105, 110, 111
维拉里尔　Villareal, M., 196
维斯沃斯瓦伦　Viswesvaran, C., 130, 131, 132, 138, 140, 204
沃莱　Volet, S., 190, 199, 204
沃尔坎　Volkan, V., 279
武尔佩　Vulpe, T., 295
菲　Vye, N. J., 402, 403

我妻　Wagatsuma, Y., 193
韦特　Wait, T., 396

沃克　Walker, D., 375,377,381
沃克　Walker, T., 375,377,381
华莱士　Wallace, D. H., 298
沃尔什　Walsh, J. E., 58
瓦尔特　Walther, J. B., 313
沃尔顿　Walton, S., 203,337,355
王　Wang, M. M., 60,68,69,241,296,325,337
王　Wang, W., 60,68,69
王　Wang, W. -Z., 60,68,69,241
旺克尔　Wankel, M. J., 53
沃德　Ward, C., 2,94,116,117,186,187,188,189,190,191,192,193,194,196,197,198,199,200,201,202,204,205,245,291,292,294,295,309,310,313,315,316,319,327,330,331,338,339,341,346,458,460
沃海特　Warheit, G. J., 201
沃纳　Warner, E. G., 20
华盛顿　Washington, D. D., 302
瓦西留斯基　Wasilewski, J., 243,460
沃森　Watson, O., 189
沃森　Watson, W., 419,420,421
沃茨拉维克　Watzlawick, P., 257,448
韦弗　Weaver, G., 21,293,294,313
韦弗　Weaver, H., 319,321
韦弗　Weaver, J., 321
韦布　Webb, S. C., 7,94,98,398
韦德斯潘　Wederspahn, G. M., 27
魏格特　Weigert, A., 438
温特劳布　Weintraub, J. K., 192
韦斯　Weiss, A., 254
韦斯曼　Weissman, D., 192,313
韦斯-佩里　Weiss-Perry, B., 419
魏斯　Weisz, J. R., 193
文特　Wendt, J. R., 19
温特令　Wentling, R. M., 148,149
温策尔　Wenzel, M., 179
韦斯顿　Weston, M. A., 270
韦斯特伍德　Westwood, M. J., 132,135,137,204,302,313,320
惠特利　Wheatley, M., 441

惠勒　Wheeler, M. L., 148,149
怀特　White, B., 417
怀特　White, M., 267,315
怀特黑德　Whitehead, A. N., 402
惠特尼　Whitney, D., 30
惠特尼　Whitney, K., 418
沃尔夫　Whorf, B. L., 1,28,153
威布斯瓦蒂　Wibulswadi, P., 197
威达曼　Widaman, K. F., 297
威格曼　Wiegman, R., 272
怀特　Wight, A. R., 14,16,58,59,69,70,368
怀特　Wight, W. L., 14,16,368
威尔霍伊特　Wilhoit, G. C., 269
威廉斯　Williams, B., 429
威廉斯　Williams, D., 60,68,69,241
威廉斯　Williams, L., 268
威利斯　Willis, S., 276
威尔莫特　Wilmot, W., 224
威尔逊　Wilson, A. H., 319
威尔逊　Wilson, C. E., 229
温　Winn, M., 267
温斯洛　Winslow, D., 397,399,400
温特罗布　Wintrob, R., 197
怀斯曼　Wiseman, R., 99,348,462
怀斯曼　Wiseman, R. L., 99,238
维特金　Witkin, H. A., 173,463
威特　Witte, K., 293
维特根施泰因　Wittgenstein, L., 254,255
沃尔夫　Wolf, L. L., 298
黄-里格　Wong-Rieger, D., 195,196
伍德　Wood, N., 280
伍德拉夫　Woodruff, K., 271
伍德沃斯　Woodworth, R. S., 454
沃切尔　Worchell, S., 202
沃雷尔　Worrell, F. C., 94,108,109
赖特　Wright, S., 180
赖特　Wright, T., 230
赖茨曼　Wrightsman, L. S., 102
吴　Wu, A., 391
沃泽尔　Wurzel, J., 27,55

Xenikou, A., 95, 96

亚齐莫维克兹 Yachimowicz, D. J., 297, 311, 321
耶格尔 Yaeger, T. F., 30
山田 Yamada, A.-M., 93, 94, 102, 107
山口 Yamaguchi, S., 189
杨 Yang, Z., 230
扬克洛维奇 Yankelovich, D., 237
伊巴拉 Ybarra, P., 199
伊-荣 Yee-Jung, K., 230
耶普 Yep, G., 310, 314, 317
叶尔绍娃 Yershova, Y. A., 99
英 Ying, Y.-W., 194
伊农 Yinon, Y., 417
横地 Yokochi, Y., 221, 227, 231
荣 Yong, M., 68, 120, 202, 321, 457

吉田 Yoshida, T., 24, 85, 201, 202, 204, 217, 241, 295, 391, 457
吉川 Yoshikawa, M., 348, 356
扬 Young, C., 254
扬 Young, M., 178, 197
伊泽比特 Yzerbyt, V., 283

扎伊翁茨 Zajonc, R., 417
赞纳 Zanna, M., 197
泽克迪克 Zektick, I., 295
郑 Zheng, X., 192
翟 Zhai, L., 297
齐尔曼 Zillmann, D., 278
齐默尔曼 Zimmerman, R. S., 201
齐默尔曼 Zimmerman, S., 190
佐尼亚 Zonia, S., 94, 96, 97

主题索引

（以下页码为英文原书页码，即本书边码）

阿巴-扎克式练习 *Aba-Zak* exercise, 65
文化接触的 ABC 模型 ABC model of culture contact, 186—187, 187（figure）
绝对论的视角 Absolutist perspective, 4, 166—167
涵化过程模式 Acculturation process models, 4, 171, 195, 196—197
墨西哥裔美国人涵化程度测量-II Acculturation Rating Scale for Mexican Americans-II（ARSMA-II）, 110
涵化研究 Acculturation research, 174—175, 175（figure）
    涵化态度 acculturation attitudes, 176
    涵化期望 acculturation expectations, 176
    涵化策略框架 acculturation strategies framework, 176—178, 177（figure）
    行为转换 behavioral shifts and, 178—179
    涵化研究中文化身份和，相互包含的元素 cultural identity and, nested elements in, 178
    文化维护 culture maintenance, 176—177
    主导群体角色 dominant group role, 178
    共同变化与涵化研究 mutual change and, 175—176
    还参见：群际研究，社会认同方法 See also Intergroup research; Social identification approach
活动培训方法 Active training methods, 60

跨文化学习 intercultural exercises, 64—65, 65（box）
角色扮演 role playing, 60—62, 61（box）
模仿游戏 simulation games, 62—64, 63（box）
适应 Adaptation, 2, 4, 15
    认知框架转换/移情 cognitive frame shifting/empathy development, 156—157
    文化中断与适应 cultural discontinuity and, 6—7
    文化差距与适应 cultural distance and, 6, 189—190
    特定文化知识与适应 culture-specific knowledge and, 190
    国内多样性，国际培训语境与适应 domestic diversity, international training contexts and, 5
    动态文化与适应 dynamic culture and, 310
    长期的 vs. 短期的旅居者与适应 long vs. short-term sojourners and, 5, 6—7
    适应的测量 measures of, 26
    心理学/社会文化维度与适应 psychological/ sociocultural dimensions and, 194
    适应的研究趋势 research trends, 309—310
    培训材料与适应 training materials and, 41
    U 型曲线理论 u-curve theory, 4, 14,

187—188

无意识适应 unintentional adaptation, 157

W型曲线理论 w-curve theory, 4, 14, 309

还参见跨文化适应理论，文化适应手段，回国 See also Cross-cultural adaptation theory; Cultural adaptation instruments; Re-entry

调整手段 Adjustment instruments, 114—117

调整分类变量 Adjustment variables category, 137, 186

心理学/社会文化维度 psychological/sociocultural dimensions, 194

还参见压力应对框架 See also Stress/coping framework

积极行动 Affirmative action, 28—29

非洲裔美国人 African Americans, 88, 108, 271—272, 276—277, 299, 302

非洲人 Africans, x

权力距离形式与非洲人 power distance patterns and, 220

还参见南非军队 See also South African military forces

非洲自我意识量表 African Self-Consciousness Scale, 299

国际发展局 Agency for International Development (AID), 14, 21

信天翁模仿游戏 The Albatross simulation, 20

《一家大小》 All in the Family, 269

美国教育委员会 American Council on Education, 290

《美国文化模式：跨文化视角》 American Cultural Patterns: A Cross-Cultural Approach, 19

美国实地服务组织 American Field Service (AFS), 14, 21, 22

美国国际管理研究生院 American Graduate School of International Management, 15

美国国际学校 American International Schools, 23

美国人 Americans, x

比照美国或对比文化的培训方法 contrast-culture/American training method, 16—17

美国人跨文化流动性 cross-cultural mobility of, 14

外交官 diplomats, 13—14

驻外商务人员 overseas business personnel, 198

旅居者回国经历 sojourner re-entry experience, 317

还参见美国，美军 See also United States; United States military forces

美利坚大学 American University, 21

文化人类学 Anthropology, 1, 2

赞同面子范围 Approval-face domain, 226, 227

阿拉伯人 Arabs, 200

《阿齐·邦克的邻居》 Archie Bunker's Neighborhood, 62

区域研究 Area studies, 37, 71—73, 72 (box), 79 (table)

武装部队 Armed forces. 见军队多样性管理，军队跨文化培训 See Military diversity management; Military intercultural training

艺术与文化方法 Arts and culture method, 77—78, 77 (box), 79 (table)

亚洲人 Asians, x, 5

沟通风格 communication styles and, 41—42

权力距离，面子行为 power distance, facework and, 220—221

苏因—卢亚洲人自我身份涵化测量 Suinn-Lew Asian Self-Identity Acculturation Scale, 110—111

技术转变测略 technology transfer strategies, 27

还参见集体主义 See also Collectivism

主题索引

评定多样性环境 Assessing Diversity Climate (ADC), 96—97

评估 Assessment, 2, 3—4
  跨文化敏感性评估 intercultural sensitivity assessment, 26—27
  自我评估 self-assessment, 26, 55—57, 56 (box)
  还参见跨文化培训工具 See also Intercultural training instrumentation

同化参见文化同化,文化同化工具 Assimilation. See Cultural assimilation; Culture assimilator tool

态度 Attitudes, x
  涵化态度 acculturation attitudes, 176
  态度—行为差异 attitude-behavior discrepencies and, 196—197
  态度和行为开放度测量 Attitudinal and Behavioral Openness Scale, 121
  因变量分类 dependent variable category of, 136—137
  跨文化培训与态度 intercultural training and, 3, 4
  知识/技巧/态度 knowledge/skills/attitudes, 40, 89
  态度的测量 measures of, 26, 88—89
  态度纠正 modification of, 46—47, 46 (table)
  世界思想测量 worldmindedness scales, 89, 113
  还参见种族主义 See also Racism

态度和行为开放度测量 Attitudinal and Behavioral Openness Scale (ABOS), 121

归因 Attributions, 198, 202

受众分析 Audience analysis, 88, 239—240, 268—269

自治 Autonomy, x, 26, 258

自主性面子范围 Autonomy-face domain, 226

自我生成 Autopoiesis, 252—254, 258

回避见适应;压力/处理框架;回避不确定性 Avoidance. See Adaptation; Stress/coping framework; Uncertainty avoidance

巴法巴法模仿游戏 BaFá BaFá game, 20, 30, 37, 62, 63, 64

涵化的平衡模型 Balance models of acculturation, 195

班嘎 Barnga, 27, 30, 63, 64, 324

贝切托公司 Bechtel Corporation, 22

行为能力 Behavioral competencies, 39, 40

行为模式 Behavioral patterns, xi
  态度—行为差异 attitude-behavior discrepencies and, 196—197
  行为普遍性 behavioral universals, 172—174
  规范转换 code-shifting, 156—157, 178—179
  文化学习理论 culture learning theory and, 186
  文化休克 culture shock and, 2
  基因规则 genetic imperatives and, 254
  组织文化 organizational cultures and, 95
  角色行为 role behaviors, 7
  培训的效果 training effectiveness and, 3
  言语与非言语行为 verbal/nonverbal behavior, 15, 256—257
  还参见 See also 危机事件反应量表;面子行为;人类交流;跨文化关系;社会行为 Critical incident response inventories; Facework; Human interaction; Intercultural relations; Social behavior

行为变量分类 Behavior variables category, 135—136

比利时军队 Belgian military forces, 7, 399—400

信仰体系 Belief systems, 7, 159

伯利兹语言培训 Berlitz language training, 27

伯曼马歇尔基金在职教师培训研讨会

671

Berman Marshall Fund's Teacher In-Service Training 研研讨会 Seminar, 298—299

《经验之外》 Beyond Experience, 20

偏见 Bias, 4
 清淡型多样化方法 diversity-lite approach and, 161
 跨文化培训/教育与, intercultural training/education and, 250—251
 群际偏见 intergroup bias, 197, 198, 199
 文献 literature review selection bias, 132
 新闻媒介 news media and, 268
 社会愿望偏差 social desirability bias, 91

二元文化适应 Bicultural adaptation, 156—157

二元文化卷入问卷 Bicultural Involvement Questionnaire (BIQ), 105

涵化分类模型的双向模型 Bidimensional models of acculturation, 195

黑人心理功能行为量表 Black Psychological Functioning Behavior Checklist, 299

黑人种族身份测量 Black Racial Identity Attitude Scale (RIAS-B), 88, 108

《生在洛杉矶东区》 Born in East L. A., 275, 280, 281

波斯尼亚 Bosnia, 7, 399, 401

日常生活活动 Bricolage, 173

英国军队 British military forces, 397

国际理解商业委员会 Business Council for International Understanding, 15, 17, 21

商务管理见国际商务管理；跨国公司；组织 Business management. See International business 跨管理；跨国公司；组织 management; Multinational corporations; Organizations

商务人员 Business sojourners:
 特定文化出国前培训 culture-specific predeparture training, 42
 回国 re-entry of, 311, 314, 321—322, 327—332, 328—329 (table)

加拿大军队 Canadian military forces, 7
 多元文化主义 multiculturalism and, 396, 397
 维和行动 security operations, 399—401

加拿大人 Canadians, 41, 192, 198

案例研究 Case studies, 15, 17
 跨文化培训方法 intercultural training method of, 57—58, 58 (box), 79 (table)
 培训的文字材料 written training materials and, 51

圣达特国际 Cendant Intercultural, 27

人口普查局制作的调查员模仿式录像 Census Bureau's Respondent Simulated Video Play, 53

评估与培训中心 Center for Assessment and Training (CAST), 368

制度与国际促进因素中心 Center for Institutional and International Initiatives, 290

跨文化商务研究中心 Center for Intercultural Business Studies, 24

再评估与培训中心 Center for Re-assessment and Training (CREST), 368

研究与教育中心 Center for Research and Education (CRE), 16, 19

认证 Certification, 25—26, 92

"挑战与支持"坐标方格 Challenge and support grid, 23

中国人 Chinese, 69, 198
 文化接触的压力 culture contact stress, 192
 道德面子 moral face, 226
 人格特征 personality traits of, 174
 权力距离，面子行为 power distance, facework and, 221
 偏见 prejudice against, 200

绕圈子交流 Circular communication, 41—42

公民身份 Civic identity, 178
克拉克咨询公司 Clark Consulting Group （CCG）, 27
教练方法 Coaching method, 27—28, 39
《鸡尾酒会》练习 The Cocktail Party exercise, 65
规范转换 Code-shifting, 156—157, 178—179
认知学习 Cognitive learning, 40
 获取知识 knowledge acquisition, 45—46, 46（table）
 风格 styles of, 44
 还参见认知培训方法 See also Cognitive training methods
认知语言学 Cognitive linguistics, 1
认知风格 Cognitive style, 172
 发展的重点；生态文化框架 developmental focus, ecocultural framework, 173
 场依赖性—场独立性风格 field dependent/field independent style, 172—173, 181, 294—295
认知培训方法 Cognitive training methods, 47
 个例研究 case studies, 57—58, 58（box）
 基于计算机的培训 computer-based training, 51—53, 52（box）
 危机事件方法 critical incidents method, 58—60, 59（box）
 电影/录像带 films/videos/DVDs, 53—55, 54（box）
 讲座 lectures, 40, 47—49, 49（box）
 自我评估 self-assessment, 55—57, 56（box）
 文字材料 written materials, 49—51, 50（box）
《冷水》 Cold Water, 27
集体主义 Collectivism, x—xii, 7, 24
 合作对话 collaborative dialogue and, 237

交际风格 communication styles and, 41—42, 227
文化总体印象 cultural generalizations and, 151—152
面子协商过程 face-negotiation process and, 230（table）
高语境交流 high-context communication and, 41—42, 227
水平的和垂直的个人主义和集体主义 Horizontal and Vertical Individualism and Collectivism instrument, 100—101
权力距离 power distance and, 220—221
价值取向 value tendencies in, 219
还参见冲突面子协商理论 See also Conflict face-negotiation theory
色盲 Colorblindness, 155, 274
色盲式种族态度测量 Color-Blind Racial Attitudes Scale（CoBRAS）, 120—121
《恐惧的颜色》 The Color of Fear, 282
传播、互动交流、交际 Communication, x
 合作对话 collaborative dialogue, 237—238
 文化影响 cultural influence on, 41—42, 44
 文化休克 culture shock and, 2
 电子通讯 electronic communication, 1
 高/低语境信息 high/low-context messages, 227
 含蓄文化 implicit cultures and, 15
 程序的与个人的交流风格 procedural vs. personal communication, 41—42
 《无声的语言》 silent language, 15, 77, 464
 强调相似性 similarity focus and, 18
 还参见 See also Intercultural communication; Language; Nonverbal communication
交流模式 Communications model, 15
社区式培训 Community-based training（CBT）, 45, 74—75, 370, 371—372

资产 assets of, 378—379
挑战 challenges in, 379
跨文化培训 cross-cultural training in, 377—379
获取知识 language acquisition and, 375—376

能力 Competence:
行为能力 behavioral competence, 39, 40
日常生活活动；生态语境, bricolage, ecological context and, 173
面子行为能力 facework competence, 232—239, 233（figure）, 243
培训师的能力 trainer competence, 25—26, 44
还参见 See also Ethical issues; Intercultural competence; Intercultural competence training

能力面子范围 Competence-face domain, 226, 227

以计算机为基础的培训 Computer-based training, 51—53, 52（box）, 79（table）

同一国家的人的社会支持 Co-national social support, 193—194, 344

冲突 Conflict:
同化 assimilation attempts and, 160
文化冲突 cultural conflict, 218
目标冲突 goal conflict, x
成长；纠正错误 growth, righting of wrongs and, 161
跨文化冲突风格量表 Intercultural Conflict Style Inventory, 103—104
偏见/歧视 prejudice/discrimination, 199—201
还参见冲突面子协商理论 See also Conflict face-negotiation theory

冲突面子协商理论 Conflict face-negotiation theory, 217—218
基于情感的身份问题 affective-based identity issues and, 244
合作对话 collaborative dialogue and, 237—238
冲突, 定义 conflict, definition of, 218
冲突目标；相对重要性 conflict goals, relative weights of, 224
冲突风格 conflict styles and, 229—231
建设性冲突技能要素 constructive conflict skills component, 234—238
文化层面的因素 cultural-level factors and, 219—222
基于文化的冲突解决步骤 culture-based conflict resolution steps, 238
民族中心主义 ethnocentrism and, 224
面子内容范围 face content domains and, 226—227
面子的期望 face expectations and, 219
面子行为步调 face tempos, relational rhythms, 231
面子威胁过程 face-threatening process and, 225—226
面子结合能力 face valence and, 225
面子行为能力标准 facework competence criteria, 238—239
面子行为能力培训 facework competence training, 232—239, 233（figure）, 243
面子行为管理 facework management and, 234—235
面子策略 facework strategies and, 227—228
个人层面的因素 individual-level factors and, 222—223
知识要素 knowledge component in, 232
面子点 locus of face, 225
专注要素 mindfulness component in, 232—234, 235—237, 235（table）, 243—244
权力距离 power distance and, 218, 219—220
预防性面子行为策略 preventive face-

work strategies, 228
 过程模型 process model in, 219—224, 222（figure）
 关联和情境解释 relational/situational factors and, 223—224
 恢复性面子行为策略 restorative facework strategies, 228—229
 自我构念 self-construal, 221
 理论假设 theoretical assumptions, 218—219
 培训和研究问题 training/research issues, 239—245
顺从 Conformity dimension, 170, 170（table）
儒家动力论 Confucian dynamism, 24
《一致同意》 Consensus exercise, 65
关联假设 Contact hypothesis, 409—410, 420—421
接触理论见文化接触理论 Contact theory. See Culture contact theories
比照美国或对比文化的培训方法 Contrast-culture/American training method, 16—17
 巴法巴法模仿游戏 BaFá BaFá game, 20, 30, 37, 62, 63, 64
 跨文化学习方法 intercultural learning method of, 66—67, 67（box）, 79（table）
 还参见模仿 See also Simulation
合作 Cooperation, xi, 24
应对见压力和应对框架 Coping. See Stress/coping framework
康奈尔大学 Cornell University, 18
见 Corporate interests. See International business management; Multinational corporations; Organizations
全国和社区服务公司 Corporation for National and Community Service, 75
《考斯比一家》 The Cosby Show, 277
国际教育交流委员会 Council for International Educational Exchange（CIEE）, 14, 291

国际教育旅行标准委员会 Council on Standards for International Educational Travel（CSIET）, 291
危机事件 Critical incidents, xii, 15, 17
 跨文化培训方法 intercultural training method of, 58—60, 59（box）, 79（table）
 培训的文字材料 written training materials and, 51
《跨文化适应能力量表》 Cross-Cultural Adaptability Inventory（CCAI）, 26, 56, 86, 87, 89, 90, 114—115
跨文化适应理论 Cross-cultural adaptation theory, 5, 6—7, 337—338
 涵化/去文化过程 acculturation/deculturation process, 340, 341（figure）
 同化主义意识形态 assimilationist ideology and, 338—339, 340
 相关的、不相关的传播讯息 associative/dissociative communication messages and, 345
 行为"机智" behavioral resourcefulness and, 343
 环境 environmental factors and, 344—346
 少数族裔社会传播/同一国家的人的社会传播 ethnic/co-national social communication and, 344, 355—356
 民族实力 ethnic group strength and, 345—346
 东道国规范一致性压力 host conformity pressures and, 345, 353—354
 东道国社会传播活动 host social communication activities and, 343—344, 355
 个性化 individuation and, 348
 互动同步 interactional synchrony and, 343
 互动的传播过程 interactive communication process and, 339
 跨文化转型 intercultural transforma-

tion, 347—349,356—357
"大熔炉"观点　melting pot perspective and, 338
开放体系观点　open-systems perspective and, 339,341,342
操作能力　operational competence and, 343
个人传播：在东道国的传播能力　personal communication, host communication competence and, 342—343,354—355
哲学基础和方法论基础　philosophical/methodological framework of, 338—339
多元主义概念　pluralistic conception of, 338
过程模型，"融入文化"　process model, enculturation, 339—342
移民的素质　settler predispositions and, 346—347,350—353
压力—适应—成长动态　stress-adaptation-growth dynamic, 340—342, 343 (figure)
结构模型　structural model, 342—349, 350 (figure), 351 (table)
培训方法　training methodology, 357—358
培训项目框架　training program framework, 349—357
普遍化的身份定位　universalized identity orientation, 348—349
还参见　See also Cultural adaptation instruments
跨文化分析　Cross-cultural analysis (CCA), 69—70,69 (box), 79 (table)
《跨文化会谈室》　Cross-Cultural Conference Room, 27
跨文化对话　Cross-cultural dialogues, 70—71,71 (box), 79 (table)
跨文化心理学　Cross-cultural psychology, 1,2

接触理论　contact theory and, 6
跨文化培训　intercultural training and, 3
跨文化关系中心　Cross-Cultural Relations Center, 22
跨文化培训文献综述　Cross-cultural training (CCT) literature review, 129—130
　调整　adjustment variables, 137
　态度　attitude variables, 136—137
　行为　behavior variables, 135—136
　结论　conclusions of, 131
　本综述的目的　current review, purpose of, 131—132
　时间选择和培训时间长短　delivery, timing/length of, 133
　因变量　dependent variables, 134, 135—137
　培训效率　effectiveness factors, 133—137,136 (figure)
　发现　findings, 132—133,138—139
　对研究和实践的结论和启示　implications for research/practice, 139—140
　知识　knowledge variables, 135
　学员和培训焦点　participants/training focus, 132—133
　表现　performance variables, 137
　过去的综述　previous reviews, 130—131
　研究设计　research design, 134—135
　严密性：初步的分析　rigor, analysis of, 137—138
　满意　satisfaction variable, 137
　选择方面的偏见　selection bias in, 132
　选择标准　selection criteria, 132
　培训方法　training methodology, 133, 134 (figure)
　还参见跨文化培训　See also Intercultural training
《和平队志愿者的跨文化培训》　Cross-Cultural Training for Peace Corps Volunteers, 368

跨文化培训服务 Cross-Cultural Training Services（CCTS），25
跨文化的世界思想测量 Cross-Cultural World-Mindedness Scale（CCWMS），113
克罗斯种族身份测量 Cross-Racial Identity Scale（CRIS），108—109
文化适应测量 Cultural adaptation instruments：
　　跨文化适应量表 Cross-Cultural Adaptability Inventory，114—115
　　文化休克量表 Culture Shock Inventory，115
　　《外派海外工作量表》 Overseas Assignment Inventory，115—116
　　社会文化适应测量 Sociocultural Adaptation Scale，116—117
文化同化 Cultural assimilation：
　　多样性培训 diversity training and，160
　　目标 goal of，340，341（figure）
　　身份的转化 identity shifts and，196
　　整合策略 integration strategy and，181
　　跨文化培训方法 intercultural learning method of，67—69，68（box），79（table）
　　"熔炉"观念 melting pot concept and，28，178，338
　　多元主义概念 pluralistic perspective and，309—310，338
文化语境 Cultural contexts，167
　　变化的过程 change process and，171
　　顺从 conformity and，170
　　文化变异维度 cultural variation dimensions，169—171，170（table）
　　文化的定义 culture, definitions of，167—168
　　多样性 diversity in，169—170
　　平等 equality and，170
　　族群 ethnicity and，168
　　概念/符号系统 ideational/symbolic system and，168—169
　　客观/主观文化 objective/subjective framework and，169
　　人格特征 personality traits and，174
　　种族，社会概念 race, social concept of，168
　　空间定位 spatial orientation and，170
　　时间定位 temporal orientation and，171
　　财富 wealth and，170
"文化差异"的范式 Cultural difference paradigm，26，28—29
　　个人差异维度测量表 Personal Dimensions of Difference instrument，107
　　主观文化的观点 subjective culture perspective and，150
　　还参见跨文化敏感度发展模型 See also Developmental model of intercultural sensitivity（DMIS）
文化维度 Cultural dimensions，24
　　文化变异 cultural variation，160—171，170（table）
　　跨文化培训方法 intercultural training methodology and，41—42，44
文化不衔接 Cultural discontinuity，6—7
文化差距 Cultural distance，6，189—190
文化总体印象 Cultural generalizations，151—152
文化身份 Cultural identity，178
　　建构边缘化 constructive marginality and，157—158
　　封闭边缘化 encapsulated marginality and，157
　　身份发展模型 identity development models and，1，158—160
　　身份多元化 identity pluralism，88
　　个体身份/群体感或集体身份 individual vs. group identities，151
　　整合 integration of，157—158
　　跨文化适应，回国 intercultural adaptation, re-entry and，314
　　主流文化身份 majority culture definition of，88

677

检测工具 measurement instruments and, 88—89

多元文化假设 multicultural assumption and, 180

量表 scales of, 196

还参见文化身份检测工具;族群身份;种族身份;自我定义;社会认同法;社会身份理论 See also Cultural identity instruments; Ethnic identity; Racial identity; Self-definition; Social identification approach; Social identity theory

文化身份量表 Cultural identity instruments, 104—105

    墨西哥裔美国人涵化程度测量-II Acculturation Rating Scale for Mexican Americans-II, 110

    二元文化卷入问卷 Bicultural Involvement Questionnaire, 105

    黑人种族身份测量 Black Racial Identity Attitude Scale, 108

    克罗斯种族身份测量表 Cross-Racial Identity Scale, 108—109

    多元群体民族身份测量 Multigroup Ethnic Identity Measure, 105—106

    多指标民族文化身份测量表 Multi-Index Ethnocultural Identity Scale, 106—107

    个人差异维度测量表 Personal Dimensions of Difference instrument, 107

    苏因—卢亚洲人自我身份涵化测量 Suinn-Lew Asian Self-Identity Acculturations Scale, 110—111

    第三文化青少年问卷 Third Culture Adolescent Questionnaire, 111—112

    白人种族身份态度测量 White Racial Identity Attitude Scale, 109—110

文化相对主义 Cultural relativism, 1, 4, 155—156, 157, 167

文化价值 Cultural values, 7, 28, 54, 155—156

文化的价值观检测工具 Cultural values instruments:

    四种价值倾向量表 Four-Value Orientation Self-Awareness Inventory, 103

    水平的和垂直的个人主义和集体主义 Horizontal and Vertical Individualism and Collectivism instrument, 100—101

    跨文化冲突风格量表 Intercultural Conflict Style Inventory, 103—104

    跨文化敏感度量表 Intercultural Sensitivity Inventory, 100

    自我解释测量表 Self-Construal Scale, 101—102

    价值观倾向调查 Value Orientations Survey, 102—103

文化变异 Cultural variation, 4, 169—171, 170 (table)

文化同化案例工具 Culture assimilator tool, xii, 17, 37, 119—120, 202

《文化指南针》 The Culture Compass, 70, 464

文化接触理论 Culture contact theories, 6, 185

    ABC模型 ABC model of, 186—187, 187 (figure)

    涵化,社会身份 acculturation, social identity and, 196—197

    文化学习理论 culture learning theory, 186, 188—190

    现状 current state of, 204—205

    期望—体验差异 expectation-experience discrepancies, 192, 203—204

    整合威胁理论 integrated threat theory and, 186, 199—200, 200 (figure)

    跨文化培训 intercultural training and, 201—204

    群际感知,社会身份 intergroup perceptions, social identity and, 197—199

    介入,互动课程的"现实世界" interventions, real world interactive pro-

grams, 204
　　心理模型　psychological models of, 204
　　心理适应过程/社会文化适应　psychological/sociocultural adaptation, 188, 188—189（figures）
　　技能　skills development, 190, 191（box）
　　社会认同法　social identification approach, 186, 195—199
　　压力和应对法　stress and coping approach, 186, 188, 190—194
　　U 型曲线理论　u-curve theory, 187—188
　　还参见冲突面子协商理论；跨文化关系，人际互动　See also Conflict face-negotiation theory; Intercultural relations; Interpersonal interaction
文化多样性量表　Culture for Diversity Inventory（CDI）, 95—96
一般文化同化案例　Culture General Assimilator instrument, 119—120
一般文化培训　Culture-general training; ix, 2, 17
　　非政府组织服务人员　non-governmental service providers, 42
　　培训方法　training methodology, 39—40, 40（table）
文化学习　Culture learning, 4
　　文化同化案例工具　culture assimilator tool and, 202
　　文化距离　culture distance and, 189—190
　　特定文化知识　culture-specific knowledge and, 190
　　"对文化感觉"的概念　feeling-for-culture concept and, 5
　　跨文化培训　intercultural training and, 201—202
　　回国体验　re-entry experience and, 314—315
　　社会技能训练　social skills training and, 189
　　理论　theory of, 186, 188—190
　　还参见"融入文化"；人际互动；跨文化学习方法　See also Enculturation process; Human interaction; Intercultural learning methods
文化维护见移民　Culture maintenance. See Immigrants
《文化问题：和平队跨文化工作手册》　Culture Matters: The Peace Corps Cross-Cultural Workbook, 74, 278, 369—370, 375, 382, 384（table）
文化休克　Culture shock, 2, 4, 14
　　社会技能模型　social skills model of, 295
　　留学项目　study abroad programs and, 292
　　培训资源　training resources on, 26—27, 337
　　U 型曲线理论　u-curve theory and, 4, 14, 187—188, 312—313, 464
　　W 型曲线理论　w-curve theory and, 4, 14, 309, 312—313, 464
文化休克量表　Culture Shock Inventory（CSI）, 57, 89, 115
《文化休克》系列丛书　Culture Shock series, 73
特定文化的培训　Culture-specific training, ix, 2, 17, 27
　　过渡　adaptive transitions and, 190
　　区域研究方法　area studies method, 71—73, 72（box）
　　商务/教育旅居者　business/education sojourners and, 42
　　培训方法　training methodology, 39—40, 40（table）

达尔文主义　Darwinism, 154
数据驱动的培训　Data-driven training, 90
"保卫平等机会管理学会"　Defense Equal Opportunities Management Institute（DEO-

MI），398
因变量　Dependent variables，134，135，136（figure）
　　调整　adjustment，137
　　态度　attitude，136—137
　　行为　behavior，135—136
　　知识　knowledge，135
　　表现　performance，137
　　满意　satisfaction，137
发展中国家　Developing nations，13，299
跨文化敏感度发展模型　Developmental model of intercultural sensitivity（DMIS），4，26，152
　　接受建构，价值立场　acceptance configuration，value positioning and，155—156
　　适应，认知框架转换，移情　adaptation，cognitive frame shift/empathy，156—157
　　防卫世界观，我们—他们的两个极端　defense worldview，us-them distinctions，154—155
　　否认模式　denial template and，153—154
　　多样性培训　diversity training，integrative approach to，148—149
　　民族中心主义阶段/民族相对主义阶段　ethnocentric/ethnorelative stages in，219（图）
　　身份发展模型　identity development models and，158—160
　　整合，文化身份　integration，cultural identity and，157—158
　　跨文化能力　intercultural competence and，149—152
　　最小化　minimization of difference，222，223
　　否认对组织的启示　organizational implications of denial，221
　　个人建构理论/激进建构主义理论　personal construct theory/radical constructivism and，153
　　还参见多样性培训　See also Diversity training
教诲式培训过程　Didactic training process，39—40，40（table）
"描述、阐释、评估"　D.I.E. exercise，22
差异见"文化差异"的范式；文化维度；Differences. See Cultural difference paradigm；Cultural dimensions；Reconciliation approach
《不同的地点：跨文化课堂》　A Different Place：The Intercultural Classroom，27，55
见外事服务　Diplomatic service. See Foreign service
直截了当的交流　Direct communication，41—42
中断压力　Discontinuity stress，6—7
歧视　Discrimination，177—178，199—201
距离见文化差异　Distance. See Cultural distance
多样性维度　Diversity dimension，169—170，170（table）
多样性培训　Diversity training，4
　　同化主义方法　assimilationist approach，160
　　重视注意力 vs.重视技能为主　awareness-based vs. skill-based training，148
　　"大写的"文化方法　capital"C"Culture approach，160
　　公司运用　corporate applications of，28—29
　　清淡型多样化方法　diversity-lite approach，161
　　多样性管理　diversity management，29
　　多样性检测工具　diversity measurement instruments，89，95—97
　　国内多元文化主义　domestic multiculturalism and，28—29
　　将来的发展趋势　future trends in，162—163

身份发展模型 identity development models and, 158—160
综合方法 integrative approach to, 148—149
跨文化发展方法 intercultural developmental approach, 162
国际培训语境,适应 international training contexts, adaptation and, 5—6
"主义"方法 "isms" approach, 161
法律方法 legal approach, 161
"施教时刻",参与者意愿 teachable moments, learner readiness and, 161
白人特权 White privilege and, 151
还参见跨文化敏感度发展模型,军队多样性管理 See also Developmental model of intercultural sensitivity (DMIS); Military diversity management
《潜水员知识》游戏《Diversophy》 Diversophy game, 27
国内多元文化主义 Domestic multiculturalism, 28—29, 45
还参见跨文化敏感度发展模型 See also Developmental model of intercultural sensitivity (DMIS)
《为所应为》 Do the Right Thing, 275
《急下降》 The Drop-Off simulation, 20

夏威夷大学东西方中心 East West Center, University of Hawaii, 14
《伊科托诺斯》 Ecotonos, 30, 324
教育见多样性培训;跨文化培训;国际教育;留学 Education. See Diversity training; Intercultural training; International Education; Study abroad
效果研究 Effectiveness studies, 3—4, 7
适应能力 adaptive ability, 26
跨文化培训项目 cross-cultural training programs, 133—137, 136 (figure)
工作坊 workgroup functioning, 7—8
具体的民族中心主义 Embodied ethnocentrism:
身体图像/习惯身体 body scheme/habit body and, 259—260, 262
呼吸的方式 breathing patterns and, 259, 260—261
认知模式,分类 cognitive models, categorization and, 254
意识 consciousness and, 256, 257
创造性 creativity and, 255—256
"对文化感觉"的概念 feeling of culture concept and, 5, 249—250, 257—260
文化的感觉和形成,互动过程 feeling/forming of culture, interactive process of, 254—257
跨文化能力,发展 intercultural competence, development of, 260—263
生活体验,自我生成 lived experience, autopoiesis, 252—254, 258
心智与身体 mind-body relationships and, 251—252, 261
运动的模式 movement patterns and, 261
"个体发育"行为模式 ontogenetic behavioral patterns, 257—258
心理生理状态 psycho-physiological states and, 261—262
文化的具体化,西方的概念 reification of culture, Western conceptualization, 250—251
空间形式 spatial forms and, 261
言语/非言语行为 verbal/nonverbal behavior and, 256—257
文化特殊事例 Emic examples, 2
情感状况 Emotional response, xi, 4
适应检测 adaptability measures, 26
认知/情感/行为等学习活动 cognitive-affective-behavioral learning, 40
规则 cultural rules of, 189
普遍性 universality of, 174
移情 Empathy, 156—157, 236, 259, 294

681

"融入文化" Enculturation process, 7, 339—340
 进入新文化 entering new culture, 340
 压力—适应—成长动态 stress-adaptation-growth dynamic, 340—342, 343 (figure)
英语作为第二语言的班上 English-as-a-second-language (ESL) classes, 18
娱乐方式 Entertainment patterns, xi, xii
环境因素 Environmental factors：
 文化语境 cultural contexts and, 167—169
 文化转变 cultural transitions and, 310
 东道国环境特征 host environment characteristics, 318—319
 社会环境 social environment, x
平等就业机会 Equal employment opportunity, 28—29, 97—99
平等 Equality dimension, 170, 170 (table)
公平规范 Equity norm, xi, 223
英语作为第二语言的班上 ESL classes, 18
种族问题 Ethical issues, 1, 25—26, 44
民族身份 Ethnic identity, 7, 88—89, 168, 178
 文化 culture and, 150—151
 社会心理阶段 psychosocial development and, 158—159
 量表 scales of, 196
 还参见文化身份检测工具 See also Cultural identity instruments
民族中心主义 Ethnocentrism, 186, 198, 202, 224
 还参见具体的民族中心主义 See also Embodied ethnocentrism
民族中心主义和民族相对主义 Ethnocentrism-ethnorelativism continuum, 26, 152—153, 153 (figure)
综合性文化 Etic examples, 2
欧洲人 Europeans, x, 24, 28
评估见评估；跨文化培训文献综述；跨文化培训检测工具 Evaluation. See Assessment; Cross-cultural training (CCT) literature review; Intercultural training instrumentation
交换学生见国际教育；留学 Exchange students. See International education; Study abroad
执行教练 Executive coaching, 27—28, 39
外派人员 Expatriates, 17
 应对风格 coping styles of, 192
 还参见跨文化培训文献综述；专业外派人员 See also Cross-cultural training (CCT) literature review; Professional expatriates
期望价值模型 Expectancy value model, 313
期望违背理论 Expectancy violation theory, 313
期望模型 Expectations model, 6, 176, 192
 媒体促成期待 media-created expectations, 274—275
 回国经历 re-entry experience, 313—314
《跨文化学习的经验性活动》 Experiential Activities for Intercultural Learning, 70
体验性学习 Experiential learning, 15, 39—40, 40 (table)
 成人学习 adult orientation to learning and, 446
 文化差异，体验 cultural difference, experience of, 26
 "专家"的信息 expert information and, 17
 跨文化交流工作坊 intercultural communication workshops and, 17—19
 生活体验 lived experience and, 252—254
 媒介培训资源 media training resources, 26—27
 和平队培训 Peace Corps training and, 16
 思考 reflection and, 20
 华盛顿国际中心 Washington Interna-

tional Center and, 20—21
还参见游戏；模仿 See also Games; Simulation
经验学习周期 Experiential learning cycle, 22,42,43（figure）
　　艺术与文化法 arts and culture method and, 78
　　文化人群所偏好的学习方式 culturally-influenced learning styles, 43
　　开始/开始所使用的方法 entry point/method, 43,44
　　教育活动 instructional activities and, 43
　　所培训的题目 subject matter in, 43
　　培训师的专业知识 trainer expertise and, 44
国际生活实验 Experiment in International Living (EIL), 14,20,22,60
"专家"的信息 Expert information, 17,38
跨文化专业技能培训模式 Expertise development model, 454—456
含蓄文化 Explicit culture, 21
眼神交流 Eye contact, 189,201—202
维护面子见冲突面子协商理论 Face-defense. See Conflict face-negotiation theory
面子威胁过程 Face-threatening process (FTP), 225—226
面对面培训过程 Face-to-face training sessions, 51
面子行为 Facework, xi, 5
　　能力标准 competence criteria, 238—239
　　跨文化面子行为能力训练 intercultural lacework competence training, 232—239
　　研究方向 research directions in, 243—245
　　策略 strategies of, 227—228
　　培训方法 training methodology and, 42
　　还参见冲突面子协商理论 See also Conflict face-negotiation theory

信仰成熟量表 Faith Maturity Scale, 300
家庭 Families, xi, 22,65
"对文化感觉"的概念见具体的民族中心主义 Feeling-for-culture concept. See Embodied ethnocentrism
女性主义见性别 Femininity. See Gender
场依赖性—场独立性维度 Field dependence/field independent (FDI) dimension, 172—173,181,294—295
电影见媒介 Films. See Media
角色扮演 Fishbowl role playing, 61
灵活性 Flexibility, 26,294
社会习俗 Folkways, 7
外事服务 Foreign service, 13—14
　　简报中心 briefing center for, 45
　　培训项目,发展 training programs, development of, 15
外事服务学院 Foreign Service Institute (FSI), 3,15,55,65
外国学生见留学 Foreign students. See Study abroad
外国访问者 Foreign visitors, 20—21
4-H青年交流项目 4-H Youth Exchange, 14
《四种价值观定位自我了解量表》 Four-Value Orientation Self-Awareness Inventory (F-VOSAI), 26,55—56,103
框架转换 Frame shifting, 156—157
法兰西 France, 200
富布莱特学者 Fulbright scholars, 291,298

游戏 Games:
　　巴法巴法模仿游戏 BaFá BaFá game, 20,37,62
　　《潜水员知识》 Diversophy, 27
　　还参见体验性学习,模仿 See also Experiential learning; Simulation
眼神交流 Gaze, 189,201—202
性别 Gender:
　　女创业者 female entrepreneurs, 21—22

女性化　femininity, 24
群体凝聚力　group cohesion and, 425—427,427—428（figures）
男性文化　masculine culture, 24,28,29
军事服务　military service and, 397
解决问题的风格　problem-solving styles and, 419
生产力　productivity and, 423—425, 423—426（figures）
回国经历　re-entry experience and, 316—317
主导任务　task orientation, 419
总体印象　Generalizations, 151—152,157
德国国防军　German Defense Forces, 7
　跨文化培训项目　intercultural training program in, 401,407—408
　多元文化主义　multiculturalism and, 397
手势　Gestures, x, 189,201—202,222—223
全球了解能力检测表　Global Awareness Profile（GAP）test, 56—57,89,91,113—114
全球多样性培训　Global diversity training, 4
　还参见跨文化敏感度发展模型　See also Developmental model of intercultural sensitivity（DMIS）
全球化　Globalization, 1,14,37
全球游牧者特征测量　Global Nomad Profile, 24
全球漫游者　Global nomads, 23—24,88
地球村　Global villages, ix, 147
《走向国际》　Going International, 26—27
政府项目/政府支持　Governmental programs/support, 7,24,25,29,75
希腊人　Greeks, 198
小组摸索　Group Grope, 64
群体成员　Group membership, x, xi
文化总体印象　cultural generalizations and, 151—152
　文化身份　cultural identity and, 4,178

娱乐的方式　entertainment patterns and, xi
群际感知,社会身份　intergroup perceptions, social identity and, 197—199
社会达尔文主义　social Darwinism and, 154
社会身份　social identity and, 4
虚拟群体　virtual workgroups, 6,421
工作团队的建制　workgroup configurations, 7—8
还参见文化身份；面子行为；异质成员构成的团队　See also Cultural identity; Facework; Heterogeneous small groups
成熟信仰发展指标　Growth in Mature Faith Index, 300
成长过程　Growth process, 6—7,161,340—342,343（figure）
想象指导　Guided imagery sessions, 75—77,76（box）, 79（table）
《和平队跨文化培训指南》　Guidelines. for Peace Corps Cross-Cultural Training, 16, 368
《打工好汉》　Gung Ho, 54, 280

霍索恩效应　Hawthorne effect, 3—4
海司法典　Hays Code, 267,273
异质群体　Heterogeneous small groups, 7—8,416—417
　喜好反应/喜欢力　affective reactions/ likeability and, 427—429
　凝聚力　cohesiveness in, 417—418, 425—427,426—427（figures）
　竞争力　competitiveness and, 419
　关联假设　contact hypothesis and, 420—421
　文化影响　cultural impacts on, 419—420
　多样性,意义　diversity in, meaning of, 418—419

群体 groups, nature of, 417—418

自变量 independent variables and, 422—423

绩效 performance measures and, 418, 421, 429—430

生产力研究结果 productivity study results, 423—425, 423—425（figures）

真实群体与虚拟群体 real vs. virtual groups, 421, 429—430

研究方法 research methodology, 421—422

《隐蔽的维度》 The Hidden Dimension, 15

高挑战的培训方法和高挑战的培训内容 High-challenge methods/ content, 23

高语境交际风格 High-context communication styles, 41—42, 227

西班牙裔美国人 Hispanics, 28, 110, 220, 274—275

历史角度 Historical perspective, 13—14

商务界的培训和咨询 business training/consulting, 27—28

新理论 contemporary theory development, 22—23

比照美国或对比文化的培训方法 contrast-culture/American training method, 16

"文化同化案例"方法 cultural assimilator technique, 17

国内多元文化主义,多样性培训 domestic multiculturalism, diversity training and, 28—29

国际生活实验 experiment in international living, 20

外事服务培训 foreign service training, 15

游戏资源 game resources, 27

全球发展/组织 global development/organizations, 23—26

跨文化传播 intercultural communication, 15

国际教育项目 international education programs, 17—19

"学会如何学习"的主题 learning-to-learn theme and, 16

媒体 media resources, 26—27

跨国公司 multinational corporations, 21—22

出版的著作 published materials, 23

敏感度测量工具 sensitivity measurement instruments, 26

培训中心/策略 training centers/strategies, 14—15

培训技术,发展 training techniques, development of, 16—17

美国军队 United States military forces and, 20

华盛顿国际中心 Washington International Center, 20—21

青年交换项目 youth exchange programs, 21

还参见和平队（美国）；国际跨文化教育、培训和研究协会 See also Peace Corps (U.S.); SIETAR International

《霍干的英雄》 Hogan's Heroes, 270

异质群体 Homogeneous group function, 7—8

水平的和垂直的个人主义和集体主义 Horizontal and Vertical Individualism and Collectivism (HVIC) instrument, 100—101

赫德森协会报告 Hudson Institute report, 29, 148

人类发展检测工具 Human assessment/development instruments, 99

文化调整/休克/适应量表 cultural adjustment/shock/adaptation instruments, 114—117

文化身份检测工具 cultural identity instruments, 104—112

价值观倾向调查 cultural values/value orientation instruments, 100—104

全球了解和具有世界思想检测工具

685

global awareness/worldmindedness instruments, 1130114
跨文化发展量表 intercultural development instrument, 99—100
跨文化/多元文化能力检测工具 intercultural/multicultural competence instruments, 119—120
学习风格量表 learning styles instrument, 112—113
个性特点量表 personality characteristics instruments, 117—119
偏见/种族主义测量工具 prejudice/racism instruments, 120—121
人类多样性 Human diversity measures, 89
人际交流 Human interaction：
比照美国或对比文化的培训方法 contrast-culture/American training method, 16—17
跨文化交流 intercultural communication and, 15
还参见文化接触理论；人际交流 See also Culture contact theories; Interpersonal interaction
人力资源研究组织 Human Resources Research Organization（HumRRO）, 16

冰山模式 Iceberg Model, 21
相同要素理论 Identical-elements theory, 454
身份发展模型 Identity development models, 1, 158—160
观念运动 Ideomotory, 253
个人为中心的 Idiocentrism, x, xi, xii
想象方法 Imagery method, 75—77, 76（box）, 79（table）
沉浸法 Immersion method, 73—75, 74（box）, 79（table）
移民 Immigrants, 6—7, 24
涵化，文化维护 acculturation, culture maintenance and, 176—177, 177（figure）
涵化策略 acculturation strategies and, 197
态度—行为差异 attitude-behavior discrepencies and, 196—197
歧视 discrimination against, 201
群际研究 intergroup research and, 179
"熔炉"观念 melting pot concept and, 178
多元文化意识形态 multicultural ideology and, 179—180
相互接纳 mutual accommodation and, 177
威胁理论 threat theory and, 199
失业趋势 unemployment trends and, 199
显性文化 Implicit culture, 15, 21
包含面子范围 Inclusion-face domain, 226
国内培训 In-country training, 6, 16, 368
绕圈子交流 Indirect communication, 41—42
个人主义 Individualism, x—xii, 7, 24
合作对话 collaborative dialogue and, 237
交际风格 communication styles and, 41—42
竞争力 competitiveness and, 419
文化定性观念 cultural stereotypes and, 151
面子协商过程 face-negotiation process, 229（table）
水平的和垂直的个人主义和集体主义 Horizontal and Vertical Individualism and Collectivism instrument, 100—101
低语境交流 low-context communication and, 227
权力距离 power distance and, 220—221
价值取向 value tendencies in, 219
还参见冲突面子协商理论 See also Conflict face-negotiation theory
个体主义和集体主义同化案例 Individual-

ism and Collectivism Assimilator (ICA), 457

提供所去国信息培训 Information-based training, 16

内群体成员 In-group membership, xi, 197, 223

国际教育研究所 Institute of International Education (IIE), 14

跨文化合作研究所 Institute for Research on Intercultural Cooperation (IRIC), 24

欧洲管理事务学院 Institut Européen d'Administration des Affaires (INSEAD), 24

检测工具见跨文化培训检测工具 Instrumentation. See Intercultural training instrumentation

整合威胁理论 Integrated threat theory (ITT), 186, 199—200, 200 (figure)

综合性培训项目 Integrated training programs, 39, 40 (table)

 运用方法的语境 application contexts and, 41

 认知/情感/行为等学习活动 cognitive-affective-behavioral learning and, 40

 内容:特定文化和一般文化 culture-specific/general content, 40

 定做的与打包的培训方法 custom-designed vs. packaged materials, 40—41

 过程:教诲式与经验式方法 didactic vs. experiential process in, 39—40

 多样性培训 diversity training, 148—149

 还参见跨文化适应理论,跨文化敏感度发展模型,理论发展 See also Cross-cultural adaptation theory; Developmental model of intercultural sensitivity (DMIS); Theory development

整合 Integration, 88—89, 157—158, 176, 178, 181

 多元主义概念 pluralistic perspective and, 309—310

 社会文化适应 sociocultural adaptation and, 197

跨文化交流 Intercultural communication, 2

 能力发展 competence development and, 149

 历史发展 historical development of, 15, 22

 国际交流工作坊 international communication workshops and, 17—19

 人际维度 interpersonal dimensions of, 16

跨文化交流学校 Intercultural Communication Institute (ICI), 25, 26, 29, 64

跨文化交流网络 Intercultural Communications Network, 17, 19

国际交流工作坊 Intercultural Communication Workshops (ICWs), 17—19

跨文化能力 Intercultural competence, 2, 5, 149

 公司的多样性培训 corporate diversity training and, 28—29

 跨文化的流动 cross-cultural mobility and, 14

 "文化差异"的范式 cultural differences paradigm and, 150

 文化总体印象 cultural generalizations and, 151—152

 一般文化同化案例检测工具 Culture General Assimilator instrument, 119—120

 国际教育 international education and, 5

 思想倾向和技能倾向 mindset/skillset in, 149

 多元文化意识—知识—技能调查 Multicultural Awareness-Knowledge-Skills Survey, 119

 客观/主观文化 objective/subjective culture and, 149—150

 种族,文化 race, culture and, 150—

151

还参见跨文化敏感度发展模型;敏感度 See also Developmental model of intercultural sensitivity (DMIS); Sensitivity

跨文化能力培训 Intercultural competence training, 180

 文化相似性 cultural similarity/difference, recognition of, 180—181

 整合策略 vs. 同化 integration strategy vs. assimilation, 181

 观察的效力 observational validity and, 181

 人格特征 personal attributes for, 181

 普遍主义,效度 universlism, validity of, 180

 还参见具体的民族中心主义 See also Embodied ethnocentrism

跨文化冲突风格量表 Intercultural Conflict Style Inventory, 103—104

跨文化发展方法 Intercultural developmental approach, 162

跨文化发展量表 Intercultural Development Inventory (IDI), 4, 26, 57, 86, 88, 89, 90, 99—100

跨文化练习 Intercultural exercises, 64—65, 65 (box), 79 (table)

跨文化学习方法 Intercultural learning methods, 65—66

 区域研究 area studies, 71—73, 72 (box)

 对比文化的培训 contrast culture training, 66—67, 67 (box)

 跨文化分析 cross-cultural analysis, 69—70, 69 (box)

 跨文化对话 cross-cultural dialogues, 70—71, 71 (box)

 文化同化案例/跨文化敏感案例 cultural assimilator/intercultural sensitizer, 67—69, 68 (box)

 沉浸法 immersion method, 73—75, 74 (box)

跨文化发展方法 intercultural developmental approach, 162

跨文化介入,互动课程的"现实世界" real-world interactive interventions, 204

跨文化出版物 Intercultural Press, 23, 64, 71, 73

跨文化关系 Intercultural relations (ICR), ix, 1, 166

 关于文化的培训 about-culture training, 42

 绝对主义 absolutism and, 166—167

 涵化研究 acculturation research and, 174—179, 175 (figure)

 文化语境 cultural contexts and, 167—171

 "文化差异"的范式 cultural difference paradigm and, 26, 28—29

 文化变异维度 cultural variation dimensions and, 169—171, 170 (table)

 文化休克 culture shock and, 4

 国内多元文化主义 domestic multiculturalism and, 28

 情感状况 emotional response and, 174

 "对文化感觉"的概念 feeling-for-culture concept and, 5

 全球游牧者 global nomads and, 23—24

 跨文化能力 intercultural competence and, 2, 14

 跨文化能力培训 intercultural competence training and, 180—181

 群际研究 intergroup research and, 175 (figure), 179—180

 感知—认知能力 perceptual-cognitive abilities and, 172—173

 心理普遍性 psychological universals and, 172—174

 相对主义 relativism and, 167

 情景培训 situation-based training and, 17

社会语境 social contexts and, 171—172

普遍主义 universalism and, 167, 171

还参见文化接触理论；多样性培训；和平队（美国） See also Culture contact theories; Diversity training; Peace Corps (U. S.)

跨文化关系量表 Intercultural Relations Inventory, 57

跨文化资源公司 Intercultural Resource Corporation, 55

跨文化敏感度量表 Intercultural Sensitivity Inventory, 100, 202

跨文化敏感度见跨文化敏感度发展模型；敏感度 Intercultural sensitivity. See Developmental model of intercultural sensitivity (DMIS); Sensitivity

《跨文化服务：世界购买者指南和资料》 Intercultural Services: A Worldwide Buyer's Guide and Sourcebook, 27

《跨文化资料集》 Intercultural Sourcebook: Cross-Cultural Training Methods, 30, 40, 55, 57, 60, 62, 64, 67, 70, 71, 73, 77, 85

跨文化培训 Intercultural training (ICT), ix, 8, 29—31

 评估 assessment of, 2, 3

 商务界的培训和咨询 business training/consulting, 27—28

 当代的实践 contemporary practice of, 4—5

 特殊语境 context specificity and, 5—8

 公司的多样性培训 corporate diversity training, 28—29

 文化差异 cultural differences and, 2

 有效性 effectiveness of, 3—4

 国内培训 in-country training, 6, 16

 方法 methodology in, 3, 30

 结果 outcomes of, 45—47, 46 (table)

 特定采用 specific applications of, 30

 理论基础 theoretical foundations of, 1—2, 3, 4

还参见跨文化培训文献综述；历史角度；跨文化能力培训；和平队（美国）；培训师 See also Cross-cultural training (CCT) literature review; Historical perspective; Intercultural competence training; Peace Corps (U. S.); Trainers

跨文化培训检测工具 Intercultural training instrumentation, 85—86

受众分析 audience analysis, 88

文化调整/休克/适应量表 cultural adjustment/shock/adaptation instruments, 114—117

文化身份检测工具 cultural identity instruments, 104—112

价值观倾向调查 cultural values/value orientation instruments, 100—104

以数据为基础的培训 data-based training and, 90

教育的功能 educational function of, 89—90

平等机会环境量表 equal opportunity climate instruments, 97—99

全球了解能力 global awareness/world-mindedness instruments, 113—114

人类发展检测工具 human assessment/development instruments, 99—121

人类多样性，展示 human diversity, demonstration of, 89

身份问题，探索 identity issues, explorations of, 88—89

跨文化检测工具主题分类 instrument typology, 92—93, 94 (table)

跨文化发展量表 intercultural development instrument, 99—100

跨文化和多元文化能力 intereultural/multicultural competence instruments, 119—120

学习风格量表 learning styles instrument, 112—113

689

组织评定和发展 organizational assessment/development instruments, 93—99

组织文化量表 organizational culture instruments, 93—97

个人评定与发展量表 personal development assessment, 87

个人特点量表 personality characteristics instruments, 117—119

偏见 prejudice/racism instruments, 120—121

培训课程变化 program variations and, 90

目的 purposes of, 86—90, 87 (box)

打分 scoring issues, 91, 92

选择检测工具的标准 selection criteria, 90—92

排列检测工具 sequencing issues with, 92

理论, 应用 theory, applications of, 89

培训项目发展 training program development and, 89

使用调查 usage survey, 93

跨文化培训方法论 Intercultural training methodology, 3, 30, 37—38, 79 (table)

 关于文化的培训 across/about-culture training, 42

 活动方法 active training methods, 60—65

 运用方法的语境 application contexts and, 41

 区域研究方法 area studies method, 71—73, 72 (box)

 艺术与文化方法 arts and culture method, 77—78, 77 (box)

 案例研究方法 case study method, 57—58, 58 (box)

 认知/情感/行为等学习活动 cognitive-affective-behavioral learning and, 40

 认知风格 cognitive styles and, 44

 认知培训方法 cognitive training methods, 47—60

 交际风格 communication styles and, 44

 社区式培训 community-based training, 45

 基于计算机的培训 computer-based training, 51—53, 52 (box)

 危机事件方法 critical incidents method, 58—60, 59 (box)

 跨文化分析 cross-cultural analysis, 69—70, 69 (box)

 跨文化对话 cross-cultural dialogues, 70—71, 71 (box)

 文化同化案例/跨文化敏感案例 culture assimilator/intercultural sensitizer, 67—69, 68 (box)

 特定文化 culture-specific/general content and, 40

 当前的趋势 current trends in, 38—41

 定做的与打包的培训方法 custom-designed vs. packaged materials, 40—41

 过程: 教诲式与经验式方法 didactic vs. experiential process, 39—40

 经验学习周期 experiential learning cycle and, 42—44, 43 (figure)

 电影（包括录像带和DVD） films, videos/DVDs, 53—55, 54 (box)

 经济考虑 financial considerations and, 45

 沉浸法 immersion method, 73—75, 74 (box)

 综合性培训项目 integrated training programs, 39—41, 40 (table)

 跨文化练习 intercultural exercises, 64—65, 65 (box)

 跨文化学习方法 intercultural learning methods, 65—75

 学习者主导的培训 learner-directed training, 39

 演讲 lectures, 40, 47—49, 49 (box)

在线培训 online training, 37, 44
扮演角色 role playing, 60—62, 61（box）
选择, 文化影响 selection of, cultural influence and, 41—42
选择跨文化培训方法指南 selection guidelines, 45—47, 46（table）, 48（figure）
自我评估 self-assessment, 55—57, 56（box）
传统的方法 traditional methods, 38—39
视觉想象法 visual imagery method, 75—77, 76（box）
文字材料 written materials, usage of, 49—51, 50（box）

群际研究 Intergroup research, 175（figure）, 176
种族偏见 ethnic prejudice and, 179
群际态度 intergroup attitudes, 186
群际感知, 社会身份 intergroup perceptions, social identity and, 197—199
多元文化假设 multicultural assumption and, 180
多元文化意识形态 multicultural ideology and, 176, 177, 179—180

国际化 Internalization, 88—89

国际跨文化研究协会 International Academy for Intercultural Relations (IAIR), 29, 93

国际商务管理 International business management, 1—2
跨文化培训 intercultural training and, 15, 22
"外人", 感知 otherness, perceptions of, 6
专业外派人员 professional expatriates, 6
还参见跨国公司; 回国 See also Multinational corporations; Re-entry

国际基督教大学 International Christian University (ICU), 24, 25

国际教育 International education, 5, 30
国际生活实验 experiment in international living, 20
跨文化交流工作坊 intercultural communication workshops, 17—19
跨国公司 multinational corporations and, 21—22
战后发展 postwar expansion of, 14
华盛顿国际中心 Washington International Center and, 20—21
还参见回国; 国际跨文化教育、培训和研究协会; 留学 See also Re-entry; SIETAR International; Study abroad

国际人力资源管理 International human resource management (IHRM), 129

国际研究与交流理事会 International Research and Exchange Board (IREX), 291

互联网使用 Internet use, 7, 28
以计算机为基础培训方法 computer-based materials, 53
沉浸学习材料 immersion learning materials, 75
演讲材料 lecture materials, 49
在线培训 online training, 37, 44
和平队培训材料 Peace Corps training materials, 51
文字材料, written materials, access points, 51

人际互动 Interpersonal interaction, 1, 16
文化变化的过程 cultural change process and, 171
文化学习理论 culture learning theory and, 186
尊重——顺从的交流氛围 respect-deference interaction climate, 222—223
还参见冲突面子协商理论 See also Conflict face-negotiation theory;
文化接触理论; 人际互动 Culture con-

tact theories; Human interaction

干涉 Interventions, 204

面谈个案材料 Interview case materials, 58

量表见跨文化培训检测工具 Inventories. See Intercultural training instrumentation

日本 Japan, 24—25, 27
 商务管理风格 business management style, 198
 跨文化商务培训 intercultural business training, 27, 54
 权力距离 power distance and, 220—221
 旅居者回国体验 sojourner re-entry experience, 315—316
 留学研究 study abroad studies, 188
 紧密文化 tight culture of, 41

凯洛格基金 Kellogg Foundation, 21
克拉克洪模式 Kluckhohn model, 78
知识 Knowledge:
 获取 acquisition of, 45—46, 46 (table)
 特定文化知识 culture-specific knowledge, adaptation and, 190
 因变量分类 dependent variable category of, 135
 面子行为能力 facework competence and, 232
 获取信息,角色扮演 information acquisition, role playing and, 62
 跨文化培训 intercultural training and, 3
 知识/技能/态度 knowledge/skills/attitudes, 40, 89

科索沃 Kosovo, 7, 399, 401
知识、能力和态度 KSAs (knowledge/skills/attitudes), 40, 89
语言 Language, 1
 跨文化变迁 cross-cultural transitions and, 190
 文化的形成/感觉 cultural forming/feeling and, 256—257
 跨文化交流工作坊 intercultural communication workshops and, 18
 语言—体验的关系 language-experience relationship, 448—450
 和平队培训 Peace Corps training in, 375—376
 学习猪语 Piglish language acquisition, 47, 63
 权力距离价值 power distance value and, 220
 《无声的语言》 silent language, 15, 77, 464
 培训 training in, 15, 27
 还参见 See also Intercultural communication; Linguistics

语言熟练程度面试 Language Proficiency Interview (LPI), 375—376
拉丁美洲人 Latin Americans, x, 41, 220
"学习者是空桶"的理论 Learner-as-bucket theory, 267
学习者的特征 Learner characteristics, 88
参与者意愿 Learner readiness, 161, 331, 346
学习周期 Learning cycle, 3, 42—44, 43 (figure), 78
学习风格量表 Learning Style Inventory (LSI), 86, 89, 91, 112—113
学习风格 Learning styles, 22—23
 成人学习 adult orientation to learning, 446
 "挑战与支持"坐标方格 challenge and support grid, 23
 认知/情感/行为等学习活动 cognitive-affective-behavioral learning, 40
 合作学习 collaborative learning, 443—445
 基于计算机的培训 computer-based training and, 53
 文化在交流和学习上的倾向 cultural preferences in, 42

经验学习周期 experiential learning cycle and, 42—44, 43（figure）
学习者主导的培训 learner-directed training and, 39
多元文化的课堂 multicultural classrooms, 55
侧面学习 sideways learning, 234
还参见跨文化学习方法；媒体 See also Intercultural learning methods; Media
"学会如何学习"的主题 Learning-to-learn theme, 16
演讲 Lectures, 40, 47—49, 49（box）
法律 Legal issues, 161
图书馆资源 Library resources, 25
直线式的交流 Linear communication, 41—42
语言学 Linguistics：
　认知语言学 cognitive linguistics, 1
　语言哲学 linguistic philosophy, 254
　语言学相关性 linguistic relativity, 28, 153
　社会语言学 sociolingnistics, 1, 2
　还参见语言 See also Language
文献综述见跨文化培训文献综述 Literature review. See Cross-cultural training（CCT）literature review
生活体验 Lived experience, 252—254, 258
长期适应见跨文化适应理论 Long-term adaptation. See Cross-cultural adaptation theory
宽松文化见个人主义 Loose cultures. See Individualism
洛文诉弗吉尼亚 Loving v. Virginia, 273—274
低挑战的培训方法和低挑战的培训内容 Low-challenge methods/content, 23
低语境文化 Low-context cultures, 41—42

魔弹效果 Magic bullet effect, 267
《马洛纳廉文化探险队》 The Malonarian Cultural Expedition Team, 65
边缘化 Marginality, 157—158
边缘化 Marginalization, 176—177, 177（figure）, 178, 181
模仿节目"马克霍尔" Markhall simulation, 21, 63
马洛-克劳尼测量表 Marlowe-Crowne scale, 100
马歇尔计划 Marshall Plan, 13, 14
男性文化见性别 Masculine culture. See Gender
材料 Materials：
　图书馆资源 library resources, 25
　"所有权" proprietary programs, 25
　出版的材料 published materials, 23
　还参见跨文化培训文献综述； See also Cross-cultural training（CCT）literature review; Off-the-shelf training materials
媒体 Media, 5, 266
　CD-ROMs/DVDs, 27, 51, 55
　行为模式 behavior modeling and, 276—277
　认知结构，改变 cognitive structures, transformational process and, 271—272
　基于计算机的培训方法 computer-based training methods, 51—53, 52（box）
　批判性媒体分析 critical media analysis, 278—279, 282—283
　解除抑制效应 disinhibiting effects of, 277
　期待现象 expectation phenomenon and, 274—275
　构建有影响的形象 influential image-building in, 270—271
　传播信息 information transmission function, 269—271, 278
　开发跨文化教辅人员的技能 intercultural facilitation skill development and, 280—281

跨文化行话,媒体分析 intercultural jargon, media analysis and, 283
跨文化关系,理解 intercultural relations, understanding of, 279—280
跨文化培训 intercultural training function of, 277—283
媒介抨击 media bashing, 283
媒体效果,魔弹/有限效果 media impact, magic bullet/limited impact debate, 267—268
选择媒介,设置语境 media selection, context-setting for, 281—282
禁止种族通婚 miscegenation controversy and, 273—274
《电影制片规范》 Motion Picture Production Code, 267,273
多元文化学习的变化 multicultural learning variations, 268—269
叙事/民间故事 narratives/folktales, 272
新闻媒体 news media, 268,271—272
接受理论 reception theory, 268
刻板印象 stereotypes in, 282—283
教化角色 teaching function of, 269, 270—271
培训电影 training films, 26—27,29, 53—55,54 (box), 79 (table)
下意识地吸收 unconscious learning and, 266—267
传播价值观 values dissemination, 272—274
熔炉视角 Melting pot perspective, 28,178, 338
《智力测量年鉴》 Mental Measurements Yearbook, 85
梅里甸宅 Meridian House, 21,73
方法见跨文化培训方法 Methodology. See Intercultural training methodology
墨西哥裔美国人 Mexican Americans:
墨西哥裔美国人涵化程度测量—II - Acculturation Rating Scale for Mexican Americans-II, 110
歹徒,媒体描述 gang membership, media portrayal, 274—275
权力距离 power distance, language usage and, 220
军队多样性管理 Military diversity management, 395—396
比利时军队 Belgian military forces, 399—400
英国军队 British military forces, 397
加拿大军队 Canadian military forces, 396,397,399,400
关联假设 contact hypothesis and, 409—410
将来的发展 future developments in, 411
德国国防军 German Defense Forces, 397,401,407—408
人道主义工作人员 humanitarian workers and, 400
与当地人民的关系 local populations, relations with, 399—400
多元文化主义,平等机会就业 multiculturalism, equal-opportunity employment, 396—397
北约国家 NATO countries and, 400
非政府组织 nongovernmental organizations and, 400—401
维和部队,组织间关系 peace operations, inter-organizational relations, 400—401
心理融合项目 Psychological Integration Program and, 398
"理性——感性"疗法 rational-emotive therapy and, 398—399
南非国防军 South African National Defense Force and, 397—399
时间因素 time factor and, 410,411
还参见军队跨文化培训,美国军队 See also Military intercultural training; United States military forces

军队平等机会环境调查 Military Opportunity Climate Survey (MEOCS), 85, 88, 97—98

军队跨文化培训 Military intercultural training:

    多样性管理 diversity management and, 409

    活动范围分析 domain analysis and, 401, 402 (tables)

    认知论的失效 dysfunctional epistemological convictions and, 403

    "更广泛"vs."防卫型"学习动机 expansive vs. defensive learning motivation and, 403

    将来的发展 future developments in, 411

    德国军队 German Armed Forces and, 401, 407—408

    跨文化定位性询问 intercultural anchored inquiry and, 404—405, 404 (table), 405—406 (figures)

    跨文化学习环境开发 intercultural learning environments, development of, 402—405

    跨文化敏感案例 intercultural sensitizer, 405

    跨文化工具箱 intercultural toolkit, 405—406

    知识 knowledge/experience, separation of, 402—403

    领导 leadership and, 410—411

    设计情景式跨文化学习环境 situated intercultural learning environment design, 403—404

    跨文化培训项目的落实执行 training program implementation, 406—407

    培训跨文化培训员研讨式学习 train-the-intercultural-trainer seminar, 406, 407

    还参见军队多样性管理 *See also* Military diversity management

思想—身体二元主义 Mind-body dualism, 251—254

在意 Mindfulness, 219, 232—234

    发展专注研究 developmental mindfulness research, 243—244

    专注聆听 mindful listening, 235—236, 235 (table)

    专注重构 mindful reframing, 236—237

"密尼苏达多项个性量表" Minnesota Multiphasic Personality Inventory (MMPI), 56

模型见理论发展 Modeling. *See* Theory development

道德面子范围 Moral-face domain, 226, 227

多元文化意识—知识—技能调查 Multicultural Awareness-Knowledge-Skills Survey (MAKSS), 89, 119

多元文化能力检测工具 Multicultural competence instruments, 119—120

多元文化意识形态 Multicultural ideology, 175 (figure), 176, 177, 179—180

多文化协会 Multicultural Institute, 29

多元文化主义 Multiculturalism, 28

    关于文化的培训 across/about-culture training and, 42

    适应,世界观建构 adaptation, worldview constructs and, 156—157

    公司环境 corporate environment and, 29, 87—88

    "文化差异"的范式 cultural difference paradigm and, 28

    缺陷视角 deficit perspective, 28

    多样性培训运动 diversity training movement and, 28, 29

    平等就业机会 equal employment opportunities/affirmative action and, 28—29

    多元文化假设 multicultural assumption, 180

    多元文化意识形态 multicultural ideology, 175 (figure), 176, 177, 179—180

多元文化团队建设 multicultural team-building, 43
 相互接纳 mutual accommodation and, 177, 178
多元群体民族身份测量 Multigroup Ethnic Identity Measure (MEIM), 105—106
多指标民族文化身份测量 Multi-Index Ethnocultural Identity Scale (MEIS), 106—107
跨国公司 Multinational corporations, 21—22
 商务界的培训和咨询 business training/consulting, 27—28, 39, 54
 技术转让 technology transfers and, 27
 还参见跨文化商务管理,回国 See also International business management; Re-entry
相互 Mutuality, 156, 162
 涵化,共同改变 acculturation, mutual change and, 175—176
 主导群体 dominant group and, 178
 整合,相互接纳 integration, mutual accommodation and, 177
 彼此互惠的义务 reciprocal mutual obligation, 156
 社会行为 social behaviors and, 189
 培训师,信任 trainers, trust and, 438—439
迈尔斯-布里格斯类型指示表 Myers-Briggs Type Indicator (MBTI), 56, 90, 117

国家外国学生事务协会 National Association for Foreign Student Affairs (NAFSA), 18, 19, 25
全国公民社区服务团 National Civilian Community Corps (NCCC), 75
美国本地人 Native Americans, 28
本地人 Native people, 197
海军人员研究和发展中心 Navy Personnel Research and Development Center, 20
协商 Negotiation, 219

新西兰 New Zealand, x, 188
非政府组织 Nongovernmental organizations (NGOs), 42, 75, 386—387, 400—401
非言语交流 Nonverbal communication, 15, 25, 65, 189, 201—202
 文化的感觉和形成 cultural forming/feeling and, 256—257
 期望违背理论 expectancy violation theory and, 313
 面子行为实践 facework practice and, 220
 东道主交流能力 host communication competence and, 343
 尊重——顺从的交流氛围 respect-deference interaction climate and, 222—223
北美模仿和游戏协会 North American Simulation and Gaming Association (NASAGA), 64
北约国家 North Atlantic Treaty Organization (NATO) countries, 400
客观文化观点 Objective culture perspective, 149—150, 160, 169, 250—251
现货供应的培训材料 Off-the-shelf training materials, 40—41
 区域研究材料 area studies materials, 73
 艺术与文化方法 art and culture method materials, 78
 案例研究材料 case study materials, 58
 基于计算机的培训材料 computer-based materials, 53
 对比文化的培训材料 contrast culture training materials, 66—67
 危机事件 critical incident materials, 60
 跨文化分析检测工具 cross-cultural analysis instruments, 70
 跨文化对话材料 cross-cultural dialogue materials, 71
 文化同化案例材料 culture assimilator

materials, 68—69

电影/录像带 film/video materials, 55

想象指导 guided imagery materials, 77

沉浸法 immersion materials, 75

跨文化练习 intercultural exercises, 65

演讲 lecture materials, 49

角色扮演材料 role playing materials, 62

自我评估 self-assessment materials, 56—57

模仿游戏 simulation games, 64

文字材料 written materials, 51

开放 Openness, 26, 121, 181, 317, 347, 352—353

组织评定和发展检测工具 Organizational assessment/development instruments:

评定多样性环境 Assessing Diversity Climate, 96—97

文化多样性量表 Culture for Diversity Inventory, 95—96

平等机会环境量表 equal opportunity climate instruments, 97—99

军队平等机会环境调查 Military Equal Opportunity Climate Survey, 97—98

组织环境量表 Organizational Climate Inventory, 95

组织文化检测工具 organizational culture instruments, 93—97

组织环境量表 Organizational Climate Inventory (OCI), 95

组织 Organizations:

接受建构 acceptance configuration and, 156

适应 adaptation in, 157

防卫世界观 defense worldview and, 155

否认/无知 denial/ignorance and, 154

多样性培训 diversity training within, 148—149

融合文化元素 integrated cultural elements in, 158

差异最小化 minimization of difference and, 155

多元文化发展,评估 multicultural development, assessment of, 87—88

还参见多样性培训,异质小群体 See also Diversity training; Heterogeneous small groups;

跨文化商务管理 International business management;

跨国公司;回国 Multinational corporations; Re-entry

安全与合作组织 Organization for Security and Cooperation (OSC), 401

《青年交换项目定位手册》 Orientation Handbook for Youth Exchange Programs, 21

文化差异定位 Orientation to cultural difference, 26

外人 Otherness concept, xi, 6

结果 Outcomes, 46 (table), 48 (figure)

改变态度 attitudes modification, 46—47

获取知识 knowledge acquisition, 45—46

技能发展 skills development, 46

外群体成员 Out-group membership, xi, 191, 197, 223

《海外的美国人》 The Overseas Americans, 13

《外派海外工作量表》 Overseas Assignment Inventory (OAI), 26, 56, 57, 89, 90, 115—116

海外通报协会 Overseas Briefing Associates, 22

猫头鹰模仿 The Owl simulation, 20

打包的材料 Packaged materials. See Off-the-shelf training materials

文化特性 Particularistic cultures, 24

和平队(美国) Peace Corps (U.S.), 5, 7, 30, 363—364

案例研究方法 case study method and,

57

集中式培训 center-based training, 371,372,373（table）

服务结束 close of service, 375

社区式培训 community-based training, 45,74,370—372,373（table）, 376, 377—379

跨文化分析 cross-cultural analysis and, 69

跨文化培训的执行 cross-cultural training implementation, 377—385, 389—391（appendix）

跨文化培训的哲学 cross-cultural training philosophy, 376—377

跨文化培训的主题 cross-cultural training topics, 381—382, 383—384（tables）

将来的趋势/挑战 future trends/challenges, 387—388

东道国 host country national staff and, 386

沉浸法 immersion method and, 74—75,385—386

国内培训 in-country training, 368

在职培训 in-service training, 374—375

语言培训 language training, 375—376

混合预服务培训 mixed preservice training, 372

非政府组织 nongovernmental organizations and, 386—387

定位或进入角色 orientation/staging, 374

学员选择 participant selection, 295

预服务培训 preservice training, 374

项目的规划标准 programming criteria, 364,365（box）

美国国内培训 stateside training, 368

培训模式 training models, 371—375, 371（table）

培训满意度评估 training satisfaction evaluation, 378,379—380（tables）

培训技术发展 training technique development, 16,22,364—370,366（table）

大学模式培训 university model training and, 16,365,367

录像带 video materials, 55

"基于村庄的培训" village-based training, 369

志愿者的调整 volunteers' adjustment, 386,387（box）

培训的文字材料 written training materials, 50—51,382

还参见国际跨文化教育、培训和研究协会；日本跨文化教育、培训和研究协会 See also SIETAR International; SIETAR Japan

《珍珠港》 Pearl Harbor, 275

感知转换 Perceptual acuity, 26,156,172, 173

表现 Performance variables, 137

个人评估见人类发展检测工具 Personal assessment. See Human assessment/development instruments

自我构念理论 Personal construct theory, 153

个人差异的维度 Personal Dimensions of Difference（PDD）instrument, 107

个人因素 Personal factors, xi, 4,25

适应测量 adaptability measures, 26

认知风格 cognitive styles, 44

交际风格 communication styles, 44

跨文化能力培训, intercultural competence training, favorable attributes for, 181

开放 openness, 26, 121, 317, 347, 352—353

个人发展评估 personal development assessment, 87

人格特征 personality traits, 174,352—353

心理适应 psychological adaptation and, 193
培训师的能力 trainer competencies, 25—26,37—38,44
还参见态度 See also Attitudes
个性特征检测工具 Personality characteristics instruments:
　迈尔斯-布里格斯类型指示表 Myers-Briggs Type Indicator, 117
　辛格-卢米斯式发展量表 Singer-Loomis Type Deployment Inventory, 118—119
学习猪语 Piglish language acquisition, 47, 63
匹兹堡模式 Pittsburgh model, 18
多元主义视角 Pluralistic perspective, 88—89,309—310,338
第四点培训项目 Point IV Training Program, 15
礼貌礼节 Politeness rituals, 225
波特兰州立大学 Portland State University, 18
回国后阶段 Post-reentry sessions, 6
体态 Posture, 189,201—202
权力距离 Power distance, 24,28
　面子行为 facework behaviors and, 218,219—220
　个体层面的解释 individual level of analysis, 222—223
　社会达尔文主义 social Darwinism and, 154
演示计算机制作的幻灯片 PowerPoint presentations, 48
培训师见培训师 Practitioners. See Trainers
出发前阶段 Predeparture sessions, 6,42
　特定文化的培训 culture-specific training, 42,190
　专业旅居者 professional sojourners, 327—328
　留学 study abroad, 296,322—325
　培训的文字材料 written training materials and, 50—51
偏见 Prejudice, 177—178,179,199—201
偏见检测工具 Prejudice instruments, 120—121
回国前阶段 Pre-reentry sessions, 6, 296, 326,331
特权 Privilege reality, 151
解决问题 Problem-solving:
　性别 gender and, 419
　角色扮演 role-playing technique and, 61
　还参见异质小型群体 See also Heterogeneous small groups
配合失败 Process loss, 7
生产力测量 Productivity measures, 423—425,423—426（figures）
专业发展 Professional development, 16,19
　暑期跨文化交流学校 Summer Institute for Intercultural Communication and, 25
　华盛顿国际中心 Washington International Center and, 20—21
　还参见跨文化培训；回国 See also Intercultural training; Re-entry
专业外派人员 Professional expatriates, 6, 27
空间关系学 Proxemics, 189,201—202
心理融合项目 Psychological Integration Program（PIP）, 398
心理过程 Psychological processes:
　涵化态度 acculturation attitudes, 176
　涵化研究 acculturation research and, 174—179,175（figure）
　行为的转变 behavioral shifts and, 178—179
　认知风格 cognitive style, 172—173
　文化变异维度 cultural variation dimensions and, 169—171,170（table）
　情感状况 emotional response, 174
　观念运动 ideomotory and, 253
　跨文化培训 intercultural training and,

4
群际研究 intergroup research and, 175 (figure), 179—180
多元文化主义,前提 multiculturalism, preconditions for, 177
感知 perception, visual illusions, 172
人格特征 personality traits, 174
普遍主义,心理过程 universal laws, psychological processes and, 167, 172—174
还参见文化接触理论；跨文化培训检测工具 See also Culture contact theories; Intercultural training instrumentation

定量数据见效果研究 Quantitative data. See Effectiveness studies

种族身份 Racial identity, 88—89, 168
信仰体系, belief systems, race-group membership and, 159
文化 culture and, 150—151S
还参见文化身份量表 See also Cultural identity instruments
种族身份模式态度量表 Racial Identity Attitudes Scale, 299
种族主义 Racism:
色盲式种族态度测量 Color-Blind Racial Attitudes Scale, 120—121
媒体 media coverage and, 271—272, 276—277
差异,最小化 minimization of difference and, 155
多元文化劳动力 multicultural workforce and, 28—29
身体特征 physical characteristics and, 177—178
侧面像 profiling, 152
激进建构主义理论 Radical constructivism, 153
游戏 RaFá RaFá game, 63

学习意愿 Readiness to learn, 161, 331, 346
现实世界的互动项目 Real world interactive programs, 204
彼此互惠的义务 Reciprocal mutual obligation, 156
调和方法 Reconciliation approach, 24
回国 Reentry, 6, 14
假设 assumptions about, 311—312
文化适应研究 cultural adaptation research and, 309—310
文化身份模型 cultural identity model and, 314
文化学习理论 culture learning theory and, 314—315
定义 definitions of, 310—311
期望模型 expectations model and, 313—314
和平队志愿者 Peace Corps volunteers and, 375
回国前/回国后阶段 pre/post-reentry sessions, 6
专业的旅居者 professional sojourners, 311, 314, 321—322, 327—332, 328—329 (table)
心理健康 psychological health and, 312—313
重返本土文化融合培训模型 reentry integration training models, 322—332
排练活动 rehearsal activities, 62
特定群体培训设计 specific-group training design, 321—322
学生旅居者 student sojourners and, 310—311, 321, 322—327, 323 (table)
留学 study abroad and, 294, 296
系统方法 systems approach to, 315—320, 316 (table)
第三文化的孩子 third culture kids and, 24
培训 training for, 311—312, 320—321
U型曲线理论 u-curve theory and, 312—313

700

W型曲线理论 w-curve theory and, 309,312—313

针对工作人士的重返本土文化融合培训模型 Reentry integration training model-professionals, 328—329（table）

 海外经历 overseas experience and, 330—331

 出国前培训 predeparture training, 327—328

 海外工作人士回国前阶段 pre-reentry stage and, 331

 海外工作人士回国及重返本土文化阶段 repatriation/reentry stage, 331—332

针对学生的重返本土文化融合培训模型 Reentry integration training model-students, 323（table）

 海外经历 overseas experience and, 325—326

 出发前培训 predeparture training, 322—325

 回国前阶段 pre-reentry stage and, 326

 回国及重返本土文化阶段 repatriation/reentry stage, 326—327

反思 Reflection process, 20

难民 Refugees, 7,191

 涵化策略 acculturation strategies and, 197

 态度—行为差异 attitude-behavior discrepencies and, 196—197

国际教育地区委员会 Regional Council for International Education (RCIE), 17,18

排练活动 Rehearsal activities, 62,76

丽泽大学 Reitaku University, 19

相对主义 Relativism, 1,4,155—156,157,167

可靠性面子范围 Reliability-face domain, 226,227

可靠性问题 Reliability issues, 91

回国准备标准量表 Repatriation Preparedness Scale (RPS), 318

国际教育研究所 Research Institute of International Education, 14

研究见跨文化培训文献综述；效果研究；社会科学研究；理论发展 Research. See Cross-cultural training (CCT) literature review; Effectiveness studies; Social science research; Theory development

资源分配 Resource distribution, xi, 6

尊重——顺从的交流氛围 Respect-deference interaction climate, 222—223

尊重 Respeto, 220

调查员模仿式录像节目 Respondent Simulated Video Play, 53

《在文化的波涛中冲浪》 Riding the Waves of Culture, 24

仪式化的惯例 Ritualized routines, 189,225

角色行为 Role behaviors, 7

角色扮演 Role playing, xii, 15

 比照美国或对比文化的培训方法 contrast-culture/American training method, 16—17

 文化同化案例 cultural assimilators, 17

 角色变化 fishbowl variation, 61

 跨文化培训方法 intercultural training method of, 60—62,61（box）,79（table）

 视觉想象法 visual imagery method and, 76

 培训的文字材料 written training materials and, 51

圣人出版社 Sage Publications, 23,64

满意度变量 Satisfaction variable, 137

沙特阿拉伯 Saudi Arabia, 27

留面子见面子行为 Saving face. See Facework

跨文化培训学院 School for International Training (SIT), 20

隔离 Segregation, 178

自我评估 Self-assessment, 26,55—57,56（box）,79（table）

跨文化能力　intercultural competence, 89

学习风格　learning styles, 89

自我了解测量　Self-awareness measures, 26, 88—89

自我构念　Self-construal, 222

自我解释测量表　Self-Construal Scale, 101—102

自我定义　Self-definition, x, xi
 建构边缘化　constructive marginality and, 157—158
 封闭边缘化　encapsulated marginality and, 157

自尊　Self-esteem, 4, 186, 198—199

敏感性　Sensitivity:
 执行教练　executive coaching and, 27—28, 39
 跨文化敏感度量表　Intercultural Sensitivity Inventory, 100
 跨文化敏感案例　intercultural sensitizer method, 67—69, 68（box）, 79（table）
 测量　measures of, 26, 88
 还参见适应；跨文化敏感度发展模型；历史视角　See also Adaptation; Developmental model of intercultural sensitivity（DMIS）; Historical perspective

定居者见跨文化适应理论　Settlers. See Cross-cultural adaptation theory

《资本主义的7种文化》　The Seven Cultures of Capitalism, 24

丢脸　Shame, 226—227

短期适应　Short-term adaptation, 6—7

侧面学习　Sideways learning, 234

西门子公司培训和研究部　SIEMENS training/research division, 24

国际跨文化教育、培训和研究协会　SIETAR International, 19, 23, 24, 30
 标准认证项目　certification program and, 25—26
 和平队培训　Peace Corps training and, 369

跨文化教育、培训和研究协会　SIETAR International Certification Task Force, 26

日本跨文化教育、培训和研究协会　SIETAR Japan, 25

美国跨文化教育、培训和研究协会　SIETAR USA, 64

沉默　Silence, x, 189

《无声的语言》　Silent Language, 15, 77, 464

相似性　Similarities, 18, 172, 174, 180, 189—190

《模仿与游戏：理论、实践与研究跨学科期刊》　Simulation & Gaming: An Interdisciplinary Journal of Theory, Practice and Research, 64

模仿　Simulation, xii, 2, 15

信天翁模仿游戏　The Albatross, 20
 巴法巴法模仿游戏　BaFá BaFá game, 20, 30, 37, 62, 63
 班嘎　Barnga, 27, 63
 人口普查局制作的调查员模仿式录像　Census Bureau's Respondent Simulated Video Play, 53
 发展　development of, 30
 《急下降》　The Drop-Off, 20
 《伊科托诺斯》　Ecotonos, 30
 民族中心主义　ethnocentrism and, 202
 国内培训　in-country training and, 16
 跨文化培训方法　intercultural training method of, 62—64, 63（box）, 79（table）
 模仿节目"马克霍尔"　Markhall, 21
 猫头鹰　The Owl, 20
 扮演角色　role playing and, 62
 还参见游戏　See also Experiential learning; Games

模仿培训系统　Simulation Training Systems, 64

辛格-卢米斯式发展量表　Singer-Loomis Type Deployment Inventory（SL-TDI）, 118—119

以情境为基础的培训 Situation-based training:
    案例研究方法 case study method, 57—58,58（box）
    沉浸法 immersion method, 73—75,74（box）
    跨文化关系 intercultural relations and, 17
    还参见文化同化案例工具；体验性学习；角色扮演；模仿 See also Culture assimilator tool; Experiential learning; Role playing; Simulation
技能发展 Skills development, 46, 46（table）
小群体 见异质小型群体 Small groups. See Heterogeneous small groups
社会行为 Social behavior, xi, 186
    相互熟练的表演 mutually skilled performance of, 189
    非言语交流 nonverbal communication and, 189
    自私基因 selfish gene and, 254
    还参见行为模式 See also Behavioral patterns
社会建构主义 Social constructivism, 149—150,171
社会语境 Social contexts, x, xi, 4,171—172
社会达尔文主义 Social Darwinism, 154
社会愿望偏差 Social desirability bias, 91
社会认同法 Social identification approach, 195
    态度—行为差异 attitude-behavior discrepancies, 196—197
    涵化的平衡模型 balance model of acculturations, 195
    涵化分类模型的双向模型 bidimensional models of acculturation, 195
    原有文化 vs. 接触文化 culture of origin vs. contact culture, 197
    认同过程，涵化 identity processes, acculturation and, 196—197
    身份的转化，同化 identity shifts, assimilation and, 196
    整合威胁理论 integrated threat theory and, 199—200,200（figure）
    跨文化培训 intercultural training and, 202
    群际感知，社会身份 intergroup perceptions, social identity and, 197—199
    跨文化接触/文化内接触 inter/intracultural contact and, 196
    歧视 prejudice/discrimination, 199—201
    刻板印象 stereotypes and, 197—198
    涵化单向模型 unidirectional models of acculturation, 195
    还参见整合威胁理论 See also Integrated threat theory
社会认同理论 Social identity theory（SIT）, 4,151,186,195,197
    群体差异，积极偏向 group distinctions, favorable comparisons and, 198
    跨文化关系 intercultural relations and, 198
    多元文化假设 multicultural hypothesis and, 198—199
社会再适应评定量表 Social Readjustment Rating Scale, 191
社会科学研究 Social science research, 8, 250—251
社会技能模式 Social skills model, 295
社会支持 Social supports, 193—194
跨文化教育协会 Society for Intercultural Education,
培训与研究（国际跨文化教育、培训和研究协会），见国际跨文化教育、培训和研究协会；国际跨文化教育、培训和研究协会（日本）；国际跨文化教育、培训和研究协会（美国） Training and Research（SIETAR）. See SIETAR International; SI-

ETAR Japan；SIETAR USA

社会文化适应测量 Soeiocultural Adaptation Scale (SCAS), 116—117

社会心理学 Sociolinguistics, 1, 2

旅居者 Sojourners, ix
    涵化策略 acculturation strategies and, 197
    适应过程 adaptive processes and, 5, 6—7, 187—188
    态度—行为差异 attitude-behavior discrepencies and, 196—197
    同一国家的人的支持 co-national support and, 192—194
    跨文化流动性 cross-cultural mobility of, 14
    文化距离 cultural distance and, 189—190
    特定文化出发前培训 culture-specific predeparture training, 42, 190
    歧视 discrimination and, 201
    效果评估 effectiveness assessment, 465
    期望价值模型 expectancy value model and, 313
    全球游牧者 global nomads, 23—24, 88
    跨文化友谊 intercultural friendships and, 190
    刻板印象过程 stereotyping process and, 197—198
    压力，应对机制 stress, coping mechanisms and, 192—194
    留学 study abroad and, 6, 190, 191 (box)
    W 型曲线理论 w-curve theory and, 312—313
    还参见文化接触理论；回国，留学；回国的系统方法 See also Culture contact theories; Re-entry; Study abroad; Systems approach to re-entry

《黑道家族》 *The Sopranos*, 275

南非国防军 South African National Defense Force (SANDF), 7, 397—399

空间维度 Space dimension, 170, 170 (table)

空间 Space effects, 15, 258—259

西班牙 Spain, 200

能力标准 Standards of competency, 25—26

斯坦福跨文化交流学院 Stanford Institute for Intercultural Communication (SIIC), 25, 30

斯坦福国际和跨文化教育项目 Stanford Program on International and Cross-Cultural Education (SPICE), 51

斯坦福大学 Stanford University, 25

刻板印象 Stereotypes, 4
    评估 assessment of, 88—89
    《一致同意》 *Consensus* exercise and, 65
    文化总体印象 cultural generalizations and, 151—152
    内群体偏好/外群体歧视 in-group favoritism/out-group derogation and, 197—198
    媒体制作 media productions and, 5
    媒体对待 media treatment of, 282—283
    偏见/歧视 prejudice/discrimination, 199
    侧面像 profiling, 152
    限制使用定型观念 restrained use of, 181

压力 Stress, 4
    接受/管理 acceptance/management of, 350—352
    成长 growth and, 6—7
    生活改变 life changes and, 191—192
    留学经历 study abroad experience and, 292—295

压力—适应—成长动态 Stress-adaptation-growth dynamic, 340—342, 343 (figure)

压力应对框架 Stress/coping framework,

186,188,190—191
 行动为导向的应对机制 action-oriented coping, 192
 回避应对 avoidance coping, 192
 情境中认知评估 cognitive appraisal of situations, 192
 跨文化应对风格 cross-cultural coping styles, 192—193
 隔离策略 disengagement strategies and, 192
 期望—体验差异 expectation-experience discrepancies and, 192, 202—203
 跨文化培训 intercultural training and, 203
 个性因素 personality factors and, 193
 首要和次要策略/应对模型 primary/secondary coping strategies, 192—193
 心理/社会文化调整维度 psychological/sociocultural adjustment dimensions, 187 (figure), 194
 社会再适应评定量表 Social Readjustment Rating Scale, 191
 社会支持, 资源 social supports, resource of, 193—194
学生见国际教育；回国；留学 Students. See International education; Reentry; Study abroad
留学 Study abroad, 6, 289
 调整过程 adjustment process in, 292—293
 文化休克 culture shock and, 292
 特定文化出发前培训 culture-specific predeparture training, 42
 当前的实践 current practices in, 289, 291
 体验 experience of, 291—293
 国际生活实验 experiment in international living, 20
 场依赖性—场独立性 field dependence/independence, homesickness and, 294—295

 未来的趋势 future trends in, 303—304
 影响研究 impact studies of, 296—299
 跨文化压力,学生反应 intercultural stress, student reaction to, 293—295
 跨文化交流工作坊 international communication workshops and, 17—19
 测量工具 measurement instruments and, 89
 缓冲因素 moderating factors in, 292—293
 海外留学者的选拔与准备 participants, selection/preparation of, 295—296
 造成积极影响的因素 positive impact, factors in, 300—302
 项目管理 program administration, 302—303
 比较项目 program comparisons, 300
 心理刺激因素 psychological stressors in, 293
 重返本土文化的压力 reentry experiences and, 294
 技能培训 skills training and, 190, 191 (box)
 特殊群体研究 specific-group studies, 299—300
 第三世界学生 Third World students and, 299
 仇视外国人 xenophobic attitudes and, 298
 青年交换项目 youth exchange programs, 21, 291
 还参见国际教育；回国 See also International education; Re-entry
主观文化视角 Subjective culture perspective, 149—150, 162, 169, 251
苏因—卢亚洲人自我身份涵化测量 Suinn-Lew Asian Self-Identity Acculturation Scale (SL-ASIA), 110—111
暑期跨文化交流学校 Summer Institute for

Intercultural Communication（SIIC），25,78

瑞典　Sweden，22

重返本土文化的系统理论　Systems approach to reentry，315,316（table）

 家乡环境特征　home environment characteristics and，319

 东道国环境特征　host environment characteristics and，318—319

 个性特质　personality attributes，317

 重新适应的结果　re-adaptation outcomes and，320

 回国准备　repatriation preparedness，317—318

 旅居者的民族背景　sojourner background，315—316

 旅居者特征　sojourner characteristics and，315—318

 旅居者传播　sojourner communication and，319—320

说话算话　Talking-the-talk，156

"施教时刻"　Teachable moments，161,331

团队建设　Team-building，43,56

团队表现见异质小群体　Team performance. See Heterogeneous small groups

技术转让项目　Technology transfer process，27

电视见媒介　Television. See Media

天普大学　Temple University，25

"检测"　Tests in Print，85

测试见跨文化培训检测工具　Tests. See Intercultural training instrumentation

理论发展　Theory development，453—454

 情感与跨文化行为模式　affect and behavior model，461—462,462（figure）

 核心目标与跨文化行为模式　centrality of goals model，460—461,461（figure）

 概念基本观点　conceptual foundations of，464—465

 文化理论,跨文化理论　culture theory，intercultural training and，454—457

 经济/效果　economy/efficiency in，465

 技巧评估　evaluations of techniques，464

 相同要素理论　identical-elements theory，454

 综合模式　integrated modeling，458—463,459（figure）

 跨文化专业技能培训模式　intercultural expertise development model 454—456

 跨文化敏感度和行为模式　intercultural sensitivity and behavior model，462,463（figure）

 元分析评估　meta-analytic assessments and，464

 模式,性质　models, nature of，457—458

 跨文化行为缓冲因素模式　moderators of behavior model，458,460,460（figure）

 学习策略　strategic learning，456—457

 主观文化差异与跨文化行为模式　subjective culture differences and behaviors model，463,463（figure）

 理论—实践的差距　theory-practices gap and，463—464

 360度评估　360°assessment and，465

 "通过理论转变"原则　transfer-through-theory principle，454

 U型/W型曲线　u/w-curves and，464

第三文化青少年问卷　Third Culture Adolescent Questionnaire（TCAQ），111—112

"第三文化的孩子"　Third culture kids（TCKs），23—24

威胁理论见冲突面子协商理论；面子威胁过程；整合威胁理论　Threat theory. See Conflict face-negotiation theory; Face-threatening process（FTP）; Integrated threat theory（ITT）

360度评估　360°degree assessment，465

雷鸟：美国国际管理研究生院 Thunderbird: The American Graduate School of International Management, 15

紧密文化见集体主义 Tight cultures. See Collectivism

时间维度 Time dimension, 170（table）, 171

时间 Time effects, 15

容忍 Tolerance, 181, 198, 294

《虎！虎！虎！》 Tora! Tora! Tora!, 275

旅游 Tourism, 6

培训师 Trainers, 16, 18, 19, 437
 区域研究的培训师 area studies trainers, 37
 合作学习 collaborative learning and, 443—445
 交际风格 communication style and, 441—442
 能力 competence of, 25—26, 44
 公司 corporate entities, 27, 29
 可信度 credibility of, 437—438
 文化影响 cultural influences on, 450—451
 合作动态 dynamics of cooperation and, 442—443
 体验性学习，成人教育 experiential learning, adult education and, 446—448
 语言—体验的关系 language-experience relationship and, 448—450
 个人风格 personal style of, 37—38
 自我了解 self-awareness of, 26
 系统敏感度 systems sensibility, integrated training design and, 439—441
 信任，相互的 trust, mutuality of, 438—439
 青年交换项目 youth exchange programs and, 21
 还参见跨文化敏感度发展模型；跨文化培训方法；理论发展 See also Developmental model of intercultural sensitivity（DMIS）; Intercultural training methodology; Theory development

培训 Training:
 确实的价值 absolute value in, 38—39
 客户的意愿 client readiness for, 26, 161
 效果 effectiveness of, 3
 执行教练 executive coaching, 27—28
 游戏资源 game resources for, 27
 以学习者为主的培训 learner-dircted training, 39
 媒介资源 media resources for, 26—27
 冒险因素 risk factors in, 92
 安全的避风港，可以原谅的缺陷 safe haven, excusable deficiencies and, 41
 方法，发展 techniques, development of, 16—17
 培训中心 training centers, 14—15, 45, 371, 372, 373（table）
 还参见跨文化培训，跨文化培训方法；国际教育；理论发展 See also Intercultural training; Intercultural training methodology; International education; Theory development

培训中心 Training centers, 14—15, 45, 371, 372, 373（table）

培训跨文化培训员研讨式学习 Train-the-intercultural-trainer seminar, 406, 407

"通过理论转变"原则 Transfer-through-theory principle, 454

转变 Transition theory, 6—7

信任 Trust, 56, 61, 220, 438—439

《抛砖引玉》 Turning Bricks into Jade, 69

U型曲线理论 U-curve theory, 4, 14, 187—188, 312—313, 464

《丑陋的美国人》 Ugly American, 13

回避不确定性 Uncertainty avoidance, 24

涵化单向模型 Unidirectional models of acculturation, 195

联合国 United Nations, 55

联合国教科文组织 United Nations Educational, Scientific and Cultural Organization (UNESCO), 24

美国 United States：
 同化观点 assimilationist perspective, 28, 178, 338
 交际风格 communication styles and, 41—42
 娱乐 entertainment from, xii
 外国访问者，培训 foreign visitors, training for, 20—21
 多元文化主义 multiculturalism, diversity training and, 28—29, 45
 权力距离 power distance and, 220
 还参见美国人；和平队 *See also* Americans; Peace Corps (U.S.)

美国信息局 United States information Agency, 21

美国军队 United States military forces, 7
 跨文化培训 intercultural training in, 14
 海军项目 Navy programs, 20
 还参见军队多样性管理 *See also* Military diversity management

普遍性文化 Universalistic cultures, 24

普遍性观点 Universalist perspective, 4
 "功能性前提" functional prerequisites of society, 171—172
 人类行为的"普遍规律" human behavior, universal laws of, 167
 心理普遍性 psychological universals, 172—174
 普遍化的身份定位 universalized identity orientation, 348—349

英国哥伦比亚大学 University of British Columbia, 52

夏威夷大学 University of Hawaii, 14

大学层次的学习见留学 University-level study. *See* Study abroad

明尼苏达大学 University of Minnesota, 18

大学模式培训 University model training, 16, 365, 367

太平洋大学 University of the Pacific, 75

匹兹堡大学 University of Pittsburgh, 17, 18

您 Usted, 220

效度 Validity issues, 91, 92

价值效果 Values effects, 7, 28, 54

价值观选择 Values Options, 64

价值观倾向调查 Values Orientations Survey (VOS), 102—103

《重视多样性》 *Valuing Diversity*, 29

变量 见因变量 Variables. *See* Dependent variables

录像带 见媒介 Video. *See* Media

越南战争 Vietnam War, 7

虚拟群体 Virtual workgroups, 6, 421

视觉想象法 Visual imagery method, 75—77, 76 (box), 79 (table)

跨文化项目志愿者 Volunteers in Intercultural Programs (VIP), 21

说到做到 Walking-the-walk, 156

华盛顿国际中心 Washington International Center (WIC), 20—21, 22

W型曲线理论 W-curve theory, 4, 14, 309, 312—313, 464

财富维度 Wealth dimension, 170, 170 (table)

西方哲学见具体的民族中心主义 Western philosophy. *See* Embodied ethnocentrism

白人身份模型 White identity models, 159

白人特权 White privilege, 151

白人种族身份态度测量 White Racial Identity Attitude Scale (WRIAS), 88, 109—110

《目击者》 *Witness*, 283

女创业者 Women entrepreneurs, 21—22

《2000年劳动力》报告 *Workforce 2000 report*, 29

《2020年劳动力》报告 *Workforce 2020 report*, 148

工作团队 Workgroups：
 建制 configurations of, 7—8

多元文化劳动力状况 multicultural profile of, 29

权力距离 power distance and, 220

配合失败 process loss and, 7

虚拟群体 virtual workgroups, 6, 421

还参见异质小群体 See also Heterogeneous small groups

"世界学习公司" World Learning, Inc. , 20, 60

"有世界思想" 态度量表 Worldmindedness attitude scales, 89, 113

世界观"文化差异定位" Worldview orientation, 26

    阿巴-扎克式练习 Aba-Zak exercise, 65

    文化体验 experience of culture and, 151

    个人建构理论 personal construct theory and, 153

还参见跨文化敏感度发展模型;多样性培训 See also Developmental model of intercultural sensitivity (DMIS); Diversity training

培训的文字材料 Written training materials, 49—51, 50 (box), 79 (table)

仇视外国人 Xenophobic attitudes, 298, 400

青年交换项目 Youth exchange programs, 21, 291

    还参见留学 See also Study abroad

青年理解 Youth for Understanding (YFU), 14, 21

青年相互理解国际交换项目 Youth for Understanding International Exchange, 47, 50—51, 55

编 者 简 介

(以汉译名拼音为序)

丹·兰迪斯(Dan Landis) 博士,美国夏威夷大学希洛(Hilo)分校和曼诺阿(Manoa)分校的心理学兼职教授(Affiliate Professor)。此前他任美国密西西比大学文学院院长、应用研究和评估中心主任、心理学教授。他是《跨文化培训指南》前两版的第一主编,个人或与人合作撰写了120多种的著作、书中章节和文章。他是《跨文化关系国际杂志》的创始人和常任主编、"跨文化研究国际协会"的创始人、会长。

珍妮特·M.贝内特(Janet M. Bennett) 博士,美国跨文化传播学院(Intercultural Communication Institute)执行主任,跨文化传播学院/太平洋大学跨文化关系硕士生项目主任。她在密尼苏达大学获得博士学位,主攻跨文化传播和文化人类学。她任马里尔霍斯特(Marylhust)学院文学部主任12年,在该学院创办了成人学位的学术教育项目。作为一名培训师和咨询专家,她为大专院校、公司、国际发展机构和社会服务机构设计和实施了文化多元性培训。她在美国波特兰州立大学培训和发展项目中教授课程,在发展"多层次的"跨文化培训、社区式学习和调整过程等方面发表过大量文章和章节。

米尔顿·J.贝内特(Milton J. Bennett) 博士,跨文化传播学院的共同创办人,贝内特跨文化开发部主任。他在密尼苏达大学获得跨文化传播和社会学博士学位。他当前的研究兴趣是移情和意识。他在美国波特兰州立大学言语传播系担任教师15年,讲授跨文化传播和意识研究两门课程。他现在为公司和大学开发和实施国内和国际文化多样性跨文化培训。他任跨文化传播学院/太平洋大学跨文化关系硕士生项目研究生教育主任。他创立了跨文化敏感性发展模式,《美国文化模式》(American cultural Patterns)修订本的共同作者(另一作者为 ED Stewart),《跨文化传播基本概念》(Basic Concepts of Intercultural Communication)的共同主编,两本著作都由跨文化出版社出版。

作 者 简 介

（以汉译名拼音为序）

阿塔·卡利姆（Ata U. Karim） 博士，美国堪萨斯州立大学领导力研究项目的副主任和助理教授，他教授多门课程：美国民族研究、跨文化传播和咨询等。他还是堪萨斯州持执照心理医生。他从南伊利诺伊大学获得博士学位，在咨询和临床心理以及工业和组织心理方面都有从业经验。通过他的咨询公司（ITO Solutions, LLC），他为商业界、教育界、政府和非盈利组织进行了跨文化传播和多文化培训，培训侧重于调解和解决纠纷。

艾达·卡斯蒂格莱尼（Ida Castiglioni） 博士，意大利米兰博科尼商业大学社会学系的跨文化传播学教授，同时兼任生物能技术方面的职业培训师，拥有人体学硕士学位。她的教学和培训主要集中在身体意识与跨文化理论和实践的结合。除了为欧盟进行移民方面的研究外，她还为意大利和国外的公司和公共机构作跨文化传播项目的推动工作，包括在尼日利亚、俄罗斯和委内瑞拉的一些近期项目。她负责《跨文化传播基本概念》（*Basic Concepts of Intercultural Communication*）一书的意大利语版翻译并撰写新的前言，编写了两本跨文化关系领域的意大利语教科书。

艾娜·埃纳特（Ina Ehnert） 她在德国拜罗伊特大学开始研究商务管理和语言之前，曾在德国中小型公司担任外语秘书（英语、法语和西班牙语）和出口秘书。她的研究兴趣主要在人力资源管理、组织、管理。她现在是德国布莱梅大学博士生，跟托尔斯滕·M.库尔曼教授在从事一项论文写作。她主要的研究兴趣是国际和国内人力资源管理、管理管理的二元性、组织协调。

艾森·巴克尔（Aysen Barkir） 博士，美国伊利诺伊州立大学市场学助理教授。她从密西西比大学获得市场学的博士学位。在攻读博士学位之前，她做过施乐的价格分析师,在土耳其的科卡伊利大学教书。她还获得了世界银行的奖学金在英国的中兰开夏大学学习。她的主要研究兴趣包括:儿童的消费社会化、性别角色、跨文化消费行为。她的研究成果发表在《市场教育和商业道德期刊:欧洲评论》(Journal of Marketing Education and Business Ethics: A European Review)和多种国内国际会议论文集中。

德哈姆·P.S.巴乌克(Dharm P. S. Bhawuk) 博士,尼泊尔人,夏威夷大学蒙那分校(Manoa)管理、文化和社区心理学教授,获得伊利诺伊大学厄本那香槟分校(University of Illinois-Urbana Champaign)人力资源管理博士学位。他的研究兴趣包括跨文化培训、跨文化敏感性、全球工作环境的多样性、个人主义与集体主义、文化与创造性、文化与创业精神、本土心理学与管理、以及工作环境中的政治行为。他发表了30多篇论文和文章,是《亚洲对跨文化心理学的贡献》(Asian Gontributions to Cross-Cultural Psychology, 1996, Sage Publications 出版社)一书的主编之一。他的著作发表在《跨文化心理学期刊》(Journal of Cross-Cultural Psychology)、《跨文化关系国际期刊》(International Journal of Intercultural Relations)、《应用语言学:国际评论》(Applied Psychology: An International Review)、《心理学国际期刊》(International Journal of Psychology)、《跨文化研究》(Cross-Cultural Research)、《印度心理学评论》(Indian Psychological Review)、《德里商业评论》(Delhi Business Review)、《环境工程和政策期刊》(Journal of Environmental Engineering and Policy)和《管理期刊》(Journal of Management)等刊物上。他是国际跨文化研究协会的创始人,曾获管理学会国际部优秀论文奖(1996),获东方西方中心(East West Center)杰出服务奖(1989)、获得夏威夷大学蒙那分校工商管理学院卢业基(Lum Yip Kee)优秀工商管理硕士奖(1990)。

丁允珠(Stella Ting-Toomey) 博士,美国加利福尼亚州立大学富勒敦分校口语传播教授,讲授跨文化传播、人际冲突管理以及跨文化传播培训等课程。在跨文化面子问题、冲突方式和冲突解决能力方面的著述颇丰。最近发表的三本著作是:《跨文化交流》(Communicating Across Culture, Guilford Press 出版社)、《有效管理跨文化冲突》(Managing Intercultural Conflict Effectively, 与约翰·奥泽尔合著,Sage Publications 出版社)、《与中国人进行有效的交流》(Communicating Effectively with Chinese, 与 Ge Gao 合著,Sage Publications 出版社)。她在多家国际性传播协会中任领导职位并为超过15家的编辑理事会工作。她为公司和大学设计并主讲跨文化交流能力实践的培训课程,并在美国、亚洲和欧洲的许多地方就面子能力的主题发表过演讲。

冈特·K. 斯塔尔(Günter K. Stahl) 2001年成为欧洲管理事务学院教师。此前他是德国拜罗伊特大学领导与人力资源管理助理教授,他也曾在美国宾夕法尼亚大学的富夸商学院和沃尔顿学院访问。在领导和领导发展、跨文化管理、国际人力资源管理等领域,他自己及与他人合作著有多种著作,以及在期刊上发表了一些的论文。他当前的研究兴趣还包括组织之间的国际事业和信赖,以及合并和并购管理。他获得了一些研究奖项,包括管理学会和跨文化研究学会的卡罗林·德克斯特奖(Carolyn Dexter Award,2000年)和戴姆勒克莱斯勒奖(1999年)。

加里·奥德多(Gary Oddou) 美国加利弗尼亚州立大学圣马科斯分校(San Macos)国际管理和全球商务管理教授。他的研究兴趣是国际人力资源管理,当下他在集中探讨在国外领导和回国知识转变问题。他是 Kozai Group 咨询公司的主要负责人,该公司专门从事国际人力资源评估、发展和培训。

金荣渊(Young Yun Kim) 博士,美国俄克拉荷马大学诺曼分校的传播学教授,从西北大学获得博士学位。她的研究和理论活动主要关注移民、旅居者和美国出生的少数民族的传播和跨文化适应问题。最新的著作包括《与陌生人交际》(Communicating with Strangers 与古迪孔斯特合著,Addison-Wesley 出版社)、《成为跨文化:传播和跨文化适应的整体理论》(Becoming Intercultural: An Integrative Theory of Communication and Cross-Cultural Adaptation,Sage Publications 出版社)。她发表了50多篇期刊论文和书的章节,并身任多个期刊的编委,其中包括《传播学研究》和《跨文化关系国际杂志》。

卡罗斯·柯蒂斯(Carlos E. Cortés) 博士,美国加利福尼亚大学弗赛德分校的荣誉历史学教授。从1990年开始任哈佛高等教育学院暑期培训成员。最近出版了《孩子们在看:媒体如何传授多样性》(The Children are Watching: How the Media Teach About Diversity)以及《多元文化主义者的塑造与重塑》(The Making and Remaking of a Multiculturalist)(两书均由 Teachers College Press 出版社出版)。获得过很多荣誉:包括所在大学的优秀教学奖、全国学生人事管理协会高等教育突出贡献奖、以及美国协会的全国多元文化培训师培训和发展年度奖。曾在美国、拉美、欧洲以及亚洲等地讲授媒介、多元文化课程改革、民族和全球多样性在教育、政府和私人企业领域的应用等课程。

科琳·沃德（Colleen Ward） 博士,目前任新西兰惠灵顿维多利亚大学心理学系教授和主任。1977年从英国达拉谟大学获得博士学位。她出生在新奥尔良,曾在特立尼达岛西印度群岛大学、马来西亚科技大学、新西兰坎特伯雷大学、新加坡国立大学等地讲学并任研究职位。她的主要研究兴趣是跨文化心理学,尤其是文化涵化。她是国际跨文化心理学协会前任秘书长。与艾德里安·弗恩汉姆以及史蒂芬·鲍克纳合著《文化休克心理学》(The Psychology fo Culture Shock)一书。

肯尼斯·卡什纳（Kenneth Cushner） 博士,美国俄亥俄州肯特市肯特州立大学管理学生生活与跨文化事务部副部长,教育学教授。他是多部书的作者,写了大量关于跨文化教育和培训的文章,包括:《教育中人的多样性:一种整体研究方法》(Human Diversity in Education: A Integrative Approach, McGraw-Hill 出版社[第三版])、《行动中人的多样性:发展课堂中的多元文化能力》(Human Diversity in Action, Developing Multicultural Competencies for the Classroom, McGraw-Hill 出版社)、《跨文化教育的国际视角》(International Perspectives on Intercultural Education, Lawrence Erlbaum 出版社)、《跨文化互动:实践指南》(Intercultural Interaction: A practical Guide, Sage Publications 出版社)、《促进跨文化互动:跨文化培训项目的模型》(Improving Intercultural Interactions: Modules for Cross-Cultural Training Programs, 第 2 卷, Sage Publications 出版社)。曾为东西方中心学者,他时常通过写作、做演讲和发展游学项目为教育者的职业发展效力。他在全球七大洲开展和发展了跨文化项目,并为全美的学校和社会服务机构提供咨询。

劳里特·本霍尔德-萨曼（Laurette Bennhold-Samaan） 世界银行国际流动中心的资深人力资源官员。她负责为国际雇员和他们的家属提供转型的服务。她是美国和平队的第一位跨文化专家,与他人合作编写了跨文化工作手册《文化很重要》(Culture Matters),以及该书的培训师指南。除了在加拿大、德国和美国做过跨文化顾问外,她还是世界组织(World Group)出国与归国项目的资深合作人以及本田公司的文化联络经理。她有国际关系的硕士学位,主要关注跨文化传播和国际商务。她曾任马里兰大学、芝加哥城市学院、斯特雷尔学院、金斯顿学院的教职。

玛格丽特·D. 帕奇(Margaret D. Pusch) 跨文化传播学院副主任,跨文化培训师和咨询专家,作者和编者。她参与了跨文化出版社的创建并曾任社长14年,在此之前她是美国纽约州锡拉丘兹大学国际学生中心跨文化网络和项目协调主任。她主编了《多元文化教育:跨文化培训方法》(*Multicultural education: a Cross-Cultural Training Approach*,跨文化出版社),在加里·艾勒森(Gary althen)主编的第二版《跨文化学习》(*Learning across Cultures*, National Association for Foreign Student Affairs 出版)中撰写了"跨文化培训"一章。她曾在日本的横滨生活和工作,目前在日本和欧洲举办工作坊。她是(美国)外国学生事务全国协会的会长,国际教育工作者协会的会长(1995—1996),目前是美国跨文化教育、培训和研究协会(SIETAR—USA)会长和执行主任,服务学习国际公司董事会副主席。

马克·E. 门登霍尔(Mark E. Mendenhall) 他现在是美国查塔努加市田纳西大学工商领导卓越教师的 J. Burton Frierson 讲座教授。他在美国布里格哈姆扬大学社会心理学博士学位。他在国际人力资源管理方面出版了 7 本书和许多文章。他是管理学术领域的活跃人物,并是该组织国际分部的前主席。他广泛游历,在海外整整生活了 9 年(在新西兰、日本、瑞士和德国)。

乔伊斯·奥斯兰(Joyce S. Osland) 她在卡斯西方保留地大学(Case Western Reserve University)获得组织行为学博士,现在是美国圣何塞州立大学商学院的组织和管理行为教授。她在海外 7 个不同的国家工作和生活了 14 年,目前还继续进行国际性的培训、教学和咨询。她是《海外工作的冒险经历》(*The Adventure of working Abroad*, Jossey-Bass 出版社)的作者,该书描述了在国外工作的经历。她与 David Kolb 和 Irwin Rubin 一起撰写了《组织行为:一种经验的视角》(*Organizational Behavior: An Experiential Approach*, Prentice Hall 出版社)和《组织行为资料集》(*The Organizational Behavior Reader*, Prentice Hall 出版社)。他在出国工作、拉美比较管理、女性领导、全球性领导和文化意识的形成等方面发表过许多文章,她获得过教学和研究的奖励。

乔治·伦威克(George Renwick) 博士,伦威克咨询公司(Renwick and Associates)的总裁,该咨询公司在世界各地拥有 60 位职业咨询师。他是(雷鸟)美国国际管理研究生院的客座教授,他在该学院给国际级经理讲授跨文化交流的强化课程达 12 年之久。他一直负责文化意识、出国前准备、在所在国定位、技术转变、回国适应、培训师培训、多文化团队建设、监督、协商和国际执行开发等方面的培训项目。近来他在海外 12 个国家指导过培训,包括沙特阿拉伯、智利和中国。他撰写或编辑了美国人和澳大利亚人、马来西亚人、智利人、泰国人以及中国人之间商务关系中文化维度的许多研究。作为国际跨文化教育、训练与研究协会(SIETAR)发展状况研究部的主任,他分析了在 72 个国家进行的 30000 项跨文化培训项目。

R. 迈克尔·佩奇(R. Michael Paige) 美国明尼阿波利斯市明尼苏达大学教育政策和管理系国际和跨文化教育教授。他现在是该系比较发展和国际发展教育硕士和博士学位项目的教师协调员。他是一名回国的和平队志愿者(1965—1967 年在土耳其)。他曾经在印度尼西亚、泰国、菲律宾、肯尼亚和中国香港生活和工作过。他曾获得教育和人类发展学院的优秀教师和优秀教学罗伯特·H. 贝克奖(Robert H. Beck Award)。他参与编辑了《跨文化关系国际杂志》的培训部分。他主编了和参与编辑了一些书籍,其中包括《跨文化经验教育》(Education for the Intercultural experience, Intercultural Press 出版社)、《文化核心:把文化整合到语言课程》(Culture as the Core: Integrating Culture Into the language Curriculum, Information Age Publishing 出版社)、以及最近出版的三卷本《把海外学习最大化:语言和文化策略指南》(Maximizing Study Abroad: A Guide to Language and Culture Strategies),第一卷为学生指南、第二卷为语言教师指南、第三卷为项目协调者指南(该书由明尼苏达大学语言习得高级研究中心出版)。

桑德拉·M. 福勒(Sandra M. Fowler) 跨文化咨询专家和培训师,跨文化教育、培训和研究协会前会长。她的教育背景是组织心理学和艺术史。她专长培训师的培训和模仿游戏,是《跨文化资料读物:跨文化培训方法》(Intercultural Sourcebook: Cross-Cultural Training Methods, Intercultural Press)第 1、2 卷的主编。她曾组织领导了"外国服务学院"(Foreign Service Institute)跨文化培训,组织了多次的跨文化教育、培训和研究协会的国际年会。她是跨文化暑期学院的教师。她在 Koslow 和 Salett 主编的《在心理健康中跨文化》(Crossing Cultures in *mental Health*)中与他人合作撰写了一章,并是《美国心理学家》(*American Psychologist*)的美术编辑。

斯蒂芬·卡姆休伯(Stefan Kammhuber) 博士,德国雷金斯伯格大学合作管理学院创建者之一,也是主任之一。他毕业于雷金斯伯格大学的心理系和言语传播系。主要从事跨文化学习、组织传播和修辞、学习与教导、组织心理学等方面的咨询和研究工作。

唐娜·温斯洛(Donna Winslou) 博士,人类学家,荷兰阿姆斯特丹乌里杰大学教授。此前,曾任加拿大渥太华大学副教授,在政治治理中心主管关于和平、安全和社会的研究项目,以及协调军官的学位项目。她从蒙特利尔大学获得博士学位,并在加拿大、东南亚、南太平洋、中美洲从事田野工作。1995—1997 年,她作为加拿大驻索马里军队部署咨询委员会的技术顾问,并出版了相应的研究著作《加拿大空军在索马里:社会文化调查》(*The Canadian Airborne Regiment in Somalia: A Social-cultural Inquiry*, La Commission)。她还与国防部合作,主持了关于军队文化在驻前南斯拉夫地区和戈兰高地的加拿大军队纪律涣散中扮演何角色的研究。她最近的研究是关于加拿大军队如何处理必须成功完成维和任务的压力。

特里沙·哈勒尔(Teresa Harrell) 博士,美国明尼苏达大学国际学生与学者服务处处长助理,兼任教育政策系的教员。她硕士学习咨询学;博士学习教育学,主要研究国际教育、培训和发展。她目前正在攻读公共健康的硕士学位。她是丹·兰蒂斯和拉比·巴哥特主编的《跨文化培训指南》(第二版)以及加里·阿尔森主编的《跨越文化的学习》(国际教育家协会)的作者之一。她的研究和培训活动主要集中于海外生活适应、职业融合与归国调整、跨文化咨询、性健康培训,尤其是文化和健康行为方面的培训。

托尔斯滕·M.库尔曼(Torsten M. Kühlmann) 德国布莱梅大学人力资源管理系主任。埃朗根-纽伦堡大学获得工商管理博士,教授国际人力资源管理和管理行为的课程。他的研究兴趣集中在海外派遣、在华企业和组织间信任。他是《人类工程学》(*Ergonomics*)、《职业和组织心理杂志》(*Journal of Occupational and Organizational Psychology*)、《劳动和组织心理杂志》(*Zeitschrift für Arbeits-und Organisationspsychologie*)、《管理学国际评论》(*Management International*

Review)、《应用心理学杂志》(Journal of Applied Psychology)的阅评人。他为各种组织进行国际主管经理教育,他是德国心理学会、欧洲管理学会和国际商业学会的成员。

野口健二(Kenji Noguchi) (硕士,日本大学,日本),现为美国密西西比大学社会心理学系的博士生。他的研究兴趣在于文化与性格、情感和社会认知的关系。他调查研究了个人主义与集体主义、跨文化归因方式、受情绪影响的认知过程、人际关系和人格的关联、基本刺激的非显著社会认知、工作群体中的民族刻板印象、生活富足和性格之间的关系,以及权威人格。

约翰·贝瑞(John Berry) 博士,加拿大安大略省金斯敦市女王大学的荣誉退休教授,从爱丁堡大学获得博士学位。他在悉尼大学做过3年讲师,任荷兰人文社会科学高级研究所研究员,曾在多所大学(尼斯、日内瓦、卑尔根、牛津、赫尔辛基、塔图、巴罗达和关西学院等)任访问学者。他是国际跨文化心理学协会的前任秘书长、会长和荣誉研究员。2001年,他从日内瓦大学和雅典大学获得荣誉博士学位。目前是《跨文化心理学指南》(Handbook of Cross-Cultural Psychology, Allyn & Bacon,1997年修订本)的资深编辑,是跨文化心理学领域两本教科书的合作作者,写作或编著了30本跨文化、社会和认知心理学领域的书籍。他对跨文化心理学中文化涵化、多元文化主义、移民、卫生以及教育领域在公共政策和项目中的应用尤感兴趣。

约瑟夫·L.索伊特斯(Joseph L. Soeters) 博士,荷兰皇家军事学院、梯尔伯格大学、TIAS商学院的社会科学教授。他的研究主要侧重国际(军事)合作,多元化管理、文化和组织变化,以及知识管理。他发表了130多篇论文及书籍章节,撰写和编辑了10卷书。

朱迪思·M.布鲁姆(Judith M. Blohm) 朱迪思在欧美学院和斯坦福大学获得教育学博士,通过在美国和国外的高中、教师和职业培训学院获得了教学和课程设计的第一手经验。朱迪思的培训和培训设计经验包括:旅居外国的所有阶段、多国员工的发展、为专业发展和教育组织、非赢利组织以及和平队、美国国务院和其他政府机构的国际发展所用的参与式方法。她发表了大量的跨文化教育资料,是《你们将走向世界何地?》(Where in the World Are You Going? Intercultural Press)的作者之一,该书是一本为儿童进行国际过渡的练习手册。

她在非洲、南美和加勒比地区生活和工作了相当长的时间。她现在是美国华圣顿特区的跨文化咨询师,专长教学设计。参与式方法

朱迪斯·N. 马丁(Judith N. Martin) 博士,美国亚利桑那州立大学滕珀分校传播学赫伯格讲座教授。她曾经在明尼苏达大学、宾夕法尼亚州立大学、新墨西哥大学教授过传播学的本科和研究生课程。她在多种社会科学期刊上发表了关于跨文化传播能力、旅居者海外交流、回国适应和民族身份的研究文章。她与别人一起合作发表的著作有:《海外学生:家里的陌生人》(*Students Abroad: Strangers at Home*, Intercultural Press),该书对关于留学海外影响的所有研究做了总结,《跨文化传播语境》(*Intercultural Communication Context*, Mayfield);《文化语境中的阅读》(*Readings in Cultural Contexts*, Mayfield),和《白色:社会身份的传播》(*Whiteness: The Communication of Social Identity*, Sage Publications)。

译 者 后 记

很高兴我国第一本关于跨文化培训的译著问世。本书是近50多年来美国和西欧学术界关于跨文化培训理论和实践经验之集大成。本书中的很多作者都是从事跨文化培训理论和实践领域里的顶尖学者和培训师,书中凝聚了他们数十年来辛勤研究的结果:系统和全面地展示了美国跨文化培训的历史和现状;叙述了理论视角与跨文化培训的设计;介绍了特定语境中的跨文化培训。

本书的读者是从事跨文化培训(intercultural training)和跨文化传播学(跨文化交际学,intercultural communication)教学和科研的培训师、教师、学者和研究生。

国内从事跨文化传播或跨文化交际领域教学和科研的人士都很熟悉爱德华·T.霍尔(Edward T. Hall),知道他是跨文化传播或跨文化交际领域的奠基人。然而知道他还是跨文化培训领域奠基者的人可能不多。在美国,与跨文化传播相关领域学者和专家分为两类,一类是从事跨文化传播的概念和理论研究的学者和教师,一类是从事跨文化培训理论和实践工作的学者和培训师。正如一位学者所说,"从一开始,跨文化交流就没有从抽象的知识探究中发展起来。它是从经验中显现出来,建立在实际运用的基础之上。虽然,霍尔在建构概念和在跨文化领域的著作得到了更多的承认,但是,他实际上在建立跨文化培训方向上发挥了重要作用。他为跨文化培训设立了基线,这条基线一直延续至今。"①目前,我国学术界对跨文化传播学相关知识的引进和介绍比较多,对跨文化培训相关知识的引进和介绍很少,本书是系统介绍跨文化培训的第一本译著。

随着全球化的深入发展,国际文化关系问题日益凸显在地球村的村民面

---

① 见本书中由玛格丽特·D.帕奇撰写的第二章"从历史角度看跨文化培训"中"霍尔与华盛顿的联系"。

前,2001年联合国教科文组织通过的《世界文化多样性宣言》和2007年生效的《保护和促进文化表现形式多样性公约》都强调了对世界文化多样性的尊重和保护。我国改革开放三十多年来取得了巨大成功,随着中国的迅猛发展,国力增强,国际地位的提升,更多的中国人要走出国门,有更多的外国人要走进国门,中外跨文化交往日益增多。我们的13亿同胞们,特别是我国各涉外机构和跨国企业的管理者们,在跨文化意识和技能方面,准备好了吗?我国的学者和专业培训人士在跨文化培训的理论和方法方面,准备好了吗?2008年11月3日笔者查阅中国国家图书馆网站,用"跨文化培训"关键词检索馆藏文献,结果显示:只有5篇硕士论文。因而,可以说,我们并没有完全准备好。我们的跨文化培训工作尚没有跟上时代的要求。可以预期不久的将来中国将面临大规模的跨文化培训任务。这项工作是全球化时代人们素质的一个方面,是一种软件,这项工作很重要,如果跨文化交往的素质跟不上,小则对个人的成长,中则对企业和部门的发展,大则对国家形象和建立和谐的世界秩序都有负面影响。记得美国在20世纪50年代,大多数美国公民在跨文化交流意识和知识很少,与世界其他国家人员交往却猛增。由于美国各部门对自己员工缺乏必要的跨文化培训,美国人在国际社会的表现口碑不佳,国际社会上形成了"丑陋的美国人"的国际形象。[①] 这段历史对我们来说,应该是前车之鉴。

　　改革开放的灵魂之一就是吸收人类一切文明成果为我所用。在跨文化培训领域也不例外,美国的跨文化培训的理论和实践经验可供我们参考借鉴,他山之石可以攻玉。

　　在借鉴外国跨文化培训理论和实践经验时,我们切忌生吞活剥。由于各国政治、社会、经济、文化等方面的不同,本书中的理论、模式、方法、经验、量表等,在中国的国情下,我们只能参考不能全盘照搬。在本书出版前,谈及这个问题绝非老生常谈,而是希望读者引起足够的重视。在这方面,我们有许多教训。

---

① 在第二次世界大战结束后初期,美国提出了马歇尔计划,帮助世界上被战争摧毁地区的重建工作。马歇尔计划的成功导致美国领导人开创了其他国际发展活动和交换计划。然而,美国驻外使馆人员和援外专家们的工作效率不佳。《丑陋的美国人》(Lederer & Burdick, 1958)一书把他们的失败和对所驻国人民的负面影响呈现在美国公众面前。虽然该书是杜撰的,但它实际上暴露了美国人在国外时对文化不敏感,"丑陋的美国人"这个短语迅速地进入了人们的日常话语中。另一本有影响的书是哈兰·克里夫兰、格拉德·曼古恩和约翰·亚当斯写的《海外的美国人》(Cleveland, Mangone, & Adams, 1960)。虽然它不那么时髦,但是基于长期研究,该书对美国人在海外表现的批评达到了巅峰。

本书的前言部分和第 1—5 章由关世杰译、何明智校,第 6—11 章由何明智译、关世杰校,第 11—17 章由陈征译、关世杰校,第 18—19 章及主题索引和人名索引由巩向飞译、关世杰校。最后全书由关世杰统稿。由于本书涉及的学科比较广泛,译者的学力有限,译文不足之处恳请专家和读者不吝指正。

对北京大学出版社、本书编辑周丽锦女士和黄怀京先生以及一切帮助过本书出版的友人在此一并感谢。

关世杰
2008 年 11 月 3 日
于北京大学新闻与传播学院